Die Sozialordnung der Bundesrepublik Deutschland

Lothar F. Neumann war Professor für Sozialpolitik an der Ruhr-Universität Bochum, *Klaus Schaper* lehrt und forscht dort an der Fakultät für Sozialwissenschaften.

Lothar F. Neumann, Klaus Schaper

Die Sozialordnung der Bundesrepublik Deutschland

Campus Verlag
Frankfurt/New York

Bibliografische Information der Deutschen Nationalbibliothek
Die Deutsche Nationalbibliothek verzeichnet diese Publikation in der Deutschen Nationalbibliografie.
Detaillierte bibliografische Daten sind im Internet über http://dnb.d-nb.de abrufbar.
ISBN 978-3-593-38606-5

5. überarbeitete u. aktualisierte Neuauflage

Copyright © 2008 Campus Verlag GmbH, Frankfurt/Main
Umschlaggestaltung: Guido Klütsch, Köln
Satz: Marion Jordan, Frankfurt am Main
Druck und Bindung: Druck Partner Rübelmann, Hemsbach
Gedruckt auf säurefreiem und chlorfrei gebleichtem Papier.
Printed in Germany

Besuchen Sie uns im Internet: www.campus.de

Inhalt

1 Einführung

1.1 Reizthema »Sozialstaat«

Im Sozialstaat Deutschland zu leben, ist eine vergleichsweise komfortable Situation und wir alle wissen das. Von der Wiege bis zur Bahre – nein! – schon vor der Wiege, sogar schon vor der Geburt treffen wir auf die sozialstaatliche Betreuung. Lassen wir das Leben Revue passieren, dann können wir für jeden von uns vielfältige Interventionen des Sozialstaats voraussehen.

Beginnen wir vor der Zeugung. Wenn die gewollte Schwangerschaft nicht eintritt, bietet die ärztliche Profession Rat und Hilfe und die Krankenkassen bezahlen dies. Wenn es dann gelingt, stellt der Sozialstaat u.a. Schwangerschaftsbetreuung, Mutterschutz, Geburtshilfe, Elterngeld, Kindergeld, gesundheitliche Vorsorge und Betreuung im Krankheitsfall, Krankengeld, Wohngeld, Kindergarten, Bafög, Sozialhilfe, Fortbildung, ABM, Arbeitslosenunterstützung, Behindertenbetreuung, soziale Dienste wie Suchthilfe oder Familienberatung, Unfallrente, Rehabilitationsmaßnahmen, Altersrente, Pflegegeld und Altenbetreuung zur Verfügung. Die Liste ist keineswegs vollständig! So zählen auch folgende Institutionen zur Sozialordnung: Tariflöhne und tarifliche Arbeitsbedingungen, Arbeitsschutz, Mitbestimmung und Arbeitskampfregeln.

Wir werden uns in den folgenden Kapiteln mit den wichtigsten Sozialleistungen und den zentralen Institutionen der Sozialordnung beschäftigen. Es soll vor allem ein Überblick über das sozialstaatliche System in seiner aktuellen Gestalt gegeben werden. Die Beschreibung unserer Sozialordnung bildet aber nur einen Teil der vor uns liegenden Aufgabe. Weiterhin befassen wir uns mit:

- Leitbildern sozialer Gerechtigkeit,
- Prinzipien der Sozialpolitikgestaltung im Ordnungsmodell »soziale Marktwirtschaft«,
- der Geschichte des Sozialstaats in Deutschland,
- Krisen und Problemfeldern des Sozialstaats und
- Reformmodellen und Zukunftsszenarien.

Gerade wegen seiner allumfassenden Präsenz wird die Kritik am Sozialstaat immer lauter. Eher abfällig beschrieben als *Wohlfahrts-, Versorgungs- und Betreuungsstaat* lähmt er nach Ansicht vieler Kritiker unser Wirtschaftssystem, hemmt unternehmerische Risikobereitschaft der Menschen und ihre Selbsthilfefähigkeit allgemein. Die *rent seeking society*, die – frei – übersetzt *Versorgung beanspruchende Gesellschaft* – so ein modernes Schlagwort aus der neoliberalen Theorieschmiede (Tullock 1993) suche die – scheinbare – Sicherheit in sozialstaatlichen Schutzräumen. Aber das könnte schlecht enden! »Andere« Nationen, vor allem die sich rasch zu Konkurrenten auf dem Weltmarkt entwickelnden Schwellenländer, schlafen nicht. Insbesondere die Konkurrenz aus Ostasien lehre uns schon jetzt das Fürchten und wirbelte unseren heimeligen »Wohlfahrtsstaat« gehörig durcheinander. Die Löhne seien zu hoch, die Tarifpolitik lasse immer noch das rechte Maß vermissen und die Sozialabgaben ließen die Lohnnebenkosten explodieren. Der betreuende und bürokratische Sozialstaat behinderte die notwendige Innovationsbereitschaft und Eigenverantwortung seiner Bürger. Dabei wird in der Theorie auch harsche Kritik an den vielen Privilegien der besitzenden Klassen und der freien Berufe geübt, die frühzeitig und geschlossen ihre Partikularinteressen in Verbänden organisiert hatten (Olson 1995). Da dies die eigene Klientel betrifft, wird dieser Teil der Kritik verständlicherweise in der politischen Sozialstaatsdebatte von den Liberalen zumeist verdrängt.

Dieses Negativszenario wird von den Befürwortern des Sozialstaats als übertrieben und einseitig zurückgewiesen. So berechtigt die Kritik an einzelnen Auswüchsen sei, so unbegründet sei die Pauschalverurteilung. Unterschlagen würden dabei einfach die positiven Auswirkungen des Sozialstaats auf Wirtschaft und Gesellschaft, wie

– die Integration der Gesellschaft durch den Abbau des Klassengegensatzes von Arbeit und Kapital, der Verhinderung neuer Formen der Dualisierung der Gesellschaft und der Verbesserung der Durchlässigkeit des gesellschaftlichen Schichtgefüges,
– die Fundierung der materiellen Grundlagen eines in sich stimmigen Wertesystems der Gesellschaft,
– die Entfaltung der menschlichen Produktivkraft durch Ausschöpfung und Förderung der menschlichen Talente in möglichst allen Schichten,
– die Institutionalisierung von Regeln der Konfliktaustragung, die den Kontrahenten (insbesondere den Arbeitsmarktparteien) die freie Artikulation ihrer Interessen unter Ausnutzung vorhandener Machtspielräume lassen und gerade dadurch zu Kompromissen führen.

Die soziologische Theorie ist sich – wie in vielen Punkten – so auch in diesem uneinig. Wie werden Gesellschaften eigentlich integriert? Nur wenige teilen die Sicht der Systemtheoretiker (Niklas Luhmann), die das Problem wegdefinieren.

Viele dagegen wie Strukturfunktionalisten (Talcott Parsons) und Kommunitaristen (Etzioni, Bellah 1987) verweisen auf die unverzichtbare Integrationskraft gemeinsamer Werte. Die Konflikttheoretiker (Simmel, Coser, Dahrendorf) argumentieren, es seien die Konflikte – oder vielmehr erfolgreiche Konfliktaustragungsregeln – die die modernen Gesellschaften zusammenschweißen. Moderne Gesellschaften würden den Wertekonsens traditioneller Gesellschaften verlieren. Es komme zu einer Pluralisierung von Lebensentwürfen und Werten. Interessen prallen aufeinander. Gesucht werden rationale Konfliktaustragungsmodelle, wie z.b. Tarifverhandlungen, die Kompromisse und die ökonomische Teilhabe aller begünstigen (Hirschman 1994).

Viele Ökonomen und andere rational choice-Theoretiker sehen den »Kitt« moderner Gesellschaften in einer angemessenen materiellen Teilhabe aller Menschen am Sozialprodukt verbunden mit möglichst freier individueller Gestaltung des Lebensentwurfs.

Wie dem auch sei: Der Sozialstaat unterstützt dies alles. Er sichert ein modernes Wertesystem der gegenseitigen Verantwortung und Solidarität, indem er innovative Formen und Institutionen solidarischen Handelns in der Massengesellschaft kreiert. Er garantiert zumeist mehr als ein kulturelles Existenzminimum (materielle Teilhabe). Die sozialstaatlich verfasste Gesellschaft hat Institutionen zur Konfliktlösung entwickelt, die schon über Jahrzehnte erfolgreich den Interessenausgleich ermöglichen. Jede Verhandlung, die mit Kompromissen endet, bei der die Betroffenen ihre Interessen gewahrt sehen, stützt das Vertrauen in die Sozialordnung, aber auch an die eigene Kraft und stärkt damit das Selbstwertgefühl der Bürger.

Wir glauben, dass der Sozialstaat als Konfliktregulierungsmodell am erfolgreichsten wirkt. Sozialleistungen für Arme in Form der Sozialhilfe entbehren dieser direkten Teilhabe der Betroffenen. Wie hoch die Hilfe auch sein mag, sie ist fremdbestimmt und damit »entfremdend«. Die Betroffenen fühlen sich nicht als gleichwertige Partner, die selbstbewusst auf ihre Leistung pochen können. Da der deutsche Sozialstaat – wie noch zu zeigen ist – vorrangig auf Hilfe zur Selbsthilfe unter anderem in Sozialversicherungen setzt, ist der Freiheitsspielraum der Bürger nicht über Gebühr eingeschränkt. Der Sozialstaat ist ordnungspolitisch eingebunden in das Leitbild der sozialen Marktwirtschaft und die vergleichende Analyse zeigt, dass der Weg in den Versorgungsstaat weitgehend vermieden werden konnte. Zu diesem Schluss kommen auch kritische Betrachter aus ordoliberalen Kreisen (Zohlnhöfer 1992).

Die Besorgnis der Kritiker ist dennoch ernst zu nehmen. Natürlich liegt im Sozialstaatsgedanken auch die Gefahr zur Übersteigerung, zur Überversorgung und zur einlullenden Entmündigung der Betreuten. Als Beispiel können die aktuellen Forderungen nach dem Ausbau eines alimentierenden Grundsicherungssystems für jeden Bürger dienen. Um dem zu begegnen, ist die soziale

Marktwirtschaft als Gesamtordnung weiterzuentwickeln, bei der ökonomische und soziale Teilordnung so gut wie möglich aufeinander abzustimmen sind. Keine dieser Teilordnungen kann für sich die Priorität beanspruchen. Dass dies leicht gefordert, nur unter Mühen konkret entwickelt und noch schwerer politisch umzusetzen ist, wird dem Leser im Laufe der weiteren Lektüre deutlich werden. Ein naiver, manchmal tragischer Fehlschluss ist der von der guten Absicht auf das gute Ergebnis. Gerade in der Sozialpolitik ist dieser Fehlschluss an der Tagesordnung. Nicht genug kann vor der Annahme gewarnt werden, dass gut gemeinte soziale Wohltaten auch immer etwas Gutes anrichten. Aufgabe der Theorie der Sozialpolitik ist deshalb primär die Wirkungsanalyse sozialpolitischer Eingriffe und ihrer Nebenwirkungen.

1.2   Sozialökonomische Megatrends

Problem nicht nur des deutschen Sozialstaats ist die Abhängigkeit von der Arbeitsgesellschaft und ihren Wandlungen. Wir beobachten eine Reihe von Entwicklungen, die gerne als *Megatrends* bezeichnet werden, um genügend Aufmerksamkeit zu erheischen. Dies ist auch angebracht, hängt doch vieles davon ab, die Zeichen der Zeit zu erkennen, um angemessene Sozialreformen vorzubereiten. Auf folgende fünf Megatrends soll kurz eingegangen werden:

1. Ob Globalisierung zur Weltökonomie oder Blockbildung der Triaden: Der Wettbewerbsdruck hält an und führt zu ständig steigender Arbeitsproduktivität.
2. Der Wandel zur Dienstleistungs- und Do it yourself-Ökonomie geht kontinuierlich voran.
3. Die demographische Entwicklung droht zu einer Zeitbombe für die Sozialordnung zu werden.
4. Der gesellschaftliche Individualisierungsprozess (Emanzipation der Frau, nachlassende Selbsthilfekraft der Familien, steigende Mobilität) schreitet voran (Beck 1986).
5. Der Migrationsdruck aus den unterentwickelten Regionen der Welt in die Zentren nimmt zu.

Diese Entwicklungen werden den Sozialstaat erheblich belasten und, wenn notwendige Reformen ausbleiben, in seinen Grundfesten erschüttern. Einzeln betrachtet, bringen sie sowohl Belastungen als auch Entlastungen mit sich. So führt die steigende Produktivität bei sich abschwächender Nachfrage zu Arbeitsplatzverlusten im Industriesektor, schafft aber gleichzeitig über steigende Einkommen bei den Beschäftigten Reserven zur Schulterung steigender Sozialabgaben. Das setzt Wachstum voraus. Die in der Industrie verloren gehenden Arbeitsplätze müssen im Dienstleistungssektor neu geschaffen werden. Das ist die gute Nachricht. Die schlechte lautet: Um dies zu erreichen, müssen die Löhne nach neoliberaler Theorie dort sinken. Dies bedeutet wiederum eine schlechte Botschaft für die Alten. Die Alterslast wird von schlecht entlohnten Dienstleistern nur schwer zu schultern sein. Andererseits hat der demographische Trend wieder etwas Gutes. Weniger Jugendliche brauchen weniger Lehr- und Arbeitsstellen, so dass die Arbeitslosigkeit auf lange Sicht auch bei geringerem Wachstum sinken könnte.

Der Migrationsdruck birgt die Gefahr der weiteren Polarisierung der Gesellschaft wie in den USA, wenn Arbeitsmigranten die Löhne der schlecht qualifizierten Einheimischen weiter nach unten drücken. Positiv könnte die Migration in der Vorstellung mancher Sozialpolitiker durch eine selektive Einwanderungspolitik ausgenutzt werden, um die sinkende Erwerbsquote zu stützen und qualifizierte Arbeitskräfte ins Land zu lassen, die die Rentenlast tragen helfen.

Darüber hinaus stellt der soziale Wandel, den die Soziologen als Prozess der Individualisierung beschreiben, eine neue Herausforderung für den Sozialstaat dar. Dieser basiert nicht allein auf dem Normalarbeitsverhältnis des Mannes oder heute vielfach auch der Frauen, sondern auch auf dem Vertrauen in die Selbsthilfekraft der Familien. Die letztere Grundlage geht für immer mehr Menschen verloren. Ob sich eine neue Kultur des Helfens in Nachbarschaften und Selbsthilfegruppen entwickeln wird, wie manche hoffen (Iben 1995), ist doch eher fraglich.

Die größte Sorge macht den Menschen heute der Prozess der Globalisierung, der nicht nur Arbeitsplätze in lohnintensiven Branchen gefährdet, sondern auch zu einer internationalen Konkurrenz der Sozial- und Wirtschaftsordnungen führen und zu einem Abbau sozialstaatlicher Leistungen in Deutschland zwingen könnte. Andererseits kann die deutsche Industrie durch die Öffnung der Weltmärkte mit ihrer hochproduktiven Fertigung und ihren qualitativen Standards offensichtlich Konkurrenzvorteile ausspielen, hohe Exportüberschüsse erzielen und damit Arbeitsplätze im Inland für gut qualifizierte Arbeitnehmer sichern.

In der weiteren Darstellung werden die hier angesprochenen Trends in ihren Auswirkungen auf die einzelnen Institutionen der Sozialordnung genauer analysiert und in den Kapiteln 16 und 17 noch einmal im Licht der neuen Kenntnisse über die deutsche Sozialordnung abschließend diskutiert.

1.3   Sozialordnung und Lebenslagen

Will man den Kernbereich und die Grundlagen einer Sozialordnung skizzieren, empfiehlt es sich, nach den kennzeichnenden Strukturen (Determinanten) zu forschen. Hierbei ist die Versuchung groß, sich auf einige wenige Determinanten oder im Extremfall sogar auf eine einzige zu beschränken, weil dies dem Ideal der Einfachheit entspräche. So wurde als das hauptsächlich determinierende Prinzip der kapitalistischen Sozialordnung das Privateigentum an Produktionsmitteln angesehen. So wichtig auch heute noch diese Frage ist, als weitere Determinanten sind in jedem Fall zu berücksichtigen:

- die Eigenvorsorge
- die Gestaltung der Arbeitsbeziehungen
- das System der sozialen Sicherung
- das Aus- und Fortbildungssystem

Wir müssen den mit dem Wort Sozialordnung bezeichneten Begriff noch weiter erläutern. Wenn wir von Sozialordnung sprechen, haben wir es zunächst mit Normen, also mit Vorschriften und Verhaltensregelungen zu tun. Häufig sind es Gesetzesnormen, mit denen Pflichten und Rechte der Bürger festgelegt werden. Es ist in der Regel das Geschäft der Juristen, sich mit diesen Normen auseinanderzusetzen, sie auszulegen und anzuwenden. Der Sozialpolitiker muss zwar auch die Gesetze kennen – also das Sozialrecht, das Arbeitsrecht, das Tarifvertragsrecht, das Mitbestimmungsrecht, das Unternehmensrecht –, aber er darf sich nicht auf die bloße Gesetzeskenntnis beschränken. Einmal kann das tatsächliche Verhalten der Bürger von den Rechtsnormen abweichen, zum anderen wird durch Gesetze nicht das gesamte Verhalten der Gesellschaftsmitglieder normiert. Zur Verdeutlichung können wir das Beispiel der Krankenversicherung anführen. Sie basiert auf gesetzlichen Grundlagen (vor allem: Sozialgesetzbuch (SGB Buch V), die Rechte und Pflichten der Mitglieder, Organisationsstruktur der Krankenkassen, Finanzierung usw. festlegt. Aber nur ein Teil der tatsächlich im Rahmen der gesetzlichen Krankenversicherung existierenden und praktizierten Beziehungen ist abschließend gesetzlich geregelt. Es bilden sich mit der Zeit Verhaltensweisen der Versicherten, der Ärzte und anderer Gruppen heraus, die von den Erwartungen der anderen handelnden Bezugspersonen abhängen und damit ebenfalls verhaltensbeeinflussende Kraft gewinnen. Darüber hinaus werden Spielräume gesellschaftlichen Handelns von den Betroffenen erkannt und zur Erreichung persönlicher Ziele wie auch von Gruppenzielen genutzt. Dieses gesamte Leistungs- und Beziehungsgeflecht bildet als das Gesundheitssystem einen Teil unserer Sozialordnung.

Wir müssen uns weiterhin immer bewusst bleiben, dass die Sozialordnung kein statisches, unveränderliches System ist. Ihre Beschreibung als eine Momentaufnahme im historischen Prozess wird unvollständig und auch unverständlich bleiben, wenn nicht ihre Entstehungsgeschichte und ihre Entwicklungstendenzen mitbetrachtet und ihre Entwicklungsperspektiven mitbedacht werden. Zugleich haben wir es auch immer mit der Entwicklung von Institutionen zu tun, und insofern haben wir uns mit der Geschichte dieser Institutionen zu befassen. Der Sozialpolitiker ist hier auf die Hilfe des Sozial- und Wirtschaftshistorikers angewiesen. Wir haben deshalb auch der systematischen Darstellung der Sozialordnung der Bundesrepublik ein Kapitel über »Die geschichtliche Entwicklung der Sozialordnung« vorangestellt.

Wie sich die Sozialordnung entwickelt hat, wie sie sich künftig entwickeln wird und wie sie überhaupt funktioniert, sind Fragen, die nur auf der Grundlage von sozial- und wirtschaftswissenschaftlichen Theorien beantwortet werden können. Wir werden auf die wichtigsten Erklärungsansätze eingehen. Schon die bloße Auswahl und Darstellung von Fakten zur Sozialordnung geschieht im Lichte von Theorien. Jede Argumentation basiert auf einem bestimmten theoretischen Vorverständnis und Hintergrundwissen, über das man sich immer wieder Klarheit verschaffen muss. Gerade wenn wir über eine Verbesserung unserer Sozialordnung nachdenken, wenn wir z.B. die Sozialpolitik nicht wie in der Vergangenheit oft als nachträglichen Korrekturmechanismus von Missständen gestalten wollen, die ihre Ursache im ökonomischen System haben, sind wir darauf angewiesen, die Fortentwicklung unserer Sozial- und Wirtschaftstheorie zu verarbeiten.

Nun ist die Fortentwicklung der Sozialordnung nicht nur Sache sozialwissenschaftlicher Kausaltheorien und nicht nur eine Frage des Streits über den richtigen Einsatz der Instrumente zur Erreichung sozialpolitischer Ziele. Die Ziele selbst und die normativen, ethischen und weltanschaulichen Grundlagen sind ebenso kontrovers. Je nach sozialer Stellung, politischer Anschauung und persönlicher Bewertung werden Probleme der Sozialordnung und Sozialpolitik unterschiedlich gesehen und Vorschläge unterbreitet. Die Diskussion um die »angemessene« Sozialordnung lässt sich deshalb nur kritisch analysieren, wenn die jeweiligen Wertpositionen möglichst offen gelegt und damit der Kritik ausgesetzt werden.

Theoretische und praktische Sozialpolitik war und ist von diesem gesellschaftspolitischen Vorverständnis her immer zugleich Kritik an bestehenden gesellschaftlichen Missständen und Ungerechtigkeiten und der Versuch, bessere Lösungen im Sinne der schwächeren und benachteiligten Gruppen aufzuzeigen und zu verwirklichen. Die bestehende Sozialordnung ist daher immer als vorläufig und verbesserungswürdig anzusehen. Sozialpolitik ist der permanente Versuch der Verbesserung der Sozialordnung und setzt die Reformfähigkeit der Wirtschaftsgesellschaft voraus. Das kann in kleinen Schritten geschehen, indem etwa bestehende Sozialgesetze verändert und novelliert werden. Werden Institutionen neu geschaffen oder grundlegend verändert, spricht man auch von einer Sozialreform.

Wenn sich der Ökonom mit Verteilungsfragen beschäftigt, denkt er zunächst einmal an die Verteilung von Geldeinkommen. Wie haben sich die Unternehmereinkommen (Gewinne und Vermögenseinkünfte) und wie haben sich die Arbeitnehmereinkommen (Löhne und Gehälter) entwickelt? Wie ist das volkswirtschaftliche Vermögen verteilt? So wichtig die Antworten auf diese zentralen ökonomischen Verteilungsfragen sind, in jeder Gesellschaft wird mehr verteilt als nur Geldeinkommen und Vermögen.

Verteilt werden Lebenslagen! Nach diesem schon klassisch gewordenen Wort des Sozialpolitikers Gerhard Weisser (1978) wird die Lebenslage der Gesellschaftsmitglieder nicht nur durch die Verteilung von Geldeinkommen, die Lebenslage der Arbeitnehmer also nicht nur durch ihr Lohneinkommen bestimmt. In jeder Gesellschaftsordnung werden auch Chancen, Risiken und Macht verteilt. Die Lebenslage eines Menschen als Spielraum für die Befriedigung seiner Bedürfnisse hängt nicht allein von seiner Ausstattung mit materiellen Gütern, also nicht allein von seinem Einkommen und Vermögen ab. Ingeborg Nahnsen (1975, S. 150) in der Nachfolge von Gerhard Weisser unterscheidet fünf Spielräume der Lebenslage:

- Versorgungs- und Einkommensspielraum
- Kontakt- und Kooperationsspielraum
- Lern- und Erfahrungsspielraum
- Regenerations- und Mußespielraum
- Dispositions- und Entscheidungsspielraum

Diese persönlichen Freiheitsspielräume, die Selbst- und Mitbestimmung in existentiellen Fragen des eigenen Lebens, die soziale Absicherung gegen die Wechselfälle des Lebens, die befriedigende Stellung im Beruf, Bildungschancen, kulturelle und politische Teilhabe und nicht zuletzt die Intensität und Vielgestaltigkeit der sozialen Kontakte im Familien- und Freundeskreis sind sicher wesentliche menschliche Bedürfnisse, die nicht oder nur unbefriedigend mit Geld zu kaufen sind. Diese immateriellen Lebenslagemerkmale sind von der Sozialpolitik gleichrangig zu beachten. Wer in einem oder gar mehreren dieser Gestaltungsfelder zu sehr eingeschränkt ist, dessen Lebenslage kann so nachteilig geprägt sein, dass monetäre Ausgleichszahlungen dies nicht kompensieren können.

Welche Merkmale jeweils für die Charakterisierung einer Lebenslage relevant sind, darüber ist bei der Bearbeitung des anstehenden sozialpolitischen Problems zu entscheiden. Diese Auswahl hängt auch von den individuellen Interessen (Grundanliegen) des Einzelnen bei tiefer Selbstbesinnung auf die eigenen

Lebensziele und damit davon ab, was sie oder er als für den Sinn des Lebens bestimmend ansieht (Selbstbestimmungskriterium) (Andretta 1991, S. 51f.).

Eine am Lebenslagetheorem orientierte Sozialpolitik muss heute neben der Absicherung des in der Vergangenheit Erreichten vor allem die neuen, aus den sozialökonomischen Veränderungen geborenen Risiken und Mechanismen des sozialen Abstiegs gefährdeter Gruppen erkennen und Hilfen zur Selbsthilfe entwickeln.

Schon bei diesen ersten Strichen zu einer Skizze des Lebenslagekonzepts wird deutlich, dass es anspruchsvoll und schwierig zu handhaben ist. Es ist jeweils das Problem der Auswahl der Lebenslagemerkmale zu lösen, und nicht alles lässt sich quantifizieren und in Geldeinheiten ausdrücken. Diese Schwierigkeiten können aber nicht das Lebenslagekonzept insgesamt in Frage stellen. Wenn wir im Zusammenhang mit der Diskussion der Sozialordnung der Bundesrepublik diesen Ansatz für analytisch fruchtbar halten, haben wir das Problem der Auswahl der ordnungspolitisch relevanten Lebenslagemerkmale zu lösen. Ausgehend von den zuvor entwickelten Determinanten unserer Sozialordnung, lässt sich die folgende Matrix aufstellen.

Tabelle 1.1: Sozialordnung und Lebenslagen

Determinanten der Sozialordnung	*Lebenslagemerkmale*
Eigenvorsorge	Maß der Verpflichtung zur Eigenvorsorge Möglichkeiten und Fähigkeiten zur Selbsthilfe persönliche Startbedingungen Familienunterstützung sonstige soziale Netze Eigentum und Vermögen Steuerbelastung
Gestaltung der Arbeitsbeziehungen	Arbeitsplatzbedingungen Mit- und Selbstbestimmung Erwerbschancen sozialökonomischer Status (primäre) Einkommensverteilung / Lohnhöhe Vereinigungsfreiheit / Streikrecht Erfahrung von Diskriminierung
Soziale Sicherung	Schutz bzw. Kompensation bei typischen Lebens- und Erwerbsrisiken Soziales und kulturelles Existenzminimum (sekundäre) Einkommensverteilung über Sozialtransfers Wohnbedingungen
Bildung	Chancen und Möglichkeiten der Teilnahme Maß an Durchlässigkeit des Bildungssystems Möglichkeiten der Teilnahme an Weiterbildung Risiken beruflicher Dequalifizierung sozialer Bildungsstatus

2 Die geschichtliche Entwicklung der Sozialen Frage und der Sozialpolitik

2.1 Die Soziale Frage im Frühkapitalismus

»Die soziale Frage ist an sich so alt und weit verbreitet als die Verschiedenheit der Erwerbsverhältnisse ihren Ausdruck in dem Gegensatz von Reich und Arm gefunden, gleichviel in welchen Symptomen sie zu Tage trat« (Contzen 1877).

Nach diesem Verständnis erwächst die Soziale Frage aus der wirtschaftlich begründeten Ungleichheit schicht- und klassenspezifischer, aber auch individueller Lebenslagen. So umfassend verstanden ist sie in allen Gesellschaften, in denen merkliche Lebenslageunterschiede existieren, latent angelegt und wird dann manifest, wenn die vorhandene Ungleichheit von den Benachteiligten wahrgenommen, als ungerecht empfunden und in politische Forderungen umgesetzt wird. Damit löst sich die Soziale Frage in ein Bündel sozialer Fragen und Probleme auf.

Daneben existiert aber noch ein engerer Begriff, der ein genau abgrenzbares historisches Phänomen bezeichnet: die Soziale Frage als die Arbeiterfrage des Früh- und Hochkapitalismus. Die gesellschaftliche Dynamik des Industrialisierungsprozesses und die Proletarisierung breiter Bevölkerungsschichten brachten soziale Probleme in einem Ausmaß hervor, die es durchaus rechtfertigten, die Soziale Frage während dieser Epoche mit der Arbeiterfrage gleichzusetzen.

Zur Charakterisierung und Hervorhebung des Außergewöhnlichen der totalen Umgestaltung der grundlegenden wirtschaftlichen, gesellschaftlichen und politischen Verhältnisse in Europa des späten 18. und frühen 19. Jahrhunderts eignet sich die Bezeichnung Doppelrevolution. Die beiden großen bewegenden Ereignisse dieser Epoche, auf die mit diesem Begriff abgestellt wird, sind die industrielle Revolution und die bürgerliche politische Revolution. Während die von England ihren Ausgang nehmende industrielle Revolution auf der Grundlage wissenschaftlich-technischer Neuerungen der Produktionsverfahren zu vollkommen neuen Formen des Wirtschaftens in der Produktionssphäre (fortschreitende Arbeitsteilung, Manufaktur, Maschinen als Produktionsmittel, Kapital als Produktionsfaktor) fortschritt, setzte die Französische (politische) Revolution vor allem mit der Umwälzung der herrschenden Ideen und politischen Institutionen die Gestaltungsvorstellungen des Besitzbürgertums als gesellschaftliche Maxime durch. Die Trennung von Staat und Gesellschaft, die Einführung der Vertrags- und Gewerbefreiheit oder auch der Abbau ständisch-feudaler Herrschafts-Knechtschafts-Beziehungen führten zu neuen wirtschaftlichen Verkehrsformen (Wettbewerbsmärkte, ausgebildete Geldwirtschaft, Ablösung des Naturaltausches und der Selbstversorgung, Gewinnorientierung statt Bedarfsdeckung als unternehmerische Maxime, Akkumulation und Investitionen von Gewinnen statt Konsum, »freier« Arbeitsvertrag anstelle personaler Abhängigkeiten), die zusammen mit den genannten Veränderungen im Produktionsbereich eine ungeahnte ökonomische und gesellschaftliche Dynamik entfalteten.

Tabelle 2.1: Charakteristika der Doppelrevolution

Gesellschaftliche Bereiche	Charakteristika
Politik	Liberalismus: Vorherrschaft des Besitzbürgertums, Gewaltenteilung und Parlamentarismus, Anfänge der Demokratie, Parteiensystem entsteht
Ökonomie	Kapitalismus: Gewerbefreiheit, Wettbewerb, fortschreitende Arbeitsteilung, (Real-)Kapital als Produktionsfaktor, dynamische Geld- und Kreditwirtschaft, Akkumulation und Investition des Gewinns, Ausbeutung der Arbeit, Gewinnorientierung
Gesellschaft	Neue Klassengesellschaft: Vertragsfreiheit (freier Arbeitsvertrag), Mobilität steigt, Arbeiterklasse (Proletariat) entsteht, Verelendung und Soziale Frage, Klassensystem und Klassenkampf
Wissenschaft/Technik	Wissenschaftliche Revolution Erfinder-Unternehmer ständiger Strom technischer Innovationen neue Nationalökonomie (Adam Smith)

Nicht zu unterschätzen ist neben den Einflüssen der Aufklärung und der Säkularisierung vor allem die von *Adam Smith* (1776) eingeleitete Neuschöpfung der wissenschaftlichen Nationalökonomie, die die bürgerlich-liberalen Vorstellungen einer Wirtschaftsgesellschaft präzisierte und zugleich zu politisch verwertbaren Handlungsanleitungen und zur Rechtfertigung des Systems dienen konnte. Unter den institutionellen Bedingungen der freien Konkurrenz werden die Produzenten in Verfolgung ihrer eigennützigen Interessen das Gemeinwohl aufs Beste fördern. Die unsichtbare Hand des Wettbewerbs sorgt dafür, dass nur derjenige Unternehmer Gewinne macht, der preiswerte, qualitativ hochwertige und von den Verbrauchern tatsächlich gewünschte Produkte anbietet. Adam Smith drückt das prägnant in seinem die liberale Ökonomie begründenden Werk »Wealth of Nations« (1776) aus:

»Nicht vom Wohlwollen des Fleischers, Brauers oder Bäckers erwarten wir unsere Mahlzeit, sondern von ihrer Bedachtnahme auf ihr eigenes Interesse. Wir … sprechen ihnen nie von unseren Bedürfnissen, sondern ihren Vorteilen.«

Die sozialen Probleme dieser Epoche der Frühindustrialisierung resultieren aus einem Bündel zusammenwirkender, sich gegenseitig verstärkender sozialer Veränderungen, die durch die Doppelrevolution in Gang gesetzt wurden. Betrachten wir etwas genauer die Entwicklung in Preußen, die beispielhaft die sozioökonomischen Veränderungen in Deutschland widerspiegelt. An erster Stelle ist hier die so genannte Bauernbefreiung (Teil der Stein-Hardenbergschen-Reformen) zu nennen. Die Ersetzung der Feudalbande, der Erbuntertänigkeit und Frondienste durch materielle, kapitalisierte Schuldverpflichtungen der Bauern gegenüber ihrer früheren Guts- und Grundherrschaft führte faktisch zu einer Verelendung großer Teile der Landbevölkerung, die durch die etwa gleichzeitig einsetzende Bevölkerungsvermehrung, ausgelöst vor allem durch die verbesserte Ernährungssituation aufgrund neuer Grundnahrungsmittel (Rüben, Kartoffeln) und durch Produktivitätsfortschritte in der Landwirtschaft, verschärft wurde. Diese so genannte *Pauperisierung* der Landbevölkerung wurde von den Großgrundbesitzern zu dem berüchtigten »Bauernlegen«, dem Ankauf der Höfe der ihren Verpflichtungen nicht mehr nachkommenden Bauern, ausgenutzt. Damit waren wachsende Teile der Landbevölkerung in Preußen entwurzelt, verarmt und allein auf den Verkauf ihrer Arbeitskraft angewiesen.

Im Falle Englands allerdings stützen neuere wirtschaftshistorische Forschungen die heute weit verbreitete Marxsche These einer massiven Verelendung und Vertreibung des Landvolkes in der ersten industriellen Expansionsphase nicht. In Anwendung der nachfrageorientierten Theorie von John Maynard Keynes (1936), ist zu fragen, woher die notwendige Kaufkraft und die Absatzmärkte für die steigende Produktion stammten. Landes (1973) kommt zu dem Ergebnis, dass in England im Gegensatz zum Kontinent im 18. Jahrhundert ein deutlich höheres Pro-Kopf-Einkommen erzielt wurde und auch die Lohnentwicklung in etwa mit der Produktivität mithielt. Es entstand somit ein aufnahmefähiger Binnenmarkt. Der Beitrag der Exportmärkte wird in dieser Phase – im Gegensatz zur Einschätzung von Hobsbawm (1969) – als weniger bedeutsam beurteilt. Die Landvertreibung, Konzentration der Industrie in den Städten, Verelendung und Abkoppelung der Lohnentwicklung vom Produktivitätswachstum setzte erst im 19. Jahrhundert ein, nachdem England als führendes Industrieland weltweit Exportvorteile nutzen konnte, die es teilweise militärpolitisch durchsetzte. Bei der Auswertung der historischen Entwicklungsmodelle zeigt sich immer wieder, dass eine Bedingung erfüllt sein muss. Die Entwicklung der Massenkaufkraft, d.h. faktisch der Löhne, muss mit dem Wachstum der Produktivität einhergehen, um langfristig ein sich selbst tragendes Wachstum zu sichern. Dies ist nicht von vornherein sichergestellt, wie auch heute noch der (Neo-)Liberalismus mit Hinweis auf das Theorem von Jean Baptiste Say unterstellt. Es bedarf zumeist starker Gewerkschaften und einer staatlichen Sozialpolitik, um Löhne und Sozialtransfers parallel zur Produktivitätsentwicklung anzuheben und somit die Massenkaufkraft auf dem Binnenmarkt zu sichern.

Die frühen sozialen Bindungen im Feudalsystem und vor allem in der bäuerlichen Hauswirtschaft boten dem Mitglied dieser Gemeinschaft einen gewissen Schutz gegen die immer vorhandenen Lebensrisiken wie Unfall, Krankheit und Alter. Die Selbstversorgung der bäuerlichen Familie mit den wichtigsten Gütern zum Lebensunterhalt, die Beteiligung aller an der gemeinsamen Leistungserbringung ermöglichte es, den zeitweisen Ausfall der Arbeitskraft einzelner Mitglieder gemeinsam zu überbrücken, die Alten im engeren sozialen Verbund abzusichern und zeitweise von der vollen Mitarbeit freizustellen.

Allerdings wird die lange Zeit ungeprüft akzeptierte These von der überragenden Bedeutung des Sozialverbandes »Großfamilie« heute von den Sozialhistorikern stark relativiert (Laslett 1971). Angesichts der kurzen Lebenszeiten war die Mehrgenerationenfamilie eine Seltenheit. Es gab im vorindustriellen Europa eine Vielfalt von Familienformen und viele Personen, die nicht durch derartige Bindungen geschützt waren (Mitterauer/Siedler 1980). Von besonderer Bedeutung war die »Große Haushaltsfamilie«, in der neben Blutsverwandten auch andere Personen (Mägde, Knechte, Gesellen) integriert waren.

Unter den veränderten Umständen und neuen Bedingungen des gesellschaftlichen Umfeldes wurde die Abdeckung der Lebensrisiken zum öffentlichen Problem – zu einer eigentlich »sozialen« Frage, die nur in größeren Selbsthilfegruppen und/oder durch staatliche Eingriffe zu lösen war. Der wachsende Teil der Bevölkerung, der auf den Verkauf seiner Arbeitskraft angewiesen war, bildete für die in Preußen nur zögernd sich entwickelnde Industrie ein zunächst unerschöpfliches Reservoir an billigen Arbeitskräften. Tatsächlich setzte in Preußen wie auch in den übrigen Teilen Deutschlands die eigentlich stürmische Phase der Industrialisierung erst Mitte des 19. Jahrhunderts ein, angeregt auch durch staatliche investive Vorleistungen, eine Verbesserung des Geldwesens und der Verkehrswege (Chaussee- und Eisenbahnbau). Auf die eigentlichen Gründe dieses zögerlichen Beginns der Industrialisierung kann hier nur hingewiesen werden: staatliche Zersplitterung, späte Gründung des deutschen Zollvereins (1834) und damit Herstellung eines Freihandelsraums über das Territorium des deutschen Bundes, verzögerte Aufklärung und Emanzipation des deutschen Bürgertums von absolutistisch-monarchischer Bevormundung.

Neben und im Zusammenhang mit dem Überangebot an Arbeitskräften durch den beschriebenen Pauperisierungsprozess der Landbevölkerung traten weitere strukturelle Mängel des sich entwickelnden Arbeitsmarktes, die zu einer Zuspitzung der Arbeiterfrage im Frühkapitalismus beitrugen. Staatliche Koalitionsverbote behinderten und verhinderten zum Teil die ohnehin schwierigen Bemühungen von Arbeitern, sich zu organisieren und der »originären« Monopolstellung der Unternehmer auf dem Arbeitsmarkt eine Gegenmacht entgegenzusetzen. Der frühkapitalistische Arbeitsmarkt versagte auch, weil Lohnsenkungen nicht zu einer Verringerung des Arbeitsangebots und damit zur Verknappung führten, die die Unternehmer zu Lohnzugeständnissen hätte zwingen können. Im Gegenteil: um das Notwendigste zum Leben zu verdienen, mussten auch Frauen und Kinder zunehmend ihre Arbeitskraft billig anbieten. Die industrielle Reservearmee wurde dadurch noch erhöht. Die Vermögenslosigkeit der Arbeiter zwang sie zur ununterbrochenen Verwertung ihrer Arbeitskraft auch unter widrigsten Lohn- und Arbeitsbedingungen. Ähnliche Marktbedingungen sind heute auf den Arbeitsmärkten der Dritten Welt häufig anzutreffen. Auch von der Nachfrageseite des Arbeitsmarktes (Unternehmensseite) gingen Tendenzen aus, die einen zügigen Abbau der Arbeitslosigkeit bei fortschreitender Industrialisierung und wachsender Produktion verhinderten: Extensive Ausnutzung der Arbeitskräfte in den Unternehmen durch Verlängerung des Arbeitstages und nicht zuletzt die Freisetzungseffekte zunehmender Arbeitsteilung und Produktivität durch kapitalintensivere (bessere Maschinen) Produktionsverfahren.

Diese und weitere in der ersten, der *extensiven Phase der Industrialisierung* zusammentreffenden Faktoren ließen den Lohn der Industriearbeiter auf das physische Existenzminimum, auf das gerade zum Überleben und zur Reproduktion der Arbeitskraft Notwendige herabsinken. Dass die Ausbeutung der Arbeiter nicht zu allererst auf einen Verfall ethischer Grundsätze bei den Unternehmern zurückzuführen sondern systembedingt war, mit anderen Worten: der Wettbewerb auf den Märkten die Unternehmer zu dauernden Kosteneinsparungen zur Verteidigung ihrer Gewinnspanne, weiterhin zu Akkumulation, d.h. Wiederanlage (Investition) dieser Gewinne im Unternehmen zwang, ist nicht zuletzt der theoretischen Analyse von Karl Marx zu entnehmen. Die periodisch hereinbrechenden Konjunkturabschwünge und ökonomischen Krisen, deren Ursachen u.a. in der mangelnden Massenkaufkraft aufgrund der ungleichen Einkommensverteilung sowie in Überinvestitionsphänomenen und Absatzstockungen zu sehen sind, verschärften die soziale Lage der neu entstehenden Arbeiterklasse, des Proletariats, ins Unerträgliche. Dass auch viele Unternehmer ihre Verantwortung den Arbeitern gegenüber ernst nahmen, sei es in patriarchalischer Tradition (Krupp) oder in schon sozialpartnerschaftlicher Verbundenheit (Abbe), soll hier nicht unterschlagen werden.

Tabelle 2.2: Ursachen der Verelendung der Arbeiterschaft im Frühkapitalismus

Ursachen	Folgen
Bauernbefreiung und Pauperisierung der Landbevölkerung	Vertreibung in die Städte, »doppelt freier« Lohnarbeiter, Entstehen einer industriellen Reservearmee
Instabiler frühkapitalistischer Arbeitsmarkt	permanenter Druck auf die Löhne, dadurch steigendes Arbeitsangebot, Kinderarbeit, in der Folge weiter sinkende Löhne
Originäre Monopolstellung der Unternehmer (Nachfragemonopol auf dem Arbeitsmarkt)	Machtgefälle zu Lasten der Arbeiter, Lohndruck, schlechte Arbeits(schutz-)bedingungen, Überausbeutung der Arbeit, physische und psychische Verelendung
Vermögenslosigkeit der Arbeiter	Arbeit als leicht verderbliche Ware muss ständig verwertet werden, da keine Rücklagen vorhanden, Verstärkung des Machtgefälles
Technischer Fortschritt durch Kapitalakkumulation	Freisetzung von Arbeitskräften, industrielle Reservearmee, Lohndruck
Free-riding Problem der Organisierbarkeit von Gewerkschaften und staatliche Koalitionsverbote gegen Gewerkschaftsbildung	Organisierung und Gegenmachtbildung auf Seiten der Arbeiter dauerte sehr lange (Olson: Kollektivgutproblem)
Unterkonsumptions- und Überinvestitionskrisen	Zyklische Krisen verschärfen die Lage der Arbeiter in der Depression

Eine Hebung des allgemeinen Lebenslageniveaus konnte allenfalls langfristig über ein wachsendes Sozialprodukt (Volkseinkommen) pro Kopf erwartet werden. Pessimistische Prognosen etwa von Robert Malthus (Bevölkerungsgesetz) und Ferdinand Lassalle (Ehernes Lohngesetz) schienen angesichts des immensen Bevölkerungswachstums und der zurückhinkenden Entwicklung von Produktion und Produktivität (durchschnittliche Produktion pro Arbeitsstunde) zunächst recht zu behalten und staatliche Einflussnahmen und Versuche der Arbeiterschaft zur Selbsthilfe von vornherein zum Scheitern zu verurteilen. Auch der in dieser Zeit sich langsam formierenden sozialistischen Bewegung galt Sozialpolitik überwiegend als untaugliches Kurieren am Symptom.

Nach marxistischer Auffassung erwächst die Soziale Frage aus der Ausbeutung des Menschen durch den Menschen in Klassengesellschaften. Damit geht es um die Gesetze der sozioökonomischen menschlichen Entwicklungsgeschichte schlechthin, die als eine dialektische Abfolge von Herrschafts-Knechtschafts-Beziehungen und Klassenkämpfen interpretiert wird. Zu beantworten ist diese Frage nicht mit sozialpolitischen Reformen, sondern nur durch eine radikale revolutionäre Veränderung der Produktions- und Eigentumsverhältnisse, von der neben der Entfesselung der Produktivkräfte, die zu einem ungeahnten ökonomischen Wachstum führen soll, auch eine gerechte Verteilung der Lebenslagen erwartet wird.

Tatsächlich standen also die ersten zaghaften Versuche, sozialpolitische Korrekturen am marktwirtschaftlich-kapitalistischen System anzubringen, im Widerspruch zu den ausgebildeten wissenschaftlichen Theorien des Manchester-Liberalismus (des extremen wirtschaftspolitischen Liberalismus mit der Forderung nach völliger Freiheit der Wirtschaft) und des wissenschaftlichen Sozialismus. Die ersten Bemühungen, die Risiken der Industriearbeiterschaft aufzufangen und die Folgen des Risikoeintritts zu mildern, gehen dann auch nicht von staatlichen Institutionen aus, sondern erwachsen aus patriarchalischem oder auch humanitärem Gedankengut einzelner Unternehmer (in England etwa Robert Owen). Neben den Maßnahmen betrieblicher Sozialpolitik (Kranken- und Unfallversicherung, Pensionskassen) und der Armenhilfe kirchlicher Organisationen sind vor allem die Anstrengungen genossenschaftlicher Selbsthilfeeinrichtungen richtungweisend.

Während in England und Frankreich die ersten staatlichen Schutzbestimmungen – Arbeitszeitbegrenzungen zunächst für Kinder und Jugendliche – unter dem Druck einer sich trotz wiederholter Rückschläge langsam formierenden Arbeiterschaft (Chartisten in England) zustande kamen, waren es in Preußen, wo sich die Arbeiterbewegung erst später parallel mit der industriellen Aufschwungphase nach 1850 entwickelte, vor allem obrigkeitsstaatliche Erwägungen, die zum so genannten Preußischen Regulativ von 1839 führten. Hierbei gaben neben fürsorgerischem Denken vor allem wohl handfeste Interessen an der Erhaltung der Wehrtüchtigkeit der Arbeiterbevölkerung den eigentlichen Ausschlag. Diesem Anfang staatlicher Arbeiterschutzpolitik, der die krassesten Fälle der Ausbeutung von Kinderarbeit verhindern sollte, aber mangels Kontrollmöglichkeiten kaum Anwendung fand, folgten in den nächsten Jahrzehnten wenig weitere Aktivitäten.

Erwähnenswert ist immerhin die Preußische Gewerbeordnung von 1845 mit der Novellierung von 1859, die eine Öffnung der handwerklichen Hilfskassen und Versicherungseinrichtungen (Kranken-, Hilfs-, Sterbe- und Sparkassen) für die Industriearbeiter herbeiführte. Diese Hilfskassen, die sich aus mittelalterlichen Brüderbuchsen (Bergknappen) und Laden der Zünfte entwickelt hatten, wiesen eine Jahrhunderte lange Tradition auf. Mit der Verpflichtung der Unternehmer zur anteilsmäßigen Mitfinanzierung der Kosten, des Rechts auf Selbstverwaltung und der Möglichkeit, die freiwillige Mitgliedschaft durch behördliche

Anordnung verpflichtend zu machen, wurden hier schon wesentliche Gestaltungsprinzipien der späteren Bismarckschen Sozialversicherungspolitik erprobt.

Auf der anderen Seite verlängerte die Gewerbeordnung, getreu der liberalen Maxime, keine Wettbewerbsbeschränkungen zuzulassen, das Koalitionsverbot stellte Arbeitsniederlegungen und Streikaktivitäten unter Strafe und verhinderte damit weitgehend die gewerkschaftliche Organisierung der Arbeiter. Politische Aktivitäten sollten die nach der März-Revolution von 1848 verhängten gesetzlichen Einschränkungen des Vereins-, Demonstrations- und Versammlungsrechts unterbinden. Auch die Aufhebung des Koalitionsverbots und damit die Schaffung des formalen Rechts auf lokalen gewerkschaftlichen Zusammenschluss (überregionale Zusammenschlüsse blieben verboten) in der Gewerbeordnung des Norddeutschen Bundes (1869) und des neu gegründeten Deutschen Reiches (1871) bedeutete noch lange nicht das Ende staatlicher Behinderung gewerkschaftlicher Aktivität, insbesondere von Arbeitskampfmaßnahmen.

2.2   Die Bismarcksche Sozialpolitik

In der ersten Phase industrieller Entwicklung in Preußen standen die sozialpolitischen Aktivitäten unter dem Primat liberaler Wirtschaftspolitik und blieben deshalb sehr bescheiden. Anders ist die folgende Phase deutscher Sozialpolitik unter Bismarck zu beurteilen. Um den staatlichen Einfluss auf Wirtschaft und Gesellschaft in Deutschland zu erhalten und auszubauen und so Macht und Einfluss des Reiches nach innen gegenüber den Bundesstaaten und den gesellschaftlichen Gruppen und nach außen gegenüber den europäischen Staaten zu festigen, war es oberste Maxime seiner Politik, Krisen und oppositionelle Entwicklungen im Inneren zu unterbinden. Neben der Zurückdrängung liberalen Einflusses und bürgerlicher Staatsauffassung (Fortschrittspartei) galt es vor allem, die durch die Industrialisierungswelle nach 1850 stark anwachsende Arbeiterschaft zu befrieden und in die angestrebte hierarchische Gesellschaftsordnung zu integrieren. Nach der Vereinigung der beiden deutschen Arbeiterparteien – des von *Ferdinand Lassalle* 1863 begründeten Allgemeinen Deutschen Arbeitervereins (ADAV) und der von *Bebel und Liebknecht* geführten Sozialdemokratischen Arbeiterpartei – in Gotha im Jahre 1875 zur Sozialistischen Arbeiterpartei Deutschlands (ab 1890: Sozialdemokratische Partei Deutschlands (SPD)) und ihren ersten Erfolgen bei den Reichtagswahlen wurde die Neutralisierung der wachsenden politischen Bedeutung der Arbeiterbewegung zum vorrangigen innenpolitischen Problem. Die Bismarcksche Doppelstrategie – »mit Zuckerbrot und Peitsche«, Sozialversicherungspolitik und Sozialistengesetz –, dieser Gefährdung Herr zu werden, erwies sich letztlich als ein Misserfolg.

Das Verbot sozialistischer Parteien, Vereine, Versammlungen und Schriften durch das Sozialistengesetz von 1878 (aufgehoben erst im Jahre 1890) konnte trotz Verfolgung und hoher Strafen durch eine erfolgreiche Politik der Sozialdemokratischen Partei aus dem Untergrund aufgefangen werden. Auf der anderen Seite führte die Sozialversicherungspolitik – aus der heutigen Sicht zweifelsohne ein sozialpolitisches Jahrhundertwerk – zunächst kaum zur erhofften Integration und Versöhnung der Arbeiterschaft mit dem Staat. Die enge Verbindung beider Gesetzeswerke musste die Sozialversicherung in den Augen der Arbeiter von vornherein kompromittieren. In der berühmten Kaiserlichen Botschaft der Regierungserklärung von Bismarck 1881 wird die Sozialreform mit folgenden Worten angekündigt:

»Schon im Februar diesen Jahres haben Wir Unsere Überzeugung aussprechen lassen, dass die Heilung der sozialen Schäden nicht ausschließlich im Wege der Repression sozialdemokratischer Ausschreitungen, sondern gleichmäßig auf der positiven Förderung des Wohles der Arbeiter zu suchen sein werde. Wir halten es für Unsere Kaiserliche Pflicht, dem Reichstag diese Aufgabe von neuem ans Herz zu legen, und würden Wir mit um so größerer Befriedigung auf alle Erfolge, mit denen Gott Unsere Regierung sichtlich gesegnet hat, zurückblicken, wenn es uns gelänge, dereinst das Bewusstsein mitzunehmen, dem Vaterlande neue und dauernde Bürgschaften seines inneren Friedens und den Hilfsbedürftigen größere Sicherheit und Ergiebigkeit des Beistandes, auf den sie Anspruch haben, zu hinterlassen«.

Wesentliche Strukturelemente dieser neuen Sozialpolitik in den achtziger Jahren des vorletzten Jahrhunderts – 1883 Krankenversicherungsgesetz, 1884 Unfallversicherungsgesetz, 1889 Invaliden- und Altersversicherungsgesetz (Rentenversicherung) – sind noch erhalten und erweisen ihre Funktionsfähigkeit auch unter den heutigen veränderten Bedingungen. Es handelt sich dabei vor allem um das Sozialversicherungsprinzip, eine Mischung aus dem Versicherungsprinzip und dem Solidarprinzip, das Zwangsprinzip einer Pflichtversicherung, das Prinzip des Rechtsanspruchs auf Leistungen (keine Bedürftigkeitsprüfung, kein Nachrang), das Selbstverwaltungsprinzip und das gegliederte System (keine Einheitsversicherung). Heute kommen weitere wichtige Elemente hinzu.

Die Versicherungspflicht war zunächst auf die Industriearbeiter beschränkt. Finanziert wurde das System vor allem über Beiträge der versicherten Arbeiter und/oder ihrer Arbeitgeber. (Staatszuschuss bei der Rentenversicherung.) Dieser Ansatz, die Lebensrisiken Alter, Krankheit, Unfall und Invalidität (zunächst nur: Erwerbsunfähigkeit) außerhalb der Betriebe in einer Versichertengemeinschaft aufzufangen, stellte einerseits eine wichtige Ergänzung der Arbeitsschutzpolitik dar, insofern hier auch Risikofaktoren, die nicht unmittelbar an den Arbeitsplatz geknüpft waren, einbezogen wurden. Zudem bot eine derartige Konstruktion die Möglichkeit, auch nicht erwerbstätige Familienmitglieder (Ehefrau, Kinder) mit in die Solidargemeinschaft aufzunehmen. Dieser Weg wurde dann auch in der Folgezeit beschritten. Andererseits vernachlässigt eine derartige Regelung tendenziell die präventive, Risiken vermeidende und ausschaltende Perspektive.

2.3 Ausbau der Sozialordnung im 20. Jahrhundert

Die Begründung der Sozialversicherung für Arbeiter, die als sozialreformerisches Großexperiment auch im Ausland keine Vorläufer ähnlichen Umfangs besaß, verstieß gegen die herrschenden ökonomischen Lehren des Liberalismus. Sie wurde in der deutschen ökonomischen Diskussion von einer Gruppe pragmatisch orientierter und sozial-konservativer Wissenschaftler – den von ihren Kritikern abschätzig titulierten *Kathedersozialisten* (u.a. Adolph Wagner, Gustav Schmoller) unterstützt, die in der Tradition der *Historischen Schule der National-ökonomie* die kulturellen Besonderheiten jedes Volkes bei der Suche nach der passenden Gesellschafts- und Wirtschaftsordnung betonten.

Die weitere Entwicklung der Sozialpolitik lässt sich als ein fortschreitender Prozess der Angliederung neuer Institutionen an den Kernbereich der Sozialen Sicherung und die Aufnahme weiterer sozial schwacher und gefährdeter Gruppen beschreiben. Dies war kein kontinuierlicher Prozess. Für Reformen günstige Zeiten wechselten in diesem bewegten Jahrhundert mit Perioden, in denen Sozialabbau betrieben wurde. Letztlich jedoch wurde aus den bescheidenen Anfängen ein umfassendes sozialstaatliches System, das etwa ein Drittel des Bruttoinlandsprodukts umverteilt.

Ausgelöst und in Gang gehalten wurde der Prozess der Ausweitung der Sozialen Sicherung auf neue Gruppen und andere Risiken durch verschiedene Faktoren, die auch die ökonomische und gesellschaftliche Dynamik bestimmten. An erster Stelle ist hier die steigende Arbeitsproduktivität in der Industrie zu nennen. Die produzierte Menge pro Arbeitsstunde stieg mit dem technischen Fortschritt, der sich in verbesserten Produktionsanlagen niederschlägt, in bis dahin ungeahntem Ausmaß an. Obwohl die Bevölkerungsentwicklung sich in dieser Phase bei sinkender Geburtenrate aber steigender Lebenserwartung nur langsam stabilisierte, stieg das Sozialprodukt pro Kopf und damit der für Sozialleistungen verfügbare Verteilungsspielraum langsam aber merklich an.

Der steigende Organisationsgrad der Arbeiterschaft in den Gewerkschaften verlieh ihren Lohnverhandlungen und anderen Aktivitäten Nachdruck und ließ die Arbeiterklasse – wenn auch begrenzt – an dem wachsenden Volkseinkommen teilhaben. Dieses Stadium der sozioökonomischen Entwicklung wird von Ökonomen als intensive Phase der Industrialisierung der extensiven Phase des Frühkapitalismus gegenübergestellt. Ein weiteres Kennzeichen dieser Entwicklungsstufe, des Hochkapitalismus, war die weitere Polarisierung der Klassengesellschaft bei ersten Ansätzen zu einer gewissen Differenzierung oder Schichtung, d.h. einer sozialen Aufgliederung auch innerhalb der Arbeitnehmerschaft in die Gruppe der ungelernten Arbeiter, der Facharbeiter, Angestellten und Beamten mit entsprechenden Lohn- und Lebenslageunterschieden.

Die zunehmende Konzentration des Kapitals, Unternehmenswachstum und Fusionen führten zu einer starken Vermachtung der Märkte; die Interventionen des Staates in den Wirtschaftsablauf nahmen zu, Kartellabsprachen waren weitgehend geduldet.

Diese Rahmenbedingungen leiteten natürlich die Sozialpolitik dieser Zeit, eröffneten ihr neue Möglichkeiten und versperrten ihr andere. Umgekehrt wirkten aber die sozialpolitischen Maßnahmen auf das gesellschaftliche, ökonomische und politische System zurück und veränderten es. Durch die Einbeziehung anderer Gruppen in das Sozialversicherungssystem wurde dieses zunehmend zur gesellschaftlichen Basissicherung, die sich an den Durchschnittsrisiken aller Bürger orientiert. Nach den Industriearbeitern und Handwerksgesellen wurden zu Beginn des 20. Jahrhunderts die Angestellten (mit Sonderstatus) und die Landarbeiter und schließlich auch die selbständigen Handwerker mit einbezogen. In der Bundesrepublik schritt dieser Prozess mit der sozialen Alterssicherung der Landwirte und Freiberufler auf freiwilliger oder Pflichtversicherungsbasis und der Abschaffung der Versicherungspflichtgrenze für Angestellte in der Gesetzlichen Rentenversicherung weiter voran.

Tabelle 2.3: Sozialökonomischer Wandel im Hochkapitalismus

Ursachen	Folgen
Steigende Produktivität durch Technischen Fortschritt; neue Produktionstechnik der Massenproduktion	steigende Produktion, steigende Masseneinkommen
Sich langsam stabilisierende Bevölkerungsentwicklung	Einkommensanstieg pro Kopf der Bevölkerung
Steigende Organisationsmacht der Arbeiter	Steigende Löhne, verbesserte Arbeitsbedingungen, Beteiligung der Arbeitnehmervertreter an betrieblichen Entscheidungsprozessen
Zunehmende Konzentration (Oligopole, Kartelle)	steigende Profite, Verbesserung der Verhandlungsposition der Arbeiter
Staatliche Sozialpolitik erhöht und erweitert die Sozialleistungen; erweitert den Kreis der Begünstigten (Angestellte, Landwirte, Frauen, Handwerker)	Angleichung der Lebenslage unterer Schichten; Sozialversicherungsschutz erreicht den Mittelstand (Basissicherung)
Staatliche Politik schafft Beteiligungsrechte für Arbeitnehmer in den Betrieben	Mitbestimmung der Arbeitnehmer im Unternehmen (Betriebsräte)

Nicht nur der Kreis der einbezogenen Gruppen und Personen wuchs ständig, auch die Zahl der abgedeckten Risiken und vor allem die Leistungen erhöhten sich. Einen genauen Überblick über die Entstehung der neuen Institutionen der Sozialen Sicherheit vermittelt hier die Zeittafel im Anschluss an dieses Kapitel.

Erwähnt seien an dieser Stelle die Jugendhilfe (1922/1961), die Fürsorge oder Sozialhilfe (1924/1961), die Arbeitsvermittlung, Arbeitslosenversicherung und Arbeitsförderung (1927/1969), die Vermögensbildung (1961), die Ausbildungsförderung (1971) und die soziale Pflegeversicherung (1994). Hinzu traten Institutionen, um die Folgen zweier Weltkriege durch eine staatliche Versorgung der Kriegsopfer und Flüchtlinge zu lindern.

In diesem kurzen geschichtlichen Rückblick konnten nur die wesentlichen Entwicklungsstränge dargestellt werden. Keineswegs darf man sich den Gang der Ereignisse so kontinuierlich vorstellen, wie die Darstellung vermuten lassen könnte. Kriege, Wirtschaftskrisen und nicht zuletzt politische Veränderungen führten zu Rückschlägen und Neuanfängen. Vor allem ist die Bedeutung der Demokratie für die Entwicklung der Sozialordnung einer Gesellschaft zu betonen, wie die Erfahrungen im Dritten Reich und auch in der DDR gezeigt haben. Totalitäre Systeme schränken vor allem die Rechte der organisierten Arbeitnehmer ein, um oppositionelle Bewegungen zu verhindern.

Eine neue qualitative Dimension gewann die Sozialordnung durch die radikalen Veränderungen des Verhältnisses von Kapital und Arbeit auf dem Arbeitsmarkt und in den Unternehmen – eine Veränderung, die von den Arbeitern und ihren Gewerkschaften den Arbeitgebern in zähen Kämpfen schrittweise abgerungen wurde. Die historische Entwicklung dieses Bereichs der Sozialordnung ist noch in kurzen Zügen nachzuzeichnen, weil damit die Machtverhältnisse in der Wirtschaft – vor allem auf dem Arbeitsmarkt – durch den Aufbau einer Gegenmacht entscheidend verändert wurden.

Parallel zu den schon erwähnten Ansätzen einer parteipolitischen Organisierung der Arbeiter wurden ab 1868/69 nach Aufhebung des Koalitionsverbots auch auf breiterer Basis Gewerkschaften gegründet. Eine einheitliche Gewerkschaftsbewegung kam zunächst noch nicht zustande. Neben den liberalen – Arbeitskämpfe ablehnenden – Hirsch-Dunckerschen Gewerkvereinen gab es auch im sozialistischen Lager bis 1875 zwei Flügel (Lassalleaner/Eisenacher), von denen nur die Eisenacher (Bebel und Liebknecht) eine starke und unabhängige Gewerkschaftsbewegung befürworteten und ansatzweise organisierten. Der wachsende Einfluss organisierter Arbeitermacht, der durch ein Anwachsen der Zahl der Streiks in der Gründerkrise des Deutschen Reiches (Wirtschaftskrise nach 1873) deutlich wurde, erfuhr durch das Sozialistengesetz eine erhebliche Einschränkung, so dass der eigentliche Aufschwung der Gewerkschaftsbewegung in Deutschland erst in den 1890er Jahren und zu Beginn des 20. Jahrhunderts stattfand. Die Mitgliederzahl der Gewerkschaften und damit der

Organisationsgrad der Arbeiter stieg von 300.000 im Jahre 1892 über 600.000 im Jahre 1899 auf 2,5 Millionen im Jahre 1913. Hierzu trugen sicher auch die Arbeitslosenkassen bei, mit der viele Gewerkschaften arbeitslos gewordene Mitglieder unterstützten und damit Anreize zur Mitgliedschaft boten.

Neben den freien (sozialistischen) Gewerkschaften, die sich 1892 durch Zentralverbände (nach Berufsgruppen) und eine Generalkommission ihrer Zersplitterung entledigten, und den Hirsch-Dunckerschen Gewerkvereinen bildeten sich 1894 als dritte Gruppe die christlichen Gewerkschaften. Die überragende Stellung der freien Gewerkschaften, die in engster Verbindung zur Sozialdemokratischen Partei standen, konnte durch diese vergleichsweise mitgliederschwachen und Arbeitskämpfen abgeneigten Gruppierungen kaum geschmälert werden. Daneben existierten noch »gelbe« Wahlvereine, wirtschaftsfriedliche beziehungsweise nationalistische Gruppierungen, die zum Teil seitens der Unternehmer gegründet und unterstützt wurden. Diese Gruppen vertraten dementsprechend auch keine gewerkschaftlichen Forderungen, sondern traten vielfach sogar als Streikbrecherorganisationen in Erscheinung.

Nach anfänglichem – ideologisch begründeten – Widerstand gegen tarifpolitische Lösungen, also Absprachen über Lohn- und Arbeitsbedingungen mit der Unternehmerseite, setzte sich nach 1900 eine pragmatische Linie durch, und die Zahl der Tarifabschlüsse stieg immens an. Damit hatte sich die Arbeitsmarktstruktur entscheidend umgebildet. Das ursprüngliche Nachfragemonopol der Unternehmer, begründet auf dem Abschlusszwang der Arbeitssuchenden und dem freien individuellen Arbeitsvertrag, wurde durch Arbeitergegenmacht zunehmend ausgeglichen.

Parallel zu dieser Veränderung der Arbeitsmarktbedingungen lässt sich auch ein allmählicher Wandel der Betriebs- und Unternehmensverfassung ausmachen, der nur ungenügend durch die gesetzliche Entwicklung in diesem Sektor wiedergegeben wird. Mit der Novelle zur Gewerbeordnung von 1891 wurden Arbeiterausschüsse in den Betrieben eingerichtet und Rahmenbedingungen für Arbeitsordnungen vorgegeben. Doch erst das Hilfsdienstgesetz von 1916 führte unter dem Druck der Verhältnisse im Ersten Weltkrieg obligatorische, paritätisch besetzte Betriebsausschüsse bei gleichzeitiger Anerkennung der gewerkschaftlichen Organisation in den Betrieben ein. Waren diese Aktivitäten auch untaugliche Mittel einer Integration der Arbeiter in den Betrieb, da von einer wirklichen Mitbestimmung nicht die Rede sein konnte, so zeigten diese Zugeständnisse doch die allgemeine Verunsicherung über den wachsenden Organisationsgrad der Industriearbeiter.

Der entscheidende Schritt wurde erst unter den veränderten politischen Vorzeichen der Weimarer Republik mit dem Betriebsrätegesetz von 1920 getan, in dem die Arbeitnehmer durch einen frei gewählten Betriebsrat wichtige Mitwirkungsrechte in sozialen und personellen Fragen der Unternehmenspolitik erhielten. Mit der Tarifvertragsordnung von 1918, die Tarifabschlüsse als Mindeststandard individueller Arbeitsverträge garantierte, der Weimarer Reichsverfassung von 1919, in der Koalitions- und Tarifrecht verankert wurden und dem Gesetz über Arbeitsvermittlung und Arbeitslosenversicherung von 1927 wurden auch auf dem Arbeitsmarkt wichtige gewerkschaftliche Forderungen erfüllt. Die erkämpfte Tarifautonomie wurde durch die immer häufiger auch von den Gewerkschaften beanspruchte staatliche (Zwangs-)Schlichtung ausgehöhlt. Nicht zuletzt diese Erfahrungen der Überforderung des Staates bei der Regulierung von Löhnen und Arbeitsbedingungen ebneten den Weg zu einer wirklichen Verbandsautonomie im Tarifvertragswesen der Bundesrepublik Deutschland.

Neben dem Zerfall der politischen Mitte und dem Erstarken links- und rechtsextremer Parteien war es die Weltwirtschaftskrise nach 1929, an der die Weimarer Republik zerbrach. Aus heutiger Sicht wurden dabei gerade in der Arbeitsmarkt- und Sozialpolitik gravierende Fehler gemacht, die zur Tiefe der Depression entscheidend beitrugen. Beschäftigungsrelevante Staatsausgaben wurden beschnitten, aktive Beschäftigungsprogramme blieben in der Schublade, die Geldleistungen der gerade erst neu konzipierten Arbeitslosenversicherung wurden drastisch gekürzt und damit die Massenkaufkraft nachhaltig reduziert.

Auch wenn man die außenpolitischen Zwänge (Reparationsforderungen) bedenkt, konnte die eingeleitete Deflationspolitik zur Erwirtschaftung von Handelsüberschüssen nur zu einem Desaster führen. Das Ruder wurde nur halbherzig und verspätet umgelegt, so dass die Nationalsozialisten davon politisch profitieren konnten. Durch massive Beschäftigungsprogramme (vor allem in Rüstung und Straßenbau) gelang dem Nazi-Regime ein schneller Abbau der über 5 Mill. Arbeitslosen; ein Erfolg, der leider dem Ansehen des Regimes zu Gute kam und es damit stabilisierte.

Das System sozialer Sicherung wurde in seiner Gliederung und Struktur beibehalten, die Selbstverwaltung allerdings durch eine hierarchische staatliche Führung ersetzt. Durch ein weitgehendes Einfrieren der Sozialleistungen gelang es, die Finanzen zu konsolidieren und schließlich in Folge des Rückgangs der Arbeitslosigkeit Überschüsse zu erzielen. Diese Mittel wurden in die Aufrüstung zur Kriegsvorbereitung gesteckt.

Die Folgen des Nazi-Regimes für die von der Arbeiterschaft errungenen Fortschritte bei der Neutralisierung der ökonomisch fundierten Macht der Kapitaleigner waren verheerend. Die freien Gewerkschaften wurden aufgelöst und die frei gewählten Betriebsräte abgesetzt. Die Lohnhöhe wurde durch den nationalsozialistischen Staat diktiert und die Betriebe und Verwaltungen nach dem Führerprinzip organisiert.

2.4 Die Entwicklung zum Sozialstaat Bundesrepublik Deutschland

Die Wiederaufbauphase nach dem Zweiten Weltkrieg wurde zur entscheidenden Orientierungsphase der bundesdeutschen Sozialpolitik, die bis heute die Sozialordnung prägt. Dominierten Wieder- oder Neuaufbau, Restauration oder Reform in dieser Zeit? Wohin führten die damals gestellten Weichen? Wir wollen aus unserer Sicht eine knappe Einschätzung der bisherigen Entwicklung vornehmen. Dabei sind verschiedene Stränge der sozial- und wirtschaftspolitischen Entwicklung zu unterscheiden.

Zunächst und vor allem erzwang die Notlage breiter Bevölkerungsschichten als Folge des Zweiten Weltkriegs und der Vertreibung aus den Ostgebieten eine pragmatische und an den begrenzten materiellen Möglichkeiten ausgerichtete Politik des sozialen Ausgleichs dieser Belastung. Der Sozialpolitik der ersten Phase ist sicher zu bescheinigen, diese ihre vordringlichste Aufgabe (Kriegsopferversorgung, Lastenausgleich) nach Maßgabe des Möglichen erfüllt zu haben.

Richtungweisend für die Entwicklung der Sozialordnung musste sich vor allem die Entscheidung für die Wirtschaftsordnung der »sozialen Marktwirtschaft« auswirken, die nach anfänglichen eher sozialistischen Leitvorstellungen in den großen Parteien – CDU und SPD – von der CDU-Regierung seit der Währungsreform von 1949 endgültig angestrebt wurde.

Während der Begriff »Marktwirtschaft« in seiner Bedeutung trotz erheblicher Unterschiede in den praktischen Ausprägungen theoretisch recht eindeutig zu fassen ist (gemeint ist ein ökonomisches System, in dem die Güter, Dienstleistungen und Produktionsfaktoren über Wettbewerbsmärkte und Preise gesteuert werden), lässt das Adjektiv »sozial« in dieser Verbindung mehr Fragen offen als es beantwortet. Gemeint kann einmal sein, dass die Marktwirtschaft als solche sozial ist, da sie den liberalen Thesen zufolge die bestmögliche Güterversorgung, eine leistungsgerechte Einkommensverteilung und eine Bindung der Produzenten an die Bedarfsentscheidungen der Konsumenten – daher eine soziale Ausrichtung der Produktion – hervorbringt. Zum anderen kann auch gemeint sein, dass in der Marktwirtschaft bestimmte Bedürfnisse systematisch vernachlässigt werden und Risiken auftauchen, so dass als Ergänzung und zur Milderung der einseitigen Ergebnisse einer Konkurrenzwirtschaft ein sozialer Ausgleich notwendig ist.

Das Ordnungsmodell »Soziale Marktwirtschaft« stellt nach der Intension des Schöpfers dieses Begriffs – Alfred Müller-Armack – einen dritten Weg zwischen reiner kapitalistischer Marktwirtschaft und Sozialismus dar. Im Mittelpunkt der ordnungspolitischen Gestaltungsaufgabe des Staates steht nach dieser Interpretation zunächst die Wirtschaftsordnung. Die Sozialordnung – so notwendig der soziale Ausgleich und die Abdeckung der Lebensrisiken auch ist –

ist an die marktwirtschaftliche Ordnung so anzupassen, dass die effiziente Allokation nicht gestört wird. Als Voraussetzung für eine umverteilende Sozialpolitik gilt eine strenge Ordnungspolitik, die den innovativen Kräften des Wettbewerbs ihren Raum lässt.

Die Entscheidung für die Wirtschaftsordnung der »Sozialen Marktwirtschaft« erwuchs ordoliberalem und neuliberalem Gedankengut und ist mit den Namen Walter Eucken, Wilhelm Röpke, Alexander Rüstow, Alfred Müller-Armack und Ludwig Erhard verknüpft. Ihre Erwartungen, mit diesem Ordnungsmodell ein System materieller Anreize geschaffen zu haben, das ein hohes Maß an Effizienz und Produktivität garantiert, gingen weitgehend in Erfüllung. Man spricht noch heute zur Charakterisierung des immensen wirtschaftlichen Aufschwungs in den fünfziger Jahren von der Phase des »deutschen Wirtschaftswunders«. In dieser Periode der sozialökonomischen Entwicklung konzentrierte der Staat seine Aktivitäten vor allem auf den politischen Schutz der Wettbewerbsordnung vor immanenten Selbstzerstörungstendenzen durch Kartelle und marktbeherrschende Unternehmen und auf steuerpolitische Anreize zur Kapitalbildung und Selbstfinanzierung von Investitionen.

Zu dieser Erneuerung und Stärkung marktwirtschaftlich-kapitalistischer Strukturen passte ohne Zweifel die Weiterführung und Erneuerung der tragenden Stützen der Sozialordnung, des schon im Kaiserreich begründeten und in der Folgezeit ausgebauten Systems der Sozialen Sicherheit. Die Erneuerung des Systems ging im Gleichklang mit der ökonomischen Entwicklung schnell vonstatten. Da es die sich bessernden wirtschaftlichen Verhältnisse bald gestatteten, konnte auch frühzeitig an einen Ausbau des Systems gedacht werden, wobei sich aber die in der Wissenschaft (Mackenroth, Auerbach, Achinger) genährten Hoffnungen auf eine rationale Neukonzeption in Form eines umfassenden Sozialplans für Deutschland nicht erfüllten.

Es waren vor allem zwei Innovationen, die zukunftsweisend wirkten. Die eine bedeutsame Neuerung, die wir mit dem Stichwort »Dynamisierung der Einkommensersatzleistungen« charakterisieren wollen, wurde bei der Reform der Rentenversicherung im Jahre 1957 eingeführt. Die automatische Anpassung der Renten an die allgemeine Lohn- und Gehaltsentwicklung unter Zugrundelegung einer mathematischen Anpassungsformel (Rentenformel) ließ die Rentner Jahrzehnte lang am wachsenden Wohlstand teilhaben. Dieser Markstein sozialpolitischer Entwicklung wurde nicht nur richtungweisend für den weiteren Ausbau des gesamten Sozialen Sicherungssystems der Bundesrepublik Deutschland, sondern eröffnete auch international neue Perspektiven.

Hatten die Sozialleistungen bis dahin eine ergänzende Funktion, so dass weitere Einkommensquellen notwendig waren, um vor allem die Altersarmut abzuwenden, so wurde mit der Rentenreform von 1957 eine zweite sozialpolitische Innovation eingeführt: Die Sozialrenten wurden auf ein Niveau gehoben, das den Lebensstandard im Alter für langjährig beschäftigte Arbeitnehmer und ihre Ehepartner sichern sollte .

In einer späteren Phase wurden ganz neue Zielvorgaben im Sinne einer gesellschaftsgestaltenden Politik entwickelt. Dass gerade die Bereiche Jugend, Familie und Arbeitsmarkt besondere Aufmerksamkeit auf sich zogen, lag daran, dass hier strukturelle Schwachstellen marktwirtschaftlicher Systeme vorliegen. Es bildeten sich Disproportionalitäten, die sich zunehmend vertieften und einen starken Problemdruck im Sozialstaat erzeugten. Die Entscheidung für die Marktwirtschaft führte fast zwangsläufig, da politische Korrekturen ausblieben, zu einer weiteren Differenzierung und Verfestigung der ungleichen Einkommens- und Vermögensverteilung. Auch der Zugang zu den Bildungseinrichtungen und damit die Qualifizierung für berufliche Positionen mit höherem Einkommen und besserem sozialen Status war bis Ende der 1960er Jahre faktisch den Angehörigen der mittleren und oberen Schichten in der Bundesrepublik vorbehalten, da die materielle Absicherung während des Studiums und die individuellen Kosten beruflicher Bildung die ökonomischen Möglichkeiten vor allem der Arbeiterschicht bei weitem übertrafen, von den sozialen und kulturellen Barrieren, deren Abbau sich noch als weit schwieriger erweisen sollte, einmal ganz abgesehen. Die Absicht, hier mehr gesellschaftliche Chancengleichheit zu verwirklichen und die festgestellten Lebenslagedefizite unterprivilegierter Schichten auszugleichen, fand breite gesellschaftliche Zustimmung.

Weiter als diese positiven Neuansätze staatlicher Sozialpolitik reichten die Veränderungen, die das Verhältnis von Kapital und Arbeit in der Entstehungsphase der Bundesrepublik erfuhr. Es handelte sich dabei um einen echten Neubeginn, als mit den Institutionen der Tarifautonomie (Tarifvertragsgesetz von 1949) und der betrieblichen Mitbestimmung (Betriebsverfassungsgesetz von 1952, Betriebsratskonzept) die Errungenschaften der Weimarer Republik nicht nur übernommen, sondern zu Gunsten der Arbeitnehmer und der Gewerkschaften erheblich verbessert wurden. Eine neue qualitative Dimension gewann dieses Verhältnis durch die Einrichtung der paritätischen Mitbestimmung der Arbeitnehmervertreter auf Unternehmensebene (Montanmitbestimmung von 1951).

Allerdings wurde die Gleichberechtigung von Arbeit und Kapital bei Unternehmensentscheidungen nur im Montanbereich (Kohle/Stahl) verankert und auch hier nur auf massiven Druck der Gewerkschaften, während das Betriebsverfassungsgesetz ein Jahr später für alle übrigen Branchen nur eine Ein-Drittel-Beteiligung der Arbeitnehmervertreter im Aufsichtsrat vorsah. Dieser aus gewerkschaftlicher Sicht gesellschaftspolitische Rückschritt lässt sich aus der fortschreitenden Identifizierung der Bundesregierung Konrad Adenauers und der sie tragenden Parteien mit den Grundprinzipien der marktwirtschaftlichen Ordnung und der Garantie der Unternehmerautonomie deuten. Trotz oder gerade wegen dieses Rückschlags auf dem Weg zur vollen Parität blieb das Thema gleichberechtigter Arbeitnehmermitbestimmung aktuell. Mit dem Mitbestimmungsgesetz von 1976 wurden in der Regierungszeit der sozialliberalen Koalition weitere Fortschritte erzielt; die volle Parität im Aufsichtsrat wurde den Arbeitnehmern aber nicht zugesprochen.

Lange Zeit galt die Tarifautonomie und die darauf aufbauende Tarifpolitik der Arbeitsmarktverbände als eine der erfolgreichsten Institutionen überhaupt. Die nach dem Industrieprinzip organisierten, weltanschaulich nicht gebundenen Gewerkschaften (Einheitsgewerkschaft) handelten mit ihrem Gegenpart auf dem Arbeitsmarkt, den Arbeitgeberverbänden, Lohn- und Arbeitsbedingungen verbindlich aus. Der relativ sparsame Einsatz von Arbeitskampfmitteln wie Streik und Aussperrung und die insgesamt eher maßvolle Lohnpolitik der Gewerkschaften seit Bestehen der Bundesrepublik haben die Institutionen der Tarifautonomie lange vor Krisen bewahrt. Doch diese Zeit ist seit Mitte der 1990er Jahre vorbei und die Konflikte um die bewährte Institution des Flächentarifvertrags nehmen zu.

2.5   Die Sozialpolitik in der DDR

In Folge der deutschen Teilung nahm die Entwicklung in Ostdeutschland eine andere Richtung als im Westen. Nach der kommunistischen Idee war Sozialpolitik der Versuch zur Stabilisierung des kapitalistischen Systems durch minimale Arbeitsschutz- und Sozialleistungen. In der entwickelten sozialistischen Wirtschaft glaubte man auf ein Instrument verzichten zu können, das im Kapitalismus zur unzureichenden Kompensation von Schäden des inhumanen Systems und zur Kontrolle der Arbeiter diente. Die sozialistische geplante Wirtschaft dagegen sollte präventiv Schäden in der Entstehung verhindern.

Für eine Übergangszeit galt eine sozialistische Sozialpolitik jedoch als unverzichtbar. So erhielt die Sozialpolitik in der DDR alle Merkmale eines planwirtschaftlichen Systems. Im Mittelpunkt standen nicht die direkten Einkommensübertragungen z.B. an Rentner oder kranke Arbeitnehmer, sondern hohe Preissubventionen für Güter des Grundbedarfs wie Nahrungsmittel, Wohnung, Gesundheitsgüter und öffentliche Verkehrsmittel. Die staatlichen Höchstpreisverordnungen, die diese Güter für die Verbraucher äußerst billig machen, führen in marktwirtschaftlichen Systemen zu Angebotsverknappungen, Versorgungsengpässen und in der Folge zu schwarzen Märkten. Durch direkte staatliche Produktion oder Subventionierung verbliebener privater Anbieter wird dieser Engpass planwirtschaftlich überwunden. In der Praxis zeigten sich jedoch erhebliche Umsetzungsprobleme. Niedrigpreise führten zu steigender Nachfrage und oftmals zu Verschwendung. Diese ineffiziente Allokation vergeudete Ressourcen und führte dazu, dass die Versorgung in Qualität und Quantität erhebliche Mängel aufwies. Es wurde jahrelang von der Substanz gelebt, notwendige Reinvestitionen etwa im Wohnungsbau oder bei den Verkehrswegen unterblieben. Preissubventionen sind zudem eine teure Form der Sozialpolitik mit der Gießkanne. Alle Bürger −auch die Besserverdienenden − werden subventioniert.

Neben dieser indirekten Form sozialpolitisch motivierter Eingriffe existierte auch in der DDR eine Sozialversicherung mit zwei Versicherungsträgern. Alle Arbeiter und Angestellten (über 90 Prozent der Bevölkerung) waren unter der Trägerschaft des Freien Deutschen Gewerkschaftsbundes (FDGB) in einer Einheitsversicherung erfasst. Auch der zweite Träger, die staatliche Versicherung der DDR, die Freiberufler, Selbständige und sonstige Gruppen pflichtversicherte, war nach dem Prinzip der Einheitsversicherung organisiert, die Unfall-, Kranken- und Rentenversicherung umfasste und aus einem gemeinsamen Topf finanziert wurde. Beiträge zu freiwilligen Zusatzrenten wurden von 80 Prozent der Bürger entrichtet.

Gespeist wurde dieser Topf nach dem Umlageverfahren aus relativ niedrigen Beiträgen von Arbeitnehmern und Betrieben (10 Prozent bzw. 12,5 Prozent der Lohnsumme) und einem erheblichen Staatszuschuss von zuletzt 45 Prozent der Einnahmen. Die niedrige Beitragsbemessungsgrenze lag bei 600 Ostmark (1988). Entsprechend niedrig waren die Lohnersatzleistungen. Die Durchschnittsrenten erreichten mit 382 Ostmarkt für Altersruhe und 404 Ostmark für Invalidität (1989) nur ca. 35 Prozent des durchschnittlichen Nettoeinkommens der Aktiven und selbst die Höchstrente von 510 Ostmark erreichte gerade einmal 50 Prozent davon. Da die Spannweite zwischen der Höchst- und Mindestrente in der DDR sehr gering war, ist ein direkter Vergleich mit den bundesdeutschen Rentenleistungen, die je nach Beitragsvorleistungen erhebliche Abweichungen von den Durchschnittswerten zulassen, nicht möglich. Eine jährliche Dynamisierung der Renten fand in der DDR nicht statt. Erhöhungen wurden allerdings alle 3−5 Jahre vorgenommen (Vortmann 1988). Für bestimmte Gruppen (u.a. Mediziner, Pädagogen) existierten zusätzliche Versorgungseinrichtungen zur Aufbesserung der späteren Renten.

Im Krankheitsfall standen den Bürgern medizinische Sach- und Dienstleistungen ohne Selbstbeteiligung zur Verfügung. Die Kosten trugen die beiden Sozialversicherungen. Krankengeld wurde an Arbeitnehmer längstens 78 Wochen gezahlt. In den ersten 6 Wochen erreichte es 90 Prozent des Nettoverdienstes, danach sank es in Abhängigkeit von der Zahl der Kinder bis auf 65 Prozent ab. War der Arbeitsausfall durch Unfall verursacht, betrug die Geldleistung 100 Prozent des Verdienstes.

Sehr große Anstrengungen wurden auf dem Gebiete der Mutterschafts- und Familienleistungen unternommen, wobei ein zentrales Ziel die möglichst vollständige Mobilisierung der Erwerbsarbeit der Frau war. So existierte neben einem Schwangerschafts- und Nach-Entbindungsurlaub von insgesamt 26 Wochen (Transferleistung 100 Prozent des Nettoverdienstes) eine ein- bis anderthalbjährige Freistellung zur Kindererziehung. Die Geldleistung entsprach dem Krankengeld nach der sechsten Woche.

Vor allem aber erleichterte ein flächendeckendes Angebot von Kinderbetreuungseinrichtungen die Vereinbarkeit von Familie und Beruf. Kindergeld von 50 bis 150 Mark, gestaffelt nach der Zahl der Kinder, Mietbeihilfen und weitere familienorientierte Zuwendungen waren Maßnahmen einer Familienpolitik, die eine deutlich höhere Geburtenrate begünstigte, als sie in der Bundesrepublik zu verzeichnen war. So gab es im Jahr 1985 13,7 Lebendgeborene pro 1.000 Einwohner, während es im Westen nur 9,6 waren.

In das Netz der Sozialfürsorge, deren Leistungen noch etwas unterhalb der Renten lagen, fielen nur sehr wenige Bedürftige, deren Erwerbsfähigkeit stark gemindert war und die keine anderweitigen Rentenansprüche hatten. Es wurden große Anstrengungen gemacht, auch Personen, deren Leistung erheblich gemindert war, einen Arbeitsplatz zu verschaffen. So konnten die Betriebe zu Einstellungen verpflichtet werden.

2.6 Sozialunion und Aufbau Ost

Mit dem Staatsvertrag vom 1.7.1990 über die Schaffung einer *Währungs-, Wirtschafts- und Sozialunion* zwischen der Bundesrepublik Deutschland und der DDR wurde auch die zukünftige gesamtdeutsche Sozialordnung bestimmt. Die Sozialunion führte in allen wesentlichen Strukturelementen zu einer Übernahme der bundesdeutschen Arbeitsrechtsordnung (Artikel 17 Staatsvertrag) und des Systems der Sozialen Sicherung (Art. 18ff.) in den neuen Bundesländern. Das Nettorentenniveau in der DDR wurde nach Artikel 20 des Staatsvertrages so festgesetzt, dass ein Rentner mit 45 Versicherungsjahren und einem durchschnittlichen Verdienst über die Jahre hinweg 70 Prozent des durchschnittlichen Nettoverdienstes in der DDR erhielt. Die bundesdeutsche Rentenformel wurde auch in der DDR eingeführt (vgl. Kapitel 8.1). Eine Besitzstandsgarantie sorgte dafür, dass mindestens die bisherige Rente auch in DM ausgezahlt wurde.

Tabelle 2.4 : Die Währungs-, Wirtschafts- und Sozialunion 1990

Währungsunion	Wirtschaftsunion	Sozialunion
DM wurde die gemeinsame Währung	Die DDR legt die Grundlagen für die Einführung der sozialen Marktwirtschaft	Übernahme des bundesdeutschen Sozialversicherungssystems im Gebiet der DDR
Deutsche Bundesbank als Zentrale Notenbank	Privateigentum	Übernahme der bundesdeutschen Sozialhilferegelung
Regelung des Währungsumtauschs	Wettbewerbsfreiheit	Tarifautonomie, Koalitionsfreiheit und Streikrecht nach bundesdeutschem Vorbild
	Gewerbefreiheit	Mitbestimmung, Betriebsverfassung und Kündigungsschutz nach bundesdeutschem Vorbild
	Freier Verkehr von Waren, Kapital und Arbeitskräften	

Auf wichtige Besonderheiten der Sozialordnung in den neuen Ländern werden wir bei der Darstellung der einzelnen Institutionen (Arbeitsbeziehungen, Arbeitsmarkt, Rentenversicherung) noch genauer eingehen. An dieser Stelle soll ein allgemeiner Überblick über die Entwicklung wichtiger Sozialindikatoren gegeben werden, dem eine kurze Einschätzung der weiteren Entwicklung folgen soll.

Die wirtschaftliche Entwicklung in den neuen Bundesländern zeigt einerseits große Fortschritte, weist andererseits nach wie vor erhebliche Defizite aus.

Tabelle 2.5: Ost-West Vergleich (West = 100)

	1991	1995	2000	2004
Bruttoinlandsprodukt BIP pro Einwohner	33	59	60	64
Haushaltsnettoeinkommen	54	79	80	77
Produktivität: reales BIP pro Erwerbstätigen	42	65	69	72
Lohnstückkosten	119	114	112	109
Investitionen pro Einwohner	66	149	110	95
Kapitalstock je Beschäftigten	40	56	73	80
Arbeitslosenquote	207	180	239	228
Sozialbudget in Prozent des BIP-Ost	184	157	164	161

Quelle: IdW (2005): Deutschland in Zahlen, Tabelle 11.12.

Grundlage de Wachstums sind Investitionen. Die Investitionsquote (bezogen auf das eigene Bruttoinlandsprodukt) in den neuen Bundesländern stieg in den 1990er Jahren bis auf 60 Prozent. Das war ein sonst nie erreichter internationaler Spitzenwert. Allerdings ging ein Großteil in die Bauinvestitionen. Der Bau war damit die Wachstumslokomotive der ersten Jahre für den Osten, die die anderen Branchen nachzog. Inzwischen sind die Investitionen pro Einwohner (vgl. Tabelle 2.5) wieder unter das westdeutsche Niveau gesunken, ohne dass es bisher zu einer wirklichen Angleichung der Lebensverhältnisse gekommen ist. Das durchschnittliche Haushaltsnettoeinkommen liegt bei knapp 80 Prozent des westlichen und wird weiterhin nur zum Teil aus eigener Kraft erwirtschaftet. Das BIP pro Kopf ist auf 64 Prozent des Westniveaus (2004) gestiegen. Allerdings geht die Entwicklung langsamer als erwartet voran und der Lebensstandard (Hauhaltsnettoeinkommen) wird in den neuen Bundesländern immer noch stark durch West-Ost Sozialtransfers gestützt. So erreicht das gesamte Sozialbudget Ost 161 Prozent der eigenen Wertschöpfung gemessen am BIP in den neuen Bundesländern.

Die nachholende Entwicklung droht ins Stocken zu geraten, wenn die Investitionen weiter sinken sollten. Damit keine Stagnation entsteht, muss die Reindustrialisierung des Ostens weiter mit erheblichen Transfers aus dem Westen subventioniert werden. In der Anfangsphase war ein ungleichmäßiges Wachstum (unbalanced growth) mit dem Einbruch bei den alten Industrien und der Bauwirtschaft als Lokomotive kaum vermeidbar. Um aber zu einem sich selbst tragenden Aufschwung zu kommen, müssen die immer noch vorhandenen sektoralen Defizite (zu geringer Anteil des produzierenden Gewerbes) möglichst zügig abgebaut werden. Man muss sich über die notwendige Dauer einer nachholenden Entwicklung klar sein. Die Wirtschaftskraft im Osten ist von 1995 bis 2004 nur um 5 Prozentpunkte von 59 Prozent auf 64 Prozent der westdeutschen näher gerückt. Soll in zehn Jahren die Wirtschaftskraft der neuen Länder auf 80 Prozent der westlichen steigen und damit das definierte Konvergenzziel erreicht werden, muss das östliche BIP in dieser Phase jedes Jahr in etwa die doppelte Wachstumsrate im Vergleich zur westlichen erreichen. Das erscheint angesichts der bisherigen Erfahrungen eher unrealistisch, zumal die Abwanderung der produktiven Kräfte anhält.

Im Jahr 2005 dürfte die Summe von 1,5 Bio. Euro Brutto-Transferleistung in die ostdeutschen Länder erreicht worden sein. Der Sachverständigenrat kam bei seiner überschlägigen Rechnung im Jahresgutachten 2004/2005 auf einen Bruttotransfer von 1.280 Mrd. Euro in den Jahren von 1991 bis 2003. Zieht man die im Osten geleisteten Steuern und Abgaben davon ab, bleibt ein Nettotransfer von 980 Mrd. Euro.

630 Mrd. – das sind fast 50 Prozent der Bruttotransfers – entfielen auf »sozialpolitisch motivierte Ausgaben« (SVR Jg. 2004/2005, Tabelle 100). Da sich in den übrigen Positionen auch noch sog. konsumtive Anteile nachweisen lassen, werden die staatlichen Transfers, die in Investitionsprojekte geflossen, auf ca. 40 Prozent der Bruttotransfers geschätzt. Das Institut für Wirtschaftsforschung Halle (IWH) berechnete für 2003, dass die Nettotransfers von knapp 70 Mrd.

Euro zu 21,4 Prozent von den Bundesländern (West), zu 35,9 Prozent von den Sozialversicherungen und zu 42,7 Prozent vom Bund finanziert wurden. Bedenklich erscheint einerseits, dass die direkte staatliche Wirtschaftsförderung von Unternehmen eine leicht fallende Tendenz aufweist und andererseits die hohe Belastung der Sozialversicherung. Dadurch werden die Arbeitnehmer und Arbeitgeber stark belastet (Lohnnebenkosten) und besserverdienende selbständig Erwerbstätige und Kapitaleinkommensbezieher im Vergleich zu den steuerfinanzierten Transfers entlastet. Schätzungen ergeben allein für die Krankenversicherung einen um zwei Beitragspunkte erhöhten Beitragssatz aufgrund des Finanzkraft- und Risikostrukturausgleichs-Tranfers von West nach Ost (Lampert 2005, S. 51). Ähnliche Größenordnungen erreichen die Belastungen in der Renten- und Arbeitslosenversicherung.

Aus sozialpolitischer Sicht macht es keinen Sinn, die konsumtiven Ausgaben geringer zu schätzen als die investiven, so wichtig diese auch sind. Zwar sollte die investive Komponente möglichst erhöht werden, dies darf aber angesichts der Lebenslage vieler Menschen in Ostdeutschland nicht durch eine Kürzung der konsumtiven Leistungen finanziert werden. Angesichts des strukturellen Umbruchs, der Massenarbeitslosigkeit und zunehmender Resignation vieler Betroffener ist der soziale Frieden und der soziale Ausgleich auch im nächsten Jahrzehnt nur über hohe West-Ost-Sozialtransfers zu sichern.

Tabelle 2.6: Die Entwicklung der Sozialpolitik und Sozialordnung in Deutschland (ab 1945 bis 1990 Bundesrepublik) anhand wichtiger gesetzlicher und anderer institutioneller Regelungen (Novellierungen der Gesetze werden nur im Falle bedeutender Reformen genannt)

Jahr	Sozialpolitische Neuerungen
1839	Preußisches Regulativ über die Beschäftigung jugendlicher Arbeiter in Fabriken.
1842	Erste gesetzliche Regelungen zur Armenhilfe in Preußen.
1845/49	Preußische Gewerbeordnung: Öffnung der handwerklichen Versicherung für Arbeiter. Preußische Gewerbeordnung: Koalitionsverbot.
1854	Regulierung gewerblicher Unterstützungskassen
1869/71	Reichshaftpflichtgesetz (noch verschuldensabhängige Haftung der Unternehmer). Gewerbeordnung Deutsches Reich: Aufhebung des Koalitionsverbots.
1873	Erster bedeutender Tarifvertrag in Deutschland (Druckgewerbe).
1875/76	Gründung des Gesamtverbandes Deutscher Industrieller. Gründung der Sozialistischen Arbeiterpartei Deutschlands (SPD).
1878	Novelle zur Gewerbeordnung: Frauenarbeitsschutz. Sozialistengesetz.
1880–1890	Bismarcksche Sozialversicherungspolitik: 1881 Kaiserliche Botschaft; 1883 Gesetzliche Arbeiterkrankenversicherung; 1884 Unfallversicherung; 1889 Alters- und Invalidenversicherung für Arbeiter. 1890 Aufhebung des Sozialistengesetzes.
1891	Novelle zur Gewerbeordnung: Verbesserung des Schutzes und vor allem der Kontrollen (Gewerbeaufsichtsamt). Novelle zur Gewerbeordnung: Erlass von Arbeitsordnungen in den Betrieben; fakultative Arbeiterausschüsse. Eigentliche Expansionsphase der Gewerkschaften beginnt.
1903	Kinderarbeitsschutzgesetz. Krankenversicherung für Angestellte (Ersatzkassen).
ab 1905	Starke Zunahme von Tarifabschlüssen (Regelung nach Bürgerlichem Gesetzbuch BGB).
1910	Stellenvermittlergesetz (Schutz gegen gewerbsmäßige Stellenvermittlungspraxen).
1911	Sozialversicherung für Angestellte (Sonderstatus). Reichsversicherungsordnung (RVO): Zusammenfassung der Arbeitersozialversicherung in ein Gesetzeswerk.
1916	Hilfsdienstgesetz: Paritätische Betriebsausschüsse.
1918	Achtstundentag-Verordnung. Tarifvertragsordnung: Tarife als Mindeststandard abgesichert. Verordnung zur Erwerbslosenfürsorge.
1919	Weimarer Reichsverfassung schützt soziale Rechte wie Koalitions- und Tariffreiheit, Recht auf Arbeit.
1920	Reichsversorgungsgesetz: Kriegsopferentschädigung. Betriebsrätegesetz: Mitwirkungsrechte der Arbeitnehmer im Betrieb über einen frei gewählten Betriebsrat.
1922	Jugendwohlfahrtsgesetz: Recht auf Erziehung und Fürsorge.
1923	Arbeitszeitverordnung, Abbau des Achtstundentages, Reichsknappschaftsgesetz: Soziale Sicherung der Bergleute neu geregelt. Reichs-Schlichtungsverordnung: Möglichkeit staatlicher Zwangsschlichtung von Tarifkämpfen.

Jahr	Sozialpolitische Neuerungen
1924	Reichsfürsorgeverordnung: Ablösung des Armenwesens durch öffentliche Fürsorge unter Einbezug der freien Wohlfahrtsverbände.
1927	Gesetz über Arbeitsvermittlung und Arbeitslosenversicherung.
1929–1933	Weltwirtschaftskrise, Massenarbeitslosigkeit Abbau von Leistungen der Sozialen Sicherung durch Notverordnungen.
1933/34	Gesetz über den Aufbau der Sozialversicherung (Ersetzung der Selbstverwaltung durch das Führerprinzip) Gründung der Deutschen Arbeitsfront (DAF): Zerschlagung der Gewerkschaften, Gesetz zur Ordnung der nationalen Arbeit: Koalitions- und Streikverbot, Auflösung der Betriebsräte.
1934–1939	Sozialpolitik im 3. Reich von 1933 bis 1939: Konsolidierung der Sozialen Sicherheit auf niedrigem Leistungsniveau bei hohen Beiträgen: Überschüsse zur Rüstungsfinanzierung, Abbau der Arbeitslosigkeit, Arbeitsmarktdirigismus (Reichsarbeitsdienst, Militarisierung der Arbeitswelt.
1938	Erweiterter Jugendschutz; Arbeitszeitregelungen für Frauen, Alterssicherung der selbständigen Handwerker.
1949	Grundgesetz der Bundesrepublik Deutschland: Sozialstaatsgebot Art. 20 und Koalitionsrecht Art. 9, Tarifvertragsgesetz: Garantie der Tarifautonomie der Arbeitsmarktverbände.
1950	Bundesversorgungsgesetz: Kriegsopferversorgung. Erstes Wohnungsbaugesetz (Sozialer Wohnungsbau, Sonderabschreibungen).
1951	Kündigungsschutzgesetz, Selbstverwaltungsgesetz (Garantie der Selbstverwaltung in der Sozialversicherung), Montan-Mitbestimmungsgesetz: Paritätische Mitbestimmung im Aufsichtsrat.
1952	Mutterschutzgesetz, Lastenausgleichsgesetz: Ausgleich von Kriegs- und Verfolgungsschäden, Betriebsverfassungsgesetz: Betriebsratsmodell, keine Parität der Arbeitnehmer im Aufsichtsrat.
1953	Vertriebenengesetz, Schwerbeschädigtengesetz, Sozialgerichtsgesetz.
1954	Kindergeldgesetz.
1955	Kassenarztrecht, Personalvertretungsgesetz.
1957	Große Rentenversicherungsreform: Dynamisierung der Renten und Lebensstandardsicherung, Alterssicherung für Landwirte, Gründung der Europäischen Wirtschaftsgemeinschaft (EWG).
1959	Sparprämiengesetz.
1960	Jugendarbeitsschutzgesetz.
1961	Bundessozialhilfegesetz: Garantie des sozialen Existenzminimums, Bedürftigkeitsprüfung, Bestätigung der freien Wohlfahrtsverbände als Träger sozialer Dienste, Jugendwohlfahrtsgesetz, Erstes Vermögensbildungsgesetz: (312-DM-Gesetz): Arbeitnehmer-Sparförderung durch steuerliche Anreize.

Jahr	Sozialpolitische Neuerungen
1963	Unfallversicherungsreform, Wohngeldgesetz.
1964/65	Rentenfinanzausgleichsgesetz (Anfänge des Finanzausgleichs zwischen Angestellten- und Arbeiterrentenversicherung), Ratifizierung der Europäischen Sozialcharta durch Gesetz.
1967	Stabilitätsgesetz: Verantwortung der Regierung für wirtschaftspolitische Ziele wie Vollbeschäftigung und Wachstum.
1969	Arbeitsförderungsgesetz (AFG): Förderung von beruflicher Weiterbildung.
1971	Ausbildungsförderungsgesetz (BAFÖG): Sozialtransfers an bedürftige Schüler und Studenten.
1972	Rentenreformgesetz: u.a. flexible Altersgrenze, Öffnung für Jedermann, Novelle Betriebsverfassungsgesetz, Errichtung der Bundesanstalt für Arbeitsschutz und Unfallforschung.
1973	Arbeitssicherheitsgesetz.
1974	Schwerbehindertengesetz, Rehabilitationsangleichungsgesetz, Gesetz zur Verbesserung der betrieblichen Altersversorgung.
1975	Arbeitsstättenverordnung, Novelle Kindergeldgesetz.
1976	Sozialgesetzbuch (SGB): Beginn der Zusammenfassung des Sozialrechts in ein Gesetzeswerk, Mitbestimmungsgesetz: Stärkung des Arbeitnehmereinflusses in den Aufsichtsräten, Ausbildungsplatzförderungsgesetz, Reform des Ehe- und Familienrechts (Versorgungsausgleich), Jugendarbeitsschutzgesetz: Verschärfung der Kontrollen.
1977	Erstes Kostendämpfungsgesetz im Gesundheitswesen.
1979	Mutterschaftsurlaub.
1981	Beratungshilfe und Prozesskostenhilfe für Einkommensschwache, Künstlersozialversicherungsgesetz.
1984	Vorruhestandsgesetz.
1985/86	Erziehungsgeldgesetz, Hinterbliebenenrentenreform: Anrechnung von Kindererziehung bei der Rente, Beschäftigungsförderungsgesetz.
1988	Gesundheitsreformgesetz (GRG): Kostendämpfung, Erhöhung der Selbstbeteiligung.
1990	Wirtschafts- Währungs- Sozialunion Bundesrepublik – DDR; Kinder- und Jugendhilfe: Neuordnung.
1992	Rentenreform: Neue Rentenformel, Neuverteilung der demografischen Last, Abzüge bei Frühverrentung, Gesundheitsstrukturgesetz (GSG): freie Kassenwahl für Arbeitnehmer, Risikostrukturausgleich.
1994	Pflegeversicherungsgesetz: 5. Säule der Sozialversicherung, Arbeitszeitgesetz.
1999	Krankenversicherung: Hausarztmodell, Neuregelung der Zuzahlungen.

Jahr	Sozialpolitische Neuerungen
2000/2001	Rentenreformen: Erwerbsminderungsrente, Neuregelung der Beiträge bei geringfügiger Beschäftigung, Förderung privater und betrieblicher Altersvorsorge (Riesterrente), Senkung des künftigen Rentenniveaus bei Begrenzung des künftigen Beitragssatzanstiegs, Arbeitsförderung: Job-Aqtiv-Gesetz, Sozialhilfe: Grundsicherung im Alter.
2002	Arbeitsförderung: Hartz I und II: Personal Service Agentur, neue Zumutbarkeitsregeln, Ich-AG.
2003	Arbeitsförderung: Hartz III und IV: Agentur für Arbeit, Reduzierung der aktiven Arbeitsmarktpolitik, Reform der Grundsicherung allgemein und für Arbeitsuchende (Arbeitslosengeld II und Sozialgeld) Krankenversicherung: Zuzahlung bei Arztbesuch, Hausarztsystem gestärkt, Fallpauschalen im Krankenhaus.
2004	Rente: Einführung der nachgelagerten Besteuerung.
2005	Rente: Nachhaltigkeitsfaktor mindert Rentenerhöhung bei ungünstiger demographischer Entwicklung, Pflege: Beitragszuschlag für Kinderlose.
2006/2007	Familienpolitik: Elterngeld, Krankenversicherung: Struktur- und Finanzierungsreform, Gesundheitsfond.

3 Ideelle Grundlagen der Sozialordnung

3.1 Grundnormen der Sozialordnung

Grundgesetz und Sozialgesetzbuch

Das Grundgesetz der Bundesrepublik Deutschland garantiert in Artikel 20, Abs. 1 den Sozialstaat. Damit ist allerdings wenig über die inhaltliche Ausdeutung des Sozialstaatsprinzips gesagt und die Kontroversen zwischen Staatsrechtlern wie Forsthoff, Abendroth, Ridder, Leibholz und Hartwich schon in der Anfangsphase der Bundesrepublik zeugen von der Bedeutung, die dieser Frage zukommt. Im Zentrum der Kontroverse steht die Frage, ob sich konkrete materielle Sozialrechte aus diesem allgemeinen Verfassungsgebot ableiten lassen. Vielfach ist auf das Spannungsverhältnis zwischen dem Rechtsstaatsprinzip (Art. 20, Abs. 3 GG) und dem Sozialstaatsprinzip (vgl. auch Art. 28, Abs. 1 GG) verwiesen worden. Inwieweit erfährt die liberale Rechtsstaatsidee der bürgerlichen Verfassungen des 19. Jahrhunderts mit ihrer Eingrenzung staatlichen Eingriffsrechts und der Garantie gesellschaftspolitisch bedeutsamer Individualrechte wie privates Eigentum und wirtschaftliche Dispositionsfreiheit damit eine Korrektur?

Da es sich hier um weltanschauliche Fragen handelt und das Grundgesetz einen Interpretationsspielraum bietet, wird die Auseinandersetzung weitergehen. Wir müssen uns mit dem Hinweis darauf begnügen und wollen uns hier auf die Frage beschränken, welche Wirtschafts- und Sozialordnung oder allgemein Gesellschaftsordnung vom Grundgesetz gefordert ist. Der These von Leibholz, dass Rechts- und Sozialstaatsprinzip realtypisch so wenig in einem harmonischen Verhältnis stehen wie Freiheit und Gleichheit, ist nur bedingt zuzustimmen. Größere soziale Gerechtigkeit im Sinne eines Ausgleichs unterschiedlicher Lebenslagen und mehr materieller und gesellschaftlicher Gleichheit führt zumeist zu einem größeren individuellen Freiheits- und Gestaltungsspielraum der Begünstigten, beschneidet allerdings auch zuweilen die Freiheiten – vor allem ökonomische Dispositionsrechte – anderer Menschen. Stehen die Prinzipien des Rechts- und Sozialstaats also einesteils in einer harmonischen, andernteils in einer konfligierenden Zielbeziehung, muss die konkrete Ausgestaltung der Wirtschafts- und Sozialordnung politisch entschieden werden. Sie wird letztlich nicht vom Grundgesetz vorentschieden.

»Die gegenwärtige Wirtschafts- und Sozialordnung ist zwar eine nach dem Grundgesetz mögliche Ordnung, keineswegs aber die allein mögliche« (Leibholz 1966).

Andere Leitbilder sozialstaatlicher Verantwortung und auch andere Wirtschaftsordnungen als die soziale Marktwirtschaft wären ebenfalls verfassungskonform.

Im Gegensatz zur Verfassung der Weimarer Republik und auch zu einigen Verfassungen deutscher Bundesländer sind nur wenige Sozialrechte als unmittelbare Grundrechte im Grundgesetz verankert. Es sind dies die Garantie der Koalitionsfreiheit (Art. 9, Abs. 3 GG), die die Bildung von Gewerkschaften verfassungsrechtlich absichert, sowie der freien Berufswahl und der freien Wahl des Arbeitsplatzes (Art. 12, Abs. 1). Von wesentlicher Bedeutung für die Sozialordnung ist zudem die Gewährleistung (Art. 14, Abs. 1) und die Sozialbindung (Art. 14, Abs. 2) des Privateigentums.

Andere Sozialrechte, wie das Recht auf Mitbestimmung, das Recht auf Sozialhilfe, das Streikrecht und vor allem das viel diskutierte Recht auf Arbeit, Rechte, die in einigen Länderverfassungen (Nordrhein-Westfalen, Hessen) explizit aufgenommen wurden, sind im GG nicht erwähnt. Soweit sie durch Gesetze gewährleistet sind, leitet sich ihre Verfassungsmäßigkeit vor allem aus dem allgemeinen Sozialstaatsgebot des Grundgesetzes ab.

Im Sozialgesetzbuch (SGB) wurden nach und nach die wichtigsten Teile des bestehenden Sozialleistungsrechts zusammengefasst. 1976 ist das erste Buch – der Allgemeine Teil – erlassen worden. Die anderen Bücher – der Besondere Teil – enthalten das bis dahin unverbunden nebeneinander stehende konkrete Sozialrecht (vgl. Tabelle 3.1).

Tabelle 3.1: Das Sozialgesetzbuch SGB (1)

Buch I (1976): Allgemeiner Teil	*Buch II* (2003): Grundsicherung für Arbeitsuchende
Buch III (1998): Arbeitsförderung	*Buch IV* (1977): Gemeinsame Vorschriften für die Sozialversicherung
Buch V (1989): Gesetzliche Krankenversicherung	*Buch VI* (1992): Gesetzliche Rentenversicherung
Buch VII (1996): Gesetzliche Unfallversicherung	*Buch VIII* (1991): Kinder- und Jugendhilfe
Buch IX (2001): Rehabilitation und Teilhabe behinderter Menschen	*Buch X* (Neufassung 2001): Sozialverwaltungsverfahren und Sozialdatenschutz
Buch XI (1994) Soziale Pflegeversicherung	*Buch XII* (2003): Sozialhilfe

(1) Die Jahreszahl gibt an, in welchem Jahr das Buch in das SGB eingestellt wurde.

Der Allgemeine Teil des SGB stellt eine Kodifikation sozialer Rechte der Bürger dar, bildet also eine Art *Sozialcharta für die Bundesrepublik Deutschland*. Zur Verwirklichung sozialer Gerechtigkeit und sozialer Sicherheit soll nach §1 SGB Buch I das Sozialrecht

»dazu beitragen, ein menschenwürdiges Dasein zu sichern, gleiche Voraussetzungen für die freie Entfaltung der Persönlichkeit, insbesondere auch für junge Menschen, zu schaffen, die Familie zu schützen und zu fördern, den Erwerb des Lebensunterhalts durch eine frei gewählte Tätigkeit zu ermöglichen und besondere Belastungen des Lebens, auch durch Hilfe zur Selbsthilfe, abzuwenden oder auszugleichen.«

Die §§ 2 bis 10 beschreiben die sozialen Rechte der Bürger als Anspruch auf soziale Sicherung, soziale Entschädigung und soziale Förderung. Voraussetzungen, Inhalt und Umfang dieser Rechte werden in den Vorschriften der einzelnen Sozialleistungsbereiche konkretisiert.

Eine wesentliche Hilfe bei der Durchsetzung des Rechtsanspruchs im Einzelfall versprechen die Regelungen in den §§ 13, 14, 15 des Allgemeinen Teils. Hier werden alle Leistungsträger der Sozialen Sicherung zur Aufklärung, Beratung und Auskunft verpflichtet.

Für den zweiten nicht minder bedeutsamen Bereich unserer Sozialordnung, der sozialen Gestaltung der Arbeitgeber-Arbeitnehmerbeziehungen liegt kein verbindendes Gesetzeswerk vor.

Internationales Sozialrecht

Die *Allgemeine Erklärung der Menschenrechte* der Vereinten Nationen (UNO) von 1948 betont eine Reihe sozialer Grundrechte, die in der Bundesrepublik in entsprechenden Sozialgesetzen umgesetzt wurden. Dies darf nicht übersehen lassen, dass die Realisierung sozialer Grundrechte auch bei uns – denken wir nur an die volle soziale Gleichberechtigung der Frau – noch in einigen Bereichen verbesserungsfähig ist.

1964 ratifizierte die Bundesrepublik die *Europäische Sozialcharta* der Mitgliedstaaten des Europarates. Diese Charta ist eine Ergänzung der Europäischen Menschenrechtskonvention von 1950 auf sozialem Gebiet und umfasst eine Reihe von 19 sozialen Grundrechten, angefangen vom Recht auf Arbeit über das Recht auf gerechte, sichere und gesunde Arbeitsbedingungen bis hin zum Recht auf Gesundheit. Durch die Ratifizierung ergab sich die Notwendigkeit, innerstaatliche Sozialgesetze anzupassen, zumal ein Überwachungsverfahren die innerstaatliche Einhaltung dieser europäischen Sozialnormen kontrolliert. Die allgemein gehaltene Zielsetzung der 19 Artikel lässt einen weiten Interpretationsspielraum zu, so dass etwa aus der Normenvorgabe des Rechts auf Arbeit keine konkrete innerstaatliche Politik zur Verwirklichung dieses Grundrechts folgen muss. Außerdem ist im Gegensatz zur Europäischen Menschenrechtskonvention die Sozialcharta nicht unmittelbar geltendes Recht für die einzelnen Staatsbürger der Mitgliedsländer und damit nicht einklagbar.

Auch die Arbeitsnormen des Internationalen Arbeitsamtes (ILO) sind für die deutsche Sozialordnung von Bedeutung. Durch die Ratifizierung von internationalen Arbeitsübereinkommen verpflichtet sich ein Staat, die gesetzten Normen in innerstaatliche Gesetze umzusetzen und räumt der ILO ein Kontrollrecht ein. Die Bundesrepublik hat nicht alle Abkommen ratifiziert und auch schon Abkommen gekündigt. Damit zeigt sich auch hier, dass internationale Abkommen ohne oder mit geringem Sanktionspotential weitgehend vom Wohlwollen der Nationalstaaten abhängen. Bestrebungen gehen dahin, auch im Rahmen der neuen Welthandelsorganisation (WTO), die als Nachfolgerin des GATT den Welthandel weiter liberalisieren soll, über soziale Grundrechte und Mindeststandards zu verhandeln, um Sozialdumping zu verhindern und zu einem fairen Welthandel zu kommen. Auch hier steht inzwischen das einseitige Primat freier Märkte in der Kritik. Auf die Sozialnormen der Europäischen Union (EU) wird im Kapitel 15 genauer eingegangen.

Sozialstaatsziele

Aus den nationalen und internationalen Verfassungsnormen lassen sich zwei übergeordnete Ziele des deutschen Sozialstaats ableiten: das *Verteilungsziel* nach Maßgabe sozialer Gerechtigkeitsnormen und das *Sicherungsziel.* Das Verteilungsziel untergliedert sich in die zwei Teilziele *Chancengleichheit und materielle Teilhabe* an dem Wohlstand der Gesellschaft für Jedermann. Das Sicherungsziel richtet sich auf die Verringerung der strukturellen Abhängigkeiten in den modernen Gesellschaften, in denen die solidarische Familienselbsthilfe verblasst und Institutionen sozialer Sicherung die starken Sicherungsbedürfnisse der Menschen abdecken sollen.

Sozial- und Arbeitsgerichtsbarkeit

Die Einhaltung der gesetzlichen Vorschriften der Sozialordnung wird vor allem durch die Arbeits- und Sozialgerichte überwacht, die beide mehrstufige Instanzenzüge mit den Spitzen Bundesarbeitsgericht (BAG) und Bundessozialgericht (BSG) aufweisen.

3.2 Der Wettbewerb ordnungspolitischer Leitideen

Aus der Fülle der Leitbilder zur Sozialordnung schälen sich bei näherer Betrachtung einige wenige gesellschaftspolitische Ordnungsvorstellungen heraus, die wesentlichen Einfluss auf die Gestaltung der bundesdeutschen Sozialordnung genommen haben und als programmatische Erklärungen der bedeutenden politischen Kräfte weiterhin Einfluss nehmen. Es sind dies der *Ordoliberalismus,* dem sich auch heute noch weite Kreise von CDU/CSU und der Unternehmensverbände verpflichtet fühlen, ferner die *katholische Soziallehre* und die *evangelische Sozialethik,* die parteiübergreifend Einfluss gewonnen haben und der demokratische oder *freiheitliche Sozialismus,* der in der SPD, den Gewerkschaften und der neuen Linkspartei Anhänger gefunden hat.

Neben diesen dominierenden Leitbildern ist auch die konservative Linie der Sozialpolitikgestaltung seit den Bismarckschen Reformen aus der deutschen Tradition nicht wegzudenken. Einige Vordenker dieser Reformen unter den Kathedersozialisten beeinflussten gleichzeitig als aktive Protestanten die Einstellung der Kirche zur sozialen Frage.

In den letzten beiden Jahrzehnten sind mit der sozialökologischen Bewegung und dem Wiedererstarken liberalistischer Ideen (Neoliberalismus) zwei konkurrierende Kräfte hinzugetreten. Während sich die ökologische Bewegung im Rahmen eines breiten Konsenses zum Sozialstaat bewegt, lehnt das seit dem Zusammenbruch des Sozialismus international vor allem in den ökonomischen Wissenschaften und in großen Teilen der Wirtschaftspublizisten dominierende liberalistische Weltbild soziale Regulationen weitestgehend ab.

Diese in alternativen Weltanschauungen sich gründenden gesellschafts- und sozialpolitischen Leitbilder haben je nach demokratisch-politischen Kräfteverhältnissen ihren Einfluß auf die Sozialordnung ausgeübt. Die meisten Institutionen des deutschen Sozialstaats lassen sich als politischer Kompromiss der konkurrierenden Leitvorstellungen begreifen. Die grundsätzlichen Prinzipien unseres Sozialstaats wie Solidarität mit den weniger Leistungsfähigen (staatliche Umverteilung), das Ideal der »Hilfe zur Selbsthilfe« etwa in Form des Sozialversicherungsprinzips werden nur vom extremen liberalistischen Zeitgeist nicht geteilt. Selbst das Prinzip der Ordnungskonformität, das gegenseitige Abstimmung und Rücksichtnahme von Sozialpolitik und marktwirtschaftlicher Ordnung postuliert (Lampert/Althammer, 452ff.) ist weitgehend anerkannt, wenn auch im konkreten Anwendungsfall oft sehr umstritten.

Eine umfassende Auseinandersetzung mit den herrschenden sozialpolitischen Leitvorstellungen ist an dieser Stelle nicht möglich, zumal es sich nicht um geschlossene Wertordnungen handelt, sondern um offene Leitbilder, die keine endgültigen Antworten auf gesellschaftliche Problemlagen parat haben.

Sie geben Orientierungen für die Sozialpolitik jedoch keine konkreten Handlungsanweisungen.

Der Einfluss der christlichen Soziallehre

Die Positionen der beiden Kirchen ähneln sich in den grundsätzlichen ordnungspolitischen Fragen. Einer reinen Marktwirtschaft und dem ungezügelten Kapitalismus wird eine deutliche Absage erteilt, wie die aktuelle Enzyklika (2006) von Papst Benedikt XVI. noch einmal nachdrücklich betont. Solidarische Umverteilung und Nächstenliebe sollen den Egoismus zähmen. Diese Werte wachsen aus den kulturellen Grundlagen der Gesellschaft selbst, vor allem aus der christlichen Gemeinde und den Familien. Sie bedürfen jedoch auch sozialstaatlicher Unterstützung.

Im Mittelpunkt der katholischen Soziallehre steht das Subsidiaritätsprinzip. Es ist in der Sozialenzyklika *Quadragesimo Anno* von Papst Pius XI. (1931) eindringlich formuliert:

»....wie dasjenige, was der Einzelmensch aus eigener Initiative und mit eigenen Kräften leisten kann, ihm nicht entzogen und der Gesellschaftstätigkeit zugewiesen werden darf, so verstößt es gegen die Gerechtigkeit, das, was die kleineren und untergeordneten Gemeinwesen leisten und zum guten Ende führen können, für die weitere und übergeordnete Gemeinschaft in Anspruch zu nehmen; zugleich ist es überaus nachteilig und verwirrt die ganze Gesellschaftsordnung. Jedwede Gesellschaftstätigkeit ist ja ihrem Wesen und Begriff nach subsidiär; sie soll die Glieder des Sozialkörpers unterstützen, darf sie aber niemals zerschlagen oder aufsaugen.«

Damit betont das Subsidiaritätsprinzip, wie es im katholischen Sinne interpretiert wird, den Vorrang der Selbsthilfe der Familien und christlichen Gemeinde, aber auch die Verpflichtung der Gesellschaft und des Staates, Hilfe zur Selbsthilfe zu leisten.

In der sozialpolitischen Diskussion ist das Subsidiaritätsprinzip auch zuweilen als ein Argument gegen den weiteren Ausbau des Systems sozialer Sicherung verwendet worden. Dagegen hat Oswald von Nell-Breuning hervorgehoben, dass die kleinere soziale Einheit (vor allem die Familie) nicht etwa nur ersatz- und behelfsweise zu unterstützen, sondern die Hilfe der Gemeinschaft auch über äußerste Notfälle hinaus erwünscht sei. Vielmehr solle präventiv Hilfe geleistet werden, und es seien grundsätzlich die Voraussetzungen zu schaffen, dass die kleinere Einheit sich überhaupt selbst helfen könne, dass ihr Belastungen und Leistungen niedriger Ordnung abgenommen würden, damit sie für höhere Leistungen Kräfte freisetzen könne (positives Subsidiaritätsprinzip).

Im Einklang mit dieser Interpretation steht denn auch die Klarstellung des Subsidiaritätsprinzips in der von Papst Johannes XXIII. im Jahre 1961 gegebenen Enzyklika *Mater et magistra*, in der im Bereich der Wirtschaft der Privatinitiative zwar Vorrang gegeben wird (Recht und Pflicht der Menschen, sich und ihre Angehörigen selbst zu versorgen), staatliches Eingreifen, »das fördert, anregt, regelt, Lücken schließt und Vollständigkeit gewährleistet«, aber ausdrücklich mit dem Subsidiaritätsprinzip begründet wird.

Das Subsidiaritätsprinzip ist mit dem Solidaritätsprinzip, dem zweiten Prinzip christlicher Sozialethik eng verbunden. Beide christlichen Konfessionen betonen die Verpflichtung der Menschen zur gegenseitigen Solidarität und Nächstenliebe. Der seit über einem Jahrhundert (Erste Sozialenzyklika: *Rerum Novarum* 1891) sich fortentwickelnden und den sozialen Wandel begleitenden katholischen Soziallehre stehen auf evangelischer Seite weit weniger geschlossene gesellschaftspolitische Leitvorstellungen gegenüber. Die Evangelische Sozialethik betont die Verantwortlichkeit des Menschen. Er allein hat sich vor Gott zu rechtfertigen. Sein Verhalten seinen Mitmenschen gegenüber ist dabei von großer Bedeutung. Solidarität und tätige Nächstenliebe sind die Grundlagen jeglichen menschlichen Zusammenlebens. Diese Einsicht gilt für den Einzelnen, ist aber auch eine Verpflichtung für die Institutionen der Sozialordnung, die diese Basis menschlichen Zusammenlebens stärken sollen. Staatlich veranlasste soziale Sicherung ist aus christlicher Anschauung damit ebenso begründbar wie eine Beeinflussung der Arbeitswelt durch Regeln sozialen Zusammenlebens. Sozialpartnerschaft statt Klassenkampf oder einseitige Ausbeutung ist das Anliegen beider Kirchen zum Arbeitgeber-Arbeitnehmerverhältnis.

In dem Sozialwort beider Kirchen »Für eine Zukunft in Solidarität und Gerechtigkeit« (1997) kommt die Sorge zum Ausdruck, dass der soziale Grundkonsens der Gesellschaft gefährdet ist. Eindringlich beschworen wird die Notwendigkeit eines Wertekonsenses in den grundsätzlichen gesellschaftspolitischen Fragen. Als leitende Prinzipien werden die Gottes- und Nächstenliebe, der Vorrang der Armen, Schwachen und Benachteiligten, soziale Gerechtigkeit, Solidarität, Subsidiarität und Nachhaltigkeit herausgestellt. Anlass dieses Sozialwortes waren die erschreckende Massenarbeitslosigkeit und die erkennbaren Ansätze einer neoliberalen Umverteilung der Belastungen auf die sozialökonomisch Schwächeren. Dem Konzept der Marktwirtschaft pur wird eine ökologischsoziale Marktwirtschaft als Leitbild entgegengestellt, von dem die Kirchenvertreter glauben, dass es die besseren und vor allem gerechteren Antworten auf die neuen Herausforderungen der Zeit (wachsende Macht des Kapitals, Globalisierung, Individualisierung, Umweltbelastung) geben kann (vgl. auch Wiemeyer 1995).

Der Ordoliberalismus

Die Vertreter des Ordoliberalismus (u.a. Walter Eucken) betonen die Bedeutung der bürgerlichen und politischen Freiheitsrechte, wenden sich gegen staatliche Bevormundung und wohlfahrtsstaatliche Aushöhlung der Initiative und Selbsthilfefähigkeit des mündigen Bürgers. Im Zweifelsfall ist marktwirtschaftlichen Lösungen, auch etwa privaten Versicherungen, der Vorzug gegenüber kollektiven sozialen Sicherungssystemen zu geben, deren Berechtigung nur für bestimmte Ausnahmebereiche wie Alter, Gesundheit und Arbeitslosigkeit akzeptiert wird. Zurückgewiesen wird die Laissez-faire-Ideologie des Frühliberalismus, die gerade im modernen liberalistischen Zeitgeist wieder belebt wurde. Die Grundprinzipien der Konkurrenzwirtschaft und des kapitalistischen Systems wie das Privateigentum an Produktionsmitteln sollen unangetastet bleiben (Marktordnungskonformität der Sozialpolitik). Sozialpolitik hat in erster Linie Wirtschaftsordnungspolitik zu sein:

»Die beste Sozialpolitik ist eine gute Wirtschaftpolitik« (Eucken 1990, S.313)

Die Verteilungsethik folgt dem Leistungsprinzip, das in Fällen sozialer Notlagen durch das Bedarfsprinzip zu ergänzen ist.

Stark betont wird die unverzichtbare Rolle, die der Staat als Hüter der Wirtschaftsordnung übernehmen muss (daher: Ordoliberalismus)! Ein sich selbst überlassener Wettbewerb hebe sich langfristig durch Vermachtung und Übergang zu unlauteren Formen tendenziell selbst auf. Die Garantie einer Wettbewerbsordnung durch Verhinderung von wettbewerbsgefährdenden Kartellen und Unternehmenskonzentrationen sei nur durch staatliche Rahmensetzung und Ordnungspolitik (Kartellgesetzgebung, Fusionskontrolle) möglich. Während die Versicherungspflicht zur Sozialversicherung akzeptiert wird, soll der Staat als Instanz des sozialen Ausgleichs sich auf seine Fürsorgepflichten für die Armen beschränken.

Freiheitlicher Sozialismus

Im Zuge der Entwicklung der Sozialdemokratie von der revolutionären Klassenpartei der Arbeiter zu einer reformorientierten Volkspartei wurden marxistische Theorien wie die Vorstellung der geschichtsnotwendigen revolutionären Entwicklung zu Sozialismus und Kommunismus und die Aufhebung von Konkurrenzwirtschaft und Privateigentum an Produktionsmitteln aufgegeben oder revidiert (Revisionismus: vgl. dazu das Godesberger Programm der SPD von 1959). Zur Verwirklichung der Grundwerte Freiheit, soziale Gerechtigkeit und Solidarität wird auf der Basis der bürgerlichen parlamentarischen Demokratie eine Sozialordnung angestrebt, die die negativen Effekte des kapitalistisch-marktwirtschaftlichen Systems für die Arbeitnehmer und andere betroffene Gruppen abmildert und möglichst beseitigt.

»Sozialpolitik ist der institutionelle Niederschlag der sozialen Idee im Kapitalismus…Merkmal der Sozialpolitik ist ihre revolutionär-konservative Doppelpoligkeit. Sie verwirklicht Stück um Stück die soziale Idee innerhalb des Kapitalismus und sichert dadurch seinen geordneten Fortgang«,

so schrieb Eduard Heimann schon im Jahr 1929 (Heimann 1980, 167f.). Die permanenten Veränderungen und Häutungen des dynamischen Marktsystems – wie sie derzeit in der Globalisierung zum Weltmarkt in Erscheinung treten – erfordern ständige Wachsamkeit und sozialreformerische Anstrengungen. Eine besondere gesellschaftspolitische Aufgabe wird in der Unterstützung pluralistischer, vielgestaltiger, auf Eigeninitiative und Selbstverwaltung gründender Wirtschafts- und Sozialgebilde gesehen (freie Gemeinwirtschaft). Gegenüber dem Ordoliberalismus grenzt sich der Freiheitliche Sozialismus vor allem durch die Betonung der Notwendigkeit einer nachhaltigen Korrektur der Einkommens- und Vermögensverteilung, staatlicher Eingriffe in das Wirtschaftsgeschehen (Konjunktur-, Struktur- und Arbeitsmarktpolitik) und der Forderung nach Mitbestimmung der Arbeitnehmer in den Betrieben ab. Im Vergleich zu den christlichen Leitbildern sieht der freiheitliche Sozialismus die Chancen zu einem neuen übergreifenden Wertekonsens eher als gering an und glaubt weniger an die Wirkung ethischer Appelle an die Kapitalseite als an die Notwendigkeit der Stärkung der Gegenmacht der Arbeitnehmer. Im Zeitalter des globalisierten Kapitalismus zeigt sich der freiheitliche Sozialismus verunsichert und sucht nach neuen Modellen (Bürgerversicherung, Aktivierende Sozial- und Arbeitsmarktpolitik) um die Krise des Sozialstaats zu bewältigen.

Der (Neo-)Konservatismus

Graf Otto von Bismarck schuf als konservativer Politiker den historisch ersten Sozialstaat. Das damals entwickelte Modell der Arbeiter-Sozialversicherung blieb bis heute dominant. Esping-Andersen (1990) charakterisiert deshalb den deutschen Sozialstaat zu Recht als konservativen Typus.

Nach dem Zweiten Weltkrieg näherten sich die wirtschaftspolitischen Vorstellungen in Kreisen der CDU den ordoliberalen Ideen an. Adenauer als konservativer Kanzler setzte mit Ludwig Erhard einen profilierten ordoliberalen Marktwirtschaftler als Wirtschaftsminister ein. Gleichzeitig gab es aber in der CDU konservative Kreise, die statt zu rigider Wettbewerbspolitik lieber eine ausgewogene Industriepolitik (Förderung marktstarker Unternehmen) zum Aufbau Deutschlands vorzogen. Nicht zuletzt deshalb wurde das »wirtschaftliche Grundgesetz der Ordoliberalen«, das Gesetz gegen Wettbewerbsbeschränkung (GWB) erst 1957 und dann noch stark verwässert (Antikartellpolitik, aber keine Fusionskontrolle) verabschiedet.

In Fragen der Sozialordnung blieben die Konservativen dem Bismarckschen Entwurf letztlich bis heute treu, auch wenn die Kontroversen um den Sozialstaat etwa innerhalb der CDU/CSU erkennbar zugenommen haben. Gerade in der Phase des »Kalten Krieges« sahen die Konservativen wie schon Bismarck in der staatlichen organisierten Pflichtsozialversicherung ein wesentliches gesellschaftliches und politisches Stabilisierungselement, um Systemveränderungen (Kommunismus als konkrete Gefahr) vorzubeugen.

Außerdem favorisierte man erfolgreich das System der Arbeitnehmersozialversicherung und ergänzte das um eigenständige Versicherungs- und Versorgungswerke anderer Berufsgruppen. Dieses ständische Prinzip setzte sich bisher gegen Ideen der Sozialdemokraten für eine Bürger- oder Volksversicherung durch. Damit wurden die Umverteilungswirkungen der Sozialversicherung auf die Klasse der Arbeitnehmer beschränkt. Zu den Grundelementen einer konservativen Sozialpolitik gehört wohl auch eine stärkere Berücksichtigung des Bedarfsprinzips, als den Ordoliberalen genehm ist. Vor allem aber wird die Verantwortung des Staates für den Schutz der Familie betont. Für Konservative ist die Bewahrung gemeinsamer gesellschaftlicher Werte ein entscheidender Faktor für die Nachhaltigkeit einer Sozialordnung. Die Familie als zentrale Institution der Wertvermittlung steht daher im Zentrum jeder Politik. Die Förderung eines kulturellen Leitbildes einer Gesellschaft setzt für viele Konservative auch eine Sozialordnung voraus, die das soziale Miteinander und damit den Wert gesellschaftlicher Solidarität glaubhaft mit Taten (Sozialleistungen) unterstützt.

Neoliberalismus und Neomarxismus

Trotz der Dominanz der wieder belebten liberalistischen Ideen im Sinne Friedrich von Hayeks in der Ökonomie und den Medien werden sie unserer Prognose nach auch in Zukunft keine Leitbildfunktion für die deutsche Sozialordnung gewinnen. Ähnlich wie der Neomarxismus handelt es sich um eine fundamentalistische, gegen Kritik sich abschottende Ideologie. Angestrebt wird mit allen Mitteln der Meinungsbeeinflussung (neoliberale »think tanks« in den USA, Aktion »Neue soziale Marktwirtschaft« in Deutschland) die Dominanz in sozialen und ökonomischen Fragen. Beide extreme Richtungen wollen ein völlig anderes System und keine Reform im System. Den Neoliberalen und Neokonservativen in den USA gilt der Wohlfahrtsstaat als Grundübel, das eine individualistische, freiheitliche Gesellschaft verseucht. Soziale Gerechtigkeit gilt nach von Hayek als undefinierbar und vom Anspruchsdenken der Interessengruppen geprägt.

Zuzugeben ist, dass die Herrschaft der neoliberalen Ideen in den angelsächsischen Ländern das Leitbild eines Minimalsozialstaats immer näher an Deutschland und Europa heranrücken lässt. Aber die sozialen Verwerfungen in den USA werden auf Dauer nicht unter den Tisch zu kehren sein. Eher wird es in den USA zu einem zweiten »New Deal« kommen, als dass die Kälte des Neoliberalismus die europäischen Sozialordnungen einfriert. Im Kapitel 17 »Perspektiven der Sozialordnung« gehen wir diesen Fragen weiter nach.

3.3 Soziale Gerechtigkeit und Verteilungsprinzipien

In der öffentlichen und wissenschaftlichen Diskussion werden immer wieder Prinzipien oder Leitbilder verfochten, wie eine sozial gerechte Verteilung von Lebenslagen auszusehen hat.

Was »soziale Gerechtigkeit« bedeuten soll, ist natürlich eine normative Frage und damit von den weltanschaulichen Voreinstellungen der Bürger abhängig. Eine extreme Position vertritt der neoliberale Vordenker Friedrich von Hayek, der soziale Gerechtigkeit als eine nicht definierbare Schimäre und ideologischen Kampfbegriff der Linken abqualifiziert. Da es auch für die Wissenschaft nicht möglich sei, Prognosewissen über Ziel und Etappen der äußerst komplexen Prozesse gesellschaftlichen Wandels zu erlangen, sei auch eine Steuerung einer Gesellschaft im Hinblick auf umfassende Ziele (wie Stabilität, gerechte Verteilung) unmöglich (Sollen impliziert Können). Daher mache es auch keinen Sinn, die Ergebnisse eines Verteilungsprozesses daraufhin zu prüfen, ob sie gemessen an einem Leitbild gerecht sind. Vielmehr seien die (Spiel-)Regeln einer Gesellschaft nach freiheitlichen Prinzipien zu gestalten. Gerechtigkeit reduziere sich auf die Tauschgerechtigkeit im Sinne von Aristoteles (Äquivalenzprinzip, reines Leistungsprinzip). Nur für Bürger, die erwerbsunfähig sind, soll der Staat das Existenzminimum garantieren. Eine darüber hinausgehende Korrektur der Marktverteilung über das Steuer-/Transfersystem wird als Bestrafung der Erfolgreichen entschieden abgelehnt. Gleiche Regeln für alle im Rechtssystem garantieren dann eine – wenn auch nur formale – Chancengerechtigkeit.

Der Nobelpreisträger und Wirtschaftsethiker Amartaya Sen versteht unter sozialer Gerechtigkeit vor allem Verwirklichungschancen von Menschen, ihr Leben in Selbstachtung zu führen. Das erinnert stark an das Lebenslagetheorem. Ob die Verwirklichungschancen schon bei gleichen Startchancen für alle gewahrt sind, ist umstritten. Die einen halten in der intensiven Diskussion die staatliche Garantie von Startchancengerechtigkeit für ausreichend und denken dabei vor allem an eine Korrektur des oft noch zu ungleichen Zugangs zu den Bildungseinrichtungen. Anderen geht das nicht weit genug. Sie plädieren für Teilhabegerechtigkeit, die deutlich über die Garantie eines Existenzminimums hinausgeht. Das Extrem stellt hier die Forderung nach einer weitgehend egalitären Einkommensverteilung dar, wie sie von sozialistischen Philosophen vertreten wird. Nicht so weit geht John Ralws (1975), dessen Theorie der Gerechtigkeit

Abbildung 3.1: Die Skala der Verteilungsprinzipien

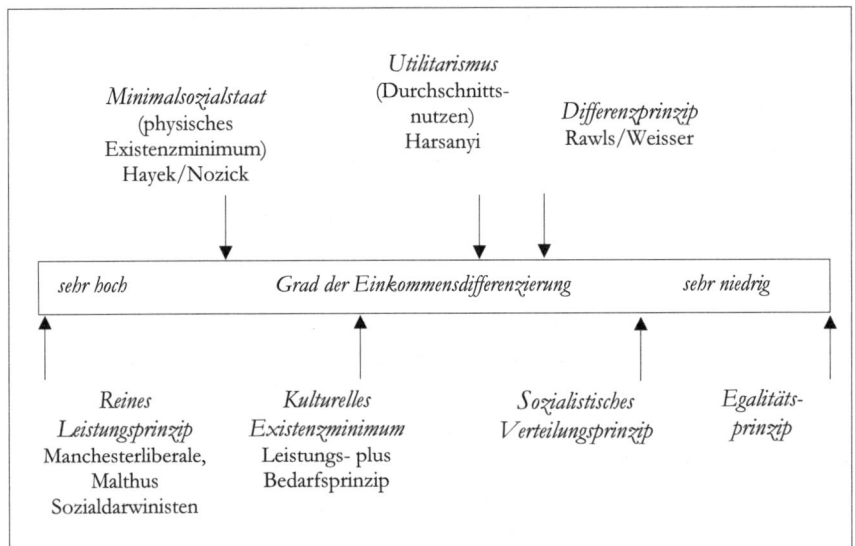

die sozialethische Diskussion in den letzten Jahrzehnten maßgeblich beeinflusst hat. Rawls geht zunächst der Frage nach, wie sich überhaupt in modernen pluralistischen Gesellschaften, in denen Gruppen unterschiedlicher Kultur und Weltanschauung zusammenleben, allgemeinverbindliche »Gerechtigkeitsgrundsätze« durchsetzen lassen. Dominierten früher naturrechtliche Begründungen, die ausgehend von der Natur des Menschen und von göttlichen Offenbarungen eine gerechte (Sozial-)Ordnung entwickelten, so gibt es heute verschiedene sozialphilosophische Ansätze wie die erwähnte Vertragstheorie oder die Diskursethik (Birnbacher 1996).

John Rawls gehört zu den Sozialphilosophen, die Gerechtigkeitsgrundsätze auf einen einstimmig angenommenen Gesellschaftsvertrag begründen wollen. Er versucht in einem Gedankenexperiment, in dem sich alle Menschen in einem imaginären Urzustand begeben, nachzuweisen, dass das sog. *Differenzprinzip der Verteilung* sich in einer Urabstimmung über die Grundsätze eines Gesellschaftsvertrags durchsetzen wird.

Letztlich geht es bei der Auseinandersetzung um die Verteilungsprinzipien immer auch um eine Positionierung im klassischen Konflikt zwischen Egalität und Effizienz. Gleiches Einkommen für alle führt aller Erfahrung nach in ein wirtschaftliches Desaster. Eine Verteilung rein nach dem Leistungsprinzip – konkret etwa nach der Marktleistung – zwingt alle Bürger zu entsprechenden produktiven Anstrengungen und belohnt effizientes Wirtschaften und Innovationsfreudigkeit. Allerdings bleiben den weniger Erfolgreichen auch nur Brosamen vom Tisch der Gewinner, wenn das Bedarfsprinzip als Ergänzung des

Leistungsprinzips die Verteilung so korrigiert, dass zumindest das Existenzminimum »gewährt« wird.

Gesteht man zu, dass in einer arbeitsteiligen Wirtschaft die Leistung des Einzelnen gar nicht genau abgrenzbar und messbar ist, wird man daran zweifeln, ob das »Minimalsozialstaatsprinzip« nach Hayek wirklich leistungsgerecht ist. Größere Korrekturen sind dann normativ gefordert. In der Abbildung 3.1 ist der Versuch gemacht worden, die Dinge zu visualisieren und zu zeigen, wo sich gedanklich auf der »Linie der Einkommensdifferenzierung« zwischen den Extremen des reinen Leistungsprinzip und des Egalitätsprinzip die an der Diskussion beteiligten Verteilungsleitbilder (Utilitarismus, Sozialismus, Minimalsozialstaat) positionieren.

Das Rawls-Kriterium oder Differenzprinzip ist ebenfalls hier anzusiedeln. Es verlangt, dass soziale und wirtschaftliche Ungleichheiten so beschaffen sein müssen, dass sie den am wenigsten Begünstigten den größtmöglichen Vorteil bringen (Differenzprinzip). Eine Einkommensdifferenzierung ist nur dann und in soweit zu rechtfertigen, als sie über die Erhöhung der volkswirtschaftlichen Effizienz auch den ärmeren Schichten eine bessere Versorgung bringt. Gehen die Lebenslageunterschiede darüber hinaus oder bleibt das Mehrprodukt in den Händen der Reichen, wird die Differenzierung dysfunktional und der soziale Ausgleich empfindlich gestört. Die soziale Grundnorm lautet: Maximiere die Einkommens- und Lebenslage der sozial Schwächeren bei minimaler Einkommensdifferenzierung. Auch wenn es in der Praxis schwer fällt, den optimalen Grad an Egalität bzw. Differenzierung zu bestimmen, weist das Rawls-Kriterium immerhin die Richtung zu einem historisch jeweils neu zu bestimmenden Verteilungskompromiss.

4 Die Eigenvorsorge

4.1 Die Pflicht zur Eigenvorsorge

Die Basis jeder Sozialordnung in einem freiheitlichen Rechtsstaat ist das Recht und die Pflicht der mündigen Bürger zur Eigenvorsorge und Selbsthilfe. Für autoritäre politische Systeme ist kennzeichnend, dass sie ihren arbeitsfähigen Bürgern die Pflicht zur Arbeit auferlegen und ansonsten eher betreuen und entmündigen. In den Rechtsordnungen der kommunistischen Staaten – so auch in der DDR – schuldeten die Staatsbürger ihre Arbeitskraft der Gesellschaft und dem Staat. Dieser Anspruch war systemimmanent, denn der Staat deckte durch Zuteilung alle Bedürfnisse seiner Bürger. Er musste deshalb auch konsequenterweise die Arbeitskraft seiner Bürger beanspruchen, um seine Zuteilungsaufgabe erfüllen zu können.

Im liberalen Rechts- und Sozialstaat gibt es dagegen keine direkte Arbeitsverpflichtung. Freilich stellt sich die Problematik des Angewiesenseins auf die Leistungen der Bürger auch für ihn. Sie wird auf verschiedenen Wegen gelöst.

Sofern Gesellschaftsmitglieder von den Erträgen ihres Eigentums und Vermögens leben können, bedarf es keiner besonderen Verpflichtung zur Eigenvorsorge und natürlich auch keiner Arbeitsverpflichtung. In diesen Fällen liegt so genanntes *fundiertes Einkommen* vor, von dem der Lebensunterhalt bestritten werden kann. Der Prozentsatz derjenigen, die von fundierten Einkommen leben können, ist aber gering. Und selbst Angehörige relativ wohlhabender Mittelschichten haben immer wieder erleben müssen, das infolge unvorhersehbarer Vermögensverluste (Inflation, Kriegsfolgen usw.) die Quellen des fundierten Einkommens versiegten und dann doch die persönliche Erwerbsarbeit notwendig wurde, um sich weiterhin selbst versorgen zu können. Im Zuge einer Reform zu einer sozialen Bürgerversicherung würden auch die Rentiers, die Eigenvorsorge aus ihrem Kapitaleinkommen sichern können, pflichtversichert. Ordnungspolitisch geht es hier um das Prinzip, dass in einer Sozialordnung, die das Privateigentum in bestimmten verfassungsrechtlichen Grenzen respektiert, Eigenvorsorge aus fundiertem Einkommen grundsätzlich gesichert werden kann und es daher einer besonderen Arbeits- und Berufspflicht nicht bedarf. Davon unberührt bleibt das allgemeine moralische Gebot, dass auch der Vermögende seine Talente entwickeln und mit seiner Arbeitskraft der Gemeinschaft nutzbar machen sollte.

Die weit überwiegende Mehrheit der Gesellschaftsmitglieder verfügt nicht über fundiertes Einkommen, das zum Bestreiten des Lebensunterhaltes ausreicht. Von diesen Gesellschaftsmitgliedern muss auch der liberale Rechts- und Sozialstaat verlangen, dass sie sich selbst versorgen und deshalb ihre Arbeitskraft dafür einsetzen. Wenn der Sozialstaat auf der einen Seite soziale Grundrechte gewährt, muss er auf der anderen Seite die soziale Grundpflicht der Eigenvorsorge auferlegen. Wir stoßen hier auf das liberale Prinzip des Austausches von Leistung und Gegenleistung (do ut des). In den aktuellen Sozialreformen ist dieser Grundsatz unter dem Motto »Fördern und Fordern« wieder deutlich in Erinnerung gebracht worden.

Natürlich kann von denjenigen Gesellschaftsmitgliedern, die aus objektiven Gründen zur Eigenvorsorge nicht, noch nicht oder nicht mehr imstande sind, der Leistungsanspruch nicht erhoben werden. Ihre Absicherung ist entweder der Familienselbsthilfe oder den Sozialen Sicherungssystemen überantwortet. Das Ausmaß ihrer sozialen Sicherung beschränkt sich dabei nicht auf das physische Existenzminimum, vielmehr soll ein »menschenwürdiges Dasein« (§ 1 SGB XII) gewährleistet sein.

Die Verpflichtung der Arbeitnehmer ohne fundiertes Einkommen geht aber noch weiter. Die Gesellschaft erhebt nicht nur einen Leistungsanspruch für die Eigenvorsorge, sondern es wird sogar im erheblichen Umfang die Verwendung des Einkommens zur Abdeckung typischer Lebensrisiken vorgeschrieben. Mit der Pflichtmitgliedschaft in der Sozialversicherung wird Eigenvorsorge »erzwungen«. In der Krankenversicherung ist eine Versicherungspflichtgrenze für Arbeitnehmer eingeführt. Erst jenseits dieser Einkommensgrenze wird die Eigenvorsorge ähnlich wie bei den Beziehern fundierten Einkommens der freien Disposition überlassen. Bei den Pflichtbeiträgen handelt es sich im Grundsatz um individuelle Vorsorge (freilich nicht auf der Grundlage des reinen privatwirtschaftlichen Versicherungsprinzips). Der Staat tritt hier also keineswegs als Wohltäter der Versicherten auf, denn die Beiträge stammen von den Versicherten selbst. Daran ändert auch die Tatsache nichts, dass in der Regel die Hälfte der Beiträge zur Sozialversicherung von den Arbeitgebern getragen wird. Dieser so genannte Arbeitgeberanteil (in der gesetzlichen Unfallversicherung sogar 100 Prozent) muss ökonomisch als Lohnbestandteil angesehen werden.

4.2   Das System der Unterhaltspflichten

Das Subsidiaritätsprinzip

Die für die Entwicklung der deutschen Sozialordnung maßgebenden gesellschaftspolitischen Leitbilder Katholische Soziallehre, Evangelische Sozialethik, Ordoliberalismus und freiheitlicher Sozialismus favorisieren alle das Subsidiaritätsprinzip, allerdings in jeweils unterschiedlicher Ausprägung. Kernelement des Prinzips ist das Recht und die Pflicht zur Selbsthilfe (Selbsthilfeprinzip). Das Solidarprinzip der gegenseitigen Verantwortung der Mitglieder einer Gesellschaft untereinander tritt hinzu. Es verpflichtet jeden Menschen anderen Menschen in Bedrängnis zu helfen, wenn möglich Hilfe zur Selbsthilfe zu leisten. Das eigentlich besondere am Subsidiaritätsprinzip ist jedoch die Forderung, die sozialen Aufgaben möglichst dezentral zu lösen, also das, was die kleineren Gemeinwesen leisten können, nicht auf den Gesamtstaat zu übertragen. Dieser soll allerdings die Voraussetzungen (vor allem öffentliche Bildung) schaffen, ohne die eine Eigenvorsorge der Bürger nicht gelingen kann (Hilfe zur Selbsthilfe).

In welcher Ausprägung findet sich das Subsidiaritätsprinzip in der heutigen Sozialordnung? Die Gestaltung ist für Arbeitnehmer und Selbständige (und Vermögende) unterschiedlich. Arbeitnehmer sind zur Selbsthilfe durch Erwerbsarbeit verpflichtet. Daran knüpft die Pflicht zur Risikovorsorge, die Pflichtversicherung in den fünf Sozialversicherungen. Tritt ein Risiko, z.B. nachlassende Leistung im Alter ein, hat der Arbeitnehmer durch seine Beiträge selbst vorgesorgt und hat Ansprüche auf eine Altersrente. Ist diese Rente nicht ausreichend zur Existenzsicherung, wird geprüft, ob etwa Vermögen vorliegt oder in seiner kleinen Lebensgemeinschaft (Ehepartner, Kinder) andere Einkommen anfallen, so dass diese Gruppe belastbar genug ist, ihren Unterhaltspflichten nachzukommen und hier Hilfe zu leisten. Erst wenn die kleinen Gemeinschaften überfordert sind, kommt die Verpflichtung des Staates zum Tragen, eine aus Steuern finanzierte Grundsicherung im Alter nach dem Fürsorgeprinzip zu garantieren.

Der soziale Wandel und der damit einhergehende Wertewandel haben in der Vergangenheit die konkrete Ausprägung des Subsidiaritätsprinzips verändert und werden dies in der Zukunft ebenfalls bewirken. So hat die Entwicklung zur Kleinfamilie dazu geführt, dass der Gesetzgeber die gegenseitigen Unterhaltsansprüche immer mehr auf die Kernfamilie (Eltern und Kinder) reduziert hat.

Der Anteil der Menschen, die Kinder erziehen, ist stark gesunken. Gleichzeitig leben immer mehr Bürger in unehelichen Gemeinschaften oder sind allein stehend. Stiefelternschaften nehmen aufgrund der hohen Scheidungs- und Wiederverheiratungsquoten zu. All diese Veränderungen wirken sich auf die Lebens- und Versorgungslage der Menschen aus und verpflichten den Sozialstaat, nach Defiziten zu suchen und unter Umständen die Versorgungsansprüche in den Bedarfs- und Haushaltsgemeinschaften neu zu regeln. Mit den großen Reformen im Bereich der Grundsicherung von 2001 bis 2005 (vgl. Kapitel 9) sind die Unterhaltspflichten neu geregelt worden.

Unterhaltspflichten nach dem Bürgerlichen Gesetzbuch (BGB)

Das BGB teilt auch heute noch der Familie zentrale Sicherungsfunktionen zu. Es sind dies die privaten Unterhaltspflichten und der erbrechtliche Pflichtteilanspruch (§ 2303 BGB). Im Mittelpunkt stehen die gesetzlichen Unterhaltspflichten der Ehegatten untereinander (§§ 1360 ff., 1608 BGB). Weiterhin sind nach § 1601 Verwandte in gerader Linie verpflichtet, einander Unterhalt zu gewähren und zwar ohne Rücksicht auf den Grad der Verwandtschaft. Also sind Kinder, Eltern, Großeltern gegenseitig zur Hilfe verpflichtet, nicht dagegen Verwandte in der Seitenlinie (Geschwister, Verschwägerte). Ein Anspruch auf Unterhalt setzt die Bedürftigkeit der Verwandten voraus. Bei volljährigen Kindern ist diese gegeben, wenn weder Vermögenseinkünfte noch Einkünfte aus Erwerbstätigkeit erzielt werden. Faktisch sind diese Unterhaltsansprüche nach BGB durch das Sozialrecht (SGB II: Grundsicherung für Arbeitsuchende und SGB XII: Sozialhilfe) deutlich reduziert worden.

Unterhaltspflichten bei der Grundsicherung für Arbeitsuchende im Sozialrecht (SBG II)

Einen Unterhaltsrückgriff gegenüber Verwandten gibt es grundsätzlich nicht mehr. Das bedeutet:

— Eltern werden wegen der Zahlung von Arbeitslosengeld II an ihre volljährigen Kinder nicht zum Unterhalt herangezogen.
— Ausnahme: Unterhalt ist bei Kindern unter 25 Jahren ohne abgeschlossene Erstausbildung von den Eltern zu leisten.
— volljährige Kinder, deren Eltern Arbeitslosengeld II (oder Sozialgeld) erhalten, sind von Unterhaltszahlungen freigestellt.
— Die Unterhaltspflichten unter Eheleuten (auch getrennt lebende und geschiedene) bestehen fort.

Insgesamt ist damit das Risiko der Arbeitslosigkeit zu einem erheblichen Teil auf die staatliche Gemeinschaft übertragen worden. Interessant ist auch der Versuch, die Versorgungsansprüche in den Stiefkindfamilien, deren Zahl stark zugenommen hat, neu zu regeln, hier allerdings im Sinne einer stärkeren Verantwortung des Stiefelternteils. Im BGB ist hier keine Unterhaltspflicht vorgegeben. Lebt ein Hilfempfänger in einer Haushaltsgemeinschaft mit Verwandten und Verschwägerten wird nach § 9 SGB II vermutet, dass er von ihnen

Unterstützung erhält. Daraus wird dann abgeleitet, dass die Einkommen und Vermögen aller Mitglieder der Bedarfsgemeinschaft bei der Berechnung des Arbeitslosengeldes II mit herangezogen werden können.

Unterhaltspflichten bei der Grundsicherung im Alter und bei Erwerbsminderung (SGB XII)

Eine Grundsicherung im Alter, die die Kinder zur Unterstützung heranzieht, stößt auf Bedenken nach dem Gleichheitsgrundsatz. Kinderlose haben hier Vorteile, während Rentner mit Kindern lieber verschämt arm blieben, um einen Unterhaltsrückgriff auf ihre Kinder zu vermeiden. Mit der Einführung der Grundsicherung im Alter soll diese verschämte Armut bekämpft werden. Für ältere Menschen ab 65 Jahren wurde der Rückgriff auf die Kinder weitgehend abgeschafft. Nur für Besserverdienende gilt das nicht. Diese Entlastung gilt auch für Eltern mit erwachsenen Kindern, die keiner Erwerbstätigkeit nachgehen können.

Anders sieht es noch bei der Altenpflege (und anderen Leistungen der Sozialhilfe) aus. Hier prüft das Verfassungsgericht aktuell, in welchem Umfang Kinder vom Sozialamt zu einem Beitrag an den hohen Kosten der Heimpflege ihrer Eltern verpflichtet werden können.

Unterhaltspflichten in der Sozialhilfe (SGB XII)

Die Zahl der Menschen, die Hilfe zu Lebensunterhalt im Rahmen der Sozialhilfe beanspruchen können, ist durch die Reform der Grundsicherung erheblich zurückgegangen, da alle auch nur halbwegs Erwerbsfähigen bei der Agentur für Arbeit gemeldet sind und die Grundsicherung für Arbeitsuchende erhalten. Es geht hier also um die Existenzsicherung nicht erwerbsfähiger Bürger und um die »Hilfen in besonderen Lebenslagen« wie Pflege-, Kranken- und Behindertenhilfe. Es gelten folgende Grundsätze:

- die Unterhaltspflicht unter Verwandten in gerader Linie besteht grundsätzlich ein Leben lang: d.h. erwachsene Kinder sind ihren Eltern gegenüber zum Unterhalt verpflichtet und Eltern müssen auch noch mit 70 Jahren ihren Kindern Unterhalt gewähren.
- Unterhaltsansprüche gegenüber Verwandten zweiten und entfernten Grades (z.B. Großeltern gegenüber dem Enkel) werden nicht mehr gestellt.
- Die Unterhaltspflichten unter Eheleuten (auch getrennt lebende und geschiedene) bestehen fort.
- Alleinerziehende haben einen Unterhaltsanspruch gegenüber dem anderen, nicht im Haushalt lebenden Elternteil.

Da jedem Unterhaltspflichtigen ein angemessenes Einkommen und Vermögen zur Deckung des eigenen Bedarfs verbleiben muss, sind Freibeträge einzuräumen, die verhindern, dass – wie Hippel (1979) es einmal formulierte – die Eltern mit ihren Kindern das letzte Stück Brot teilen müssen. Zudem kommt z.B. eine Unterhaltsverpflichtung des volljährigen Kindes seinen Eltern gegenüber erst in Betracht, wenn die Bedarfe seines Ehepartners und der Kinder (privilegierte Familienangehörige) ebenfalls gedeckt sind. Herangezogen wird hier von den Familiengerichten die *Düsseldorfer Tabelle,* die Leitlinien für den Eigenbedarf und die Freibeträge vorgibt.

Die sozialethische Beurteilung der verschiedenen Unterhaltspflichten in der Gesellschaft ist in den letzten Jahrzehnten einem starken Wandel unterworfen worden und es nimmt nicht wunder, wenn angesichts der Pluralisierung der Lebensentwürfe diese Pflichten heute sehr unterschiedlich beurteilt werden. Die »Single-Gesellschaft« kann mit diesen Pflichten nur noch wenig anfangen. Wie lassen sich diese Pflichten überhaupt noch rechtfertigen?

Die Unterhaltspflichten der Ehegatten untereinander legitimieren sich ordnungspolitisch aus der Ehe als einer sozialökonomischen Einheit. Unabhängig davon, ob beide Ehepartner erwerbstätig sind oder nur einer und wie die Arbeitsteilung innerhalb der Ehe organisiert ist, wird man sagen können, dass das Familieneinkommen gemeinsam erzielt wird und die Ehe als Solidargemeinschaft den gegenseitigen Unterhalt begründet. Seitdem es nach einer Entscheidung des Bundesverfassungsgerichts aus dem Jahre 1959 nicht mehr den Stichentscheid des Mannes gibt, sondern die Ehepartner grundsätzlich unter paritätischem Einigungszwang stehen, müssen auch ökonomische Entscheidungen in der Ehe gemeinsam getroffen werden. Freilich ist das Eherecht in Vermögensangelegenheiten von dem Grundsatz der Vertragsfreiheit beherrscht, so dass die Ehepartner über die Ordnung ihrer Vermögensverhältnisse weitgehend frei bestimmen können (Gütergemeinschaft, Gütertrennung, Ausgleich des Zugewinns oder Verzicht auf den Ausgleich des Zugewinns). Die gegenseitigen Unterhaltsansprüche können aber nicht ausgeschlossen werden. Eine besondere Bedeutung gewinnt die Festsetzung der gegenseitigen Unterhaltsansprüche im Falle der Scheidung der Ehe. Hier werden seit dem Jahre 1977 im Versorgungsausgleich die während der Dauer der Ehe erworbenen Rentenanwartschaften auf die geschiedenen Ehepartner aufgeteilt (Rentensplitting).

Sehr weit reichend sind die Unterhaltsverpflichtungen der Eltern gegenüber den Kindern. Die Unterhaltsverpflichtungen der Eltern enden keineswegs mit der Volljährigkeit der Kinder. Einen Ausbildungsunterhaltsanspruch (§ 1610 Abs. 2 BGB) können Kinder zum Teil noch über das 30. Lebensjahr hinaus geltend machen (Studium).

Auf den ersten Blick entspricht es der sozialen Symmetrie, dass Kinder gegenüber den Eltern unterhaltsverpflichtet sind. Sittlich bestehen überhaupt

keine Zweifel, dass z.B. erwachsene Kinder gegenüber den alten und pflegebedürftigen Eltern eine besondere Fürsorgepflicht haben. Das kann sowohl mit
dem Äquivalenzprinzip als auch mit dem Solidaritätsprinzip begründet werden.
Bei dem Fehlen kollektiver Systeme sozialer Sicherung in Entwicklungsländern
werden Kinder noch immer als Alterssicherung angesehen. So erklärt sich die
hohe Geburtenrate in diesen Ländern teilweise aus dem Bestreben, im Alter
durch die Kinder versorgt zu werden. In modernen Gesellschaften mit ihren
Systemen kollektiver sozialer Sicherung sind verbindliche Unterhaltspflichten
der Kinder schwerer zu rechtfertigen. Nach dem Generationenvertrag in der
gesetzlichen Rentenversicherung leistet die aktiv im Erwerbsleben stehende
Generation bereits ihren Beitrag zur Alterssicherung der nicht mehr erwerbstätigen Generation. Wenn also außerdem noch individuelle Unterhaltsverpflichtungen gegenüber den Eltern grundsätzlich wirksam werden, wird die erwerbstätige Generation doppelt belastet. Mit der Reform der Grundsicherung im
Alter ist diesen Überlegungen Rechnung getragen worden.

4.3   Das Grundrecht auf Eigenvorsorge

Nach dem Subsidiaritätsprinzip ist die Pflicht zur Eigenvorsorge untrennbar
mit dem Grundrecht auf Eigenvorsorge verbunden. Für die meisten Sozialphi-
losophien gilt es als ein Grundanliegen des Menschen, für sich und für die Seinen selbst sorgen zu wollen. Jede Beschränkung und Behinderung dieses
Grundanliegens liefe dann auf Bevormundung und Entmündigung hinaus. Zur
Eigenvorsorge zählen nicht allein die individuelle Aktion oder die Anstrengung
kleiner sozialer Netze, sondern auch große kollektive Bestrebungen, wie sie sich
im Selbsthilfeprinzip der Arbeiterbewegung oder der Genossenschaftsbewegung wiederfinden

Wenn wir vor diesem sozialgeschichtlichen Hintergrund von Selbsthilfe
sprechen, dann geht es um eine organisierte Gruppenselbsthilfe, die die Selbst-
vorsorge kleiner Gruppen überschreitet (Assoziationen, mutualités, friendly
societies, Hilfskassen der Gewerkschaft usw.). Gemeinschaftliche Selbsthilfe
stößt schnell an Größengrenzen, so dass über kleine Gemeinschaften hinaus
Selbsthilfe bereits ein organisatorisch-kollektives Element erhält.

Die organisierte Selbsthilfe von Arbeitern erstreckte sich auf viele Lebensbe-
reiche. Sie wurde von außen oft geradezu erzwungen, als es noch kein System
sozialer Sicherung und auch kein den breiten Schichten der Arbeiter zugäng-
liches Bildungssystem gab. So entstanden Arbeiterbildungsvereine in Selbsthilfe.
In der Genossenschaftsbewegung erreichte die Selbsthilfe eine Organisations-
form, die sich zum Teil bis heute erhalten hat (Konsumgenossenschaften, Kre-

ditgenossenschaften, Versicherungsvereine auf Gegenseitigkeit). Es waren nicht nur Arbeiter, sondern auch kleine Selbständige, die sich zu genossenschaftlicher Selbsthilfe zusammenfanden. Die Genossenschaftsbewegung schöpfte auch aus sozialliberalen Ideen (Schulze-Delitzsch, Raiffeisen).

Wie im geschichtlichen Teil deutlich wurde, scheiterte auch die organisierte Selbsthilfe bei der Lösung der Sozialen Frage. Sie ist ideengeschichtlich aber deshalb so wichtig, weil sie den Willen sozial schwacher Schichten zur Eigenhilfe eindrucksvoll demonstriert.

Mit der Entwicklung der Institutionen staatlicher Sozialpolitik wurden allmählich viele Formen organisierter Selbsthilfe abgelöst, zum Teil machten sie einen Funktionswandel durch (Genossenschaften). Heute bedarf es der Vorleistung kollektiver sozialer Sicherungssysteme, um die Selbsthilfe zur Entfaltung zu bringen. Die Idee der Selbsthilfe erfuhr in jüngerer Zeit eine erstaunliche Renaissance. Vor allem bei der Lösung gesundheitlicher und sozialtherapeutischer Probleme organisieren sich Selbsthilfegruppen. In der Kritik der Grünen und Alternativen an der staatlichen Sozialpolitik und dem industriellen System wurde das Selbsthilfeprinzip wieder zu einem bedeutsamen gesellschaftlichen Organisationsprinzip erhoben. Mit der Rückverlagerung der Problemlösungen von der staatlichen in die gesellschaftliche Verantwortung von Gruppen, Verbänden und Bewegungen wie der Umweltbewegung hofft man neue, solidarische Ressourcen erschließen zu können.

Soll Eigenvorsorge gelingen, ist ein regelmäßiges Einkommen in angemessener Höhe unverzichtbar. Wenn beim Eintritt der Lebensrisiken – wie Krankheit oder Unfall – der Einkommensfluss unterbrochen ist, werden in unserer Sozialordnung Transferleistungen aus dem System sozialer Sicherung fällig, die den Einkommensausfall so weit kompensieren sollen, dass der Lebensstandard zumindest für eine gewisse Zeit aufrecht erhalten werden kann. Was uns in diesem Zusammenhang besonders interessiert, ist der Einkommensverlust, der infolge Arbeitslosigkeit eintritt. Auch wenn hier Einkommenstransfers (Arbeitslosengeld I und II) gezahlt werden, wird derjenige, der arbeiten kann und will, aber keine Beschäftigung findet, in seinem sozialen Grundrecht auf Eigenvorsorge verletzt. Mit dem Ansteigen der Arbeitslosigkeit ist auch der Ruf nach einem »Recht auf Arbeit« wieder lauter geworden. Ob es sinnvoll ist, ein Recht auf Arbeit verfassungsmäßig zu verankern, ist umstritten, weil es auch einklagbar und durchsetzbar sein müsste. Es hat sich erwiesen, dass der liberale Rechts- und Sozialstaat in einem marktwirtschaftlichen Wirtschaftssystem die Vollbeschäftigung nicht permanent garantieren kann. Würde man das Recht auf Arbeit einklagbar machen, dann müssten auch eindeutig diejenigen benannt werden, die verpflichtet wären, Arbeit zu geben. Das wäre letzten Endes der Staat. Das aber wäre ohne Zweifel eine systemverändernde Maßnahme und ordnungspolitisch kaum mit den Grundsätzen der Sozialen Marktwirtschaft zu vereinbaren.

4.4   Bildungs- und Vermögenspolitik als »Hilfen zur Selbsthilfe«

Was kann politisch unternommen werden, um die Möglichkeiten der Bürger zu verbessern, für sich und die Ihren zu sorgen? Bei der Analyse der Lebenslagen der Menschen werden wir regelmäßig mit der Ungleichheit persönlicher Startbedingungen konfrontiert. Obwohl das Ziel der Chancengleichheit schon seit langem propagiert wird, zeigt die Situationsanalyse zum Teil sogar steigende Defizite bei der Umsetzung. Es geht hier vor allem um die Bereiche der Bildungs- und Vermögenspolitik. Auf die Bedeutung und die sozialen Aspekte der Bildungspolitik gehen wir in Kapitel 13 genauer ein.

Eigenes Vermögen schafft eine gewisse Sicherheit und Unabhängigkeit und ist heute neben der Versicherung das wichtigste Instrument zur langfristigen Eigenvorsorge. Nach den Rentenreformen der letzten Jahre wird die Sozialrente in der Zukunft nicht mehr ausreichen, um den Lebensstandard im Alter zu decken. Damit gewinnt die eigene Vorsorge durch Vermögensbildung noch an Bedeutung (vgl. Kapitel 8.1.7: Riesterrente).

»Deutschland ist ein reiches Land. Das zeigt sich insbesondere auch an den Vermögenswerten in privater Hand, die ein wichtiger Bestimmungsfaktor für die materielle Lebenslage der Menschen sind… Die Vermögen sind in den vergangenen Jahrzehnten stark gestiegen und haben 2003 eine Summe von rund 5 Billionen Euro erreicht.«

So positiv beginnt der Abschnitt über die Vermögensverteilung im 2. Armuts- und Reichtumsbericht der Bundesregierung (2005, S. 32). Das wird allerdings mit folgender Feststellung stark relativiert:

»Allerdings sind die Privatvermögen in Deutschland sehr ungleichmäßig verteilt. Während die Haushalte in der unteren Hälfte der Verteilung nur über etwas weniger als 4 Prozent des gesamten Nettovermögens verfügen, entfallen auf die reichsten Haushalte knapp 47 Prozent (ohne Betriebsvermögen). Der Anteil des obersten Zehntels ist gegenüber 1998 um gut 2 Prozentpunkte gestiegen« (2. Armuts- und Reichtumsbericht 2005, S. 48).

Im Durchschnitt hat damit jeder zweite Bürger in Deutschland ein Vermögen von weniger als 5.400 bzw. 5.000 Euro und die untersten 10 Prozent der »Vermögensbesitzer« haben stattdessen (Netto-)Schulden.

In den letzten Jahren wude möglicherweise auch in Deutschland eine folgenschwere Trendumkehr eingeleitet, wie sie in anderen Ländern, vor allem in den USA schon in den 1980er Jahren beobachtet wurde. Während von 1960 bis Mitte der 1990er Jahre die Vermögensverteilung langsam gleichmäßiger wurde, ist für Westdeutschland von 1989 bis 2003 eine durchaus merkliche Vertiefung der Ungleichheit festzustellen. In Ostdeutschland war dagegen im Zuge der Angleichung eine Phase abnehmender Ungleichheit zu beobachten. Ob diese Entwicklung nur der ökonomischen Schwächeperiode anzulasten und damit kurzfristig ist, oder ob auch in Deutschland der angelsächsische Weg einer massiven Umverteilung von Einkommen und Vermögen zugunsten der Reichen und Superreichen gegangen wird, wie ihn die Neokonservativen in den USA ohne Hemmung propagieren und im Steuerrecht durchgesetzt haben, wird politisch entschieden.

Alles in allem war die bisherige Vermögenspolitik nicht ohne Erfolg. Insbesondere die staatliche Bausparförderung hat auch sozialen Gruppen, die sich ansonsten kein Wohneigentum hätten leisten können, dazu verholfen. So stieg die Quote der Arbeitnehmer mit Wohneigentum von ca. 31 Prozent (1962) auf 51 Prozent (1998) in Westdeutschland. Die bisher in der Bundesrepublik praktizierte Vermögenspolitik setzte beim freiwilligen Sparen einkommensschwächerer Schichten an. Durch Prämien oder Minderung der Steuerbelastung wurde die Geldvermögensbildung (Sparprämiengesetz), das Sparen in Lebensversicherungen und die Bildung von Wohnungseigentum (Bausparprämiengesetz, Eigenheimzulage) gefördert. Voraussetzung für den Erhalt von Prämien war jeweils eine mehrjährige Anlage der Sparbeträge (sog. Sperrfrist) und ein Einkommen des Sparers, das bestimmte Höchstgrenzen nicht überschritt.

Verbesserungen brachten die Vermögensbildungsgesetze (ab 1961). Nach dem 5. Vermögensbildungsgesetz (Stand 2004) erhalten Arbeitnehmer, deren zu versteuerndes Einkommen eine Höchstgrenze nicht übersteigt, eine staatliche Sparzulage, wenn sie in Form von Bausparverträgen oder Anlagen in Produktivkapital Vermögen bilden (vgl. Tabelle 4.1).

Tabelle 4.1: Vermögenswirksame Leistungen

Anlageform	Förder-Höchstbetrag	Fördersatz	Maximale Sparzulage pro Jahr	Einkommensgrenzen (1) (Ledig/Verheiratet)
Anlage im Wohnungsbau (Bausparen) (Förderkorb 1)	470 Euro	9 Prozent	43 Euro	17.900/ 35.800 Euro
Anlage in Produktivkapital (Förderkorb 2)	400 Euro	18 Prozent	72 Euro (2)	
Maximale Gesamtförderung	870 Euro		115 Euro	

(1) zu versteuerndes Einkommen, (2) Verträge bis 2004: 88 Euro Förderung in den neuen Bundesländern.

Vor allem durch den Abschluss von zahlreichen Tarifverträgen über vermögenswirksame Leistungen in fast allen Branchen stieg die Zahl der Sparer deutlich an. Da die vermögenswirksame Leistung in diesen Fällen zusätzlich zum Barlohn quasi zwangsgespart wird, wird einerseits eine hohe Arbeitnehmerbeteiligung erzielt, andererseits der zum Lebensunterhalt notwendige Konsumlohn nur in Höhe der freiwillig hinzu gesparten Beträge belastet.

Vermögenswirksame Leistungen können auch als zusätzliche Arbeitgeberleistungen individuell oder in Betriebsvereinbarungen ausgehandelt werden. Auf Antrag muss der Arbeitgeber aber auch Teile des Barlohns nach den Wünschen des Arbeitnehmers vermögenswirksam anlegen. Seit 1990 sind nur noch folgende Anlageformen begünstigt: Bausparen und Anlagen in Produktivkapital (u.a. Wertpapier-Sparverträge, Aktien des Arbeitgebers, Mitarbeiterbeteiligungen). Zweck dieser Eingrenzung ist es, die Arbeitnehmer an der Bildung von Produktivkapital zu interessieren. Während bei der Geldvermögensbildung in der Vergangenheit gewisse Fortschritte erzielt werden konnten, ist die Verteilung des Produktivkapitals weiterhin äußerst differenziert. Zwar sind die statistischen Daten hier bezeichnenderweise sehr mangelhaft, dennoch geht man auch heute noch von ähnlichen Verteilungsstrukturen aus wie in der legendären Studie von Wilhelm Krelle aus den 1960er Jahren, wonach 1,7 Prozent der Haushalte ca. 75 Prozent des Produktivvermögens besaßen.

Ein weiteres Ziel der Vermögensbildung ist die Verbesserung der Eigenkapitalausstattung der Unternehmen. Insbesondere durch die Förderung von Mitarbeiter-Kapitalbeteiligungen gelangt man zu betrieblichen Vermögens- und Gewinnbeteiligungsformen, von denen man glaubt, dass sie außerdem motivierend, leistungsfördernd und integrierend auf die Belegschaft wirken.

Der eingeschlagene Weg soll zu einer breiteren Streuung des Produktivvermögens beitragen. Die Diskussion zur Vermögensbildung flammt aktuell wieder auf. Wie die früher (1960er Jahre) sehr intensiv geführte Diskussion und wissenschaftliche Untersuchungen deutlich gezeigt haben, ist über eine reine Anreizpolitik wenig auszurichten. Da eine nachträgliche Umverteilung des bestehenden Vermögens aufgrund verfassungsrechtlicher Entschädigungsansprüche nicht in Frage kommen kann, muss die Neuverteilung des zuwachsenden Vermögens deutliche Ausmaße annehmen. Hier knüpften Vorschläge zur Einführung von Investivlöhnen oder Modelle zur investiven Gewinnbeteiligung an (Anderson 1976). Im Gegensatz zu den betrieblichen Lösungen nach Art der angesprochenen Mitarbeiter-Kapitalbeteiligungen forderten die Gewerkschaften überbetriebliche Fonds. Ein deutlicher Teil des Gewinns der Unternehmen sollte an Arbeitnehmer- oder Sozialfonds abgeführt werden und dann wieder den Unternehmen zu Investitionszwecken zufließen (evtl. auch der Finanzierung öffentlicher Infrastrukturinvestitionen dienen). Die Vorteile sah man darin, dass alle Arbeitnehmer, nicht nur die in momentan gewinnbringenden Unternehmen, Vermögen bilden und Gewinnanteile erhalten könnten. Natürlich müssten auch hier lange Sperrfristen eine frühe Vermögensauflösung durch die Arbeitnehmer verhindern. Kritiker sprachen hier gerne in diffamierender Absicht von kollektiven Zwangssparplänen, die in unserer Sozialordnung fehl am Platz seien.

Wir glauben, dass die Absage an investive Gewinnbeteiligungspläne in der Vergangenheit faktisch den Verzicht auf eine gerechtere, breitere Streuung des Produktivvermögens bedeutet hat. Damit wurde, wie Thiemeyer schon 1971 den Gewerkschaften ins Stammbuch schrieb, auf eine merkliche Teilhabe der Arbeitnehmer am nicht unmittelbar konsumierbaren Teil des Sozialprodukts, der sich als Investition im wachsenden Produktivvermögen niederschlägt, verzichtet.

Mit der Vermögenskonzentration geht auch die Zusammenballung politischer Macht und gesellschaftlichen Einflusses einher. Selbst wenn hier andere Institutionen unserer Sozialordnung (Mitbestimmung) durchaus Gegenkräfte mobilisieren, ist es gut, dass die eingeschlafene Diskussion um die Vermögensverteilung wieder ihrer Bedeutung entsprechend belebt wird. In der Erklärung der beiden großen christlichen Kirchen zur Sozialen Frage 1997 wurde zu Recht auch die ungleiche Vermögensverteilung wieder ins Blickfeld gerückt.

4.5   Einkommensverteilung und steuerliche Umverteilung

Die Einkommensverteilung

Die Vermögensverteilung bestimmt in einem erheblichen Maße die Einkommensverteilung mit. Wir unterscheiden bei der Einkommensverteilung in funktionale und personelle Verteilung.

Die funktionale Verteilung fragt nach der Verteilung des Volkseinkommens auf die Produktionsfaktoren Arbeit und Kapital.

Tabelle 4.2: Entwicklung der Lohnquote in Deutschland (bis 1990 Westdeutschland)

1960	*1970*	*1980*	*1990*	*2000*	*2005*
60,1 Prozent	68 Prozent	75,8 Prozent	69,9 Prozent	72,2 Prozent	67 Prozent

Quelle; IdW, Deutschland in Zahlen, verschiedene Jahrgänge.

Die Lohnquote oder die Profitquote bilden den Maßstab. Beide ergänzen sich zu 100 Prozent, d.h. bei einer Lohnquote von 70 Prozent muss die Profitquote logischerweise 30 Prozent betragen. Die Entwicklung der Lohnquote (vgl. Tabelle 4.2) sagt etwas über die Kräfteverhältnisse am Arbeitsmarkt aus. In den Zeiten erfolgreicher Lohnpolitik stieg die Lohnquote bis auf über 75 Prozent (1980). Mit der Massenarbeitslosigkeit begann eine Phase des Niedergangs, die durch konjunkturelle Zwischenhochs nicht aufgehalten werden konnte. Das ökonomische Kräfteverhältnis führte zu einem Lohndruck und zu einem Anstieg der Profitquote. In neoliberaler Sicht ist dies auch notwendig, soll der Standort Deutschland für die Investoren attraktiver werden. Die Globalisierung der Märkte erhöhte die Renditeansprüche der Kapitalanleger in Deutschland, die sich am erreichbaren internationalen Niveau orientieren. Je mehr Länder in einem Unterbietungswettlauf Investoren anlocken wollen, desto bessere Bedingungen findet das international operierende Kapital. Dies gelte es realistisch zu analysieren und entsprechende Veränderungen auch am Standort Deutschland vorzunehmen. Nur Investitionen im Inland schaffen die dringend benötigten Arbeitsplätze. Wenn dies nur um den Preis einer sinkenden Lohnquote und steigender Gewinn- und Vermögenseinkommen zu erreichen sei, dann müsse man den Preis eben zahlen. Kritische Einwände, die auf die steigende Armut und den sinkenden Konsum (Nachfrageausfälle) hinweisen, werden mit dem Argument dynamischer Wohlstandseffekte im Fall des erfolgreichen Strukturwandels abgetan. Die Lösung lautet, die Gewinnchancen am Standort Deutschland weiter zu verbessern.

Die personelle Einkommensverteilung fragt nach der Verteilung des Einkommens auf die Haushalte der Volkswirtschaft. Man unterscheidet die Primärverteilung der Einkommen, die sich auf den Märkten (vor allem dem Arbeitsmarkt) ergibt, von der Sekundärverteilung nach Umverteilung durch den Staat mit Hilfe des Steuer-Transfersystems.

Die neusten Befunde zur Einkommensentwicklung und -verteilung liefert der 2. Armuts- und Reichtumsbericht der Bundesregierung von 2005.

Tabelle 4.3: Einkommen in Deutschland im Jahr 2003

	Deutschland	West	Ost
Durchschnittliches Bruttoeinkommen je Haushalt in Euro/Monat	3.454	3.619	2.734
Durchschnittliches Nettoeinkommen je Haushalt in Euro/Monat	2.771	2.895	2.233
Durchschnittliches Bruttoeinkommen aus unselbständiger Arbeit in Euro/Monat	2.291	2.396	1.829
Verfügbares (Netto-)Äquivalenz-Einkommen (1) der Bevölkerung in Euro/Monat neue OECD-Skala (1) Medianwert (2))	1.564	1.624	1.335

(1) Die Begriffe werden genauer in Kapitel 4.6 anhand eines Beispiels erläutert. (2) Der Medianwert teilt die Einkommen in genau zwei gleiche Teile: 50 Prozent der Haushalte in Deutschland hatte 2003 eine geringeres (oder gleiches) und 50 Prozent ein höheres oder gleiches Einkommen wie der Medianwert von 1.564 Euro; Quelle: Armuts- und Reichtumsbericht 2005, Anhangstabelle I.1, S. 101.

Der meist verwendete Indikator zur Beschreibung der Entwicklung der Einkommensverteilung ist der *Gini-Koeffizient* (benannt nach seinem Erfinder Corrado Gini), der die Verteilung auf einer Skala von 0 bis 1 misst, wobei der Wert umso niedriger ist, je gleicher oder egalitärer die Verteilung ist.

Tabelle 4.4: Entwicklung der Einkommensverteilung in Deutschland (bis 1993 Westdeutschland)

Jahr	1973	1978	1983	1988	1993	1998	2003
Gini-Koeffizient (1)	0,242	0,242	0,246	0,250	0,262	0,255	0,257

Auf der Ebene der Nettoäquivalenz-Einkommen, also nach staatlicher Umverteilung;
Quelle: Armuts- und Reichtumsbericht 2005, Anhangstabelle I.2, S. 102.

Die Tabelle 4.4 zeigt, dass die Sekundärverteilung der Einkommen im Laufe der Jahre seit 1973 immer ungleichmäßiger wurde und der Trend immer noch anhält. Dies ist aus neoliberaler Sicht durchaus positiv zu werten, gilt es doch in Deutschland eine stärkere Verteilung nach der Marktleistung durchzusetzen. Es gibt jedoch auch erhebliche Bedenken, dass dieser Trend zu einer Polarisierung in der Gesellschaft führen könnte.

Umverteilung über das Steuer-Transfersystem

Die Autoren des Armuts- und Reichtumsberichts (2005, S. 19) kommen zu folgender, sehr positiven Einschätzung der Bedeutung der staatlichen Umverteilungserfolge:

»Das Umverteilungssystem aus Transfereinkommen sowie Steuern und Sozialversicherungsbeiträgen verringerte das Ausmaß der ungleichen Verteilung der Einkommen durch erhebliche Umschichtungen. Dies gilt insbesondere für 2003, wo die Ungleichheit von 0,472 auf Ebene der Marktäquivalenzeinkommen auf 0,257 auf Ebene der Nettoäquivalenzeinkommen und somit, gemessen am Gini-Koeffizienten, um 46 Prozent verringert wurde.«

Im Folgenden wird kurz auf die Verteilungsfunktion des Steuersystems eingegangen, während die Umverteilung über Sozialtransfers in den Kapiteln 7 bis 9 dargestellt wird. Die Möglichkeiten zur Eigenvorsorge werden durch das Steuersystem mitbestimmt. Die höheren Einkommen sollen stärker zur Finanzierung der Staatsaufgaben beitragen, so dass die Verteilung der verfügbaren Nettoeinkommen durch die entsprechende Ausgestaltung des Steuersystems weniger differiert als die der Bruttoeinkommen. Da bei der Ausgestaltung des Steuersystems auch andere Ziele wie Erhaltung und Förderung der Leistungsbereitschaft und hohe Ergiebigkeit des Steueraufkommens zu berücksichtigen sind, sind Konflikte mit dem Umverteilungsziel vorprogrammiert. Eine zu starke

Belastung höherer Einkommen kann in einer Marktwirtschaft die Investitionen beeinträchtigen. Kommt es daraufhin zu sinkenden Wachstumsraten und Verlust an Wettbewerbsfähigkeit werden auch die Lohnbezieher, die von der steuerlichen Umverteilung profitieren sollten, in ihrer Einkommensentwicklung negativ tangiert. Nach dem verteilungspolitischen Leitbild des *Rawls- oder Differenzkriteriums* (vgl. Kapitel 3.3) wäre unter diesen Umständen eine weniger egalisierende steuerliche Umverteilung gesamtgesellschaftlich und speziell auch für die ärmeren Schichten vorzuziehen. Bei welchem Steuersatz genau Leistungsunlust ausbrechen soll, ist natürlich sehr umstritten.

Zudem ist in einer Marktwirtschaft keineswegs sicher, dass derjenige, der die Steuern zahlt, auch tatsächlich Lastträger ist. Die Belastungsverteilung oder Inzidenz verschiedener Steuerarten ist bei den Experten umstritten. Einig ist man sich, dass im Normalfall sog. indirekte Steuern, die vom Unternehmen abzuführen sind (Mehrwertsteuer, Verbrauchssteuern), in voller Höhe auf den Verbraucher abgewälzt werden. Bei den direkten Steuern, den Einkommensteuerarten, muss differenziert werden. Lohn- und Gehaltssteuern gelten als nicht überwälzbar. Der Arbeitnehmer ist Lastträger dieser Steuern.

Da die indirekten Steuern (außer auf Luxusgüter) regressiv wirken, dass heißt die niedrigen Einkommen relativ stärker von Verbrauchssteuern belastet werden als die höheren Einkommensgruppen, deren Konsumquote niedriger ist, sind Umverteilungsziele nur mit Hilfe der Einkommenssteuern (und Vermögenssteuern) zu verwirklichen. Der Anteil der direkten Steuern am Steueraufkommen liegt seit Jahren etwa bei 47 bis 48 Prozent (2003: 47,5 Prozent). Die meisten europäischen Staaten weisen einen noch höheren Anteil indirekter Steuern auf, während USA und Japan anteilsmäßig mehr direkte Steuern erheben.

Die empirische Analyse des Steueraufkommens zeigt, dass die relative steuerliche Belastung der Bruttoeinkommen aus Unternehmertätigkeit und Vermögen langfristig deutlich gesunken ist. Darüber herrscht weitgehend Einigkeit. Äußerst umstritten ist in der aktuellen Diskussion aber die These, dass die steuerliche Belastung für Unternehmen in Deutschland im europäischen Vergleich weiterhin die Spitze behauptet, wie eine Studie des Zentrums für Europäische Wirtschaftsforschung (ZEW) feststellt. Wir können die Argumente hier nicht weiter verfolgen. So viel aber dürfte klar sein. Die Orientierungsmarken werden permanent neu gesetzt. Nach Irland tauchen nun weitere Niedrigsteuerländer in der EU auf und es droht ein Steuerwettlauf nach unten. Viele Großunternehmen nutzen ihre Möglichkeiten der Gewinnverlagerung ins Ausland. Diese Möglichkeiten haben kleine und mittlere Unternehmen nur sehr bedingt. Die Globalisierung führt auch hier zu neuen Ungerechtigkeiten. Der Staat sieht sich nolens volens gezwungen, dort verstärkt zu kassieren, wo eine Steuervermeidung nur schwer möglich ist, wie bei den Lohnsteuern, die an der Quelle abgeschöpft werden. Der relativ immobile Faktor Arbeit wird immer stärker belastet, der mobile Faktor Kapital dagegen entlastet (vgl. auch Kapitel 16.2.2). Auf dem Weg in den Lohnsteuerstaat sind wir inzwischen ein gutes Stück vorangekommen.

Damit stellt sich die Frage, ob das Rawls-Kriterium heute nicht eher dadurch verletzt wird, dass den Besserverdienenden Steuern erlassen werden, ohne dass damit noch nennenswerte Anreizeffekte einhergehen. Die Weltmarktgesetze drohen solche Gesellschaftsverträge zu unterminieren.

Die Lohn- und Einkommenssteuer ist die wichtigste Steuer, mit der die Umverteilungsziele anzustreben sind.

Abbildung 4.1: Tarifverlauf der Lohn- und Einkommenssteuer ab 2007

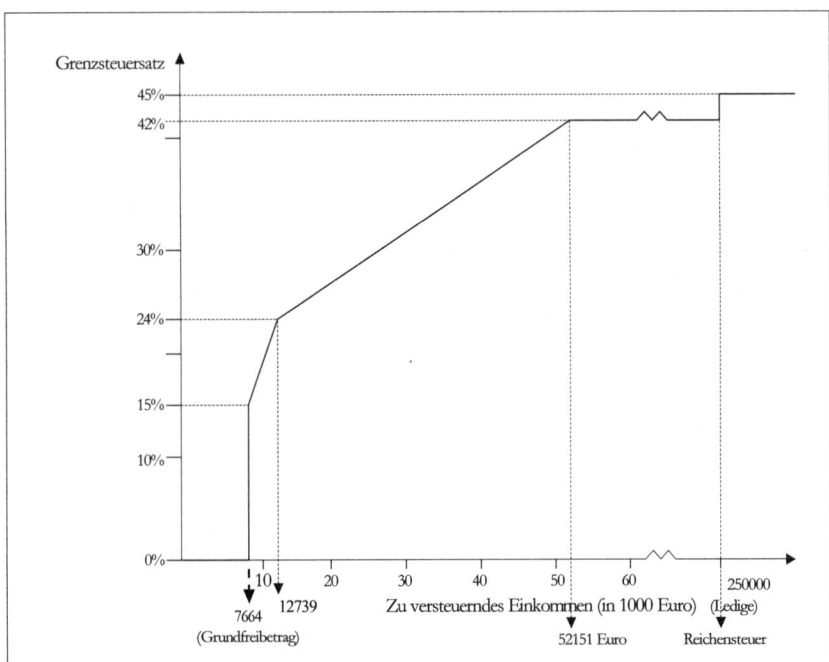

In der Abbildung ist der Tarifverlauf der Lohn- und Einkommensteuer 2007 dargestellt. Es lassen sich vier Zonen des Tarifverlaufs ausmachen. Zunächst ist in der Grundfreibetragszone der Grenzsteuersatz 0 Prozent. Erst nach einem Urteil des Bundesverfassungsgerichts wurde das durch die Sozialhilferegelung definierte Existenzminimum zur Gänze steuerlich freigestellt. Mit dem derzeit gültigen Grundfreibetrag wird also ein Jahreseinkommen bis 7.664 Euro bei Alleinstehenden (bei Ehepaaren das Doppelte) steuerlich nicht belastet. Der *Grenzsteuersatz* ist − etwas vereinfacht dargestellt − der Anteil an jedem hinzu verdienten Euro, der an den Staat als Einkommenssteuer abgeführt werden muss.

Die erste linear progressive Zone des Tarifs beginnt direkt nach dem Grundfreibetrag. In dieser Zone steigt der Grenzsteuersatz von 15 Prozent beginnend kontinuierlich an und erreicht bei einem zu versteuernden Einkommen von 12.739 Euro (Ledige) den Wert von 24 Prozent. Dort schließt sich die zweite linear-progressive Zone an, die mit dem Spitzensteuersatz für Normalverdiener von 42 Prozent bei einem zu versteuernden Einkommen von 52.151 Euro (Verheiratete 104.302 Euro) endet. Für jeden Hundert-Euro-Schein, um den das Einkommen danach weiter steigt, muss der Steuerzahler dann also 42 Euro an das Finanzamt abführen. Steigt das Einkommen eines Ledigen auf über 250.000 Euro, dann springt der Spitzensteuersatz (auch Reichensteuersatz genannt) auf 45 Prozent. Die beiden letzten Zonen sind Proportionalzonen, in denen der Grenzsteuersatz unverändert bleibt.

Zu beachten ist, dass ein Steuerzahler mit z.B. 100.000 Euro zu vesteuerndem Einkommen keineswegs 42.000 Euro Steuern zahlen muss, sondern nur ca. 34.000 Euro. Der Durchschnittssteuersatz ist hier mit ca. 34 Prozent deutlich geringer als der Grenzsteuersatz von 42 Prozent. Alle Steuerzahler – auch die Hochverdienenden – bekommen den Grundfreibetrag und die folgenden geringeren Grenzsteuersätze ebenfalls angerechnet.

Weiterhin ist das zu versteuernde Einkommen nicht mit dem Bruttoeinkommen zu verwechseln. Durch die Anrechnung von Werbungskosten, Sonderausgaben und hohen Abschreibungsmöglichkeiten ist die tatsächliche Steuerbelastung weitaus geringer, als es der relativ hohe Spitzensteuersatz suggeriert.

Der Einkommensteuertarif ist nach dem Prinzip gestaltet worden, dass die höheren Einkommen belastbarer sind und damit gerechterweise eine höhere Steuerlast tragen können. Eine vergleichsweise stärkere Umverteilungswirkung ergibt sich bei diesem Tarif durch den progressiv gestalteten Verlauf. Danach sollen die höheren Einkommen nicht nur absolut, sondern auch relativ (höhere Steuerlastquote) stärker belastet werden.

Auch die in der Diskussion befindlichen Reformvorstellungen von CDU/ CSU oder FDP mit ihren Stufentarifmodellen sind letztlich progressiv besteuernde Tarife. Ob sie für den Bürger transparenter sind, sei dahingestellt.

Tabelle 4.5: Absenkung von Spitzen- und Eingangssteuersatz

Jahr	1998	1999	2000	2001	2004	2005	2007
Eingangssteuersatz	25,9	23,9	22,9	19,9	16	15	15
Spitzensteuersatz	53	53	51	48,5	45	42	45

Der Tarif ist allein in den letzten zehn Jahren wiederholt geändert worden. Dabei wurden auf der einen Seite die Bezieher niedriger Lohneinkommen entlastet (deutliche Erhöhung des Grundfreibetrages, Absenkung des Eingangssteuersatzes und der gesamten Tarifkurve). Auf der anderen Seite erfuhren auch die Bezieher hoher und höchster Einkommen vor allem durch die drastische Senkung des Spitzensteuersatzes von 56 Prozent auf 42 Prozent eine erhebliche Entlastung. Der Spitzensteuersatz für Reiche ist 2007 wieder leicht angehoben worden. Die Parteien CDU/CSU und FDP streben weitere Senkungen der Einkommensteuer, vor allem eine deutliche Senkung des Spitzensteuersatzes auf 36 Prozent an.

Da eine solche Steuerentlastung natürlich zu großen Steuerausfällen führt, ist auch die Gegenfinanzierung interessant und politisch höchst umstritten. Subventionen sollen gestrichen oder reduziert werden, wobei erfahrungsgemäß harter Widerstand der Betroffenen und ihrer Verbände zu erwarten ist. Die konsumtiven Staatsausgaben sollen gesenkt werden. Vor allem aber strebt man eine Verbreiterung der Steuerbasis an, d.h. die vielen Ausnahmeregelungen im Steuerrecht, die sich als Schlupflöcher für die Besserverdienenden anbieten und damit deren Steuerlast erheblich reduzieren, sollen abgebaut werden. Wenn das alles nicht ausreicht, soll die Mehrwertsteuer erhöht werden, wie es 2007 schon geschah.

4.6 Armut in Deutschland und Europa

Aus der Sicht des Lebenslagentheorems von Gerhard Weisser sollte die enge ökonomische Definition von Armut erweitert werden. Armut wird umfassender als generelle Lebenslageschwäche verstanden. Ursachen dafür sind neben der klassischen Einkommensarmut vor allem

– fehlende soziale Kontakte,
– Einengung persönlicher Gestaltungsspielräume,
– mangelhafte Wohnverhältnisse und
– soziale Diskriminierung.

Hier liegen wichtige Felder einer dem Lebenslagentheorem verpflichteten bürgernahen kommunalen Sozialpolitik. Es muss darum gehen, soziale Netzwerke aus Nachbarschaftshilfe, sozialem Ehrenamt und professionellen sozialen Diensten zu errichten, die zu Selbsthilfeaktivitäten anleiten und die gesellschaftliche Integration der Problemgruppen unterstützen. Einkommenshilfen allein greifen hier zu kurz.

Im Human Poverty Index der OECD, der ebenfalls einem Ressourcenansatz folgt, der an das Lebenslagenkonzept erinnert, werden folgende Indikatoren zu einem Gesamtindikator zusammengefasst: die Lebenserwartung, der Bildungsstand Erwachsener, der Prozentsatz der Menschen unter der Armutsgrenze von 50 Prozent (Nettoäquivalenzeinkommen) und das Ausmaß der Langzeit-Arbeitslosigkeit in einem Land. Die nordischen Länder in Europa nehmen hier Spitzenplätze ein. Deutschland erreichte im Berichtsjahr 2001 den 6. Platz. Die angelsächsischen Länder (Großbritannien (15.) und USA (17.) fallen bei diesem Armutsindex deutlich ab.

Zumeist konzentrieren sich wissenschaftliche Forschung und das Interesse der Öffentlichkeit auf die Armut im engeren Sinn, auf die Einkommensarmut. In den USA wird Armut an einem festen Dollarbetrag gemessen. Eine Fortschreibung dieses Geldbetrages erfolgt nur mit der Inflationsrate, um den Realwert zu erhalten. Armut wird also an einem absoluten materiellen Versorgungsniveau gemessen. Eine Steigerung des Durchschnittseinkommens der Bevölkerung führt hier zu keiner Verschiebung der Armutsgrenze.

In Deutschland und den meisten europäischen Ländern wählt man dagegen einen relativen Maßstab.

Definition der relativen Einkommensarmut

Das Haushaltsnettoeinkommen eignet sich nicht als Indikator, da die unterschiedlichen Haushaltsgrößen nicht berücksichtigt sind. Auch auf das Pro-Kopf-Einkommen wird nicht zurückgegriffen, da man bei Kindern von geringerem Bedarf ausgeht und ein größerer Haushalt auf bestimmten Feldern (z.B. Wohnungskosten) sinkende Grenzkosten realisiert (sog. economics of scale).

Arm sind nach dieser Definition Menschen, deren Netto-Äquivalenzeinkommen weniger als 60 Prozent (alternativ 50 Prozent oder auch 40 Prozent) des durchschnittlichen (oder Median-) Netto-Äquivalenzeinkommens eines Bürgers beträgt. Der Einkommensbedarf wird nach der neuen OECD-Skala mit folgenden Faktoren gewichtet: Der Haushaltsvorstand erhält den Gewichtungsfaktor 1, weitere Personen über 14 Jahre (Ehefrau, Kinder) den Faktor 0,5 und weitere Personen unter 14 (Kinder) den Faktor 0,3.

Beispiel: Ein Ehepaar mit 3 Kindern (eines unter 14) hat nach Steuern und Sozialabgaben ein Nettoeinkommen von 2.240 Euro. Das Netto-Äquivalenzeinkommen jedes der 5 Haushaltsmitglieder errechnet sich nach folgender Formel

$$2240/(1 + 0,5 + 0,5 + 0,5 + 0,3) = 2240/2,8 = 800 \text{ Euro}$$

Das durchschnittliche Nettoäquivalenzeinkommen eines deutschen Haushalts lag im Jahr 2003 bei 1.740 Euro und das Median-Nettoäquivalenzeinkommen bei 1.564 Euro. Die verschiedenen Armutsgrenzen in Euro sind in der Tabelle 4.6 zusammengestellt.

Tabelle 4.6: Relative Armutsgrenzen in Deutschland im Jahr 2003 (1)

	Durchschnitt	Median
Nettoäquivalenzeinkommen eines Durchschnittsbürgers in Euro/Monat	1.740	1.564
Armutsgrenze 60 Prozent in Euro	1.044	938
Armutsgrenze 50 Prozent in Euro	870	782
Armutsgrenze 40 Prozent in Euro	669	626

(1) neue OECD-Skala, Quelle: Armuts- und Reichtumsbericht 2005, Tabelle I.1, S. 101; eigene Berechnungen.

Jede der Personen in unserem 5-Personen-Haushalt ist gemessen an der 60 Prozent Grenze (ob Durchschnitt oder Median) als arm und an der 40 Prozent Grenze als nicht arm zu bezeichnen! An der 50 Prozent Grenze scheiden sich die Geister. Nimmt man den Median, ist die Familie nicht arm, nimmt man den Durchschnitt, gilt sie als arm.

Neben der Wahl der Armutsgrenzen entscheidet auch noch die gewählte Äquivalenzskala über den Befund. Beispielsweise würde die alte OECD-Skala ein höheres Ausmaß an Armut messen lassen. Damit lässt sich der Sachverhalt der relativen Armut leider erheblich manipulieren. Die Beschwichtiger entscheiden sich für die 40 Prozent und die Dramatisierer halten die 60 Prozent Grenze noch für zu niedrig angesetzt.

Tabelle 4.7: Armutsrisikoquoten in Deutschland (1) in Prozent

Jahr	Armutsgrenze 50 Prozent des arithmetischen Mittels (2)	Armutsgrenze 60 Prozent des Medians (neue OECD-Skala) (3)	Armutsgrenze 40 Prozent des Medians (neue OECD-Skala)
1978	6,6	9,0	
1988	8,8	11,8	
1998		12,1	1,9
2003		13,5	1,9

(1) bis 1988 alte Bundesländer; (2) Quelle: Hauser, R (1999); (3) Quelle: 2. Armuts- und Reichtumsbericht (2005), Tabelle I.1 und 1.2, S. 101f.

Thesen zur Entwicklung und zum Profil der Armut in Deutschland

Folgende Thesen zur Armut in Deutschland lassen sich mit einiger Sicherheit belegen:

— Die Armut in Deutschland ging in der Phase der Vollbeschäftigung von 1960 bis in die 1970er Jahre hinein deutlich zurück.
— In dieser Phase waren *das Profil der Armut* und die Armutspopulation aufgrund geringer Renten vor allem alt und weiblich.

- Mit der treppenförmig steigenden und anhaltenden Arbeitslosigkeit in den 1980er und 1990er Jahren erhöhte sich die Zahl armer Menschen wieder, wobei konjunkturelle Aufschwungphasen deutliche Entlastung brachten.

- Die ohnehin schon bedrohliche Armut von Menschen mit Migrationshintergrund ist seit 1989 noch einmal deutlich gestiegen (Armutsrisikoquote 2003: 24,0 Prozent nach Armuts- und Reichtumsbericht 2005, S. 166).

- Die These von der Zwei-Drittel-Gesellschaft dramatisiert nach unserer Einschätzung die Situation. Selbst an der hoch gesetzten 60 Prozent Grenze des Medians gemessen waren in Deutschland »nur« 13,5 Prozent der Menschen arm. Die Armutsrisikoquote in den neuen Ländern ist mit 19,3 Prozent deutlich höher.

- Die These von der Zwei-Drittel-Gesellschaft ist dennoch bedenkenswert. In einer Caritas-Studie (Hauser/Hübinger 1993) wird die Wohlstandsschwelle mit ca. 75 Prozent angegeben. Alle die mit ihrem Einkommen darunter liegen, seien permanent von Armut bedroht (sog. »prekärer Wohlstand«).

- Umstritten ist, ob eine Armutsfalle existiert. Längerfristige Armut ist nach den empirischen Befunden relativ selten. Der Großteil der Betroffenen erleidet einen eher kurzfristigen Einkommensausfall, erhält Grundsicherung und findet zurück in die Erwerbstätigkeit.

- Eine repräsentative Studie des Friedrich Ebert Instituts kommt 2006 zu dem Ergebnis, dass ca. 8 Prozent der Bevölkerung sich als sozial ausgegrenzt erfahren: die Gruppe des »abgehängten Prekariats« (Müller-Hillmer 2006).

- Besonders vom Armutsrisiko betroffen sind heute Ausländer, alleinerziehende Frauen, größere Familien und Haushalte mit mindestens einem Arbeitslosen.

- Die Sozialversicherung und das Steuer-Transfersystem dämpfen den Abstieg in die Armut deutlich (vgl. Tabelle 4.8). Im europäischen Vergleich gehört das deutsche Sozialsystem zu den erfolgreichen bei der »Bekämpfung der Armut«.

- Allerdings ist das Ausmaß der sog. »verdeckten Armut« erheblich. Verdeckt (verschämt) arm sind Menschen, die einen Anspruch auf Grundsicherung haben und ihn nicht einlösen. Schätzungen auf der Basis des Sozialökonomischen Panels (SOEP) im Forschungsbericht der Friedrich Ebert Stiftung sahen 2,65 Mio. Menschen in verdeckter Armut (1995). Damit käme auf einen Sozialhilfeempfänger ein verdeckt Armer. Andere Untersuchungen schätzen eine deutlich geringere Quote verdeckter Armut.

Tabelle 4.8: Armutsrisikoquoten in Europa 1999
(Armutsgrenze 60 Prozent des Medians)

Land	*Vor Sozialtransfer in Prozent*	*nach Sozialtransfer in Prozent*
EU 15	24	15
Belgien	25	13
Dänemark	24	11
Deutschland	21	11
Griechenland	22	21
Spanien	23	19
Frankreich	24	15
Irland	30	18
Italien	21	18
Niederlande	21	11
Österreich	23	12
Portugal	27	21
Finnland	21	11
Schweden	28	9
England	30	19

Quelle: EuroStat 2003.

Vergleicht man das Ausmaß der Armut in Europa (vgl. Tabelle 4.8), dann lag Deutschland noch 1999 in sehr guter Position. Bei der Primärverteilung vor allem über den Arbeitsmarkt wies Deutschland die niedrigste Quote auf und bei der Sekundärverteilung nach Sozialtransfers zugunsten der ärmeren Schichten lag Deutschland nur hinter Schweden.

Im »Gemeinsamen Bericht über Sozialschutz und soziale Eingliederung« (2007) malt die EU-Kommission ein relativ düsteres Bild. Danach haben im Jahr 2004 etwa 72 Mio (16 Prozent) EU-Bürger unter der Armutsgrenze gelebt und weitere 36 Mio waren von Armut bedroht. Vor allem die Kinderarmut (mit 19 Prozent aller Kinder in der EU) nimmt bedrohliche Ausmaße an. Hiervon ist auch Deutschland aufgrund der hohen Arbeitslosigkeit betroffen, da über 70 Prozent der Kinder, die in einem von Arbeitslosigkeit betroffenen Haushalt leben, von Armut bedroht sind. Mit der neuen Grundsicherung für Arbeitsuchende (Hartz IV, vgl. Kapitel 9.4) hat sich die Lage weiter verschärft, wie die »Nationale Armutskonferenz«, eine Vereinigung von Sozial- und Wohlfahrtsverbänden betont. So sei die Zahl der Kinder unter 15 Jahren, die auf Sozialhilfeniveau leben müssen, im Jahr 2005 von 1,0 auf 1,5 Mio gestiegen. Nach einer aktuellen Untersuchung des Bremer Institut für Arbeitsmarktforschung und Jugendberufshilfe leben im Jahre 2007 über 1,9 Mio Kinder, das sind 17 Prozent aller Kinder unter 15 Jahren, in einer Familie, die von der Grundsicherung abhängt. Auch wenn das als »bekämpfte Armut« zu werten ist, kann die Situation nicht befriedigen.

Im »Gemeinsamen Bericht« von 2007 stellt die EU-Kommission fest, dass in Deutschland Armut zu oft von einer zur nächsten Generation vererbt wird. Vor allem die Bildungschancen von Kindern in sozial schwachen Familien müssten erheblich verbessert werden. Insgesamt wird eine »multidimensionale« Strategie empfohlen, wozu vor allem auch die Bekämpfung der hohen Jugendarbeitslosigkeit gehört.

5 Das System der Arbeitsbeziehungen

5.1. Die Arbeitsbeziehungen im Betrieb

5.1.1 Die Schutzrechte der Arbeitnehmer

Wie wir im historischen Abriss kurz schilderten, bildeten Schutzrechte für arbeitende Kinder die ersten staatlichen sozialpolitischen Initiativen. Mit dem Preußischen Regulativ von 1839 begann ein langer Weg des Ausbaus und der Verbesserung des Arbeitsschutzes. So vielfältig die Bedingungen und Probleme von Arbeitnehmern in den Betrieben sind, so vielfältig stellen sich inzwischen die staatliche und tarifliche Regulation zum Arbeitnehmerschutz dar. Auf die großen Schutzsysteme der Mitbestimmung, der Tarifautonomie und der Sozialversicherung wird im Folgenden genauer einzugehen sein, bilden sie doch den Kernbereich der deutschen Sozialordnung. Die vielfältigen weiteren Regulierungen finden meist weniger Beachtung. Obwohl auch sie von Bedeutung sind, können auch wir angesichts der Regelungsdichte auf diesem Feld nur einen Blick auf die wichtigsten Ziele und Gesetze werfen. Es geht dabei um

– den Schutz vor gesundheitlichen Gefahren (Beispiele: Gesetzliche Unfallversicherung, Arbeitssicherheitsgesetz, Gefahrstoffverordnung, Arbeitszeitgesetz),
– den Schutz gegen Ausbeutung und Übervorteilung (Beispiele: Tarifautonomie, Mitbestimmung, Heimarbeitsgesetz),
– die Sicherung des Arbeitsplatzes (Beispiele: Kündigungsschutzgesetz, Beschäftigungsförderungsgesetz, Arbeitsplatzschutzgesetz),
– die Sicherung der Familie (Beispiele: Arbeitszeitregelungen, Mutterschutzgesetz, Elternurlaub),
– die Abwehr von »mobbing« und Belästigung (Beispiel: Gesetz gegen sexuelle Belästigung im Betrieb),
– den Schutz vor unlauterer Konkurrenz durch Lohndumping (Beispiele: Tarifautonomie, Entsendegesetz: Mindestlöhne für ausländische Arbeitskräfte, die in Deutschland arbeiten),
– die Abwehr sittlicher Gefährdungen (Beispiel: Jugendarbeitsschutz),

– den Schutz besonders gefährdeter Gruppen (Beispiele: Schwerbehinderten-
gesetz, Mutterschutzgesetz, Sozialplan nach Betriebsverfassungsgesetz).

Träger des Arbeitnehmerschutzes sind neben dem Staat und der Sozialversicherung (u.a. Gesetzliche Unfallversicherung) auch die Tarifparteien und die Europäische Union, die verschiedene Richtlinien zum Arbeitsschutz erlassen hat.
Bedeutsam sind auch Übereinkommen der Internationalen Arbeitsorganisation,
die dazu dienen, einen Mindeststandard an Schutzrechten weltweit durchzusetzen.

Als Instrumente dominieren staatliche Gebote und Verbote mit entsprechenden Kontrollmaßnahmen durch Aufsichtsbehörden (Gewerbeaufsichts-
ämter, TÜV, Gesundheitsämter). Außerdem hat sich die Übertragung bestimmter
Aufgaben in die Verantwortung der Unternehmen (Gesetzliche Unfallversicherung, Berufsgenossenschaften als Aufsicht) oder der Verbände (Selbstverwaltung in
der Sozialversicherung, Tarifautonomie) durchaus bewährt. Die Übertragung
von kollektiven Vertretungsrechten an Betriebsräte und Arbeitnehmervertreter
im Aufsichtsrat stärkt die Verhandlungsposition der Arbeitnehmer im Unternehmen und damit ihre Fähigkeit zum Selbstschutz. Individuelle Schutzrechte
(Betriebsverfassungsgesetz: Anhörungs-, Unterrichtungs- und Beschwerderech-
te) für den einzelnen Arbeitnehmer runden das Arbeitsrecht ab und stärken die
Selbsthilfekraft.

Die meisten Schutzmaßnahmen beziehen sich auf die Sicherung der Gesundheit. Wir gehen auf einige dieser Maßnahmen im Zusammenhang mit der
Unfallversicherung im Kapitel 8.4 näher ein.

Der Kündigungsschutz unter Deregulierungsdruck

Obwohl die Betriebe in Deutschland bisher ohne große Schwierigkeiten (zumeist auch ohne Abfindungen) ihre Arbeitnehmer entlassen können (vgl.
Bothfeld/Ullmann 2004) dient der Kündigungsschutz als Schreckgespenst in
der *Deregulierungsoffensive* der Neoliberalen.

Der Kündigungsschutz wird durch das Bürgerliche Gesetzbuch und das
Kündigungsschutzgesetz geregelt. Eine Kündigung muss begründet sein und
der Arbeitgeber kann sich nur auf folgende drei Gründe berufen (Soziale Rechtfertigung): Personelle Gründe (Beispiel: Verlust der Arbeitsfähigkeit), verhal-
tensspezifische Gründe (u.a. Arbeitsverweigerung) und betriebsbedingte Kündigungen (u.a. Schließung einer Abteilung).

Bei der Auswahl der Personen bei einer betriebsbedingten Kündigung sind
soziale Gesichtspunkte (Alter, Familienstand) zu berücksichtigen. Jeder gekün-
digte Arbeitnehmer kann seine Entlassung vor dem Arbeitsgericht anfechten. In
Zeiten einer Arbeitsmarktkrise steigt die Zahl der Klagen. Rund ein Drittel aller
Arbeitsgerichtsverfahren sind heute Kündigungsanfechtungen. Auch wenn

erfolgreich geklagt wurde, kann das Arbeitsgericht auf Antrag des Arbeitgebers dennoch das Arbeitsverhältnis auflösen, wenn dieser keine Chance für eine weitere vertrauensvolle Zusammenarbeit sieht. In diesem Fall erhält der Arbeitnehmer eine Abfindung. Dies ist zur Regel geworden, so dass von einem eigentlichen Schutz vor Arbeitsplatzverlust kaum mehr gesprochen werden kann. Besser sieht es nur bei dem besonderen Kündigungsschutz zugunsten bestimmter Gruppen (u.a. Betriebsratsmitgliedern, schwangeren Frauen und jungen Müttern, Behinderten) aus. Kleinbetriebe bis zu 10 Beschäftigten benötigen bei Kündigungen keine soziale Rechtfertigung nach dem Kündigungsschutzgesetz. Dieser Schwellenwert ist schon mehrfach geändert worden und steht aktuell wieder zur Disposition. So will die CDU/CSU die Schwelle auf 20 Beschäftigte und die Probezeit von sechs Monaten auf zwei Jahre erhöhen.

Im letzten Jahrzehnt wurden sowohl unter Kanzler Kohl als auch unter Kanzler Schröder der Kündigungsschutz, das Lohnfortzahlungsgesetz, das Arbeitszeitgesetz (u.a. Neuregelung der Arbeitszeiten für Frauen, der Schichtarbeit, der Sonn- und Feiertagsarbeit) das Ladenschlussgesetz und die Arbeitsmarktpolitik und die Arbeitslosenversicherung liberalisiert. Dies wurde damit begründet, dass eine zu starke Einschränkung der Verfügbarkeit des Faktors Arbeit die ökonomische Initiative der Unternehmen lähmen kann und sich so bestimmte wohlgemeinte Schutzrechte durchaus zum Nachteil der vermeintlich Geschützten auswirken können. So würde ein übertriebener und für die Unternehmer kostspieliger Kündigungsschutz zwar die Lage der Beschäftigten (Insider) verbessern, die außen stehenden Arbeitslosen (Outsider) stießen jedoch auf hohe Einstellungsbarrieren.

Schaut man sich die tatsächlichen Befunde an, wird die Dimension des Problems wohl um einiges überschätzt. Nach einer Untersuchung des Wirtschafts- und Sozialwissenschaftlichen Instituts (WSI) der Hans Böckler Stiftung gehen 35 Prozent aller Kündigungen vom Arbeitnehmer und nur 28 Prozent vom Arbeitgeber aus (Bothfeld/Ullman 2004). In 6 Prozent der Fälle findet eine einvernehmliche Trennung statt, in 11 Prozent (4 Prozent) läuft eine Befristung (Ausbildung) aus. Gegen eine Kündigung von Seiten des Arbeitgebers wird nur in 15 Prozent (in Großbetrieben: 28 Prozent) der Fälle geklagt. Insgesamt werden nur in 10 Prozent der Fälle Abfindungen gezahlt, die zudem bei weitem nicht die Höhe haben, wie oft behauptet wird.

Die Kosten des Kündigungsschutzes für die Arbeitgeber werden wohl von vielen Diskussionsteilnehmern überschätzt, sonst wäre die Priorität, die man diesem Schutzrecht – bzw. seinem Abbau – von Seiten der Neoliberalen gibt, kaum zu erklären. Neben rigorosen Abrissplänen gibt es auch elegantere Vorschläge, die den Kündigungsschutz durch freiwillige Regelungen zwischen Arbeitgebern und Arbeitnehmern ersetzen wollen. So könnten neue Arbeitsverträge so gestaltet sein, dass der Arbeitnehmer auf den Schutz verzichtet und dafür bestimmte Abfindungen gestaffelt nach der Dauer der Beschäftigung garantiert bekommt (vgl. die Koalitionsvereinbarung zwischen CDU/CSU und SPD 2005).

An weiteren Vorschlägen zu Veränderungen im Arbeitnehmerschutz mit dem Ziel der Steigerung von Arbeitnehmermobilität und Unternehmensflexibilität herrscht kein Mangel (vgl. schon die Vorschläge der Deregulierungskommission 1991). Insbesondere sind die angeblich starren Arbeitzeitregeln immer wieder ein Thema (vgl. Kapitel 5.3.4).

Doch der neoliberale Zeitgeist stößt in Deutschland immer wieder auf politische Mehrheiten, die lange nicht alle Forderungen zu erfüllen bereit sind. So wurde etwa unter Kanzler Kohl 1996 neben einigen Deregulierungsmaßnahmen auch eine neues Schutzrecht verankert. Mit dem Entsendegesetz soll mit staatlichen Mindestlöhnen in bestimmten Branchen (Baugewerbe) Lohndumping durch Arbeiter aus anderen EU-Staaten verhindert werden. Unter Kanzler Schröder wurde als Druckmittel eine Berufsbildungsabgabe für nicht ausbildende Betriebe zumindest als ernst zu nehmende Drohung gesetzlich verankert.

Humanisierung der Arbeit

In den wirtschaftlich guten Zeiten der 1970er Jahre entstand ein neues Leitbild für die Arbeitswelt. Das Konzept zur *Humanisierung der Arbeit* wurde offensiv von Gewerkschaften und Arbeitssoziologen vorgetragen. Es ging um eine Neugestaltung der Arbeitsplätze im Sinne der Bedürfnisse der arbeitenden Menschen. Die Idee setzte sich durch und Modellvorhaben in den Betrieben wurden im Rahmen eines großen Forschungsprogramms der sozialdemokratisch geführten Bundesregierung mit erheblichen Mitteln gefördert und wissenschaftlich begleitet. Gefördert wurde die Entwicklung von menschengerechten Arbeitstechnologien, Modelle menschenwürdiger Arbeitsorganisation und neuer Formen der Zusammenarbeit am Arbeitsplatz.

Nach anfänglicher fast euphorischer Bewertung dieser »Bewegung« zur Humanisierung der Arbeit vor allem bei den Forschern kehrte in den 1980er bald Ernüchterung ein. So sehr das Leitbild der Humanisierung uneingeschränkte Sympathie verdient, so sehr bleibt die praktische Durchführung möglicher Humanisierungsstrategien von den gesellschaftlichen Rahmenbedingungen abhängig und damit konfliktträchtig. In unserem Wirtschaftssystem werden betriebliche Maßnahmen immer zuerst mit dem Maßstab der Rentabilität gemessen. Sicher gibt es auch hier Spielräume für Humanisierungsmaßnahmen, die rentabilitätsneutral sind oder sogar Produktivitätszuwächse erbringen. Maßnahmen dagegen, die weiter zielen und Produktivität und Rentabilität eines Unternehmens einschränken, werden nur in konfliktträchtigen Auseinandersetzungen durchzusetzen sein. Dafür aber sind die Zeiten hoher Arbeitslosigkeit und geringen Wachstums wenig geeignet.

5.1.2 Gruppenarbeit und Mitbestimmung am Arbeitsplatz

Die Forderung nach mehr Mitbestimmung am Arbeitsplatz wird aus unterschiedlichen Motiven erhoben. Dahinter stehen zum Teil sehr gegensätzliche weltanschauliche Positionen.

Die Studentenunruhen von 1968 führten dazu, dass ältere anarchistische und basisdemokratische Ideen wieder aufgegriffen wurden. Gefordert wurde der Aufbau einer Arbeitergegenmacht in den Betrieben von unten und die Aufbrechung verkrusteter Gewerkschafts- oder Betriebsratsstrukturen, die nur eine repräsentative Teilnahme der Arbeiter an den Willensbildungsprozessen erlauben. Das ganze Betriebsverfassungssystem und seine Sozialpartnerschaftsideologie wurden abgelehnt und – in romantischer Verklärung – das revolutionäre Potential der englischen »shop stewards« und der Idee einer Arbeiterselbstverwaltung in den romanischen Ländern zum Vorbild genommen. Im Gegensatz etwa zu Italien konnten diese Ideen damals nur geringen Einfluss auf die Arbeitnehmer in Deutschland gewinnen und sie sind nunmehr nach dem Zusammenbruch des Sozialismus auch weitgehend aus dem akademischen Diskurs kritischer Sozialwissenschaftler verschwunden.

Unruhen an der Basis, wilde Streiks zu Anfang der 1970er Jahre ließen auch die Gewerkschaften neu über Konzeptionen einer Mitbestimmung am Arbeitsplatz nachdenken. Mit den gewerkschaftlichen Vertrauensleuten glaubt man über eine recht gut funktionierende Institution zu verfügen, die es weiter auszubauen gilt. Mit der zunehmenden »Verbetrieblichung« der Lohnpolitik (vgl. Kapitel 5.3.3) droht der Einfluss der Gewerkschaften zu sinken, wenn sie nicht stärker im Betrieb präsent sind und entsprechenden Einfluss auf die Arbeit des Betriebsrats nehmen können.

Der gewerkschaftliche Vertrauensmann wird von den gewerkschaftlich organisierten Arbeitnehmern in kleinen Betriebseinheiten gewählt. Als rein gewerkschaftlicher Funktionsträger besitzt er keine rechtliche Absicherung in der gesetzlichen Betriebsverfassung. Der Vertrauensmann, der als Anlaufstelle und Kollege der Arbeiter am Arbeitsplatz deren Probleme aus erster Hand erfährt, soll zum einen als eine Art Gruppensprecher die Interessen seiner Kollegen artikulieren, zum anderen ist er gewerkschaftlicher Solidarität verpflichtet.

Über neue Formen der Mitarbeitermitwirkung wurde schon früh in Managerseminaren nachgedacht. Erste Cooperative-Management-Konzeptionen stammen schon aus den 1970er Jahren. Man versprach sich erhebliche Produktivitätsfortschritte durch eine Ausweitung der Mitwirkungsrechte der einzelnen

Arbeitnehmer an ihrem Arbeitsplatz. Die oft streng hierarchisierten Leistungskontrollen sollten durch motivierende Personalführung ersetzt, Konflikte durch ein gewisses Maß an Selbstbestimmung des Arbeitsablaufes reduziert und über direkte Beschwerdewege bis zur Unternehmensführung möglichst unter Umgehung des Betriebsrats und der Gewerkschaften kanalisiert werden. Man versprach sich davon eine verstärkte Integration der einzelnen Arbeitnehmer, ihre Anbindung an den Betrieb und nicht zuletzt die Eindämmung des organisierten Arbeitnehmereinflusses. Erste konkrete Konzeptionen zielten darauf, durch Erweiterung (job-enlargement), Bereicherung (job-enrichment) des einzelnen Arbeitsplatzes oder durch Bildung kleiner (teil)autonomer Arbeitsteams den Spielraum für Eigeninitiative und -verantwortung zu erhöhen. Insgesamt fanden diese Konzepte trotz ihrer Verbindung zum Humanisierungsprogramm und der daraus fließenden Subventionen der Bundesregierung eher zögerlich Eingang in die Personalführung der deutschen Unternehmen. Das lag – neben einer eher konservativen Haltung der erfolgsgewohnten deutschen Industrie – wohl vor allem daran, dass sich diese Form der Gruppenarbeit, wie sie vor allem in der schwedischen Automobilindustrie ausprobiert wurde, nicht als sonderlich produktivitätssteigernd erwies.

Mit den Erfolgen der japanischen Produktionsweise (lean production) basierend auf neuen Formen der Gruppenarbeit, entflammte die Diskussion Ende der 1980er Jahre neu. Nach dem Motto »Lerne von den Erfolgreichen« sollten Teile des japanischen Erfolgsmodells in den deutschen Betrieben implantiert werden (Lecher 1995). Die japanische Arbeitsgruppe bei Toyota arbeitet selbstverantwortlich nach dem Konzept der umfassenden Qualität (total quality). Die Gruppe ist hohen Anforderungen (Produktivität, enger Zeitrahmen, Qualität) ausgesetzt (Stressmanagement). Permanent wird über den Informationsaustausch in Qualitätszirkeln eine Verbesserung der Produktion angestrebt und mit einer Vielzahl von neuen Vorschlägen zur Verfahrensverbesserung auch erreicht. Dies wird durch Prämien belohnt und durch ein Entgeltsystem gestützt, bei dem nur ca. 70–80 Prozent als Fixlohn, der Rest als Gewinnbeteiligung ausgezahlt wird. Die Identifizierung der Arbeiter mit ihrem Unternehmen wird durch die Garantie des Arbeitsplatzes auf Lebenszeit entscheidend verstärkt. Zudem ist es in Japan äußerst schwierig, einen gleichwertigen Arbeitsplatz in einem anderen Unternehmen zu finden (fehlende externe Arbeitsmärkte). Damit geht das japanische Unternehmen kein Risiko ein, wenn es seine Ausbildungsinvestitionen verstärkt. Das Humankapital ist fest mit dem Unternehmen verbunden. Umgekehrt gehen die Arbeitnehmer kein Risiko ein, durch eigene Verbesserungsvorschläge freigesetzt zu werden. Technischer Fortschritt und Produktivitätssteigerung sind auch zu ihrem Vorteil.

Lässt sich dieses Konzept auf Deutschland übertragen? Die Soziologen argumentieren mit kulturbedingten Mentalitätsunterschieden. Der europäische

Mensch von heute sei auf dem Weg zur Selbstverwirklichung. Zwänge wie die permanente Beaufsichtigung durch Vorgesetzte aber auch die Bevormundung durch Gewerkschaftsfunktionäre lehne er ab. Mitgestaltungsmöglichkeiten am Arbeitsplatz ohne weitergehende Ansprüche an Systemveränderung sind sein Ziel. Konkret wolle der Arbeitnehmer heute mehr Zeitsouveränität (flexible Arbeitszeiten), Eigenverantwortung, Berücksichtigung seiner Verbesserungsvorschläge und vor allem eine entsprechende Honorierung dieser Leistungen. Dies alles geht mit dem japanischen Produktionsmodell nur zum Teil konform. Die dort geforderte fast vollkommene Unterordnung unter die Ziele des Unternehmens und der permanente Gruppendruck des »management by stress« läuft mit dem individuellen Selbstverwirklichungsideal des modernen Europäers auf Konfrontationskurs.

Aber auch die Institutionalisten unter den Ökonomen argumentieren, dass das Modell Japan ein so ausdifferenziertes und ausbalanciertes Anreizgefüge darstelle, das die Übertragung einzelner Elemente nicht Erfolg versprechend sei. Als Beispiel können die Qualitätszirkel dienen. Deutsche Arbeiter müssen mit Freisetzungseffekten durch technischen Fortschritt rechnen, ihr Entgeltsystem enthält kaum eine Gewinnbeteiligungskomponente. Das Letztere ließe sich noch einrichten, eine Arbeitsplatzgarantie wie in Japan jedoch verletzt das erste Gebot marktwirtschaftlicher Flexibilität und ist damit hierzulande tabu. Mit der Krise der japanischen Wirtschaft ist auch der Mythos des Toyota-Systems zerbrochen, obwohl es weiterhin ein hocheffizientes System ist. Seit dem Aufschwung der angelsächsischen Ökonomien in den 1990er Jahren glauben viele – trotz der hierarchischen Strukturen – an eine Überlegenheit der Betriebsführung dort. Vor allem wird die deutsche Mitbestimmung von Neoliberalen als zu träge und nicht mehr konkurrenzfähig beurteilt. Tatsächlich jedoch stellt sich die exportorientierte deutsche Wirtschaft heute als äußerst konkurrenzfähig dar und fährt nie gesehene Exporterfolge ein. Vielleicht ist das (neue) Modell Deutschland bald wieder das internationale Vorbild und Schreckgespenst zugleich wie in den 1960er und 70er Jahren schon einmal.

5.1.3 Betriebliche Mitbestimmung durch den Betriebsrat

In unserem historischen Überblick haben wir betont, dass Formen betrieblicher Mitwirkung schon früh praktiziert und 1920 in der Weimarer Republik gesetzlich verankert wurden (Betriebsrätegesetz 1920) (Teuteberg 1961). Heute regelt das Betriebsverfassungsgesetz von 1972 (zuletzt geändert 2004) die betriebliche Mitbestimmung. Das Gesetz zielt darauf ab, der Abhängigkeit der Arbeitnehmer im Betrieb entgegenzuwirken, ihren Handlungsspielraum zu erweitern und den Arbeitsvollzug menschlicher zu gestalten. Es enthält neben wenigen individuellen Arbeitnehmerrechten im Schwerpunkt eine umfassende Regelung der kollektiven Interessenvertretung der Arbeitnehmer im Betrieb.

Schaltstelle der betrieblichen Mitbestimmung ist der Betriebsrat, der durch alle wahlberechtigten Arbeitnehmer in geheimer und unmittelbarer Wahl auf vier Jahre gewählt wird. Die regelmäßig hohe Wahlbeteiligung zeigt das hohe Interesse und die Bedeutung, die die Beschäftigten dieser Institution beimessen. Die Anzahl der Betriebsratsmitglieder hängt ab von der Anzahl der im Betrieb beschäftigten Arbeitnehmer. Bei 5 bis 20 Wahlberechtigten wird ein Betriebsobmann gewählt. In einer Vorabstimmung wird entschieden, ob eine gemeinsame Wahl von Angestellten und Arbeitern oder eine Gruppenwahl der beiden Arbeitnehmergruppierungen stattfindet.

Die Rechte des Betriebsrates lassen sich in Informations-, Mitwirkungs- und Mitbestimmungsrechte in sozialen, personalen und wirtschaftlichen Angelegenheiten einteilen (vgl. Tabelle 5.1).

Das Mitbestimmungsrecht in sozialen Angelegenheiten bedeutet, dass der Betriebsrat bei der Regelung der Arbeitszeit, bei der Aufstellung von Urlaubsplänen, der Einführung von Entlohnungsformen und der Wahl von Maßnahmen zur Unfallverhütung zu beteiligen ist. Im Konfliktfall kann eine paritätisch besetzte *Einigungsstelle* mit einem neutralen Vorsitzenden angerufen werden. Im Bereich der personellen Angelegenheiten sind außer im Falle einer beabsichtigten Entlassung von Betriebsratsmitgliedern nur Informations-, Mitwirkungs- und Einspruchsrechte bei Einstellungen und Kündigungen gesetzlich vorgesehen. Es handelt sich hierbei also um eine Art *Missbrauchskontrolle*. Ähnlich reduziert sich die Beteiligung an wirtschaftlichen, also unternehmerischen Entscheidungen im engeren Sinne, vor allem auf Informationsrechte. Bedeutsam sind die Beteiligungsrechte bei einer Betriebsänderung, also bei Betriebsstilllegungen, -verlegungen und -zusammenschlüssen, sowie bei schwerwiegenden Veränderungen der betrieblichen Abläufe.

Bei Änderungen, die wesentliche Nachteile für die Arbeitnehmer bewirken, haben sich Unternehmer und Betriebsrat um einen Interessenausgleich zu bemühen. Die Aufstellung eines Sozialplans zur Milderung der wirtschaftlichen Nachteile der von Entlassung oder Umgruppierung betroffenen Arbeitnehmer ist vom Betriebsrat nach dem Betriebsverfassungsgesetz erzwingbar. In Beschäftigungskrisen, bei denen infolge von Rationalisierungsmaßnahmen viele Arbeitnehmer ihren Arbeitsplatz verlieren, hat sich diese Regelung bewährt, obwohl die Mitentscheidung darüber, nach welchen sozialen Kriterien Arbeitnehmer entlassen, umgesetzt oder entschädigt werden sollen, für Betriebsräte nicht leicht zu fällen und mitzutragen ist. Die Einigungsstelle ist in jedem Fall verpflichtet, bei der Abfindung die Gegebenheiten des Einzelfalles zu berücksichtigen und dabei den Bestand des Unternehmens nicht zu gefährden.

Tabelle 5.1: Mitbestimmungsrechte des Betriebsrats (BR)
nach Betriebsverfassungsgesetz

Qualitätsgrade der Mitbestimmung	Rechte des BR in sozialen Fragen	Rechte des BR in personellen Fragen	Rechte des BR in wirtschaftlichen Fragen
Informationsrechte	§80: umfassender und rechtzeitiger Auskunftsanspruch des BR	§80: umfassender und rechtzeitiger Auskunftsanspruch des BR §105 Einstellung leitender Angestellter	§80: umfassender und rechtzeitiger Auskunftsanspruch des BR §106 Wirtschaftsausschuss
Anhörungs- und Beratungsrechte		§92 Allgemeine Personalplanung	§111 Betriebsänderungen
Vorschlagsrechte		§96 Förderung der Berufsbildung	
Vetorechte		§99 Personelle Einzelmaßnahmen (Missbrauchskontrolle)	
Zustimmungsrechte Arbeitgeber darf Maßnahme nur mit Einverständnis des Betriebsrats durchführen, BR hat kein Recht zur Durchsetzung einer Alternative		§95(1) Auswahlrichtlinien bei Einstellungen, Versetzungen, Umgruppierungen und Kündigungen §103 Kündigung von Betriebsräten	
Durch Initiative gegenüber dem Arbeitgeber erzwingbare Maßnahme		§95 (2): Auswahlrichtlinien bei u.a. Kündigungen in Betrieben über 500 AN	
Mitbestimmung im engeren Sinn: AG und BR haben gleiches Initiativrecht; Entscheidungen nur gemeinschaftlich; Einigungsstelle zur Pattauflösung	§87: Herzstück der Mitbestimmung: Betriebsordnung, Unfallverhütung, Lohngestaltung, Arbeitszeitregelung, Urlaubsplanung		wenig Rechte: Ausnahmen: §112 / 112a Sozialplan

Weitere Institutionen der Betriebsverfassung sind die Jugendvertretung, der Vertrauensmann für schwerbehinderte Arbeitnehmer und die vierteljährlich einzuberufende Betriebsversammlung, die dem Informations- und Meinungsaustausch zwischen Betriebsrat und der Belegschaft dient.

Kritische Einschätzungen der betrieblichen Mitbestimmung

Die betriebliche Mitbestimmung trifft auf entschiedene Befürworter und äußerst kritische Gegner. Zum einen ist der Betriebsrat an dem gesamten Betriebsgeschehen verantwortlich mitbeteiligt, er unterliegt dem Gebot der *vertrauensvollen Zusammenarbeit*, der *Friedenspflicht*, die eine Organisierung von Arbeitskämpfen ausschließt und dem Verbot partei- und gewerkschaftspolitischer Betätigung im Betrieb. Diese eher integrativen, partnerschaftlichen Regelungen beruhen jedoch keineswegs auf einer Machtsymmetrie oder Parität. Der Einfluss des Betriebsrats auf die wichtigen Unternehmensentscheidungen ist verhältnismäßig gering und nur in einigen sozialen Fragen mit dem des Managements vergleichbar. Die Mitbestimmungsrechte sind eher Schutz- und Missbrauchskontrollen und zeichnen den Betriebsrat als eine kontrollierende, jedoch nicht gleich starke Gegenmacht der Arbeitnehmer im Betrieb aus. Aus der Funktion, zugleich Integrationsfaktor im Betrieb und Interessenvertretung der Arbeitnehmer zu sein, entsteht ein Spannungsverhältnis, das jeder Betriebsrat in der Praxis ausbalancieren muss.

Um allerdings die relative Macht von Arbeitnehmern und Unternehmern richtig einschätzen zu können, muss noch der zweite Teil des dualen Systems der Arbeitsbeziehungen in Deutschland – die Tarifverhandlungen – näher betrachtet werden. Auch wenn der Betriebsrat nicht direkter Träger der Tarifpolitik ist, kann er als Kontrollstelle zur Überwachung der Tarifverträge angesehen werden. Die Tarifvereinbarungen über Löhne und Arbeitsbedingungen setzen hier den Mindeststandard. In sog. Betriebsvereinbarungen zwischen dem einzelnen Unternehmen und dem Betriebsrat sind übertarifliche Löhne oder Arbeitsbedingungen aushandelbar. Mit der Erosion der Flächentarifverträge wächst die Bedeutung der Ebene betrieblicher Lohnverhandlungen und damit steigen die Verantwortung der Betriebsräte und gleichzeitig der Druck von Seiten der Gewerkschaften und der Unternehmer. Wir gehen auf diese Entwicklung im Kapitel 5.3.3 genauer ein.

Tabelle 5.2: Firmengröße und Betriebsrat

Mitarbeiterzahl	5–19	20–49	50–99	100–299	300–999	*über 1000*
Betriebsratsquote	4,3 %	36,7 %	67,7 %	86,4 %	97,2 %	100 %

Aufgrund der vielen Kleinbetriebe ohne Betriebsrat haben zwar nur etwa 20 Prozent der Betriebe einen Betriebsrat, aber immerhin 73 Prozent aller Arbeitnehmer werden durch einen Betriebsrat vertreten.

Etwa zwei Drittel der Betriebsräte sind gleichzeitig Gewerkschaftsmitglied. Das heißt allerdings nicht, dass es keine Konflikte zwischen Betriebsräten und Gewerkschaften gibt. Die deutsche Betriebsverfassung formt eine im internationalen Vergleich einzigartige Konstellation der Arbeitsbeziehungen. Die Gewerkschaften haben ihren Einflussbereich vor allem oberhalb der Betriebsebene beim Abschluss von Branchentarifverträgen. Dagegen kanalisiert und begrenzt das Betriebsverfassungsgesetz bewusst den direkten Gewerkschaftseinfluss im Betrieb. So muss den Gewerkschaften nach Unterrichtung des Arbeitgebers Zugang zum Betrieb gewährt werden, sie verfügen zudem über ein Teilnahmerecht an Betriebsratssitzungen und Betriebsversammlungen, ein Antragsrecht zur Abberufung von Betriebsräten und ein Klagerecht gegenüber den Arbeitgebern bei groben Verstößen gegen das Betriebsverfassungsgesetz. Dies reicht den Gewerkschaften nicht, sie fordern größeren Einfluss auf die Wahl der Betriebsräte, auf die Aufstellung der Wahllisten und fordern eine Verpflichtung des Betriebsrates zur Zusammenarbeit mit ihnen, um verstärkt eine betriebsübergreifende Arbeitnehmersolidarität durchsetzen und betriebsegoistische Alleingänge von Betriebsräten verhindern zu können.

Bei den letzten Betriebsratswahlen im Jahr 2006 zogen deutlich mehr unabhängige Arbeitnehmer, die auf keiner Liste der DGB-Gewerkschaften standen in den Betriebsrat ein als noch 2002. Nach einer Untersuchung des Instituts der deutschen Wirtschaft haben die DGB-Gewerkschaftler jedoch immer noch die Mehrheit vor allem in den Industriebetrieben.

Die innerbetriebliche Mitbestimmung im öffentlichen Dienst unterliegt einer eigenen Gesetzgebung. Das Bundespersonalvertretungsgesetz von 1974 gilt für Bundesbehörden und enthält Rahmenrichtlinien für die Länder, die sich jeweils eigene Landespersonalvertretungsgesetze gegeben haben. Die Mitwirkungsrechte entsprechen im Wesentlichen denen des Betriebsverfassungsgesetzes, Abweichungen werden durch die besondere Struktur und Aufgabenstellung des öffentlichen Dienstes begründet, dessen »Arbeitgeber« eine in demokratischen Wahlen legitimierte politische Führung ist.

Die Personalräte haben zum Beispiel keine Möglichkeit, ihre Rechte mittels gerichtlicher Zwangsmaßnahmen (Bußgeld, usw.) durchzusetzen. Des Weiteren gelten für die Gruppe der Beamten − die in einem besonderen Loyalitätsverhältnis zum Staat stehen − die Mitwirkungsrechte des Personalrats nur in abgeschwächter Form. Ähnliche Einschränkungen finden wir auch im Betriebsverfassungsgesetz bezogen auf so genannte Tendenzschutzbetriebe, deren Betriebszweck einem schutzwürdigen öffentlichen Interesse entspricht (Zeitungsunternehmen, kirchliche Betriebe).

5.1.4 Mitbestimmung auf Unternehmensebene

Auf der Entscheidungsebene der großen Unternehmen existieren drei gesetzliche Mitbestimmungsregelungen nebeneinander.

Die Montan-Mitbestimmung

Die älteste Regelung – die Montanmitbestimmung – geht auf die Ursprünge der Bundesrepublik Deutschland zurück. Sie gilt seit 1951 für die Unternehmen der Kohle- und Stahlindustrie. Sie ist gleichzeitig die einzige Regelung, die eine volle Parität von Arbeit und Kapital im Aufsichtsrat garantiert (qualifizierte Mitbestimmung).

Der Aufsichtsrat war ursprünglich das von der Hauptversammlung der Anteilseigner z.b. einer großen Aktiengesellschaft gewählte Kontrollgremium für den Vorstand der AG. Die Entscheidungsebene der großen deutschen Unternehmen ist damit dualistisch angelegt mit dem geschäftsführenden Vorstand und dem kontrollierenden Aussichtsrat. In den Montan-Unternehmen nun teilt sich der Aufsichtsrat in eine gleichstarke Arbeitnehmer- und Anteilseignerbank, die Gesamtzahl der Aufsichtsratsmitglieder steigt dabei mit zunehmender Unternehmensgröße. Auf der Arbeitnehmerbank sitzen Belegschafts- zumeist Betriebsratsvertreter des mitbestimmten Unternehmens und, um die überbetrieblichen Arbeitnehmerinteressen einzubringen, auch Vertreter der für diese Branche zuständigen DGB-Gewerkschaft IG BCE.

Pattsituationen, in denen Arbeitnehmer- und Anteilseignervertreter gegeneinander stimmen, können durch den »neutralen Mann«, ein beiden Bänken genehmes und von ihnen gewähltes zusätzliches Aufsichtsratsmitglied, entschieden werden.

Die Montanregelung sieht nicht nur im Aufsichtsrat, dem Kontrollorgan nach dem deutschen Aktiengesetz, Mitbestimmungsrechte vor, sondern reserviert auch eine Vorstandsposition (Arbeitsdirektor) im Führungsorgan der Unternehmen für die Arbeitnehmerseite. Der Arbeitsdirektor kann nicht gegen die Mehrheit der Arbeitnehmervertreter im Aufsichtsrat bestimmt werden. Damit sind im Bereich Personal- und Sozialwesen die Arbeitnehmerinteressen hervorragend vertreten, wenn man zugleich noch die Einwirkungsmöglichkeiten der Betriebsräte bedenkt.

Infolge der Unternehmenskonzentration entstanden immer mehr Groß- und Mischkonzerne, die zum Teil aus dem Regelungsbereich der Montanmitbestimmung hinauswuchsen. Durch verschiedene Ergänzungs- und Fortgeltungsgesetze wurde die Montanmitbestimmung dennoch in einem gewissen Umfang erhalten.

Die Unternehmensmitbestimmung nach dem Drittelbeteiligunsgesetz von 2004
(ursprünglich im Betriebsverfassungsgesetz 1952 geregelt)

Die zweite Mitbestimmungsregelung geht auf das Betriebsverfassungsgesetz von 1952 zurück. Im Jahre 2004 wurde diese Regelung mit leichten Modifikationen im Drittelbeteiligungsgesetz fortgeführt. Im Aufsichtsrat von kleineren

Kapitalgesellschaften und Genossenschaften mit in der Regel mehr als 500 (aber weniger als 2.000) Beschäftigten sind die Arbeitnehmer nur zu *einem Drittel* vertreten. Die Institution des Arbeitsdirektors analog der Montanmitbestimmung fehlt. Der faktische Einfluss auf die Unternehmenspolitik von Seiten der Arbeitnehmer ist damit insgesamt als relativ gering einzuschätzen.

Mitbestimmung im Aufsichtsrat von Großunternehmen

Die dritte Mitbestimmungsregelung auf Unternehmensebene – *das Mitbestimmungsgesetz von 1976* – erfasst heute ca. 500 große Kapitalgesellschaften und Genossenschaften mit über 2.000 Beschäftigten.

Abbildung 5.1: Unternehmensmitbestimmung 1976 – Grundmodell für Unternehmen mit mehr als 2.000 Arbeitnehmern

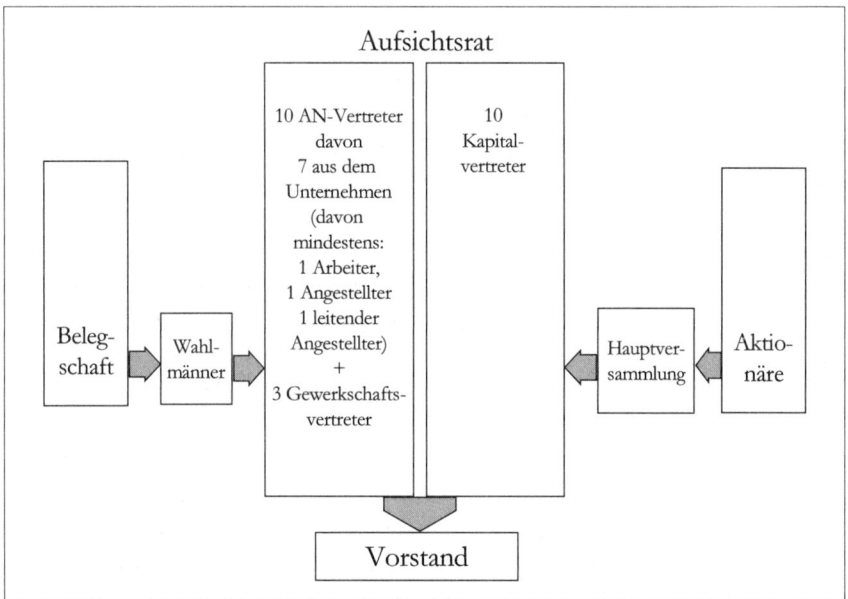

Arbeitnehmerbank und Anteilseignerbank sind in diesem Modell gleich stark besetzt (vgl. Abbildung 5.1). Dennoch wurde trotz erheblichen Drucks der Gewerkschaften keine wirkliche Parität von Kapital und Arbeit im Aufsichtsrat verankert. Vielmehr wächst in Pattsituationen dem Aufsichtsratsvorsitzenden eine zweite Stimme zu. Da dieser nicht gegen die Mehrheit der Stimmen der Vertreter der Anteilseigner bestimmt werden kann, wird im Normalfall ein Vertreter dieser Gruppe gewählt und wird sich deren Interessen stärker verpflichtet fühlen.

Weitere Forderungen der Gewerkschaften wurden ebenfalls nicht erfüllt. So ist zwar der Gewerkschaftseinfluss auf der Arbeitnehmerseite im Aufsichtsrat gesichert, aber ein Übergewicht der betrieblichen Arbeitnehmervertreter (vgl. Abbildung 5.1) gegeben. Zudem gehört zu ihnen ein Vertreter der leitenden Angestellten, deren Solidarität mit den übrigen Arbeitnehmern von den Gewerkschaften bezweifelt wird. Die Gewerkschaften argumentieren, dass der Vertreter der leitenden Angestellten im Falle eines Konflikts eher für die Kapitalseite stimmen werde. Von Verfechtern einer Aufteilung der Arbeitnehmerbank in Arbeiter, Angestellte und leitende Angestellte wird dagegen betont, dass gerade die leitenden Angestellten über den notwendigen Sachverstand verfügen und sich in Konfliktfällen für die sachgerechte, den Unternehmensinteressen dienende Lösung entscheiden würden.

Konfliktfelder der Unternehmensmitbestimmung

Während den Gewerkschaften das Mitbestimmungsgesetz von 1976 nicht weit genug ging (auch der Arbeitsdirektor unterliegt in dieser Konstruktion keinem besonderen Einfluss der Arbeitnehmer), sahen die Arbeitgeberverbände darin einen Verstoß gegen die vom Grundgesetz vorgegebenen Sozialordnungsprinzipien und reichten Klage beim Bundesverfassungsgericht ein. Befürchtet wurde die Aushöhlung des Rechts auf Eigentum, da die Verfügungsgewalt der Kapitalgeber über ihre Unternehmen durch die Mitbestimmung über Gebühr eingeschränkt werde. Ferner sahen sie die Tarifautonomie gefährdet. Die durch Mitbestimmung erworbenen Kenntnisse der Gewerkschaften über die Gewinnsituation der Großunternehmen schwäche die Verhandlungsposition der Arbeitgeberseite in Tarifauseinandersetzungen entscheidend. Der Zangengriff von gewerkschaftlicher Gegenmacht bei den Tarifauseinandersetzungen und direktem gewerkschaftlichen Einfluss auf die Unternehmensführung begründe eine verfassungswidrige Überparität. Das Bundesverfassungsgericht hat die Klage der Arbeitgeber gegen das Mitbestimmungsgesetz von 1976, das immerhin von allen damaligen Parteien des Bundestages verabschiedet worden war, abgewiesen. Neuere Erkenntnisse zeigen, dass die Anteilseigner ihre Interessen wenn möglich am Aufsichtsrat vorbei in die Vorstandspolitik des Unternehmens einzubringen versuchen.

Die Mitbestimmungsprogrammatik des Deutschen Gewerkschaftsbundes (DGB) erstreckte sich noch auf eine weitere Ebene: die gesamtwirtschaftliche Mitbestimmung. Gedacht war an die Errichtung von Wirtschafts- und Sozialräten. Den historischen Anknüpfungspunkt bildete der Reichswirtschaftsrat in der Weimarer Republik.

Die Auseinandersetzungen um das System von Mitbestimmungsrechten finden nicht nur zwischen Gewerkschaften und Arbeitgebern, sondern auch im

Arbeitnehmerlager selbst statt. Die in Deutschland entwickelte Form der Arbeitnehmermitbestimmung wurde in der Vergangenheit von den Gewerkschaften im europäischen Ausland weitgehend abgelehnt. Ihr ging der Ruf voraus, ein reines Integrations- und Befriedungsinstrument zu sein. Nach der Absage an eine rein konfliktorientierte Strategie wird auch in den Gewerkschaften anderer europäischer Länder die deutsche Mitbestimmung positiver bewertet.

Dafür ist der angeblich zu starke gewerkschaftliche Einfluss für die Arbeitgeberseite ein Ärgernis geworden. Mit dem Drohpotential der Verlagerung der Arbeitsplätze ins europäische Ausland haben einige Unternehmer einen neuen Streit um die Zukunft der Mitbestimmung in Deutschland begonnen. Andere dagegen betonen ihre guten Erfahrungen mit dem Integrationsmodell Mitbestimmung.

Das Gutachten der wissenschaftlichen Vertreter in der zweiten »Biedenkopf-Kommission« betont die Vorzüge dieser deutschen Sozialinnovation, die sicher mit dazu beigetragen hat, eine Sozialpartnerschaft zwischen Arbeit und Kapital zu gewährleisten, die das letzte halbe Jahrhundert zu stabilen Verhältnissen beigetragen hat.

»Der kooperative Ansatz der Mitbestimmung hat nicht nur positive Auswirkungen auf die Motivation und das Verantwortungsbewusstsein der Arbeitnehmer, sondern durch seinen Beitrag zum Erhalt des sozialen Friedens auch bedeutende gesellschaftspolitische Auswirkungen, Unternehmen können und sollten sich die Produktivität der Kooperation im Wettbewerb nutzbar machen.«(Gutachten Biedenkof-Kommission 2006).

Sowohl der neoliberalen als auch Teilen der linken Kritik an der Mitbestimmung ist gemeinsam, dass sie die Institutionen unserer Wirtschafts- und Sozialordnung letztlich als nicht demokratisierungsfähig ansehen. Von Arbeitgeberseite wird immer wieder betont, demokratische Strukturen beeinträchtigten die Funktionsfähigkeit und sachadäquate Leitung eines Unternehmens, so dass Verluste im harten Konkurrenzkampf zu befürchten seien und das Unternehmen Gefahr laufe, gänzlich aus dem Markt auszuscheiden. Dem ist entgegenzuhalten, dass die Funktionsfähigkeit moderner Unternehmen eher durch autoritäre Entscheidungsprozesse und hierarchische Strukturen gefährdet ist. Die paritätische Mitbestimmung beinhaltet demgegenüber die Chance zur positiven Integration, da sie die Betroffenen an den Entscheidungen mitbeteiligt.

5.2   Gewerkschaften und Arbeitgeberverbände

Die Struktur des Arbeitsmarkts erfuhr im sozialökonomischen Wandlungsprozess seit der industriellen Revolution tief greifende Veränderungen. Aus der originären Monopolstellung der Arbeitgeber den nichtorganisierten Arbeitnehmern gegenüber, die im Frühkapitalismus ihre Arbeitskraft zu Niedrigstlöhnen verkaufen mussten, entwickelte sich in harten Auseinandersetzungen (Klassenkampf) die organisierte Gegenmacht der Gewerkschaften und, teils im Vorgriff, teils in Gegenreaktion, Arbeitgebervereinigungen als »Antistreikvereine«. Ein gegenseitiges Hinaufschaukeln des verbandlichen Zentralisierungsgrades führte zu einem zweiseitigen Monopol auf dem Arbeitsmarkt in den entwickelten Ländern (Galbraith 1948). Dabei kam es allerdings zu sehr unterschiedlichen Zentralisationsgraden der Tarifverhandlungen.

Die Zeiten machtvoller Gewerkschaften scheinen inzwischen vorbei. Im Zuge der Globalisierung der Weltmärkte, bei dem Schwellenländer und neu industrialisierte Länder über Kostenvorteile in den europäischen Markt drängen, stehen die erreichten Sozialstandards und auch der Einfluss der organisierten Arbeitnehmer zur Disposition. Transnationale Unternehmen spielen die Nationalstaaten gegeneinander aus und zwingen sie zu einem Unterbietungswettbewerb um günstige Standortbedingungen. Nirgendwo verändert der sozialökonomische Wandel das Gesicht der Sozialordnungen westlicher Länder so stark wie auf dem Arbeitsmarkt. Während in vielen westlichen Ländern (USA, England, Frankreich) die Gewerkschaften sehr stark in die Defensive gedrängt wurden, scheinen in Deutschland die organisierten Arbeiter noch eine starke Gegenmacht zu bilden gegen neoliberale Versuche, zum »doppelt freien Lohnarbeiter« (Karl Marx) des Frühkapitalismus zurückzukehren. Die weitere Zukunft ist ungewiss. Konnte man bis in die 1980er Jahre hinein von einer Sozialpartnerschaft der Arbeitsmarktverbände sprechen, in der die Konflikte über gemeinsam anerkannte Regulierungsverfahren erfolgreich gelöst wurden, so steht dies heute auf dem Spiel. Nationale und/oder gewerkschaftliche Strategien gegen den Globalisierungsdruck werden noch gesucht. Ob die Hoffnungen vieler Menschen, dass eine gemeinsame europäische Politik in Zukunft das Aufweichen der Sozialstandards verhindern kann, aufgehen werden, ist ebenfalls ungewiss (vgl. Kapitel 16).

Die Lage der Gewerkschaften

Gewerkschaften sind Organisationen von Arbeitnehmern mit dem Zweck, wirtschaftliche, soziale und politische Interessen in den Arbeitsbeziehungen mit den Arbeitgebern und im politischen System zur Geltung zu bringen. Die Arbeitsangebotsseite auf dem Arbeitsmarkt wird in der Bundesrepublik vor allem durch den Deutschen Gewerkschaftsbund (DGB) mit seinen 8 Einzelgewerkschaften und ihren ca. 6,8 Mio. Mitgliedern (2005) organisiert. Von einigem Gewicht sind außerdem der Deutsche Beamtenbund (gut 1,2 Mio. Mitglieder) und der Christliche Gewerkschaftsbund (290.000 Mitglieder).

Vor der Zerschlagung der deutschen Gewerkschaften durch die Nationalsozialisten im Jahre 1933 war die Struktur der Gewerkschaften gekennzeichnet durch die Existenz von weltanschaulich geprägten Richtungsgewerkschaften und der Fortdauer von Berufsverbänden und berufsständischen Organisationen. Diese Struktur konnte mit dem Neubeginn nach dem Zweiten Weltkrieg überwunden werden. Es gelang, eine von weltanschaulichen und berufsständischen Orientierungen weitgehend unabhängige Einheitsgewerkschaft zu gründen.

Ihren Unterbau bilden heute (2005) acht unterschiedlich starke, nach dem Industrieprinzip organisierte Einzelgewerkschaften (wie IG Metall, Ver.di; IG BCE). Der Konzentrationsprozess ist im Zuge des Mitgliederschwundes forciert worden, um wieder zu schlagkräftigen Einheiten zu kommen (vgl. Tabelle 5.3). Die Einzelgewerkschaften tragen den Dachverband, den Deutschen Gewerkschaftsbund (DGB).

Tabelle 5.3: Gewerkschaftsmitglieder 2000 und 2005 (DGB) (1)

DGB-Gewerkschaft (G)	*2000*	*2005*
ver.di	2.976,6	2.359,4
IG Metall (IGM)	2.763,5	2.376,2
IG Bergbaus, Chemie Energie (IG BCE)	891,6	748,8
IG Bauen-Agrar-Umwelt (IG BAU)	539,7	391,5
Transnet-GdED	320,4	260,0
G. Erziehung und Wissenschaft (GEW)	270,3	251,6
G. Nahrungs-Genuss-Gaststätten (NGG)	260,8	216,2
G. der Polizei (GdP)	188,2	174,9
DGB	7.772,8	6.778,6

(1) Migliederzahl in 1.000; Quelle: IdW, Deutschland in Zahlen 2006, Tabelle 10.1.

Die politische, wirtschaftliche und soziale Stabilität der Bundesrepublik ist zweifellos auch zu einem erheblichen Teil der Einheitsgewerkschaft zu verdanken. Der Vorteil der Industriegewerkschaften, die alle Arbeitnehmer einer Industrie, unabhängig von ihrem ausgeübten Beruf, vertreten, wird in dem größeren Druckpotential gegenüber den Arbeitgebern und in einer besseren Durchsetzung solidarischer Politik gegenüber berufsständischen Egoismen gesehen. Wie Beispiele in anderen Ländern zeigen, ist zwar die Konflikthäufigkeit bei berufsständischen Gewerkschaftstypen unter Umständen höher, das reale Verteilungsergebnis gewerkschaftlicher Lohnpolitik letztlich aber nicht besser, die Entwicklung der gesamtwirtschaftlichen Produktivität und damit auch der Arbeitnehmereinkommen durch die Konservierung veralteter Berufsstrukturen, unwirtschaftlicher Arbeitsplätze und unsolidarischer Lohnkämpfe vergleichsweise gehemmt.

Auf der anderen Seite besteht die Gefahr, dass eine große Gewerkschaft bei zentralisierten Verhandlungen Tendenzen zur Bürokratisierung zeigt und sich die Prozesse der innergewerkschaftlichen Meinungs- und Willensbildung von der Mitgliederbasis entfernen. Ein gewisser Grad an Oligarchisierung und einem damit verbundenen Abbau demokratischer Strukturen und Einflussmöglichkeiten ist nach soziologischer Erkenntnis in allen Großorganisationen unvermeidlich.

Tabelle 5.4: Gewerkschaftlicher Organisationsgrad im Zeitablauf

Jahr	DGB-Mitglieder in 1.000	Organisationsgrad in Prozent (Bruttoquote) (1)	Alle Gewerkschaften (DGB + DAG+ DBB+ CGB) Mitglieder	Organisationsgrad in Prozent (Bruttoquote) (1)
1960	6.379	31,1	7.679	37,5
1970	6.713	30,0	8.086	36,2
1980	7.883	31,8	9.487	38,3
1990	7.938	29,0	9.555	34,9
1991	11.800	31,8	13.749	37,1
1995	9.355	25.6	11.242	30,7
2002	7.701	19,9	9.232	23,9
2004	7.013	-	8.580	-

(1) Zu dieser Bruttoquote zählen auch alle Mitglieder, die schon verrentet oder arbeitslos sind; Quellen: Fund 2003, S. 16; IdW, Deutschland in Zahlen 2005, Tabelle 10.1.

Die Dachorganisation DGB ist nur für die gewerkschaftspolitischen Aufgaben zuständig, die nicht unmittelbar, wie die Tarifverhandlungen, von den Einzelgewerkschaften wahrgenommen werden. Die Einzelgewerkschaften sind, soweit sie dem DGB nicht Kompetenzen übertragen haben, autonom und vor allem finanziell unabhängig. In der Finanzkraft der Einzelgewerkschaften gibt es aber große Unterschiede. Eine informelle Lohn- und Tariführerschaft wird von den großen Einzelgewerkschaften, vor allem der IG Metall, praktiziert.

Ähnlich wie bei der Diskussion über die Mitbestimmung wird die Auseinandersetzung über die Frage, ob die Gewerkschaften eher einen Ordnungsfaktor unserer Sozialordnung oder eine Gegenmacht verkörpern, je nach ideologischem Standpunkt anders entschieden. Für beide Positionen lassen sich Argumente anführen. In ihrem Grundsatzprogramm von 1996 bekennen sich die DGB-Gewerkschaften zur sozialen Marktwirtschaft und nahmen Abschied von Sozialisierungsideen. Unverzichtbar ist in ihrer Interpretation der sozialen Marktwirtschaft in jedem Fall eine starke sozial – und arbeitsmarktpolitische Verantwortlichkeit des Staates.

Die deutschen Gewerkschaften haben sich lange gut gehalten, mussten aber gerade in den letzen Jahren schmerzliche Mitgliederverluste hinnehmen. So sind 2004 nur noch ca. 23 Prozent (1990 waren es noch 35 Prozent) der abhängig Erwerbstätigen Gewerkschaftsmitglieder. Das Zwischenhoch der 1990er Jahre durch den Mitgliedergewinn in den neuen Bundesländern ist damit längst Geschichte. Dieser für die Kampfkraft verhängnisvolle Trend ist in vielen Ländern zu beobachten. In 17 OECD Ländern ist der Organisationsgrad im Schnitt von rund 33 Prozent (1980) auf nur noch ca. 23 Prozent im Jahr 2002 zurückgegangen (Lesch, 2003). Allerdings gibt es auch Länder, deren gewerkschaftliche Organisation sich gegen diesen Trend positiv entwickelt (vgl. Tabelle 5.5).

Sozialwissenschaftliche Analysen kommen zum Ergebnis, dass der sozialökonomische Wandel die gewerkschaftliche Mitgliederwerbung deutlich erschwert.

Tabelle 5.5: Gewerkschaftlicher Organisationsgrad (OG in Prozent) im internationalen Vergleich

Land (zunehmender OG)	1990	2000	Land (abnehmender OG)	1990	2000
Finnland	72,0	79,0	Irland	49,7	44,5
Dänemark	71,4	87,5	Schweden	82,5	79,0
Belgien	51,2	69,2	Österreich	46,2	39,8
Norwegen	56,0	57,0	Italien	38,8	35,4
Niederlande	25,5	27,0	Griechenland	34,1	32,5
Spanien	11,0	15,0	Portugal	31,8	30,0
			Großbritannien	39,1	29,0
			Deutschland	32,9	27,3
			Japan	25,4	21,5
			USA	15,6	13,5
			Frankreich	9,8	9,1

Quelle: Fund 2003, S. 20.

Weitere Faktoren, die die Kampfkraft von Gewerkschaften bestimmen, sind die Höhe der Streikkasse und die Mobilisierungsfähigkeit für einen Streik. In Deutschland zahlen die Mitglieder einkommensabhängige Beiträge, so dass die Streikkasse im Vergleich zu den meisten anderen Ländern meist auch für längere Arbeitskämpfe ausreicht.

Wichtiger noch dürfte die Fähigkeit sein, die Mitglieder zum Streik aufzurufen und Arbeitskämpfe erfolgreich zu bestreiten. Diese Mobilisierungsfähigkeit ist das entscheidende Drohpotential erfolgreicher Tarifpolitik (Müller-Jentsch 1986). Diese Fähigkeit kann auch – siehe Frankreich – bei entsprechender Mentalität bei niedrigem Organisationsgrad vorhanden sein. So zeigen sich in den letzten Jahren zunehmend politische Streikaktivitäten in den romanischen

Ländern gegen Kürzungen im Sozialhaushalt. In Deutschland gibt es neben kampferprobten Gewerkschaften (IG Metall) auch andere, die das »Streikschwert an der Wand« lange hängen ließen und statt der Drohung mit Streik auf kooperative Verhandlungen setzen (IG BCE).

Neben dem Organisationsgrad und der nachgewiesenen Fähigkeit, Arbeitskämpfe führen zu können, ist der tarifliche Deckungsgrad ein Indikator, um den Einfluss von Gewerkschaften auf die Lohnfindung zu messen. Auch hier ist die Entwicklung für die Gewerkschaften nicht ganz erfreulich. So waren im Jahre 2005 im Westen 60 Prozent (im Osten sogar 77 Prozent) der Betriebe ohne Tarifvertrag (IdW 2007, Tabelle 10.2). Zu berücksichtigen ist allerdings, dass vor allem Kleinbetriebe hier herausfallen. Da viele Mittel- und alle Großbetriebe tarifgebunden sind, werden immer noch ca. 83 Prozent aller Arbeitnehmer im Westen (im Osten: 76 Prozent) direkt oder indirekt von den Tarifabschlüssen erreicht, da viele Betriebe die nicht Mitglied im Arbeitgeberverband sind, sich dennoch an den Tariflöhnen orientieren.

Vielfältige Ursachen sind für die Probleme verantwortlich, vor denen sich die Gewerkschaften heute gestellt sehen:

– Die Auflösung der klassischen Arbeitermilieus schwächt die traditionelle Bindung der Industriearbeiter an ihre Gewerkschaft.
– Der Trend zur Individualisierung bringt das Trittbrettfahrerverhalten (freeriding) des rationalen Profitierens von der Lohnpolitik der Gewerkschaften ohne eigene Gegenleistung verstärkt zur Geltung. Auch ohne Mitglied zu sein, profitiert jeder Arbeiter von den Lohnerhöhungen.
– Die traditionellen Hochburgen der Gewerkschaften in der Großindustrie bröckeln. Die Rekrutierung in den kleinen und mittleren Dienstleistungsbetrieben fällt viel schwerer.
– Die Organisierung von Angestellten ist aufgrund eines immer noch vorhandenen Statusdenkens nicht einfach.
– Auch die Organisierung von Frauen gelingt den Gewerkschaften bisher zu wenig, wohl auch deshalb, weil Frauenthemen (wie die Lage der Arbeitszeit zur Vereinbarkeit von Familie und Beruf) noch zu wenig in der Gewerkschaftspolitik berücksichtigt werden.
– Vortreten wird auch die These vom dramatischen Rückgang des Normalarbeitsverhältnisses (NAV) und der Zuwachs von Minijobs und Teilzeitarbeit als Ursache der Probleme. Da bisher kein absoluter Rückgang des NAV statistisch nachweisbar ist, ist diese These für die Vergangenheit eher zurückzuweisen. Durch die aktuell feststellbaren Verdrängungseffekte im Minijob-Boom könnte sich die Lage ändern.
– Im Osten wird eine zunehmende Entfremdung der Arbeiter von den Gewerkschaften erkennbar, die zu hohe Lohnforderungen der Gewerkschaften für die Vernichtung vieler Arbeitsplätze verantwortlich machen.

Letztlich dürften die Macht der Gewerkschaften und ihr Einfluss auf Löhne und Arbeitsbedingungen auch sehr stark vom allgemeinen politischen und gesellschaftlichen Klima abhängen. Wie amerikanische Studien zeigen, hat der Rechtsrutsch unter Reagan und die teilweise Korrektur dieser Entwicklung unter Clinton jeweils einen deutlichen Einfluss auf die Verhandlungsposition der Gewerkschaften hinterlassen.

Die Stellung der Arbeitgeberverbände

Die Nachfrageseite des Arbeitsmarktes wird durch die Arbeitgeberverbände organisiert, die in einem Spitzenverband, der *Bundesvereinigung der Deutschen Arbeitgeberverbände (BDA)*, zusammengeschlossen sind. Daneben existieren weitere Verbände zur Vertretung der wirtschaftlichen Interessen der Unternehmer (u.a. der Bundesverband der Deutschen Industrie), die aber keine sozial- und tarifpolitischen Aufgaben im engeren Sinne haben. Ähnlich den Gewerkschaften sind auch die Tarifpartner auf der Arbeitgeberseite auf Branchenebene als Fachverbände organisiert und regional (Landesverbände, lokale Untergliederungen) strukturiert. Die meisten Unternehmen sind weiterhin Mitglied ihrer zuständigen Fachverbände. Allerdings zeigen sich hier zunehmende Dissenzen und die Bereitschaft steigt bei den kleinen und mittleren Unternehmen, bei einer Unzufriedenheit mit den tarifpolitischen Ergebnissen aus dem Verband auszuscheren oder als Mitglied ohne Tarifbindung eigene lohnpolitische Wege zu gehen.

Die finanzielle Autonomie liegt bei den Branchenverbänden, die Beitragshoheit besitzen. Neben ihrer primären Rolle als kollektive Interessenvertretung in tarifpolitischen Auseinandersetzungen sind ihnen ordnungspolitische Aufgaben zugewiesen, wie die Mitarbeit an der sozialpolitischen Gesetzgebung im vorparlamentarischen Raum und die Vertretung der Arbeitgeber in den Selbstverwaltungsorganen der Sozialversicherungen. Manche Beobachter konstatieren eine zunehmende Schwäche der vormals so mächtigen Verbände. Insbesondere der Arbeitgeberverband Gesamtmetall steht hier unter dem Druck unterschiedlicher Interessen seiner Mitglieder, die einerseits mittelständige Betriebe, andererseits Großunternehmen umfasst. Günstiger für eine gemeinsame Arbeitgeberstrategie erscheint demgegenüber die vor allem von der Großindustrie geprägte Interessenlage in der Chemiebranche.

5.3   Tarifautonomie und Lohnpolitik

5.3.1   Der Flächentarifvertrag

Die besondere Struktur des Arbeitsmarktes, auf dem sich in Gewerkschaften organisierte Arbeitnehmer und in Arbeitgeberverbänden zusammengeschlossene Unternehmen gegenüberstehen, führt in Deutschland zu einem *zweistufigen Lohnbildungsprozess.* Müller-Jentsch (1986) spricht von zwei Arenen, in denen verhandelt wird. In der ersten Arena ist es den Tarifparteien vorbehalten, im Rahmen ihrer vom Grundgesetz und durch das Tarifvertragsgesetz von 1949 garantierten Tarifautonomie *Mindestbedingungen* für Löhne und Arbeitsbedingungen auszuhandeln. In der zweiten Stufe findet eine Anpassung an die besonderen Verhältnisse in den einzelnen Betrieben statt. In der Blütezeit der Flächentarifverträge ging es hier einzig und allein um eine betriebliche Aufbesserung durch übertarifliche Zuschläge. Dies führte in den produktiveren Unternehmen zu höheren Effektivlöhnen. Ökonomen sprechen hier von einer positiven Lohndrift.

In der aktuellen Krise des Flächentarifsystems geht es dagegen vor allem um Möglichkeiten, das gefährdete Unternehmen zeitweise untertariflich bezahlen können, um dadurch Arbeitsplätze zu erhalten.

Der ausgehandelte Tariflohn kommt als Mindestlohn nicht nur den organisierten Gewerkschaftern, sondern auch den übrigen Arbeitnehmern zugute. Daraus erwächst das in den Sozialwissenschaften breit diskutierte Schwarzfahrer- oder Free-riding-Problem, dass auch nicht organisierte Arbeitnehmer, die keine Mitgliedsbeiträge zahlen, an den gewerkschaftlich erkämpften Verteilungsergebnissen, also Lohnerhöhungen und Verbesserungen der Arbeitsbedingungen, teilhaben. Unterstellt man ein zweckrationales, den Eigeninteressen dienendes Verhalten der Arbeitnehmer, so ist, wie das Olson-Theorem (Olson 1968) darlegt, ein Beitritt zu einer Gewerkschaft aus individueller Rationalität unvorteilhaft. Diese Kurzsichtigkeit ist für die Arbeitnehmerschaft, die eine starke Gegenmacht gegenüber den Arbeitgebern benötigt (kollektive Rationalität der Gruppe) äußerst verhängnisvoll, weil sie ihre Organisationsfähigkeit schwächt. Um dieser »Rationalitätenfalle« – individuelle und kollektive Rationalität geraten in Konflikt – zu entgehen, haben die Gewerkschaften versucht, »Beitrittszwänge« durchzusetzen. Mit den Unternehmen wurde vereinbart, dass nur Gewerkschaftsmitglieder beschäftigt werden dürfen (closed-shop), oder in Tarifverträgen wurden bestimmte Vorteile nur für Gewerkschaftsmitglieder ausgehandelt. Wir kennen diese und ähnliche Strategien vor allem von amerikanischen Gewerkschaften. In der Bundesrepublik gibt es solche closed shops kaum mehr, weil sie nach Auffassung des Bundesarbeitsgerichts nicht mit dem Grundgesetz vereinbar sind (negative Koalitionsfreiheit). Allerdings gibt es aktuell wieder Versuche, spezielle Vorteile für Gewerkschafter in Tarifverträgen zu verankern.

Problematisch bleibt, dass nur ein Teil aller Arbeitnehmer mit ihren Beiträgen die Arbeit der Gewerkschaften finanziert, die von den Gewerkschaften erstrittenen Leistungen aber grundsätzlich der gesamten Arbeitnehmerschaft zugute kommen.

Die Ebene auf der die Tarifverhandlungen stattfinden, ist von großer Bedeutung für das Verhandlungsergebnis und hat damit bedeutenden Einfluss auf die Betriebe. Grob lassen sich drei Ebenen unterscheiden. Verhandlungen auf zentraler staatlicher Ebene wie in Österreich und bis vor kurzem noch in Schweden, auf regionaler und Branchenebene wie in Deutschland und auf betrieblicher Ebene wie in den USA und in England.

Die in Deutschland üblichen Flächentarifverträge sind sehr differenziert und beachten Regions- und Branchenunterschiede in der Wirtschaftlichkeit der Betriebe. Schon die Zahl von über 40.000 gültigen Verträgen zeigt dies an. Jeder Tarifvertrag enthält für Arbeiter bis zu zehn und für Angestellte im Durchschnitt sechs Gehaltsgruppen (Lohnspreizung) (Lorenz/Clasen 1995).

Im Flächentarifvertrag legen die Arbeitsmarktparteien verbindliche Mindestbedingungen für die Arbeitnehmer bezüglich Lohnhöhe, Arbeitszeiten und Arbeitsbedingungen fest. Ergänzt und ausgefüllt werden die Tarifvereinbarungen auf der Betriebsebene durch Betriebsvereinbarungen zwischen Betriebsräten und Unternehmensleitung. In der Feinjustierung auf die jeweiligen betrieblichen Belange werden flexible tarifliche Rahmenvorgaben über die Regelung der Arbeitszeit konkretisiert oder die tariflichen Mindestlöhne durch übertarifliche Zuschläge aufgebessert. Nach dem bisher gültigen Günstigkeitsprinzip dürfen Abweichungen vom Verbandstarif nur getroffen werden, wenn sie sich zugunsten der Arbeitnehmer auswirken. In Unternehmen, die nicht Mitglied im Arbeitgeberverband sind, gelten die Flächentarife nicht, so dass hier auch eine untertarifliche Bezahlung an der Tagesordnung ist. Dies kann durch eine sog. *Allgemeinverbindlichkeitserklärung* verhindert werden, in dem der abgeschlossene Flächentarifvertrag für alle Unternehmen der Branche verbindlich erklärt wird. Von der Regelung wurde bisher nur sparsam in einigen Problembranchen mit geringem Tarifdeckungsgrad wie Hotel- und Gaststättengewerbe Gebrauch gemacht.

Die Tarifbindung geht seit einigen Jahren langsam zurück. Die nachlassende Bindungskraft vieler Flächentarifverträge, die Ausbreitung tariffreier Zonen und das »Lohndumping«, mit denen ausländische Arbeitskräfte deutsche verdrängen, stellt die große Koalition aktuell vor die Frage, ob in den »tariffreien« Branchen staatliche Mindestlöhne notwendig sind, um einen Lohnunterbietungswettlauf zu verhindern und das Lohnniveau zu sichern. Anhänger einer solchen Lösung gibt es in beiden Koalitionsparteien.

Aus liberaler Sicht sind solche Eingriffe in den Arbeitsmarkt abzulehnen, verspricht man sich doch gerade von flexiblen Löhnen mehr Arbeitsplätze.

Tabelle 5.6: Gewerkschaften sehen positive Funktionen des Flächentarifvertrags

Für den Staat und das Gemeinwohl	Entlastungs- und Legitimationsfunktion: Die Verantwortungslast für die Löhne wird vom Staat verlagert; keine Zwangsschlichtung durch den Staat wie in Weimar Stabilitätsfunktion: Angemessene Berücksichtigung makroökonomischer Stabilitätsbedingungen bei der Lohnfindung verhindert Inflation und Arbeitslosigkeit
Für die Arbeitnehmer	Schutzfunktion: gegen originäre Monopolmacht der Unternehmer Verteilungsfunktion: Einkommenssicherung und angemessene Beteiligung am Produktivitätsfortschritt Partizipationsfunktion: Teilhabe der Arbeitnehmer an der Regelung der Arbeitsbedingungen Solidarfunktion (solidarische Lohnpolitik): Gleicher Lohn für gleiche Arbeit, Verhinderung zu starker Lohnspreizung
Für die Arbeitgeber	Kartellfunktion (Mindestlohnkartell): Der Preis für Arbeit ist für alle Unternehmen gleich, das führt zu gleichen Ausgangsbedingungen auf der Lohnkostenseite. Produktivitätsfunktion: Wettbewerb der Unternehmen konzentriert sich auf Qualität, Innovation und Produktivitätssteigerung; dadurch entstehen Exportvorteile des Modells »Made in Germany« Koordinierungsfunktion: Senkung der Transaktionskosten gegenüber betrieblichen Lohnverhandlungen Ordnungs- und Befriedungsfunktion: Während der Laufzeit des Tarifvertrags herrscht Friedenspflicht, der Arbeitsablauf wird nicht durch Arbeitskämpfe gestört; die eigentliche Kampfarena ist auf der Branchenebene; ein kooperatives Arbeitsklima entsteht; Begrenzung des Einflusses der Gewerkschaften im Betrieb (Partnerschaftsmodell)

Das Pro und Contra zum Flächentarifvertrag

Das Zusammenspiel von Flächentarifvertrag und Betriebsvereinbarungen ist seit einigen Jahren verstärkt in die Kritik geraten. Es mehren sich die Stimmen, die dieser Regelung die notwendige Flexibilität absprechen und den Übergang zu betrieblichen Tarifverhandlungen fordern. Internationale Vergleiche zeigen weltweit einen *Trend zur Dezentralisierung* der Verhandlungen. Die Verfechter des Flächentarifvertrags weisen ihrerseits auf seine erheblichen Vorteile hin (Tabelle 5.6).

Vorteile bietet der Flächentarifvertrag für die ungestörte Produktion in den Unternehmen durch die tarifliche *Friedenspflicht*. Alle Unternehmen einer Branche können während der Laufzeit der Tarifverträge darauf vertrauen, während bei Haustarifen, also in betrieblichen Verhandlungen diese Koordination fehlt und ständige Störungen durch Arbeitskämpfe bei Zulieferern zu befürchten sind. Der Flächentarif entlastet die Betriebe zudem von Lohnverhandlungen, spart damit erhebliche *Transaktionskosten*. Er schützt den einzelnen Arbeiter aber auch das einzelne Unternehmen vor übermächtigen Verhandlungspartnern.

Als weiteres Argument für den Flächentarifvertrag wird auf seine Kartell-funktion hingewiesen. Einheitliche Tarifvorgaben für die Branche in einer Region schaffen gleiche Konkurrenzbedingungen auf der Lohnseite. Dies führe zu Qualitäts-, Innovations- und Produktivitätskonkurrenz statt eines dysfunktio-nalen Wettbewerbs der Lohnsenkung. Der Standort Deutschland profitiere davon, da ein Anreiz bestehe, sich auf hochwertige Produkte »Made in Germany« zu konzentrieren. Nur mit dieser Strategie sei der Industriestandort Deutschland im Zeichen der Globalisierung zu verteidigen. Eine Konkurrenz über Niedriglöhne mit China oder osteuropäischen Ländern sei von vornherein aussichtslos.

Branchentarifverträge stärken nach Überzeugung ihrer Verfechter auch die volkswirtschaftliche Stabilität, da eine angemessene am Produktivitätsdurch-schnitt der Betriebe orientierte Lohnpolitik praktiziert wird und damit der Kon-sum als zentrale Nachfragegröße abgesichert wird. Im Gegensatz zu betriebsna-hen Tarifverhandlungen müssten in den Flächentarifverträgen in Deutschland die Gewerkschaften ihrer gesamtwirtschaftlichen Verantwortung gerecht wer-den und immer die Auswirkungen ihrer Lohnpolitik auf die Beschäftigung und die Inflation mitbedenken (Stabilitätsfunktion des Flächentarifs).

Dies gerade bestreiten die neoliberalen Kritiker unter Hinweis auf das In-sider-outsider Theorem. Zwar sei bis Ende der 1960er Jahre eine stabilitätsbe-wusste Lohnzurückhaltung praktiziert und auch Rücksicht auf die Grenzunter-nehmer, also die schwächeren Unternehmen einer Branche genommen worden. Seitdem aber sei die Verantwortung der Gewerkschaften für die arbeitslosen outsider abhanden gekommen. Zu hohe Lohnabschlüsse führten zur klassi-schen Form der Arbeitslosigkeit speziell bei den schlechter Qualifizierten. Der treppenförmige Anstieg der Massenarbeitslosigkeit von Krise zu Krise seit den 1970er Jahren wird von der Mehrheit im Sachverständigenrat (SVR) – den 5 Weisen – auf ständig steigende Lohnstückkosten zurückgeführt. Von betriebs-nahen Lohnverhandlungen verspricht man sich eine stärkere Orientierung an den Interessen aller Arbeitnehmer.

Dies ist allerdings weder theoretisch noch empirisch gut belegt. So zeigen internationale Vergleiche, dass der Anstieg der Lohnstückkosten in Ländern mit zentraler Verhandlungsebene im Durchschnitt kaum von denen mit Haustarifen abweicht. England, in dem erst in den 1980er Jahren zu betriebsnahen Ver-handlungen übergegangen wurde, steht beispielsweise an der Spitze der Lohn-entwicklung im letzten Jahrzehnt (Schaper 2005).

Fassen wir die Philosophie des lange erfolgreich praktizierten Tarif- und Arbeitsmarktmodells in der Bundesrepublik Deutschland in Thesenform zusammen:

– Flächentarifverträge sorgten über eine aktive, am Durchschnittsunternehmen ausgerichtete Lohnpolitik für Produktivitätszuwächse (»Produktivitätspeitsche«).
– Die berufliche Qualifikation des Facharbeiters wurde durch die duale Ausbildung in Theorie und Praxis auf ein hohes Niveau befördert.
– Eine hohe Arbeitsproduktivität und Qualität »Made in Germany« führten zu einer sehr guten internationalen Wettbewerbsfähigkeit trotz hoher Löhne.
– Deutschland stellte qualitativ hochwertige Produkte her, setzte auf Innovation und technischen Fortschritt, nicht so sehr auf Preiskonkurrenz.
– Die hohen Löhne sicherten den Binnenkonsum.
– Die weniger Qualifizierten und durch strukturellen Wandel freigesetzten Arbeiter (strukturelle Arbeitslosigkeit) sollten durch aktive Arbeitsmarktpolitik (Fortbildung und Umschulung) neu integriert werden.
– Konjunkturelle Arbeitslosigkeit wurde mit keynesianischer Globalsteuerung und Beschäftigungspolitik (antizyklische Geld- und Fiskalpolitik) bekämpft (vgl. Kapitel 6).
– Die verbleibende Rest-Arbeitslosigkeit (Sucharbeitslose, schwervermittelbare Arbeitnehmer) konnte mit relativ hohen Sozialtransfers (Arbeitslosenunterstützung), die aus hohen Löhnen gut zu finanzieren waren, versorgt und damit der soziale Frieden gesichert werden.

5.3.2   Das »Modell Deutschland« unter Druck

Dieses oft als »Modell Deutschland« beschriebene Szenario gerät im Zeitalter der Globalisierung unter Druck. Der Druck entsteht vor allem durch die ernst zu nehmende Drohung vieler Unternehmen, die industrielle Produktion in Niedriglohnländer auszulagern und durch die Zuwanderung von Arbeitnehmern, die den Lohndruck auch im Bereich der ursprünglich vor Auslandkonkurrenz geschützten Dienstleistungen (die Ökonomen sprechen genauer vom Sektor der »nicht handelbaren Güter«) empfindlich erhöht.

Mit diesem Drohpotential im Rücken fordern die Arbeitgeber und ihre Verbände immer heftiger eine Reform der Tarifpolitik (und des Sozialstaats) an Haupt und Gliedern. Ihre Offensive zielt vorrangig auf die Zurückdrängung gewerkschaftlichen Einflusses. Sie gipfelt in den Forderungen nach Dezentralisierung (Verbetrieblichung) und Flexibilisierung der Flächentarifverträge. Immer mehr Klein- und Mittelbetriebe verlassen die Verbände (Tarifflucht) oder handeln mit ihren Betriebsräten untertarifliche Lohn- und Arbeitsbedingungen aus (Verletzung des Günstigkeitsprinzips). Man spricht hier von wilder Dezentralisierung. Insbesondere in Ostdeutschland traten viele Betriebe aus den Arbeitgeberverbänden aus oder begingen Tarifbruch, oft mit Zustimmung der Betriebsräte, die um ihre und die Arbeitsplätze ihrer Kollegen bangen mussten.

Abbildung 5.2: Dezentralisierungsvorschläge der Tarifparteien

Vorschläge zur kontrollierten Dezentralisierung von Tarifverträgen	
Arbeitgeberverband Gesamtmetall	**Gewerkschaft: IG-Metall**
zentrale Ebene: 1. Flächentarifvertrag regelt Rahmen für Lohnerhöhungen, Arbeitszeiten usw. 2. Öffnungsklauseln für bestimmte Fälle (Beispiel: drohende Betriebs-oder Teilbetriebsschließungen) *betriebliche Ebene:* 3. Betriebsvereinbarungen konkretisieren Lohnhöhe, Arbeitszeiten und wenden Öffnungsklauseln im Bedarfsfall an (Tarifparteien auf zentraler Ebene kontrollieren nur Einhaltung der Rahmenbedingungen)	Modell der Tarifbausteine: *zentrale Ebene:* üblicher Flächentarifvertrag plus konkrete Wahlmöglichkeiten im Falle genau spezifizierter betrieblicher Entwicklung (Beispiel: zeitlich befristete Lohnminderung bei drohender Betriebsschließung) *betriebliche Ebene:* Vorschlagsrecht für Anwendung bestimmter Tarifbausteine (Beispiel s.o) *zentrale Ebene:* (Tarifkommission) Kontrolle der Berechtigung der Anwendung der Ausnahmeregelung

Die Gewerkschaften haben nach Ansicht liberaler Ökonomen auch in den hochproduktiven Branchen zu hohe Lohnsteigerungen durchgesetzt. Sie orientieren sich an der Durchschnittsproduktivität der Branche und gefährden damit Arbeitsplätze bei den weniger produktiven Unternehmen, den *Grenzbetrieben*.

Die Lösung des Problems wird von liberalen Ökonomen darin gesehen, dass durch betriebliche Öffnungsklauseln die betriebliche Arena und damit die Stellung der Betriebsräte nachhaltig gestärkt werden. Dazu muss das Günstigkeitsprinzip neu justiert werden. Wenn eine Mehrzahl der Arbeitnehmer zur Sicherung der Arbeitsplätze zu Lohnverzicht bereit ist, sollte das als »günstigere« Lösung vom Betriebsrat auch gegen den Tarifvertrag durchgesetzt werden können. In diese Richtung entwickeln sich auch Vorstellungen innerhalb der Parteien CDU/CSU und FDP.

Nun sind bei einem Übergang zu betrieblichen Verhandlungen in unserer Tarifordnung keineswegs die Betriebsräte verhandlungsberechtigt, sondern weiterhin nur die Gewerkschaften. So fürchten die Arbeitgeberverbände, dass sich die Gewerkschaften in dem Fall der Aushöhlung des Flächentarifs nach der vom DGB-Chef angekündigten Häuserkampfstrategie die Unternehmen einzeln vornehmen werden, um so ihre lohnpolitischen Forderungen durchzusetzen.

Neoliberale Ökonomen plädieren daher für die Ausweitung der Tarifhoheit auf die Betriebsräte, von denen man größere Rücksicht aus Angst um die Arbeitsplätze erwartet. Arbeitgeber fürchten dann wiederum den Machtzuwachs der Betriebsräte. Ob eine solche Aushebelung der Gewerkschaften in der Tarifordnung überhaupt mit dem Grundgesetz vereinbar ist, wird von Verfassungsrechtlern bezweifelt.

Die Reformpläne von CDU und FDP sehen vor, dass die Belegschaften über einen Lohnverzicht zur Sicherung der Arbeitsplätze abstimmen sollen (neues Günstigkeitsprinzip). Damit entfiele das Vetorecht der Gewerkschaften gegen die Anwendung von Öffnungsklauseln, wie sie heute schon in vielen Flächentarifverträgen existieren. Auch der zunächst als vorbildlich gerühmte »Pforzheimer Tarifvertrag« von 2004 der Metaller verteidigt zäh dieses Vetorecht (vgl. Abbildung 5.2). Gäbe man diese Kontrolle freiwillig auf, dann wäre der Flächentarifvertrag nur noch Staffage. Die Unternehmen könnten ihren Arbeitnehmern unter der Drohung, Arbeitsplätze ins Ausland zu verlagern, erhebliche Zugeständnisse abringen.

Die IG Metall und andere Gewerkschaften geben sich kämpferisch und kündigen den »Häuserkampf« an. Damit wäre einer der größten Vorteile des Flächentarifvertrags, durch die tarifliche Friedenspflicht eine ungestörte Produktion in den Unternehmen zu garantieren, aus den Angeln gehoben. Alle Unternehmen einer Branche konnten bisher während der Laufzeit der Tarifverträge darauf vertrauen, während bei Haustarifen, also in betrieblichen Verhandlungen diese zeitliche Koordination fehlt und ständige Störungen durch Arbeitskämpfe im eigenen Haus und bei Zulieferern zu befürchten sind.

Faktisch sprechen die Machtverhältnisse in Zeiten der Massenarbeitslosigkeit gegen allzu forsche Gewerkschaftsaktionen. Selbst die IG-Metall als eine der kampferprobten Gewerkschaften musste in der jüngeren Vergangenheit nur allzu oft die Anwendung der Öffnungsklauseln zulassen. Tarifverträge in strukturschwachen Branchen zeigen die aktuelle Schwäche der Gewerkschaften besonders deutlich. Sinkende Reallöhne, steigende Arbeitszeiten bei gleichen Wochenlöhnen und flexible Arbeitszeitregeln zeigen seit der Mitte der 1990er Jahre einen dramatischen Wandel auf dem deutschen Arbeitsmarkt.

Die Unzufriedenheit qualifizierter Arbeitnehmergruppen mit den geringen Lohnzuwächsen in den Flächentarifen führt zu einem Zuwachs bei den kleinen Berufsgewerkschaften (u.a Marburger Bund für Ärzte, Gewerkschaft deutscher

Lokomitivführer), die mit hoher Durchschlagskraft versuchen, die Sonderinteressen dieser Gruppen in eigenen Tarivertägen abzusichern. Auf der anderen Seite dienen sich christliche Gewerkschaften den Arbeitgebern an und versuchen, die DGB-Gewerkschaften durch Lohn-Unterbietungswettbewerb auszustechen. Dies kann in Zukunft die Tariflandschaft in Deutschland radikal ändern und die noch vorhandenen Elemente einer solidarischen Lohnpolitik vollends eliminieren.

5.3.3 Lohnpolitik und Massenarbeitslosigkeit

Die Entwicklung der Lohnpolitik in der Bundesrepublik

Die Tarifautonomie gibt den Arbeitsmarktkontrahenten einen erheblichen Gestaltungsspielraum. Während die tarifpolitische Strategie der Arbeitgeber defensiv in einer Abwehr gewerkschaftlicher Maximalforderungen angelegt war, verfolgten die Gewerkschaften bis in die 1970er Jahre das *Konzept der aktiven oder expansiven Lohnpolitik*. Einmal sollten die Arbeiter am Produktivitätsfortschritt und dem dadurch wachsenden Volkseinkommen beteiligt werden, zum anderen sollten die zu erwartenden Preissteigerungen kompensiert werden und nicht zuletzt sollte eine Umverteilung des Volkseinkommens zugunsten der Arbeitnehmer erreicht werden. Während die beiden ersten Ziele bis in die 1990er Jahre im Großen und Ganzen erreicht wurden, ist eine nachhaltige Umverteilung nicht gelungen. Die *Lohnquote*, der Anteil der Löhne und Gehälter am gesamten Volkseinkommen stieg zwar von 1960 bis 1980 beträchtlich von 60,1 Prozent auf 75,8 Prozent. In den 1980er Jahren ging die Lohnquote dann wieder bis auf 69,9 Prozent (1990) zurück und erreichte im Jahr 2006 den Wert von 66,2 Prozent (vgl. Tabelle 4.2). Bereinigt man diese Entwicklung aber um die Umschichtung der Erwerbspersonenstruktur (immer mehr Selbstständige wurden zu Arbeitnehmern), dann zeigt sich ein noch deutlicheres Absinken im letzten Jahrzehnt.

Zum einen ist das damit zu erklären, dass es den Unternehmen zumeist gelingt, Lohnerhöhungen, die über die Produktivitätsentwicklung hinausgehen und damit die Durchschnittskosten erhöhen, auf die Preise abzuwälzen (Lohn-Preis-Spirale). Der expansiven Lohnpolitik wird nun allenthalben der Vorwurf gemacht, so etwa vom Sachverständigenrat zur Begutachtung der gesamtwirtschaftlichen Entwicklung, sie führe zu fruchtlosen Verteilungskämpfen zwischen den Tarifparteien, bei denen letztlich keiner gewinnen könne und nur die Inflation angeheizt werde bzw. bei einer Politik des knappen Geldes durch die Bundesbank die Arbeitslosigkeit sich ausweite. Vorschläge zu einer stabilitätskonformen Lohnpolitik, wie das Konzept der produktivitätsorientierten oder das der kostenniveauneutralen Lohnpolitik, wurden propagiert und den Gewerkschaften der Verzicht auf Umverteilung des Volkseinkommens zugunsten der Arbeitnehmer nahe gelegt, um die Investitionsbereitschaft der Unternehmer nicht zu schwächen. Erfahrungen in anderen Ländern zeigen, dass eine derartige Lohnpolitik keineswegs immer von den Unternehmen mit dem Verzicht auf Preiserhöhungen honoriert wird, so dass eher ein Rückgang der Lohnquote, also eine Verschlechterung der Verteilungsposition der Arbeitnehmer wahrscheinlich ist.

Die lohnpolitische Konzeption der neoklassischen Angebotstheorie

Die herrschende ökonomische Lehre der neoklassischen Angebotstheorie, die in der politischen Arena als »Neoliberalismus« bezeichnet wird, sieht in dieser Entwicklung wichtige Genesungsschritte zu einer Gesundung der Wirtschaft. Der Sachverständigenrat (SVR) erklärt die Massenarbeitslosigkeit als »klassische« lohnbedingte Arbeitslosigkeit. Die Gewerkschaften haben danach in der Vergangenheit in mehreren Schüben seit den 1970er Jahren das Lohnniveau zu stark angehoben und über tarifliche Mindestlöhne abgesichert. So sei es zu dem treppenförmigen Anstieg der Arbeitslosigkeit (vgl. Abbildung 6.1) gekommen. Vor allem der Bereich niedriger Löhne, in dem die weniger qualifizierten Arbeitnehmer eine Beschäftigungschance haben, sei tarifpolitisch quasi ausgetrocknet worden. Hier sei das Lohnniveau in den 1990er Jahren bis zu 30 Prozent zu hoch getrieben worden mit der fatalen Folge, dass den geringer Qualifizierten immer weniger Arbeitsplätze angeboten wurden.

Einzig wirksames Mittel ist eine nachhaltige Lohnkürzung, so das Credo der neoklassischen Ökonomen. Politisch zu bewerkstelligen ist das nur durch eine Schwächung der Gewerkschaften und betriebsnahe Lohnverhandlungen. Deshalb sehen die Angebotstheoretiker die Entwicklung sehr positiv. Wenn massive Lohnkürzungen in kurzer Frist politisch nicht durchzusetzen sind, kann eine Politik der Arbeitszeitverlängerung ohne Lohnausgleich hilfreich sein. Eine mehrjährige Lohnzurückhaltung, bei der die Stundenlöhne nur sehr moderat angehoben werden, wird als sozial verträgliche Variante der Lohnpolitik empfohlen. Wenn die Arbeitsproduktivität jährlich um ca. 2 Prozent zunimmt und die Inflationsrate ebenfalls bei etwa 2 Prozent liegt (wie von der Europäischen Zentralbank (EZB) angestrebt), dann würde eine Nominal- oder Stundenlohnsteigerung von 1 Prozent im Jahr die Lohnstückkosten jedes Jahr um 1 Prozent senken und die Verteilung würde sich zugunsten der Unternehmen sogar um 3 Prozent verbessern. Zwar würden die realen Stundenlöhne der Arbeitnehmer Jahr für Jahr um 1 Prozent sinken, dies würde aber zum Teil durch steigende Arbeitszeiten im ökonomischen Aufschwung ausgeglichen. So könnte in dem neoklassischen Szenario schon in wenigen Jahren das überhöhte Lohnniveau auf das richtige Maß gesenkt werden und Vollbeschäftigung wäre in Sicht. Dann könnten die Reallöhne auch wieder nach Maßgabe der betrieblichen Produktivitäten steigen, um die notwendige Kaufkraft der Arbeitnehmer zu sichern. Dieser Revitalisierungsprozess würde positiv unterstützt durch sinkende Lohnnebenkosten bei abnehmender Arbeitslosigkeit. Sinkende Gesamt-Lohnkosten führten zu steigender Produktion, steigenden Investitionen, höherer Produktivität und höherem Wachstum. Das Ergebnis wäre ein hoher Beschäftigungsstand, steigender Wohlstand für alle bei starker Einkommensdifferenzierung nach Marktleistung.

Die lohnpolitische Konzeption der Keynesianer: die Ankerfunktion der Löhne

Die ökonomische Richtung der Keynesianer (vgl. genauer Kapitel 6.2.2) sieht in dem Konzept der Neoklassiker ein erhebliches makroökonomisches Gefahrenpotential. Sie selbst betonen die sog. »*Ankerfunktion der Löhne*« für die Stabilität der Wirtschaft. Während Lohnsenkungen in einzelnen Betrieben, also im mikroökonomischen Umfeld, durchaus Arbeitsplätze sichern könnten, würden generelle Lohnsenkungen in der gesamten Volkswirtschaft kreislauftheoretisch erhebliche Instabilitäten verursachen. Löhne müssten sowohl in guten wie in schlechten Zeiten (bei Arbeitslosigkeit) mit der Produktivität steigen. Zudem gelte es, die unvermeidlichen Preissteigerungen miteinzubeziehen, damit die Reallöhne und damit die Kaufkraft gesichert würden.

Im obigen Beispiel müssten bei 2 Prozent Produktivitätssteigerung und einer Zielinflationsrate der Europäischen Zentralbank von knapp 2 Prozent die Stundenlöhne Jahr für Jahr um 4 Prozent steigen. Lohnsenkungsprozesse, wie sie die Neoklassiker fordern, führen nach den Analysen der Keynesianer zu sinkenden Preisen und damit unveränderten Reallöhnen. Sinkende Preise generieren die Gefahr der Deflation, die wiederum eine verheerende Abwärtsspirale in der Wirtschaft auslösen kann, wie die Weltwirtschaftskrise in der 1930er Jahren und die Erfahrungen in Japan im letzten Jahrzehnt eindrucksvoll belegen.

Um es ganz klar zu stellen, Keynesianer vertreten nicht die naive Kaufkrafttheorie der Löhne, nach der jede Lohnsteigerung positive Nachfrageeffekte auslöst. Sowohl zu stark steigende Löhne oberhalb der Produktivität als auch zu gering steigende Löhne gefährden die Makro-Stabilität der Volkswirtschaft und führen zu Inflation und/oder Arbeitslosigkeit. Mit der Erosion des Flächentarifsystems gerät Deutschland aus dieser Sicht in eine gefährliche Situation (Flassbeck/Maier-Rigaud 2003, Schaper 2005). Die Ankerfunktion der Löhne geht verloren und die Konsumnachfrage wird labiler. Die eigentlichen Ursachen für die Massenarbeitslosigkeit – eine Wachstumsschwäche in Folge einer langjährigen fehlerhaften Geld- und Fiskalpolitik in der EU – werden nicht angegangen, sondern die gesamtwirtschaftliche Nachfrage wird weiter geschwächt (vgl. Kapitel 6.2.2).

Der keynesianisch geschulte Blick auf mögliche langfristige Folgen dieses Prozesses zeigt weitere Probleme. Durch die Aushöhlung des Flächentarifs verschärft sich der Lohnwettbewerb, die durchschnittlichen Lohnsteigerungen nehmen ab, der Druck auf die unterproduktiven Unternehmen sinkt, durch Investition in technischen Fortschritt Produktivitätsrückstände wett zu machen. Damit entwickelt sich Deutschland tendenziell in Richtung des angelsächsischen Wirtschaftsmodells niedriger Löhne bei eher mäßiger Produktivität. Anderen Ländern (Japan) wird das Feld hoher Qualität und Produktivität überlassen. Als langfristige Folgen winken der Abstieg in die Zweitklassigkeit mit niedrigem Wachstum bei starker Einkommensdifferenzierung und vielen Geringverdienern als »working poor«. Der Sozialstaat wird bei kaum steigenden Löhnen zu teuer und zunehmend auf das von den Liberalen schon längst geforderte Minimum reduziert.

Kombilöhne gegen Erwerbslosigkeit und Armut unqualifizierter Arbeitnehmer

Von der Globalisierung geht ein erheblicher Lohndruck auf das Segment der niedrig qualifizierten Arbeitskräfte aus. Da nach Ansicht vieler Ökonomen die Gewerkschaften die unvermeidbaren Lohnsenkungen bisher verhindert haben, ist die hohe Arbeitslosigkeit gerade bei den Menschen mit niedriger Qualifikation und bei anderen Problemgruppen keine Überraschung. Extreme Schätzungen neoliberaler Wissenschaftler gehen von einem um bis zu 30 Prozent überhöhten Mindestlohn in diesem Arbeitsmarktsegment aus. Die Lösung des Problems sieht man in einer *Zwei-Zangen-Strategie.* Zum einen gilt es, die Arbeitslosen (*Outsider*) vor den Gewerkschaften und ihrer an den *Insidern* (beschäftigte Arbeitnehmer) orientierten Lohnpolitik zu schützen. Wenn die Gewerkschaften keine deutliche Absenkung der Mindestlöhne in diesem Marktsegment vornehmen, muss die Tarifordnung in der oben aufgezeigten Weise reformiert werden.

Zweitens muss die soziale Hängematte in ein soziales Trampolin verwandelt werden. Wenn die Sozialleistungen für erwerbsfähige Arbeitslose zu hoch sind, kann nur eine deutliche Senkung die notwendigen Anreize schaffen, zu einem niedrigen Lohn zu arbeiten. Mit der Zusammenlegung von Arbeitslosenhilfe und Sozialhilfe ab 2005, der Absenkung der Sozialtransfers (Arbeitslosengeld II) und der Zumutbarkeit von Ein-Euro-Jobs ist dieser Weg in den Hartz-Reformen beschritten worden (vgl. Kapitel 6.3). Sozialwissenschaftler verweisen auf die Gefahr, dass damit auch in Deutschland eine neue Klasse von Arbeitnehmern entsteht, die in den USA als »working poor« bezeichnet werden (vgl. Ungleichheitsbericht der UNO 2005). Mit dem Hinweis auf das Sozialstaatsgebot des Grundgesetzes fordern sie, dass Arbeitnehmer, die Billigjobs annehmen, mit staatlichen Sozialtransfers über die kulturelle Bedarfsschwelle (soziales Existenzminimum) gehoben werden. Diese Sozialeinkommen sollen degressiv gestaltet sein, der Zuschuss soll sich also bei steigendem Erwerbseinkommen der Arbeitnehmer nach und nach verringern. In der aktuellen Diskussion sind vor allem zwei Modelle. Das Modell »Bonus für Arbeit« geht auf eine Idee von Peter Bofinger (Wirtschaftsweiser) zurück und wird von der SPD favorisiert. Durch eine Steuergutschrift für Geringverdiener erhält der Arbeitnehmer praktische seine Sozialbeiträge zurück erstattet, sein Nettoeinkommen steigt entsprechend und die Anreize zur Aufnahme einer Beschäftigung im Niedriglohnsektor werden verstärkt.

Der Koalitionspartner in der großen Koalition CDU/CSU will den Kombilohn auf zwei Zielgruppen (Langzeitarbeitslose unter 25 bzw. über 50 Jahre) konzentrieren, um die Belastungen für den Fiskus in Grenzen zu halten. Zudem sollen primär die Arbeitgeber entlastet werden und einen erheblichen Lohnzuschuss erhalten. Damit würden die Lohnkosten stark sinken und die zentrale Voraussetzung für mehr Einstellungen geschaffen. Inzwischen haben sich die Koalitionäre offensichtlich auf einen Kompromiß geeinigt. Für schwer vermittelbare Langzeitarbeitslose soll ein unbefristeter Kombilohn aufgelegt werden, von dem sowohl die Arbeitnehmer (höherer Nettolohn) als auch die Arbeitgeber (geringerer Gesamtlohn) profitieren sollen. Bei einem Bruttolohn von bis zu 1.000 Euro soll der Arbeitgeber die Hälfte des Lohns für eine Jahr vom Staat erstattet bekommen. Ein Teil davon soll für Weiterqualifizierung eingesetzt werden.

Staatliche Mindestlöhne gegen Lohndumping

Die Befürchtungen, dass mit der Einführung von Kombilöhnen ein Lohndruck entsteht, wenn Betriebe die Situation ausnutzen, Arbeitnehmer entlassen und dafür preiswerte Kombilöhner einstellen, ist nicht unbegründet. Es wird auf die Erfahrungen mit den Minijobs, der ungehinderten Nutzung von Leiharbeit und den Ein Euro-Jobs hingewiesen. Viele reguläre Stellen sind inzwischen in die eine oder andere Form prekärer Arbeitsverhältnisse umgewandelt worden. Auch die ökonomische Analyse der Anreizwirkungen bestätigt die Befürchtungen eher (Schöb/Weimann 2006, die das sog. Magdeburger Modell entwickelt haben, um diese Problem zu lösen; Bispink/Schäfer 2005). Daher plädieren die meisten Gewerkschaften für eine Abschaffung oder stärkere soziale Regulierung und für eine staatliche Absicherung gegen einen ungebremsten Lohnverfall.

Die Situation verschärft sich mit der zunehmenden gegenseitigen Öffnung der Arbeitsmärkte in der Europäischen Union. Ganze Berufsgruppen geraten unter einem bisher nicht gekannten Lohndruck. Die ersten Erfahrungen machte die Baubranche, als in den 1990er Jahren viele Arbeitsplätze durch Subunternehmen aus dem Ausland in Gefahr gerieten. Billige ausländische Arbeitskräfte verdrängten deutsche Bauarbeiter, die nach Tariflohn bezahlt werden mussten.

Die Tarifautonomie wurde ausgehöhlt, da überforderte Gewerkschaften keine effektiven Gegenmaßnahmen ergreifen konnten. Nur die Politik konnte hier das System gegen Lohndumping retten. Ende 1996 erklärte der Bundesarbeitsminister (CDU) einen Mindestlohn auch für ausländische Arbeitnehmer für allgemein verbindlich. Die notwendige Zustimmung der Arbeitgeberseite im *Tarifausschuss,* der paritätisch mit je drei Vertretern der Spitzenorganisation von Arbeitgebern und Gewerkschaften besetzt ist, konnte erst nach langen Verhandlungen erreicht werden. Mit dem *Entsendegesetz,* das mit der EU abgestimmt wurde, wurde diese Forderung auch in der Praxis durchgesetzt und alle ausländischen Baubetriebe gezwungen, ihren Beschäftigten zumindest diesen Lohnsatz zu zahlen.

Im Zuge der Osterweiterung der EU werden weitere Dienstleistungsbranchen unter Lohndruck geraten, so dass eine Ausweitung staatlicher Schutzmaßnahmen im Sinne von garantierten Mindestlöhnen gefordert wird. Mit dem Hinweis auf die guten Erfahrungen mit einem staatlichen Mindestlohn in den USA und den meisten europäischen Ländern mehren sich auch in Deutschland Stimmen, die eine staatliche Absicherung der Löhne gegen den vielfältigen Druck in Zeiten der Globalisierung verlangen. Tatsächlich verdienen in Deutschland viele Arbeitnehmer in den Branchen Zeitarbeit, Bewachungsgewerbe, Postdienste und Friseurhandwerk deutlich weniger als die 7,50 Euro Bruttostundenlohn, die von den Gewerkschaften gefordert werden. In Frankreich liegt der aktuelle Mindestlohn SMIC sogar bei 8,27 Euro (2007). Bei den Gebäudereinigern wurde 2006 und bei den Postdiensten 2008 ein staatlicher Mindeslohn eingeführt.

Lange vor dem Entsendegesetz war eine Institution entwickelt worden, die dazu dienen soll, Lücken im System der Flächentariflöhne durch staatlich abgesicherte Mindestlöhne auszufüllen. Allerdings ist eine *Allgemeinverbindlichkeitserklärung* in den letzten Jahren oft am Veto der Arbeitgeber gescheitert. Der Arbeitsminister kann nur dann einen Tarifvertrag für allgemeinverbindlich erklären, wenn eine Mehrheit des Tarifausschusses, in dem je drei Gewerkschaften und Arbeitgebervertreter sitzen, dem zustimmt. Inzwischen gibt es Überlegungen, das Vetorecht der Verbände einzuschränken. Die große Koalition ringt derzeit noch mit der grundsätzlichen Frage, ob überhaupt und wenn in welchen Branchen staatliche Mindestlöhne sinnvoll sind. Es scheint sich ein Kompromiss anzubahnen in der Art, dass kein genereller Mindestlohn über alle Branchen beschlossen wird, sondern nur spezielle Mindestlöhne in besonders vom Lohndruck gebeutelten Wirtschaftszweigen.

5.3.4 Arbeitszeit und Beschäftigung

Die steigende Massenarbeitslosigkeit und die Rationalisierungsmaßnahmen großen Ausmaßes ließen die Gewerkschaften in den 1980er Jahren ihre tarifpolitischen Ziele überdenken.

In den Vordergrund der Tarifrunden rückten Verhandlungen um Schutzabkommen bei Rationalisierungen und eine Verkürzung der Arbeitszeit. Hier liegt eine Ursache für den starken Rückgang der Lohnquote in diesen Jahren. Es gelang den Arbeitgebern, unter dem Druck der Massenarbeitslosigkeit und unterstützt durch den politischen Klimawechsel, den Gewerkschaften erhebliche Lohnzugeständnisse abzuringen. Unter dem Kanzlermotto Helmut Schmidts »die Gewinne von heute sind die Investitionen von morgen und die Arbeitsplätze von übermorgen« erreichten die Arbeitgeberverbände eine deutliche Korrektur der Einkommensverteilung und eine Steigerung der Profitquote. Da große Teile der deutschen Gewerkschaften (voran IGM und IG Druck) in sozialer Verantwortung für die steigende Zahl der Arbeitslosen das Schwerge

Abbildung 5.3: Arbeitszeitverkürzung

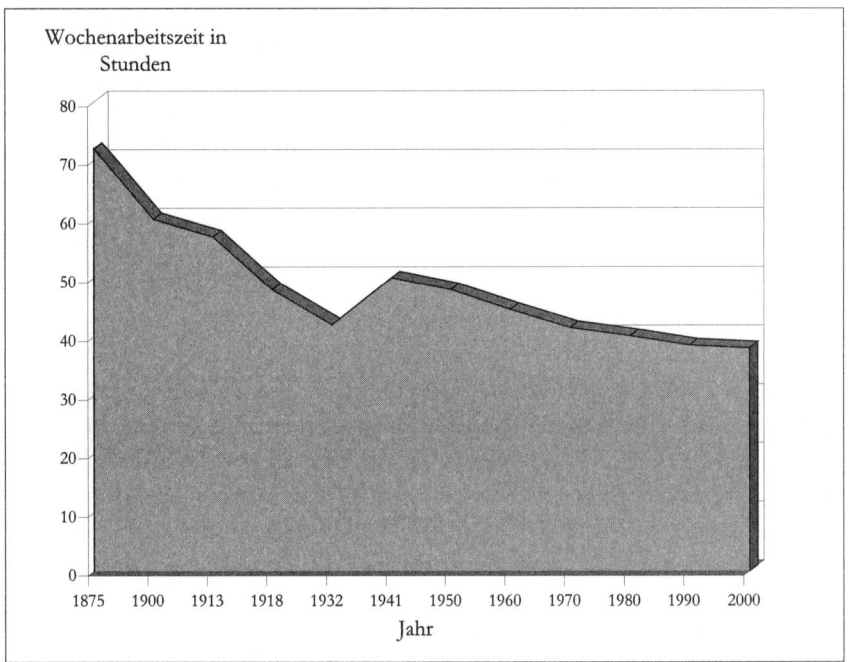

Quelle: IdW, Zahlen zur wirtschaftlichen Entwicklung der Bundesrepublik Deutschland, verschiedene Jahrgänge.

wicht ihrer tarifpolitischen Forderungen auf die Arbeitszeitverkürzung (die in sog. Manteltarifverträgen längerfristig geregelt wird) verlagerten, mussten zwangsläufig Kompromisse bei der Lohnpolitik gemacht werden. Das propagierte Ziel des vollen Lohnausgleichs bei der Arbeitszeitverkürzung wurde nicht erreicht. Auch waren die tatsächlich durchgesetzten Verkürzungen der Wochenarbeitszeit zu gering, um die Arbeitslosigkeit deutlich abzubauen, da durch Arbeitsverdichtung große Produktivitätssteigerungen ausgelöst wurden, die einen Teil der Beschäftigungswirkung wieder zunichte machten.

In der Konjunkturkrise 1993 kam es zu weiteren Zugeständnissen. Um den Beschäftigungsabbau zu verhindern, wurde u.a. bei der Volkswagen AG ein neuartiger Pakt geschmiedet. Gegen die Zusicherung mehrjähriger Arbeitsplatzsicherheit wurde eine massive Arbeitszeitverkürzung ohne oder mit nur teilweisem Lohnausgleich vereinbart. Diese Form der Arbeitszeitverkürzung ist natürlich rein defensiv, schafft keine neuen Arbeitsplätze, sondern kann nur den Abbau hinauszögern, wenn nicht in der Zwischenzeit eine betriebliche Sanierung gelingt.

Das über Jahre geringe Wachstum, die hohe Massenarbeitslosigkeit und die absehbare demographische Entwicklung haben in der öffentlichen Diskussion zu einem Meinungsumschwung geführt. *Arbeitszeitverlängerung* bei gleichem Wochenlohn wird als ein Beitrag zur Lösung der Probleme vor allem von den Neoliberalen propagiert und auch schon in betrieblichen Bündnissen für Arbeit umgesetzt. Für Keynesianer ist auch diese Form der Lohnsenkung wenig Erfolg versprechend. Eine längere Arbeitszeit ohne zusätzliche Entlohnung führe zu höherer Produktion pro Arbeitnehmer und konstanter Konsumnachfrage, so dass Entlassungen zu erwarten seien.

5.3.5   Probleme der Tarifpolitik in Ostdeutschland

Die verbandliche Organisation in Ostdeutschland gelang bisher nicht in dem Maße, den sich Gewerkschaften und Arbeitgeberverbände gewünscht hätten. Nach großen Anfangserfolgen kam es auf beiden Seiten zu massiver Verbandsflucht. Die Gründe dafür sind vor allem enttäuschte Erwartungen. Den Arbeitnehmern hatte man blühende Landschaften versprochen und nun erfuhren sie die wachsenden wirtschaftlichen Probleme am eigenen Leib. Die Strategie westdeutscher Gewerkschaften, unrentable Betriebe nicht um jeden (Subventions-)Preis erhalten zu wollen und strukturelle Probleme eher über arbeitsmarktpolitische Mittel zu bekämpfen, enttäuschte die davon Betroffenen. Ganz anders empfanden es viele kleine und mittlere Unternehmer. Sie sahen sich durch die anfängliche Tarifpolitik einer schnellen Lohnangleichung unter einen kaum zu bewältigenden Kostendruck gestellt und reagierten mit Verbands- oder *stiller*

Tarifflucht mit der Konsequenz untertariflicher Bezahlung. Der Vorwurf, diese Verbandspolitik hoher Löhne sei eine bewusste Strategie zum Vorteil der Konkurrenz im Westen verbreitete sich schnell, auch wenn man den Verbänden damit wohl Unrecht tut.

Trotz vieler Warnungen der Ökonomen wurde in der Erwartung hoher Investitionen und daraus fließenden hohen Wachstumsraten der Produktivität sowie aus sozialen Gründen eine Politik schneller Lohnangleichung betrieben. Mittel der Wahl waren neben kurzen Laufzeiten der Lohntarifverträge mittelfristige Stufenabkommen. So vereinbarte die IG Metall 1991 einen dreistufigen Anpassungsprozess der Tarifgrundlöhne an das westliche Niveau bis 1994.

Nun wird die Entwicklung der Lohnstückkosten von zwei Faktoren bestimmt. Steigende Arbeitsproduktivität senkt die Stückkosten, steigende Lohnsätze erhöhen sie. Die Ausgangslohnsätze wurden 1990 und 1991 im Vergleich zur westlichen Konkurrenz viel zu hoch gesetzt. Zwar lagen sie deutlich unter dem Westniveau, aber die Produktivitätsunterschiede waren weitaus größer, so dass die Lohnstückkosten gleich von Anfang an deutlich über dem Westniveau lagen. Das Projekt war also eher eine Lohnpolitik zur Schaffung von Arbeitsplätzen im Westen. In den folgenden Jahren kam es zu deutlichen Produktivitätssteigerungen, die aber in ihrer absenkenden Wirkung auf die Lohnstückkosten von den Lohnschüben aus den Stufenverträgen zum großen Teil ausgeglichen wurden. Die Wettbewerbsnachteile der Betriebe im Osten verfestigten sich. Der Arbeitgeberverband Gesamtmetall zog die Notbremse und kündigte zum ersten Mal in der Geschichte der Bundesrepublik einen Tarifvertrag, in dem er sich auf eine für den Notfall vereinbarte Revisionsklausel bezog. Nach dem ersten harten Arbeitskampf in den neuen Bundesländern kam es zu einem Kompromiss, der eine Verkleinerung der Anpassungsstufen und eine zeitliche Verschiebung der Lohnniveauangleichung vorsah. Im Jahr 2004 lag die Produktivität in Ostdeutschland immer noch um geschätzte 28 Prozent unterhalb der westdeutschen und die Lohnstückkosten um 9 Prozent oberhalb der westdeutschen (vgl. Tabelle 2.5).

Als noch bedeutsamer erwies sich aus verbandsstrategischer Sicht die Vereinbarung einer Härteklausel, die zum ersten Mal eine zeitlich begrenzte Aussetzung der Lohnvorgaben des Flächentarifvertrags vorsah, um Betrieben in Not (drohende Insolvenz) eine Sanierung zu erleichtern. Manche Sozialwissenschaftler sehen hier den Beginn eines Erosionsprozesses, der den Flächentarif zunächst im Osten und später auch im Westen inzwischen in seinen Grundfesten erschüttert hat, wie im Kapitel 5.3.2 analysiert wurde. Dies ist nicht der Wiedervereinigung zuzuschreiben. Allenfalls wurde damit der Prozess angestoßen oder beschleunigt, die eigentlichen Ursachen liegen tiefer, wie unsere Überlegungen gezeigt haben.

5.4 Tarifkonflikte und die Regulierung von Arbeitskämpfen

Konfliktstrategien und -lösungen bei Tarifauseinandersetzungen sollen exemplarisch anhand eines Arbeitskampfes dargestellt werden. Im Juli 1984 endeten die zwei vielleicht härtesten Arbeitskämpfe in der Geschichte der Bundesrepublik im Metall- und im Druckgewerbe. Brisanz erhielten diese Arbeitskämpfe einmal durch das gewerkschaftliche Hauptziel des Einstiegs in die 35-Stunden-Woche, das die Unternehmer zum Tabu erklärt und noch 1978 nach einem langen Arbeitskampf der Metaller erfolgreich abgewehrt hatten.

Auf beiden Seiten wurden die rechtlich zulässigen Kampfmittel Streik und Aussperrung Zug um Zug eingesetzt. Dabei griffen die Gewerkschaften zu neuen beweglichen Streikformen (Schwerpunkt-, Warn- und Solidaritätsstreiks), um ein schnelles Austrocknen ihrer Streikkasse, wie es bei Flächenstreiks droht, zu verhindern. Die Schärfe dieser Tarifauseinandersetzung erhöhte sich noch durch den Einsatz neuer Kampfmittel auch auf Seiten der Unternehmer, die nach und nach die Schraube der so genannten kalten Aussperrung, die vom Bundesarbeitsgericht (BAG) 1980 als zulässig erklärt worden war, anzogen. Hierbei sperren auch Unternehmer aus, die nur mittelbar von den Tarifauseinandersetzungen etwa aufgrund von Lieferschwierigkeiten der bestreikten Zulieferbetriebe wirtschaftlich tangiert sind.

Nach Schätzungen der Gewerkschaften waren im Arbeitskampf der Metallindustrie in den beiden Tarifbezirken Nord-Württemberg/Nordbaden und Hessen zuletzt ca. 57.000 Metaller im Streik und 155.000 ausgesperrt, während von der kalten Aussperrung bundesweit etwa 195.000 Arbeitnehmer betroffen waren. Die Entscheidung der Bundesanstalt für Arbeit, in diesen Fällen keine Arbeitslosenunterstützung zu leisten, um Neutralität im Arbeitskampf zu wahren, erhöhte die Spannung zusätzlich. Rechtlich war diese Leistungsverweigerung umstritten. Dies war der Anlass zur späteren gesetzlichen Neufassung des §116 Arbeitsförderungsgesetz (AFG). Exemplarisch waren auch die Versuche zur Regulierung und Beendigung des Arbeitskampfes in der Metallindustrie. Nachdem die Tarifkommission der Gewerkschaften die Verhandlungen für gescheitert erklärt hatte, wurden die gewerkschaftlich organisierten Arbeitnehmer des Tarifbereichs zur Urabstimmung gerufen, bei der die zum Streik notwendige Mehrheit von 75 Prozent erreicht wurde.

Abbildung 5.3: Spielregeln für Tarifverhandlungen und Arbeitskämpfe

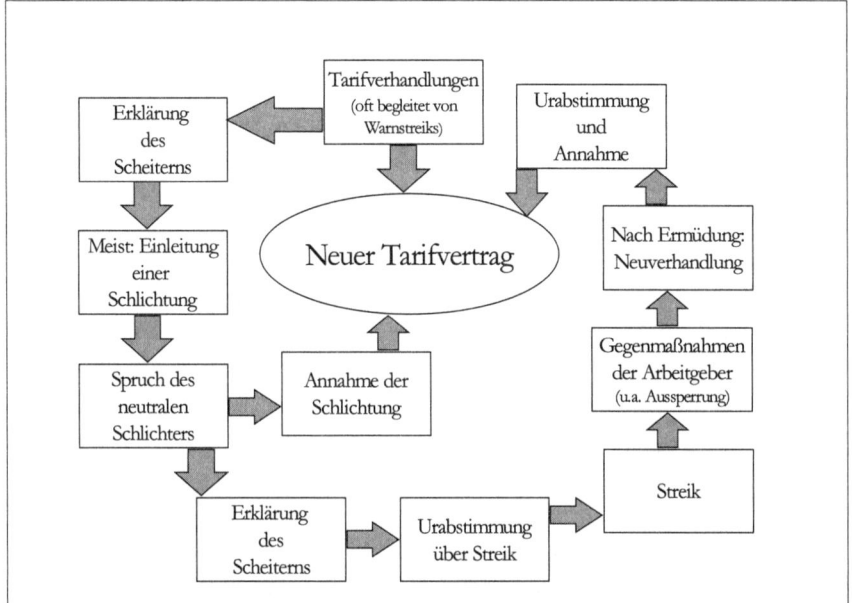

Erst nach relativ langer Streikdauer wurde dann auf das Verfahren der *Schlichtung* zurückgegriffen. Für die meisten Branchen existiert ein tariflich vereinbartes Schlichtungsabkommen, bei dem in der Regel durch Anrufung schon einer Partei ein beiden Kontrahenten genehmer, neutraler Schlichter eingesetzt wird, unter dessen Leitung dann erneut die Verhandlungen aufgenommen werden. Wird der Schlichter vor Ausbruch des Arbeitskampfes angerufen, so sehen fast alle Schlichtungsabkommen eine Friedenspflicht bis zum endgültigen Scheitern der Verhandlungen durch Ablehnung des Schiedsspruchs des Schlichters vor. Die Schlichtung war in diesem Fall erfolgreich, nachdem die Erwartungen beider Parteien durch den langen Arbeitskampf eine Annäherung erfahren hatten. Letztlich gelang damit den Gewerkschaften der Einstieg in die 35-Stundenwoche.

Damit hatte die Institution der Tarifautonomie, die unter Entlastung des Staates als unabhängiges Konfliktregulativ notwendige Anpassungen des Verhältnisses von Arbeit und Kapital besorgt, wieder einmal eine harte Bewährungsprobe bestanden. Wie schon in der Einleitung näher ausgeführt wurde, ist gerade diese Art der Konfliktbewältigung unter aktiver Beteiligung der Betroffenen aus konflikttheoretischer Sicht (Hirschman 1994) die vielleicht wichtigste Institution unserer Sozialordnung zur Stabilisierung der Gesellschaft. Will man diese positive Ordnungsfunktion der Gewerkschaften und der Tarifautonomie für unsere Sozialordnung erhalten, gilt es, das Gleichgewicht der Kräfte und die

Kampfparität auf dem Arbeitsmarkt zu erhalten. Nach einer Beurteilung des Bundesarbeitsgerichts (10.6.1980) wären Tarifverhandlungen ohne das Recht zum Streik im Allgemeinen nicht mehr als kollektives Betteln. Die Rechtmäßigkeit eines Arbeitskampfes ist allerdings an strenge Vorgaben geknüpft.

- Nur tariffähige Parteien (Gewerkschaften, einzelne Arbeitgeber und Arbeitsgeberverbände) dürfen Arbeitskämpfe führen.
- Arbeitskämpfe dürfen nur um tarifvertraglich regelbare Ziele geführt werden.
- Es gilt das Gebot der Kampfparität (Waffengleichheit).
- Der Arbeitskampf muss verhältnismäßig sein (Ausschöpfung aller friedlichen Mittel, keine Existenzvernichtung des Gegners, Ultima ratio Prinzip).
- Es gilt das Gebot der fairen Kampfführung (u.a. Durchführung notwendiger Wartungsarbeiten, Verbot von Betriebsblockaden).

Auch die Aussperrung als Gegenstrategie der Unternehmen ist nach der Rechtsprechung des Gerichts unter bestimmten Bedingungen eine legitime Waffe im Arbeitskampf zur Erhaltung der Kampfparität. Aus der Sicht der Gewerkschaften zeigt die Erfahrung aus vielen Arbeitskämpfen, dass diese Einschätzung kritisch überdacht werden sollte. Sie argumentieren u.a., eine Aussperrung treffe die Arbeitnehmer unmittelbar in ihren Existenzgrundlagen, während die Arbeitgeber allenfalls wirtschaftliche Einbußen durch Streiks hinnehmen müssten. Zudem bringe ein Streik auch materielle Härten für die Arbeitnehmer selbst mit sich, so dass diese Waffe wirklich nur als letztes Mittel eingesetzt würde.

Einen wichtigen Schritt zur Neubewertung und Relativierung der Aussperrung als Arbeitskampfmittel bildeten die Urteile des Bundesarbeitsgerichts zu Klagen der Gewerkschaften vom Juni 1980, in denen die Aussperrung als ein dem Streik nicht gleichwertiges Arbeitskampfinstrument bewertet wurde. So wird zur Wahrung des Gleichgewichts der Kräfte auf dem Arbeitsmarkt zwar die Abwehraussperrung gegen gewerkschaftliche Schwerpunktstreiks als rechtmäßig bezeichnet, Angriffsaussperrungen und eine gezielte selektive Aussperrung von Gewerkschaftsmitgliedern werden dagegen in der Regel als rechtswidrig angesehen. Zudem darf auch die Abwehraussperrung nur in einem angemessenen Verhältnis zum Umfang des Angriffsstreiks erfolgen. Bundesweite, zeitlich unbefristete Aussperrungen – wie in der Druckindustrie 1978 – als Antwort auf regional begrenzte Teilstreiks werden als unverhältnismäßige Überreaktionen eingestuft. Es überrascht nicht, dass diese Rechtsprechung des Bundesarbeitsgerichts auf die Kritik der Arbeitgeber gestoßen ist. Auch die Gewerkschaften haben das Urteil keineswegs mit Beifall aufgenommen, weil sie ihr eigentliches Ziel, das grundsätzliche Verbot von Aussperrungen nicht erreicht haben. In einem späteren Urteil des BAG vom Dezember 1980 wurde zudem die sog. kalte Aussperrung in nicht direkt vom Arbeitskampf erfassten Unternehmen, die etwa aufgrund von Lieferschwierigkeiten der bestreikten Betriebe nicht mehr produzieren können, als zulässig erklärt.

Aus der Sicht der Arbeitgeber sind Warn- und Sympathiestreiks illegal. Sie werden von den Gewerkschaften als »Nadelstichtaktik« eingesetzt, um festgefahrene Verhandlungen voranzutreiben. Das BAG hat 1985 Sympathiestreiks für im Grundsatz unzulässig erklärt, da die betroffenen Unternehmen Forderungen, die gar nicht direkt an sie gerichtet sind, auch nicht erfüllen könnten. Im Fall von Warnstreiks, die nach Ablauf der Friedenspflicht noch während der laufenden Verhandlungen durchgeführt werden, hat das BAG in zwei Urteilen von 1976 und 1984 Abstriche vom ultima-ratio-Prinzip gemacht, nach dem Arbeitskämpfe nur als letztes Mittel bei gescheiterten Tarifverhandlungen gesellschaftspolitisch akzeptabel sind. Warnstreiks, die nur milden Druck und geringen Schaden verursachen, wurden als zulässig erklärt. 1988 erfolgte jedoch eine Neubewertung durch das Gericht, dass in einem Urteil feststellte, dass die Definition, was milder Druck und geringer Schaden sei, einen großen Ermessensspielraum beinhalte. Damit stellen Warnstreiks während laufender Tarifverhandlungen für die Gewerkschaften wieder ein gewisses Risiko auf Schadenswiedergutmachung dar. Nach Ansicht der Gewerkschaften schützt die Europäische Sozialcharta auch die Warnstreiks in Form der neuen beweglichen Arbeitskampftaktik (Bobke von Camen 1989).

In einem Urteil des Bundesarbeitsgerichts (2007) werden Unterstützungs- oder Solidaritätsstreiks, die dazu dienen, den Hauptarbeitskampf in einem anderen Tarifgebiet zu unterstützen, als verfassungskonform angesehen.

Die Rahmenbedingungen für Streiks wurden Mitte der 1980er Jahre durch den Gesetzgeber verändert, der eine Neufassung des § 116 Arbeitsförderungsgesetz (AFG) verabschiedete. Streiks, z.B. Schwerpunktstreiks, die Auswirkungen auf andere Tarifbezirke haben, können hier aufgrund fehlender Material- und Vorproduktlieferungen zu Kurzarbeit und Produktionseinstellungen führen. Die so »kalt ausgesperrten« Arbeiter der gleichen Branche erhalten nunmehr weder Kurzarbeiter- noch Arbeitslosengeld, wenn in ihren Tarifbezirken annähernd gleiche gewerkschaftliche Forderungen erhoben wurden, wie im Tarifgebiet des »heißen« Arbeitskampfes. Die gewerkschaftliche Streikkasse wird ähnlich wie bei einem Massenstreik belastet. Die Tatsache, dass Unternehmen durch ihre kostensparende, zunehmend geringe Vorratshaltung oft selbst für Materialengpässe verantwortlich sind bzw. Engpässe sogar manipulieren können, wird hier nicht berücksichtigt. Ob die Arbeitskampfparität und Waffengleichheit der Tarifparteien damit noch gewahrt ist, wird sehr unterschiedlich bewertet. Das Bundesverfassungsgericht hat 1995 diese Neuregelung des § 116 AFG für verfassungskonform erklärt. Sollten allerdings in Folge dieser Regelung die von den Gewerkschaften und einigen Arbeitsrechtlern befürchteten Beeinträchtigungen der Kampfparität eintreten, ist der Gesetzgeber zu einer Nachbesserung aufgefordert. Wenn es sich also herausstellen sollte, dass Streikmaßnahmen in Zukunft schnell mit kalter Aussperrung in anderen Tarifbezirken beantwortet werden, dann ist das finanzielle Risiko von Streiks erheblich angestiegen und diese unverzichtbare Waffe droht stumpf zu werden.

Die Gewerkschaften sehen sich durch diese Vorgaben und die strukturellen Entwicklungen auf dem Arbeitsmarkt (Massenarbeitslosigkeit, Deregulierung und Angriff auf den Flächentarifvertrag) in die Defensive gedrängt. Mit dem Trend zur Dezentralisierung der Tarifverhandlungen ist auch die Kampfkraft und Existenz der Arbeitgeberverbände gefährdet.

Deutschland gehört im internationalen Vergleich zu den streikarmen Ländern. Insgesamt hat das Niveau der Streikhäufigkeit weltweit seit Mitte der 1980er Jahre deutlich abgenommen. Das liegt an verschiedenen Faktoren wie hoher Arbeitslosigkeit, dem Strukturwandel zur Dienstleistungsgesellschaft mit verringerten gewerkschaftlichen Organisationsgraden und der geringeren Mobilisierbarkeit der Arbeitnehmer heute. Das hat auch in einigen Ländern zu einem deutlichen Strategiewechsel der Gewerkschaften hin zu friedlichen Formen in der Lohnauseinandersetzung geführt.

6. Arbeitsmarkt- und Beschäftigungspolitik

6.1 Die Entwicklung auf dem deutschen Arbeitsmarkt

6.1.1 Die gesellschaftliche Bedeutung hoher Beschäftigung

Die enge Verzahnung von Wirtschaftssystem, Sozialordnung und politischem System wird nirgends deutlicher als auf dem Arbeitsmarkt. Vor allem die Weltwirtschaftskrise nach 1929 hat die Bedrohung demokratischer Systeme durch ökonomische Krisen in ihrer ganzen Tragweite bewusst gemacht.

Abbildung 6.1: Entwicklung der Arbeitslosigkeit in Westdeutschland

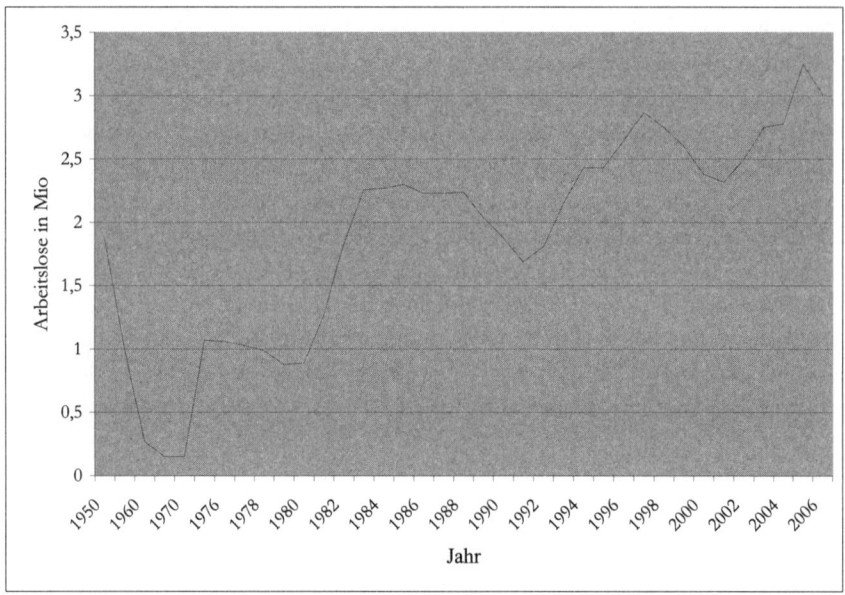

Quelle: Bundesagentur für Arbeit, Amtliche Nachrichten.

Das Arbeitsverhältnis dient nicht nur als wesentliche Erwerbsquelle des größten Teils der Bevölkerung der materiellen Absicherung des Einzelnen und seiner Familie, sondern ist auch entscheidender Faktor der gesellschaftlichen Statuszuweisung. Arbeitslosigkeit bringt erhebliche Einkommensverluste mit sich, kann sozialen Abstieg und psychische Verunsicherung hervorrufen und verursacht in der Gesellschaft hohe soziale Kosten.

In Deutschland hat die nun schon sehr lange andauernde Massenarbeitslosigkeit noch zu keiner wirklich bedrohlichen politischen Radikalisierung geführt, auch wenn von regionalen Brennpunkten deutliche Warnsignale ausgehen.

Wie unter den politisch-ökonomischen Rahmenbedingungen der Bundesrepublik die Arbeitslosigkeit deutlich vermindert werden kann, ist eine entscheidende Frage zur Zukunftsfähigkeit unserer Sozialordnung. Die Antwort der Ökonomen auf diese Frage fällt unterschiedlich aus. Mehrere Wirtschaftsschulen (Paradigmen) streiten sich, ob das marktwirtschaftliche System sich selbst stabilisiert, und Konjunkturen, Krisen und Schocks selbstregulierend zügig und nachhaltig überwinden kann. Während die Angebotstheoretiker (Neoklassik, Neoliberalismus) dies behaupten, verweisen die Keynesianer auf erhebliche Stabilisierungsprobleme und plädieren für eine konjunktur- und wachstumspolitische Steuerung durch den Staat. In Deutschland dominiert seit langem die angebotsorientierte Richtung, die im politischen Diskurs als Neo- oder Wirtschaftsliberalismus bezeichnet wird. Die Keynesianer sind heute in der akademischen und öffentlichen Diskussion eindeutig in der Minderheit und in der Defensive.

Eine vermittelnde Position nimmt der sog. *Neu-Keynesianismus* ein, der in den angelsächsischen Ländern die Meinungsführung besitzt. Die Massenarbeitslosigkeit in Deutschland ist aus dieser Sicht im erheblichen Umfang eine klassische Arbeitslosigkeit aufgrund eines zu hohen Lohnniveaus für gering qualifizierte Arbeitnehmer. Hier helfe nur die bittere Medizin der Angebotstheoretiker. Lohnsenkung und eine Reduktion der Arbeitslosenunterstützung seien das Gebot der Stunde. Allerdings warnen Neu-Keynesianer davor, konjunkturelle Arbeitslosigkeit und Wachstumsschwäche hinzunehmen. Gefordert werden bei Angebots- oder Nachfrageschocks konjunkturpolitische Maßnahmen der Geld- und bei schärferen Einbrüchen auch der Fiskalpolitik, um die Dauer der Krise zu verkürzen und das Ausmaß zu verringern.

6.1.2   Das deutsche Wirtschaftswunder und die Botschaft von John M. Keynes

Durch die Zerstörung großer Teile der Produktionskapazitäten und einer immensen Zuwanderung von Flüchtlingen und Vertriebenen begann in der Bundesrepublik der Wiederaufbau unter den erschwerten Bedingungen hoher Massenarbeitslosigkeit. Durch eine gleichermaßen an marktwirtschaftlichen und sozialpolitischen Prinzipien orientierte Ordnungspolitik der sozialen Marktwirtschaft und durch eine forcierte Wachstumspolitik (Investitionsanreize, Steuererleichterungen für investierende Unternehmen) konnte die Arbeitslosigkeit in wenigen Jahren zügig abgebaut werden. Wesentliche Antriebskräfte waren dabei ein immenser Nachholbedarf zur Befriedigung der Grundbedürfnisse bei den Konsumenten, die hohe Investitionsquote zur Erneuerung der zerstörten Produktionskapazitäten und die Nachkriegsprosperität in einer neuen Weltwirtschaftsordnung. Das »deutsche Wirtschaftswunder« war in aller Munde.

Als sich diese günstige Konstellation der ökonomischen Rahmenbedingungen Mitte der 60er Jahre veränderte und der erste spürbare Konjunkturabschwung in die Rezession von 1966/67 einmündete, wurde die beschäftigungspolitische Frage wieder aktuell und auch gleich politisch brisant. Die Regierung unter Kanzler Ludwig Erhard scheiterte und wurde durch eine große Koalition von CDU/CSU und SPD abgelöst. Karl Schiller, der neue Wirtschaftsminister der SPD war ausgewiesener Keynesianer und suchte die Antwort auf die steigende Arbeitslosigkeit in einem neuen beschäftigungspolitischen Instrumentarium, das im Stabilitäts- und Wachstumsgesetz von 1967 und im Arbeitsförderungsgesetz von 1969 verankert wurde.

Diese Gesetze waren die Konsequenz einer wirtschaftspolitischen Neuorientierung. Die Krisenanfälligkeit einer sich weitgehend selbst überlassenen, nur ordnungspolitisch beeinflussten Marktwirtschaft hatte sich erneut gezeigt und den ökonomischen Ideen Auftrieb gegeben, die eine stärkere Verantwortung politischer Instanzen für die Stabilität der Volkswirtschaft forderten. Die theoretischen Grundlagen dazu waren vor allem von John Maynard Keynes (1936), dem berühmten englischen Nationalökonomen, entwickelt worden.

Das Stabilitätsgesetz kann als instrumentelle Umsetzung der keynesschen Wirtschaftstheorie aufgefasst werden. Durch staatliche Globalsteuerung der gesamtwirtschaftlichen Nachfragekomponenten Konsum, Investition und Staatsnachfrage soll permanent ein angemessenes Gesamtnachfrageniveau nach Gütern und Diensten gesichert werden, das zur Erfüllung des volkswirtschaftlichen Zielkatalogs (des »Magischen Mehrecks«) Vollbeschäftigung, Preisniveaustabilität, angemessenes Wirtschaftswachstum und außenwirtschaftliches Gleichgewicht (§ 1 StabG) Voraussetzung ist.

Hauptinstrument dieser Wirtschaftspolitik ist eine antizyklische Konjunkturpolitik des Staates. Wenn eine Konjunkturabschwächung, wirtschaftliche Rezession mit hoher Arbeitslosigkeit ursächlich auf eine zu geringe gesamtwirtschaftliche Nachfrage, umgekehrt aber Phasen der konjunkturellen Überhitzung (Boom) mit hohen Inflationsraten auf eine überschäumende Nachfrage zurückzuführen sind, ist es Aufgabe des Staates, hier gegenzusteuern. Neben der Geldpolitik, die über ihre Leitzinspolitik die Konjunktur beeinflussen kann, soll auch die Haushalts- oder Fiskalpolitik des Staates antizyklische Impulse geben.

In Rezessionszeiten ist die gesamtwirtschaftliche Nachfrage durch Staatsausgaben und/oder Steuersenkungen zur Erhöhung des Konsums und der Investitionen anzukurbeln und in Überhitzungsphasen der Konjunktur durch Senkung staatlicher Ausgaben und Erhöhungen staatlicher Einnahmen das Nachfrageniveau zu senken. Die marktwirtschaftliche Ordnung (die Steuerung der Allokation über Marktpreise) sollte hiervon nicht negativ beeinflusst werden. Vielmehr sollte die Feinsteuerung über Märkte und Preise durch die Globalsteuerung der Konjunktur ergänzt werden. Karl Schiller sprach emphatisch von der Synthese von »Freiburger Imperativ (Staatliche Garantie der Wettbewerbsordnung) und Keynesscher Botschaft« (Staatliche Garantie der Vollbeschäftigung).

Positive Erfahrungen mit den Instrumenten des Stabilitätsgesetzes in der Rezession von 1966/67 stützten die Hoffnungen, hier ein wirksames Instrumentarium für eine erfolgreiche Vollbeschäftigungspolitik in der Hand zu haben. Insgesamt waren dies die auch weltweit goldenen Jahre eines Wirtschaftsmodells der Nachkriegszeit, das auch als *Fordismus* (nach Henry Ford, der seinen Automobilarbeitern produktivitätsorientierte Löhne zahlte) bezeichnet wird. Die Massenkaufkraft und der Konsum stiegen parallel zur Produktivität der Arbeit und die keynessche Wirtschaftspolitik konnte kleinere konjunkturelle Einbrüche schnell beheben. Das bundesdeutsche Modell ließ sich außerdem als ein *neokorporatistisches System* charakterisieren, in dem die Tarifparteien an der gesamtwirtschaftlichen Entwicklung orientierte stabilitätsgerechte Lohnabschlüsse anstreben und friedliche Konfliktlösungsmöglichkeiten voll ausschöpfen, sodass Arbeitskämpfe die Ausnahme darstellen (vgl. Kapitel 5.4).

6.1.3 Aktive Arbeitsmarktpolitik gegen strukturelle Arbeitslosigkeit

Während man also glaubte, die konjunkturelle Arbeitslosigkeit durch die Instrumente des Stabilitätsgesetzes wirksam verhindern zu können, sollten mit einer innovativen neuen Arbeitsmarktpolitik (Arbeitsförderungsgesetz AFG 1969, heute SGB Buch III) auch andere Arten von Arbeitslosigkeit ursächlich bekämpft werden. Es wurde ein umfangreicher Mittelkatalog gesetzlich verankert, der einen gezielten Einsatz gegen die Sucharbeitslosigkeit, Saisonale Arbeitslosigkeit, Problemgruppenarbeitslosigkeit und vor allem die sog. strukturelle Arbeitslosigkeit ermöglichen sollte (vgl. Tabelle 6.1).

Schwerpunkt der aktiven Arbeitsmarktpolitik war und ist die Vorsorge gegen *strukturelle Arbeitslosigkeit*. Der permanente und rasche wirtschaftliche und technologische Wandel lässt einmal erworbene Kenntnisse, Fähigkeiten und Orientierungen rasch veralten. Lebenslanges Lernen und flexibles berufliches Anpassungsverhalten der einzelnen Arbeitnehmer sind daher gefordert und sollen durch Weiterbildungsmaßnahmen und Beratung der Bundesagentur für Arbeit gefördert werden.

Tabelle 6.1 : Instrumente der aktiven Arbeitsmarktpolitik
(inzwischen zum Teil abgebaut)

Arten von Arbeitslosigkeit	Zugeordnete Instrumente der aktiven Arbeitsmarktpolitik
strukturelle Arbeitslosigkeit	Weiterbildung durch Fortbildung und Umschulung, Eingliederungszuschüsse, Arbeitsmarkt und Berufsforschung, Berufsberatung.
konjunkturelle Arbeitslosigkeit	Arbeitsbeschaffung (ABM), Kurzarbeitergeld.
saisonale Arbeitslosigkeit	Winterbauförderung/Schlechtwettergeld.
Sucharbeitslosigkeit, friktionelle Arbeitslosigkeit	Arbeitsvermittlung, Sanktionsmaßnahmen bei Ablehnung zumutbarer Arbeit (Aussetzung oder Sperrung von Arbeitslosengeld).
Problemgruppen-Arbeitslosigkeit (Ausländer; Ältere) Langzeitarbeitslosigkeit	besondere Förderung (soziale, psychische Beratung), Berufliche Rehabilitation (soziale Betreuung, Sprachkurse), spezielle Eingliederungshilfen, Lohnzuschüsse.

»Strukturelle Arbeitslosigkeit taucht dann auf, wenn in schrumpfenden Wirtschaftszweigen Arbeitskräfte freigesetzt werden, diese aber nicht oder nur zum Teil in Wachstumsbranchen vermittelt werden können, weil das Ausbildungs- und Fähigkeitsprofil der freigesetzten Arbeitnehmer nicht den qualitativen Anforderungen der expandierenden Betriebe entspricht« (Rothschild 1988).

Unter Fachleuten wird auch gerne der Begriff »mismatch« zur Charakterisierung der Ursachen verwendet. Es existieren zwar freie Arbeitsplätze, aber die Qualifikationen der Arbeitslosen entsprechen nicht den Anforderungen der Betriebe.

Wenn der technologische Wandel und die Veränderung der Ansprüche an die Qualifikation der Arbeitnehmer in einer dynamischen Wirtschaftsgesellschaft als gegeben hingenommen, durch internationalen Wettbewerb erzwungen oder sogar positiv als notwendige Voraussetzung steigenden materiellen Wohlstands bewertet werden, muss die Anpassung auf der anderen Marktseite, nämlich bei den Arbeitnehmern, erwartet und gefordert werden. Die individuelle Förderung der beruflichen Bildung durch Fortbildungs- und Umschulungsmaßnahmen war und ist das Kernstück dieser aktiven Arbeitsmarktpolitik. Gefördert werden auf Antrag Personen mit Unterhaltsgeld, denen ein erfolgreicher Abschluss zugetraut wird, die bestimmte Ansprüche als Beitragszahler geltend machen können und Bildungsmaßnahmen, die im Einklang mit der Arbeitsmarktsituation stehen, das heißt Knappheiten in bestimmten Berufen abbauen und nicht etwa ein Überangebot noch erhöhen. Seit 1970 haben Millionen Arbeitnehmer an Berufsfördernden Maßnahmen wie Umschulung, Fortbildung und betrieblicher Einarbeitung teilgenommen und zu einem hohen Prozentsatz das Schulungsziel erreicht. Parallel mit der wachsenden Arbeitslosigkeit wurden auch die FuU-Maßnahmen ausgeweitet, wobei allerdings immer wieder aus Kostengründen Einsparungen vor allem beim Unterhaltsgeld erfolgten. Mit den Arbeitsmarktreformen seit 2.000 wurden die Bildungsmaßnahmen erheblich zurückgefahren und neu konzipiert, um erkannte Ineffizienzen abzubauen. Wichtiges Instrument zur Vermeidung der sog. Sucharbeitslosigkeit ist die unentgeltliche Arbeitsvermittlung zur Erhöhung des Arbeitsmarktüberblicks der Arbeitsuchenden. Das lange während Monopol der Agentur für Arbeit zur Vermittlung von Arbeitskräften ist seit Jahren aufgehoben.

Immer bedeutsamer wurden Arbeitsmarktinstrumente, die Anreize für die Unternehmen zur Einstellung und Weiterbeschäftigung von Arbeitnehmern beinhalten. Dies sind Eingliederungsbeihilfen und Einarbeitungszuschüsse (Lohnsubventionen) an Arbeitgeber und das Kurzarbeitergeld.

Maßnahmen zur Arbeitsbeschaffung (ABM) sind öffentlich finanzierte Beschäftigungsverhältnisse für Arbeitslose. Man spricht hier auch von einem zweiten Arbeitsmarkt. War dieses Instrument einmal zur kurzfristigen Überbrückung konjunktureller Arbeitslosigkeit konzipiert, wurde es in den 1980/90er Jahren im Dauereinsatz gefahren. Man wies der ABM auch und gerade im Aufbauprozess Ostdeutschlands eine erweiterte Brückenfunktion zu. Die Maßnahmen sollten verhindern, dass sich sog. Hysteresephänomene verstärken. Damit ist gemeint, dass die Qualifikation im Zuge längerer Arbeitslosigkeit leidet, das Selbstvertrauen und die Tatkraft verloren gehen und die Vermittlung in Arbeit immer schwieriger wird. Auch die ABM-Maßnahmen wurden einer Evaluation unterzogen, als wenig effizient eingestuft und im letzten Jahrzehnt erheblich zurückgefahren.

6.1.4   Die keynesianische Beschäftigungspolitik in der Krise

In den 1970er Jahren geriet das keynesianisch-fordistische Modell weltweit in die Krise. Die Erwartungen, mit den Stabilitäts- und Arbeitsförderungsgesetzen Massen- und Dauerarbeitslosigkeit verhindern zu können, wurden nur noch unzureichend erfüllt.

Im Gefolge der ersten Ölkrise 1973/74 stieg die Zahl der Arbeitslosen in der Bundesrepublik schlagartig von 270.000 auf über eine Million an. Trotz einer günstigen konjunkturellen Entwicklung in der zweiten Hälfte der 1970er Jahre und nicht unerheblicher Konjunkturprogramme blieb ein hoher Arbeitslosensockel von über 800.000 erhalten. Die ökonomische Schule der Angebotstheoretiker sah darin den Beweis für das eklatante Versagen einer Nachfragesteuerung à la Keynes und machte diese Politik für alle ökonomischen Übel der Zeit wie Inflation und Wachstumsschwäche (Stagflation) verantwortlich.

Die Keynesianer wiesen zur Verteidigung ihrer Konzeption auf durchaus vorhandene Erfolge hin. So wäre ohne die massive staatliche Konjunkturstütze die Arbeitslosigkeit schon Ende der 70er Jahre deutlich über die Millionengrenze angestiegen. Insbesondere das Zukunftsinvestitionsprogramm wurde als sehr erfolgreich hervorgehoben, das in vier Jahren 20 Mrd. DM in Infrastrukurmaßnahmen fließen ließ und damit neben einem geschätzten Beschäftigungseffekt von 400.000 (Gesamtzunahme der Zahl der abhängig Beschäftigten 1977–1980 immerhin: 931.000!) auch wichtige (infra-)strukturelle Vorleistungen für die 1980er Jahre erbrachte.

Selbstkritische Keynesianer gestanden auch konzeptionelle Fehler ein. So machten sie »offene Flanken« der Globalsteuerung ausfindig und suchten nach Lösungen, um die Fehler zu beseitigen. So wird eine bessere Abstimmung von Geld- und Fiskalpolitik gefordert. Die Autonomie der Notenbank berge auch Probleme, wenn etwa eine expansive Fiskalpolitik von einer zu vorsichtigen Politik knappen Geldes konterkariert würde. Weiterhin beobachtete man in Deutschland erhebliche Effizienzverluste durch föderale Abstimmungsprobleme, die es verhindern können, dass eine gemeinsame antizyklische Politik von Bund, Ländern und Gemeinden über einen angemessenen Zeitraum zustande kommt.

Zum Hauptproblem der Globalsteuerung wurde in vielen Ländern die Lohnpolitik. Sorgt der Staat über Globalsteuerung für Vollbeschäftigung, sehen sich Arbeiter und Gewerkschaften in einer starken Verhandlungsposition. Ihre hohen Lohnforderungen stoßen bei den Unternehmen auf relativ wenig Gegenwehr, da sie gute Überwälzungsmöglichkeiten der Lohnkosten auf die Preise haben. Dies wiederum führt zu Nachschlagsforderungen bei den Löhnen (sog. Zweitrunden-Effekte). In den USA und England kam es so zu zweistelligen Inflationsraten. Diese *Lohn-Preis-Spirale* führt zu schnell steigenden Inflationsraten und stellt die Globalsteuerung vor das Dilemma: Vollbeschäftigung sichern oder Inflation bekämpfen (sog. Phillipskurven-Zielkonflikt). Einige Keynesianer ziehen daraus die Konsequenz, auch die Lohn- und Einkommenspolitik einer stärkeren öffentlichen Kontrolle zu unterziehen. Dies würde allerdings einen politisch brisanten Eingriff in die Tarifautonomie bedeuten.

6.1.5 Die neoliberale Wende in der Wirtschaftspolitik

Die keynesianische Konzeption der Beschäftigungspolitik wurde im Gefolge der zweiten Ölkrise nach 1979/80 durch die *erfolgreiche Konterrevolution der neoklassischen Angebotsökonomik* in der Wirtschaftspolitik vieler Länder förmlich abgefertigt (Flassbeck 1982, Giersch 1983). Man spricht von der neoliberalen Wende in der Wirtschaftspolitik. Die 1980er Jahre sollten zum Testfall dieses Programms werden. Wie sieht die Konzeption der Angebotstheoretiker aus? Vordringliche Aufgaben des Staates sind die Rückführung der Defizite im öffentlichen Haushalt durch Beschränkung der Ausgaben, die Konzentration auf die eigentlichen öffentlichen Aufgaben, der Abbau von Subventionen und die Umschichtung des Haushalts hin zu den investiven Infrastrukturmaßnahmen. Die dadurch möglichen steuerlichen Entlastungen speziell für die Leistungsträger und Unternehmen sollen die Investitionen anregen und einen Wachstumsschub bewirken. Flankierend ist die öffentliche Überregulation und Bürokratisierung in vielen Bereichen – vor allem auf dem Arbeitsmarkt – zurückzuführen, um dem freien Spiel der Marktkräfte wieder mehr Raum zu geben.

Entscheidend zur Eindämmung der Arbeitslosigkeit sind jedoch marktgerechte Löhne. Gelingt es, die Löhne insbesondere bei den Arbeitsplätzen ohne besondere Qualifikationsanforderungen wieder an die geringe Produktivität dieser Arbeitsplätze anzugleichen, dann erübrigt sich eine eigenständige Beschäftigungspolitik. Der Arbeitsmarkt reguliert sich selbst und unfreiwillige Arbeitslosigkeit wird deutlich reduziert.

In Großbritannien (Margret Thatcher) wurde dieses Konzept weitgehend durchexerziert. Sehenswerten Erfolgen bei der Sanierung der Staatsfinanzen und der Senkung der Inflationsrate standen zunächst bescheidene Fortschritte bei der Schaffung von Arbeitsplätzen gegenüber. Anfang der 1990er Jahre sank die trotz hoher Umverteilung zugunsten der Gewinnempfänger niedrige Investitionsquote weiter ab. Die Staatsfinanzen gerieten durch steigende Ausgaben für Sozialfürsorge für die wachsende Zahl der Armen wieder ins Defizit, obwohl die Unterstützungsleistungen auf ein im Vergleich zur Bundesrepublik bescheidenes Niveau gekürzt wurden. In der zweiten Hälfte der 1990er Jahre entwickelte sich Großbritannien dann zum Vorzeigeland der Neoliberalen. Die Arbeitslosigkeit ging sehr deutlich herunter (von 8,5 Prozent (1995) auf 5,4 Prozent (2000)), das Wirtschaftswachstum stieg und die Masseneinkommen entwickelten sich trotz des großen Niedriglohnsektors positiv.

Diese britische »Wirtschaftswunder wird von Neoliberalen als eindeutiger Beweis für die Wirksamkeit ihrer Therapie gefeiert. Damit konfrontiert verweisen Keynesianer auf den erheblichen Beitrag der Makropolitik zum Wachstum der britischen Wirtschaft. Die Überwindung der Krise zu Beginn der 1990er Jahre war vor allem der massiven Abwertung des Pfundes und den daraus resultierenden Exporterfolgen zuzuschreiben. Die Geldpolitik der Bank of England wurde reformiert und an den beiden Zielen Stabilität und Wachstum ausgerichtet. Die Leitzinspolitik sorgt seitdem für günstige Realzinsen. Verwiesen wird auch darauf, dass die Löhne (und Lohnstückkosten) in England im letzten Jahrzehnt deutlich stärker als in Deutschland gestiegen sind (Flassbeck 2003, Schaper 2005). Das passt kaum zu der neoliberalen Erklärung des britischen Aufschwungs.

Ähnlich stehen sich beide Paradigmen bei der Beurteilung des US-amerikanischen Beschäftigungswunders gegenüber. Die Politik der 80er Jahre (Reagonomics) stellt sich im Nachhinein als eine brisante Mischung aus Super-Keynesianismus (Rüstungsboom, riesige Staatsdefizite) und angebotsorientierter Umverteilungspolitik zugunsten der Reichen dar. Die Beschäftigungserfolge sind auf den ersten Blick äußerst eindrucksvoll. So entstanden in den USA von 1980 bis 2000 ca. 38 Mio. neue Arbeitsplätze. Insbesondere der längste Konjunkturaufschwung in der Geschichte der USA unter Präsident Bill Clinton in den 1990er Jahren brachte mit der innovativen Dynamik der new economy Prosperität und sehr hohes Wachstum für die USA.

Bei näherem Hinsehen verliert die amerikanische Beschäftigungsmaschine allerdings etwas an Glanz. Neben vielen gut dotierten Arbeitsplätzen in der new economy entstanden auch viele Niedriglohnarbeitsplätze. Arbeit schützt nicht mehr vor Armut (working poor)! Riesige Probleme blieben ungelöst, da Clinton zunächst die riesige jährliche Neuverschuldung aus der Reagan Ära zurückführte und den Staatshaushalt sanierte. Die Probleme einer verrotteten Infrastruktur, Slumbildung, Ausbildungsdefizite und große Lücken in der sozialen Sicherung (Gesundheit, Pflege) blieben ungelöst.

Betrachtet man im Rückblick die Beschäftigungsentwicklung in der Bundesrepublik, so sind durchaus auch gute Ansätze zu erkennen. Die Zahl der Erwerbstätigen stieg nach der Konjunkturkrise Anfang der 1980er Jahre zunächst sehr zögerlich an. In dem langen Aufschwung bis zum Ende des Jahrzehnts kam es erst spät zu einem Zuwachs gegenüber 1980 von knapp einer Million. Gegenüber 1983, dem konjunkturellen Tiefpunkt betrug der Zuwachs immerhin gut 2 Millionen. Im Vereinigungsboom erhöhte sich die Zahl dann noch mal um knapp eine Million bis 1992. Dennoch sank die Zahl der Arbeitslosen im Zeitraum von 1983 bis 1991 nur um 570.000. Dies ist vor allem auf die starke Zunahme des Erwerbspersonenpotentials zurückzuführen. Zum einen führte die steigende Erwerbsquote der Frauen zu einem Zuwachs von ca. 1,6 Mio. Erwerbsstätigen in diesem Zeitraum (Erwerbsquotenanstieg um 4,1 Prozent), zum anderen kam es zu einer erheblichen Zuwanderung von außen. Zwar blieb ein großer Teil der Zuwanderer dem Arbeitsmarkt fern (Asylbewerber, ältere Aussiedler), dennoch ist die Zunahme der Erwerbspersonenzahl beträchtlich. Liberale Ökonomen weisen gerne auf den Wachstumseffekt von Zuwanderung hin und vertreten die These, dass sich junge, dynamische Migranten quasi ihre Arbeitsplätze selbst schaffen, der Verdrängungseffekt also nur gering sei. Auch wenn an dieser These etwas Wahres ist, so war die Anpassungsdynamik in Deutschland offensichtlich nicht groß genug.

Lässt sich der lange Aufschwung der 1980er Jahre der Wirtschaftspolitik gutschreiben? Insgesamt war die Strategie relativ ausgewogen. Angebotsorientierte Maßnahmen blieben maßvoll und wurden von belebenden Effekten auf der Nachfrageseite unterstützt. So löste eine dreistufige Einkommenssteuerreform mit einem Entlastungseffekt von ca. 40 Mrd. DM erhebliche Konsumeffekte aus. Im Gegensatz zu den 1970er Jahren unterstützten günstige internationale Entwicklungen den Aufschwung: Dollaraufwertung und Ölpreisverfall erhöhten den Exportüberschuss gewaltig. Arbeitsmarktpolitisch wurde eine Weiterbildungsoffensive erfolgreich gestaltet. Auch Maßnahmen zur Arbeitszeitverkürzung, von Gewerkschaften in harten Arbeitskämpfen durchgesetzt, sind bei der Ursachenanalyse des Beschäftigungseffekts mitzurechnen.

Der folgende Boom im Zuge der Wiedervereinigung ist eindeutig keynesianisch zu erklären. Der Aufbau Ost wurde zunächst vor allem kreditfinanziert und der Nachholbedarf der ostdeutschen Bevölkerung trieb die Konsumgüternachfrage bis an die Kapazitätsgrenzen. 1993 kam es zu einem scharfen Konjunktureinbruch, der sich durch eine Politik sehr knappen Geldes durch die Bundesbank zur schweren Rezession verschärfte. Die nachfolgenden exportgetriebenen leichten Aufschwünge (1994/95; 1998/99/2000; 2004/2005) verloren zu schnell ihre Schubkraft. Die Zahl der registrierten Arbeitslosen erreichte 2005 mit 4,862 Mio einen neuen Höhepunkt. Dies war allerdings auch einem neuen statistischem Erfassungssystem im Zuge der Reformen am Arbeitsmarkt zuzuschreiben, welches die stille Reserve von Arbeitssuchenden, die nicht beim Arbeitsamt gemeldet waren, reduzierte. Der erfreuliche Auschwung 2006 (BIP-Wachstum von 2,7 Prozent) hat sich trotz der Mehrwertsteuererhöhung von 16 auf 19 Prozent auch 2007 fortgesetzt.

Damit stellt sich wieder die Frage nach den Ursachen und wirksamen wirtschaftspolitischen Konzepten zur Krisenbewältigung. Sicher sind die besonderen Bedingungen und immensen Belastungen durch den Aufbau Ost hier mit zu berücksichtigen (vgl. dazu genauer das folgende Kapitel 6.5).

6.2   Alternative Konzepte einer Arbeitsmarkt- und Beschäftigungspolitik

6.2.1   Das marktradikale neoliberale Reformkonzept

Die wirtschaftspolitische Wende wurde aus neoliberaler Sicht in den anderthalb Jahrzehnten der Kohl-Ära nur halbherzig vollzogen. Nach einer langen Orientierungsphase der rot-grünen Koalition unter Kanzler Gerhard Schröder wurde erst ab 2002 mit der Agenda 2010 der – aus Sicht der Neoliberalen – richtige Weg beschritten. Die Inflexibilitäten auf dem Arbeitsmarkt seien allerdings auch mit den Hartz-Reformen nur teilweise beseitigt, die Belastungen der Unternehmen mit Lohn(neben-)kosten und Steuern nach wie vor zu hoch. Weitere Reformen auf dem Arbeitsmarkt werden daher eingefordert. Um den Produktionsstandort Deutschland auch künftig attraktiv zu halten, ist aus dieser Sicht eine radikale Revitalisierung der Marktwirtschaft unverzichtbar. Neben tiefen

Einschnitten ins soziale Netz zur Begrenzung der Lohnnebenkosten gelte es, Leistungsanreize zu setzen und einen Motivationsschub in der Erwerbsgesellschaft auszulösen. Deregulierung und Flexibilisierung gelten dabei als Mittel der Wahl einer umfassenden Reform des Arbeitsmarktes.

Den Einstieg in die Flexibilisierung bildete das Beschäftigungsförderungsgesetz von 1985. Neben der Förderung von Teilzeitarbeit ging es hier vornehmlich um eine Verlängerung der zulässigen Befristung von Arbeitsverträgen bei Neueinstellungen. Man versprach sich davon den Abbau von Einstellungsbarrieren auf Seiten der Unternehmen. Statt Überstunden zu fahren, können sie nun ohne Risiko frühzeitig – bei verbessertem Auftragseingang und steigender Auslastung – neue zunächst befristete Arbeitsverträge abschließen. Insgesamt sind die Erwartungen kaum erfüllt worden. Dennoch wurde 1996 eine weitere Verlängerung der Befristungen durchgesetzt. Allerdings sind auch die Befürchtungen der Kritiker, Befristungen könnten zur Regel werden, nicht eingetreten. Der nächste größere Schritt in Richtung Deregulierung wurde Anfang der 1990er Jahre auf der Grundlage der Vorschläge der Deregulierungskommission (1991) gemacht (Müller/Seifert 1991). So wurde 1994 das Arbeitsvermittlungsmonopol der Arbeitsämter abgeschafft, um durch private Konkurrenz die Sucharbeitslosigkeit zu vermindern.

In den Spargesetzen der Jahre 1993 bis 1996 wurden weitere Mosaiksteine dem neoliberalen Reformprogramm hinzugefügt: Die Verringerung der Arbeitslosenunterstützung und des Unterhaltsgeldes bei Weiterbildungsmaßnahmen (1993) sollte Drückebergerei und mangelnde Mobilität bestrafen. Die Senkung der Lohnkostenzuschüsse bei den Arbeitsbeschaffungsmaßnahmen und die gesetzlichen Vorgaben, in ABM möglichst unter Tarif zu entlohnen, zielten darauf ab, den Verbleib im zweiten Arbeitsmarkt unattraktiver zu machen und die Anstrengungen der Betroffenen zur Rückkehr in ein normales Beschäftigungsverhältnis zu verstärken. Weitere Punkte können hier nur kurz aufgelistet werden: Verpflichtung der Empfänger von Arbeitslosenhilfe zu Gemeinschaftsarbeiten, Sanktionsverschärfung gegen Schwarzarbeit und Reduzierung des Kündigungsschutzes.

Alle diese Maßnahmen konnten den treppenförmigen Anstieg der Massenarbeitslosigkeit in Deutschland (vgl. Abbildung 6.1) nicht verhindern. Der nach jedem Krisenschock (Ölpreiskrisen 1973 und 1979/80, Vereinigungskrise 1993) deutlich erhöhte Sockel von Arbeitslosen konnte in den folgenden guten Konjunkturzeiten nicht nachhaltig gesenkt werden. Die Angebotstheorie erklärt dieses Phänomen persistenter Arbeitslosigkeit (Fachbegriff: Hysterese) in Deutschland mit dem insider-outsider Theorem.

»Die Insider-Outsider-Theorie liefert auch eine Begründung für den Hysterese-Effekt am Arbeitsmarkt. Denn durch einen konjunkturellen Nachfragerückgang wird zunächst ein Teil der bisherigen Insider arbeitslos, also zu Outsidern. Im anschließenden Aufschwung orientieren sich die Lohnabschlüsse nun aber an den Einkommensinteressen der noch verbliebenen Insider, so dass die Löhne den Produktivitätszuwachs wieder voll ausschöpfen. Die Interessen der Arbeitslosen bleiben bei den Tarifverhandlungen unberücksichtigt. In der Folge kommt es von Rezession zu Rezession zu einer steigenden und sich verfestigenden Arbeitslosenquote, die sich empirisch als »Hysterese-Phänomen« niederschlägt« (Althammer, 2002, S. 61).

Damit ist die zentrale Stoßrichtung einer neoliberalen Reform klar erkennbar. Die Macht der Insider, die in Deutschland vor allem von den Gewerkschaften gestützt wird, muss gebrochen werden. Soweit sich diese Forderungen an die Tarifordnung richten, sind wir im Kapitel 5.3 schon näher darauf eingegangen.

Ein wichtiger Eckpfeiler der Machtposition der Insider sind die hohen Unterstützungsleistungen für Erwerbslose und der geringe Abstand der Lohnersatzleistungen von den Tariflöhnen. Die Arbeitsmarktreform 2005 (Hartz IV) setzt hier Zeichen. Die Absenkung der Grundsicherung für Arbeitsuchende (Arbeitslosengeld II, vgl. Kapitel 9) verstärkt die Anreize zur Arbeitsaufnahme und lässt die Angebotstheoretiker hoffen, dass der Niedriglohnsektor in Deutschland endlich expandieren wird. Die gleichzeitig deutlich verschärften Zumutbarkeitsregeln sollen Unternehmen signalisieren, dass sich nunmehr auch Niedriglohnarbeitsplätze wirklich besetzen lassen. Die Entwicklung könnte noch durch gewerkschaftliche Widerstände bei Tarifverhandlungen und die Einführung eines staatlichen Mindestlohns gebremst werden.

Der Beirat im Bundeswirtschaftsministerium und das Münchener ifo-Forschungsinstitut sehen noch stärkeren Handlungsbedarf. Das Arbeitslosengeld II sollte gekürzt werden und unter dem kulturellen Existenzminimum der Sozialhilfe liegen. Der Druck zur Arbeitsaufnahme würde so massiv verstärkt. Sollten zu Beginn der Reform nicht genug Arbeitsplätze im Niedriglohnbereich entstehen, soll der Staat Beschäftigung garantieren, so dass die Betroffenen auf jeden Fall ein Einkommen oberhalb der Sozialhilfe realisieren, wie es das Sozialstaatsgebot des Grundgesetzes fordert: Dazu darf der zusätzliche Verdienst nicht und ab einer Grenze nur teilweise (nur zu 60–70 Prozent) beim Arbeitslosengeld II angerechnet werden (Kombilohnmodell).

Auch die Dauer des Bezugs von Lohnersatzleistungen sei trotz der Absenkung durch Hartz IV immer noch zu lang. Niedrige Sozialleistungen senken die Lohnnebenkosten und entlasten damit die Unternehmen und stärken die Arbeitseinkommen, so dass neben dem Motivierungseffekt auch erhebliche Konsumnachfrageeffekte zu erwarten seien. Das berühmte *Saysche Theorem*, nach dem gute Anbieterbedingungen auch genügend Nachfrage schaffen, bildet dabei die theoretische Basis.

Auch die aktive Arbeitsmarktpolitik wird kritisch beleuchtet. Sie muss sich ordnungspolitisch einfügen und darf das marktwirtschaftliche Anreizsystem nicht beeinträchtigen. Nur als zeitlich begrenzte Brücke in den regulären Arbeitsmarkt, nicht jedoch als Dauereinrichtung darf sie genutzt werden. In der aktuellen Standortdebatte wird der massive Einsatz von Weiterbildung und ABM beim Aufbau Ost, der in der ersten Phase vielleicht noch gerechtfertigt werden konnte, scharf kritisiert und der mit den Hartz-Reformen begonnene Prozess der Erprobung neuer innovativer Instrumente und ihrer Evaluation ausdrücklich begrüßt. Der zweite, der subventionierte ABM-Arbeitsmarkt, vernichte Arbeitsplätze im ersten Arbeitsmarkt. Auch die Weiterbildung sei in vielen Fällen qualitativ ungenügend oder eine allokative Fehlleitung, da kein ausreichender Bedarf der Wirtschaft nach den vermittelten Qualifikationen bestünde.

Dass es generell besser sei, Arbeit statt Arbeitslosigkeit zu finanzieren, bestreitet auch der Sachverständigenrat. Ein zeitlich verlängerter zweiter Arbeitsmarkt setze falsche Anreize und gefährde den ersten Arbeitsmarkt, so dass mit steigender Arbeitslosigkeit zu rechnen sei. Damit erledige sich auch die These einer hohen Selbstfinanzierung dieser Projekte. Es komme zu Verdrängungseffekten bei den nicht subventionierten Arbeitsplätzen.

Die Politik des zweiten Arbeitsmarkts führe außerdem dazu, dass eine schnelle Anpassung und Mobilität der Arbeitslosen behindert und Hysterese am Arbeitsmarkt sogar gefördert werde (Pfahler 1995). Umstritten ist auch die »richtige« Höhe der Entlohnung in AB-Maßnahmen. In einem Gutachten zur »Langzeitarbeitslosigkeit« schlägt der Wissenschaftliche Beirat beim Bundeswirtschaftsministerium statt dessen Lohnsubventionen, Senkung der Entlassungskosten bei den Unternehmen (Kündigungsschutz abbauen) und befristete Arbeitsverträge vor. Vorgezogen werden also Maßnahmen zur Reintegration in den regulären Arbeitsmarkt.

6.2.2 Koordinierte Konjunktur- und Wachstumspolitik: Das modernisierte keynesianische Konzept für mehr Beschäftigung

Auch die Keynesianer sehen sich natürlich mit dem Phänomen des treppenförmigen Anstiegs der Arbeitslosigkeit in Deutschland (Abbildung 6.1) konfrontiert. Ihre Erklärung fußt auf makroökonomischen Überlegungen. Seit 1980 ist eine keynesianisch inspirierte Makropolitik in Deutschland tabuisiert. Die Meinungshoheit der neoliberalen Angebotstheoretiker im akademischen und öffentlichen wirtschaftspolitischen Diskurs hat die keynessche Theorie nicht nur an den Rand gedrängt, sondern polemisch verfolgt. Ganz anders sieht die Situation heute in den USA aus. Befragungen bei US-Ökonomen zeigen eindeutig (Schettkat 2004), dass hier eine deutliche Mehrheit eine moderate neukeynesianische Position vertritt. In der wirtschaftspolitischen Praxis wirkt sich das in erheblichem Maße aus. Während in Deutschland seit der Regierung Helmut Schmidt eine bewusst keynesianische Stabilisierungspolitik ausgedient hat und das Stabilitätsgesetz weder angewendet noch modernisiert wurde, betreibt man in Amerika je nach Lage eine pragmatische Kombination aus Angebots- und Nachfragepolitik.

Wie kann dieser Unterschied in der Wirtschaftspolitik den hohen nach jeder Krise steigenden Sockel der Arbeitslosigkeit in Deutschland erklären? Wenn die Selbstheilungskräfte realer Märkte aufgrund bestehender unvermeidlicher Inflexibilitäten (vor allem nach unten relativ starrer Preise- und Löhne) nicht ausreichen, um eine schnelle Erholung zu gewährleisten, dann wird ein Schock, der die Wirtschaft trifft, sich sehr lange auswirken. Die in der Krise freigesetzten Arbeitskräfte verlieren mit längerer Dauer der Arbeitslosigkeit an Selbstvertrauen, die Personalchefs der Unternehmen selektieren die Besten aus, die übrigen verlieren zunehmend den Anschluss an die Arbeitswelt (Verlust an Humankapital) und resignieren. Im Aufschwung der Wirtschaft, der irgendwann verspätet einsetzt, wird nur ein Teil der Langfristarbeitslosen wiedereingestellt, die Übrigen (Problemgruppen wie Ältere, Ausländer, Unqualifizierte) werden von den Personalchefs ignoriert und von der Arbeitsagentur bald als unvermittelbar eingestuft (labeling-Prozess).

In Deutschland kam erschwerend hinzu, dass die Aufschwungphasen in den 1990er Jahren (1994/95; 1999/2000, 2004) nur sehr kurz waren, das Wachstum vergleichsweise bescheiden blieb und die Entwicklung der Masseneinkommen noch dahinter zurück blieb.

Ganz anders sieht da die Makropolitik in den USA aus. Vor allem die Geldpolitik reagiert auf jeden Schock massiv. Ex-Notenbankchef Alan Greenspans präventive Geldpolitik hatte bei Keynesianern und Börsianern einen fast legendären Ruf. Das beste Beispiel ist die Reaktion auf den Terroranschlag am 11. September 2001. Um das angeschlagene Verbraucher- und Investorenvertrauen zu stärken, wurde der Leitzins auf ein historisches Tief gesetzt. Die Hoffnung, damit eine krisenhafte Entwicklung im Keim zu ersticken, erfüllte sich. Auch die Fiskalpolitik reagierte unverzüglich mit ankurbelnden Maßnahmen. Ob dabei mit der massiven Steuersenkung für die Reichen, die nicht zeitlich befristet wurde, die Bush-Administration nicht über das Ziel hinausgeschossen ist und eine Konsolidierung des riesigen Haushaltsdefizits in Zukunft neue Probleme aufwerfen wird, kann hier nicht diskutiert werden. Aus keynesianischer Sicht sind hier erhebliche Fehler gemacht worden.

Eine schnell reagierende und massive antizyklische Makropolitik kann also nach Ansicht der Keynesianer Schocks bekämpfen und das Ausmaß und die Dauer einer Krise deutlich verringern. Die Inflationsgefahren, die von den Angebotstheoretikern beschworen werden, seien aufgrund der empirischen Erfahrungen in den USA vermeidbar. Eine moderate Inflation (2,0–2,5 Prozent) würde zudem als Schmiermittel die Allokation und den Strukturwandel erleichtern. Je kürzer die Krise und je länger und stärker der folgende Aufschwung seien, umso stärker würde Arbeitslosigkeit schon im Entstehen verhindert und die entstandene Arbeitslosigkeit zügig wieder abgebaut.

Vom Erfolgreichen lernen heißt für die Keynesianer in Deutschland und Europa eine ähnlich wirksame Makropolitik zu installieren. Leider stößt das auf stärkste institutionelle Barrieren, die von neoliberalen Beratern bei der Konstruktion der Währungsunion in der 1990er Jahren initiiert und vor allem unter der Führung deutscher Politiker im EU-Vertrag verankert wurden. Diese Institutionen zu verändern wird nur gelingen, wenn die ökonomische Entwicklung in der Eurozone weiterhin im Vergleich zu anderen Wirtschaftsräumen schwach verläuft.

Das größte Problem ist die Zielvorgabe für die Europäische Zentralbank (EZB) und ihre weltweit einzigartige Autonomie. Die EZB ist absolut vorrangig dem Ziel der Preisstabilität verpflichtet. Eine gleichermaßen wachstums- und beschäftigungsorientierte antizyklische Leitzinspolitik, zu der die US-Notenbank (FED) verpflichtet ist, kann man also von ihr nicht erwarten. Zudem hat die EZB in eigener Machtvollkommenheit eine sehr niedrige Zielinflationsrate von knapp unter 2 Prozent (im Durchschnitt der Eurozone) gewählt. Für viele Keynesianer ist damit die notwendige Schmiermittelfunktion einer leichten Inflation kaum mehr vorhanden. Da die EZB zudem nicht auf die besondere Situation einzelner Länder eingehen kann, ist die Situation in Deutschland besonders prekär, weil hier eine sehr niedrige Inflation zu höheren Realzinsen führt und das niedrige Wachstum eine Leitzinssenkung erfordern würde.

Damit bleibt den Keynesianern nur die geringe Hoffnung, durch eine veränderte personelle Besetzung der EZB in Zukunft eine stärker wachstumsorientierte Geldpolitik realisieren zu können.

Wenn die Geldpolitik nur einen gerigen Beitrag leistet, dann muss es die Fiskalpolitik richten. Aber hier setzt die Institution des »Europäischen Stabilitäts- und Wachstumspakts« deutliche Grenzen. Zur Verhinderung unsolider Schuldenpolitik der Mitgliedsstaaten darf das Defizit im Staatshaushalt nur ausnahmsweise (etwa bei starker Rezession) über die 3 Prozent Marke (3 Prozent vom BIP) steigen. Dieser konjunkturpolitische Spielraum ist bei stärkeren und länger anhaltenden Schwächephasen zu knapp bemessen. Angesichts der Verletzung der Stabilitätskriterien durch Deutschland und andere Länder ist eine Diskussion um eine Veränderung des Paktes entbrannt und in der Folge kam es tatsächlich zu einer Revision der Stabilitätsregeln, bei der keynesianische Vorstellungen etwas stärker berücksichtigt wurden.

Wie sollte eine Makropolitik ausgestaltet sein, damit das Vertrauen der Bürger in die Kompetenz der Verantwortlichen gestärkt wird? Vor allem darf der Schuldenstand des Staates nicht aus dem Ruder laufen. Um dies zu verhindern, verlangen die Neu-Keynesianer eine verlässliche, an klaren Regeln orientierte Geld- und Fiskalpolitik. In der Geldpolitik sprechen sich viele für die Taylor-

Regel aus. Diese Regel verpflichtet die Notenbank, einerseits Inflation zu verhindern und den Geldwert zu sichern, andererseits im Keynesschen Sinne ihren unverzichtbaren Beitrag zum Wirschaftswachstum und damit zur Beschäftigungssicherung zu leisten. In der Fiskalpolitik wird prinzipiell ein europäischer Stabilitätspakt als sinnvolle vertrauensbildende Maßnahme angesehen. Allerdings darf der aktive antizyklische Einsatz in Krisenzeiten nicht behindert werden. Eine Haushaltskonsolidierung ist erst bei nachhaltigem Wirtschaftsaufschwung sinnvoll und notwendig, sollte dann aber auch mit harten Sanktionen durchgesetzt werden (Bofinger 2004).

Das Fazit fällt also negativ aus. Für eine koordinierte und schlagkräftige makroökonomische Stabilitäts- und Wachstumspolitik ist das institutionelle Arrangement wenig geeignet. Diese von den neoliberalen Ökonomen bewusst aufgebaute Barriere wird nur schwer zu überwinden sein. Welche Bedeutung das haben kann, macht das Beispiel Japans deutlich. Hier ist trotz eines äußerst massiven und jahrelangen Einsatzes von Geld- (Leitzins praktisch 0 Prozent) und Fiskalpolitik (jährliche Neuverschuldung von über 6 Prozent des BIP) die Stagnation und die sich daraus entwickelnde Deflation, die über das Land Ende der 1980er Jahre hereinbrach, bis 2005 nicht wirklich überwunden worden. Die Länder der europäischen Währungsunion könnten in einer vergleichbaren Lage nur »kleckern aber nicht klotzen«. Die Folgen wären aus Sicht von Keynesianern (Krugman 1999b) verheerend. Eine Wiederholung der großen Depression wäre nicht auszuschließen.

Die Rolle der Lohnpolitik im Konzert der Makropolitiken besteht aus der Sicht der Keynesianer in der Stabilisierung der Lohnstückkosten und der angemessenen Entwicklung der Massenkaufkraft. Mit Peter Bofinger und Bernd Rürup plädieren inzwischen auch zwei Mitglieder des Sachverständigenrats für eine produktivitätsorientierte Lohnpolitik. Eine allgemeine Lohnsenkung (genauer: Lohnstückkostensenkung) wird von Angebotsökonomen als unverzichtbar bei der Lösung des Beschäftigungsproblems angesehen. Demgegenüber verweisen die Keynesianer auf den Doppelcharakter der Löhne, die einerseits wichtigster Kostenfaktor und andererseits bedeutendster Kaufkraftfaktor sind. Eine allgemeine Lohnsenkung führe mit hoher Wahrscheinlichkeit zu Deflation oder Kaufkraftschwund, Vertrauensverlust der Lohnempfänger und Angstsparprozessen. Die Krise nähre sich selbst (vgl. dazu genauer Kapitel 5.3.3).

6.2.3 Der Modernisierungsdiskurs:
Der neue »dritte Weg« der Sozialdemokratie

Das sozialdemokratische Lager quält sich mit erheblichen Selbstzweifeln, ob die weltwirtschaftlichen Rahmenbedingungen überhaupt noch eine eigenständige nationale Beschäftigungspolitik zulassen würden (Scharpf 1987, Rothschild 1994). Das Geldkapital und zunehmend auch die Investitionen der Unternehmen orientieren sich weltweit und suchen nach den besten Anlagemöglichkeiten. Man befürchtet, dass eine nationale Geld- und Fiskalpolitik heute unter der Kontrolle des Weltkapitalmarktes steht und damit nationale Alleingänge in der Stabilitätspolitik zum Scheitern verurteilt sind. Wir werden im Kapitel 16 auf diese Frage zurückkommen.

Mit der Regierungsübernahme der rot-grünen Koalition unter Bundeskanzler Gerhard Schröder 1998 traten die Sozialdemokraten in einen für sie äußerst harten konzeptionellen Klärungsgprozess ein. Die traditionellen keynesianischen Vorstellungen wurden zunächst von Oscar Lafontaine offensiv vertreten. Das weckte die Hoffnung, das bewährte fordistisch- keynesianische Regulationsmodell der Nachkriegszeit und die neokorporatistische Lohnabstimmung nach Jahren wieder stärken zu können. Angedacht wurden Konzepte einer makroökonomischen Koordinierung in Europa zur Revitalisierung einer keynesianischen Wachstumspolitik, Modelle zur weiteren Arbeitszeitverkürzung und einer forcierten aktiven Arbeitsmarktpolitik.

Mit dem überraschenden Rücktritt Lafontaines veränderte sich die Lagebeurteilung in der SPD. Mit dem Schröder/Blair Papier positionierte sich Gerhard Schröder neu. Auch wenn die Position zunächst angesichts innerparteilicher Widerstände relativiert wurde, setzte Schröder dieses Konzept gegen Ende seiner ersten Amtszeit in der Partei durch. Die Leitideen eines neuen 3. Weges oder einer Politik »der neuen Mitte« wurden zuerst in Großbritannien von Tony Blair und New Labour entwickelt. Geistiger Vater und spiritus rector ist der Soziologe Anthony Giddens. Die Modernisierer greifen vieles davon auf.

- Es erfolgt eine strikte Absage an eine keynesianische Globalsteuerung, der nur Strohfeuereffekte zugebilligt werden.
- Auch in der globalisierten Ökonomie existiert ein (allerdings beschränkter) sozialstaatlicher Handlungsspielraum, den es zu nutzen gilt.
- Ein Zurückfahren der sozialpolitischen Institutionen auf eine Grundsicherung wie von Neoliberalen gefordert, wird abgelehnt.
- Ein wesentlicher Beitrag zur Lösung der ökonomischen Probleme wird in staatlichen Investitionen in Bildung und in die Innovationsfähigkeit einer wissensgestützten Dienstleistungsgesellschaft gesehen; statt den Standortwettbewerb über niedrige Löhne und Sozialleistungen auszutragen, soll Deutschland wieder Spitzenreiter in der Innovation werden.
- Aber auch die Bereitschaft zu Lohnanpassungen nach unten wird gefordert. Eine »*Angebotspolitik von links*« soll einen Niedriglohnsektor mit staatlichen Lohnsubventionen verbinden, so dass ein Erwerbsleben in Armut (»working poor«) verhindert wird.

– Für die Arbeitsmarkt- und Sozialpolitik fordert dieses Konzept eine deutliche Abkehr vom Versorgungsstaat. Die individuelle Verantwortung wird wieder stärker betont. Sozialpolitik soll »fördern aber auch Eigenleistung fordern«.

6.3 Fördern und Fordern: Die Reform zu einer aktivierenden Arbeitsmarktpolitik

6.3.1 Die aktuelle Lage am deutschen Arbeitsmarkt

Der Teufelskreis längerfristiger Arbeitslosigkeit wurde immer stärker zum Hauptproblem der Arbeitsmarkt- und der Sozialpolitik insgesamt. So stieg die Quote der Langzeitarbeitslosen (über ein Jahr arbeitslos) im Jahr 2005 auf 34,3 Prozent im Westen und 43,0 Prozent im Osten an. Die Arbeitslosenquote bei den Frauen entspricht im Gegensatz zu früher derjenigen der Männer (vgl. die Tabellen 6.2 und 6.3). Die Gründe liegen vor allem darin, dass Frauen bei Arbeitslosigkeit eher in die Stille Reserve wandern aber auch, dass sie zumeist in den wachsenden und nicht so stark von der Konjunktur abhängigen Dienstleistungsbranchen beschäftigt sind.

Tabelle 6.2: Struktur und Entwicklung der Arbeitslosigkeit in Westdeutschland

Arbeitslosenquote in Prozent	1970	1980	1990	2000	2006
Insgesamt	0,7	3,8	7,2	8,4	10,2
Männer	0,7	3,0	6,3	8,5	10,1
Frauen	0,8	5,2	8,4	8,3	10,2
Ausländer	0,3	5,0	10,9	16,0	22,1
Langzeitarbeitslose in Prozent aller Arbeitslosen	-	12,9	29,7	37,1	33,8
unter 20 Jahre	-	9,6	3,5	3,0	2,8

Quelle: Bundesagentur für Arbeit, Amtliche Nachrichten; Institut der deutschen Wirtschaft, Deutschland in Zahlen 2007, Tabellen 1.12 und 1.13.

Die Jugendarbeitslosigkeit der unter 20-jährigen ist derzeit nicht das Hauptproblem, wenn man von den Warteschleifen, die viele Jugendliche in Bildungseinrichtungen zurücklegen, einmal absieht. Die Gruppe der 20 bis 25jährigen macht dagegen zunehmend Probleme (Arbeitslosenquote 2003: 13 Prozent; Arbeitsmarktbericht 2003, S. 52), weil hier der Übergang ins Erwerbsleben immer schwieriger wurde. Im internationalen Vergleich gelingt es Deutschland – wohl aufgrund des immer noch vorbildlichen dualen Ausbildungssystems – besser als den meisten anderen Ländern, Jugendliche in den Arbeitsmarkt zu integrieren (vgl. Tabelle 6.3). Allerdings wird hier in Zukunft ein Ventil fehlen. Zur Sicherung der Rentenversicherung soll die Erwerbsquote älterer Arbeitnehmer deutlich gesteigert werden. Das könnte negative Auswirkungen auf die Jugendarbeitslosigkeit haben.

Tabelle 6.3: Erwerbsstrukturen international

	D	F	E	UK	DK	NL	S	I	USA	Japan
Erwerbstätigenquote Männer in Prozent (2005) (1)	71,4	67,8	76,4	78,6	80,1	78,8	75,0	69,7	77,6	80,4
Erwerbstätigenquote Frauen in Prozent (2005) (1)	59,6	56,9	51,9	66,8	70,8	65,0	71,8	45,3	65.6	58,1
Erwerbstätigenquote 55−64 Jahre in Prozent (2005)	45,5	40,7	43,1	56,8	59,8	44,8	69,5	31,4	60,8	63,9
Arbeitslosenquote in Prozent (2) (2006)	8,4	9,1	8,6	4,8	3,8	3,8	6,3	7,7	4,6	4,1
Jugendarbeitslosenquote 15−24 Jahre in Prozent (2005	9,7	20,7	22,4	12,3	11,0	6,7	15,2	26,5	-	-
Arbeitslosenquote gering Qualifizierter in Prozent (2004	20,5	12,1	11,0	6,6	7,8	5,7	6,5	7,8	10,5	6,7

(1) Erwerbstätige im Alter von 15 bis 64 Jahren in Prozent der gleichaltrigen Bevölkerung, (2) nach OECD Standard gemessen;
Quelle: Institut der deutschen Wirtschaft, Deutschland in Zahlen 2007, Tabellen 12.4, 12.5, 12.6.

Die Gruppe der ausländischen Mitbürger ist von der Arbeitslosigkeit extrem betroffen. Dies liegt vor allem an der schlechten Ausbildung, die auch für viele deutsche Arbeitslose zur Barriere in den Arbeitsmarkt wird. So ist von 1975 bis 2002 die Arbeitslosenquote der Arbeitnehmer ohne Ausbildung von 7,4 Prozent auf über 15 Prozent gestiegen. Dass dies kein unvermeidliches Schicksal in einer Ökonomie sein muss, die immer mehr Qualifikationen verlangt, zeigt der internationale Vergleich. In anderen Ländern werden auch für gering Qualifizierte genügend Arbeitsplätze geschaffen. Daraus wird von den Angebotstheoretikern die Forderung nach einer Ausweitung des Niedriglohnsektors in Deutschland abgeleitet.

Im internationalen Vergleich fällt insbesondere das Ausmaß der Langzeitarbeitslosigkeit hierzulande auf. Erklärungsansätze für diesen Hystereseprozess haben wir schon im laufenden Kapitel vorgestellt.

Insgesamt zeichnet den deutschen Arbeitsmarkt eine viel höhere Mobilität aus, als die geringen Veränderungen in den Arbeitslosenzahlen von Monat zu Monat erwarten lassen. Dahinter verbargen sich im Jahr 2003 7,62 Mio. Zugänge in die Arbeitslosigkeit und 7,53 Mio. Abgänge aus Arbeitslosigkeit (Arbeitsmarktbericht 2003, S. 53f.).

6.3.2 Entwicklungslinien der Arbeitsmarktpolitik

Die hochgesteckten Ziele, die 1969 in das Arbeitsförderungsgesetz geschrieben wurden, blieben zu einem erheblichen Teil unerfüllt, wie eine illusionslose Bestandsaufnahme bilanzieren muss. Insbesondere die präventive Verhinderung von Arbeitslosigkeit insgesamt und bei den Problemgruppen speziell war offensichtlich außerhalb der Reichweite der eingesetzten Instrumente.

Das Arbeitsförderungsgesetz hat in seinen vielen Novellierungen nach Ansicht von Kritikern seine eigentliche Substanz eingebüßt. Selbst wenn man sich dieser harschen Beurteilung nicht anschließt, ist es sicher richtig, dass erhebliche Leistungseinschränkungen für Arbeitslose und in Fortbildungsmaßnahmen befindliche Personen in den letzten 25 Jahren durchgesetzt wurden.

Andererseits ist es wohl falsch, zu hohe Erwartungen als Maßstab anzulegen. Lange Zeit wurden die umfänglichen operativen Maßnahmen einer aktiven Arbeitsmarktpolitik (ABM, FuU) trotz vielfältiger Kritik verteidigt und bei steigender Massenarbeitslosigkeit sogar ausgeweitet (Tabelle 6.4). Damit hat die aktive Arbeitsmarktpolitik eine wichtige Schutz- und Brückenfunktion ausgeübt. Gerade beim Übergang der neuen Bundesländer in die Marktwirtschaft konnten einzig und allein der massive Einsatz und die Weiterentwicklung dieser Instrumente einen Kollaps des Beschäftigungssystems verhindern.

Allerdings stiegen mit der Ausweitung eines zweiten Arbeitsmarktes, d.h. mit immer mehr öffentlich subventionierter Beschäftigung die ordnungspolitischen Bedenken der Marktwirtschaftler. Sicher ist nicht von der Hand zu weisen, dass der zweite Arbeitsmarkt in einem bestimmten Umfang reguläre Arbeit verdrängt und Lohnkostenzuschüsse zu erheblichen Mitnahmeeffekten bei den Unternehmen führen, die den Wettbewerb verzerren.

Der in den 1990er Jahren begonnene Austausch dieser Maßnahmen durch neue Instrumente wurde mit den Hartz-Reformen nach 2003 verstärkt fortgesetzt. Umgesteuert wurde auf Instrumente, die einen höheren Eingliederungserfolg versprechen. An erster Stelle stehen Maßnahmen zur direkten Förderung von Beschäftigung auf dem privaten oder ersten Arbeitsmarkt. Dazu zählen vor allem sog. beschäftigungsbegleitende Hilfen, wie Lohnkosten- und Eingliederungszuschüsse oder Zuschüsse zur Existenzgründung, die eine bessere Erfolgsquote aufweisen.

Die Förderung beruflicher Bildung ist weiterhin von Bedeutung, aber im Umfang doch deutlich abnehmend (vgl. Tabelle 6.4). In Zukunft sollen nur noch Maßnahmen gefördert werden, bei denen mindestens 70 Prozent der Absolventen eine Arbeitsstelle findet. Ob das eine realisierbare Anforderung an die Weiterbildungsträger ist, muss in Zeiten geringer Arbeitsnachfrage seitens der Unternehmen bezweifelt werden. Diese Skepsis richtet sich auch gegen die gleichzeitig erfolgte massive Ausweitung von sehr kurzzeitigen Eignungsfeststellungs- und Trainingsmaßnahmen. Eigentlicher Zweck dieser Instrumente ist die Kontrolle, ob die Arbeitslosen wirklich für eine Vermittlung verfügbar sind und überhaupt arbeiten wollen. Nachhaltige Qualifikationen lassen sich in so wenigen Tagen kaum vermitteln. Im Jahr 2003 wurden 1,1 Mio. Teilnehmer gezählt. Damit wurde diese umstrittene Maßnahme zur quantitativ wichtigsten der aktiven Arbeitsmarktpolitik.

Mit Sonderprogrammen soll gezielt auf die Defizite von Problemgruppen eingegangen werden. Beispiele sind das Sofortprogramm zur Abbau der Jugendarbeitslosigkeit (»jump und jump plus«) und das Projekt »Arbeit für Langzeitarbeitslose«.

Tabelle 6.4: Arbeitsförderung durch berufliche Weiterbildung und ABM (1)

	ABM-West	ABM-Ost	Weiterbild. West	Weiterbild. Ost
1980	41	-	91	-
1990	83	-	350	-
1991	82	183	364	435
1995	70	206	304	256
2000	51	153	202	150
2003	23	70	155	96

(1) Bestand an Teilnehmern im Jahresdurchschnitt in 1.000;
Quelle: BA: Amtliche Nachrichten der Bundesanstalt für Arbeit, Arbeitsmarkt 1995; Arbeitsmarkt 2003, Tabellen II.E.3 und II.E.4.

Wenig umstritten waren Reformen zur Erhöhung der Flexibilität und Effizienz von Trägern und Instrumenten. So stehen die lokalen Agenturen für Arbeit nunmehr im Wettbewerb. Sie haben eine gewisse Autonomie beim Einsatz der aktiven Mittel (eigener Eingliederungshaushalt, Innovationstopf), müssen jährlich in Form von Eingliederungsbilanzen eine Art Erfolgsrechnung vorlegen und stehen damit über mögliche »Betriebsvergleiche« unter öffentlicher Kontrolle. Die Finanzierung der aktiven Politik erfolgt vorwiegend aus Arbeitnehmer- und Arbeitgeberbeiträgen. Dies ist deshalb problematisch, da es sich hier um eine gesamtgesellschaftliche Aufgabe handelt, die besser über Steuern finanziert werden sollte.

6.3.3 Arbeitsmarkt und Arbeitsmarktpolitik in den neuen Bundesländern

Der Arbeitsmarkt in den neuen Bundesländern ist nach der Wiedervereinigung einem Veränderungsprozess ausgesetzt worden, der historisch ohne Beispiel ist. Die Gründe für den tiefen Beschäftigungseinbruch lagen in der mangelhaften Wettbewerbsfähigkeit der ostdeutschen Betriebe, die nach langen Jahren der Planwirtschaft über Nacht der kalten Dusche des internationalen Wettbewerbs ausgesetzt wurden. Mit der Wirtschafts-, Währungs- und Sozialunion (WWU) im Sommer 1990 kam es durch die Einführung der DM zu einer massiven Aufwertung. Auch die deutlich niedrigeren Löhne konnten den erheblichen Rückstand in der Arbeitsproduktivität nicht annähernd ausgleichen. Die Lohnstückkosten der ostdeutschen Betriebe waren zu hoch, Qualität und Angebotspalette zu unattraktiv im Vergleich zur westdeutschen Konkurrenz. In der Diagnose der eigentlichen Gründe dieser Krise sind sich die Ökonomen weitgehend einig. Ein maroder Kapitalstock nach langen Jahren viel zu geringer Investitionen und planwirtschaftliche Fehllenkungen (Allokation) von Arbeit und Kapital gelten als zentrale Ursachen. Im Nachhinein ist es eine eher theoretische Frage, ob eine andere Strategie den notwendigen Transformationsprozess sozial verträglicher bewältigt hätte. Faktisch kam es in kurzer Zeit zu einem Rückgang in der Zahl der Erwerbspersonen von 9,6 Mio. (1989) auf 7,6 Mio. (1993). Viele Frauen zogen sich in Ermangelung von Angeboten aus dem Erwerbsleben zurück, Arbeitnehmer über 55 wurden vielfach frühverrentet oder in den Vorruhestand versetzt. Die Arbeitslosigkeit stieg steil an und konnte bis heute nicht gesenkt werden. Die Arbeitslosenquote betrug 2005 20,6 Prozent (Tabelle 6.5).

Tabelle 6.5: Struktur und Entwicklung der Arbeitslosigkeit in den neuen
Bundesländern

Arbeitslosenquote in Prozent	*1994*	*1998*	*2000*	*2003*	*2006*
Insgesamt	15,7	19,2	18,5	20,1	19,2
Männer	11,3	17,5	17,8	20,6	19,5
Frauen	20,4	21,0	19,3	19,6	18,8
Ausländer	-	33,8	34,8	39,8	42,4
Langzeitarbeitslose in Prozent aller Arbeitslosen	30,7	34,4	35,2	42,9	41,4
unter 20 Jahre	2,0	3,7	3,7	2,3	2,3

Quelle: Bundesagentur für Arbeit – Amtliche Nachrichten: Institut der deutschen Wirtschaft, Deutschland in Zahlen 2007, Tabellen 1.12 und 1.13.

Die erste Phase nach der Wirtschafts- und Währungsunion lässt sich als eine arbeitsmarktpolitische Notfallaktion kennzeichnen. Frühverrentung und Kurzarbeitergeld waren die Mittel der Wahl. Einerseits wurde das Arbeitsangebot sozialverträglich reduziert und andererseits wurden die Folgen der Produktionseinbrüche für die Arbeitnehmer abgemildert. So erhielten im Jahr 1991 bis zu 2 Mio. Menschen Kurzarbeitergeld. Parallel zu diesen Notfallmaßnahmen wurde die Infrastruktur der Arbeitsämter in den neuen Bundesländern aufgebaut und so die nächste Phase des arbeitsmarkpolitischen Aufbaus Ost eingeleitet.

Schon 1992 kam es zu einer Ersetzung des Kurzarbeitergeldes durch die in den alten Ländern seit langem bewährten Instrumente FuU und ABM. Der Druck der Verhältnisse begünstigte dabei auch innovative Gestaltungsideen. Unter anderem wurden Arbeitsbeschaffungsprogramme mit Weiterbildungsmaßnahmen gekoppelt, eine projektorientierte ABM zielte auf Verbesserungen der Infrastruktur und auf Umweltsanierung. Ein Teil davon wurde in Großprojekten (sog. Mega-ABM) realisiert, die zum Teil von ABS-Gesellschaften (Arbeitsförderung, Beschäftigung, Strukturentwicklung) getragen wurden. ABS-Betriebe wurden auf Druck der Gewerkschaften als Alternative zu Betriebsstilllegungen in einer Phase durchgesetzt, als erkennbar wurde, dass die Privatisierung der ostdeutschen Betriebe durch die Treuhandanstalt zu größeren Beschäftigungsverlusten als erwartet führte. Sie sollten eine produktive Alternative zu Betriebsschließungen bilden und öffentlich geförderte Arbeiten zum Teil verbunden mit Weiterbildung ausführen.

Mit dem § 249h AFG wurde 1993 eine neue Variante von Arbeitsbeschaffungsmaßnahmen aus der Taufe gehoben. Subventioniert wurden hier die Lohnkosten privater Unternehmen (auch ABS-Gesellschaften), wenn diese z.B. kommunale oder Landesprojekte im Bereich der Umweltsanierung oder sozialer Dienste durchführten und dabei Arbeitslose beschäftigten. Nach einem massierten Einsatz wurden die aktiven Maßnahmen um einiges zurückgefahren und auf einem immer noch sehr hohen Niveau bis 1996 stabilisiert. Die kritischen Stimmen und negative Erfahrungen mit dem zweiten Arbeitsmarkt häuften sich. Berichtet wurde von steigender Verdrängung privater Anbieter in den ABM-Schlüsselbranchen Garten und Landschaftsbau, Sozialen Diensten sowie der Industriegeländeerschließung. Die anfänglich hohe Wiedereingliederungsquote in reguläre Beschäftigung sank dramatisch. Mit dem Arbeitsförderungsreformgesetz wurde die nächste Phase der Arbeitsmarktpolitik eingeleitet und eine drastische Rückführung der aktiven Maßnahmen sowohl im Westen als auch im Osten vorgenommen (vgl. Tabelle 6.6).

Tabelle 6.6: Entwicklung der Ausgaben für aktive Arbeitsmarktpolitik
(in Mio. Euro)

Jahr	Ost				West			
	1992	1997	2002	2006	1992	1997	2002	2006
FuU	2.697	967	1.068	162	1.488	1.284	1.637	365
ABM	3.980	2.692	1.639	68	1.284	1.018	694	39

Quelle: Institut der deutschen Wirtschaft: Deutschland in Zahlen 2007, Tabelle 7.25.

6.3.4 Die neue aktivierende Arbeitsmarktpolitik –
Ziele und Instrumente der Hartz-Gesetze

Ein großer Wurf wird mit der Agenda 2010 und den »Gesetzen über moderne
Dienstleistungen am Arbeitsmarkt« (Hartz I-IV: Sozialgesetzbuch SGB II und
III) versucht. Das moderne international bereits bewährte neue Leitbild einer
aktivierenden Arbeitsmarktpolitik soll auch in Deutschland seine positiven
Wirkungen entfalten. Die kaum zu überblickende Zahl der Gesetzesnovellen
zum Arbeitsförderungsgesetz in den letzten 30 Jahren hatte aus Sicht der Neoliberalen und der sozialdemokratischen Modernisierer bis auf Kostensenkungen
aufgrund von Leistungskürzungen wenig Innovatives gebracht.

In der Tabelle 6.7 sind die zentralen Ziele und Reformpunkte aufgelistet.
Eine durchgreifende Verwaltungsreform und modernes Kontraktmanagement,
das Wettbewerbsmechanismen nutzt, um zum Beispiel den Arbeit suchenden
»Kunden« zu helfen, die besten Weiterbildungsleistungen einkaufen zu können,
soll die Effizienz der Vermittlung und den Kundenservice deutlich steigern und
Kosten senken. Eine Arbeitsgemeinschaft (Arge) der Arbeitsagentur und der
Kommunen soll den Sachverstand vor Ort in die *Job-Center* einbringen. Deren
Effizienz ist sehr umstritten und das Verfassungsgericht hat sie inzwischen als
verfassungswidrig eingestuft.

Der neue Fallmanager soll nur noch eine überschaubare Zahl von Rat-
suchenden betreuen und ist in einer Person »teacher, preacher, friend and cop«,
wie das in den USA umgangssprachlich auf den Punkt gebracht wurde. Er
schließt mit den arbeitslosen »Kunden« eine Eingliederungsvereinbarung, appel-
liert an ihre Eigenverantwortung, benennt ihre Mitwirkungspflichten und entwickelt einen Plan, in dem Vermittlungsbemühungen der Arbeitsagentur und
die Eigenanstrengungen des Arbeitslosen aufeinander abgestimmt werden. Re-
gelmäßige Kontakte zwischen Fallmanager und Kunden dienen zur Evaluation
des bisher Erreichten und zur Kontrolle der Motivation und des Verhaltens der
Betreuten. Abweichendes Verhalten soll umgehend mit zeitweisem Entzug der
Unterstützung sanktioniert werden. Auch hier gab es Startschwierigkeiten, viele

Tabelle 6.7: Ziele und Instrumente der Hartz-Reformen

Gesetze über moderne Dienstleistungen am Arbeitsmarkt	zentrale Zielrichtung	wichtigste Reformpunkte
Hartz I und II (ab 2003)	Verbesserung der Arbeitsvermittlung und Eingliederung durch moderne Steuerungsformen aus der Privatwirtschaft: Kontraktmanagement und wettbewerbliche Vergabe von Aufträgen durch die BA, Verbesserung der beruflichen Weiterbildung durch Gutscheine, Qualitätssicherung, Erfolgsvorgaben.	Personalservice Agenturen (PSA: Leiharbeitsvermittlung), Bildungsgutscheine, Trainingsmaßnahmen und Eignungsfeststellung, Ich-AG (Existenzgründungszuschüsse), Beauftragung von Eingliederungsmaßnahmen, Job-Center, Mini- und Midi-Jobs
Hartz III (ab 2004)	Neuorganisation der Arbeitsbehörden zu einer nach privatwirtschaftlichem Muster geführten kundenorientierten Dienstleistungsagentur	Umbenennung in Agentur für Arbeit, Effizienzsteigerung, besserer Kundenservice.
Hartz IV (ab 2005)	Einführung einer einheitlichen Grundsicherung für Arbeitsuchende. Verbesserung der materiellen Anreize zur Arbeitsaufnahme. Verbesserte Betreuung der Arbeitslosen zur Eingliederung. Verschärfte Sanktionen gegen Arbeitsverweigerung	Arbeitslosengeld II, Ein-Euro-Jobs, gleitender Arbeitslosengeldentzug bei Zuverdienst, Fallmanager für jeden Erwerbslosen.

Jobvermittler sind selbst nur befristet beschäftigt und haben immer noch einen erheblichen Fortbildungsbedarf, wie das hauseigene Forschungsinstitut zur Arbeitsmarkt- und Berufsforschung (IAB) ermittelte.

Die Arbeitsplätze, die dann effizient besetzt werden können, sollen durch Wachstum und die Ausweitung eines Niedriglohnsektors entstehen, zu dem die Hartz-Reformen die notwendige Vorarbeit leisten. Folgende Bausteine werden hier zusammengefügt. Die Absenkung der Grundsicherung bei längerer Arbeitslosigkeit für die besser Verdienenden verstärkt die Anreize, eine Arbeit aufzunehmen. Diese Anreize werden weiter dadurch erhöht, dass ein Zuverdienst nur teilweise auf die Sozialleistung angerechnet wird. Mit dieser Art Kombilohn-Modell im Rahmen von ALG II hofft man, die berüchtigte »Sozialhilfefalle« aushebeln zu können.

Von dem (bereinigten) Nettoeinkommen wird zunächst ein Freibetrag von 100 Euro nicht angerechnet. Von einem Bruttoverdienst zwischen 100 und 800 Euro werden 20 Prozent nicht angerechnet. Bei einem Bruttoeinkommen über

800 Euro wird der Teil, der über die 800 Euro hinausgeht zu 10 Prozent nicht angerechnet. Die Obergrenze bis zu der ein Zuverdienst nicht vollständig angerechnet wird, beträgt 1.200 Euro für Kinderlose und 1.500 Euro für Betroffene mit Kindern.

Die Reform verlässt sich getreu dem Motto »Fördern und Fordern« nicht auf Anreize, sondern verstärkt den Druck zur Aufnahme einer Arbeit erheblich. So ist praktisch jede Arbeit zumutbar, ein Berufsschutz existiert nicht mehr und das private Vermögen muss bis auf einen kleinen Freibetrag und gewisse Ersparnisse zur Altersvorsorge zum eigenen Unterhalt eingesetzt werden, bevor Ansprüche auf das Arbeitslosengeld II entstehen. Unterhaltspflichten nach dem Subsidiaritätsprinzip bei Eheleuten und unehelichen Partnerschaften werden verstärkt eingefordert (vgl. Kapitel 4.2).

Die staatliche Unterstützung des Niedriglohnsektors

Im Zuge der umfassenen Arbeitsmarktreformen wurden auch die Förderung von Arbeitsplätzen im Niedriglohnbereich vorangetrieben und die sog. *Mini- und Midi-Jobs* eingeführt. Mini-Jobs bis 400 Euro Verdienst werden nur mit einem pauschalen Abgabesatz von 30,1 Prozent (Jobs im Privathaushalt: 13,7 Prozent) belastet. Die Abgaben fließen vor allem der sozialen Renten- und Krankenversicherung zu. Ein 400-Euro-Job kostet den Arbeitgeber also 520 Euro, wenn er die Abgaben nicht auf den Arbeitnehmer teilweise überwälzt.

Die Midi-Jobs wurden mit der Absicht konstruiert, zwischen den *Minijobs* und der Vollzeitarbeit eine Art »Sozialversicherungs-Gleitzone« zu schaffen, um geringfügige Arbeit für den Arbeitgeber zu verbilligen, gleichzeitig aber auch diese Arbeit sozial abzusichern und die Anreize für eine Arbeitsaufnahme zu erhöhen. In der Gleitzone der Midi-Jobs erhöht sich der Sozialversicherungsbeitragssatz (Arbeitnehmernanteil) von niedrigen 4 Prozent (ab 400,01 Euro) sukzessive auf den Normalbeitragssatz (ab 800 Euro). Der Arbeitgeber bezahlt immer den Normalbeitragssatz (Arbeitgeberanteil).

Arbeitslosengeld II-Bezieher werden, so lange das Angebot an Niedriglohnjobs noch nicht ausreicht, zu gemeinnützigen Arbeiten herangezogen und erhalten dafür 1 bis 2 Euro pro Stunde (Ein-Euro-Jobs). Damit ist vor allem der Zweck verbunden, die Arbeitsbereitschaft zu testen und Langfristarbeitslose wieder an die Mühen eines Tagwerks zu gewöhnen. Dass die Betroffenen in dieser Zeit nicht »schwarzarbeiten« können, ist ein erwünschter Nebeneffekt. Nicht unproblematisch ist jedoch der Anreizeffekt einer zu hohen Gratifikation. Zwei-Euro-Jobber erhalten einschließlich der Sozialtransfers je nach Haushaltsgröße ein Gesamteinkommen, welches einer Vollzeitbeschäftigung bei einem Stundenlohn von 8 bis 12 Euro entspricht (Berechnung des deutschen Instituts für Wirtschaft, iwd, 43/2004). Damit könnte das Interesse an diesen Stellen höher sein, als zu geringem Stundenlohn in den ersten Arbeitsmarkt zu wechseln. Die ersten Erfahrungen zeigen auch, dass die Befürchtungen, dass Ein-Euro-Jobs reguläre Arbeit verdrängen, nicht unbegründet waren.

Das Kombilohnmodell im Rahmen von Arbeitslosengeld II wirkt sich auch auf den regulären Arbeitsmarkt aus. So können Arbeitnehmer trotz einer Vollzeitbeschäftigung so wenig verdienen, dass sie berechtigt sind »aufstockende Grundsicherung« in Anspruch zu nehmen. Dazu muss ein Antrag bei der zuständigen Arbeitsgemeinschaft (Arge) gestellt werden, die eine Bedürftigkeitsprüfung vornimmt (siehe genauer unten 9.4). Viele wissen nicht um diese Möglichkeit, so dass 2007 nur ca. 1,1 Mio. »Aufstocker« registriert wurden, während nach einer Studie der Hans-Böckler-Stiftung es bis zu 2 Mio. weitere Anspruchsberechtigte geben könnte. Letztlich wird damit auch der Niedriglohnsektor stimuliert, wenn Arbeitgeber ihren Leuten niedrigere Löhne anbieten können, in dem sie gleichzeitig auf die Möglichkeit des »Aufstockens« verweisen. Dieser vom Staat mitverantwortete Lohndruck trifft natürlich nicht auf ungeteilte Zustimmung, entspricht aber ganz dem neoliberalen Modell.

Kritik und erste Erfahrungen mit den Hartz-Reformen am Arbeitsmarkt

Die Kritik an den tiefgreifenden Reformen kommt aus verschiedenen Richtungen. Auf die Argumente liberaler Ökonomen, dass diese Maßnahmen zur Einführung eines Niedriglohnsektors möglicherweise nicht weit genug gehen und vor allem über eine Senkung der tarifpolitischen Lohnstandards und Deregulierungsmaßnahmen beim Arbeitsschutz ergänzt werden müssen, sind wir oben schon eingegangen. Ganz anders wird die Reform von den Betroffenen und ihren Verbänden beurteilt. Es wird angezweifelt, ob diese und weitere Maßnahmen zur Sanktionierung der Arbeitslosen Missbrauch verhindern und die Sucharbeitslosigkeit nachhaltig verkürzen können. Vielmehr sei von einer verschärften Verdrängungskonkurrenz zu Lasten der weniger Qualifizierten und Problemgruppen auszugehen. Die Aufgabe des Berufsschutzes könne auch zu volkswirtschaftlich unsinniger Verschwendung teuren Humankapitals führen.

Erste Erfahrungen mit den neuen Instrumenten wurden inzwischen von der wissenschaftlichen Begleitforschung ausgewertet. Einige halten nicht das, was man sich davon versprochen hatte.

− Größter Flop waren die teuren und wenig effizienten Personal-Service-Agenturen.
− Die Minijobs waren quantitativ ein großer Erfolg, aber sie bildeten für die Arbeitslosen keine wirkliche Brücke zurück in den ersten Arbeitsmarkt, sondern wurden von vielen Arbeitgebern genutzt, um Vollzeitarbeit kostengünstig zu ersetzen.

– Ähnliches wird von den Ein- Euro-Jobs berichtet. Auch sie vernichten zum Teil reguläre Stellen.

– Das Anreizsystem der Zuverdienstmöglichkeiten bei Arbeitslosengeld II versagt zum Teil, weil es die Bürger zuweilen stärker an einem niedrigen Zuverdienst interessiert als an der Aufnahme eines Vollzeitjobs.

Tatsächlich sank die Zahl der Vollzeitstellen in 2004 und 2005 um ca. 1 Mio. Eine Trendumkehr wurde erst im Jahr 2007 erkennbar. Noch 2006 war der Zuwachs von 301.000 Teilzeit-, Mini- und Ein-Euro-Jobs begleitet von einer Abnahme der Vollzeitstellen um weitere 80.000. Im Oktober 2007 meldet die Bundesagentur für Arbeit einen Zuwachs der sozialversicherungspflichtigen Beschäftigung gegenüber dem Vorjahr von 589.000 Stellen, davon etwa die Hälfte als Vollzeitstellen. Aber auch die Zahl der geringfügig entlohnten Arbeitnehmer stieg weiter an.

Diese Schwachstellen sind auch von der Bundesregierung erkannt und sollen im Zuge einer umfassenderen Reform des Niedriglohnsektors (Stichworte Kombilöhne, Mindestlöhne, 3. Arbeitsmarkt) bald angegangen werden. Eine Studie des IAB zeigt weitere unerwünschte Nebenwirkungen auf. Die gestiegenen Anforderungen an die Effizienz der Weiterbildung haben dazu geführt, dass in den ärmeren Bundesländern mit höherer Arbeitslosigkeit dieses Instrument nun deutlich weniger eingesetzt wird als in den reicheren Regionen im Westen Deutschlands.

6.4 Prognosen über die zukünftige Entwicklung des Arbeitsmarktes

Die mittelfristigen Prognosen für den deutschen Arbeitsmarkt sind alles bedingte Vorhersagen. So sehen neoliberale Ökonomen durchaus gute Chancen, wenn der Reformstau überwunden werden kann und die Flexibilität auf Güter- und Arbeitsmärkten entscheidend verbessert wird. Keynesianer sehen nur bei einer neuen wachstumsorientierten Geld-, Fiskal- und Lohnpolitik die Chance auf Besserung!

Langfrist-Szenarien zur wirtschaftlichen Entwicklung setzen auf die demographische Entlastung, die zu einem deutlich sinkenden Erwerbspersonenpotential und damit zu zügig abnehmender Arbeitslosigkeit ab 2010 führen könnte.

Alle diese Schätzungen sind mit hoher Unsicherheit behaftet. So zeigt der Blick in vergleichbare ältere Prognosen der Institute IAB und Prognos, dass man die Arbeitsmarktentwicklung der 1980er Jahre völlig falsch eingeschätzt hatte. Auf der Seite des Arbeitsangebots hatte man das Ausmaß der Zuwanderung unter- und auf der Nachfrageseite die Wachstumsrate der Arbeitsproduktivität deutlich überschätzt. Außerdem zeitgt die demographische Entwicklung nicht nur Entlastungseffekte. Die Altersstrukur der Bevölkerung verschlechtert sich (vgl. Tabelle 7.1 im Kapitel 7.3.1) und auch die Personen im erwerbsfähigen Alter werden im Durchschnitt immer älter. Schon im Jahr 2020 wird nach der 11. koordinierten Bevölkerungsvorausberechnung des Statistischen Bundesamtes rund 40 Prozent der Erwerbsfähigen zur Gruppe der älteren Erwerbsfähigen (ab 50 Jahre) zählen. 2006 waren es rund 30 Prozent. Das bedeutet, dass der herrschende Jugendwahn in vielen Betrieben, die keinem Arbeitnehmer über 45 Jahre noch viel zutrauen, behandelt werden muss und das Humankapital der älteren Arbeitnehmer tunlichst gepflegt werden sollte. Das ist leichter gefordert als realisiert, auch wenn aufgrund der erhofften steigenden Knappheiten auf dem Arbeitsmarkt auch die Marktkräfte in diese Richtung wirken könnten.

In der weiteren Entwicklung ist davon auszugehen, dass die Tertiarisierung der Wirtschaft, also die Zunahme des Dienstleistungssektors und die relative Schrumpfung des Güter produzierenden Sektors zu einer weiteren Abnahme der Wachstumsrate der durchschnittlichen Arbeitsproduktivität führen wird, da viele Dienstleistungen nicht oder nur wenig rationalisierbar sind. Dies war schon für Jean Fourastie die große Beschäftigungshoffnung. Auch wenn die Entwicklung aufgrund der Kostenkrankheit vieler Dienste (vgl. Kapitel 14.2) nicht so reibungslos verläuft, wie von Fourastie gedacht, bleiben die Dienste dennoch unsere große Hoffnung! In Zukunft könnte schon ein mäßiges kontinuierliches Wachstum des BIP von 1,5 bis 2 Prozent pro Jahr neue Arbeitsplätze schaffen.

Allerdings stehen die Hochlohnbranchen unter starkem internationalen Wettbewerb und werden auch in Zukunft Arbeitsplätze wegrationalisieren müssen. Arbeitsplätze im Dienstleistungsbereich entstehen nur, wenn dort die Lohnentwicklung moderat bleibt. Das wird zunehmend einen Verteilungskonflikt zwischen Industrie- und Dienstleistungsgewerkschaften auslösen. Nur im ersten Sektor sind u. U. auch in Zukunft relativ hohe Lohnsteigerungen möglich. Werden diese durchgesetzt, gibt es zwei Alternativen. Folgen die Dienstleistungsgewerkschaften dieser Lohnführerschaft, werden zu wenig Arbeitsplätze rentabel und Massenarbeitslosigkeit die Folge sein. Schließen Sie deutlich unter dem Lohnniveau der Industrie ab, werden zwar Arbeitsplätze entstehen, die aber als Arbeitsplätze zweiter Klasse im Vergleich zur Industrie gelten würden. Daraus und aus der Verschärfung des internationalen Wettbewerbs erwächst wiederum ein Druck auf die Industriegewerkschaften, Lohnabschlüsse unterhalb der Wachstumsrate der Arbeitsproduktivität abzuschließen. Gibt man diesem Druck nach – wie das seit 1996 in den meisten Jahren der Fall war – dürften sich potentielles Produktionswachstum und lohngespeiste Konsumnachfrage auseinander entwickeln und Arbeitslosigkeit aus Nachfragemangel entstehen. Das aktuell hohe Sparen aus angeblicher Zukunftsangst ist zu einem großen Teil durch die massive Umverteilung zugunsten der Besserverdienenden zu erklären, die eine höhere Sparquote aufweisen, während ein Großteil der Lohnempfänger sich sogar verschuldet, um das bisherige Konsumniveau aufrechtzuerhalten.

Zwei Auswege wären denkbar. Zum einen könnte die deutsche Industrie bei weiter hohem Qualitätsstandard die Nachfrage wie in der Vergangenheit schon verstärkt im Export finden. Zum anderen könnte der internationale Wettbewerbsdruck die Unternehmen zwingen auch auf den heimischen Märkten ihre gestiegene Produktivität statt in Lohnsteigerungen für die Belegschaften in Preissenkungen für die Verbraucher weiterzugeben. Lohn- und Gewinnquote blieben so im Lot! Dieses ist das Szenario der Marktökonomen! Auch wenn man diesem Mechanismus durchaus eine gewisse Wirksamkeit einräumen muss, ist u. E. aufgrund der starken Stellung auf heimischen Märkten mit einem Anstieg der Gewinnquote zu rechnen. Dies wird jedoch nicht zu einem vergleichbaren Anstieg der Investitionsquote führen, wenn der Binnenkonsum relativ stagniert. Das Kapital wird vermehrt als Geldkapital auf dem globalen Kapitalmarkt vagabundieren. Damit wäre das fordistische Gleichgewicht zwischen Kaufkraft und Produktivitätsentwicklung nachhaltig gestört und die Stabilität der Volkswirtschaft in hohem Maße gefährdet.

Gibt es einen Ausweg aus diesem Dilemma gewerkschaftlicher Lohnpolitik? Überzeugende Antworten werden noch gesucht. Wir glauben, dass eine (konsumtive) Gewinnbeteiligung der Arbeitnehmer ein Teil der Lösung sein könnte. Um auch hier eine Zwei-Klassengesellschaft innerhalb der Arbeitnehmer zu verhindern, wären auch die Arbeitnehmer in gewinnschwachen Branchen zu beteiligen. Eine Kombination aus Fixlohn und Gewinnbeteiligung hätte dann weitere positive Effekte. Eine Effizienzsteigerung durch bessere Leistungsanreize und vor allem, wie die Analyse von Weitzman (1981) prognostiziert, einen deutlichen Beschäftigungseffekt. Das Scheitern des schwedischen Modells der Arbeitnehmerfonds ist kein Gegenbeleg. Dort sollten ökologische und infrastrukturelle Projekte finanziert werden, während im hier vertretenen Modell eine konsumtive Verwendung der Gewinnanteile durch die Arbeitnehmer durchaus gewollt ist, da dies die Massenkaufkraft verbessern und das fordistische Gleichgewicht wiederherstellen könnte.

Die zweite schon traditionelle Schwachstelle von Arbeitsmarktprognosen liegt bei der Schätzung der Entwicklung auf der Angebotsseite des Arbeitsmarktes. So ist insbesondere die Zuwanderung von Arbeitskräften nur schwer zu schätzen. Nach dem Anwerbestopp für Gastarbeiter 1973 erfolgte dennoch eine erhebliche ungesteuerte Zuwanderung von Ausländern, die ihren Höhepunkt Anfang der 1990er Jahre erreichte (Nettozuwanderung 1992: 592.900

Personen). Die Zuwanderung ist inzwischen mit ca. 130.000 im Durchschnitt der Jahre 1999−2003 weit geringer, vor allem der Zustrom der Asylbewerber konnte nach dem Schengener Abkommen in der EU stark verringert werden.

In der ungesteuerten Zuwanderung sehen viele Bürger eine Gefahr für den sozialen Frieden und die Integrationskraft von Wirtschaft und Gesellschaft und befürchten eine steigende Ausgrenzung von Problemgruppen (darunter auch die weniger leistungsfähigen Zuwanderer selbst), wachsende Armut, Wohnungsnot, Kriminalisierung und zunehmende Soziallasten.

Mit dem Zuwanderungsgesetz, das nach langen politischen Auseinandersetzungen 2005 in Kraft trat, wird ein Kompromiss mit den Forderungen der Wirtschaft, die in Zukunft ihren Bedarf an hoch qualifizierten Arbeitnehmern nur über Zuwanderung glauben decken zu können, gesucht. Nach dem Grundsatz, das die Zulassung ausländischer Arbeitnehmer und Selbständiger sich an den Erfordernissen der deutschen Wirtschaft und des Arbeitsmarktes orientieren soll, wird für Arbeitskräfte niedrigen und mittleren Qualifikationsniveaus der Anwerbestopp grundsätzlich beibehalten, während für Hochqualifizierte und ihren Familien die Zulassung erleichtert wird. Ob mit dem Gesetz die Zuwanderung wirklich gesteuert werden kann, wird sich herausstellen. Es spricht vieles dafür, dass eine ungesteuerte Zuwanderung angesichts der vielen Menschen, die in Osteuropa und anderswo ihre bedrückende Lebenslage durch Auswanderung nach Westeuropa zu verbessern hoffen, arbeitsmarkt- und sozialpolitisch kaum zu verantworten ist. Abschiebungen und andere damit untrennbar verbundene Härten belasten das soziale Gewissen vieler Bürger und erschweren die Durchsetzung einer solchen Politik. Letztlich jedoch muss die Lösung der sozialen Probleme in den Herkunftsländern selbst gesucht werden. Dazu sollte auch die deutsche (Entwicklungs-)Politik einen deutlichen Beitrag leisten!

7 Das System der Sozialen Sicherung

7.1 Gestaltungsprinzipien der Sozialen Sicherung

Das Ziel »Sicherheit«

Soziale Sicherungssysteme sollen ähnlich wie private Sicherungsformen die Folgen des Eintritts von Risiken für den einzelnen Menschen erträglicher machen. Es geht dabei vor allem um typische Lebens- und Arbeitsweltrisiken der Bürger wie Krankheit, Unfall, Arbeitslosigkeit, Pflegebedürftigkeit, Alter und Erwerbsunfähigkeit.

Zu unterscheiden ist zunächst zwischen kalkulierbaren Risiken und unkalkulierbaren Unsicherheiten. Während eine private Versicherung nur gegen die Folgen kalkulierbarer Risiken eine Sicherheit bieten kann, können kollektive soziale Sicherungssysteme auch schwer kalkulierbare Risiken (wie Arbeitslosigkeit) abdecken und darüber hinaus auch Hilfestellungen in und nach großen Katastrophen (Kriegsfolgen, Massenarbeitslosigkeit, Geldentwertung) geben, wie sie im letzen Jahrhundert mehrfach vorgekommen sind.

Das Versicherungsprinzip

In einer privaten Versicherung gilt allein das Äquivalenzprinzip von Leistung und Gegenleistung. Das Äquivalenzprinzip ist erfüllt, wenn der Versicherte eine »faire« Prämie bezahlt, die seinem individuellen Risiko entspricht. So prüft z.B. die private Krankenversicherung das individuelle Risiko anhand der Indikatoren Alter, Geschlecht und Art der Vorerkrankungen. Sie bildet dann möglichst gleichartige Risikogruppen, schätzt den durchschnittlichen Schaden dieser Gruppe (Kosten der medizinischen Versorgung in Euro) und berechnet daraus die »faire Prämie« (Zuschlag für Verwaltungskosten inbegriffen), die diesen Schaden genau abdeckt. Das Risiko selbst wird also zunächst nicht verringert, sondern die materiellen Folgen und Belastungen bei Risikoeintritt werden in einer Versichertengemeinschaft auf alle Schultern verteilt.

Die Gegenleistung, die der Versicherte für seinen Versicherungsbeitrag in der Krankenversicherung erhält, ist die Garantie, dass bei Eintritt des Risikos sein Bedarf an medizinischen Leistungen von der Versicherung gedeckt wird.

Eine Versicherung ist besonders dann sehr vorteilhaft, wenn der durchschnittliche Schaden bei Eintritt eines Risikos groß und die Eintrittswahrscheinlichkeit des Risikos gering ist. Dann lässt sich ein großer potentieller Schaden schon mit einem geringen Beitrag abdecken.

Abbildung 7.1: Systeme sozialer Risikovorsorge

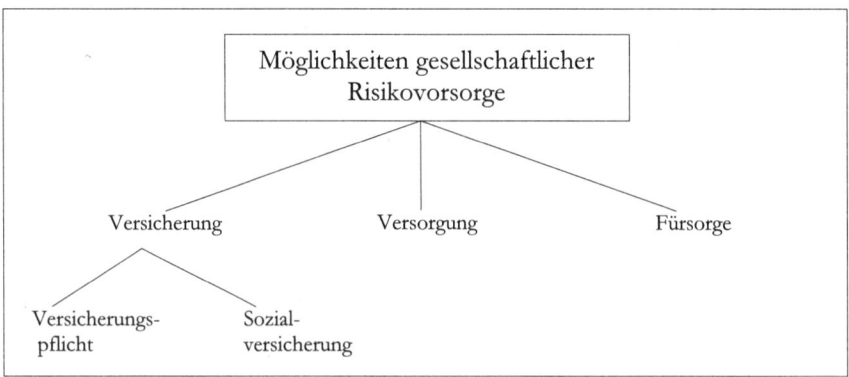

Prinzipiell kann die gesellschaftliche Risikovorsorge nach den drei Maximen Versicherungsprinzip, Versorgungsprinzip und Fürsorgeprinzip gestaltet sein (vgl. Abbildung 7.1).

Sollen die Bürger oder ein Teil davon (z.B. Arbeitnehmer) einer Versicherungspflicht unterliegen, stehen dem Staat zwei Möglichkeiten zur Auswahl.

- Er kann eine Verpflichtung zum Abschluss einer Privatversicherung auferlegen (Beispiel: Kfz-Haftpflicht) oder
- er kann eine staatliche Pflichtversicherung mit sozialem Ausgleich (Sozialversicherung) begründen.

Die Sozialversicherung

Kernstück der Sozialen Sicherung in Deutschland ist die Sozialversicherung. Es werden vor allem folgende Gründe dafür angeführt, warum eine Sozialversicherung bei den großen Lebensrisiken Alter, Invalidität, Arbeitslosigkeit usw. vorzuziehen ist.

- Eine Privatversicherung wird nur für kalkulierbare Risiken angeboten. Wir müssen unterscheiden zwischen kalkulierbarem Risiko und schwer- oder unkalkulierbaren Unsicherheiten in der Zukunft. So ist das Risiko der Arbeitslosigkeit für einen privaten Versicherer kaum kalkulierbar und es spricht hier vieles für eine staatlich organisierte Sozialversicherung.

- Ein soziales Sicherungssystem als übergreifende Solidargemeinschaft kann im Katastrophenfall erheblich mehr leisten als eine Privatversicherung. Es kann auch Hilfestellungen in und nach großen Katastrophen geben. Private Vorsorge für das Alter durch private Rentenversicherung stützt sich auf Kapitalbildung. Wenn das angesparte Kapital durch Kriege oder Inflation vernichtet wird, bleibt der Betroffene schutzlos zurück. Eine umlagefinanzierte Soziale Rentenversicherung dagegen ist in der Lage, weiter Renten nach Maßgabe der aktuellen Wirtschaftsleistung zu zahlen.
- Sozialversicherung bedeutet immer Pflichtversicherung. Es gibt viele Gründe, warum Menschen nicht ausreichend privat vorsorgen werden, wie Informationsmängel (Minderschätzung künftiger Bedürfnisse, Unterschätzung des Risikos), geringes Einkommen (Gegenwartskonsum steht im Vordergrund) oder opportunistisches Verhalten (Missbrauchsabsichten als rationales Kalkül: im Sozialstaat erhält jeder – auch wenn er nicht vorsorgt – seinen Grundbedarf gedeckt).
- Eine Pflichtsozialversicherung verhindert, dass die private Vorsorge erlahmt. Liberale Kritiker wenden ein, dass dafür eine Versicherungspflicht in einer privaten Versicherung völlig ausreichen würde.
- Vor allem aber ist zu betonen, dass nur eine Sozialversicherung es erlaubt, das Versicherungsprinzip mit dem Solidarprinzip zu verknüpfen. Das bedeutet, dass in einer Sozialversicherung typischerweise eine Umverteilung der Belastungen zugunsten der sozial Schwächeren oder zugunsten anderer Gruppen, etwa der Familien, erfolgt.

Am Beispiel der Sozialen Krankenversicherung (GKV) lassen sich mögliche Ausformungen des Solidarprinzips verdeutlichen. Die individuellen Beiträge spiegeln nicht das eingebrachte Risiko wieder. Relativ Gesunde und Morbide, Frauen und Männer, Junge und Alte bezahlen bei gleichem Lohneinkommen prinzipiell die gleiche Prämie. Damit ist im Vergleich zum Äquivalenzprinzip eine erhebliche Lastenumverteilung verbunden. Dies ist insbesondere für chronisch Kranke ein deutlicher Vorteil. Die Beitragsgestaltung kann außerdem eine Umverteilung von den besserverdienenden zu den ärmeren Versicherten vorsehen. In der GKV sind die Beiträge nach Einkommenshöhe gestaffelt (konstanter Beitragssatz bis zu einer Beitragsbemessungsgrenze). Außerdem sind versorgungspolitische Ziele in eine Sozialversicherung integrierbar. In der GKV findet sich die familienpolitisch begründete Mitversicherung der Familie eines Beitragszahlers, ohne dass zusätzliche Beiträge dafür zu entrichten wären.

Wenn wir von der Sozialversicherung als einer Versicherung sprechen, können wir das also nur unter Vorbehalten tun. Wichtige Grundprinzipien einer Versicherung wie gegenseitige Risikodeckung im Rahmen einer Gefahrengemeinschaft, Beitragsfinanzierung und Risikoabschätzung für die Gefahrengemeinschaft sind ohne Zweifel vorhanden. In den verschiedenen Sozialversicherungszweigen treten Strukturelemente hinzu, andere Elemente privater Versicherungen werden modifiziert, so dass man letztlich von einer Sozialversicherung als einer Versicherung sui generis, einer Versicherung eigener Art sprechen kann. Es handelt sich um eine Institution, die dem Gesetzgeber einen breiten Gestaltungsspielraum bietet und so eine flexible Anpassung an die sozialpolitischen Zielvorgaben gestattet.

Das Versorgungsprinzip

Versorgungssysteme werden vom Staat gestaltet und aus Steuermitteln finanziert. Den Begünstigten – das können bestimmte Gruppen sein (Beispiel: Kriegsopferversorgung in Deutschland, vgl. Kapitel 10.2) oder auch alle Staatsbürger (Beispiel: Die staatliche Gesundheitsversorgung in der ehemaligen DDR oder in England) – haben einen Rechtsanspruch auf die gesetzlich fixierten Versorgungsleistungen. Diese Rechtsansprüche gründen sich also nicht auf eine Beitragsvorleistung. Vorleistungen anderer Art können allerdings für Versorgungsansprüche eine Rolle spielen (Beispiel: Beamtenversorgung). In Deutschland sind versorgungsstaatliche Regulierungen auch in der Familienpolitik (Elterngeld) anzutreffen.

Das Fürsorgeprinzip

Wird das Fürsorgeprinzip bei einer Sozialleistung angewendet, bedeutet dies in erster Linie, dass eine Bedürftigkeitsprüfung stattfindet. Ein Anspruch auf Leistung besteht nur, wenn die Einkommens- und Vermögenslage des Betreffenden eine Selbsthilfe ausschließt und Unterhaltspflichten von Angehörigen nicht eingefordert werden können. Die Leistungen werden aus Steuern finanziert. In Deutschland bildet die Grundsicherung nach dem Fürsorgeprinzip das letzte soziale Auffangnetz zur Bekämpfung von Armut (vgl. Kapitel 9). Weitere Institutionen, die das Fürsorgeprinzip anwenden, sind die Ausbildungsförderung (Bafög) und das Wohngeld.

7.2 Merkmale der deutschen Sozialversicherung

In der Bundesrepublik dominiert eindeutig das Sozialversicherungsprinzip. Die Vorteile dieses historisch gewachsenen Systems sind auch heute weiter beachtenswert (vgl. etwa Wagner 1994). Sie liegen unter anderem in seiner *Parafiskalität* und seiner Chance zur *Selbstverwaltung*. Parafiskalität verweist auf eine gewisse Unabhängigkeit der Sozialversicherungen vom staatlichen Haushalts- und

Steuergebaren durch den zweckgebundenen Sozialbeitrag. Diese Ausgliederung des Haushalts der Sozialversicherung aus dem allgemeinen Staatshaushalt verschafft den Sozialversicherungsträgern einen Gestaltungsspielraum und reduziert – so hoffen zumindest die Befürworter – die politischen Eingriffe. Dies führe zu einer im sozialen Bereich notwendigen Verstetigung. Nun sind allerdings die Erfahrungen der letzten Jahre, in denen ein Spargesetz nach dem anderen die Sozialversicherungen heimsuchte, kein guter Beleg für diese These. Dennoch ist anzunehmen, dass die Politik dazu neigt, in Krisenfällen und bei angespannter Haushaltslage einem steuerfinanzierten Versorgungssystem noch stärker die Finanzmittel zu beschneiden, um damit den allgemeinen Staatshaushalt zu sanieren.

Allerdings werden auch Nachteile des Sozialversicherungsprinzips genannt. Sozialpolitiker, die eine stärkere Umverteilung im Sozialstaat anstreben, werden bei progressiv gestalteten Einkommensteuersätzen einem Versorgungssystem den Vorzug geben müssen. Allerdings kann auch eine Sozialversicherung so gestaltet sein, dass erhebliche Umverteilungswirkungen erzielt werden. Das setzt jedoch eine Bürgerversicherung voraus, die mit einer hohen Beitragsbemessungsgrenze versehen ist (Beispiel: Schweiz).

Kritisch wird auch auf die Neigung der politisch Verantwortlichen hingewiesen, einem Parafiskus immer neue und auch sachfremde Aufgaben zuzuweisen, ohne gleichzeitig die Finanzierung sicherstellen zu müssen. In seiner Untersuchung zum Ausmaß versicherungsfremder Leistungen kommt Schmähl (2001) zu dem Ergebnis, dass die gesamte Beitragsbelastung in der Sozialversicherung von ca. 42 Prozent auf 34 Prozent abgesenkt werden könnte, wenn man diese Leistungen ausgliedern würde. Auch wenn umstritten ist, was jeweils als versicherungsfremde Leistung zu werten ist, zeigen die Berechnungen doch, dass es sich auch bei engerer Abgrenzung um erhebliche Beträge handeln würde, zumal die Belastung durch den West-Ost Transfer in der Sozialversicherung von Schmähl nicht einkalkuliert wurde (vgl. Kapitel 2.6).

Die Selbstverwaltung bietet die Chance, dass die Interessen der Versicherten besser vertreten und der Sachverstand der an der Selbstverwaltung beteiligten Verbände genutzt wird.

Die Sozialversicherungspflicht gilt in Deutschland nicht für alle Bürger. Die Regelungen sind relativ kompliziert, da die einzelnen Zweige der Sozialversicherung die Versicherungspflicht unterschiedlich gestalten (vgl. Kapitel 8). So sind die Bezieher hoher Lohneinkommen zwar in der Rentenversicherung, nicht aber in der Krankenversicherung pflichtversichert. 2007 beträgt die Versicherungspflichtgrenze in der GKV 3.975 Euro monatlich (Westdeutschland).

Abbildung 7.2: Selbstverwaltung in der gesetzlichen Rentenversicherung
(am Beispiel »Deutsche Rentenversicherung Hessen«

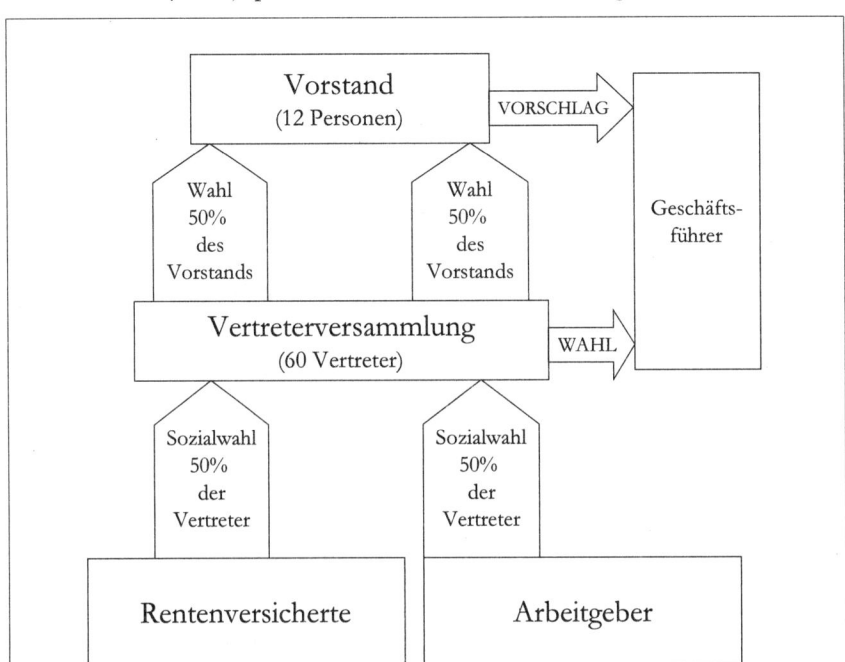

Alle sechs Jahre finden die Sozialwahlen statt, zuletzt im Jahr 2005.

Bei geringfügiger Beschäftigung, den Minijobs in den unteren Einkommens-
klassen ist die Entgeltgrenze 2003 auf 400 Euro gesetzt worden. Wer weniger
verdient, dessen Arbeitgeber zahlt 30,1 Prozent pauschale Abgaben (15 Prozent
GRV, 13 Prozent GKV, 2 Prozent Pauschalsteuer). Für Mini-Jobs in privaten
Haushalten beträgt die Abgabenquote nur 13,7 Prozent.

Kausal- und Finalprinzip in der deutschen Sozialordnung

Bei der Anwendung des Kausalprinzips wird zunächst danach gefragt, welche
Ursache (causa) den Schaden herbeigeführt hat. Danach wird entschieden, ob
und in welcher Höhe eine ausgleichende Sozialleistung erfolgen soll. Im Gegensatz dazu wird bei der Anwendung des Finalprinzips die Leistung vorrangig
danach bemessen, ob sie ausreicht, einen eingetretenen Schaden »sozial befriedigend« zu regulieren (Zweck- oder Zielorientierung).

In einer Sozialordnung wie der deutschen, in der das Sozialversicherungsprinzip zum tragenden Prinzip wurde, ist auch über die Dominanz des Kausalprinzips vor dem Finalprinzip mitentschieden worden. Dies gilt allerdings nur

für die Geldleistungen wie Renten, Krankengeld oder Arbeitslosengeld. Bei den Sach- und sozialen Dienstleistungen hat sich dagegen mehr und mehr das Finalprinzip durchgesetzt.

Betrachten wir zunächst ein Beispiel aus dem Bereich der Geldleistungen, nämlich das Risiko ausfallenden Erwerbseinkommens bei einem Arbeitnehmer. Eine final orientierte Sozialleistung wäre hier z.B. ein garantiertes Mindesteinkommen für jeden, der – aus welchen Gründen auch immer – kein ausreichendes Einkommen bezieht. Eine Bedürftigkeitsprüfung in irgendeiner Form – und sei es über die Einkommenssteuerprüfung – dürfte hier unerlässlich sein. Damit zieht die Entscheidung für das Finalprinzip bei Einkommenstransfers letztlich den Einbau von Kontrollelementen des Fürsorgeprinzips nach sich. In der aktuellen Diskussion zielt der Vorschlag eines Bürgergeldes (Beck 2000) auf das Finalprinzip. Vorgeschlagen wird ein Mindesteinkommen für jeden Bürger, so dass man auf die Einkommensersatzleistungen der einzelnen Sozialversicherungszweige verzichten kann. Auch in diesem Modell kann auf eine Bedürftigkeitsprüfung nicht verzichtet werden. Die Befürworter erhoffen sich allerdings vom Finanzamt eine weniger diskriminierende Kontrolle im Vergleich zu den bisherigen Kontrolleuren Sozialamt und Arbeitsagentur.

Eine am Kausalprinzip orientierte Lösung fragt demgegenüber nach den Ursachen des Einkommensverlustes und wird je nachdem, ob Invalidität, Krankheit, unfreiwillige Arbeitslosigkeit oder auch Faulheit vorliegen, unterschiedliche Leistungen erwägen. Offensichtlich bietet sich hier das Versicherungsprinzip geradezu zur konkreten Umsetzung des Kausalprinzips an. Jeder Versicherungszweig, Krankenversicherung, Renten- oder Arbeitslosenversicherung, setzt an unterschiedlichen Risiken des Einkommensausfalls an und kann – wenn sozialpolitisch gewollt – Einkommensersatzleistungen in unterschiedlicher Höhe anbieten und entsprechend den Beitrag kalkulieren. So unterscheidet sich in der Bundesrepublik auch die Höhe der Einkommensersatzleistungen in den genannten Zweigen der Sozialen Sicherheit einschließlich der Grundsicherung erheblich. Die Anwendung des Kausalprinzips in der Sozialversicherung bietet erhebliche Differenzierungsmöglichkeiten, die beim Finalprinzip weitgehend entfallen. Diese Differenzierung stößt auch auf breite Zustimmung in der Bevölkerung und es wird als gerecht empfunden, wenn je nach Ursache des Einkommensausfalls die Höhe der Geldleistung differiert.

Bei den Sach- und sozialen Dienstleistungen wurde dagegen das Finalprinzip weitgehend verwirklicht. Am Beispiel einer Behinderung lässt sich erkennen, dass wohl die meisten Menschen darin die sozial gerechtere Lösung sehen. Jeder hat Anspruch auf die von Ärzten für angemessen erachtete Behandlung.

Das Prinzip der Ordnungskonformität von Wirtschaftssystem und Sozialstaat

Das Prinzip der Ordnungskonformität lag und liegt besonders den ordoliberalen Ökonomen am Herzen. Sie interpretieren es allerdings in einseitiger Weise als Marktordnungskonformität.

In einer erweiterten und ausgewogenen Form, die Marktordnung und Sozialstaat als gleichrangige Grundelemente der Sozialordnung akzeptiert, fordert das Prinzip der Ordnungskonformität eine gegenseitige Abstimmung beider Teilordnungen aufeinander (Lampert/Althammer 2004, S. 452).

Die disziplinübergreifende Forschung über den Menschen zeigt uns inzwischen die Konturen und Bedingungen menschlichen Verhaltens deutlicher. Psychologische und soziobiologische Evolutionstheorien mit unterstützenden Analysen aus der Theorie strategischer Spiele (Axelrod 1988) zeigen den Menschen als ein soziales auf Kooperation angelegtes Wesen, dem allerdings auch ein gehöriger Schuss Egoismus beigefügt ist (Modell des reziproken Altruismus). Kooperatives Verhalten ist danach auf lange Sicht auch in Massengesellschaften der reinen Ellbogenmentalität überlegen. Radikale Marktwirtschaft und reines Konkurrenzdenken ist aus dieser Sicht ein falscher Weg. Er ist auch unter der verengten Zielrichtung der Einkommensmaximierung nicht der erfolgreichste. Diese These wurde, wenn auch mit anderen Argumenten schon lange von den christlichen Soziallehren, aber auch von neuliberalen Autoren der ersten Stunde (Röpcke 1979) vertreten.

Ein konkretes Beispiel soll die Argumentationslinie verdeutlichen. Nach liberaler Auffassung ist ein starker Kündigungsschutz nicht gut mit einer marktwirtschaftlichen Ausrichtung des Arbeitmarktes zu vereinbaren. Dem ist sicher zuzustimmen. Damit ist aber die Frage noch nicht beantwortet, ob diese Einrichtung mit einer *sozialen Marktwirtschaft* konform geht, die auf ein Zusammenspiel von Kooperation und Konkurrenz als überlegene Form der Sozialordnung setzt. Heute dreht sich alles um die Innovationsfähigkeit sozialer Systeme. Ist die Fähigkeit und Bereitschaft zur Innovation eher in Unternehmen zu erzielen, die auf Konkurrenz der Arbeitnehmer untereinander setzen und wo jeder befürchten muss, durch innovative Rationalisierung freigesetzt zu werden oder in Betrieben, die kooperative Mitarbeit belohnen und alles für die Beschäftigungssicherung (u.a. auch Kündigungsschutzabkommen) tun. Die Extreme bilden hier das japanische Modell einer kooperativen Unternehmensverfassung und das angelsächsische der harten Konkurrenz aller gegen alle. Dabei zeigt sich eher eine Überlegenheit des japanischen Systems in Bezug auf Innovation, Produktivität und Motivation.

Eine endgültige Antwort auf unsere Frage nach der Ordnungskonformität des Kündigungsschutzes im Modell Deutschland haben wir damit nicht gefunden. Vielleicht gibt es noch bessere Kompromisse. Heute setzt sich wieder in einer Art ideologischer Gegenrevolution der Glaube an die Selbstheilungskräfte reiner Marktlösungen durch. Der internationale Konkurrenzkampf um die besten Institutionen nimmt an Schärfe zu. Das Modell Deutschland basiert auf der dynamischen Ordnungskonformität (gegenseitige Anpassung und Rücksichtnahme) von Sozialstaat und Markt, die immer wieder neu, aber nie einseitig zu Lasten der einen Seite zu bestimmen ist. Die hohe Ausstrahlungskraft des Sozialversicherungsprinzips gründet darauf, dass hier Leistungsprinzip und Solidarprinzip in unterschiedlichen Mischungsverhältnissen miteinander verbunden werden können.

Das Prinzip des aktivierenden Sozialstaats: Fördern und Fordern

Das *Spornungspostulat* von Gerhard Weisser fordert, dass Sozialleistungen vor allem wenn sie am Bedarf und nicht an der eigenen Vorleistung des Versicherten orientiert sind, weder die individuelle Leistungsbereitschaft noch den Leistungswillen der Gruppe entscheidend mindern dürfen, da ansonsten weder die ökonomischen noch die sozialen Ziele der Wirtschafts- und Sozialordnung, soweit sie auf Güter- und Dienstleistungsbereitstellung basieren, zu erreichen sind. Weisser fordert damit unmissverständlich die Abstimmung von Sanktionen und Anreizen (Spornung) mit dem Solidarprinzip.

Faktisch sind die Institutionen der sozialen Sicherung verpflichtet, die Berechtigung der Inanspruchnahme von Leistungen zu kontrollieren. Sieht man sich die hohen Zahlen aufgedeckten Sozialbetrugs bei den Arbeits- und Sozialämtern an und bedenkt die mögliche Dunkelziffer, wird verständlich, warum über das Kontroll- und Sanktionssystem neu verhandelt wurde. Auch wenn dies ein heikles Thema ist und verschärfte Kontrollen auch die ohnehin genug belasteten Ehrlichen treffen, ist nicht verfolgter Missbrauch der Anfang vom Ende der Akzeptanz der Grundsicherungssysteme in der Bevölkerung. Die Entschuldigung, das seien im Vergleich zur Steuerhinterziehung nur Kleinbeträge, ist inakzeptabel. Beides ist zu verfolgen und entsprechend zu sanktionieren. Dies geschieht auch, wie man an der Zahl der Ermittlungsverfahren ablesen kann, die von den Sozialämtern und der Agentur für Arbeit gegen illegale Beschäftigung und Sozialmissbrauch jährlich eingeleitet werden.

Mit den Reformen zu einer stärker aktivierenden Sozialpolitik durch die Hartz-Gesetze soll der Missbrauch weiter eingedämmt werden. Dabei setzt der Staat nun stärker auf kreative Methoden. So soll nach relativ kurzer Dauer der Arbeitslosigkeit allen Erwerbslosen ein Arbeitsangebot unterbreitet werden, idealerweise im normalen Arbeitsmarkt, ansonsten als Ein-Euro-Job in öffentlichen und gemeinnützigen Einrichtungen. Natürlich wird man auf direkte Kontrollen und auf die Sanktionierung durch Leistungskürzungen nie ganz verzichten können. Auch die soziale Dienste und Sachleistungen finanzierenden Kranken-(GKV) und Pflegeversicherung (GPV) haben mit einer Übernutzung zu kämpfen. Gerade in der neu eingerichteten Pflegeversicherung häufen sich die Beschwerden über unseriöse Anbieter, die zu viele Leistungen abrechnen und schlechte Qualität anbieten. Hier sind Kontrolllücken zu schließen. Auch im Gesundheitssystem sind ordnungskonforme Verbesserungen der Anreiz- und Kontrollsysteme wünschenswert aber nur schwer zu realisieren.

Solidarität und Solidarprinzip

Unter Solidarität versteht man im Allgemeinen die gegenseitige Hilfe in einer Gruppe, das gegenseitige Einstehen der Mitglieder einer Gruppe füreinander. In unserem ausdifferenzierten Sozialen Sicherungssystem mit seinen großen anonymen Versichertengruppen ist das Element der persönlichen gegenseitigen Hilfe kaum zu finden.

Das Solidarprinzip im Sozialen Sicherungssystem – wie wir es verstehen – reduziert und konkretisiert sich als ein anonymer Akt der Umverteilung der Belastungen (Finanzierungen) und/oder Leistungen. Dabei gibt es verschiedene Ausprägungen des Solidarprinzips in einer Versichertengemeinschaft.

– Zunächst kann damit gemeint sein, dass ungleiche Risiken bei gleichem Beitrag oder Beitragssatz zusammengelegt werden. Da private Versicherungen ihre Prämien nach eingebrachtem individuellem Risiko kalkulieren, kommt es dadurch zu einer Umverteilung zugunsten der Menschen, die ein größeres Risiko einbringen.
– Die zweite Ausprägung des Solidarprinzips basiert auf dem Modell der *intertemporalen Umverteilung*. So sieht Wilfried Schreiber (1968) das Solidarprinzip auch in dem Generationenvertrag der Rentenversicherung (vgl. Kapitel 8.1) verwirklicht, der notwendig ist, um eine bedarfsgerechte Umverteilung des individuellen Lebenseinkommens sozialpolitisch zu organisieren. Stellen wir uns den Lebensablauf eines Menschen vor, so sehen wir, dass den Zeiten der Erwerbstätigkeit, in der Leistungseinkommen erzielt wird, Zeiten der Kindheit und Jugend, Schule und Ausbildung, Krankheit, Arbeitslosigkeit, Alter und möglicherweise noch weitere Zeiten einer Verhinderung oder Minderung der Erwerbstätigkeit gegenüberstehen. Wenn man nun annimmt, das gesamte Lebenseinkommen eines Arbeiters würde in der heutigen Zeit bei richtiger Umschichtung ausreichen, um auch den lebensnotwendigen Bedarf in den Zeiten ohne Leistungseinkommen abzudecken, reicht es aus, wenn das Sozial-(Versicherungs-)System diese intertemporale Umverteilung des Lebenseinkommen, die individuell nur ungenügend geschehen kann, in einer Solidargemeinschaft optimal organisiert.

– Die dritte Interpretation sieht das Solidarprinzip nur bei einer merklichen interpersonellen Umverteilung verwirklicht. Solidarisch ist eine Gruppe oder Versichertengemeinschaft erst dann, wenn die Last zugunsten der sozialökonomisch Schwächeren zum Teil auf die stärkeren Schultern der Bezieher höherer Einkommen geladen wird.

Alle drei Ausformungen finden sich im deutschen Sozialversicherungssystem verwirklicht. Das Ausmaß der Umverteilung variiert nach dem relativen Anteil der Sachleistungen. Sie ist bei der Rentenversicherung, wo überwiegend Einkommenstransfers stattfinden, geringer ausgeprägt als bei der Krankenversicherung und der Pflegeversicherung. Insgesamt ist der Umfang der interpersonellen Umverteilung nicht übermäßig hoch. Das erhöht die Akzeptanz der Sozialversicherung in der Bevölkerung, die auf ein ausgewogenes Verhältnis von Leistung und Gegenleistung achtet. In Zukunft könnte allerdings eine stärkere Belastung der starken Schultern im Rahmen einer Bürgerversicherung unverzichtbar sein, will man das Leistungsniveau auch für den unteren Einkommensschichten sichern.

Interpretationen des Subsidiaritätsprinzips

Das Subsidiaritätsprinzip wird einmal als eine Aufforderung an den Staat verstanden, die kleineren sozialen Einheiten, insbesondere die Familien, besonders zu fördern, aber auch als ein Votum für den Vorrang der freien Wohlfahrtsverbände als Anbieter sozialer Dienste (vgl. die Kapitel, 3.1 und 4.2).

Neue soziologische Ansätze in Theorie und Praxis greifen diesen Gedanken auf. Es geht vor allem um die aktive Teilhabe der Betroffenen an der Erbringung sozialer und gesundheitlicher Dienste. Es wird eine »Steigerung der kooperativen Kompetenz des Klienten« angestrebt. So soll die individuelle Fähigkeit, aktiv mit den professionellen Leistungserbringern wie Ärzten, Sozialarbeitern, Sozialpädagogen und Pflegekräften zusammenzuarbeiten, geschult und verbessert werden.

Darüber hinaus sollen in kleinen Selbsthilfegruppen Teile der notwendigen Sozialleistungen unentgeltlich auf Gegenseitigkeit erbracht werden. Diese Strategie der »Stärkung der kleinen Netze« tritt in Konkurrenz sowohl zu entfremdenden wohlfahrtsstaatlichen Systemen als auch zu Absichten, soziale Dienste zu privatisieren. Eine vorsichtige Einschätzung der Möglichkeiten des Selbsthilfeprinzips wird anerkennen, dass noch bedeutende ungenutzte Potentiale an sozialer Initiative und Gemeinnützigkeit zu erschließen sind, auf der anderen Seite jedoch weite Bereiche der sozialen Sicherung sich dieser Maxime verschließen und allenfalls durch ein Selbsthilfeengagement sinnvoll zu ergänzen sind.

7.3 Zentrale Problemfelder der Sozialen Sicherung

7.3.1 Bevölkerungsentwicklung und Altersstruktur

Zwei Faktoren bestimmen den Alterungsprozess der Gesellschaft. Mit der zunehmenden Lebenserwartung steigt die Zahl der zu betreuenden und zu versorgenden alten Menschen deutlich an. Gleichzeitig führt die seit der Mitte der 1960er Jahre gesunkene Geburtenrate dazu, dass immer weniger junge Menschen nachwachsen und so insgesamt das Durchschnittsalter der Bevölkerung ansteigt. Mit regelmäßigen Bevölkerungsvorausberechnungen – 2006 wurde die 11. koordinierte Bevölkerungsvorausberechnung vorgelegt – sucht das Statistische Bundesamt, diese Prozesse transparenter zu machen und Szenarien einer möglichen zukünftigen Entwicklung zu entwerfen. Dabei ist vor allem die Höhe der jährlichen Zu- oder Abwanderung die schwer zu schätzende Problemgröße. Daher berechnet das Amt eine Reihe von Varianten möglicher Entwicklungen. Zwei Varianten (1-W1 und 1-W2) werden vom Amt besonders herausstellt, beide gehen von einer Fortsetzung des aktuellen demographischen Trends aus:

– Die zusammengefasste Geburtenziffer (total fertility rate) bleibt mit 1,4 Kindern je Frau während der nächsten 50 Jahre konstant.
– Die Lebenserwartung bei Geburt steigt bis 2050 um etwa sieben Jahre auf 83,5 Jahre für die Jungen und auf 88 Jahre für die Mädchen.

Variante 1-W1 geht von einer Nettozuwanderung nach Deutschland von 100.000 Menschen pro Jahr aus, Variante 1-W2 von einer Zuwanderung von 200.000.

Auf der Grundlage dieser Prämissen sind in der Tabelle 7.1 die für die deutsche Sozialordnung besonders wichtigen Indikatoren zusammengestellt. Die Bevölkerung wird stark schrumpfen. Auch eine Zuwanderung von 200.000 pro Jahr kann den Effekt nur mildern. Es wären also Zuwanderungszahlen zur Stabilisierung notwendig, die weit darüber hinaus gingen. Der Altenquotient verdoppelt sich bis 2050 und Hochaltrigenquotient verdreifacht sich. Da der Jugendquotient nur noch wenig sinkt, geht davon keine starke Reduktion der Gesamtbelastung (Jugend- plus Altenquotient) aus.

Tabelle 7.1: Bevölkerungsentwicklung, Jugend- und Altenquotient bis 2050 (in Prozent)

Jahr	Bevölkerung in Mio.	Jugendquotient (1)	Altenquotient (2)	Jugend- plus Altenquotient	Hochaltrigen-quotient (3)
2005	82,4	33	32	65	8,6
2030 (4)	77,2–79,7	29,8–29,9	52–50	82–80	14,8–14,3
2050 (4)	68,7–74,0	29,1–29,2	64–60	89–93	28,3–26,0

(1) Anzahl der unter 20jährigen bezogen auf die Bevölkerungszahl im erwerbsfähigen Alter von 20–65 Jahren, (2) Anzahl der über 65 jährigen bezogen auf die Bevölkerungszahl im erwerbsfähigen Alter, (3) Anzahl der über 80jährigen bezogen auf die Bevölkerungszahl im erwerbsfähigen Alter, (4) Der erste (zweite) Wert berechnet sich unter den Annahmen eine Netto-Zuwanderung von 100.000 (200.000) pro Jahr, einer konstanten Geburtenrate (1,4) und einer Zunahme der Lebenserwartung bei Geburt von 7 Jahren bis 2050; Quelle: StatBA (2006): Der Bericht »11. koordinierte Bevölkerungsvorausberechnung – Annahmen und Ergebnisse, eigene Berechnungen aus Tabellenwerten in Anhang B: Varianten 1-W1 und 1-W2.

Die Herausforderungen für den Sozialstaat sind also erheblich. Eine steigende Rentenbelastung, höhere Krankheits- und Pflegekosten kommen mit hoher Wahrscheinlichkeit auf die Gesellschaft zu. In den folgenden Kapiteln werden wir die Probleme, die sich für die einzelnen Sozialversicherungszweige stellen, genauer beschreiben, Reformprojekte und Lösungsvorschläge diskutieren. An diesem Punkt stellt sich die Frage, ob nicht eine präventive Strategie diese Entwicklung aufhalten oder zumindest so verzögern kann, dass der Gesellschaft und der Politik mehr Zeit bleibt, sich darauf einzustellen.

Aus unserer Sicht bildet die massenweise Zuwanderung von Menschen im erwerbsfähigen Alter keine wirkliche Lösung. Die Integrationskraft der Gesellschaft wird überfordert, auch in vielen anderen Ländern laufen ähnliche demographische Prozesse ab und der Entzug der jungen Eliten aus Entwicklungsländern ist eigentlich nicht zu verantworten.

Ein denkbarer Weg liegt eher in Maßnahmen, die darauf zielen, die Geburtenrate deutlich zu erhöhen. Immerhin geben die nordischen Länder in Europa und vor allem Frankreich gute Beispiele, dass hier realistische Chancen bestehen. Im Kapitel 11 werden wir auf die politische Auseinandersetzung um das neue Leitbild einer nachhaltigen Familienpolitik und den vorgeschlagenen Maßnahmen genauer eingehen.

Die Bevölkerungsvorausberechnungen sind nicht als Prognosen zu verstehen. Offensichtlich glauben die Wissenschaftler allerdings, dass sie mit ihren 11 Scenarien die mögliche Spannweite der Entwicklung eingefangen haben. In ihrer extremen Variante 4-W2 berechnen sie für 2050 eine Bevölkerungszahl von immerhin noch 79,5 Mio., also nur eine relativ geringe Schrumpfung gegenüber 2005. Es zeigt sich, dass schon eine relativ kleine Variation der Basisannahmen zu erheblichen Veränderungen in den Vorausberechnungen führen. So ist im Scenario 4-W2 nur ein Anstieg der Geburtenrate auf 1,6 unterstellt.

Wie das Beispiel nicht nur Frankreichs (Geburtenrate 2006: 2,06) zeigt, könnte eine ehrgeizige und effiziente Kinderförderung hier durchaus mehr bewirken, so dass selbst dieses Scenario noch von der tatsächlichen Entwicklung übertroffen werden könnte.

Diese Überlegungen und die vielen Fehlprognosen zur Bevölkerungsentwicklung in der Vergangenheit (Fehleinschätzung der Zuwanderung) geben Anlaß zur Skepsis. Diese Skepsis ist jedoch in bezug auf die im Sozialstaat primär interessierenden Sachverhalte nicht angebracht! Die Alterung der Gesellschaft wird fortschreiten, nur das Ausmaß ist noch unbekannt. Die Arbeitsmarkt- und Sozialsysteme müssen darauf eingestellt werden.

7.3.2 Der halbierte Generationenvertrag

Ein besonderes Anliegen des Nestors der katholischen Soziallehre Oswald von Nell-Breuning (1979) bestand darin, immer wieder deutlich zu machen, dass der Generationenvertrag nicht nur darauf basiert, dass die gerade im Erwerbsleben stehende Generation die Sicherung der Alten garantiert. Genau so bedeutsam ist die Verpflichtung dieser mittleren Generation, Kinder zu zeugen und die heranwachsende Generation zu versorgen und zu erziehen. Die erste Aufgabe wird heute gesamtgesellschaftlich über das Rentensystem organisiert, während die zweite Aufgabe überwiegend privat durch die Eltern übernommen wird, da der staatliche Familienlastenausgleich (vgl. Kapitel 11.1.5) nur den kleineren Teil der Last abnimmt. Dem sozialen Sicherungssystem liegt demnach ein »halbierter« Generationenvertrag zugrunde. In Abbildung 7.3 versorgt die gerade aktive 2. Generation die ältere 1. Generation (do = ich gebe), um später von der 3. Generation ebenfalls versorgt zu werden (ut des = damit du gibst). Dieses monetär verkürzte Äquivalenzdenken unterstellt, dass immer eine nachwachsende Generation in ausreichender Größe, entsprechender Ausbildung und Bereitschaft, diesen Generationenvertrag zu erfüllen, vorhanden sein wird.

Im Lichte der ökonomischen Theorie besehen ist die Kindererziehung zu einem sog. *Kollektivgut* geworden. Brauchte man früher eigene Kinder, um im Alter versorgt zu sein, verschafft das herrschende Sicherungssystem nun allen Beitragszahlern – auch den Kinderlosen – Ansprüche auf eine Versorgung im Alter.

Sozialökonomisch notwendig ist in jeder Gesellschaft jedoch ein vollständiger Dreigenerationenvertrag (Abbildung 7.4). Die aktive Generation leistet einerseits vor, indem sie die nachwachsende Generation aufzieht (do), sie trägt andererseits die Schuld ab, indem sie die ältere Generation als Gegenleistung für

Abbildung 7.3: Der halbierte Generationenvertrag der Rentenversicherung

Zeitstadium	Heranwachsende Generation	Aktive Generation		Ältere Generation
I	3. Generation	2. Generation	do	1. Generation
II	4. Generation	3. Generation	ut des	2. Generation

Bildung und Erziehung mit Renteneinkommen und sozialen Diensten versorgt (ut des) (Schaper 1993).

Alleinstehende und kinderlose Eheleute erfüllen nach dieser Sichtweise nur einen Teil des Vertrages. Ohne an der Versorgung der nachwachsenden Generation angemessen beteiligt zu sein, erwerben sie Rentenansprüche gegen diese Generation. Kinderlose realisieren dadurch im Schnitt einen höheren Lebensstandard in der aktiven Zeit und auch im Alter, da kinderlose Ehepaare oft zwei Renten beziehen, weil ein Partner nicht wegen Zeiten der Kindererziehung die Erwerbstätigkeit unterbrechen oder aufgeben musste.

Abbildung 7.4: Der vollständige Drei-Generationenvertrag

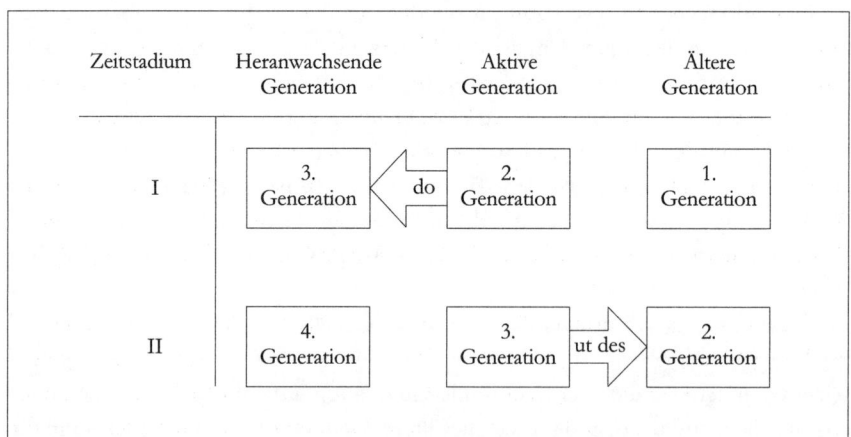

Zeitstadium	Heranwachsende Generation	Aktive Generation		Ältere Generation
I	3. Generation	do	2. Generation	1. Generation
II	4. Generation	3. Generation	ut des	2. Generation

In einer Zeit, in der die Zahl der »Singles« und kinderlosen Ehepaare wächst und damit die Altenlast zukünftig steigt, wird dem Sicherungssystem der Boden unter den Füßen weggezogen. Die Kindererziehung ist als notwendiger Naturalbeitrag zur langfristigen Sicherung des Rentensystems anzusehen, der genauso unverzichtbar ist wie der Geldbeitrag. Damit müsse aus Gründen der Leistungsgerechtigkeit nach dem Äquivalenzprinzip Jedem, der Kinder erzieht, diese Leistung auch im Renten- aber auch im Pflegesystem angerechnet werden (Borchert 1993).

Oft wird gegen diese Vorstellungen eingewendet, man mache damit die Kinderlosen zu moralisch Schuldigen. Jeder hätte das Recht auf die freie Entscheidung für oder gegen Kinder. Dieses Recht soll auch nicht bestritten werden. Keiner kann ernsthaft wollen, dass Menschen zur Elternschaft verpflichtet werden, allein schon wegen der verheerenden Folgen für die dann wohl ungeliebten Kinder. Warum ein Bürger den Generationenvertrag nicht erfüllt, ist unerheblich. Um persönliche Schuld geht es hier nicht. Auch unfreiwillige Kinderlosigkeit führt leider zu einer Verletzung des sozialökonomisch notwendigen Generationenvertrags.

Es werden nun unterschiedliche Lösungsvorschläge unterbreitet. Da wird einmal die »Richtigstellung des Dreigenerationenvertrages durch eine Beitragsstaffelung nach der Kinderzahl« gefordert (Hilzenbacher 1985). Dann gibt es das Modell der Elternrente (Borchert 1993), in dem die Renten der Kinderlosen halbiert werden sollen und die verbleibende Hälfte als Elternrente den Kindererziehenden gestaffelt nach der Zahl der Kinder zukommen soll. Diese und weitere Vorschläge zielen letztlich darauf ab, die demographische Last aus Gründen einer (intra-)generativen Verteilungsgerechtigkeit zu einem erheblichen Unfang den dafür verantwortlichen Kinderlosen aufzubürden.

In welchem Ausmaß ein veränderter Generationenvertrag auch zu einer erhöhten Geburtenrate in Deutschland beitragen kann, ist umstritten. Jürgen Borchert beschreibt einen Teufelskreis. Die Familien leisten mit ihrer Kindererziehung auf ihre Privatkosten auch die Altersvorsorge für ihre kinderlosen Jahrgangsteilnehmer. Mit der zunehmenden Alterung und aus anderen Gründen stiegen die Beitragssätze in der Sozialversicherung. Dies führte dazu, dass die Unterschiede im Nettoäquivalenzeinkommen zwischen Familien und einem Single, die ohnehin – gleicher Lohn vorausgesetzt – schon groß sind, immer größer wurden. Parallel dazu stieg die Kinderarmut in Deutschland in den letzten Jahrzehnten dramatisch an. Könnte man diese Belastung von Familien durch einen neuen Generationenvertrag deutlich reduzieren, wären zumindest die materiellen Voraussetzungen, sich für Kinder zu entscheiden, deutlich verbessert.

Die Vorschläge zur Richtigstellung des Generationenvertrages haben wie kaum ein anderes Thema zu einer harten, oft polemischen Auseinandersetzung geführt. Die Kritiker werfen den Befürwortern »Familienfundamentalismus« vor, worauf diese ihren Kritikern Uneinsichtigkeit attestieren.

Sozialpolitisch können die Argumente allerdings nicht mehr einfach ignoriert werden und polemisieren hilft nicht, da es den Verfechtern des Drei-Generationen-Vertrages gelungen ist, das Bundesverfassungsgericht grundsätzlich mit ihren Argumenten zu überzeugen. In verschiedenen Urteilen seit 1992 hat das oberste Gericht den Gesetzgeber verpflichtet, die Leistung der Kindererziehung in der Renten- und Pflegeversicherung höher zu bewerten. Dies kann im Rahmen des bestehenden Systems durch eine verbesserte Anrechnung von Kindererziehungszeiten geschehen, wie es in den Rentenreformgesetzen von 1997 und 2001 verwirklicht wurde. In der Pflegeversicherung müssen Kinderlose seit 2005 einen höheren Beitragssatz zahlen.

Immer wieder tauchen Vorschläge auf, wie sie schon in den 1950er Jahren von Wilfried Schreiber (1968) entwickelt wurden. Gefordert wird eine neue sozialpolitische Institution, die auch die Kosten der Kindererziehung sozialisiert. Jedes Kind erhält dann aus einer »Kinderkasse« ein auskömmliches Einkommen. Die Gesellschaft tritt ihren jungen angehenden Bürgern gegenüber in Vorleistung und vergibt einen Kredit an jedes Kind, den die Eltern treuhänderisch verwenden. Nach der Ausbildung muss der jetzt beruflich aktive Bürger nicht nur wie bisher Sozialversicherungsbeiträge entrichten, sondern auch Beiträge in die Kinderkasse zahlen. Damit wird das Kollektivgutproblem gelöst. Jeder Bürger muss seinen Kredit, der ihm von der Kinderkasse in jungen Jahren eingeräumt wurde, tilgen und ist damit an der Finanzierung der Kindererziehung beteiligt, auch wenn er selbst keine Kinder hat.

7.3.3 Umlagefinanzierung oder Kapitaldeckung (Mackenroth-Theorem)

Die deutsche Sozialversicherung funktioniert nach dem Umlageverfahren. Die aktuellen Beiträge zur Renten- oder Pflegeversicherung werden in der gleichen Periode zur Finanzierung der laufenden Leistungsausgaben verwendet. Für viele neoklassische Ökonomen ist das ein Finanzierungsverfahren, das nicht nachhaltig ist und kommende Generationen zu stark belastet. Vorgeschlagen wird deshalb eine Finanzierungsreform zu einem kapitalbildenden System, wie es in einer privaten Lebensversicherung üblich ist.

Weitere Vorteile eines kapitalgedeckten Systems werden darin gesehen, dass

- Eigentumsrechte besser gegen staatliche Kürzungen oder Umverteilung geschützt seien,
- höhere Renten bei gleichen Vorleistungen (Zinseszinseffekt) zu erzielen wären,

- in modernen Gesellschaften der Kapitalmarkt die optimale Vorsorge im Vergleich zur Versichertengemeinschaft oder einem »Generationenvertrag« biete und
- sich die Wachstumsrate der Einkommen in der Volkswirtschaft durch das höhere Sparvolumen erhöhen ließe.
- Auch die Anlage von Sparkapital in Schwellen- und Entwicklungsländern wird positiv gesehen, da sie deren Entwicklung fördere, was wiederum positiv auf die Industrieländer zurückwirke.

Gerhard Mackenroth (1952) verteidigte das Umlagesystem mit dem grundsätzlichen Argument:

»Jeder Sozialaufwand (Sozialtransfer) kann nur aus dem Sozialprodukt der laufenden Periode bestritten werden.«

Das gelte auch für Renten, die aus einem angesparten Kapitalstock finanziert werden sollen. Am Ende der Ansparphase stehe volkswirtschatlich gesehen kein Kapitalstock in konsumierbarer Form zur Verfügung. Das angesparte Vermögen muss vielmehr einen Käufer finden, der aus seinem laufenden Einkommen (dem Sozialprodukt der laufenden Periode) den Kauf finanziert. Mackenroth und allgemein keynesianisch orientierte Ökonomen sehen aus diesem Grund Vorteile beim Umlageverfahren im Vergleich zum Kapitaldeckungsverfahren.

- Es biete einen besseren Schutz vor Inflation und Katastrophen (Kriegsfolgen).
- Die Bildung des zur Deckung notwendigen riesigen Kapitalstocks von mehreren Billionen Euro sei nur über eine deutlich erhöhte Sparquote möglich. Das führe zu Nachfrageausfällen, wenn nicht Investitionen das Sparkapital verwerten. Da aber Investitionen auf steigenden Massenkonsum zielen, dieser aber gerade durch erhöhtes Sparen stagniert, kann es zu Absatzstockungen und einer Wirtschaftskrise in der Aufbauphase kommen. In der Keynesschen Theorie entscheiden die Investitionen über die Höhe der Ersparnis und nicht umgekehrt. Damit ist es überhaupt sehr fraglich, ob durch den Versuch eines erhöhten Sparens volkswirtschaftlich tatsächlich mehr Kapital gebildet wird.
- Die Anlagemöglichkeiten einer so großen Geldkapitalmenge seien im Inland beschränkt, eine Anlage im Ausland also notwendig, aber auch erheblich risikoreicher (Verlustrisiko und Wechselkursrisiko).
- Wenn alle entwickelten Länder – die übrigens alle ähnliche demographische Probleme verarbeiten müssen – gleichzeitig einen zusätzlichen Kapitalstock aufbauen wollten, wäre eine rezessive krisenhafte Entwicklung der Weltwirtschaft zu erwarten.
- Das Risiko des Vermögensverlustes sei mit dem letzten Aktiencrash (2001) noch einmal sehr deutlich geworden. Die kapitalgedeckten Systeme (z.B. in

Großbritannien) gerieten stark in Bedrängnis. Das Sparkapital ging zum Teil verloren und viele Pensionäre stehen vor einem Scherbenhaufen ihrer privaten Alterssicherung.

– Nach der Anspar- folgt die Auflösungsphase. Bei der gegenwärtigen demographischen Entwicklung wird das Verhältnis von Sparern (Aktive) und Entsparern (Rentner) immer ungünstiger. In Zukunft werden die Entsparprozesse also deutlich zunehmen. Durch die Auflösung eines erheblichen Teils des Kapitalstocks würden nun Vermögenswerte (Aktien, Rentenpapiere) verstärkt angeboten. Ein Preis(Kurs-)verfall drohe, der das Kapital stark entwerten könnte, so dass die Höhe der Altersrenten nicht mehr den Erwartungen entsprechen werde. Damit sei klar, dass auch ein Kapitaldeckungssystem von der demographischen »Zeitbombe« sehr stark betroffen wäre.

– Das Umlageverfahren ermöglicht stärkere solidarische Umverteilungsprozesse zugunsten sozial Schwacher oder anderer Gruppen durch den Staat. Sollte z.B. ein Kapitaldeckungsverfahren unter der demographischen Last zusammenbrechen und keine die Existenz sichernden Renten mehr garantieren können, sind nur umlagefundierte Systeme, die die Solidarität der aktiven Generation einfordern, in der Lage, hier einzuspringen (Auch steuerfinanzierte Systeme sind in diesem Sinne umlagefinanziert).

– In einem Umlagesystem können Renten ohne Probleme schon bei Einführung an die Generation der Alten, die selbst noch keine Beiträge entrichtet haben, gezahlt werden. Bei kapitalgedeckten Systemen dagegen ist eine Doppelbelastung der gerade aktiven Generation unvermeidlich. Sie muss die alten Menschen wie bisher unterstützen und gleichzeitig einen Kapitalstock für sich selbst aufbauen.

– Das Argument gilt auch für die von liberalen Ökonomen für Deutschland geforderte radikale Reform des Übergangs vom Umlage- zum kapitalgedeckten System. Schon die Einführung einer ergänzenden Kapitaldeckung – wie sie mit der »Riesterrente« angestrebt wird – führt zu erheblichen Zusatzlasten der gerade aktiven Generation (weitere Informationen in den Kapiteln 8.1.6 und 17.2.2).

Wer an die Überlegenheit der Institutionen des globalen marktwirtschaftlichen Kapitalismus glaubt, wird sich auch von Hedge-Fonds, mächtigen Pensionsfonds, Spekulationsblasen und sporadischen Einbrüchen (crash) nicht abschrecken lassen und in der Kapitalbildung die überlegene Strategie sehen. Der unermüdliche Warner Norbert Blüm schreibt:

»Wer es mit der Leistungsgesellschaft gut meint, liefert unseren Sozialstaat nicht der Anbindung an das Kapital aus. Der Lohn hat bessere Beziehunen zur Leistung als die

Spekulation. Wenn das Kapital nicht wieder stärker von Leistung und Arbeit legitimiert wird, bringt sich der Kapitalismus selber um«.

7.3.4 Die Finanzierung der Sozialversicherung aus den Arbeitseinkommen (Lohnnebenkosten)

Die Sozialversicherung wird in Deutschland vor allem über die Belastung der Lohneinkommen mit Beiträgen finanziert. Die Sozialabgaben machen den größten Teil der sog. Lohnnebenkosten aus. Weit verbreitet ist die Meinung, dass steigende Sozialausgaben über steigende Beiträge automatisch zu steigenden Löhnen führen. Der Faktor Arbeit werde zunehmend belastet und letztlich entstünde durch diesen Lohnkostenanstieg Arbeitslosigkeit.

Unterstellt wird hier, dass über den Anstieg der Lohnnebenkosten auch die Lohnkosten tatsächlich steigen und damit Arbeitsplätze zu teuer werden. Dieses Theorem ist so eingängig und weithin akzeptiert, dass es gar nicht mehr weiter geprüft wird und in allen Medien als Binsenweisheit verkauft wird. Die Zusammenhänge sind jedoch viel komplexer. Steigende Lohnnebenkosten werden in den kommenden tariflichen Lohnverhandlungen üblicherweise berücksichtigt. Alle Erfahrungen zeigen, dass der Gesamtlohn auf lange Sicht mit der Arbeitsproduktivität steigt und auf kurze Sicht stark von den Kräfteverhältnissen am Arbeitsmarkt abhängig ist.

Steigen die Beitragssätze in der Sozialversicherung, erhöhen sich die Lohnkosten, weil der Arbeitgeberanteil steigt (der gleichzeitig steigende Arbeitnehmeranteil senkt den Netto- oder Konsumlohn). Die Arbeitgeber werden diese Belastung spätestens in der nächsten Lohnrunde deutlich hervorheben (oder schon antizipieren) und an die Arbeitnehmer weitergeben. Damit kommt es – zumindest auf mittlere Sicht – nicht zu einem höheren Bruttolohnanstieg, sondern zu einem verringerten Netto- oder Konsumlohnanstieg. Der Gesamtlohn entwickelt sich langfristig unabhängig davon mit der Arbeitsproduktivität oder sogar unterhalb dieser Marge, wenn Gewerkschaftsschwäche und Massenarbeitslosigkeit die Kräfteverhältnisse bestimmen, wie es derzeit in Deutschland der Fall ist (vgl. Kapitel 5.3.3).

Steigen die Lohneinkommen und speziell die Lohneinkommen, die zur Beitragszahlung herangezogen werden, nicht mit der durchschnittlichen Produktivität, dann ergeben sich allerdings eklatante Probleme einer lohnbezogenen Finanzierung, wie das Beispiel der Gesetzlichen Krankenversicherung verdeutlicht (vgl. Kapitel 8.2). Obwohl die Ausgaben der Kassen unterproportional zum BIP gestiegen sind, mussten die Beitragssätze ständig erhöht werden, da der Anstieg der Lohneinkommen hinter dem BIP-Wachstum zurückblieb.

Die Lösung für dieses Problem sehen viele in der Verbreiterung der Beitragsbasis (Bürgerversicherungsmodell der SPD) oder in der Übertragung des Solidarausgleichs auf das Steuersystem (Kopfprämienmodell der CDU/CSU).

In den letzten Jahren ist der Weg einer Beitragssatzentlastung durch Umfinanzierung aus dem Steuersystem mehrfach beschritten worden (Tabaksteuer in die GKV; Ökosteuer in die Rentenverscherung) und 2007 soll wieder ein Teil der geplanten Mehrwertsteuererhöhung in die Arbeitslosenversicherung fließen. Der Vorteil ist eindeutig eine Verbreiterung der Einnahmebasis und damit eine Entlastung der Arbeitseinkommen. Der Konsumlohn der Arbeitnehmer erhöht sich und der Arbeitgeberbeitrag verringert sich und damit sinken die Lohnkosten pro Arbeitnehmer. Ob das zusätzlich eine positive Nachfragewirkung verspricht, hängt vor allem von der Art der Steuerfinanzierung ab. Bei einer Erhöhung der Einkommenssteuer ist eine Umverteilungswirkung zugunsten der unteren Einkommen und damit eine steigende Konsumnachfrage zu erwarten. Bei einer Erhöhung der Mehrwertsteuer ergeben sich zumindest gewisse Impulse aus der Kostensenkung bei den Exportgütern, auf die keine Mehrwertsteuer erhoben wird.

Also scheint eine solche Umfinanzierung der richtige Weg zur Lösung des Problems zu sein. Eine größere Beitragsreduktion würde allerdings kaum funktionieen, da der Gesamtlohnsatz dann erheblich unter die Stunden-Produktivität der Arbeitnehmer sinken würde. Es entständen entsprechend hohe Gewinne und die Gewerkschaften würden in Zeiten geringer Arbeitslosigkeit schnell den Konsumlohn erhöhen. Wird die Lohnlücke nicht ausgefüllt, führen die stark gesunkenen Lohnstückkosten im Wettbewerb zu einem Preisverfall, der sich zur Deflation ausweiten könnte. Ein weiterer Einwand gegen diese Lösung erwächst aus den Erfahrungen, dass eine zunehmende Finanzierung aus dem allgemeinen staatlichen Haushalt – also die Finanzierung nach dem Versorgungsprinzip – dazu führt, dass die Sozialleistungen in Zeiten schlechter Haushaltslage schnell zur Disposition stehen können. Die Erfahrung zeigt, dass auch beitragsfinanzierte Leistungen abgebaut werden können. Dennoch unterliegen sie – speziell im System der Rentenversicherung – einem stärkeren Schutz. Nach einem Urteil des Bundesverfassungsgerichts entsteht durch die Beitragszahlung eine Art Eigentumsschutz, der garantiert, dass die Leistungen durch den Staat nicht beliebig gekürzt werden können.

Wenn schon mit dem aktuellen Koalitionsvertrag von 2005 die relativ geringen Bundeszuschüsse in die GKV zur Finanzierung versicherungsfremder Leistungen stark gekürzt werden sollen, dann demonstriert das für die Kritiker sehr eindrucksvoll die geringe Verlässigkeit staatlicher Zuschüsse. Was ist erst zu erwarten, wenn der Solidarausgleich in der Krankenversicherung mit einem geschätzten Volumen von 25 bis 30 Mrd. Euro über das Steuersystem garantiert werden soll?

Alles in allem ist einer steuerlichen Umfinanzierung des Sozialen Sicherungssystems im großen Stil also nicht zu trauen. Damit rückt die Verbreiterung der Bemessungsbasis in Form einer Bürgerversicherung, in der auch Selbständige und Beamte einzahlen und auch Kapitaleinkommen belastet werden, ins Zentrum des Interesses (vgl. Kapitel 8.2).

7.4   Sozialbudget und Sozialindikatoren

Seit 1968 legt die Bundesregierung regelmäßig ein Sozialbudget vor, das zu Anfang und Ende jeder Legislaturperiode durch einen Sozialbericht ergänzt wird, der eine Bilanz zieht und die Ziele für die nächsten Jahre absteckt. Das Sozialbudget als eine Zusammenschau sämtlicher sozialer Leistungen in der Bundesrepublik Deutschland und deren Finanzierung dient gleichzeitig der mittelfristigen Prognose der Entwicklung des sozialen Sicherungssystems. Zu den Leistungen zählen Einkommenstransfers, Sach- und Dienstleistungen und Steuervergünstigungen. Die enge Anbindung der sozialen Sicherung an die wirtschaftliche Entwicklung bedingt natürlich eine recht hohe Prognoseunsicherheit.

Tabelle 7.2: Sozialleistungen und ökonomische Entwicklung
(bis 1990: Westdeutschland)

Jahr	BIP (1) in Mrd. Euro	Wohnbevölkerung in Mio.	Sozialleistungen in Mrd. Euro	Sozialleistungen in v.H. des BIP (Sozialquote)	Sozialleistungen je Einwohner in Euro
1970	345,2	61,00	86,3	24,5	1.423
1980	751,6	61,66	228,5	29,8	3.711
1990	1.241,3	66,73	342,6	26,9	5.520
1995	1.848,5	81,82	562,5	30,4	6.864
2000	2.062,5	82,26	646,0	31,3	7.845
2003	2.164,9	82,53	696,5	32,2	8.444
2005	2.245,5	82,47	695,7	31.0	8.436

(1) Bruttoinlandsprodukt zu Marktpreisen;
Quelle: Institut der deutschen Wirtschaft, Deutschland in Zahlen 2006, Tabellen 1.1 und 2.1; Sozialbericht 2005, Tabelle 1; Stat.BA, Sozialbudget.

Die Tabelle 7.2 zeigt die Entwicklung der wichtigsten monetären Sozialindikatoren. Als eigentliche Expansionsphase, in der die Sozialleistungen nicht nur absolut, sondern auch relativ zum BIP und pro Kopf rasant stiegen, ist das Jahrzehnt von 1965 bis 1975 auszumachen. Die nominalen Aufwendungen pro Kopf stiegen in diesem Zeitraum mit einer jährlichen Wachstumsrate von über 18 Prozent pro Jahr an. Von 1975 bis 1985 reduzierte sich die Rate auf knapp 7 Prozent und verringerte sich dann trotz der Wiedervereinigung weiter auf etwa 2,1 Prozent von 1995 bis 2005. Betrachtet man die Geldentwertung, ist in den letzten Jahren der Realwert der Sozialleistungen pro Kopf fast konstant geblieben.

Die Entwicklung der Sozialleistungsquote und Belastungsgrenzen

Um die Entwicklung der Sozialleistungen im Zeitablauf und international besser vergleichen zu können, berechnet man die Sozialleistungsquote (auch als Sozialquote bezeichnet), die Sozialleistungen und das Bruttoinlandsprodukt (die gesamte volkswirtschaftliche Wertschöpfung eines Jahres) zueinander ins Verhältnis setzt. Kritiker des derzeitigen Umfangs der Sozialleistungen sprechen gern von einer Soziallastquote. Diese negative Bewertung zeugt allerdings nach unserer Meinung von einigem Unverständnis für die produktiven Funktionen eines großen Teils der ausgewiesenen Leistungen, ohne die das BIP sicher nicht die heutige imposante Höhe erreicht hätte.

Tabelle 7.3: Das Sozialbudget (1) 1960 bis 2003 in Mrd. Euro

	1960	*1970*	*1980*	*1990*	*2000*	*2005 (2)*
Sozialausgaben insgesamt	32,6	86,3	228,5	342,6	644,8	695,7
Darunter						
Rentenversicherung	10,0	26,5	72,4	109,4	217,4	239,9
Krankenversicherung	4,8	12,9	45,4	71,6	132,0	142,6
Pflegeversicherung	-	-	-	-	16,7	17,8
Unfallversicherung	0,9	2,0	4,8	6,6	10,8	11,3
Arbeitsförderung und Arbeitslosenversicherung	0,6	1,8	11,7	25,0	64,6	87,7
Beamtenpensionen	3,5	8,1	16,8	22,6	33,1	
Altershilfe für Landwirte	0,1	0,5	1,4	2,3	3,3	3,3
Entgeltfortzahlung	1,5	6,5	14,7	20,3	26,8	
Kindergeld	0,5	1,5	8,8	7,4	31,7	
Erziehungsgeld.	-	-	-	2,5	3,7	
Kriegsopferversorgung	2,0	3,8	6,8	6,5	5,1	
Wohngeld	-	0,3	1,0	2,0	4,3	1,5
Kinder- und Jugendhilfe	0,3	1,0	4,3	6,8	17,2	17,4
Sozialhilfe	0,6	1,7	6,8	14,8	25,9	19,7

(1) Bis 1990 Westdeutschland: Ohne Zahlungen der sozialen Einrichtungen untereinander; (2) Ab 2005 neue institutionelle Einteilung durch das StatBA;
Quelle: Stat. BA, Sozialbudget; Sozialbericht 2005, Tabelle 6.

Die Sozialquote stieg von 1970 bis 1975 steil an. Über eine Fülle von Sparmaßnahmen und Reformen in nahezu allen Sozialleistungsbereichen und durch den langen Wirtschaftsaufschwung in den 1980er Jahren, gelang es, die Quote 1990 wieder deutlich unter die 30 Prozentmarke auf 26,9 Prozent zu drücken. Das zeigt, dass der Politik die sozialpolitische Handlungskompetenz, wie Kritiker aus dem liberalen und systemtheoretischen Lager (Luhmann 1981) behaupten, nicht generell abhanden gekommen ist.

Mit der deutschen Vereinigung und der schwachen Wirtschaftsentwicklung ist die Sozialquote in Gesamtdeutschland wieder deutlich gestiegen (Höhepunkt 2003: 32,2 Prozent). Während sie im Westen von 26,2 Prozent 1991 auf 29,9 Prozent in 2003 stieg, blieb sie im Osten auf einem sehr hohen Niveau (2003: 48,5 Prozent) (Sozialbericht 2005, Tabelle 2 und 3). Seit 2004 sinkt die Sozialquote wieder ab (2006: 30,3 Prozent).

Natürlich ist und bleibt es legitim, darüber nachzudenken, ab welcher Schwelle die Abgabenbelastung aus Steuern und Sozialversicherung zu Leistungshemmungen und damit zu volkswirtschaftlichen Wachstums- und Wohlfahrtsverlusten führen könnte. Internationale Vergleiche zur Höhe der Sozialquote und zur Erkennung eines möglichen breaking point der Belastung (vgl. Kapitel 15) zeigen, dass sich die Sozialquoten vieler entwickelter Länder bis in die 1980er Jahre hinein deutlich erhöht haben, so dass der oft behauptete Standortnachteil Deutschlands bis zur Vereinigung geschmolzen war. Trotz der besonderen Belastung der Sozialsysteme durch die immer noch unbefriedigende Wirtschaftsentwicklung in den neuen Bundesländern ist die deutsche Sozialquote im europäischen Vergleich nicht auffallend hoch (vgl. Tabelle 15.1).

Sicher wäre es günstig, die Abgabenquote in Deutschland ein wenig herunterzufahren. Dies wäre leichter in Jahren eines befriedigenden ökonomischen Wachstums zu bewerkstelligen. Die 1980er Jahre haben gezeigt, dass eine schnelle Konsolidierung gelingen kann, wenn die Wirtschaft mehr gute als schlechte Jahre erlebt. Eine Ausgabensenkung in der Krise dagegen gefährdet sowohl die Konjunktur als auch den sozialen Ausgleich. Nun lautet das neoliberale Credo, das gerade die hohe Soziallast das Wachstum hemmt. Auf diese Auseinandersetzung sind wir im Kapitel 6.2 schon eingegangen. An dieser Stelle soll der Hinweis genügen, dass im Ländervergleich die Höhe der Sozialquote und die ökonomische Entwicklung eines Landes keineswegs negativ miteinander korrelieren. Außerdem ist vor zu großen Erwartungen an eine mögliche Entlastung zu warnen. Größere Kürzungen ließen sich nur bei massiven Einschnitten ins soziale Netz realisieren, so dass viele Bedarfe in Zukunft ungedeckt blieben.

Zukünftige weitergehende Ansprüche der Sozialpolitik an das Volkseinkommen sind sicherlich genau zu prüfen und die bestehenden Sozialleistungen konsequent auf ihre weitere Existenzberechtigung, Effizienz und verteilungspo-

litische Zielgenauigkeit hin abzuwägen. Selbst in schwierigen Zeiten können jedoch auch neue Sozialleistungen, wie sie 1994 mit der sozialen Pflegeversicherung begründet wurden, sinnvoll und notwendig sein. Hier ist in Zukunft an
eine Ausweitung familienpolitischer Leistungen zu denken.

Die Entwicklung der Sozialbeiträge

Der Blick auf die Beitragssatzentwicklung in der gesamten Sozialversicherung
zeigt im Vergleich zur Entwicklung der Sozialquote ein schlechteres Bild.

Tabelle 7.4: Beitragssätze(1) zur Sozialversicherung 1970 bis 2007

Jahr	Sozialversicherung insgesamt	GRV (2)	GKV) (3)	GPV (4)	GALV (5)
1970	26,5	17,0	8,2	-	1,3
1980	32,4	18,0	11,4	-	3,0
1990	35,6	18,7	12,6	-	4,3
2000	41,0	19,3	13,5	1,7	6,5
2003	41,9	19,5	14,2	1,7	6,5
2007	39,8 (40,05)	19,9	14,9	1,7 (1,95)	3,3

*(1) Beitragssätze in Prozent vom Bruttolohn: Arbeitnehmer- plus Arbeitgeberanteil; (2) Rentenversicherung, (3)
Krankenversicherung (Durchschnitt), 2007 geschätzt, (4) Pflegeversicherung, (5) Arbeitslosenversicherung;
Quelle: Institut der deutschen Wirtschaft, Deutschland in Zahlen 2007, Tabelle 7.13.*

Neben den Faktoren der Leistungsausweitung und den Kosten der deutschen
Einheit wirken sich hier drei weitere Entwicklungen abgabensteigernd aus.

– Erstens ist die *Lohnquote*, der Anteil der Einkommen aus Arbeitnehmertätig-
  keit am Volkseinkommen, seit 1980 gesunken (vgl. Kapiel 4.5).
– Zweitens wirkt sich hier die gestiegene Massenarbeitslosigkeit aus.
– Drittens sind die versicherungsfremden Leistungen speziell in der Renten-
  Kranken und Arbeitslosenversicherung sehr hoch und im Zuge der Sozial-
  union mit den neuen Bundesländern noch einmal deutlich angestiegen.

Insgesamt erreichen die Lohnnebenkosten in Deutschland ca. 80 Prozent der
Direktentgelte. Will man sie senken, sind Reformen notwendig. Einmal geht es
um die Suche nach neuen Finanzierungsquellen und zum anderen um eine weitere Umfinanzierung versicherungsfremder Leistungen aus dem Steueraufkommen. Ob dadurch neue Arbeitsplätze in nennenswertem Ausmaß geschaffen
werden können, ist wie bei allen Arbeitsmarktmaßnahmen umstritten (Bert-
hold/Thode 1996). Der Anteil der Steuern an der Finanzierung der Sozialleistungen sank von 1967 (45,4 Prozent) auf 31,6 Prozent (1990). Seitdem erhöhte

sich der Steueranteil wieder kontinuierlich bis auf 38,9 Prozent in 2003 (Sozialbericht 2005, Abbildung 4, S. 203).

Das soziale Netz in der Bundesrepublik ist weit gespannt. Ob es engmaschig genug ist, die gewünschte soziale Sicherung für alle zu bieten, wird in den folgenden Kapiteln erörtert.

Neben der institutionellen Aufgliederung des Sozialbudgets nach Leistungsträgern wie Renten- und Unfallversicherung interessiert die so genannte funktionelle Aufgliederung nach Leistungsarten. Die Tabelle 7.5 zeigt, dass die Leistungen für Alter und Gesundheit den Löwenanteil (über 70 Prozent) des Sozialbudgets ausmachen. Dieser Anteil stieg über die Jahre hinweg sogar leicht an, während die Leistungen für soziales Wohnen relativ zurückgegangen sind. Dafür hat sich durch die anhaltende Massenarbeitslosigkeit der Anteil der Ausgaben für Beschäftigung erheblich erhöht. Der Anteil familienpolitischer Leistungen ist in den 1980er Jahren stark gesunken und seitdem wieder gestiegen.

Tabelle 7.5: Sozialbudget nach Funktionen (in Prozent)

	1970	*1991*	*2003*
Ehe und Familie, Jugend	17,2	14,0	14,7
Gesundheit	29,2	34,9	33,8
Beschäftigung	3,2	9,8	9,9
Alter und Hinterbliebene	40,5	38,0	38,4
Folgen politischer Ereignisse	2,6	0,4	0,4
Wohnen	3,3	1,2	1,2
Sparen/Vermögensbildung	3,4	1,4	1,4
Allgemeine Lebenshilfen	0,6	0,5	0,3
Sozialbudget	100,0	100	100

Quellen: Sozialbericht 1993 und 2005, Tabelle 4.

Die Bedeutung »weicher« Sozialindikatoren

Ausgehend vom Lebenslagetheorem und der Erkenntnis, dass das subjektive Sicherheits- und Lebensgefühl der Menschen sich nicht automatisch mit zunehmenden Einkommen, Sozialleistungen und weiteren sozialen Diensten verbessert, stellt sich die Frage, ob die gerade skizzierte Sozialberichterstattung ausreicht. Dieser Punkt spielte in der sozialpolitischen Diskussion der 1970er Jahre eine große Rolle und führte zu der Forderung nach einer erweiterten Sozialberichterstattung, die über so genannte Sozialindikatoren auch immaterielle Lebenslagemerkmale und die subjektiven Erfahrungen der Betroffenen zur Bewertung und Weiterentwicklung des Systems Sozialer Sicherheit erfassen und verarbeiten sollte. Der Anspruch dieser *Sozialindikatorenbewegung* zielte darauf, eine umfassende Datenbank über die sozialen Verhältnisse in der Bundesrepublik zu entwickeln. Von ausgewählten Sozialindikatoren (zum Beispiel im Bereich der Gesundheitsversorgung: Lebenserwartung, Krankenstand, Säuglingssterblichkeit, subjektives Gesundheitsgefühl der Bevölkerung usw.), die regelmäßig zu erheben sind, sollten drei Funktionen erfüllt werden:

- Informationsbeschaffung, um soziale Problemfelder rasch zu erkennen,
- Steuerung des sozialpolitischen Eingriffs zur Behebung erkannter Not- und Missstände
- Kontrolle der Ergebnisse sozialpolitischer Maßnahmen (Evaluierung) (vgl. Krupp/Zapf 1987).

Nach anfänglichen hohen Erwartungen und aufwendigen sozialwissenschaftlichen Forschungen trat eine gewisse Ernüchterung ein. Auch wenn die Erkenntnisansprüche zurückgeschraubt wurden, spielen *weiche Sozialindikatoren*, die auf die Bedeutung immaterieller Lebenslagemerkmale und persönlicher Erfahrungen der Menschen hinweisen, eine immer größere Rolle in der Gesellschaftspolitik. 1984 wurde mit dem Sozialökonomischen Panel (SÖP) ein neuer Weg in der deutschen Sozialforschung beschritten. Hier wird eine für die Bevölkerung der Bundesrepublik repräsentative Gruppe von 12.000 Personen im Abstand von wenigen Jahren immer wieder neu befragt, so dass sich soziale Veränderungen, wie z.B. Auf- und Abstiegsprozesse, die für die Armutsforschung relevant sind, nachzeichnen lassen. Mit dem ersten Armuts- und Reichtumsbericht der Bundesregierung »Lebenslagen in Deutschland« wurde 2001 eine weitere Lücke in der Sozialberichterstattung geschlossen. Auch im zweiten Bericht 2005 zeigte sich, dass die Kenntnisse über Ausmaß und Struktur der Armut viel differenzierter sind als über die Lage der Reichen in Deutschland (vgl. Kapitel 4.5).

Das SÖP und andere Umfrageergebnisse (Wohlfahrtssurveys) zeigten bis Ende der 1990er Jahre durchgängig eine recht hohe Zufriedenheit der Menschen mit dem System Sozialer Sicherheit. Auf einer Rangskala zwischen 0 und 10 wählten die Menschen im Durchschnitt einen Wert von 6,6–7,0 (Rinne/Wagner 1995, S. 290, Tabelle 1). Deutlich unzufriedener waren Arbeitslose und andere von niedrigen Sozialleistungen betroffene Gruppen. In den letzten Jahren allerdings hat sich eine Verunsicherung in großen Gruppen der Bevölkerung ausgebreitet. In einer repräsentativen Studie der Friedrich-Ebert-Stiftung (Müller-Hillmer 2006) zeigt sich nicht nur in der Unterschicht sondern bis in die Mittelschichten hinein (»bedrohte Arbeitnehmermitte«) eine tiefe Unzufriedenheit mit den Entwicklungen und Belastungen im Sozialstaat und durch die Politik. Insbesondere sind starke Ängste durch die Arbeitsmarktreformen (Hartz IV) und die Rentenreform geschürt worden.

8 Die Sozialversicherung

8.1 Die Gesetzliche Rentenversicherung

8.1.1 Aufgaben, Organisation, Ziele und Leitprinzipien

In der vorindustriellen Zeit bildete die Familiensolidarität zumeist den einzigen Schutz gegen die Lebensrisiken Alter, Krankheit, Behinderung oder Invalidität. War das Sicherungsniveau angesichts der knappen Ressourcen dieser Lebensgemeinschaften schon eng begrenzt, so wurde dieser »innere Generationenvertrag« im Zuge der revolutionären sozialen Wandlungsprozesse der Neuzeit zunehmend überfordert. In Folge der Industrialisierung kam es zur Verstädterung und zu einer wachsenden Mobilität mit dem Trend zur Kleinfamilie und einer hohen Zahl Alleinlebender. Subsistenzwirtschaftliche Formen des Wirtschaftens – die ländliche Produktion nur zum eigenen Bedarf – bildeten sich stark zurück und die abhängige Lohnarbeit wurde zum Normalfall. Mit der schnell steigenden Lebenserwartung aufgrund besserer Ernährung, Hygiene und des medizinischem Fortschritts stieg die Zahl alter Menschen und ihr Anteil an der Bevölkerung wuchs bei abnehmender Geburtenrate (demographischer Wandel). Der hohe Verschleiß menschlicher Arbeit in den Fabriken führte außerdem zu einem wachsenden Risiko, erwerbsunfähig (invalid) zu werden. Da die neuen privaten Sicherungsformen (Kapitalbildung, Privatversicherungen) für die Masse der Arbeiter keine Lösung versprachen, setzten sich in Deutschland vor allem konservative Kreise zur Aufrechterhaltung der staatlichen und ständischen Ordnung für eine gesellschaftliche Innovation, für eine Pflichtversicherung der Arbeitnehmer gegen die typischen Risiken des Einkommensausfalls ein. Der Erfolg gab den Reformern recht. Die Sozialversicherung wurde zur sozialpolitischen Innovation schlechthin. Trotz vieler Reformen und Veränderungen sind wesentliche Strukturelemente der Bismarckschen Sozialreform in der modernen Sozialversicherung erhalten geblieben.

Hauptaufgabe der GRV ist nach wie vor die Finanzierung von Sozialrenten, also von Einkommensübertragungen an Versicherte und Hinterbliebene (Renten bei Erwerbsunfähigkeit, Altersruhegeld nach Erreichen der Altersgrenze, Witwen- und Waisenrenten). Sachleistungen in Form von Rehabilitationsmaßnahmen und Heilverfahren zur Gesunderhaltung und Wiederherstellung der

Erwerbsfähigkeit versicherter Arbeitnehmer runden die Leistungspalette ab. Diese präventiven Maßnahmen sollen die aktiven Versicherten gesund und leistungsfähig erhalten und damit die sozialen Sicherungssysteme entlasten.

Unter dem Namen *Deutsche Rentenversicherung* sind seit 2005 15 regionale Träger (u.a. Deutsche Rentenverischerung Westfalen) und 2 Bundesträger (Deutsche Rentenversicherung Bund und Deutsche Rentenversicherung Knappschaft-Bahn-See) zusammengeführt. Entscheidungen werden von Selbstverwaltungsorganen getroffen (Abbildung 7.2). Es besteht Versicherungspflicht für Arbeitnehmer, die mehr als 400 Euro im Monat verdienen. In einer Gleitzone von 400 bis 800 Euro steigt der Beitragssatz der Arbeitnehmer sukzessive an. Hinzu tritt der volle Arbeitgeberanteil (vgl. Kapitel 7.3.3).

Für selbständig Erwerbstätige bestehen in der Bundesrepublik drei besondere Trägerschaften, die Altershilfe für Landwirte, die Handwerkerversicherung und die Versicherungen bestimmter freier Berufe. Die Pflichtversicherung dient hier zum Aufbau einer Grundsicherung, die durch die private Vorsorge, die diesen Gruppen zugetraut wird, ergänzt werden sollte. Mit der allgemeinen Öffnung der Rentenversicherung besteht für alle Selbständigen seit 1972 die Beitrittsmöglichkeit zur GRV. Die Alterssicherung der Beamten wird aus Steuern finanziert und fällt damit als Versorgungssystem aus dem üblichen Rahmen der Sozialversicherungslösung.

Diese Rentensysteme stellen sehr unterschiedliche Leistungen bereit. Am höchsten sind die Beamtenpensionen, ein mittleres Niveau erreichen die durchschnittlichen Arbeiter- und Angestelltenrenten, während die Landwirte und Handwerker ihren im Durchschnitt geringeren Beiträgen entsprechend relativ niedrige Leistungen erhalten.

Die gesetzliche Rentenversicherung verkörpert eine Konkretisierung des Sozialversicherungsprinzips, bei dem eindeutig der Anteil des Äquivalenzprinzips im Mischungsverhältnis im Vergleich zum Solidarprinzip überwiegt. Wer individuell mehr vorsorgt und eine höhere Beitragssumme im Laufe des Arbeitslebens in die Rentenkasse einzahlt, soll auch eine höhere Rente erhalten. Man spricht hier von einer *Teilhabeäquivalenz*. Die Rentenhöhe ist an der Vorleistung (Beitragshöhe und Versicherungsjahre) des Versicherten orientiert. Umverteilungsprozesse nach dem Solidarprinzip finden wir u.a. in der Familienförderung (Witwen/Waisenrenten) und im gleichen Beitragssatz für Männer und Frauen trotz unterschiedlicher Lebenserwartung. Das Bedarfsprinzip gilt bei den präventiven Sach- und Dienstleistungen.

In der sozialen Rentenversicherung werden vorrangig drei Ziele verfolgt.

− Angestebt wird eine angemessene Grundsicherung oberhalb des Existenzminimums. Das seit 1957 angestrebte Ziel der Sicherung des Lebensstandards im Alter ist mit den Rentenreformen von 2001 und 2004 endgültig aufgegeben worden. Das Ziel ist nun offensichtlich die Realisierung eines angemessenen Rentenniveaus im Alter unter der Voraussetzung langer (über 40jähriger) Erwerbstätigkeit, aber auch bei schon frühzeitiger Erwerbsunfähigkeit. Dann soll die Rente eine noch deutlich über der Sozialhilfe liegende Grundsicherung bilden. Die Sozialrente wird künftig (ab 2020) den gewohnten Lebensstandard nicht mehr decken. Betriebsrenten und private Vorsorge, die steuerlich begünstigt wird, sollen die in Zukunft deutliche steigende Einkommenslücke im Alter schließen.

– Das Teilhabeziel bezieht sich auf die Dynamisierung der Renten, die Anpassung an die allgemeine Lohnentwicklung, so dass die Rentner am Einkommenswachstum der Aktiven angemessen beteiligt werden und gleichzeitig die Renten möglichst nicht durch die Inflation entwertet werden.

– Die Sicherheit der Renten: Die Grundlage bildet ein Generationenvertrag. Durch Zahlung des Rentenbeitrags werden dem Versicherten individuelle, einklagbare Rentenansprüche an die Solidargemeinschaft der Versicherten gutgeschrieben. Diese Ansprüche sind bei Invalidität oder im Alter von der Versichertengemeinschaft einzulösen. Darüber hinaus ist auch der Staat verpflichtet, diese Ansprüche wie Eigentumsansprüche zu behandeln und auch in schwierigen ökonomischen Zeiten so gut wie möglich einzulösen. Im *Generationenvertrag* versorgt die erwerbstätige aktive Generation die ältere Rentnergeneration über Transferzahlungen (Einkommensübertragungen) mit Einkommen. Dies geschieht in der durch Gesetz und Verfassung abgesicherten Erwartung, dass die nachrückende junge Generation diese Pflicht ebenso übernehmen wird und so fort. Der gesetzlich fixierte Pflichtcharakter dieses Systems sichert der aktiven Generation zukünftige, der Rentnergeneration gegenwärtige Transferleistungen.

8.1.2 Rentenleistungen nach der Rentenformel

Die Rentenformel

Die Rentenformel ist das Herzstück der GRV. In ihr sind die wesentlichen Ziele des Rentensystems sozialtechnologisch umgesetzt. Die Formel lautet:

Monatsrente in Euro = Ep x aRW x Raf x Zf

Ep	Entgeltpunkte
aRW	aktueller Rentenwert
RaF	Rentenartfaktor
Zf	Zugangsfaktor

Entgeltpunkte (Ep): Für jeden Monat, in dem ein Arbeitnehmer Beiträge entrichtet, wird ihm ein Punktwert gutgeschrieben. Je höher sein Gehalt ist, umso höher ist der monatliche Beitrag und entsprechend auch der gutgeschriebene Punktwert. Ein Arbeitnehmer, der in einem Jahr genau den Durchschnittsverdienst (Bruttoarbeitsentgelt) aller Arbeitnehmer erzielt hat, bekommt für diese 12 Monate einen Punktwert von genau 1,0 angerechnet. Hätte er stattdessen einen Jahreslohn von 120 Prozent des Durchschnittsverdieners erzielt, hätte er entsprechend 1,2 Entgeltpunkte erworben.

Beispiel: Wir nehmen nun weiter vereinfachend an, der Arbeiter habe 40 Jahre lang gearbeitet und Beiträge gezahlt. Er habe in jedem Jahr genau 110 Prozent des durchschnittlichen Arbeitnehmereinkommens verdient. Dann errechnen sich die gesamten Entgeltpunkte des Arbeiters wie folgt:
40 Versicherungsjahre x 1,1 Entgeltpunkte pro Jahr = 44,00 EP.

Aktueller Rentenwert (aRW): Der zweite Faktor in der Rentenformel ist der aktuelle Rentenwert (aRW). Der aktuelle Rentenwert ist ein Geldbetrag, der jedes Jahr nach einer *Rentenanpassungsformel* neu berechnet und vor allem der Lohnentwicklung entsprechend angepasst wird. Durch diese Dynamisierung erhöht sich bei steigender Produktivität und entsprechender Lohnentwicklung der Geldbetrag des aRW.

Der aRW gibt den monatlichen Betrag der Altersrente in Euro an, den derjenige Altersrentenbezieher tatsächlich erhält, der für ein Jahr genau den Durchschnittsbetrag aller Versicherten entrichtet hat. Im Jahr 2006 betrug der aRW in Westdeutschland 26,13 Euro (seit 1. Juli 2007: 26,27 Euro) und in den neuen Bundesländern 22,97 Euro.

Was bedeutet das konkret für unseren Arbeiter? Wäre dieser 2006 mit 65 Jahren in den Ruhestand getreten, dann hätte er im Westen einen monatlichen Rentenanspruch von 44 Ep x 26,13 Euro = 1149,72 Euro.

Da der aktuelle Rentenwert dynamisiert der Lohnentwicklung in Deutschland folgt, verändert sich die Monatsrente zumeist jedes Jahr. Bisher hat es nur Steigerungen gegeben. Sinkende Geldlöhne sind nur in starken Krisenzeiten zu erwarten. Die Lohnentwicklung ist eng mit der Entwicklung der Arbeitsproduktivität verknüpft. Auch in Zukunft wird vor allem der technische Fortschritt die Arbeitsleistung steigern, so dass mit deutlich steigenden (Real-)Löhnen auf lange Sicht zu rechnen ist. Das läßt die Hoffnung begründet erscheinen, dass trotz der Rentenreformen, die eine Abschwächung der Dynamisierung bewirken, auch in Zukunft ein (realer) Zuwachs des aktuellen Rentenwerts zu erwarten ist.

Der Rentenartfaktor (RaF) stuft die Rentenhöhe danach ab, welche Rentenart beantragt wird. Er beträgt für die Altersrenten 1,0 und für die große Witwen/Witwerrente 0,55 (bzw. für die älteren Versichertenjahrgänge 0,6). Die volle

Erwerbsminderungsrente im Falle der Invalidität hat den Faktorwert 1,0, während der halben Erwerbsminderungsrente der Wert 0,5 zugeordnet ist. *Der Zugangsfaktor (Zf):* Er berücksichtigt das Alter des Versicherten bei Rentenbeginn. Er mindert die Rente bei vorzeitigem und erhöht sie bei späterem Beginn. Die Regelaltersgrenze beträgt derzeit 65 Jahre. Sie wird ab 2012 stufenweise auf 67 Jahre angehoben. Arbeitslose, Schwerbehinderte, Frauen, langjährig Versicherte und Personen in Altersteilzeit können vorgezogenes Altersruhegeld beziehen. Die Regelungen sind sehr unterschiedlich und werden zudem durch die Rentenreformen der letzten Jahre sukzessive verschärft, so dass hier kein genauer Überblick gegeben werden kann. Generell wird die Frühverrentung abgebaut oder erschwert. Ein vorzeitiger Rentenbezug ist nur mit Abschlägen möglich, so dass die Frühverrentung umso teurer wird, je früher man in Rente geht.

Tabelle 8.1: Eckwerte der Rentenversicherung (Westdeutschland)

Jahr	Durch-schnittliches Bruttoarbeits-entgelt in Euro	Beitrags-bemess-ungsgrenze (1) in Euro	Aktueller Renten-wert in Euro	Rentenniveau vor Steuern (2) (45 Ver-sicherungs-jahre)	Nettorenten-niveau (45 Ver-sicherungs-jahre) in Prozent	Standard-rente im Monat (45 Ent-geltpunkte)	Beitrags-satz (3) in Prozent
1990	21.447	3.221	20,24	-	67,6	910,80	18,7
1995	25.905	3.988	23,64	-	69,9	1.063,80	18,6
2000	27.741	4.379	24,84	-	69,5	1.117,80	19,3
2003	28.938	5.100	26,13	-	69,9	1.175,86	19,5
2004	28.937	5.150	26,13	53,0	-	1.175,86	19,5
2005	29.089	5.200	26,13	52,7	-	1.175,86	19,5
2006	29.304	5.250	26,13	52,2	-	1.175,86	19,5
2007	-	5.250	26,27	51,0	-	1.182,20	19,9

(1) Der Beitragssatz in Höhe von 19,9 Prozent (2007) wird nur bis zu einer Einkommenshöchstgrenze angelegt. Versicherte, die 5.250 Euro oder mehr verdienen, bezahlen einen maximalen Beitrag von 1.045 Euro (2007). Damit werden auch die späteren Rentenansprüche gedeckelt. (2) Ab 2004 wird das Rentenniveau mit diesem Indikator gemessen, vgl. Erläuterung im Text. (3) Man unterscheidet formal den hälftigen Arbeitnehmer- und Arbeitgeberanteil;
Quellen: StatBA, Institut der deutschen Wirtschaft, Zahlen zur wirtschaftlichen Entwicklung der Bundesrepublik Deutschland 2007, Tabelle 7.20.

Langjährig Versicherte, die mindestens 35 Jahre Beitragszeiten nachweisen, können vorzeitig und zwar frühestens mit der Vollendung des 62. Lebensjahres in den Ruhestand gehen. Wer vorzeitig in Rente geht, bezieht die Rente länger und muss lebenslang versicherungsmathematische Abschläge in Kauf nehmen.

Es werden pro Monat 0,3 Prozent in Abzug gebracht. Umgekehrt erhöht sich bei einer Erwerbstätigkeit über die (aktuelle) Regelaltersgrenze von 65 Lebensjahren hinaus die Rente um 0,5 Prozent pro Monat.

Kehren wir zu unserem Beispiel zurück: Unterstellen wir einmal, unser Arbeiter sei mit Vollendung seines 63. Lebensjahres in Rente gegangen. Für diese zwei Jahre vorzeitigen Rentenbezugs muss er einen Abzug von 7,2 Prozent (24 Monate x 0,3 Prozent) hinnehmen, so dass sein Zugangsfaktor auf 1,000 − 0,072 = 0,928 sinkt. Wir setzen diesen Wert in die Rentenformel ein:

Monatsrente = 44 x 26,13 Euro x 1,0 x 0,928 = 1066,94 Euro

Die monatliche Altersrente beträgt also in unserem Beispiel ca. 1.067 Euro.

Die Dynamisierung der Renten

Der aktuelle Rentenwert ist seit 1957 dynamisiert und folgt seit dem Jahr 2004 der durchschnittlichen Lohn- und Gehaltsentwicklung der Rentenversicherten mit der Verzögerung von einem Jahr. Die sog. *Rentenanpassungsformel* wurde vielfach verändert und steht immer wieder im Zentrum der politischen Diskussion. Letztlich ging es bei den vielen Reformen seit 1992 vor allem darum, den Beitragssatz zu stabilisieren, um die Aktiven zu entlasten. Um dies zu erreichen, durften die Renten nicht zu stark steigen. Es wurden *Korrekturfaktoren* in die Formel geschrieben. Es ging dabei politisch immer darum, die steigende Belastung für die aktiven Beitragszahler zu reduzieren, um so den Beitragssatz zu stabilisieren. Da bei steigenden Beitragssätzen sich die Lohnnebenkosten für die Arbeitgeber erhöhen, befürchtet man Arbeitsplatzverluste bei steigenden Sozialbeiträgen.

Nach dem aktuellen Stand (§ 68 SGB VI) verändert sich der aktuelle Rentenwert zum 1. Juli eines jeden Jahres, indem der bisherige Wert mit den Faktoren für die Veränderung (Wachstumsraten)

- der durchschnittlichen Bruttolohn- und gehaltssumme je beschäftigten Arbeitnehmer (ohne Beamte, einschließlich Arbeitslosengeldempfänger) (2007: +0,99 Prozent),
- des Beitragssatzes zur Rentenversicherung der Arbeiter und Angestellten (einschließlich des bis 2008 auf 4 Prozent steigenden maximalen Beitragssatzes zu der Riesterrente, die sog. *Riestertreppe*) (2007: -0,64 Prozent) und
- dem Nachhaltigkeitsfaktor (2007: +0,19 Prozent)

vervielfältigt werden. Für die Anpassung im Juli 2007 errechnet sich damit ein Anstieg des aRW um 0,54 Prozent (= 0,99 Prozent − 0,64 Prozent + 0,19 Prozent) von 26,13 auf 26,27 Euro.

Die letzte Formelveränderung brachte den sog. Nachhaltigkeitsfaktor ins Spiel. Ab 2005 werden jährlich die Veränderungen in der Relation von Rentnern zu Beitragszahlern (Rentner/Beitragszahlerquote) bei der Berechnung des aktuellen Rentenwerts mitberücksichtigt. Steigt die Lebenserwartung und damit die Zahl der Rentner wird sich das in einer Minderung der Rentenerhöhung niederschlagen. Wenn dagegen die Zahl der Arbeitslosen zurückgeht und mehr Beitragszahler in das System integriert werden, kann der aktuelle Rentenwert auch stärker steigen als die allgemeine Lohnentwicklung in der Vorperiode. Genau dies ist bei der Anpassung im Jahr 2007 geschehen.

Die steigende Lebenserwartung führt zu einer Verlängerung der Zeiten des Rentenbezugs. Die hohe Arbeitslosigkeit führt zu Beitragsausfällen. Um diese steigenden Belastungen für die Beitragszahler zu verringern, soll der Nachhaltigkeitsfaktor automatisch die Höhe der Rentenanpassung nach unten korrigieren, wenn sich die Relation Rentner zu Beitragszahlern verschlechtert.

Tabelle 8.2: Jährliche Rentenanpassung (Erhöhung des aktuellen Rentenwerts (aRW) in Prozent)

Jahr	1997	1998	1999	2000	2001	2002	2003	2004	2005	2006	2007
Anpassung des aRW	1,65	0,44	1,34	0,6	1,91	2,16	1,04	0,0	0,0	0,0	0,54

Quelle: Institut der deutschen Wirtschaft, Deutschland in Zahlen 2006, Tabelle 7.19.

Faktisch ist der aktuelle Rentenwert in den letzten zehn Jahren (zeitweise Aussetzung der Rentenanpassung) nur wenig gestiegen (vgl. Tabelle 8.1, Spalte 4 und Tabelle 8.2). Vor allem die bescheidene Lohnentwicklung in diesem Zeitraum hat dazu beigetragen. Von 2004 bis 2006 gab es keine Erhöhung und 2007 nur eine sehr bescheidene. Nach der Rentenanpassungsformel hätte trotz einer schon vorhandenen Sicherungsklausel im Jahr 2006 sogar eine Rentenkürzung erfolgen müssen. Die Bruttolohnentwicklung war auch durch den immensen Zuwachs der Ein-Euro-Jobs rückläufig. Der damit eigentlich erforderliche Rentenabschlag wurde ausgesetzt und soll in späteren Jahren nachgeholt und mit erhofften stärkeren Anstiegen verrechnet werden.

Witwen- und Waisenrenten

Bei den Witwen- und Witwerrenten unterscheidet man die große und die kleine Rente. Anspruch auf die große Rente hat der hinterbliebene Ehepartner, wenn er über 45 Jahre alt oder erwerbsunfähig ist oder solange er ein Kind zu betreuen hat. Hat die Witwe/der Witwer ein eigenes Erwerbs-, Renten- oder Pensionseinkommen, das einen Freibetrag überschreitet, wird es zu 40 Prozent auf die Hinterbliebenenrente angerechnet. Der Freibetrag beträgt das 26,4fache des aktuellen Rentenwerts (aRW) und ist damit auch dynamisiert. Für 2005 errechnet sich dann für Westdeutschland ein Wert von 26,4 x 26,13 Euro, also von 689,83 Euro.

Knüpfen wir an unserem Beispiel an. Nehmen wir nun an, der mit 63 Jahren in den Ruhestand getretene Arbeiter stirbt und hinterläßt eine Witwe mit dem Anspruch auf eine große Witwenrente, dann errechnet sich auch die Witwenrente nach der gleichen Rentenformel. An den Werten ändert sich nur der Rentenartfaktor, der bei der großen Witwenrente 0,6 beträgt.

Monatsrente der Witwe = 44 x 26,13 Euro x 0,6 x 0,928 = 640,16 Euro

Die maximale Hinterbliebenenrente unserer Arbeiterwitwe beträgt nach der Rentenformel also rund 640 Euro. Hat sie nun ein eigenes Erwerbseinkommen von 1.000 Euro, ist zunächst der Freibetrag von 689,83 Euro abzuziehen. Es bleibt ein Betrag von 310,17 Euro. 40 Prozent davon, also 124 Euro, werden auf die Hinterbliebenenrente angerechnet. Um diesen Betrag reduziert sich nun die Witwenrente, so dass der Frau 516,16 Euro Rentenanspruch verbleiben.

Sind noch Kinder zu betreuen, besteht neben dem Anspruch auf Waisenrente für die Kinder auch ein Anspruch auf einen höheren Freibetrag bei der Einkommensanrechnung.

Erwerbsminderungsrenten

Die GRV deckt auch das Risiko der Invalidität ab. Im Jahr 2000 wurde das System reformiert:

- Wer aus gesundheitlichen Gründen nicht mehr als drei Stunden täglich unter den Bedingungen des allgemeinen Arbeitsmarktes erwerbstätig sein kann, erhält die volle Erwerbsminderungsrente (Rentenartfaktor 1,0).
- Wer bis zu sechs Stunden arbeiten kann, erhält die halbe Erwerbsminderungsrente (Rentenartfaktor 0,5).

Wer länger als 6 Stunden erwerbstätig sein kann, hat keinen Anspruch auf eine Rente. Der Grad der Erwerbsminderung eines Arbeitnehmers wird über medizinische Gutachten bescheinigt. Damit die Rentenhöhe auch im Falle von Frühinvalidität die Existenz sichern kann, wird in die Rentenformel eine *Zurechnungszeit* integriert. Es wird dabei unterstellt, der Erwerbsgeminderte habe bis zu seinem 60. Lebensjahr Beiträge entrichtet. Wird eine versicherte Frau schon mit 35 Jahren invalid, sind nur wenige Entgeltpunkte auf ihrem Konto. Ohne Zurechnungszeit wäre damit bei voller Erwerbsminderung nur eine geringe Rente zu errechnen. Im Verfahren der sog. Gesamtleistungsbewertung werden ihr nun weitere Entgeltpunkte gutgeschrieben. Die Bewertung erfolgt entsprechend dem Gesamtwert der ab dem 17. Lebensjahr erworbenen Entgeltpunkte dividiert durch die gesamte Versicherungsdauer. Erst dadurch erreicht die Rente ein in etwa die Existenz sicherndes Niveau. Um überhaupt eine Erwerbsminderungsrente zu erhalten, ist eine Wartezeit (Versicherungsdauer) von fünf Jahren nachzuweisen. Liegt allerdings ein Arbeitsunfall oder eine Berufskrankheit vor, entsteht der Rentenanspruch schon vom ersten Tag an und bei einer schweren Erkrankung oder einem Freizeitunfall nach einem Jahr Beitragszahlung.

Einen Berufsschutz gibt es nicht mehr. Jede Arbeit ist zumutbar. Wenn für einen Rentner bei teilweiser Erwerbsminderung kein Teilzeitarbeitsplatz zur Verfügung steht, erhält er die volle Rente. Die Renten werden zunächst meist als Rente auf Zeit gewährt und der Anspruch nach einiger Zeit überprüft.

Rentenrechtliche Zeiten (u.a. Erziehungs- oder Babyjahre)

Die Rentenhöhe hängt nach dem Äquivalenzprinzip sehr stark von den eigenen Beitragszeiten des Versicherten ab. Zu den Beitragszeiten zählen die Pflichtbeitragszeiten und die Zeiten, in denen freiwillig Beiträge abgeführt wurden. Kindererziehungszeiten (die sog. Babyjahre) werden zu den Pflichtbeitragszeiten gezählt. Für die Erziehung eines Kindes mit einem Geburtsjahr vor 1992 wird für ein Jahr, seitdem werden für drei Jahre Entgeltpunkte angerechnet. Seit 2000 wird für jedes angerechnete Jahr ein Entgeltpunkt von 1,0 gutgeschrieben. Zum aktuellen Rentenwert von 2006 bedeutet das einen monatlichen Rentenanspruch von 3 x 1,0 x 26,13 Euro = 78,39 Euro (für ein Kind in Westdeutschland, das nach 1992 geboren wurde). In Fällen, in denen gleichzeitig Kinder erzogen und Geldbeiträge gezahlt werden, werden die Rentenanwartschaften bis maximal zur jährlichen Entgeltpunktobergrenze zusammengezählt.

Neben den Beitragszeiten führen auch bestimmte beitragsfreie Zeiten zu einer Rentenerhöhung. Man unterscheidet hier Anrechnungszeiten, Zurechnungszeiten (Beispiel: Erwerbsminderungsrenten) und Ersatzzeiten. Ersatzzeiten sind unter anderen Kriegsdienstzeiten und Internierungszeiten. Anrechnungszeiten sind u.a. Zeiten von Krankheit und Arbeitslosigkeit, in denen in der Vergangenheit die zuständigen Sozialversicherungen keinen Beitrag an die GRV entrichtet haben, wie das heute üblich ist. Ausbildungszeiten werden nur noch sehr eingeschränkt als Anrechnungszeiten gewertet.

Diesen beitragsfreien Zeiten müssen gemäß der Logik der Rentenformel jeweils konkrete Entgeltpunkte wie bei den Babyjahren zugeordnet werden. Die komplizierten Vorgaben und Berechnungen nach Gesamtleistungsbewertung lassen sich hier nicht im Einzelnen darstellen.

8.1.3 Finanzierung nach dem Umlageverfahren

Die Finanzierung der Renten und Sachleistungen erfolgt über Beiträge der Versicherten und ihrer Arbeitgeber und über Bundeszuschüsse. Die Beiträge werden bis zu einer dynamisierten Beitragsbemessungsgrenze (vgl. Tabelle 8.1) erhoben. Der Beitragssatz wird jährlich neu berechnet und den erwarteten Ausgaben und Einnahmen entsprechend angepasst. Arbeitgeber- und Arbeitnehmeranteil betrugen 2007 zusammen 19,9 Prozent. Im Jahr 1997 wurde mit 20,3 Prozent der bisherige Höchstsatz erreicht. Die Reformen im letzen Jahrzehnt haben zu einer leichten Absenkung geführt. Das wurde u.a. dadurch erreicht, dass die Bundeszuschüsse deutlich von 20 Prozent auf heute ca. 30 Prozent der Gesamtausgaben erhöht wurden. 2004 betrug der Staatszuschuß 73,3 Mrd. Euro und deckte damit 30,1 Prozent der Gesamtausgaben. So zahlt der Bund seit 1999 die Beiträge für die Kindererziehungszeiten (Babyjahre) und auch ein erheblicher Teil der Ökosteuer fließt in die Rentenversicherung. Damit beteiligt sich der Staat inzwischen in erheblichem Umfang an der Finanzierung sogenannter *versicherungsfremder* öffentlicher Leistungen, die der GRV vom Gesetzgeber aufgebürdet wurden. Die genaue Abgrenzung dieser öffentlichen Aufgaben ist strittig. Genannt werden unter anderem die Anrechnung von Wehr- und Internierungszeiten, die Umverteilung zugunsten der ostdeutschen Rentenbezieher, Finanzierung der Babyjahre und Rente nach Mindesteinkommen.

Diese Finanzierungsart wird als Umlageverfahren bezeichnet. Im Gegensatz zum Kapitaldeckungsverfahren werden hier die Einnahmen jedes Jahres zur Deckung der laufenden Ausgaben herangezogen. Es wird kein Kapitalstock gebildet, der später, wenn die Renten gezahlt werden, wieder aufgelöst werden kann (vgl. dazu genauer Kapitel 7.3.3). Im GRV-System wird derzeit nur eine sehr geringe Rücklage vorgehalten, die als Reserve kleine Einnahmeschwankungen ausgleichen soll. Der Bundeszuschuss ist seit der Rentenreform 1992 dynamisiert und wird an die Entwicklungen von Beitragssatz und den Löhnen und Gehältern der Versicherten angepasst. Kommt es zu einer stärkeren Belastung des Rentensystems durch Arbeitslosigkeit oder steigende Alterslast, erhöhen sich tendenziell die Ausgaben der Versicherung. Damit müssen die Einnahmen ebenfalls gesteigert werden. Der Beitragssatz muss erhöht werden. Dieser Effekt wiederum pflanzt sich fort in einer Dämpfung des Anstiegs des aktuellen Rentenwerts und damit der Renten. Gleichzeitig – in einer Art kybernetischen Selbstregulierungsprozess – bewirkt dies auch einen Anstieg des Bundeszuschusses.

8.1.4 Rentenhöhe und Altersarmut

Es ist zu prüfen, wie es um die Realisierung der wichtigsten Ziele der Rentenversicherung bestellt ist. Das vielleicht wichtigste Ziel ist die Vermeidung von Altersarmut. Ein Blick auf die Durchschnittsrenten zeigt, dass die Versichertenrenten der Männer deutlich über dem Existenzminimum der Grundsicherung liegen (vgl. Kapitel 9).

Nun streuen die Renten je nach Erwerbsbiographie erheblich um diesen Mittelwert. Auch heute noch gibt es viele Rentnerinnen, die keine oder nur eine kleine eigene Rente haben und vor allem auf ihre Witwenrente angewiesen sind.

Tabelle 8.3: Rentenhöhen in der GRV (monatlich in Euro)

	West		*Ost*
Jahr	*1990*	*2005*	*2005*
Brutto-Standardrente	911	1.176	1.034
Durchschnittliche Altersrente Männer	869	1.048	1.023
Durchschnittliche Altersrente Frauen	374	495	661
Durchschnittliche Witwenrente (2004)	469	553	562

Quelle: IdW, Deutschland in Zahlen 2006, Tabelle 7.19 und 7.21.

Mit der steigenden Erwerbsbeteiligung der Frauen und der Dynamisierung der Renten ist es immerhin zu recht deutlichen Einkommensverbesserungen gekommen. Die Zahl der alten Menschen, die ergänzend Grundsicherung im Alter beantragen muss, ist zwar deutlich gesunken, aber es gibt eine hohe Dunkelziffer von Rentnern, die, obwohl bedürftig, nicht zum Sozialamt gehen. Um dieser verschämten Altersarmut zu begegnen, wurde die Grundsicherung im Alter auf eine neue Grundlage gestellt.

Die Altersarmut scheint bei weiter zunehmender Erwerbsquote der Frauen in Zukunft gebannt. Allerdings muss man sich inzwischen Gedanken machen, ob auf lange Sicht bei wachsender geringfügiger Beschäftigung, einem großen Niedriglohnsektor und hoher Arbeitslosigkeit das Problem der Unterversorgung im Alter wieder aktuell werden könnte.

In der Jahrhundertreform von 1957 wurde das Ziel deutlich höher gehängt. Angepeilt wurde damals die Lebensstandardsicherung im Alter bei denjenigen, die auf ein langes Erwerbsleben zurückblicken können. Die Erreichung dieses Ziels wird mit dem Indikator »Standardrente« überprüft. Unter der Standardrente ist eine Rente zu verstehen, die derjenige erhält, der 45 Jahre lang als Durchschnittsverdiener gearbeitet und Beiträge gezahlt hat und mit 65 in den Ruhestand tritt. Wir berechnen die monatliche Bruttostandardrente für 2006 in Westdeutschland nach der Rentenformel.

Bruttostandardrente (West) = 45 x 26,13 Euro x 1 x 1 = 1175,85 Euro

Dividiert man die Bruttostandardrente durch das durchschnittliche Brutto-Monatseinkommen aller Arbeitnehmer erhält man das Bruttorentenniveau (vgl. Tabelle 8.4). Zieht man die Steuern und Versicherungsbeiträge der Rentner von der Bruttorente ab, so erhält man die Nettostandardrente. Setzt man die Nettostandardrente in Bezug zum durchschnittlichen Nettoeinkommen aller Arbeitnehmer, errechnet sich das Nettorentenniveau. Es erreichte in den Jahren von

1980 bis 2002 jeweils Werte zwischen 67,5 und 72 Prozent (vgl. Tabelle 8.1). Daraus schloß man, dass der langjährig Versicherte im Alter seinen Lebensstandard in etwa aufrechterhalten könnte. Unterstellt wird dabei, dass die Einbußen von ca. 30 Prozent durch eine Betriebsrente oder eigenes im Laufe des Erwerbslebens angespartes Vermögen (eigene Wohnung) ausgeglichen werden können. Mit der Reform zur nachgelagerten Besteuerung der Renten (2004) eignet sich der Indikator Nettorentenniveau in Zukunft nicht mehr und wird durch die Maßzahl *Rentenniveau vor Steuern* ersetzt.

Das *Rentenniveau vor Steuern* beschreibt das Verhältnis zwischen der Bruttostandardrente – vermindert um die Sozialabgaben der Rentner – und dem Durchschnittsentgelt – vermindert um die durchschnittlich geleisteten Beiträge der Arbeitnehmer zur Sozialversicherung plus durchschnittlicher Aufwand zur staatlich geförderten privaten Altersvorsorge.

Dieser Indikator ist zukünftig der Maßstab mit dem geprüft werden soll, ob das *Mindestsicherungsziel* der GRV erreicht ist. Dieses Ziel ist deutlich gesenkt worden. Im Jahr 2004 lag das Nettorentenniveau bei ca. 69 Prozent und das Rentenniveau vor Steuern bei 52,4 Prozent.

Tabelle 8.4: Entwicklung des Rentenniveaus (in Prozent)

Jahr	1980	1990	1996	2000	2004
Brutto-Rentenniveau	50,2	50,2	48,5	48,2	47,0
Rentenniveau vor Steuern	57,6	55,0	53,6	52,8	52,4

Quelle: Verband Deutscher Rentenversicherungsträger

Bis zum Jahre 2020 soll nun auf jeden Fall ein Mindestrentenniveau vor Steuern von 46 Prozent eingehalten und möglichst überschritten werden. Droht der Wert darunter zu sinken, soll die Bundesregierung geeignete Maßnahmen dagegen ergreifen.

Kritisch ist zu diesem Maßstab anzumerken, dass nur Wenige auf eine Versicherungszeit von 45 Jahren zurückblicken können. Für die weitaus überwiegende Zahl der Arbeitnehmer ist daher der Einkommensausfall im Alter größer (vgl. die durchschnittliche Höhe der Altersrenten in Tabelle 8.3). Hinzu kommen die Auswirkungen der jüngsten Rentenreformen, die auf die Dauer eine weitere deutliche Absenkung des Niveaus der Sozialrenten bewirken werden. Damit ist schon heute wahrscheinlich, dass das Mindestsicherungsziel von 46 Prozent bald in Gefahr geraten könnte.

Mit den aktuellen Reformen ist die Lebensstandardsicherungsfunktion der Sozialrente praktisch aufgegeben worden und selbst das Ziel der Armutsvermeidung im Alter gerät in Gefahr.

Auch das Ziel der Teilhabe der Rentner an der durchschnittlichen Einkommensentwicklung gerät immer mehr außer Sicht. Die Gründe liegen zum einen in der schwachen Lohnentwicklung der letzten Jahre aufgrund der hohen Arbeitslosigkeit und zum anderen in dem politischen Bestreben, die Beitragssätze um jeden Preis zu stabilisieren und lieber die Dynamisierung der Renten auszusetzen oder zu beschneiden. Selbst der notwendige Inflationsausgleich zur Stabilisierung des Realwerts der Renten ist nicht mehr gewährleistet. Durch die Festschreibung des aktuellen Rentenwerts über die Jahre 2004 bis 2007 ist mit einem Realwertverlust von ca. 7,5 Prozent zu rechnen, d.h. eine Rente von 1.000 Euro hat dann nur noch eine Kaufkraft von ca. 925 Euro. Da zusätzliche Belastungen hinzukommen (erhöhte Beiträge zur Pflege- und Krankenversicherung) kann man die Sorgen vieler Rentner und den Unmut ihrer Verbandsvertreter verstehen. Die Hoffnung richtet sich hier allein auf einen nachhaltigen Wirtschaftsaufschwung mit steigenden Löhnen und damit auch wieder steigenden Renten.

Im Kapitel 9 wird auf die neue Grundsicherung im Alter zur Bekämpfung von Altersarmut genauer eingegangen.

Altersrente mit 67 und Verlängerung der Lebensarbeitszeit

Wenn die Absicht gelingt, das durchschnittliche Renteneintrittsalter (2002: 60,6 Jahre im Westen und 58,7 Jahre im Osten) deutlich anzuheben, wäre hier ein gewisser Ausgleich geschaffen, da dann im Durchschnitt mehr Entgeltpunkte pro Rentner anzurechnen wären.

Eine entscheidende Stellschraube ist die Verlängerung der durchschnittlichen Lebensarbeitszeit. Mit den Rentenreformen der letzten Jahre ist die Grenze der Frühverrentung deutlich nach hinten verschoben worden und die Anreize, länger zu arbeiten, wurden verstärkt. Der nächste Schritt ist die Verschiebung der Altersruhegrenze von 65 auf 67 Jahre. Von 2012 bis 2029 wird die Altersruhegrenze nach und nach auf 67 Jahre erhöht. Betroffen ist als erster der Jahrgang 1947, der einen Monat länger arbeiten muss. Der 1964er Jahrgang soll dann als erster Jahrgang im Jahre 2029 genau mit 67 Jahren in den Altersruhestand gehen.

Langjährig Versicherte, die 45 Jahre Beiträge gezahlt haben, sollen allerdings schon mit 65 ohne Abzüge in Rente gehen können. Ebenso soll das Renteneintrittsalter der Bezieher von Erwerbsminderungsrenten bis zum Jahr 2023 bei 63 bleiben, wenn sie mindestens 35 Beitragsjahre nachweisen können.

Die Gegner der Reform beziehen sich auf die aktuelle Situation am Arbeitsmarkt. Die Arbeitslosigkeit könnte durch die damit verbundene Erhöhung des Arbeitsangebots noch gesteigert werden. In dieser Phase wächst die Zahl der 60 bis 66 Jährigen stark an. Nach und nach steigt die Zahl der benötigten Arbeitsplätze bis auf 3 Mio. nach Schätzungen des Instituts für Arbeitsmarkt-

und Berufsforschung (IAB), wenn die Regelung im Jahre 2029 voll wirksam wird.

Eine Verlängerung der Lebensarbeitszeit kann auch zu Lasten der jüngeren Arbeitnehmer gehen, wenn Ältere länger im Beruf bleiben müssen. Damit steht und fällt der Erfolg des Instruments der Lebensarbeitszeitverlängerung mit dem Abbau der Massenarbeitslosigkeit. Gelingt dies nicht, tritt für die arbeitslosen Älteren eine weitere deutliche Senkung ihres Rentenniveaus ein. Dies wird durch die Kürzung der Rentenbeiträge für die Bezieher der Grundsicherung für Arbeitsuchende (Arbeitslosengeld II) um fast 50 Prozent auf 40 Euro im Monat (ab 2007) noch einmal verschärft.

8.1.5 Probleme der Rentenversicherung

Vielfältige Schwierigkeiten sind derzeit und in absehbarer Zukunft in der GRV zu bewältigen. An Lösungsvorschlägen herrscht allerdings kein Mangel, und bei nüchterner Beurteilung erscheinen die z.T. apokalyptischen Befürchtungen als übertrieben.

Seit den 1970er Jahren bemüht man sich vor allem in Krisenjahren um eine Konsolidierung der Rentenversicherung. Die wichtigsten Maßnahmen waren hier die Aussetzung der Anpassung 1979−1981, die Aktualisierung der Anpassung 1984 mit dem Effekt einer geminderten Rentensteigerung, die Einschränkung der Heilkuren, die zeitliche Verschiebung der Rentenerhöhungen um ein halbes Jahr und der individuelle Beitrag der Rentner zur Krankenversicherung. Nachdem mit der Rentenreform 1992 ein tragfähiges Fundament gelegt zu sein schien, ist die Diskussion in den wirtschaftlich schwachen 1990er Jahren und vor allem zu Beginn des neuen Jahrtausends wieder entbrannt und sie erreichte mit der Auseinandersetzung um die aktuellen Rentenreformen einen neuen Höhepunkt auch hinsichtlich der Verunsicherung der Bürger. Eine Konsolidierung in diesem Bereich ist deshalb besonders heikel, weil die Zurücknahme gesetzlich fixierter Leistungen, die auf erworbenen Ansprüchen der Versicherten beruhen (das Bundesverfassungsgericht spricht den Rentenansprüchen den grundgesetzlich geschützten Eigentumscharakter zu) gerade in der Rentenversicherung die notwendige Kontinuität dieser sozialen Institution in Frage stellen und das Vertrauen in den Generationenvertrag erschüttern kann. Bei der Verabschiedung des Rentenreformgesetzes der Regierungsparteien CDU/CSU und FDP 1997 kam es zum ersten Mal nicht zu einem, die großen Parteien übergreifenden Kompromiß. Die neue Regierungskoalition aus SPD und Grünen nahm 1998 prompt zentrale Maßnahmen dieser Reform zurück, griff aber später dann zu ähnlichen Lösungen (Erwerbsminderungsrente, Nachhaltigkeitsfaktor). Die Vielzahl von Reformen im letzten Jahrzehnt hat die neoliberalen Kritiker bisher nicht überzeugt. Weitere tiefe Einschnitte werden gefordert, während andere Ökonomen die Rentenversicherung inzwischen in sicherem Fahrwasser sehen.

Rente und Arbeitslosigkeit

Aufgrund der hohen Arbeitslosigkeit, die insbesondere zu Langzeitarbeitslosigkeit und Ausgrenzung von Problemgruppen aus der Arbeitslosenversicherung geführt hat, kommt es zu Beitragsausfällen, die später niedrigere Renten nach sich ziehen. Hier zeigt sich ein schwerwiegendes strukturelles Problem. Solange jeder Arbeitnehmer in normalen Arbeitsverhältnissen beschäftigt sein kann, sind auskömmliche Renten zu erwarten. Bei einer befürchteten weiteren Dualisierung des Arbeitsmarktes ist neben der aktuellen Verschlechterung der Lebenslage durch niedrigere Löhne und Arbeitslosigkeit der Betroffenen auch deren Alterssicherung gefährdet. Man muss allerdings betonen, dass für einen Großteil der registrierten Arbeitslosen Beiträge von der Bundesagentur für Arbeit an die Rentenversicherung gezahlt werden. Die spätere Rente wird dennoch gemindert, da die Beiträge der Agentur beim Arbeitslosengeld I nur auf der Grundlage von 80 Prozent des bisherigen Einkommens gezahlt werden, so dass auch weniger Entgeltpunkte angerechnet werden. Noch erheblich geringere Ansprüche entstehen für die Bezieher von Arbeitslosengeld II, da ihre monatlichen Rentenbeiträge ab 2007 von 78 auf 40 Euro gekürzt wurden. Damit entsteht ein mehr als dürftiger Rentenanspruch von 8−9 Prozent im Vergleich zum Anspruch eines durchschnittlich verdienenden Arbeitnehmers.

Kann und soll die Politik darauf reagieren? Ist man eher der Überzeugung, dass in Zeiten der Globalisierung die Probleme auf dem Arbeitsmarkt andauern und sich sogar verschärfen könnten, sind Anpassungen an die veränderten sozialökonomischen Rahmenbedingungen unerläßlich. Wir gehen weiter unten auf die wichtigsten Reformmodelle ein.

Der Übergang in den Altersruhestand vollzog sich in der jüngeren Vergangenheit in immer früherem Lebensalter. Dies war politisch gewollt. Um Jüngeren eine Chance auf dem Arbeitsmarkt zu geben, wurde die Lebensarbeitszeit durch Frühverrentung verkürzt. Dies geschah im Interesse aller Beteiligten, allerdings auf Kosten steigender Beitragslasten in der GRV. Dieser Weg der Arbeitsmarktentlastung zu Lasten der Renten wurde inzwischen zunehmend erschwert, wie oben dargelegt wurde. Mit der Reform der Erwerbsminderungs- und Schwerbehindertenrenten wird auch dieser Weg in die Frühverrentung für viele Arbeiter zu teuer sein. Jeder frühere Rentenbezug muss dann mit hohen Rentenkürzungen erkauft werden.

Einen Kompromiss bietet (noch bis 2008) die Förderung eines gleitenden Übergangs in den Ruhestand durch das Altersteilzeitgesetz von 1996. Die Agentur für Arbeit subventioniert den gleitenden Übergang in den Ruhestand. Ältere

Arbeitnehmer (über 55 Jahre), die in Teilzeit gehen, erhalten ein um 20 Prozent erhöhtes Teilzeitarbeitsentgelt und ihre Beiträge zur GRV werden auf der Basis von 90 Prozent des Vollzeitentgelts entrichtet. Der Arbeitgeber erhält diese Mehrkosten erstattet, wenn er die frei werdenden Arbeitsplätze mit Arbeitslosen wieder besetzt. Tarifvertragliche Verbesserungen sind möglich und wurden genutzt (vgl. die VW-Modelle 1997 und 2006).

Die Verteuerung der Frühverrentung dreht ein in der Vergangenheit sehr wirksames Ventil zur sozial verträglichen Lebensarbeitszeitverkürzung fast zu. Sollte die Massenarbeitslosigkeit weiter andauern, verlagert die Verteuerung der Frühverrentung das Schwergewicht der Arbeitslosigkeit auf die junge Generation mit denkbar fatalen Folgen. Nach neoliberalen Vorstellungen, die derzeit das Meinungsbild prägen, war die Frühverrentung ohnehin ein Holzweg zu mehr Beschäftigung. Im Gegenteil, nur mit wöchentlicher Mehrarbeit ohne Lohnausgleich und einer Verlängerung der Lebensarbeitszeit seien die Probleme zu lösen.

Demographische Entwicklung und Rentenlast

Die Rentenbezugszeiten werden immer länger. Betrugen sie 1960 noch im Durchschnitt 10,6 (9,6) Jahre für Frauen (Männer), so stiegen sie bis 2003 im Westen auf 18,8 (14,8) Jahre an (im Osten auf 21,2 (12,2)). Da nach den meisten Prognosen die Menschen immer älter werden und gleichzeitig aufgrund der niedrigen Geburtenrate die Zahl der Personen im erwerbsfähigen Alter deutlich sinken wird, ist in Zukunft mit einem dramatisch steigenden Altenquotienten zu rechnen (vgl. Tabelle 7.1). Damit sind erhebliche Sorgen um die zukünftige Finanzierung der Renten verbunden (vgl. dazu genauer Kaufmann 2005).

Die öffentliche Diskussion um die langfristige Entwicklung der Renten leidet vor allem darunter, dass die in der wissenschaftlichen Politikberatung entwickelten Modelle zumeist verkürzt wiedergegeben werden. Das ist allerdings angesichts der Komplexität der Analysen und der wenig »benutzerfreundlichen Sprache« nicht verwunderlich. Die Menschen, die nach der späteren Finanzierung ihrer Rente fragen, erleben Wechselbäder zwischen dramatisierenden Zustandsbeschreibungen in den Medien und beruhigenden Politikeransprachen, die dann oft als Beschwichtigung interpretiert werden. Im Folgenden sollen einige offensichtliche Missverständnisse angesprochen werden, um die Zusammenhänge verständlicher zu machen. Nur Aufklärung kann das Vertrauen in die bewährten Institutionen unserer Sozialordnung stärken und die Verunsicherung, die private Lebensversicherer und andere Anbieter von Zukunftssicherung aus Gewinninteresse noch zusätzlich schüren, abbauen.

8.1.6 Reformen und Reformmöglichkeiten in der GRV

Mit den Rentenreformen von 1992, 2001, 2004 und 2007 sind – unabhängig von der sonstigen Bewertung – Beweise für die Fähigkeit der Politik geliefert worden, das Rentensystem zu reformieren und zu stabilisieren. Es wurde auf die Herausforderungen, die aus der demographischen Entwicklung resultieren, eingestellt und dürfte ihnen nunmehr gewachsen sein. Die Maßnahmen zur langfristigen Stabilisierung wurden im Systemüberblick genauer dargestellt: Umstellung der Dynamisierung (u.a. Nachhaltigkeitsfaktor), die Erhöhung und Dynamisierung des Staatszuschusses, die Rentenminderung bei vorgezogenem Rentenbezug und die Verschiebung der Altersgrenze auf 67 Jahre. Auf die Riesterrente wird noch unten genauer eingegangen.

Will man die Wirkung dieser Maßnahmen beurteilen, muss man ein Szenario der zukünftigen Entwicklung entwerfen. Wie die Veränderung der Altersstruktur, die zum einen durch den Rückgang der Geburtenrate und zum anderen durch die steigende Lebenserwartung bewirkt wird, das Soziale Sicherungssystem belasten wird, hängt entscheidend von der weiteren ökonomischen und sozialen Entwicklung ab.

Als erstes ist darauf hinzuweisen, dass die Erwerbsquote (Anteil der Erwerbspersonen an der Wohnbevölkerung) insbesondere der Frauen und der älteren Menschen in Deutschland im Vergleich zu anderen entwickelten Ländern deutlich geringer ist. Gelänge es daher, die hohe Arbeitslosigkeit abzubauen, weiterhin die Erwerbsquote der Frauen deutlich zu steigern und zum dritten den vorzeitigen Ruhestand zu verringern, wäre das vorhandene Erwerbspotential der Gesellschaft besser genutzt und die Alterslast, die ein Aktiver zu tragen hat, deutlich reduziert. Dann könnten weitere Kürzungen des Rentenniveaus unterbleiben.

Mit der beschlossenen Verschiebung der Ruhestandsgrenze auf 67 Jahre hat die Politik an einer zentralen Stellschraube gedreht, um das System langfristig zu stabilisieren. Hier ist man Ratschlägen aus politökonomischer Analyse gefolgt, solche Reformen rechtzeitig anzugehen, da in einer alternden Gesellschaft auch die Wählerschaft altert und so in Zukunft Reformen gegen die Interessen dieser Gruppe immer schwerer durchsetzbar werden.

Die Möglichkeit, mit einer forcierten Zuwanderung von jungen und gut ausgebildeten Ausländern nach Deutschland die Probleme auf dem Arbeitsmarkt und in den Sozialsystemen lösen zu können, ist sehr kritisch zu sehen. Wie die Berechnungen in der Tabelle 8.5 zeigen, läßt sich dadurch die Entwicklung in der Altersstruktur nur zeitlich leicht abschwächen aber nicht aufhalten.

Tabelle 8.5: Zuwanderung und Altenquotient (1) im Jahr 2050

Zuwanderung (Saldo)	0	+100.000	+200.000	+300.000
Altenquotient	90 Prozent	83 Prozent	80 Prozent	76 Prozent

(1) Altenquotient: Zahl der 60jährigen und Älteren dividiert durch die Zahl der Personen im Alter von 20–60 Jahren x100;
Quelle: Birg 2003, S 11f.

Leistungskürzungen waren ein weiteres beliebtes Instrument. Inzwischen dürfte hier die Belastungsgrenze erreicht, wenn nicht überschritten sein. Mehrmals – zuletzt 2005 mit dem Nachhaltigkeitsfaktor – wurde der Absenkungsfaktor in der Rentenanpassungsformel verstärkt. Die neue Zielrichtung ist eindeutig. Eine Entlastung der Beitragszahler geht vor Rentenerhöhung. Der Beitragssatz soll bis zum Jahr 2030 nicht über 22 Prozent steigen.

Tabelle 8.6: Renten-Szenario der Rürup-Kommission (2003)
für Westdeutschland (1)

Jahr	Realer Bruttolohn (Durchschnittsentgelt pro Monat) in Euro (inflationsbereinigt) (2)	Reale Brutto- standardrente pro Monat in Euro (inflationsbereinigt) (2)	Rentenniveau vor Steuern in Prozent	Brutto- Rentenniveau in Prozent	Beitragssatz in Prozent
2003	2.451	1.171	52,7	47,8	19,5
2030	3.957	1.662	ca. 45,4	41,3	22,0
2040	4.713	1.875	ca. 43,7	39,8	22,9

(1) Schätzung auf der Grundlage der Rentenanpassungsformel nach den Reformen von 2004 und 2007 (Nachhaltigkeitsfaktor und Verschiebung der Altersgrenze) (2) in Preisen von 2003;
Quelle: Rürup Kommission 2003b, Tabellen 4 und 5.

Schätzungen der Rürup-Kommission (2003b) lassen erwarten, dass die Renten-reformen von 2001 bis 2007 eine Absenkung des Rentenniveaus vor Steuern von 52,7 Prozent (2003) auf etwa 45,4 Prozent (2030) bewirken werden (vgl. Tabelle 8.6). Wenn die ökonomischen Annahmen des Szenarios zutreffen soll-ten, wäre bis 2030 das im Gesetz verankerte Sicherungsziel von 46 Prozent in etwa garantiert.

Kritiker sehen darin allerdings die faktische Aufgabe der Lebensstandard-sicherungsfunktion der Sozialrente. Bedenkt man, dass die Mehrheit der Ren-tner deutlich weniger als 45 Jahre Versicherungszeiten nachweisen kann, werden viele alte Menschen deutlich unter 50 Prozent ihres früheren Nettoeinkommens als Sozialrente beziehen.

Vorherrschende Meinung neoliberaler Politikberater ist jedoch, dass eine weitere Kürzung der Ansprüche notwendig ist. Die aktuelle Zielvorgabe ist, den Anstieg des Beitragssatzes möglichst bei der Marke von 22 Prozent zum Stillstand kommen zu lassen. Weitere Leistungskürzungen ließen das Rentenniveau so stark sinken, dass die gesetzliche Rente in der Zukunft allenfalls ein gehobenes Existenzminimum absichern würde. Die Rürup-Kommission sieht die langfristige Stabilität der Rentenversicherung mit den Reformen als gesichert an und sieht kaum Spielraum für weitere Rentenkürzungen.

Die heftige Auseinandersetzung macht deutlich, dass eine Verteilung der Alterslast einseitig zugunsten des aktiven Teils der Bevölkerung und zuungunsten der Rentner auf harte Gegenwehr trifft. Zudem gilt: Jeder Aktive, der heute entlastet wird, ist morgen ein Rentner, dessen Sozialrente dadurch geringer ausfällt.

8.1.7 Private Altersvorsorge: Betriebs- und Riesterrente

Um die zu erwartenden Versorgungslücken im Alter zu schließen, fördert der Staat in Zukunft die Säule der privaten Altersvorsorge in beträchtlichem Umfang. Dazu sind inzwischen verschiedene Angebote entwickelt worden, vor allem das neue Produkt der kapitalfundierten sog. Riesterrente. Das Zulagensystem (Tabelle 8.7), ist recht großzügig dotiert und setzt entsprechende Anreize.

Tabelle 8.7: Riesterrente – Zulagensystem

Zeitraum	Grundzulage pro Jahr (1) in Euro	Kinderzulage pro Jahr	Mindest-Eigenbeitrag in Prozent vom Bruttoeinkommen (2)
2004/2005	76	92	2
2006/2007	114	138	3
ab 2008	154	185	4

(1) Ehepartner erhalten zwei Grundzulagen, wenn jeder einen Vorsorgevertrag abgeschlossen hat.
(2) Eigene Einzahlungen müssen zusammen mit der Zulage den Prozentbetrag ergeben (sonst erfolgt eine Kürzung der Zulagen).

Das Konzept folgt einem breiten Reformtrend in Europa (Kohl 2001). Neben der Sozialrente sollen weitere Säulen errichtet werden. Das Risiko der Alterssicherung wird aufgeteilt, der Generationenvertrag entlastet und durch kapitalfundierte System ergänzt. Eine Säule ist für viele Arbeitnehmer die Betriebsrente oder andere Formen betrieblicher Altersvorsorge, die steuerlich begünstigt werden. Stark nachgefragt waren in den letzten Jahren die Direktversicherungen, bei denen der Arbeitgeber vom Gehalt seines Arbeitnehmers Beiträge an eine Versicherung zahlt. Der Betrieb kann einen Zuschuss geben. Oft sind diese Zuschüsse tariflich abgesichert oder in Betriebsvereinbarungen garantiert.

Die Finanzierung der Riesterrente erfolgt aus Nettolöhnen und Steuern, so dass die Lohnkosten nicht tangiert werden. Betont werden muss, dass das Ausmaß der Umverteilung durch das Zulagensystem zugunsten der ärmeren Schichten und der Familien erheblich höher ist als bei der Sozialrente (GRV). Das Solidarprinzip ist also hier durchaus stärker ausgeprägt! Seit 2006 sind einheitliche Verträge für Männer und Frauen Pflicht (Unisex-Tarife).

Die zunächst schwache Nachfrage nach den Riester-Produkten der Versicherungs- und Bankenbranche hat sich in den letzten Jahren deutlich verstärkt, nachdem das Verfahren vereinfacht wurde. Ende des Jahres 2006 hatten ca. 5,6 Mio. Bürger eine Riesterrente abgeschlossen. Aus Sicht der Anbieter ist das ein Erfolgsmodell. Von einer alle Bürger umfassenden Lösung ist man jedoch weit entfernt und bei realistischer Einschätzung wird eine riesige Versorgungslücke gerade bei den unteren Einkommensgruppen bleiben, um deren Versorgungsniveau aus der gesetzlichen Rente es am schlechtesten bestellt ist.

Ob andere neue Produkte zur Vermögensanlage die Lücken schließen können, ist ebenfalls fraglich. So ist die neue Basisrente (oder Rürup-Rente) als steuerliche Förderung der Alterssicherung für Selbständige und Freiberufler entwickelt worden (Start 2005), die von der Riesterrente ausgeschlossen sind.

Um die Versorgungsdefizite bei den besonders Bedürftigen wirklich zu schließen, muss wohl der Schritt zu einer Versicherungspflicht für alle Bürger getan werden. Sonst werden die Arbeitnehmer aus den unteren Lohngruppen auch bei langfristiger Beitragszahlung in die GRV (hoher Lebensleistung) mit großer Wahrscheinlichkeit zu Fürsorgeempfängern im Alter degradiert.

Bleibt es bei der individuellen Wahl der Kapitalanlage, wird die Höhe der privaten Renten im Alter bei gleicher Beitragsvorleistung erheblich streuen. Der soziale Ausgleich kann in dem System privater Vorsorge nur bei der Subventionierung der Beiträge ansetzen, nicht bei der späteren Rente. Letzteres ist nur bei der Sozialrente möglich.

8.1.8 Wie sicher ist die Rente?

Wie sicher ist die Rente und wie hoch wird die Rente in der Zukunft sein? Dies dürften die zentralen Fragen sein, die sich viele Bürger heute stellen. Zunächst ist zu betonen, dass eine beliebige Absenkung des Rentenniveaus in jedem Fall durch die Rechtsprechung des Bundesverfassungsgerichts verhindert wird. Die Rente ist keine milde Gabe, sondern Gegenleistung für gezahlte Beiträge. Das (Teilhabe) Äquivalenzprinzip garantiert die erworbenen Rentenansprüche. Hier greift die Eigentumsgarantie des Grundgesetzes (Art. 14). Prinzipiell hat der Gesetzgeber zwar zur Sicherung des Systems einen erheblichen Gestaltungsspielraum, dieser ist jedoch nicht unbegrenzt.

»Je höher der einem Anspruch zu Grunde liegende Anteil eigener Leistung ist, desto stärker trifft der verfassungsrechtlich wesentliche personale Bezug und mit ihm ein tragender Grund des Eigentumsschutzes hervor« (BverfGE 53, 257 (292)).

Die Garantien des Bundesverfassungsgerichts gelten nur für die schon erworbenen Ansprüche. Eine radikale Systemumstellung ist daher nicht ganz unmöglich. Allerdings müsste die aktive Generation in der Übergangszeit eine doppelte Last tragen. Sie müsste die erworbenen Rentenansprüche der älteren Generation erfüllen und gleichzeitig für sich vorsorgen und einen Kapitalstock aufbauen.

Viele Menschen sind heute sehr verunsichert und glauben nicht mehr an eine ausreichende soziale Absicherung im Alter. Deshalb ist es wichtig, hier kurz auf zentrale ökonomische Thesen einzugehen und die Dinge systematisch zu betrachten.

Für Ökonomen ist bei dieser Frage die Produktivitätsentwicklung der Volkswirtschaft das Maß aller Dinge. Das Versorgungsniveau für die Bürger (Aktive und Rentner) in der Zukunft hängt entscheidend von der Entwicklung der Arbeitsproduktivität und nicht so sehr von der Zahl der aktiven Erwerbstätigen ab. Früher waren 80–90 Prozent der Bevölkerung in der Landwirtschaft tätig, heute reichen weniger als 3 Prozent aus, um die Bevölkerung viel reichlicher mit Nahrung zu versorgen, als es früher der Fall war. Die Arbeitsstundenproduktivität gibt an, wieviel Arbeitsstunden benötigt werden, um ein Gut zu erzeugen. Waren früher 100 Stunden nötig, so wird heute ein Auto schon in weniger als 20 Stunden produziert. Diese Produktivitätsentwicklung speist sich vor allem aus innovativem Technischen Fortschritt, der im kapitalistischen Wettbewerb und im Wissenschaftssystem permanent erzeugt wird und alle Unternehmen zwingt, diesem Trend zu folgen.

Viele Sozialwissenschaftler befürchten, dass durch den Technischen Fortschritt permanent Arbeitsplätze wegrationalisiert werden und so der »Arbeitsgesellschaft die Erwerbsarbeit ausgeht« (Beck 2000).

Wenn es so einfach wäre, wäre das marktwirtschaftlich-kapitalistische System, in dem seit 200 Jahren der Technische Fortschritt die Produktivität vorantreibt, schon längst in einer großen Krise zusammengebrochen! Die Ökonomen verweisen als Gegenargument auf folgende Wirkungskette. Die permanent steigende Produktivität führt bei den Unternehmen zu sinkenden Stückkosten. Wenn man ein Produkt in der halben Zeit herstellen kann, fällt nur die Hälfte der bisherigen Lohnkosten an! Nun kommt der Wettbewerb ins Spiel, der die Unternehmer dazu zwingt, die Preise parallel zu den gesunkenen Kosten zu reduzieren. In der Konsequenz steigen die Realeinkommen der Bürger.

Ein anderer Weg zur Realeinkommenssteigerung sind Lohnerhöhungen, die Gewerkschaften aufgrund einer gestiegenen Arbeitsproduktivität durchsetzen können.

Steigende Realeinkommen führen zu mehr Kaufkraft und mehr Nachfrage, so dass die Produktivitätssteigerungen sowohl zu einer Steigerung des potentiellen Angebots als auch der Nachfrage führen. Gesamtwirtschaftlich kommt es nicht zu den befürchteten großen Entlassungswellen. Natürlich gibt es hin und wieder konjunkturelle Einbrüche und auch der Strukturwandel führt zu vorübergehender struktureller Arbeitslosigkeit. Genau auf diesen Überlegungen basieren die Szenarien der Ökonomen, die in die Zukunft des sozialen Sicherungssystems blicken. Prognosen der Rürup-Kommission (2003) oder der Herzog-Kommission (2003) basieren auf diesen grundsätzlichen Überzeugungen. Sie unterscheiden sich nur in den konkreten Annahmen etwa über die Entwicklung der Produktivität und die Flexibilität des Wettbewerbs in Deutschland.

In der Prognose der Rürup-Kommission (2003b) (Tabelle 8.6) steigen die realen Bruttolöhne von 2.451 Euro in 2003 auf 3.957 Euro im Jahr 2030. Das ist ein Anstieg von 61 Prozent in 27 Jahren. Quelle der Einkommenssteigerung ist ein Wachstum der Arbeitsproduktivität von 1,8 Prozent pro Jahr durch den technischen Fortschritts. Diese Annahme ist nicht sonderlich optimistisch. Andere Szenarien erwarten ein höheres reales Wachstum. Die Herzog-Kommission (2003) unterstellt dagegen ein deutlich geringeres Produktivitätswachstum von nur 1,25 Prozent pro Jahr. Aber selbst in diesem pessimistischen Szenario steigen die realen Nettoeinkommen der Aktiven ebenfalls noch deutlich an.

Alle Prognosen lassen also eine deutliche Steigerung des Wohlstands in den nächsten Jahrzehnten erwarten. Das wirkt sich auch auf die Renten aus. Selbst wenn das Rentenniveau vor Steuern drastisch auf ca. 46,0 Prozent bis 2030 sinken sollte (vgl. Tabelle 8.6), errechnet die Rürup-Kommission eine deutliche absolute Steigerung der realen also preisbereinigten Brutto-Standardrente von 1.171 auf 1.634 Euro pro Monat. Das ist eine Erhöhung um fast 40 Prozent. Damit wäre das *relative Rentenniveau* zwar stark gesunken, das *absolute Einkommensniveau* der Rentner aber hätte sich ebenso deutlich verbessert.

Mit diesen Überlegungen wird deutlich, dass wenig Anlaß zur Dramatisierung besteht und die Sorgen über das künftige Niveau der Sozialleistungen aus Sicht der ökonomischen Theorie zum Teil unbegründet sind. Das darf natürlich nicht dazu verleiten, die eigene Vorsorge herunterzufahren. Will man die eigenen Ansprüche, an die man sich im aktiven Leben gewöhnt hat, auch nur annähernd im Alter erfüllen, dann muss eine große Lücke geschlossen werden, die durch die bisherigen Reformen bei der gesetzlichen Rente entstehen wird und zusätzlich durch Maßnahmen zur Kostensenkung in der Kranken- und Pflegeversicherung vergrößert werden könnte.

Die Auslotung des Verteilungsspielraums in der Zukunft zeigt, dass selbst bei relativ geringen Wachstumsraten und erheblich steigender Altenquote eine deutliche reale Erhöhung auf beiden Seiten – bei den Nettolöhnen und den Sozialleistungen (Rente, Pflege, Gesundheit) – möglich ist.

Dieser zunächst optimistische Ausblick wird deutlich getrübt, wenn man die aktuelle Entwicklung auf dem Arbeitsmarkt und in der Sozialpolitik verfolgt. Die Renten sind an die Lohnentwicklung gekoppelt. Wenn die Löhne nur noch verzögert der Produktivität folgen, weil die Tarifabschlüsse in Zeiten der Massenarbeitslosigkeit die sinkende Verhandlungsmacht der Gewerkschaften spiegeln, dann können auch die Renten kaum steigen, zumal hier die letzten Reformen zu einer Absenkung der dynamischen Rentenanpassung geführt haben. Nur wenn es gelingt, die Massenarbeitslosigkeit zu überwinden und die Koppelung von Löhnen und Renten an die Produktivitätsentwicklung wiederherzustellen, werden sich die Dinge wieder bessern.

Unter der Beratungshoheit neoliberaler Ökonomen glauben viele Politiker, dass Arbeitslosigkeit nur durch Lohnsenkung (vor allem: Senkung der Lohnnebenkosten) abgebaut werden kann. Folgt man diesem Rat, würden zunächst die Rentner weitere Nullrunden erleiden und der Realwert der Renten würde erheblich sinken. Genau diese »Prognose« stellt das gemeinsame Herbstgutachten der Wirtschaftsforschungsinstitute 2005.

Aus keynesianischer Sicht wäre dieser Weg verhängnisvoll. Eine deflationäre Abwärtsspirale würde in Gang gesetzt, die sich zu einer tiefen Depression ausweiten könnte. Auf die Argumente und Lösungsvorschläge von Neoliberalen und Keynesianern ist schon in Kapitel 5.3.3 genauer eingegangen worden.

Festzuhalten bleibt, dass auch die meisten neoliberalen Ökonomen langfristig ein Wachstum der Realeinkommen parallel zur Produktivität als Voraussetzung für eine stabile Entwicklung betrachten. Also sollen auch in ihrem Szenario nach Überwindung der Wachstumsschwäche in Deutschland die Löhne wieder steigen dürfen. Das wiederum heißt, dass auch die Renten nach der Dynamisierungsformel wieder steigen müßten.

Wenn dennoch eine Reduktion der Sozialrenten und ein Umstieg auf eine private kapitalfundierte Vorsorge propagiert werden, hat das nichts mit einer Wachstumsschwäche zu tun. Vielmehr ist es so, dass gerade die private Vorsorge in schlechten Zeiten für die meisten Bürger, vor allem für die sozial schwächeren, ein hohes Risiko beinhaltet, da die erwarteten Renditen schwerlich erzielbar sind.

Mit den Reformgesetzen von 1992 bis 2007 ist an den zentralen Stellschrauben des deutschen Rentensystems deutlich gedreht worden. Die wichtigsten Maßnahmen waren eine Reduktion der Dynamisierung (mehrfach abgesenkt), die Erhöhung und Dynamisierung des Staatszuschusses, deutliche Abzüge bei vorgezogenem Ruhestand und Leistungskürzungen (u.a. keine Anrechnung von Ausbildungszeiten mehr) und zuletzt die sukzessive Erhöhung der Altersgrenze. Ergänzende Lösungsvorschläge zur langfristigen Konsolidierung des Systems sind stärkere Rentenabschläge bei vorzeitigem Ruhestand und weitere Leistungskürzungen (Witwenrenten). Abgesichert werden sollen diese Reformen im System durch Maßnahmen zur Vereinbarkeit von Beruf und Familie zur Erhöhung der Frauenerwerbsquote und einer Erleichterung der Zuwanderung junger, gut ausgebildeter Menschen aus dem Ausland.

Die derzeit von der Politik vorgegebene Zielrichtung, sowohl den Beitragssatz, als auch das relative Rentenniveau langfristig zu stabilisieren, erscheint von vornherein zum Scheitern verurteilt. In der Koalition unter Kanzler Gerhard Schröder gab es erheblichen Widerstand dagegen nur auf das Ziel Beitragssatzstabilität zu setzen und das Rentenniveau als abhängige Größe beliebig sinken zu lassen. Es wurde ein vorläufiger Kompromiss gefunden, wonach die Regierung geeignete Maßnahmen ergreifen müsse, sollte des Rentenniveau vor Steuern von derzeit etwa 53 Prozent auf unter 46 Prozent fallen. Mit großer Wahrscheinlichkeit wird dieser Fall eines Tages eintreten. Dann spätestens muss eine Entscheidung getroffen werden.

Die heftigen Reaktionen der Sozialverbände zeigen, dass eine einseitige Verteilung der Alterslast zuungunsten der Rentner und zugunsten der Aktiven auf zunehmende Gegenwehr treffen wird. Weitere Nullrunden werden mit hoher Sicherheit zu Klagen beim Bundesverfassungsgericht führen, das die Rentenanwartschaften unter dem Schutz des Grundrechts auf Eigentum gestellt hat und den Grundsatz des Vertrauensschutzes im Sozialversicherungsrecht betont. Nach dem vom Verfassungsgericht aufgestellten Grundsatz der »Gesamtäquivalenz« muss ein Rentner eine Alterssicherung erhalten, die mindestens etwa seinen eingezahlten Beiträgen entspricht.

Reformvorschläge Grundrente und Mindestrente

Neben den Modellen, die eine Lösung im System selbst anstreben, existieren andere, die einen Systemwechsel propagieren. Auf den neoliberalen Königsweg aller Reformen, den Übergang zu einem kapitalgedecktem System, ist schon in Kapitel 7.3.2 kritisch eingegangen worden.

Einen Systemwechsel verlangen auch die Anhänger einer Mindest- oder Grundrente. Diese Modelle, die im politischen Spektrum von konservativ bis sozialdemokratisch, von liberal bis grün – alternativ verschiedentlich präsentiert wurden, zielen darauf ab, das bisher vorherrschende Versicherungsprinzip in der GRV durch ein finalorientiertes Versorgungsprinzip zurückzudrängen. Zu den bekanntesten Modellen zählen einmal die verschiedenen Vorschläge von Kurt Biedenkopf und Miegel/Wahl (1985) zu einer steuerfinanzierten einheitlichen dynamisierten Grundrente für jeden Bürger. In einem neueren Modell (1997) soll die Höhe der Grundsicherung 55 Prozent des Volkseinkommens pro Kopf betragen und an eine 25jährige Steuerpflichtigkeit gebunden sein.

Diese Grundrente hätte 1996 knapp 750 Euro betragen. Sie soll durch betriebliche und individuelle kapitalgedeckte Zusatzversicherungen auf freiwilliger Basis ergänzt werden, um den Lebensstandard im Alter zu sichern. Während dieses Modell vor allem auch zur langfristigen finanziellen Entlastung der Rentenversicherung bei steigendem Altenquotienten beitragen müsse, ist ein früherer Vorschlag der Grünen verteilungspolitisch ambitiöser, in dem eine steuerfinanzierte Grundrente auf deutlich höherem Niveau für Jedermann kombiniert mit einer Pflichtzusatzversicherung (Zusatzrente nach Beitragsvorleistung) angestrebt wurde. Auch bei Einführung einer Grundrente sind in der Übergangsphase hohe Zusatzbelastungen (Einlösung der alten Rentenansprüche) unvermeidlich.

Nicht oft genug kann u. E. auch auf die immanente Problematik jährlicher prozentualer Erhöhungen hingewiesen werden. Eine Steigerung von 5 Prozent hebt eine 500 Euro Rente auf 525, ein 5.000 Euro Gehalt auf 5.250 Euro an. Die Verteilungsrelation 1/10 bleibt zwar konstant, die absoluten Einkommensunterschiede, die offensichtlich die Kaufkraft- und Lebenslagedifferenz viel besser widerspiegeln, steigen jedoch erheblich an. Dies verletzt das Gerechtigkeitsempfinden vieler Menschen, die an sich durchaus eine gewisse Einkommensdifferenzierung nach der Leistung befürworten. Insgesamt kann eine Belastungsverteilung nicht befriedigen, solange das Problem der Renten am und unterhalb des Existenzminimums nicht gelöst ist. Aus diesem Grund wird immer wieder der Vorschlag einer durch Steuern aufgestockten Mindestrente als solidarische Abrundung und Ergänzung der gegenwärtigen Alterssicherung in die Diskussion gebracht. Die Befürchtung, dass damit auch diejenigen, die bewußt nicht für das Alter vorsorgen, später auf Kosten der ihre Pflichtabgaben leistenden Arbeitnehmer eine unverdiente Rente beziehen, erweist sich als nur schwer überwindbare Barriere für dieses Modell. Auch der Hinweis, dass niedrige Renten oft aus unverschuldeter Arbeitslosigkeit resultieren und vor allem Frauen, die zwar nicht erwerbstätig waren, gleichwohl aber zumeist schwer gearbeitet haben, daraus Vorteile ziehen würden, überzeugt die Kritiker nicht. Mit der reformierten Grundsicherung im Alter nach dem Fürsorgeprinzip beschäftigen wir uns im Kapitel 9.3.

Reformen zugunsten von Familien und Frauen

Das sehr bedeutsame Problem des halbierten Generationenvertrags ist schon im Kapitel 7.3.1 diskutiert worden und daran anknüpfende Reformmodelle im Sozialversicherungssystem wurden an dieser Stelle kurz erläutert.

Vorschläge zur eigenständigen Sicherung der Frau sind vor allem von H. J. Krupp (1982) und dem Deutschen Institut für Wirtschaftsforschung (DIW) entwickelt wurden. Krupp plädiert konsequent für eine zweite grundsätzliche

Möglichkeit, die Probleme der Altersarmut, unstetiger Erwerbsbiographien und steigender Altenlast anzugehen, und zwar im Rahmen der bestehenden dem Teilhabe-Äquivalenzprinzip verpflichteten Sozialversicherung. Um lückenlose Beitragszeiten sicherzustellen, soll in Zeiten der Kindererziehung der Staat (erweiterte Babyjahre), in Zeiten der unfreiwilligen Arbeitslosigkeit die Arbeitsagentur und in Zeiten der freiwilligen »Nur-Hausfrau- (Nur-Hausmann-)schaft« der erwerbstätige Ehepartner Beiträge an die GRV für seinen Partner abführen, so dass für jede Frau genügend Beitragsjahre zusammenkommen, um nach der Rentenformel ein angemessenes Alterseinkommen zu garantieren. Witwenrenten, die bisher fast ein Drittel der Gesamtausgaben der GRV ausmachen, müßten konsequenterweise entfallen. Diese erhebliche Entlastung würde außerdem nach Ansicht der Reformer auch die Finanzierung der Alterslast erleichtern, da eine steigende Erwerbsquote der Frauen zu erwarten sei (Rolf/Wagner 1996, kritisch dazu Schmidt 1996).

Diese Reformmodelle sind (noch) nicht mehrheitsfähig und insbesondere die Grundrente stößt wie alle Versorgungsmodelle auf ein sicher nicht ganz unbegründetes Mißtrauen vieler Bürger in staatliches Haushaltsgebaren, das in Krisenzeiten allzu schnell Leistungen einschränken kann, die nicht wie bei der Sozialversicherungslösung nach Maßgabe der individuellen Vorleistung einer Eigentumsgarantie unterliegen. Miegel schlägt daher eine grundgesetzliche Absicherung des relativen Grundrentenniveaus vor. Auch stößt eine relativ hoch angesetzte Grundrente (oder auch ein hohes Mindesteinkommen wie im Modell der Grünen) bei denen auf Widerspruch, die eine erhebliche Umverteilung zu ihren Lasten befürchten müssen und/oder darin einen starken negativen Leistungsimpuls sehen. Im Modell der eigenständigen Sicherung der Frau entsteht ein starker Druck auf die Frauen, erwerbstätig zu sein. Damit würden viele neue Arbeitsplätze notwendig.

Pfadabhängigkeit des Systems der Alterssicherung

Wir kommen nun auf den entscheidenden Grund zu sprechen, warum all diese Modelle ganz unabhängig, ob sie überzeugen können oder nicht, kaum Realisierungschancen haben. Die Einführung einer Grundrente, die Ersetzung der Witwenrente (DIW-Modell) und auch der Aufbau eines Kapitalstocks bedürfen langer Einführungsphasen (25 bis 40 Jahre), da die gewachsenen Ansprüche nicht »enteignet« werden können. Damit stoßen wir auf einen entscheidenden Tatbestand, den man als *Pfadabhängigkeit* des Rentensystems charakterisieren könnte. Die aktive Generation, für die eine Grundrente eingeführt werden soll, muss weiterhin eine lange Zeit hohe Beiträge zur Finanzierung der Rentenansprüche der älteren Generation zahlen. Dafür aber erhält sie selbst keine äquivalente Gegenleistung. Vielmehr muss zusätzlich privat erheblich vorgesorgt werden. Im Falle des Kapitaldeckungsverfahrens muss die aktive Generation ebenfalls die garantierten Ansprüche der älteren Generation befriedigen und wird gleichzeitig gezwungen, noch mal einen annähernd gleich hohen Betrag für sich selbst auf die hohe Kante zu legen. Wie man es auch dreht und wendet, dies ist keiner Generation politisch und ökonomisch zumutbar. Die Abhängigkeit unseres Rentensystems vom einmal beschrittenen Weg ist erheblich. Das mag bei einigen Befürchtungen wecken. Die Verfasser sehen darin eine wünschenswerte Stabilität gegen hysterische Reformideen, die in jeder ökonomischen Krise wuchern. Da dieses System, wie die lange Erfahrung und die theoretische Systemanalyse zeigen, ein hohes Reformpotential besitzt, muss uns nicht bange vor der Rentenzukunft werden.

Was kann eine Zuwanderung bewirken?

Manche sehen in einer forcierten Zuwanderung von leistungsfähigen Ausländern die Lösung. Gefordert werden ein *Einwanderungsgesetz* und eine dem Bedarf der Wirtschaft entsprechende Auswahl der Bewerber. Wie verschiedene Gutachten (Prognos Gutachten 1995, Birg 2003) darlegen, wird selbst ein sehr hoher positiver Wanderungssaldo nur relativ geringe und nur kurzfristige Entlastungseffekte bringen (vgl. Tabelle 8.5).

Die Alterung der Gesellschaft wird nur zeitlich nach hinten verschoben. Wenn man nun die hohen sozialen und politischen Kosten einer Massenzuwanderung gegenrechnet und die Ängste der einheimischen Menschen ernst nimmt, dann ist ohnehin nur an eine moderate Zuwanderung zu denken. Die Probleme von Politik und Gesellschaft bei der Integration der schon hier lebenden Migranten treten ohnehin immer krasser zu Tage.

Umfinanzierung versicherungsfremder Leistungen

Nicht zu unterschätzen ist die Belastung der GRV durch versicherungsfremde Leistungen und deren Kostendynamik (Schätzung je nach Abgrenzung zwischen 15 und 25 Mrd. Euro). Mit den Zuflüssen aus der Ökosteuer wird inzwischen ein erheblicher Teil dieser Leistungen aus der Staatskasse finanziert. Im Jahr 2004 flossen 16 Mrd. Euro in die Rentenkassen, so dass ein sonst fälliger Anstieg des Beitragssatzes auf über 21 Prozent vermieden werden konnte (Bundestagsdrucksache 15/5212).

8.1.9   Die Rente in den neuen Bundesländern

Auch 16 Jahre nach der Vereinigung gibt es immer noch Unterschiede im Rentensystem zwischen Ost und West.

Will man eine Gruppe herausstellen, die bei der Vereinigung beider deutscher Staaten besonders gewonnen hat, dann ist es sicher die Gruppe der ostdeutschen Rentner. Alle Indikatoren zeigen ein deutlich verbessertes Rentenniveau und eine schnelle Rentenangleichung. So ist die Standardrente im Osten von 40 Prozent des Westwertes (1990) über 79 Prozent (1995) auf 88 Prozent (2007) gestiegen (vgl. die Tabellen 8.1 und 8.8). Da zudem die meisten alten Menschen im Osten lange Erwerbszeiten nachweisen können und die Lohnspreizung gering war, streuen die Renten weniger stark und die Durchschnittsrenten sind sogar höher als im Westen (Tabelle 8.3). Auch die Frauen in den neuen Bundesländern haben lange Versicherungszeiten angerechnet bekommen, so dass die durchschnittliche Altersrente um fast 30 Prozent die der westdeutschen Rentnerinnen übertrifft.

Tabelle 8.8: Eckwerte der Rentenversicherung in Ostdeutschland

Jahr	Durchschnittliches Bruttoarbeitsentgelt in Euro	Beitrags- bemessungsgrenze in Euro	Aktueller Rentenwert in Euro	Standardrente (45 Versicherungsjahre) in Euro	Beitragssatz (2) in Prozent
1991	1.3178	1.534	10.79	485,55	18,7
1995	2.1013	3.272	18,58	836,10	18,6
2000	2.3060	3.630	21,61	972,45	19,3
2005	2.4475	4.400	22,97	1.033,65	19,5
2007	-	4.550	23,09	1.033,65	19,9

Quellen: StatBA, Institut der deutschen Wirtschaft, Zahlen zur wirtschaftlichen Entwicklung der Bundesrepublik Deutschland 2006, Tabelle 7.19.

Für diese positive Entwicklung sind zwei Gründe verantwortlich: die Übertragung des westdeutschen Rentensystems und die schnelle Lohnanpassung im Osten in den 1990er Jahren.

Eine Rente im Osten berechnet sich nach der gleichen Formel. Der aktuelle Rentenwert Ost liegt allerdings mit 23,09 Euro (2007) noch deutlich niedriger als im Westen. Das liegt daran, dass die Ostrenten sich auf der Basis der durchschnittlichen Gehälter im Osten berechnen. Die endgültige Angleichung der aktuellen Rentenwerte Ost und West erfolgt automatisch durch die Lohnangleichung. Das allerdings kann noch einige Zeit dauern. Die Zeit der sprunghaften Verbesserung der Ostlöhne und Renten ist vorbei.

8.2 Die gesetzliche Krankenversicherung und das deutsche Gesundheitssystem

8.2.1 Das duale Versicherungssystem aus privater und sozialer Krankenversicherung

Die gesetzliche Krankenversicherung (GKV) ist eine Pflichtversicherung. Die Versicherungspflicht umfasst alle Arbeitnehmer mit einem Lohneinkommen unterhalb einer dynamisierten Pflichtgrenze (2007: 3.975 Euro im Monat), die auf 75 Prozent der Beitragsbemessungsgrenze in der Rentenversicherung (GRV) festgelegt ist. Ebenfalls pflichtversichert in der GKV sind u.a. Arbeitslose, Behinderte, Studenten, Landwirte und die meisten Rentner.

Beamte, Richter und die meisten Selbständigen unterliegen nicht der Versicherungspflicht in der GKV. Über 70 Mio. Menschen sind in der GKV versichert und über 8 Mio. Vollversicherte gibt es in den privaten Krankenversicherungen (PKV), die außerdem das Restrisiko der Beamten, die vom Staat Beihilfe im Krankheitsfall erhalten, abdecken.

Tabelle 8.9: Krankenversicherung in Deutschland

GKV pflichtversichert	GKV freiwillig versichert	GKV als Rentner versichert	GKV als Familienangehöriger mitversichert	PKV Privatversichert	Sicherung über Sozialhilfe
38 Prozent	5 Prozent	21 Prozent	24 Prozent	ca. 10 Prozent	ca. 2 Prozent

Quelle: StatBA.

Die Reformvorstellungen der SPD zu einer sozialen Bürgerversicherung und damit zur Überwindung des Gegensatzes von privater und gesetzlicher Krankenversicherung sind vorerst zurückgestellt worden. Die große Koalition aus CDU/CSU und SPD hat sich 2007 auf Reformen verständigt, die zentrale Probleme des dualen Versicherungssystems beheben sollen.

An erster Stelle soll das Problem gelöst werden, dass eine wachsende Zahl der Bürger – auch ehemalige Privatversicherte, welche die hohen Beiträge nicht mehr bezahlen können – ohne Krankenversicherungsschutz leben musste. Eine Studie der Hans-Böckler Stiftung schätzte die Zahl für 2003 auf 188.000 (davon etwa 50.000 ehemals Privatversicherte) (Wasem u.a. 2005). Künftig (endgültig ab 2009) ist jeder Bürger verpflichtet, eine Krankenversicherung abzuschließen. Das Abdrängen in die Gesundheitssicherung über die Sozialhilfe soll damit ein Ende haben. Die Bürger können sich dort wieder versichern, wo sie früher versichert waren.

Da viele Selbständige ihre hohen Prämien nicht mehr zahlen konnten und so ihren Versicherungsschutz verloren haben, werden die Privatkassen zu einem Solidarausgleich verpflichtet. Die PKV muss ab 2009 einen Basistarif anbieten, der Leistungen wie die GKV garantiert und der den Versicherten ohne Risikoprüfung anzubieten ist. Der Beitrag zum Basistarif soll den Höchstbeitrag in der GKV nicht überschreiten. Kann ein Privatversicherter seine Prämie nicht mehr zahlen, können die privaten Kassen nicht mehr kündigen. Die Versicherung muss Nachlass gewähren und eine Notfall-Versorgung garantieren.

Neukunden können gleich den Basistarif wählen. Wer schon privatversichert ist, kann auf den Basistarif seiner Privatkasse umsteigen, ein Wechsel zu einer anderen privaten Krankenversicherung ist in einem kleinen Zeitfenster (im ersten Halbjahr 2009) möglich.

Durch die staatlich verordnete soziale Überwölbung der Privatkassen konvergieren die Systeme von PKV und GKV. Ob dies erste Schritte in Richtung einer Bürgerversicherung sind, wird die Zukunft zeigen. Starke organisierte Interessen stehen dagegen.

Ein weiteres großes Problem des dualen Systems ist der dysfunktionale Wettbewerb um gute Risiken, den die Privatkassen oft gewonnen haben, wenn sie junge gesunde Arbeitnehmer, deren Verdienst oberhalb der Versicherungspflichtgrenze lag, durch günstige Prämie angeworben haben. Dies führte bei den Sozialkasssen in gewissem Umfang zu einer negativen Auslese (adverse selection), da gute Risiken sich dem für sie teuren Solidarausgleich entziehen konnten. Das Problem wird mit der Reform 2007 nur wenig entschärft, wenn nunmehr das Einkommen der Gutverdiener drei Jahre lang über der Versicherungspflichtgrenze liegen muss, bevor ein Wechsel zur PKV möglich ist.

8.2.2 Aufgabenstellung, Prinzipien, Organisation und Leistungen der GKV

Das Verteilungsleitbild in der sozialen Krankenversicherung ist das *Bedarfsprinzip!* Jedem Versicherten wird eine dem aktuellen medizinischen Wissensstand entsprechende und dem Wirtschaftlichkeitsgebot verpflichtete optimale Versorgung mit Gesundheitsleistungen garantiert. Die Solidargemeinschaft der GKV hat die Aufgabe, die Gesundheit der Versicherten zu erhalten (präventiver Auftrag), wiederherzustellen oder deren Gesundheitszustand zu verbessern (kurativer und rehabilitativer Auftrag). Die Versicherten ihrerseits sind angemahnt, ein gesundes Leben zu führen (SGB V, § 1). Anreize oder Sanktionen zur Einhaltung dieser Verpflichtung existieren allerdings nur in Ansätzen. Das *Solidarprinzip* ist in seiner starken Version als interpersonelle Umverteilung von den gut zu den weniger gut verdienenden Arbeitnehmern in der GKV im Vergleich zu den anderen Zweigen der Sozialversicherung am stärksten ausgeprägt. Ein wesentliches Element des Solidarausgleichs ist zudem die beitragsfreie Mitversicherung des erwerbslosen Ehepartners und der Kinder eines Beitragszahlers. Damit sind über 90 Prozent der Bevölkerung in der GKV versichert.

Die organisatorische Basis der GKV bildet ein gegliedertes Kassensystem. Im historischen Ausleseprozess verminderte sich die Zahl selbständiger Kassen von mehr als 200.000 zu Zeiten Bismarcks über 1147 (1990) auf heute (2006) noch 257. Der Wettbewerb der Kassen um Mitglieder, der erst 1996 richtig eröffnet wurde, hat gerade im letzten Jahrzehnt zu erheblichen Zusammenschlüssen geführt. So gab es im Jahr 1995 noch fast 1.000 Kassen. Damit haben sich die Nachteile starker Dezentralisierung (Aufsplitterung der Interessen, geringe Gegenmacht gegenüber Ärzten, Krankenhäusern und Pharmaunternehmen) verringert, ohne dass die Vielfalt der Kassenarten (Orts-, Innungs,- Betriebskrankenkassen, Ersatzkassen, Knappschaft) verloren gegangen wäre. Der Wettbewerbsdruck hat allerdings die Unterschiede erheblich eingeebnet. Die Kassen verwalten sich als eine Körperschaft mit einer durch die Gesundheitsreform 2007 weiter eingeschränkten Finanzhoheit selbst. Ein hauptamtlicher Vorstand, der die laufenden Geschäfte führt, wird von einem paritätisch aus Arbeitgeber- und Versichertenvertretern zusammengesetzten Verwaltungsrat (30 Mitglieder) gewählt. Der Verwaltungsrat seinerseits wird in den alle sechs Jahre abgehaltenen Sozialwahlen von den Arbeitgebern und den Versicherten (Vorschlagslisten der Gewerkschaften, freie Listen der Versicherten) gewählt. Bei den Ersatzkassen wird der Verwaltungsrat allein von Versichertenvertretern beschickt, während er in der knappschaftlichen Kranken- und Rentenversicherung der Bergleute ein Verhältnis von zwei Vertretern der Arbeitnehmer zu einem der Arbeitgeber aufweist.

Tabelle 8.10: Sachleistungskatalog der GKV

Sachleistungen	Selbstbeteiligung (Zuzahlungen) (1) (2)
a) Kurative Leistungen	
Ärztliche Behandlung (auch: Fachärzte)	Praxisgebühr 10 Euro beim erstmaligen Besuch pro Quartal (Minderjährige sind befreit)
Zahnärztliche Behandlung	Ohne
Zahnersatz	Befundbezogener Festzuschuss von 50 Prozent der Kosten (der bei Nachweis regelmäßiger Zahnpflege auf 60 bzw. 70 Prozent steigt)
Krankenhausbehandlung	10 Euro für maximal 28 Tage pro Jahr
Heilmittel (u.a. Massagen)	10 Prozent plus 10 Euro pro Verschreibung, Sehhilfen: Zuzahlung 100 Prozent
Arznei-, Verband- und Hilfsmittelversorgung	10 Prozent, minimal 5 Euro, maximal 10 Euro, Festbeträge (3)

Sachleistungen	Selbstbeteiligung (Zuzahlungen) (1) (2)
b) Präventive Leistungen	
Verhütung von Krankheiten (z.B.. Vorsorgekuren für Mütter) Früherkennung von Krankheiten (z.B. Prostata-Krebs-Früherkennung), Empfohlene Impfungen	seit 2007 Rechtsanspruch, keine Zuzahlungen
c) Rehabilitationsleistungen	
Medizinische Rehabilitation Ergänzende Reha-Leistungen Belastungserprobung/Arbeitstherapie	seit 2007 Rechtsanspruch bei stationären Kuren: 10 Euro für maximal 28 Tage
d) Leistungen bei Schwangerschaft und Mutterschaft	
Mutterschaftshilfe: ambulante Hilfen (u.a. Hebammenhilfe), stationäre Entbindung	wie oben bei den kurativen Leistungen
e) Hilfen zur Familienplanung	
Empfängnisverhütung, künstliche Befruchtung, Sterilisation, Schwangerschaftsabbruch	Bei Schwangerschaftsabbruch: Je nach Indikation.
f) Flankierende Leistungen	
Häusliche Krankenpflege	10 Prozent plus 10 Euro pro Verordnung
Haushaltshilfe	10 Prozent, minimal 5 Euro maximal 10 Euro
Fahrkosten	10 Prozent, minimal 5 Euro maximal 10 Euro

(1) Eine Härtefallregelung soll Überforderungen bei sozial Schwachen und chronisch Kranken durch die Zuzahlungen vermeiden. Wird eine einkommensabhängige Belastungsgrenze von 2 Prozent (bei chronisch Kranken: 1 Prozent) überschritten, entfällt die weitere Zuzahlung. (2) Da der Gesetzgeber hier erfahrungsgemäß ständig Veränderungen vornimmt, ist das nur eine Momentaufnahme. (3) Festbeträge legen den maximalen Geldbetrag fest, den die Kasse bei einem Medikament, das einen bestimmten Wirkstoff enthält, übernimmt. Liegt der Preis eines verordneten Medikaments über dem von Sachverständigen festgelegten Festbetrag, muss der Versicherte die Differenz tragen.

Mit der Gesundheitsreform 2007 soll auch die strukturelle Effizienz der GKV gesteigert werden. So sollen in Zukunft Fusionen auch über die Kassenarten hinweg erleichtert werden, weil man sich von größeren Einheiten Einsparungen bei den Verwaltungskosten und höhere Verhandlungsmacht bei der Aushandlung von Leistungsverträgen mit den Anbietern verspricht. Mit der Zentralisierung der Verbandsstrukturen wird in Zukunft nur ein Spitzenverband (statt bisher sieben) die Interessen der Sozialkassen auf Bundesebene vertreten.

Wie der Überblick über das Leistungsspektrum der GKV verdeutlicht, bietet sie vor allem Sach- und gesundheitliche Dienstleistungen (Tabelle 8.10). Nach der Einführung der Lohnfortzahlung (6 Wochen) durch die Arbeitgeber für alle

Arbeitnehmer (1969) ist die Bedeutung der reinen Geldleistungen stark zurückgegangen. Neben dem Krankengeld in Höhe von 70 Prozent des Regellohns
gibt es noch das Mutterschafts- und Entbindungsgeld.

Die Verteilung der Sachleistungen erfolgt nach dem Bedarfsprinzip. Die
niedergelassenen Vertragsärzte der Kassen sollen als Türwächter des Systems
bei den Eingangsuntersuchungen die zur Behandlung notwendigen Leistungen
bestimmen und die Patienten als Lotse durch das Gesundheitssystem leiten.

Abbildung 8.1: Ausgabenstruktur der gesetzlichen Krankenkassen
in Westdeutschland (2004)

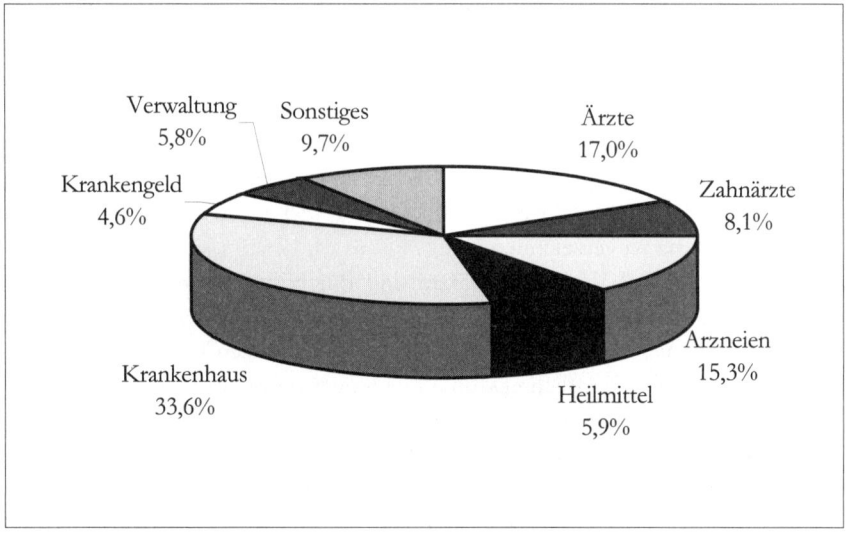

Quelle: Institut der deutschen Wirtschaft, Deutschland in Zahlen 2005, Tabelle 7.14, eigene Graphik.

Die Zulassung zum ärztlichen Berufsstand und zum Kassenarzt ist in den Jahren immer stärker reguliert worden. Mit Hilfe des Gesetzgebers ist es den Ärz-
teverbänden weitgehend gelungen, den Marktzugang im Sinne der »Insider« zu
kontrollieren. Um den Wettbewerb durch junge Kollegen und damit einen
wachsenden Druck auf die eigenen Einkommen zu begrenzen, steuern regionale Bedarfspläne und Arztkennziffern die Niederlassung weiterer Ärzte. Die
Politik glaubt mit diesem Privileg an die alt eingesessenen Ärzte die Kostendynamik, die von steigenden Arztzahlen ausgeht, zu vermeiden. Inzwischen zeigt
sich allerdings nicht nur in den östlichen Bundesländern ein zunehmendes
Ärztedefizit in der ambulanten und stationären Versorgung. Die Attraktivität
des Arztberufs hat durch stagnierende Honorare und Gehälter und ausufernde
Arbeitszeiten in Deutschland stark an Attraktivität verloren.

Die Leistungen der anderen Heil- und Pflegeberufe werden von den Kassen nur bei Einschaltung eines Vertragsarztes (Verschreibungs- bzw. Überweisungssystem) getragen. Die weit überwiegende Zahl der niedergelassenen Ärzte sind Vertragsärzte der Kassen. Sie bilden (vor allem Allgemeinmediziner, praktische Ärzte und Internisten mit Hausarztfunktion) die erste und wichtigste Anlaufstelle für jeden Versicherten, der Gesundheitsleistungen erhalten will. Im Grunde sollen sie eine Hausarztfunktion übernehmen und den Zugang zu den anderen Leistungen (Krankenhaus, Fachärzte, Arzneirezepte) überwachen (Türwächter- oder »gate-keeper« Funktion). Dies funktionierte bisher eher schlecht als recht. So erhöhte die Krankenversichertenkarte den Anreiz für die Versicherten, auch ohne Überweisung einen Facharzt aufzusuchen oder bei Unzufriedenheit mit der Behandlung mehrfach den Arzt zu wechseln (Doktor-Hopping). Mit dem Gesundheitsmodernisierungsgesetz sind die Kassen 2004 verpflichtet worden, ihren Versicherten besser funktionierende Hausarztmodelle zur Wahl anzubieten (Pihl/Erlinghagen/Ott 2005). Zudem sind mit der Einführung der Praxisgebühr bei Facharztbesuchen ohne Überweisung durch den Hausarzt die Kosten für die Versicherten gestiegen, so dass eine geringere Inanspruchnahme zu verzeichnen ist.

Vertragsärzte und Vertragszahnärzte sind Pflichtmitglieder der regional organisierten Kassen(zahn)ärztlichen Vereinigungen (KÄV). Diese Vereinigungen sind genau wie die Krankenhäuser durch Verträge mit den Krankenkassen zur Leistungserbringung verpflichtet. Ein Versorgungsvertrag mit einzelnen Ärzten wird mit der Gesundheitsrform 2007 ermöglicht.

Die KÄV soll nach Maßgabe gesetzlicher Vorschriften und der Vorgaben (Leistungskatolog sinnvoller medizinischer Leistungen) des Gemeinsamen Bundesausschusses (G-BA) auch das ärztliche Verhalten bei der Auswahl und Anwendung von Therapien in Richtung einer stärkeren Wirtschaftlichkeit beeinflussen. Der G-BA ist das höchste Gremium der gemeinsamen Selbstverwaltung von Ärzteschaft, Sozialkassen und Krankenhäusern. In Zukunft wird es immer stärker darum gehen, sinnvolle medizinische Leistungen von möglichen zusätzlichen Leistungen der Medizin abzugrenzen. Gleichzeitig wird die Rationierung von Leistungen immer mehr zu einem Politikum werden.

Trotz der starken korporativen Einbindung und der intensiven staatlichen und verbandlichen Regulierung des Gesundheitssystems wird die ärztliche Profession weiterhin den freien Berufen zugerechnet.

Vom Sachleistungssystem, bei dem der Versicherte allenfalls Zuzahlungen leisten muss, ist das so genannte Kostenerstattungssystem zu unterscheiden. Es wird in der Privaten Krankenversicherung (PKV) praktiziert, in denen etwa 8–9 Prozent der Bevölkerung teil- (Beamte) oder vollversichert sind. Der Behandlungsvertrag kommt direkt zwischen Arzt und Patient zustande. Der Privatversicherte tritt in Vorlage, bezahlt die Rechnung und erhält dann alles oder einen

Teil (bei vereinbarten Zuzahlungen) von seiner Kasse zurück. In der sozialen Krankenversicherung können bisher nur freiwillig Versicherte die Kostenerstattung wählen. Die Gesundheitsreform 2007 gibt den Kassen auch in dieser Frage mehr Spielraum, den Versicherten entsprechende Angebote zu machen.

Trotz verschiedener Initiativen ist es der Gesundheitspolitik bisher nicht gelungen, sicherzustellen, dass alle Patienten eine Arztrechnung zur Kontrolle erhalten, um etwa das hin und wieder beobachtete betrügerische Abrechnen von Ärzten, welche die Intransparenz opportunistisch ausnutzen, zu erschweren.

Während die Sachleistungen nach Bedarf verteilt werden, folgt das Krankengeld als wichtigste Geldleistung dem Äquivalenzprinzip. Wer einen höheren Beitrag aufgrund seines höheren Lohnes zahlt, erhält entsprechend eine höhere Lohnersatzleistung. Nach sechswöchiger Krankheitsdauer fällt die Lohnfortzahlungsverpflichtung des Arbeitgebers fort und das Krankengeld in Höhe von 70 Prozent des Regellohnes wird als Lohnersatz gezahlt. Es wird maximal 78 Wochen innerhalb von drei Jahren für dieselbe Krankheit gewährt. Die Krankenkasse muss neben der Krankengeldzahlung auch Beiträge zur Renten- und Arbeitslosenversicherung für die versicherten Arbeitnehmer entrichten.

8.2.3 Finanzierung, Kassenwettbewerb und der neue Gesundheitsfond

Die Finanzierung der Leistungen erfolgt zum überwiegenden Teil aus den Beiträgen der Mitglieder und zu einem kleineren Teil über eine Selbstbeteiligung der Patienten. Zur Reduzierung des Beitragssatzes und zur Finanzierung versicherungsfremder Leistungen (wie dem Mutterschutz) der Kassen fließen seit einigen Jahren auch Steuermittel in das GKV-System (2005: 2,5 Mrd. Euro).

2005 wurde das Prinzip der hälftigen Finanzierung aus einem Arbeitnehmer- und einem Arbeitgeberanteil modifiziert. Um die Arbeitgeber zu entlasten und die Lohnnebenkosten zu senken, ist der Anteil der Arbeitnehmer seitdem höher (aktuell um 0,9 Beitragssatzpunkte) als der Anteil der Arbeitgeber. So zahlen die Versicherten bei einem Beitragssatz von beispielsweise 13,9 Prozent nunmehr 7,4 Beitragssatzpunkte und die Arbeitgeber nur noch 6,5. Weitere Beitragszahler sind Studenten, die Agentur für Arbeit und Rentner. Die Rentner und ihre Rentenversicherungsträger tragen die nach der Höhe der Rente bemessenen Beiträge je zur Hälfte. Die Bundesagentur für Arbeit versichert die Arbeitslosen (Bezieher von Arbeitslosengeld I und II) weiter in ihrer bisherigen Krankenkasse.

Die Beiträge werden nicht dem versicherungstechnischen Äquivalenzprinzip entsprechend nach dem geschätzten Risiko des Versicherten gestaffelt (wie in der Privaten Krankenversicherung üblich), sondern berechnen sich als konstanter Prozentsatz (Beitragssatz) des Bruttoeinkommens eines Versicherten bis zur dynamisierten Bemessungsgrenze, die jährlich der Entwicklung der Löhne und Gehälter angepasst wird. 2007 betrug die Beitragsbemessungsgrenze in Ost und West einheitlich 3.562,50 Euro.

Für Versicherte mit hohem Einkommen sinkt also die prozentuale Belastung. Die hohen Einkommen werden geschont. Diese sog. regressive Wirkung im GKV-Tarif ist verteilungspolitisch umstritten. Allerdings würde ein Verzicht auf eine Obergrenze der Belastung eine starke Abwanderung der Besserverdienenden zur Privaten Krankenversicherung bewirken und den Solidarausgleich schwächen.

Die Beitragssätze der einzelnen Kassen sind jedes Jahr so zu kalkulieren, dass die zu erwartenden Ausgaben der Kassen gedeckt werden können. Mit der Einführung des Gesundheitsfonds im Jahr 2009 wird ein bundeseinheitlicher Beitragssatz ermittelt, der den Fond so füllen soll, dass mindestens 95 Prozent der benötigten Mittel bereitgestellt werden können.

Die Besonderheit des integrierten Leistungs- und Finanzierungssystems der GKV im Vergleich zur PKV liegt darin, dass ein vielfältiger Solidarausgleich erfolgt.

- Erstens bewirkt die Beitragsstaffelung nach der Höhe des Einkommens eine Belastungsumverteilung zugunsten der Bezieher niedriger Einkommen, da alle Versicherten Leistungen nach dem Bedarfsprinzip beziehen.
- Zweitens stellt die beitragsfreie Mitversicherung von Familienangehörigen eine erhebliche Entlastung vor allem kinderreicher Familien dar.
- Drittens ist auf die Zusammenlegung aller Risiken in einer Gruppe hinzuweisen. Im Gegensatz zur privaten Krankenversicherung, die nach Vorerkrankung und Eintrittsalter Risikogruppen unterschiedlicher Beitragshöhe bildet, werden in der GKV Versicherte mit schwächerer gesundheitlicher Konstitution oder höheren Eintrittsalters nicht stärker belastet.

Die Finanzierung der Leistungen über Zuzahlungen der Patienten hat in den letzten Jahren an Bedeutung gewonnen (vgl. Tabelle 8.10). Im internationalen Vergleich ist die Höhe der Selbstbeteiligung in der GKV nicht auffällig. Dennoch sind Zuzahlungen umstritten, da sie natürlich für Geringverdiener eine größere Belastung darstellen und den Solidarausgleich gefährden. Um dies in vertretbaren Grenzen zu halten, soll eine Härtefallregelung Überforderungen sozial Schwächerer und chronisch Kranken durch die Zuzahlungen vermeiden. Wird eine Belastungsgrenze von 2 Prozent des Einkommens pro Jahr (bei chronisch Kranken: 1 Prozent) überschritten, entfällt die weitere Zuzahlung.

Seit 1994 findet ein die Kassenarten übergreifender »einnahmeorientierter« Risikostrukturausgleich (RSA) statt, der für eine deutliche Angleichung der vorher weit auseinander liegenden Beitragssätze der Kassen gesorgt hat. Ausge-

glichen werden die finanziellen Auswirkungen unterschiedlicher Versicherten-
strukturen der Kassen (Unterschiede in der Grundlohnsumme (unterschiedliche
durchschnittliche Lohnhöhe), in der Zahl mitversicherter Familienangehöriger,
der Altersstruktur, in der Verteilung der Geschlechter und im Bezug von Erwerbsminderungsrenten). Da auch das allgemeine Morbiditätsrisiko in den
Ortskrankenkassen deutlich höher liegt – die Ursachen liegen in den ungleich
verteilten Risiken der Arbeitswelt und den aus schichtspezifischen Lebenslagen
erwachsendem gesundheitlichen Risikoverhalten der Versicherten – wird seit
2002 auch der Faktor »durchschnittliche Ausgaben für chronisch Kranke« berücksichtigt, wenn die Patienten sich sog. strukturierten Behandlungsprogram-
men (disease management) unterziehen.

Beim RSA werden nicht die tatsächlichen Kosten einer Kasse z.B. pro
Rentner ausgeglichen, vielmehr bekommt eine Kasse mit höherer Rentnerdichte
einen Zuschuss nur in einer Höhe, der die durchschnittlichen Kosten eines
Rentners in allen Kassen ausgleicht. Damit werden Kassen, die höhere Ausgaben pro Rentner haben als der Durchschnitt, weiterhin höhere Beitragssätze
kalkulieren müssen. Der Anreiz zu wirtschaftlichem Verhalten soll somit erhalten bleiben.

Mit der Einführung des Gesundheitsfonds ab 2009 tritt ein weniger aufwendiger morbiditätsorientierter Riskostrukturausgleich in Kraft. Jede GKV-Kasse
erhält pro Versicherten eine pauschale Zuweisung (Kopfprämie: vgl. Abbildung
8.2), die je nach Alters- und Geschlechterverteilung und Anzahl chronisch
Kranker modifiziert werden soll. Die Liste berücksichtigungsfähiger Krankheiten wird noch erstellt.

Erst seit 1997 gibt es die Freiheit der Kassenwahl für alle Arbeitnehmer bei
gleichzeitigem Kontrahierungs-(Aufnahme-)zwang für alle Ortskrankenkassen
und Ersatzkassen. Auch Innungskrankenkassen und Betriebskrankenkassen
können sich freiwillig für alle Pflichtversicherten öffnen und viele haben es
schon getan. Diese Strukturreform zielte vor allem auf eine Stärkung des Solidarprinzips und der Eröffnung des Kassenwettbewerbs um neue Mitglieder. In
der Vergangenheit waren viele der besser verdienenden Angestellten zu den sich
exklusiv gebärdenden Ersatzkassen gewechselt, so dass in den Ortskrankenkassen die im Durchschnitt schlechteren Risiken verblieben und höhere Beitragssätze tragen mussten. Der Erfolg der Maßnahmen hat nicht lange auf sich warten
lassen. Der Mitgliederwechsel zu günstigeren Kassen und der Risikostrukturausgleich haben die Beitragssatzunterschiede erheblich schrumpfen lassen und
viele Ersatzkassen mussten ihre Sätze deutlich erhöhen.

Der neue Gesundheitsfond – Kernstück der Gesundheitsreform 2007

Die Bundesregierung verspricht sich von der Neukonstruktion des Finanzierungssystems durch den Gesundheitsfond auch eine Verbesserung des Kassenwettbewerbs zum Vorteil der Versicherten. In der Abbildung 8.2 sind die wesentlichen Strukturelemente des Gesundheitsfonds dargestellt. Ab 2009 sollen alle Mitglieder der GKV-Kassen einen bundeseinheitlichen Beitragssatz zahlen. Zusammen mit dem schon skizzierten morbiditätsorientierten neuen Risikostrukturausgleich sieht man auch das Solidarprinzip gestärkt, da die zum Teil sehr unterschiedliche Finanzkraft der Kassen vollständig und bundesweit ausgeglichen wird.

Abbildung 8.2. Der neue Gesundheitsfond (ab 2009)

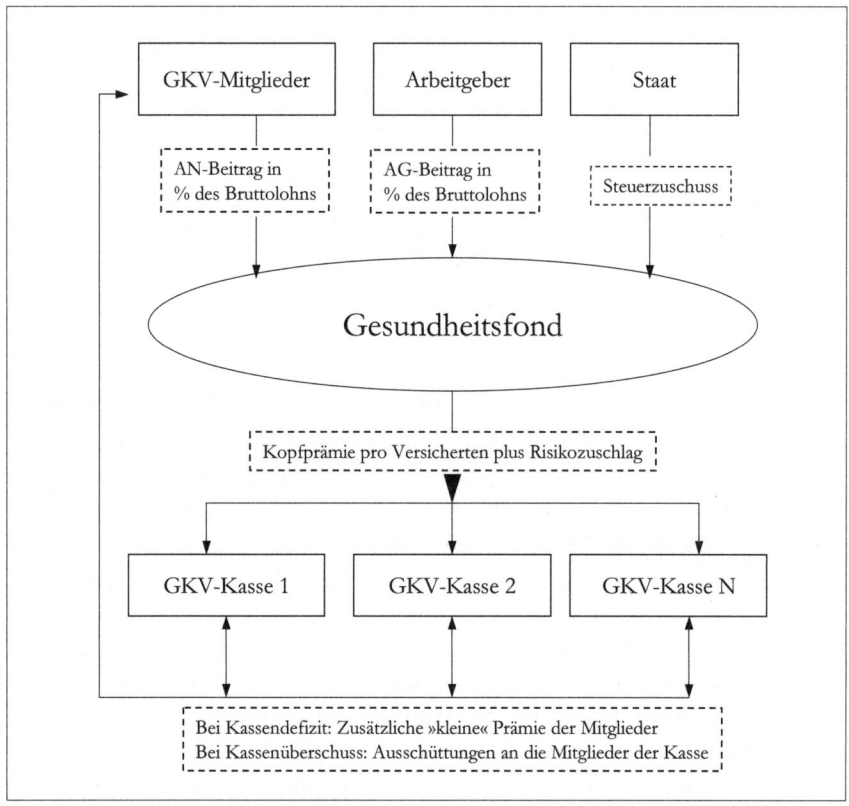

Die Fondlösung schafft zudem die Voraussetzungen, ohne großen Aufwand Steuermittel ins System zu schleusen. 2009 sollen 4,5 Mrd. Euro in den Gesundheitsfond fließen. Mit jährlichen Steigerungen von 1,5 Mrd. auf 14 Mrd.

Euro ab 2015 ist eine deutliche Anhebung geplant, die allerdings noch gegenfinanziert werden muss.

Vor allem aber soll das neue Finanzierungssystem die unterschiedliche Leistungsstärke der Kassen besser zur Geltung bringen. Der bundeseinheitliche Beitragssatz soll so festgesetzt werden, dass durchschnittlich effiziente Kassen gerade so ihre Kosten decken können. Kassen, die gut wirtschaften, dürfen Überschüsse erzielen und diese an ihre Mitglieder als Bonus ausschütten, während Kassen, die ihre Kosten nicht decken können, eine zusätzliche »kleine« Prämie (als Kopfprämie oder prozentual zum Einkommen) erheben müssen. Die davon betroffenen Mitglieder können dann zu einer anderen Kasse wechseln. Auch Pleiten einzelner Kassen sollen in Zukunft nicht ausgeschlossen sein. Weitere Zusammenschlüsse und Fusionen sind unter diesem Druck wahrscheinlich.

Der Zusatzbeitrag darf ein Prozent des beitragspflichtigen Einkommens nicht übersteigen, es sei denn, die kleine Kopfprämie beträgt maximal 8 Euro. Für mitversicherte Ehepartner und Kinder wird kein Zusatzbeitrag fällig. Für Versicherte, die Grundsicherung erhalten, zahlen die zuständigen Träger den Zuschlag.

Abbildung 8.3: Ausgabenentwicklung in der gesetzlichen Krankenversicherung

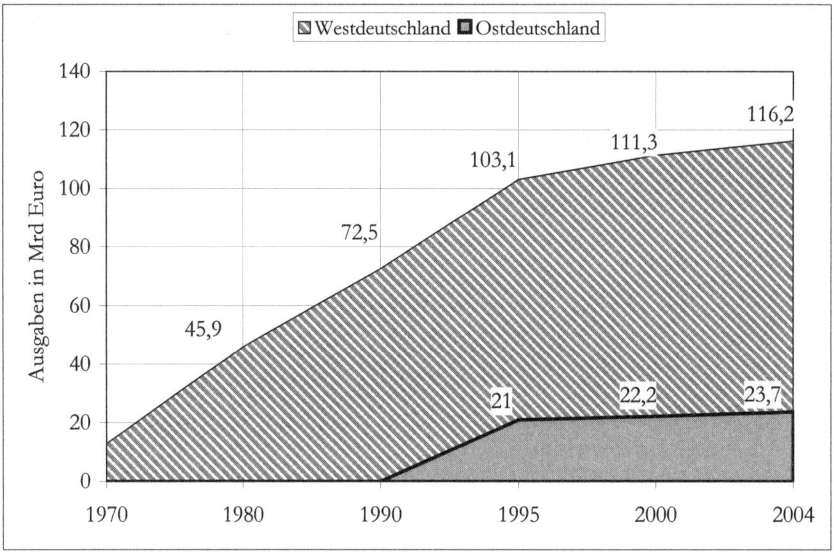

Quelle: Institut der deutschen Wirtschaft, Deutschland in Zahlen 2005, Tabelle 7.14.

Um den Kassenwettbewerb noch zu verbessern und den Versicherten Wahlmöglichkeiten zu eröffnen, wird mit der Gesundheitsreform 2007 jede Kasse verpflichtet, Selbstbehalttarife, eine Kostenerstattungsoption und einen ermäßigten Hausarzttarif anzubieten. Die Bundesregierung betont in ihren Informationen für den Bürger, das auch der Spielraum der GKV-Kassen, mit einzelnen Ärzten, Krankenhäusern, Pharmaunternehmen, Hilfsmittelherstellern und anderen Anbietern von Gesundheitsleistungen Verträge zu günstigeren Konditionen abzuschließen, durch die Gesundheitsreform von 2007 erheblich ausgeweitet würde. Tatsächlich haben einige Kassen schnell von diesen Möglichkeiten Gebrauch gemacht.

8.2.4   Problemfelder der Gesundheitspolitik

Die Kostenentwicklung im Gesundheitssystem

Eine Kostenexpansion im Gesundheitswesen ist schon seit Mitte der 1970er Jahre in aller Munde (Abbildung 8.3). Eine Vielzahl von Gesetzen, die eine Kostendämpfung bewirken sollten, wurde seitdem verabschiedet. Sie haben nach Einschätzung von Gesundheitsökonomen nur wenig bewirkt. Doch ist hier eine genauere Situationsanalyse anhand verschiedener Indikatoren erforderlich, bevor man sich ein Urteil bilden kann.

In der Diskussion um die Ausgabenentwicklung in der GKV wird oft dramatisiert und Charakterisierungen wie »Kostenexplosion im Gesundheitswesen« werden gerne verwendet. Bei genauerem Hinsehen erscheinen die Entwicklungen weitaus weniger dramatisch. Insgesamt sind die Ausgaben deutlich stärker als die Einnahmequelle der Kassen – die Grundlöhne – gestiegen. Zum Ausgleich der entstehenden Defizite mussten die Beitragssätze angehoben werden. Dies scheint auf den ersten Blick die These von den ausufernden Kosten zu belegen.

Tabelle 8.11: Indikatoren zur Kostenentwicklung in der GKV
(ab 1995 Gesamtdeutschland)

Jahr	Gesamtausgaben GKV in Mrd. Euro	Ausgabenquote = Ausgaben/BIP in Prozent	Beitragssatz West Durchschnitt in Prozent	Beitragssatz Ost Durchschnitt in Prozent
1970	12,9	3,7	8,2	-
1980	45,9	6,1	11,4	-
1990	72,5	5,8	12,6	-
1995	124,1	7,6	13,2	12,8
2000	133,8	6,5	13,5	13,8
2005	143,6	6,4	14,2	14,2

Quellen: Institut der Deutschen Wirtschaft, Deutschland in Zahlen 2006, Tabellen 2.1, 7.13 und 7.14, eigene Berechnungen.

Weitaus weniger bedenklich erscheint die Lage, wenn man sich die Entwicklung der Ausgaben in Bezug zum Bruttoinlandsprodukt (BIP) vor Augen führt. Diese GKV-Ausgabenquote (vgl. Tabelle 8.11) stieg in den 1970er Jahren sehr deutlich an, konnte schon zwischen 1980 und 1990 durch verschiedene Kostendämpfungsgesetze gesenkt werden und erreichte im Zuge der Belastung durch die deutsche Einheit 1995 mit 7,6 Prozent einen neuen Höhepunkt. Seitdem ist sie im Zuge weiterer Maßnahmen zur Kostensenkung wieder deutlich auf 6,4 Prozent in 2005 zurückgegangen. Das zeigt in jedem Fall, dass die Politik entgegen verbreiteter Skepsis hier durchaus Steuerungskompetenz nachgewiesen hat.

Bei internationalen Vergleichen (OECD) zur Ausgabenentwicklung in den nationalen Gesundheitssystemen werden auch die privaten Ausgaben und die Ausgaben anderer Sozialversicherungen und des Staates für Gesundheitsgüter einbezogen, so dass in der Tabelle 8.12 der Wert für die ausgewiesene Quote höher ist. Daraus lässt sich schließen, dass die Gesundheitsausgaben außerhalb der GKV in Deutschland (Beamtenversorgung, PKV usw.) deutlich stärker expandierten und eben nicht die oft gescholtene soziale Versicherung dafür verantwortlich ist, dass Deutschland inzwischen hinter den USA und der Schweiz die höchste Ausgabenquote aufweist. Wenn man die Entwicklung in den letzten Jahren betrachtet, ist Deutschland sogar mit Abstand das Land mit den geringsten Ausgabenzuwächsen.

Tabelle 8.12: Ausgabenquote für Gesundheitsleistungen international (Gesamtausgaben in Prozent des BIP)

Land	USA	F	Swi	NL	D	I	S	J	GB	DK
Quote 1993	14,2	9,4	9,4	8,6	9,9	8,0	8,6	6,5	6,9	8,8
Quote 2003	15,0	10,1	11,5	9,8	11,1	8,4	9,2	7,9	7,7	9
Durchschnittliche jährliche Wachstumsrate der Ausgaben in Prozent (1998 –2003)	4,6	3,5	2,8	4,6	1,8	3,1	5,4	3,0	5,7	2,8

Quelle: OECD in Figures 2005 – Health spending and resources, www.oecd.org/statisticsdata

Trotz dieser Erfolge konnte das Ziel der Beitragssatzstabilität – auch als Konzept einer einnahmeorientierten Ausgabenpolitik verfochten – nicht annähernd erreicht werden. Die fast endlose Reihe von Kostendämpfungsgesetzen, die zu einer Ausgrenzung und Privatisierung von Leistungen geführt haben, konnte den stetigen Anstieg nicht verhindern. Was sind die Ursachen dieses Problems? Fakt ist, es kommmt zu wenig Geld ins System! Das Problem liegt eindeutig auf der Einnahmeseite. Die Finanzierungsbasis der GKV – die Grundlohnsumme ihrer Versicherten und die Renteneinkommen – steigt nicht nur langsamer als das BIP pro Kopf, sondern auch langsamer als die durchschnittlichen Arbeitnehmereinkommen. Die sinkende Lohnquote, die Massenarbeitslosigkeit, die zunehmende Spreizung der Arbeitseinkommen und die faktische Abkoppelung der Lohnentwicklung in den unteren Lohngruppen und der Renten vom Produktivitätsfortschritt in den letzten Jahren macht sich hier bemerkbar.

Wir stoßen hier wieder auf den fatalen Systemzusammenhang von Arbeitsmarktentwicklung und sozialem Sicherungssystem. Erst wenn es gelingt, die Massenarbeitslosigkeit zu bekämpfen und die Löhne wieder an die Produktivität zu koppeln, werden sich die Bedingungen auf der Einnahmeseite verbessern. Alles andere läuft auf eine Bekämpfung der Symptome heraus, was im schlimmsten Fall noch negativ auf den Arbeitsmarkt zurückwirkt.

Steuerungsdefizite im Gesundheitssystem

Werfen wir zunächst einen Blick auf die Systemstruktur, die sich gut durch ein Regelkreismodell des ambulanten Sektors abbilden lässt (vgl. Abbildung 8.4).

Abbildung 8.4: Regelkreis der ambulanten ärztlichen Versorgung und Vergütung

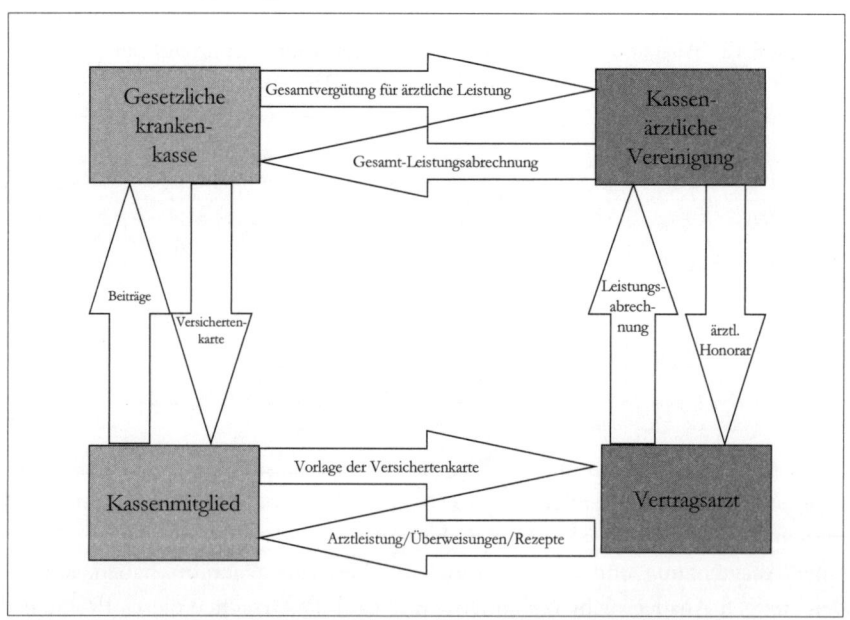

Bis in die 1990er Jahre hinein ließ sich die These vertreten, dass in der ambulanten Versorgung die ärztliche Anbieterseite dominierte. Die Vertragsärzte und

-zahnärzte sind in den Kassenärztlichen und Kassenzahnärztlichen Vereinigungen (zwangs-)vereinigt, gleichzeitig sind ärztliche Standesorganisationen und Interessenverbände sehr aktiv. So bildete sich eine starke verbandliche Machtposition, weil die Nachfrageseite, vertreten durch die vielen weitgehend unabhängig voneinander operierenden GKV-Kassen keine wirksame Gegenposition vor allem in den Honorarverhandlungen aufbauen konnte.

Zudem ist der Patient selbst meist überfordert zu kontrollieren, ob der Arzt eine wirtschaftliche Behandlungsform wählt. Im Gegenteil, unter einer weitgehenden Vollkaskoversicherung sind viele an der höchsten Qualität und nicht an den Kosten interessiert. Das ändert sich bei steigender Zuzahlung.

Die Ärzte als Anbieter entscheiden damit letztlich über Ausmaß, Angemessenheit und Dringlichkeit der Inanspruchnahme (Nachfrage) medizinischer Leistungen. Diese Abhängigkeit des Patienten vom behandelnden Arzt ist angesichts des überlegenen Expertenwissens der Ärzte jedem Gesundheitssystem eigen. Die meisten Patienten müssen dem Arzt vertrauen und können relativ wenig kontrollieren.

Die Art der ärztlichen Vergütung spielt nun nach Ansicht der Gesundheitsökonomen eine entscheidende Rolle, welche wirtschaftlichen Folgen daraus konkret erwachsen. So führt vor allem das im GKV-System lange Zeit praktizierte System der Einzelleistungsvergütung zu festen Vergütungssätzen zu gravierenden Folgeproblemen. Vergleichen wir kurz die alternativen Honorierungsverfahren Gehalt, Kopfpauschale und Einzelleistungsvergütung.

Wenn man nun von einem menschlichen Verhalten ausgeht, das auch darauf zielt, den eigenen Nutzen (das eigene Einkommen) zu mehren, dann wäre zu erwarten, dass bei einem festen Gehalt der Arzt je nach Motivation daran interessiert ist, entweder seine Freizeit zu maximieren oder bei hohem Berufsethos, den Patienten eine angemessene gute Behandlung zukommen zu lassen, ohne selbst unter Zeitdruck zu geraten.

Bei der Kopfpauschale erhält der Arzt für jeden in seiner Praxis eingeschriebenen Versicherten – diese müssen sich für einen Hausarzt für eine Periode verbindlich entscheiden – ein bestimmtes Entgelt, unabhängig davon, welche Leistungen er veranlasst. Auch hier wäre bei eher egoistischer Gesinnung zu erwarten, dass der Arzt seine Patienten möglichst wenig sehen will. Er ist also durchaus an ihrer Gesundheit interessiert und wird eine möglichst effektive Behandlung im Bedarfsfall anstreben. Im Vergleich zu den Anreizen bei einem festen Gehalt wird er sich aber stärker um jeden Patienten bemühen, um ihn weiter an sich zu binden.

Ganz anders sieht die Anreizlogik im Fall der Einzelleistungsvergütung aus. Mit jeder Leistung am Patienten, die der Arzt weitgehend in eigener Verantwortung trifft, steigt auch sein Einkommen. Er ist daher interessiert, dass a) möglichst viele Patienten zu ihm kommen, b) die Zahl der Behandlungsfälle pro

Patient hoch ist, c) er sie oft wiederbestellt und d) er möglichst viele Leistungen pro Fall abrechnet. Die Ärzte in diesem System werden eher an der Krankheit als an der Gesundheit ihrer Patienten interessiert sein. Prävention und Gesundheitsberatung lohnen sich eher nicht. Ein möglichst schneller Durchlauf der Patienten (Drehtürmedizin), Apparatemedizin und eine schnelle Überweisung zeitraubender Patienten zu Fachärzten und in Krankenhäuser sind weitere Kennzeichen.

Bis 1993 wurden die Ärzte in der GKV nach diesem unverfälschten Einzelleistungsverfahren honoriert. Es versteht sich fast von selbst, dass hier Kontrollverfahren installiert werden mussten, um dem Wirtschaftlichkeitsgebot Nachdruck zu verleihen. Da ist einmal die Orientierung der Kontrolle der ärztlich erbrachten sowie ärztlich verordneten Leistungen am Durchschnitt der Facharztgruppe in der Region. Der Arzt muss sich bei mehr oder minder deutlichem Überschreiten der Durchschnittswerte vor Prüfgremien rechtfertigen und kann mit Honorarkürzungen sanktioniert werden. Das Verfahren wird gern als »Heckenschnitt« bezeichnet und versagt immer dann, wenn sich der Durchschnitt Zug um Zug nach oben bewegt.

Mit der Krankenversicherungsneuordnung 1997 sind weitere Wirtschaftlichkeitsprüfungen entwickelt worden, wie die Richtgrößenvorgabe. Hier geben Kassen und Kassenärztliche Vereinigungen für jede Arztgruppe Richtwerte für das Volumen der Leistungen (vor allem: Arzneiverordnungen) vor. Mit dem EBM 2000plus wurden 2005 »Plausibilitätprüfungen« eingeführt, die den Zeitaufwand der Ärzte für ihre eingereichten Behandlungen berechnen und bei dem Überschreiten gewisser Arbeitszeiten weitere Kontrollen verfügen.

Verschiedene Reformen des »EBM«, des einheitlichen Bewertungsmaßstabs für ärztliche Leistungen, veränderten die Punktwerte, mit denen die Einzelleistungen versehen sind, um u.a. die »sprechende Medizin« (ärztliches Beratungsgespräch) im Vergleich zur »Apparatemedizin« aufzuwerten. Der seit 2005 geltende EBM 2000plus ist ein weiterer Versuch, die Verteilung des Honorarkuchens durch Veränderung der Punktwerte von nunmehr rund 1800 EBM-Positionen (Einzelleistungen und Leistungskomplexe) unter den Ärzten zu verändern.

Die entscheidende Wende in der Honorierung wurde 1992 mit dem Gesundheitsstrukturgesetz vollzogen. Zunächst nur dazu gedacht, Zeit für strukturelle Reformen zu gewinnen, zog die Gesundheitspolitik die Notbremse und verordnete für einige Jahre ein maximales Gesamtbudget für die ärztliche Honorierung. Die Kassen zahlten für jeden Versicherten eine Kopfpauschale an die Kassenärztlichen Vereinigungen. Daraus ist inzwischen eine »liebe« Gewohnheit geworden, da sich das System hervorragend zur Begrenzung der ärztlichen Einkommenszuwächse bewährt hat.

Durch diesen Deckel auf den Topf der Ausgaben konnte man zwar die Steigerung der Gesamtausgaben für die Ärzte im vorgesehenen Rahmen halten, die Ärzte wurden jedoch untereinander in einen Wettlauf getrieben, noch mehr Einzelleistungen zu verrichten (sog. Hamsterradeffekt). Die Folge davon war ein rapider Verfall der Vergütungen pro Leistung. Der Euro-Wert für einen Punkt im EBM, der Leistungskomplexe nach Punkten bewertet, sank erheblich. Das wiederum führte bei vielen Ärzten zu Einkommensverlusten und erheblichen Umverteilungen zugunsten der Ärzte, die am schnellsten das »Hamsterrad« bewegen konnten und einen größeren Patientenzulauf hatten. 1997 wurde die Bremse gezogen und es wurden Praxisbudgets eingeführt. Je nach Zahl der Behandlungsfälle (Fallzahl) einer Praxis wurde eine maximale Punktzahl pro Jahr vorgegeben. Dies führte dazu, dass Ärzte die gegen Ende des Jahres ihre maximale Punktzahl und damit ihr maximales Honorar bei der GKV erreicht hatten, ihre Praxis für GKV-Versicherte schlossen.

Die erhebliche Unzufriedenheit in der Ärzteschaft und bei den Patienten sollen nun mit neuen Methoden ärztlicher Honorierung entschärft werden. Mit einer Mengensteuerung nach Regelleistungsvolumen versucht man derzeit, die Ungleichgewichte zu verringern. Das Regelleistungsvolumen gibt dabei die Grenze an, bis zu der ein Arzt für seine Leistungen den vollen Punktwert des EBM erhält. Rechnet ein Arzt mehr Leistungen ab, sinkt der Punktwert zwar deutlich ab, wird aber nicht abrupt auf Null gesenkt.

2007 sollte die Gesamtbudgetierung nach Kopfpauschale endlich abgeschafft werden und durch ein neues Vergütungssystem der »morbiditätsorientierten Regelleistungsvolumina« ersetzt werden. Mit der Gesundheitsreform 2007 ist die Honorarreform auf 2009 verschoben worden. Es soll eine neue Gebührenordnung »mit festen Euro-Preisen« innerhalb vereinbarter Leistungsmengen eingeführt werden. Ein Ziel dieser Reform ist, die Einkommenskonkurrenz der Ärzte zu reduzieren und die Ärztegruppen, die zu den Verlierern der Budgetierung gehören, wieder besser zu stellen.

Insgesamt ist den bisher praktizierten Honorierungsverfahren ein hohes Maß an Unübersichtlichkeit eigen, so dass eine Grundregel sozialökonomischer Steuerung, klare und eindeutige Normen vorzugeben, verletzt wird. Die Kassen befürchten, dass der Verzicht auf die Budgetierung, die erst eine einnahmeorientierte Ausgabenpolitik ermöglicht hat, die Kostenexpansion im ambulanten Sektor wieder anheizen wird.

Während bis in die 1980er Jahre die ärztlichen Einkommen zum Teil deutlich stärker stiegen als das BIP, liegen die Zuwächse seit Jahren deutlich darunter. Wenn dennoch die Ausgaben für ärztliche Leistungen immer noch stärker als die Einnahmen steigen, dann liegt das Problem inzwischen eindeutig auf der Einnahmeseite, wie schon ausführlich erläutert wurde.

Mit der aktuellen Form der Honorierung werden die Einkommen der niedergelassenen Ärzte in der ambulanten Versorgung nicht an die durchschnittliche Entwicklung der Pro-Kopf-Einkommen in Deutschland, sondern viel stärker an die Entwicklung der unteren Arbeitseinkommen gekoppelt. Damit verkehrt sich die Entwicklung der 1960/70er Jahre in ihr Gegenteil. Konnte man damals mit Fug und Recht von der »doppelten Dynamisierung« der ärztlichen Einkommen sprechen (Thiemeyer 1973), dann lässt sich heute von der partiellen »Abkoppelung« der Arzteinkommen (und anderer Einkommen im sozialen Dienstleistungsbereich) von der allgemeinen Einkommensentwicklung sprechen.

Damit kann seit 1993 von einer Dominanz der anbietenden Kassenärzte nicht mehr gesprochen werden. Inzwischen ist der Einkommensvorsprung weitgehend geschmolzen und für viele junge Ärzte stellt sich die Frage, ob sich die Niederlassung als Kassenarzt überhaupt noch rechnet. Es lässt sich prognostizieren, dass zehn weitere Jahre einer einnahmeorientierten Ausgabenpolitik die medizinische Versorgung in Deutschland quantitativ und qualitativ stark beeinträchtigen würden.

Gesucht ist ein Honorierungssystem, das auch den sozialen Berufen einen angemessenen Anteil am volkswirtschaftlichen Produktivitätszuwachs sichert und für hochqualifizierte Erwerbstätige in einem so wichtigen Bedarfsfeld wie der gesundheitlichen Versorgung auch hohe Einkommen gemäß ihrer Leistung garantiert.

»Krankes Krankenhaus«, doppelte Facharztstruktur und integrierte Versorgung

Von den 56,2 Mrd. Euro Behandlungskosten, die in den Krankenhäusern im Jahr 2004 anfielen, waren nach Angaben des Statistischen Bundesamtes 64,8 Prozent Personalkosten. Das dennoch im Bereich der Pflege erheblicher Personalmangel herrscht, erklärt sich zum Teil aus der immer üppigeren Ausstattung mit Medizintechnik, die natürlich Fachbedienung benötigt, so dass das Technische Hilfspersonal entsprechend erweitert werden musste. Das Pflegedefizit – das auch in Alten- und Pflegeheimen erhebliche Probleme aufwirft – ist Einsparungen geschuldet, aber auch durch die abnehmende Attraktivität der Pflegeberufe aufgrund ständiger Überlastung bei eher mäßiger Bezahlung zu erklären.

Auch die Lage der Ärzte im Krankenhaus hat sich in den letzten Jahren weiter verschlechtert. Die Arbeitszeitbelastung ist immens, die Gehaltssteigerungen sind deutlich hinter den Erwartungen zurückgeblieben und die Zukunftsaussichten auf eine eigene Praxis haben sich erheblich verschlechtert (Zulassungsbeschränkung und Einstiegskosten zur Praxiseröffnung bis zu 600.000 Euro). Die Konsequenz ist, dass Ärzte und Pflegepersonal abwandern. Nach Schätzungen waren 2005 gut 6.000 Arztstellen nicht besetzbar. 2005 und 2006 waren auch Jahre großer Streiks und Protestaktionen von Krankenhausärzten und Pflegepersonal. Angesichts weiterer Sparabsichten des Gesetzgebers werden sich die Konflikte weiter verschärfen.

Kostensteigernd wirkt sich wie überall im Bereich personaler Dienste auch im Krankenhaus das »cost disease« Problem nach William Baumol aus, das wir im Kapitel 14.2 ausführlich behandeln. Als Fazit lässt sich auch hier festhalten: Eine an den Einnahmen orientierte Ausgabenpolitik wie in den letzten Jahren ist nur um den Preis einer Qualitätsverschlechterung und einer Verschärfung der Versorgungsmissstände zu verwirklichen.

Tabelle 8.12: Indikatoren zur Infrastruktur im Gesundheitssystem

Jahr	Ärzte auf 10.000 Einwohner	Zahnärzte auf 10.000 Einwohner	Krankenpflegepersonal in Krankenhäusern auf 10.000 Einwohner	Krankenhausbetten auf 10.000 Einwohner
1960	16,5	5,9	19,0	105,3
1970	21,0	5,2	19,9	112,6
1980	28,1	5,6	30,1	114,9
1990	37,6	6,6	31,7	81,3
2000	35,9	7,7	39,8	68,1

Quelle: Lampert/Althammer, 2004, Tabelle 16, S. 252.

Da im Krankenhausbereich jahrzehntelang nur geringe Anreize zu mehr Wirtschaftlichkeit bestanden, erhoffen sich Gesundheitsökonomen gerade hier einen deutlichen Rationalisierungsschub durch effizientere Strukturen und bessere Honorierungssysteme. Bis 1993 konnten die Krankenhäuser ihre Ausgaben ohne große Mühe auf die GKV in Form kostendeckender Pauschalpflegesätze überwälzen (Wachtel 1984). Versuche, die Wirtschaftlichkeit im Krankenhaus zu erhöhen (Krankenhausfinanzierungsgesetz 1985) und bessere Anreize zu setzen, waren auch aufgrund der Widerstände der für die Krankenhausversorgung (Investition) zuständigen Bundesländer wenig erfolgreich. Auch Budgetierungsversuche (GSG 1993) schlugen fehl. Die Ausgaben stiegen deutlich stärker als geplant. So stieg der Anteil der Krankenhausbehandlung an den GKV-Ausgaben von 1970 bis 2003 in den alten Bundesländern um 34,9 Prozent an, während der Anteil der ambulanten ärztlichen Behandlung um 22,7 Prozent sank (SVR Gesundheit, Gutachten 2005, S. 508). Die Ausgabenstruktur der GKV im Jahre 2004 ist der Abbildung 8.1 zu entnehmen.

1996 begann man, durch die Einführung von Fallpauschalen und pauschalierten Sonderentgelten Anreize zu mehr Wirtschaftlichkeit zu setzen (Rath 1996). Zehn Jahre später ist der Reformprozess immer noch nicht abgeschlossen. Seit 2004 gilt das Vergütungssystem DRG (Diagnosis Related Groups), dass diagnoseorientierte Fallpauschalen vorgibt. Je nach den konkreten individuellen Diagnosen im Behandlungsprozess eines Krankenhauspatienten errechnet sich wie in einem Baukastensystem die pauschale Vergütung, die das Krankenhaus erhält. Dieses sehr komplexe Abrechnungssystem wird stufenweise eingeführt und soll bis 2009 mit landesweit gleichen pauschalen Preisen für eine bestimmte Behandlung seine vorläufige Endstufe erreichen. Dann sollen die Erfahrungen ausgewertet, notwendige Verbesserungen beschlossen und ein endgültiger ordnungspolitischer Rahmen geschaffen werden.

Für viele Experten gilt die »doppelte Facharztstruktur« – niedergelassene Fachärzte im ambulanten Bereich und die Fachärzte in den Krankenhäusern – als besonders kostentreibend. In keinem anderen Land leiste man sich den Luxus von zwei medizinischen Parallelwelten. Gefordert wird ein effizienter Wettbewerb der beiden Gruppen, der auch als Ausleseprozess dienen soll und überflüssige Kapazitäten abbauen hilft. Gesundheitsökonomen versprechen sich von einem wirklichen Wettbewerb, in dem die Kassen unterschiedliche Versorgungsstrukturen testen und mit den verschiedenen Anbietern in freien Verhandlungen Leistungsverträge abschließen können, die Herausbildung kostengünstiger Strukturen auf der Anbieterseite. Angesichts der Befürchtungen, die dieses Scenario bei den betroffenen Fachärzten auslösen dürfte, sind hier noch hohe verbandliche Hürden zu überwinden.

Immer wieder wird eine bessere Integration von ambulanter und stationärer Versorgung gefordert. Mit der Gesundheitsreform 2007 wurden die Krankenhäuser endlich für die ambulante Versorgung von Menschen, die an schweren oder seltenen Krankheiten (Aids, Krebs) leiden, geöffnet.

Arzneimittelmarkt außer Kontrolle?

Immer wieder gerät die Arzneimittelversorgung in den Mittelpunkt der öffentlichen Kritik. Diskutiert werden u.a. die Pillensucht, die Gewinne der Pharmaindustrie, die Arzneimittelsicherheit, Tierversuche und Gentechnik.

Aus Sicht der GKV gerät die Ausgabenentwicklung in diesem Bereich allzu oft außer Kontrolle.

Wir können hier nur kurz auf die Steuerung der Arzneimittelversorgung eingehen. Im Pharmabereich ist fast alles schon ausprobiert worden. So sind viele Erfahrungen mit verschiedenen Selbstbeteiligungsformen und Zuzahlungen gesammelt worden (Rezeptgebühr, Ausgrenzung von bestimmten Arzneimitteln). Mit dem Gesundheitsreformgesetz (GRG) wurde 1989 eine interessante Steuerungsvariante entwickelt: die Festbeträge für Arzneimittel (Reher/Reichelt 1989). In der Vergangenheit hatte der Preissenkungswettbewerb bei den älteren bewährten Medikamenten versagt. Trotz preiswerter Nachahmer-Präparate (Generika), verschrieben die Ärzte weiterhin die teuren Originale, da die Patienten daran gewöhnt waren und Kosten nicht beachtet werden mussten. Inzwischen können die Spitzenverbände der Krankenkassen für den größten Teil des Marktes einen Maximalpreis (Festbetrag) z.B. für Arzneimittel mit gleichem Wirkstoff festlegen. Ein höherer Preis wird von den Kassen nicht erstattet. Der Erfolg war durchschlagend. Der Preis auch der Originale sank auf den Festbetrag ab und deutliche Einsparungen waren die Folge. Allerdings konnten die forschenden Pharmaunternehmen den Preis für ihre noch patentgeschützten Arzneien deutlich anheben, so dass der Gesetzgeber immer wieder weitere Steuerungsinstrumente einsetzen musste (Preismoratorien, also kurzfristige Preisstopps, Aushandlung von Preisnachlässen bei der Pharmaindustrie, Arzneimittelbudgetierung, Verschärfungen der Wirtschaftlichkeitsprüfung der ärztlichen Arzneimittel-Verschreibungen über Richtlinien, Positivlisten).

Alles in allem konnte der Kostenanstieg immer nur temporär begrenzt werden. Ein aktuelles Beispiel ist die Ausgabenentwicklung nach der Gesundheitsreform 2003. Mit einer Batterie von Maßnahmen (Neue Arzneimittelpreisverordnung nach der die Apotheker ein Einheitshonorar pro Packung erhalten, höhere und modifizierte Zuzahlung der Versicherten, Festbeträge nun auch auf patentgeschützte Arzneimittel, bei denen ein Zusatznutzen gegenüber den bisher bekannten Arzneien nicht erkennbar ist, Aushandlung eines hohen Rabatts der Hersteller bei Medikamenten ohne Festbetrag, Verbot der Verschreibung von nicht verschreibungspflichtigen OTC-Medikamenten, die nicht in einer Ausnahmeliste enthalten sind) gelang es dem Gesetzgeber, die Ausgaben im Jahre 2004 deutlich zu senken. Schon im ersten Halbjahr 2005 kam es wieder zu einem erheblichen Anstieg und in der Folge zu Ankündigungen der Politik, weitere Maßnahmen ergreifen zu wollen. Eine gewisse Ratlosigkeit scheint sich breit zu machen angesichts der mächtigen und flexibel (auch mit Abwanderungsdrohungen) reagierenden Pharmaindustrie aber auch der gut organisierten Interessen der mittelständischen Apotheker.

In der Gesundheitsreform 2007 werden weitere Instrumente zur Kostendämpfung eingeführt: Verbesserung der Kosten-Nutzen-Bewertung von Arzneimitteln, ärztliche Zweitmeinung bei der Verschreibung neuer innovativer Medikamente und erweiterte Möglichkeiten für die Kassen, mit den Herstellern Rabatte auszuhandeln. So soll das Verfahren der Ausschreibung genutzt werden.

Demographische Entwicklung, Medizinisch Technischer Fortschritt
und die Krankenversicherung der Rentner

Ein wachsendes Finanzierungsproblem für die Kassen stellt das Defizit bei der Krankenversicherung der Rentner dar, das in Zukunft aufgrund der demographischen Entwicklung noch zunehmen könnte. Die durchschnittlichen Krankheitskosten pro Person steigen mit dem Alter deutlich an (vgl. Tabelle 8.13).

Tabelle 8.13: Krankheitskosten je Einwohner nach Alter im Jahr 2002 in Euro

Altersgruppe	unter 15	15—45	45—65	65 und älter	Alle Gruppen
Kosten	1.000	1.510	2.960	6.740	2.710

Quelle: StatBA.

Die Aktiven müssen die Rentner immer stärker »subventionieren«. Im Jahr 1960 deckten die Einnahmen aus den Beiträgen der Rentner noch über 90 Prozent der Ausgaben, im Jahre 2000 waren es nur noch etwa 40 Prozent. Im Jahre 2000 flossen schon 45 Prozent der GKV-Ausgaben in die Versorgung der Rentner, bis 2020 werden es nach Prognosen aufgrund der demographischen Entwicklung schon 56 Prozent sein (Berie/Fink 2003). In einer anderen Studie (Beske/Drabinski, 2005) wird ein Beitragssatzanstieg um knapp 4 Prozentpunkte bis 2050 hochgerechnet. Dieses Szenario ergibt sich allein aus der ansteigenden Altenquote bei unveränderter Inanspruchnahme von Gesundheitsleistungen pro älterem Versicherten.

Die pessimistischen Prognosen gehen also davon aus, dass der Trend sich fortsetzt. Sie errechnen daraus horrende Belastungen und Beitragssätze für die GKV der Zukunft. Die Ursache der Steigerung der Ausgaben pro Kopf liegt vor allem in der speziellen Wirkungsweise des medizinisch-technischen Fortschritts. Immer mehr chronische Krankheiten wurden behandelbar, Medikamente lindern Schmerzen und verbessern die Lebensqualität, ohne dass dies zur völligen Gesundung der Patienten führt. Kopetsch (2001a) spricht hier von medizinischer »Halbtechnologie«, die zu besonders hohen laufenden Ausgaben führt.

Das Lebensalter wurde verlängert und damit auch der Verbrauch von medizinischen und Pflegeleistungen. Es stehen sich hier zwei Thesen gegenüber. Die pessimistische Medikalisierungsthese prognostiziert, dass der medizinisch-technische Fortschritt zwar in einigen Feldern auch zu Kosteneinsparungen führe, im Ganzen jedoch wirke er stark kostentreibend. Prognostiziert werden wahre Kostenexplosionen, wenn es nicht zu erheblichen Leistungsbegrenzungen und Rationierungen in der Kranken- und Pflegeversicherung komme.

Dagegen argumentiert die optimistische Kompressionsthese mit folgendem Befund. Nicht das Kalenderalter führe zu hohen Ausgaben, sondern die Nähe zum Todeszeitpunkt. Das Sterben sei durch die Intensivmedizin so teuer geworden. Immer mehr Menschen leben lange gesund und fit als leistungsfähige Senioren und verursachen erst in den letzten Monaten vor ihrem Tode sehr hohe Kosten. Eine Untersuchung am Max-Planck-Institut für demographische Forschung in Rostock (2002) kommt nun zu dem überraschenden Ergebnis, dass der Tod mit steigendem Alter billiger wird. Für Patienten über 90 wird nur halb so viel ausgegeben wie für 65—69jährige. Dies bestätigt auch eine US-Studie an der Universität von North Carolina (2003), in der allerdings betont wird, dass zwar die rein medizinischen Kosten sinken, die Pflegekosten jedoch kontinuierlich steigen und ab dem 80. Lebensalter dominant werden (Koch 2003). Eine Konzentration der Forschung auf die Präventivmedizin und die Beeinflussung des Gesundheitsverhaltens könnten also in Zukunft den Gesundheitszustand älterer Menschen weiter verbessern, das Lebensalter verlängern und sogar zu Kosteneinsparungen im medizinischen Bereich führen.

Es erscheint beim Stand der Diskussion sinnvoll, die pessimistischen Prognosen ernst zu nehmen und sich Gedanken über dieses »worst case«-Szenario zu machen. An Reformvorschlägen mangelt es nicht. An erster Stelle wird der Übergang zu einem kapitalgedeckten System genannt. Einige Vorschläge wollen die Anwendung des Solidarprinzips begrenzen. Gefordert werden u.a. höhere Beitragssätze für Rentner, eine Rationierung der medizinischen Leistungen ab einem bestimmten Lebensalter und eine Abdeckung bestimmter Risiken nur über private Zusatzversicherungen.

Superiorität von Gesundheitsleistungen: Wieviel Medizin wollen wir uns leisten?

Neben der demographischen Entwicklung führt auch eine permanente Einkommenssteigerung in der Bevölkerung zu einer steigenden Nachfrage nach hochwertigen Dienstleistungen und speziell nach medizinischen Leistungen. Diese These einer *Superiorität von Gesundheitsdiensten,* die schon von Jean Fourastie aufgestellt wurde, ist empirisch gut belegt und es spricht vieles dafür, dass sie auch in der Zukunft weiter gilt. Die durch technischen Fortschritt und Produktivitätswachstum steigenden Realeinkommen nutzen viele Bürger, um mehr für ihre Gesundheit zu tun. Im Strukturwandel von der Industrie- zur Dienstleistungsgesellschaft gehört daher der Gesundheitssektor zu den Gewinnern. Immer mehr Leute sind in der jüngeren Vergangenheit dort beschäftigt worden und dieser Trend wird sich weiter fortsetzen. Es stellt sich daher die Frage, ob daraus Leitlinien für die weitere Entwicklung der sozialen Krankenversicherung abgeleitet werden können. Philipp Herder-Dorneich war unseres Wissens einer der ersten, die diese Frage positiv beantwortete.

Die Szenarien in Abbildung 8.5 sollen die Argumentation verdeutlichen, sie bilden keine Prognose ab. In der Reihe 2 ist das BIP-Wachstum der Jahre 1995–2005 in Deutschland bei konstanter linearer Wachstumsrate von 2,15 Prozent bis zum Jahr 2045 fortgeschrieben worden. In der Reihe 1 ist der Wachstumspfad der GKV-Ausgaben, der im gleichen Zeitraum von 1995–2005 nur 1,57 Prozent betrug, in entsprechender Weise fortgeschrieben worden. Die Konsequenz dieser Entwicklung wäre ein Zurückbleiben des Gesundheitssektors gegenüber dem Durchschnitt der übrigen Ausgaben (und damit der Wertschöpfung) um ca. 20 Prozent. Es kann und darf nicht sein, dass der Sektor mit der höchsten Dringlichkeit des Bedarfs so einbricht.

Wenn man nicht mehr Geld ins System lenkt, würden die Besserverdienenden natürlich durch private Versicherungen und direkte Käufe ihre Bedürfnisse decken und die Gesamtausgabenquote privat und sozial finanzierter Gesundheitsleistungen am BIP würde weiter steigen. Die weniger betuchten Sozialversicherten dagegen hätten das Nachsehen und der Solidarpakt wäre gebrochen.

Abbildung 8.5: Wachstumspfade der GKV-Ausgaben

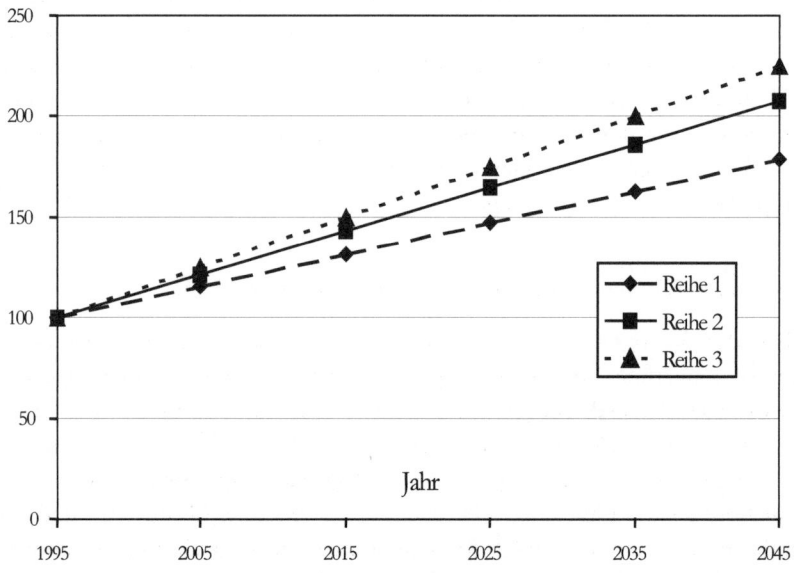

Reihe 1: niedriger linearer Wachstumspfad der GKV-Ausgaben mit der Wachstumsrate von 1,57 Prozent (= 10-Jahresdurchschnitt von 1995–2005) bezogen auf 1995, Reihe 2: linearer Wachstumspfad des nominalen Bruttoinlandsprodukts mit der Wachstumsrate von 2,15 Prozent (= 10-Jahresdurchschnitt 1995–2005) bezogen auf 1995, Reihe 3: in etwa angemessener Wachstumspfad der GKV-Ausgaben als Ausdruck der Superiorität von Gesundheitsdiensten und des demographisch bedingten steigenden Bedarfs (Wachstumsrate 2,5 Prozent).

Die Reihe 3 in der Abbildung 8.5 zeigt einen in etwa angemessenen Verlauf der zukünftigen GKV-Ausgabenentwicklung, will man die steigende Nachfrage nach Gesundheitsleistungen in einer immer älter und immer reicher werdenden Gesellschaft solidarisch bedienen. Zwar würde sich in diesem Szenario der Anteil der GKV-Ausgaben am BIP von 6,4 Prozent (2005) auf 8,5–9 Prozent (2045) erhöhen, aber der Gesundheitssektor würde expandieren, er würde sichere Arbeitsplätze für viele Bürger bereitstellen und die gesundheitliche Versorgung würde sich bedarfsgerecht und den individuellen Bedürfnissen auch des ärmeren Teils der Bevölkerung entsprechend verbessern.

Letztlich ging es im Wahlkampf 2005 genau um dieses Thema. Die großen Parteien CDU/CSU mit ihrem Konzept der Kopfprämie und die SPD mit dem

Leitbild der Bürgerversicherung wollten die Finanzierung des GKV auf eine neue breitere und solidere Basis stellen, um das Ausbluten des Systems zu verhindern.

Sozialmedizinische Defizite und mangelhafte Vorbeugung

Aus der Sicht der Sozialmedizin berücksichtigt die ärztliche Ausbildung die heute vorherrschenden Zivilisationskrankheiten und psychosozialen Störungen zu wenig. Die einseitige naturwissenschaftliche Orientierung der heutigen Medizin, die Krankheit als individuelle organische oder seelische Störung versteht und daher das Schwergewicht auf apparativ-technische und medikamentöse Behandlung legt, verstellt den Blick auf die eigentlichen Ursachen wie die Belastungen in der Arbeitswelt, Veränderungen in der natürlichen und sozialen Umwelt und daraus resultierendem Fehlverhalten wie Bewegungsmangel, Fehlernährung, Verlust an Muße und Abhängigkeit von Genussgiften. Ein Kurieren an den Symptomen ist in jedem Fall kostentreibend. Andererseits wird man zugeben müssen, dass eine vorbeugende gesundheitliche Strategie, welche die Arbeits- und Lebenswelt verändern hilft, erst in Ansätzen existiert. Es ist nicht einfach, eingespielte Verhaltensweisen allein durch Aufklärung und Beratung zu verändern.

Zwar liegt es nahe, eine präventive Orientierung und eine entsprechende Umwidmung der Ausgaben politisch zu fordern, wie es durchgängig alle Parteien und Verbände tun. Schon lange ist die Gesundheitsförderung im Leistungskatalog der Kassen enthalten, auch wenn der Anteil an den Ausgaben noch sehr gering ist. Ähnlich wie bei den Auswirkungen des Technischen Fortschritts ist auch hier umstritten, ob damit auf lange Sicht eine Kostenreduktion erfolgt.

Selbst wenn die erhofften Einsparungen ausbleiben sollten, ist Vorbeugung natürlich immer der Vorzug zu geben.

8.2.5 Reformen im Gesundheitswesen

Die ordnungspolitischen Alternativen in der Gesundheitspolitik

Im Laufe dieser kurzen Analyse des Gesundheitswesens sind wir auf einige grundsätzliche Strukturprobleme gestoßen, die eine nachhaltige Kostendämpfung nicht nur als schwierig, sondern auch als sozialpolitisch problematisch erscheinen lassen.

Hierzu zählen die Entwicklung im Altersaufbau der Gesellschaft, die personal- und damit kostenintensive Dienstleistungsproduktion, die teure Medizintechnik auf dem letzten Stand, die starke Stellung der Anbieter, aber auch der hohe Stellenwert, den die Menschen bei steigenden Einkommen der Behandlung von Krankheiten (nicht unbedingt der »Gesundheit«) einräumen.

Zudem zeigt sich bei genauerem Hinsehen: So wünschenswert Vorbeugung bleibt, so wenig garantiert sie auch langfristige Kosteneinsparung. Auch wirkt ein Blick auf internationale Input-output-Vergleiche eher ernüchternd. So sind die Länder mit relativ gebremstem Ausgabenwachstum im Gesundheitswesen (z.B. Großbritannien) gemessen an der Lebenserwartung und der Morbidität ihrer Bürger nicht weniger erfolgreich als die Länder mit den höchsten Ausgaben pro Kopf (Beispiel USA). Auch dies dürfte ein Zeichen dafür sein, dass die traditionelle kurative Medizin bei der Bekämpfung der Zivilisationskrankheiten an den Symptomen kuriert, und hier durch verstärkte gesundheitliche Aufklärung und Erziehung, aber auch durch bewusste Ausschaltung von Arbeits- und Umweltrisiken erheblich mehr zu erreichen ist. Dies soll natürlich die Möglichkeit nicht in Frage stellen, dass die aufwendiger arbeitenden Gesundheitssysteme ihren Bürgern eine höhere Lebensqualität im Krankheitsfall z.B. durch bessere Versorgung, Schmerztherapie und kürzere Wartezeiten garantieren.

Vor dem Hintergrund dieser Thesen ist die immer wieder aktuelle ordnungspolitische Grundsatzdebatte zu beurteilen. Drei Ordnungsalternativen lassen sich in der Diskussion festmachen: *Mehr Markt – mehr Staat – mehr verbandliche Regulierung.*

Die Marktökonomen sehen in besseren Anreizsystemen (Selbstbeteiligung) und mehr Wettbewerb den ordnungspolitischen Königsweg. Viele plädieren für eine Privatisierung der sozialen Krankenversicherung und die Verlagerung des Solidarausgleichs auf das Steuersystem. Wenn der einzelne Versicherte nicht einen merklichen Teil der Kosten seiner Behandlung selbst tragen muss, dann besteht die Gefahr der Überinanspruchnahme (moral-hazard-Theorem) von Leistungen. Wenn die Ärzte dann ihre Aufgabe als Türwächter mangels richtiger Anreize ebenfalls nicht erfüllen, wird das Gesundheitssystem zu einem Selbstbedienungsladen für Ärzte und Versicherte. Von Zuzahlungen der Patienten und veränderten Honorierungsverfahren bei den Ärzten erwartet man eine deutliche Verminderung dieser Kostendynamik. Eine Erwartung, die allerdings in marktwirtschaftlichen privaten Versicherungssystemen wie den USA, die hohe Zuzahlungen ihrer Versicherten vorsehen, nicht erfüllt wurde. Eher scheint das Gegenteil der Fall zu sein. Außerdem ist es hier zu einer Mehr-Klassen-Medizinversorgung gekommen.

Die bisherigen Erfahrungen und internationale Vergleiche zeigen, dass von Selbstbeteiligungen nur ein zeitlich begrenzter Effekt zur Reduktion der Nachfrage ausgeht und die Ausgaben bald wieder dem alten Trend folgen.

Mit der Einführung der Praxisgebühr im Jahr 2004 wurde die Fallzahl der Praxen im Durchschnitt um 8,7 Prozent im ersten Jahr reduziert. Dieser Effekt ging in den Folgejahren bis 2007 stetig zurück. Das verweist auf den generellen

Zielkonflikt von Zuzahlungen. Sind die Selbstbehalte gering, haben sie keinen Nachfrageeffekt, sind sie hoch, ist das Solidarprinzip empfindlich tangiert, da nur die Ärmeren auf die Inanspruchnahme verzichten (müssen). Einen Kompromiss stellt die Lösung in der GKV dar, Härtefälle wie Einkommensschwache und chronisch Kranke bei der Zuzahlung zu entlasten.

Die Forderung nach mehr staatlicher Kontrolle und direkter öffentlicher Versorgung im Gesundheitswesen stützt sich auf die Erfahrungen, dass staatliche Gesundheitssysteme wie in Großbritannien durch harte Budgetierung ein geringeres Ausgabenwachstum aufweisen. Eine Budgetierung, bei der die Defizite nicht mehr ausgeglichen werden, die Arztzulassung limitiert ist, als Honorierungsform das Gehalt oder die Kopfpauschale und eine Preis- und Kostenkontrolle der übrigen Anbieter (Pharmaindustrie) praktiziert wird. Da dieses System allerdings mit erheblichen Leistungs- und Serviceeinbußen (Verknappung von Personal und Betten, Qualitätsminderung, Warteschlangen usw.) einhergeht, dürfte es in der Bundesrepublik dauerhaft politisch kaum durchzusetzen sein. Allerdings zeigt das letzte Jahrzehnt, dass die Budgetierung als zeitlich begrenzte Notbremsung der Kostenentwicklung auch in Deutschland erfolgreich eingesetzt wurde, wie die deutliche Begrenzung des Ausgabenanstiegs (vgl. Tabelle 8.11) verdeutlicht.

Das Gesundheitssystem in Deutschland ist ein Mischsystem aus staatlichen, verbandlichen und in gewissem Umfang auch marktwirtschaftlichen Steuerungselementen. Die Fachleute, die sich für eine Weiterentwicklung dieses »neokorporatistischen Modells« der abgestimmten Steuerung durch Staat und Verbände aussprechen – wie der Sachverständigenrat zur Begutachtung der Entwicklung im Gesundheitswesen –, plädieren heute vor allem für eine deutliche Stärkung wettbewerblicher Prozesse im System. Andererseits zieht der Sachverständigenrat für Gesundheit in seinem Gutachten »Koordination und Qualität im Gesundheitswesen« (2005) durchaus ein positives Fazit der verbandlichen Steuerung der ambulanten Versorgung über die Kassenärztlichen Vereinigungen. Angesichts der nur moderat steigenden ärztlichen Einkommen könne von einer monopolartigen Stellung keine Rede sein. Im Gegenteil betont der Rat, dass nur eine öffentliche Körperschaft ein solche Kontroll- und Durchgriffsmöglichkeit besitzt. Angesichts zunehmender Unzufriedenheit (Austrittsdrohung aus der KÄV) und Streikbereitschaft der Ärzte wird man allerdings abwarten müssen, ob diese Einschätzung auch für die Zukunft gilt. Wenig verbessert hat sich die Verhandlungsposition der Kassen gegenüber der Pharmaindustrie und ihren Verbänden. Hier sind die Kassen von einer Machtparität weit entfernt und auf permanente staatliche Interventionen angewiesen, um die Kosten auch nur einigermaßen in den Griff zu bekommen.

Eine Reform der neokorporatistischen Steuerung des Zusammenspiels von Staat und Verbänden muss die Machtbalance im Auge haben. Mehr Wettbewerb kann die Machtverhältnisse verändern. So müssen die Krankenhäuser befürchten, dass die Kassen bei freien Vertragsverhandlungen ohne Kontrahierungszwang in die Übermachtposition gelangen. Dies zu steuern ist eine schwierige Aufgabe.

Strukturreformen zu mehr Wettbewerb und integrierten Versorgungssystemen

Ein funktionierender Wettbewerb setzt voraus, dass die Krankenkassen wesentliche Handlungsspielräume haben, um beim Werben um die Bürger günstigere Prämien und/oder ein attraktiveres Leistungspaket anbieten zu können. Da der Gesetzgeber das wesentliche Leistungsangebot *(gesetzliche Regelleistung)* einer sozialen Krankenversicherung in erheblichen Umfang vorgeben muss, um dem Gleichheitsgrundsatz gerecht zu werden, bleiben Verwaltungskosten, Service und Zusatzleistungen vor allem aber innovative kostengünstige Versorgungsstrukturen als mögliche Wettbewerbsparameter, die das Preis-Leistungsverhältnis beeinflussen können.

Im letzten Jahrzehnt wurde sehr vorsichtig Schritt für Schritt in die Richtung gegangen, den Kassen mehr Freiheiten bei der Entwicklung eines effizienten kostengünstigen und qualitativ leistungsfähigen Versorgungssystems zu geben. Hier erhofft man sich, vor allem über eine stärkere Vernetzung und Integration von ambulanter und stationärer Behandlung Kosten zu senken und gleichzeitig die Qualität der Leistungen zu steigern.

Vorbilder solch effizienter Versorgungsstrukturen sind schon in anderen Ländern (USA, Schweiz) entwickelt worden und ihre internationalen Ausstrahlungseffekte sind beträchtlich. In den 1970er Jahren entwickelten sich sog. Health-Maintainance-Organisations (HMO) im privaten Krankenversicherungssystem der USA. Diese erzielten von Anfang an hohe Kosteneinsparungen bei vergleichbaren Leistungen wie die traditionellen Versicherungen. Ihr Anreizsystem wurde nach und nach verbessert und neue Formen ausprobiert, die heute unter dem Begriff *managed care* zusammengefasst werden. Inzwischen wird nur noch die Minderheit der versicherten US-Bürger nicht von einer *managed care organisation* (MCO) versorgt. Die wichtigsten Merkmale sind in der folgenden Übersicht (Tabelle 8.15) zusammengestellt.

Entscheidende Neuerungen betreffen zum einen das Anreizsystem, das die Ärzte (aber auch die Versicherten) an einer sparsamen Führung der Patienten durch das medizinische Versorgungssystem interessieren soll (Türwächter- oder gate keeper Funktion) und zum anderen »Einkaufsmodelle« der marktstarken Versicherungen, die ihre Nachfragemacht zum preiswerten (Groß-)Einkauf von Krankenhausleistungen, Arzneimitteln und anderen Gesundheitsgütern nutzen.

Im wettbewerblichen Anpassungsprozess sind die MCOs zunehmend von der reinen Kostenkontrolle zu einer Politik der präventiven Patientenführung und eines Qualitätsmanagements übergegangen. Mit sog. Disease-management-Programmen soll die Behandlung bestimmter chronischer Krankheiten optimiert werden. In Kosten-Nutzen Analysen werden die besten Therapien evaluiert. Sie sollen den behandelnden Ärzten als Vorschlag oder sogar als feste Leitlinien dienen.

Tabelle 8.14: Ein System integrierter Versorgung im Krankheitsfall

Managed Care (MCO/HMO)	Prinzipien und Instrumente
Grundsätzliche Strukturmerkmale: Patientenführung und Anbieterkontrolle	1. Türwächter- (gate-keeper-)System: keine oder begrenzt freie Arzt- und Krankenhauswahl; Arzt wird an kostengünstiger Behandlung materiell und durch externe Kontrollen der MCOs interessiert. 2. Vernetztes Budget: Materielle Anreize der Ärzte an Kosten sparenden Methoden über alle Versorgungsbereiche hinweg (ambulant, stationär, Pharmaka). 3. Anreize zur Verbesserung des Gesundheitsverhaltens der Versicherten 4. Disease management (Cost-benefit-Studien zum Effizienzvergleich von Therapien und daraus abgeleitete Leitlinien für die Ärzte) 5. Ständige Qualitätskontrollen durch betriebswirtschaftlich geschultes Management 6. Wettbewerb um die Versicherten
Ärztliches Honorar	Gehalt, Kopfpauschale, Gruppenbudget jeweils mit Gewinnbeteiligung/Prämien für Kosteneinsparungen
Krankenhaus	Großeinkauf von Krankenhausleistungen, Aushandlung von Mengenrabatten (Einkaufsmodell), Senkung der Verweildauer der Patienten durch Anreize und Kontrollen.
Pharmabereich	Einkaufsmodelle wie im Krankenhaus: Ausnutzung der starken Marktstellung gegen Anbieter

Quelle: Hildebrandt/Domdey/Fuchs, 1995.

Die entscheidende Frage, ob die wichtigen Systemmerkmale der HMO auch in einer Versicherung, in der Elemente des Solidarprinzips zu verteidigen sind, realisierbar sind, ist inzwischen in der Schweiz positiv beantwortet worden. Auch hier kam es zu Kostensenkungen, ohne dass es zu Leistungseinschränkungen oder Entsolidarisierung kam (Geser 1995). Allerdings ist die Ausbreitung des Modells in der Schweiz auf Widerstände in der Bevölkerung gestoßen, da die freie Arztwahl eingeschränkt ist.

In Deutschland wurden zunächst Modellvorhaben zu neuen Versorgungsformen in Richtung managed care gefördert. Mit den Reformen von 2003 und 2007 sind die Kassen zur Einführung eines Hausarztsystems verpflichtet worden. Der Hausarzt soll die Lotsenfunktion übernehmen und so Vielfachuntersuchungen vermeiden helfen. Der materielle Anreiz für die Versicherten (Einsparung der Praxisgebühr) bleibt allerdings gering. Ähnlich halbherzig bleibt die Förderung der integrierten Versorgung. Krankenhäuser können nur in Gebieten, in denen ein Facharztmangel zu verzeichnen ist, als eine Art Poliklinik auch ambulante Behandlungen anbieten. Außerdem werden sie in Zukunft an der ambulanten Versorgung bei schweren und seltenen Erkrankungen beteiligt sein.

Auch die neue finanzielle Förderung von Facharztkooperationen kostet zunächst Geld und wird – nach Ansicht von Kritikern – kaum Ersparnisse bringen. Die Einführung von Disease-management-Programmen zur Behandlung von chronisch Kranken (u.a. Brustkrebs, koronare Herzkrankheit) folgt den Erfahrungen aus den USA. Mit der Reform 2007 sollen die Kassen auch verstärkt nach Vorbild der Einkaufsmodelle über Ausschreibungen günstige Preise und Rabatte bei den Pharmaherstellern herausholen können.

Die prinzipielle Fehleinschätzung liegt darin, dass man glaubt, nur einige der Managed-care-Elemente in das deutsche Gesundheitssystem übertragen zu müssen und damit schon eine deutliche Effizienzsteigerung erzielen zu können. Die zentrale Institution der HMOs ist das vernetzte Budget. Die behandelnden Ärzte sind materiell an der kostengünstigsten Behandlung interessiert. Am teuersten ist die stationäre Behandlung. Können Einweisungen vermieden werden, bleibt den Türwächtern des Systems ein höherer Budgetanteil erhalten. Wenn dieses Kernelement, mit dem die größten Einsparungen erzielt werden, noch fehlt, ist wenig zu gewinnen.

Viele Manager der GKV-Kassen sind an einer Weiterentwicklung in diese Richtung interessiert, da sich dadurch ihre Position im System deutlich verbessert. Auch der »Sachverständigenrat Gesundheit« (2005) schlägt vor, den Krankenkassen zu erlauben, mit einzelnen Leistungsanbietern (Ärzten, Krankenhäuser usw.) Versorgungsverträge abzuschließen. Allerdings soll dies nur zusätzlich zu dem jetzigen System der Kollektivverträge mit den Kassenärztlichen Vereinigungen geschehen.

Die Einführung einer solchen »Parallel-Welt« im deutschen Versorgungssystem wäre langfristig kaum stabil. Das Monopol der Kassenärztlichen Vereinigung wäre gebrochen und die Länder würden ihren Einfluss im Krankenhaussektor verlieren. Wenn sich die erhofften Einsparpotentiale von *managed care* realisieren ließen, würde die Position der Kassen deutlich gestärkt. Sie wären dann HMOs, die nicht nur versichern, sondern auch die Versorgung organisieren und Nachfragemacht ausüben. Dann ergibt sich das neue Problem, ihre Verhandlungsmacht zu kontrollieren und zu begrenzen (Weber 2001), um nunmehr die Anbieterseite gegen einen zu starken Druck zu schützen. Ohne staatliche Regulierung wird es also auch dann nicht gehen.

Bürgerversicherung oder Kopfprämienmodell

Es wurde bei der Analyse der Ursachen der steigenden Beitragssätze deutlich, das die Finanzierungsgrundlage des GKV-Systems durch hohe Arbeitslosigkeit und geringes Wachstum der beitragspflichtigen Einnahmen der Versicherten zunehmend erodiert. Auch ein deutlicher Abbau der Arbeitslosigkeit wird nur vorübergehende Entlastung bringen. Viele Gesundheitsökonomen sind sich einig, dass das System eine neue nachhaltige Finanzierungsbasis braucht. Mit zwei Gutachten der Rürup-Kommission und der Herzog-Kommision sowie der Positionierung der großen Parteien sind zwei Modelle in die engere politische Diskussion gerückt.

Die CDU/CSU hat sich auf ein Prämienmodell (sog. Kopfpauschale) verständigt. Das System der GKV (Kassen und Kassenarten im Wettbewerb) soll in diesem Modell erhalten bleiben. Alle Versicherten einer bestimmten Kasse zahlen im Prinzip den gleichen Monatsbeitrag. Auch die nicht erwerbtätigen Ehepartner zahlen die Prämie. Der Arbeitgeberbeitrag, der auf 6,5 Prozent gedeckelt wird, fließt in einen Fond, aus dem ein Teil des Solidarausgleichs finanziert wird. Der Solidarausgleich begünstigt Versicherte, deren Bruttoeinkommen zu stark (maximal 7 Prozent) belastet wird. Ihre Prämie vermindert sich umso mehr, je geringer ihr Einkommen ist. Weitere Begünstigte des Solidarausgleichs sind die Kinder, die beitragsfrei mitversichert werden. Da in diesem Modell der Umverteilungsumfang durch den Solidarausgleich sehr hoch ist, muss eine beträchtliche Steuersumme ins System fließen. Pfaff u.a. (2005, S. 45) schätzen den Bedarf auf 22,5 Mrd. Euro und die Zahl der Hilfeempfänger in der GKV auf 25,1 Mio. Personen.

Zwei zentrale Ziele werden mit diesem Reformansatz verfolgt: Zum einen geht es um die Reduzierung der Lohnnebenkosten, also um eine weitgehende Abkoppelung der Finanzierung der Krankheitskosten aus den Löhnen, zum anderen wird der Solidarausgleich zum Teil auf das Steuersystem übertragen und damit eine aus Sicht liberaler Ökonomen ordnungskonforme Lösung bei gleichzeitig höherer Umverteilungswirkung realisiert.

Die SPD, der andere Partner in der großen Regierungskoalition, die sich 2005 zusammenfand, war mit einem sehr konträren Reformvorschlag in den Wahlkampf gezogen: Der GKV sollen neue Finanzierungsquellen erschlossen werden. Alle Bürger werden pflichtversichert, neben den Lohneinkommen sollen auch die Kapitaleinkommen bei der Berechnung der Beitragshöhe herangezogen werden. Auch die Beitragsbemessungsgrenze könnte angehoben werden, wenn noch mehr Geld ins System fließen soll.

Der Solidarausgleich erfolgt wie bisher nur im GKV-System selbst durch einen einheitlichen einkommensbezogenen Beitragssatz für jede Krankenkasse, die sich als Anbieter am Kassenwettbewerb beteiligt. Auch die privaten Krankenversicherungen sollen sich an diesem System unter gleichen Bedingungen beteiligen können. Zwei zentrale Ziele werden mit diesem Modell anvisiert: Zum einen soll die weitere Erosion der Finanzierungsbasis verhindert werden, sodass die Kasseneinnahmen sich in etwa parallel mit dem BIP-Wachstum entwickeln können, und zum anderen soll der dysfunktionale Wettbewerb zwischen PKV und GKV beendet werden. In der Vergangenheit haben sich vor allem junge, gesunde, gut verdienende Bürger (»gute Risiken«) bei der PKV zu günstigen Tarifen versichert und sind dem für sie teurem Solidarausgleich ausgewichen. In der GKV kam es daher zu einer »negativen Auslese oder *adverse selection*« (wie die Ökonomen dieses Phänomen nennen) und damit zu weiteren Belastungen und Steigerungen des Beitragssatzes. Außerdem mehrten sich die Tendenzen hin zu einer Zwei-Klassen-Medizin (längere Warte- und kürzere Kontaktzeiten der GKV-Versicherten).

Mit der Auflösung des Geschäfts der Vollversicherung für private Versicherer soll dem ein Riegel vorgeschoben werden. Der PKV bleibt der Markt der Zusatzversicherungen und die Möglichkeit, sich am sozialen Krankenversicherungsmarkt unter gleichen Bedingungen zu beteiligen.

Die Gesundheitsreform 2007 in der Kritik

Der Sachverständigenrat (SVR-Wirtschaft) lässt kein gutes Haar an dem Kompromissmodell der großen Koalition. Viele andere Wissenschaftler, die sonst sehr unterschiedlicher Meinung sind, stimmen dem zu und auch die Verbände können kaum Positives entdecken. Dabei geht es vor allem um das Kernstück der Reform, den Gesundheitsfond. Zunächst gilt es zu prüfen, ob die Hauptziele der Parteien mit der geplanten Finanzierungsreform erreicht werden. Der Gesundheitsfond (vgl. Abbildung 8.2) ähnelt auf dem ersten Blick dem CDU/CSU-Modell. Darin besitzt die Abkoppelung der Finanzierung von den Lohneinkommen erste Priorität. Dies ist mit der Insitution des Gesundheitsfonds in Zukunft möglich, wenn die steigenden Ausgaben zunehmend über Steuerzuschüsse und/oder über einen steigenden Zusatzbeitrag (kleine Kopfprämie) gedeckt werden sollten. Ab 2009 soll der Steuerzuschuss zur Finanzierung gesamtgesellschaftlicher Aufgaben der GKV 4 Mrd. Euro betragen. In den Folgejahren ist ein Anstieg um jeweils 1,5 Mrd. geplant bis der Zuschuss auf 14 Mrd. Euro gestiegen ist. Altgediente Sozialpolitiker bezweifeln, dass der Finanzminister die dafür notwendigen Finanzmittel tatsächlich bereitstellen wird, und genau diesem Argument folgend hatte sich die SPD für die Bürgerversicherung und damit für die Umverteilung im System ausgesprochen.

In der wissenschaftlichen Diskussion wird auf weitere Problemstellen verwiesen. Davon seien hier nur drei angeführt. Die Reform führe zu mehr staatlicher Zentralisierung und Einmischung (jährliche staatliche Verordnung des einheitlichen Beitragssatzes, Gesundheitsfond als staatliche Einheitsagentur,

Reduktion der Rechte der Kassenselbstverwaltung). Zweitens wäre der Kassenwettbewerb nach den Vorgaben des Gesetzes dysfunktional. Nicht unbedingt die effizienteren, besser wirtschaftenden Kassen würden mit einer Ausschüttung von Überschüssen an ihre Versicherten neue Mitglieder anziehen, sondern die Kassen mit einer besseren Risikostruktur. Hier wird also die Funktionsfähigkeit des geplanten Risikostrukturausgleichs in Zweifel gezogen. Kritisiert wird drittens die Unübersichtlickeit des Angebots der vielen neuen Wahltarife (u.a. Selbstbehalttarif und Hausarzttarif). Auch wenn der Gesetzgeber Kontrollen vorsieht, um eine Schlechterstellung der Versicherten im Normaltarif zu verhindern, wird von Experten angesichts der Intransparenzen eine Gefährdung des Solidarausgleichs befürchtet.

Insgesamt fällt die Kritik sehr deutlich aus. Auch wenn hier verbandliche Sorgen zu übersteigerter Kritik beigetragen haben, ist das Fazit der Experten eindeutig. Die Reform wird die angestrebten Ziele – vor allem das Ziel einer nachhaltigen Finanzierung des Gesundheitssystems bei Bedarfsdeckung auf hohem Niveau – nicht erreichen können. Nach der Reform ist vor der Reform! In der nächsten Legislaturperiode wird voraussichtlich diejenige der beiden großen Parteien, die den Kanzler stellt, ihr ursprüngliches Konzept wieder aufgreifen.

8.2.6 Langfristige Perspektiven des Gesundheitssystems

Das Wachstum des Gesundheitssektors, die Expansion an Humankapital (Ärzte, Pflege, Verwaltung und Technische Hilfskräfte) und neuester Medizintechnik und die Kostenentwicklung sind auch und vor allem ein Zeichen für die *Superiorität von Gesundheitsleistungen* die als Teil höherwertiger Dienstleistungen individuell und gesellschaftlich bei steigendem materiellen Wohlstand verstärkt nachgefragt werden. Auf die eigene Gesundheit wird zunehmend geachtet, sie ist die Voraussetzung für Erwerbsarbeit und aktive Freizeitgestaltung. Die Bürger sind durchaus bereit, dafür einen steigenden Anteil ihres Einkommens auszugeben. Das zeigen auch die Befunde in anderen Ländern (USA) mit stark marktwirtschaftlich orientierten Gesundheitssystemen. Hier bestimmt die private Nachfrage viel direkter die Höhe des Angebots und die Präferenzen der Bürger setzen sich direkter durch als in politisch beeinflussten sozialen Krankenversicherungen. Wenn in diesen Systemen die Ausgaben stark expandieren, ist das für die liberalen Gesundheitsökonomen kein Problem, weil es den privaten Wünschen entspricht. Bei sozialen Krankenversicherungssystemen werden dagegen steigende Ausgaben eher negativ bewertet und eine einnahmeorientierte Ausgabenpolitik gefordert.

Wenn wir davon ausgehen können, dass in Gesellschaften, deren Bürger im Durchschnitt reicher und älter werden und auch fitter sein wollen, der Bedarf an Gesundheitsleistungen steigt und gleichzeitig die Medizintechnik immer neue attraktive Angebote bereithält, dann müssen wir der Tatsache wohl ins Auge schauen, dass ohne Rationierung das System unbezahlbar wird. Dann stellt sich nicht mehr die Frage, ob, sondern wie wir intelligent und sozial ausgewogen rationieren können. Natürlich werden die Besserverdienenden sich immer privat das leisten können, was sie wollen. Was jedoch soll die GKV noch abdecken? Wir haben hier keine Lösung parat. Ein gesellschaftlicher Diskurs, zu dem es schon interessante Beiträge gibt (Kopetsch 2001b), wird darüber entscheiden müssen.

Wir halten allerdings die seit einigen Jahren von der Politik propagierte einnahmeorientierte Ausgabenpolitik für eine wenig intelligente Lösung. Einen Teil des steigenden Bedarfs an medizinischen Leistungen und des Fortschritts der Medizin wird man den Menschen nicht vorenthalten können. Damit wird auch unvermeidlich ein steigender Anteil der GKV-Ausgaben am BIP einhergehen. Warum soll nicht ein maßvoller Anstieg der Ausgabenquote (Gesundheitsausgaben im Verhältnis zum Bruttoinlandsprodukt) hingenommen werden, zumal hier neue Arbeitsplätze entstehen würden, die gesellschaftlich sinnvoll erscheinen, da hier wichtige Bedürfnisse gedeckt werden? Schon heute arbeiten über 4 Mio. Menschen – ungefähr jeder zehnte Erwerbstätige – im Gesundheitswesen. Gesundheit wird in Zukunft angesichts der älter werdenden Bevölkerung in den Industrieländern eine immer wichtigere Ressource darstellen, in die zunehmend investiert werden muss.

Zur Finanzierung eines solchen gleichzeitig rationierenden und expandierenden Systems wird man auf den Beitrag aller Bürger und auch ihrer Kapitaleinkommen nicht verzichten können. Der kostensenkende Beitrag eines erhofften Rationalisierungsschubs durch optimierte Versorgungsstrukturen (Wettbewerb und *managed care*) kann nur einen einmaligen Effekt in der Größenordnung von 1 bis maximal 2 Beitragssatzpunkten und damit nur eine kurze Atempause bringen.

Auch für die Zukunft wird man ein überproportionales Anwachsen der Gesundheitsausgaben wohl oder übel akzeptieren müssen, wenn man nicht erhebliche Leistungseinschränkungen oder Ausgrenzungen der ökonomisch Schwachen vornehmen will.

8.3 Die Gesetzliche Pflegeversicherung

8.3.1 Ziele, Leitprinzipien und Organisation

Der soziale Wandel und die demographische Entwicklung führen zu einem steigenden Bedarf an Pflegeleistungen.

- Immer weniger der immer älter werdenden Menschen können auf eine hinreichende Familiensolidarität vertrauen, sei es, dass sie kinderlos sind, sei es, dass ihre Kinder ihren Lebensmittelpunkt woanders gefunden haben.
- Immer mehr Frauen werden erwerbstätig, unterliegen der Doppelbelastung in Beruf und Familie und sind oft mit zusätzlichen Pflegeleistungen überfordert. Die viel beschworene Mithilfe der »neuen Männer« entwickelt sich nur zögerlich.
- Die pflegenden Familienangehörigen werden mit steigender Lebenserwartung der zu Pflegenden ebenfalls immer älter, kränker und wegen der Überlastung selbst pflegebedürftig.

Diese zunehmenden Versorgungsdefizite führten in der Bevölkerung zu einer breiten Zustimmung für eine Lösung des Pflegeproblems durch eine soziale Versicherung. Nach zwei Jahrzehnten Reformdiskussion wurde 1994 endlich die soziale Pflegeversicherung als fünfte Säule der Sozialversicherung aus der Taufe gehoben. *Leistungsberechtigt sind Pflegebedürftige, die dauerhaft wegen einer körperlichen, geistigen oder psychischen Krankheit oder Behinderung auf erhebliche Hilfe bei der täglichen Lebensführung angewiesen sind.* Vorrang hat die ambulante Versorgung vor allem als Stütze der Familienpflege vor der stationären Unterbringung in Pflegeeinrichtungen. Je älter der Mensch wird, um so höher ist das Risiko der Pflegebedürftigkeit (Tabelle 8.15).

Tabelle 8.15: Pflegequoten in der GPV nach Lebensalter (2003)

Lebensalter	15–60	65–70	75–80	80–85	85–90
Pflegequote weiblich in Prozent	0,4	2,5	10,6	22,5	43,4
Pflegequote männlich in Prozent	0,5	2,9	8,5	16,1	29,4

Quelle: StatBA (2005): Bericht: Pflegestatistik 2003, Tabelle 1.2

Nach dem Grundsatz, »die Pflegeversicherung folgt der Krankenversicherung«, ist eine Versicherungspflicht für praktisch jedermann begründet worden. Die *soziale* Pflegeversicherung (GPV) umfasst alle GKV-Versicherten (über 90 Prozent der Bevölkerung), während die *privat* Krankenversicherten (auch Beamte) eine private Pflegeversicherung abschließen müssen (Versicherungspflicht), deren Leistungen und maximale Beitragshöhe denen der sozialen Versicherung entsprechen müssen. Träger der sozialen Pflegeversicherung sind also die Gesetzlichen Krankenkassen, die allerdings soziale Kranken- und Pflegeversicherung als getrennte Sparten führen müssen. Die Pflegekassen stehen im Gegensatz zu den Krankenkassen in keinem Wettbewerb um neue Mitglieder.

8.3.2 Das System der Pflegeleistungen und ihre Finanzierung

Die Pflegebedürftigen können bei der *häuslichen* ambulanten Pflege zwischen Sachleistungen (Pflegeeinsätze durch ambulante Dienste) und Geldleistungen (Pflegegeld) oder einer Kombination aus beiden wählen. In den Tabellen 8.16a und 8.16b sind die aktuellen Leistungen und die anlässlich der Reform 2007 geplanten Leistungssteigerungen in den nächsten Jahren dargestellt. Die Leistungen sind nach dem Grad der Hilfsbedürftigkeit in drei Stufen unterteilt (§ 15 SGB XI):

– Pflegestufe I:
  Erheblich Pflegebedürftige mit einem Hilfebedarf einmal täglich,
– Pflegestufe II:
  Schwerpflegebedürftige mit einem Hilfebedarf dreimal täglich,
– Pflegestufe III:
  Schwerstpflegefälle mit einem Betreuungsbedarf rund um die Uhr.

Tabelle 8.16a: Aktuelle und geplante ambulante Leistungen der GPV im Monat (in Euro)

Pflegestufe	Pflegegeld				Pflege-Sachleistung			
	bisher	*2008*	*2010*	*2012*	*bisher*	*2008*	*2010*	*210*
I	205	215	225	235	384	420	450	450
II	410	420	430	440	921	980	1.040	1.100
III	665	675	685	700	1.432 (1)	1.470	1.510	1.550

(1) In Härtefällen kann die Sachleistung bis auf 1.918 Euro erhöht werden.

Tabelle 8.16b: Aktuelle und geplante stationäre Leistungen der GPV im Monat (in Euro)

Pflegestufe	Vollstationäre Pflege in Heimen (1) (Als Sachleistung erbracht)				Tages- und Nachtpflege (teilstationär)
	bisher	*2008*	*2010*	*2012*	*Bisher*
I	1.023	1.023	1.023	1.023	383
II	1.279	1.279	1.279	1.279	766
III	1.432	1.470	1.510	1.550	1.058
III (Härtefälle)	1.688	1.750	1.825	1.918	

(1) Die sog. Hotelkosten für Unterkunft und Verpflegung bleiben beim Pflegebedürftigen.

Die Untersuchung der Pflegebedürftigkeit und die Feststellung des Bedarfs sind den Ärzten des Medizinischen Dienstes der GKV anvertraut.

Weitere Leistungen sind die Kurzzeitpflege (max. 4 Wochen) zur Entlastung der pflegenden Angehörigen (bis 1.411 Euro), Pflegehilfsmittel (z.b. Pflegebett), Pflegekurse für Angehörige, Hilfen zum Wohnungsumbau, Unfall- und Rentenversicherung der pflegenden Angehörigen.

Die soziale Pflegeversicherung ist beitragsfinanziert mit einem bundesweiten Beitragssatz von 1,7 Prozent des Arbeitseinkommens bis zur gleichen Beitragsbemessungsgrenze wie in der GKV (2007: 3.562,50 Euro). Zum Ausgleich für die anteilige Belastung der Arbeitgeber wurde in den meisten Bundesländern ein Feiertag gestrichen. In den übrigen Ländern entfällt der Arbeitgeberanteil, hier tragen die Arbeitnehmer den gesamten Beitrag. Dem Solidarprinzip entsprechend sind Ehegatten und Kinder im Rahmen der Familienversicherung beitragsfrei mitversichert. Auch Rentner zahlen seit 2004 den vollen Beitragssatz, während für Arbeitslose die Arbeitsagentur den Beitrag trägt. Aufgrund eines Urteils des Verfassungsgerichts musste ab 2005 die Finanzierung geändert werden. Mitglieder, die älter als 22 Jahre sind und keine Kinder erziehen oder erzogen haben, zahlen nun einen Zuschlag von 0,25 Beitragspunkten (vgl. Tabelle 8.17).

Tabelle 8.17: Beitragssätze in der GPV mit und ohne Kind (in Prozent)

	Arbeitnehmeranteil	*Arbeitgeberanteil*	*Gesamtbeitragssatz*
Versicherte mit Kindern (1) bisher	0,85	0,85	1,7
ab 1.7.2008 (geplant)	0,975	0,975	1,95
Kinderlose bisher	1,1	0,85	1,95
ab 1.7.2008 (geplant)	1,225	0,975	2,2

(1) Mitglieder, die älter als 22 Jahre sind und keine Kinder erziehen oder erzogen haben. Kinderlose Rentner, die vor 1940 geboren sind, zahlen ebenfalls den geringeren Beitrag.

Dies wird aus der Sicht des Drei-Generationen-Vertrags (vgl. dazu ausführlich Kapitel 7.3.2) mit dem Äquivalenzprinzip begründet. Kinderlose können im Alter allenfalls auf den Ehepartner aber nicht auf ihren Nachwuchs vertrauen und belasten damit die Pflegeversicherung im Durchschnitt stärker. Kindererziehung wird damit neben der Geldbeitragszahlung als ein unverzichtbarer wesentlicher Beitrag (»Naturalbeitrag«) zur Funktion des Pflegesystems eingeschätzt.

Budget- statt Bedarfsprinzip führt zu hoher Selbstbeteiligung

In der Pflegeversicherung gilt keineswegs das Bedarfsprinzip wie etwa in der Krankenversicherung. Durch die Vorgabe einer monatlichen Obergrenze der Kostenerstattung müssen viele der Betroffenen selbst zuzahlen, oder Angehörige springen ein oder sie bleiben ambulant unterversorgt. Im Falle der Heimunterbringung müssen die Pflegesätze bezahlt werden, sonst können die Heime ihre Kosten nicht decken. Letzter Ausfallbürge ist weiterhin die Sozialhilfe (Hilfe zur Pflege) auf die gut 30 Prozent der Betroffenen trotz der Pflegeversicherung weiterhin angewiesen sind.

Wie hoch das Ausmaß der Selbstbeteiligung im ambulanten Bereich ist, lässt sich nur ungefähr schätzen. Betrachten wir die Sachleistung in der Pflegestufe I. Hier wird man eingestuft, wenn der medizinische Dienst z.B. die Leistungskomplexe in der Tabelle 8.18 für notwendig erachtet.

Tabelle 8.18: Pflegekosten in Pflegestufe I im Monat

Leistungskomplex	*Kosten bei Einkauf bei einem privaten Pflegedienst in NRW*
Körperpflege: 30 x Vollwaschung plus Hausbesuchpauschale	30 x 17,04 Euro = 511,20 Euro
Ernährung: 30 x Vorbereitung Frühstück und Abendbrot einschließlich 30 x erhöhter Hausbesuchspauschale	30 x 11,45 Euro = 343,50 Euro
Hauswirtschaftshilfe 1,5 Std jeden 2. Tag (1)	15 x 1,5 x 10 Euro = 225 Euro
Monatliche Gesamtkosten/	1.079,70 Euro

(1) Als preiswerter Einkauf in der Nachbarschaft, Quelle: eigene Recherche

Bei Einkauf der Leistungen für Körperpflege, Ernährung und Mobilität bei einem privaten Pflegedienst in Nordrhein-Westfalen und der Leistungen einer Haushaltshilfe in der Nachbarschaft ergeben sich monatliche Gesamtkosten von ca. 1.080 Euro. Damit decken die von der GPV gezahlten 384 Euro in der Pflegestufe I nur 35,6 Prozent der Kosten. Vergleichbare und zum Teil noch höhere Selbstbeteiligungen gelten auch für die anderen ambulanten Pflegestufen.

Bei einem Heimpflegesatz von 3.000 Euro im Monat und 1.482 Euro Kostenübernahme durch die Pflegeversicherung reicht eine Rente bis 1.500 Euro nicht aus, um die Kosten zu decken und überhaupt ein Taschengeld zu sichern. Durch diese hohe Selbstbeteiligung in der sozialen Pflegeversicherung werden bewusst Anreize gesetzt, um die Pflegebedürftigen an einer wirtschaftlichen Versorgung zu interessieren.

Die Geldleistungen in den einzelnen Pflegestufen wurden bis 2007 nicht erhöht und auch ein Inflationsausgleich fand bisher nicht statt. Tatsächlich war der Preisanstieg bei den ambulanten Pflegediensten relativ gering, da die Verhandlungsposition der privaten Pflegeverbände bei den Preisverhandlungen mit den Kassen offensichtlich sehr schwach ist. Die Wohlfahrtsverbände hingegen konnten für ihre Pflegedienste bessere Konditionen durchsetzen.

Die Pflegedienste konnten ihren Kostendruck also kaum an die Kunden weitergeben. Darunter leidet dann oft die Qualität der Leistungen. Die zeitlichen Vorgaben bei den Leistungskomplexen überfordern die Pflegedienste und lassen es kaum mehr zu, auf den Bedarf an Zuwendung der Menschen in Pflege einzugehen.

Von 2008 bis 2012 sind stufenweise Erhöhungen der Leistungen vorgesehen (vgl. dazu die Tabellen 8.16a und 8.16b) und ab 2015 ist eine Art Dynamisierung geplant. Alle drei Jahre soll geprüft weren, ob ein Inflationsausgleich notwendig erscheint. Der Leistungsanstieg soll dabei nicht höher sein als die Bruttolohnentwicklung im gleichen Zeitraum.

Die stufenweise Erhöhung der Leistungen von 2007 bis 2012 unterscheidet sich bei den einzelnen Leistungsarten erheblich. So steigen die Geldleistungen im stationären Bereich in der Stufen I und II gar nicht an, während in der Stufe III von 2007 bis 2012 ein Anstieg von 8,2 Prozent vorgesehen ist. Auch das wird höchstens zum Ausgleich der Inflation in diesem Zeitraum reichen. Auch im ambulanten Bereich wird der Realwert von 1996 nicht wiederhergestellt, wenn auch der Anstieg bei den Pflege-Sachleistungen mit 17,2 Prozent (Stufe I) und 19,4 Prozent (Stufe II) deutlich höher ausfällt. Die Anreizstruktur wird damit so verändert, dass ambulante Leistungen an Attraktivität gewinnen und sich die Förderungsbeträge im ambulanten und stationären Sektor annähern. Die Leistungen der ersten beiden Pflegestufen des stationären Bereichs werden damit aber einem drastischen Realwertverlust ausgesetzt.

Tabelle 8.19: Struktur und Entwicklungen in der GPV

Indikatoren	1997	1999	2004
Beitragszahler in Mio.	51,1	51,3	50,8
Versicherte in Mio.	71,7	71,5	70,3
Einnahmen in Mrd. Euro	15,90	16,35	16,87
Leistungsausgaben in Mrd. Euro	15,13	16,35	17,69
davon: vollstationäre Pflege	6,50	7,37	8,35
davon: Pflegegeld	4,33	4,23	4,08
davon: Pflegesachleistung	1,81	2,13	2,37
Anteil vollstationärer Pflege an den Ausgaben	43,0 Prozent	45,1 Prozent	47,2 Prozent

Quelle: Statistisches Taschenbuch 2005, Tabelle 8.18; eigene Berechnung.

Das ursprüngliche Ziel, der ambulanten Versorgung aus Kostengründen den Vorrang zu geben, ist im Wesentlichen erreicht worden. Zudem entscheidet sich ein großer Teil der Betroffenen – 2003 waren es 69 Prozent und damit fast eine Million Pflegebedürftiger (StatBA, 2005) – für das »geringere« Pflegegeld, vertraut also auf die Pflege durch Angehörige oder Nachbarn. Allerdings zeigen sich erste deutliche Spuren des sozialen Wandels, den wir eingangs beschrieben haben. Die Kapazitäten der pflegenden Familienangehörigen sinken, sodass die ambulanten Pflegedienste und die kostenintensive stationäre Pflege vermehrt nachgefragt werden (vgl. Tabelle 8.19). Allerdings ist auch ein gewisser Gegentrend festzustellen. Aufgrund der hohen und drastisch gestiegenen Selbstbeteiligung an den Kosten wird ein Heimaufenthalt immer mehr hinausgeschoben. Die Altenpflegeheime werden zu »Sterbeheimen«, da inzwischen 80 Prozent der Bewohner stark pflegebedürftig ist.

Experten sehen weiteren Handlungsbedarf, um die Anreize für die ambulante Versorgung deutlich zu verbessern, Selbsthilfepotentiale zu fördern und gleichzeitig Kosten zu sparen. Auf die geplante neue Anreizstruktur des Geldleistungssystems wurde schon verwiesen. Weitere Eckpunkte der für 2008 geplanten Reform sollen den Vorrang für die ambulante Pflege absichern:

- Pflegestützpunkte in Stadtteilen sollen errichtet werden und dem Bürger als zentrale Anlaufstelle in allen Fragen der Pflege dienen. Das Ziel ist die optimale Vernetzung der ortsnahen Dienstleistungen.
- Die Pflegekassen sollen Fallmanager anbieten, die sich um alle Belange der Versicherten kümmern.
- Mit der Förderung betreuter Wohnformen und Wohngemeinschaften sollen Pfegebedürftige länger ambulant versorgt werden können.
- Verträge der Kassen mit einzelnen Pflegekräften unterschiedlicher Qualifikation sollen die Hilfen noch bedarfsgerechter zuschneiden und wohl auch verbilligen.
- Bei der Pflege eines Angehörigen soll für die Dauer eines halben Jahres ein Anspruch auf unbezahlte Freistellung von der Arbeit mit Rückkehrgarantie (Pflegezeit) eingeführt werden.

8.3.3 Das Angebot an Pflegeleistungen

Ein zentrales Ziel der großen Pflegereform von 1994 war auch die Herausbildung einer leistungsfähigen wettbewerblichen Anbieterstruktur. Einerseits sollte das Angebot (die Infrastruktur) an Diensten quantitativ und qualitativ verbessert werden und andererseits sollte der kostentreibende Vorrang der Wohlfahrtsverbände auf der Anbieterseite durch private Mitbewerber beschränkt werden. Beide Ziele wurden erreicht. Im Wettbewerb kam es zu einem deut-

lichen Zuwachs des Marktanteils der privaten Dienste und die Pflegeinfra-
struktur entwickelte sich sehr dynamisch. So hat sich die Zahl der ambulanten
Dienste bis 2003 fast vervierfacht und die Zahl der Pflegeheime verdoppelt.
Zum Jahresende 2003 wurden knapp 2,08 Mio. Pflegefälle in der GPV gezählt,
knapp 70 Prozent wurden ambulant versorgt und davon wieder fast 70 Prozent
von Angehörigen (vgl. Tabelle 8.20).

Tabelle 8.20: Pflege in Deutschland im Jahr 2003 (1)

Ambulant		*Stationär*	
Zahl der Dienste	10.619	Zahl der Heime	9.743
Personal insgesamt	200.897	Personal insgesamt	510.857
Zu Hause gepflegte Personen	1.436.646 (69,2 Prozent)	In Heimen gepflegte Personen	640.289 (30,8 Prozent)
nur von Angehörigen	986.520		
durch Pflegedienste	450.126	davon in:	
Pflegestufe I	59,6 Prozent	Pflegestufe I	33,8 Prozent
Pflegestufe II	31,8 Prozent	Pflegestufe II	44,2 Prozent
in Pflegestufe III	8,6 Prozent	Pflegestufe III	20,9 Prozent

(1) Im Rahmen der Pflegeversicherung; Quelle: StatBA (2005): Bericht: Pflegestatistik 2003.

Die Verantwortung für eine qualitativ hochwertige und flächendeckende Ver-
sorgungsinfrastruktur wurde den Bundesländern übertragen, die auch die notwendigen Investitionskosten zu tragen haben. Soweit die öffentlichen Fördermittel nicht ausreichen, kann der Pflegedienst die Investitionskosten den Pflegebedürftigen gesondert in Rechnung stellen. Allen Pflegediensten, die vorgegebene Qualitätsstandards (Kontrollen durch die Sozialämter und den Medizinischen Dienst der Krankenkassen) erfüllen, erhalten freien Marktzutritt. Die
Preise, zu denen die Pflegedienste mit der Pflegeversicherung ihre Leistungen
abrechnen können, werden zwischen den Kassen und den Verbänden der Pflegedienste ausgehandelt. Es sind also keine Marktpreise, sondern verbandlich
ausgehandelte Tarife.

8.3.4 Probleme der Pflegeversicherung und Reformideen

Die Qualität der Pflege und der Pflegebegriff auf dem Prüfstand

Immer wieder melden die Medien schwere Mängel und Fälle menschenunwür-
diger Versorgung in Pflegeheimen. Der Alarm, den auch Sozialverbände schla-
gen, verhallt bald wieder, ohne dass sich scheinbar viel verändert. Immerhin ist
dieses Thema endlich aus der Tabuzone in den Lichtkegel der öffentlichen

Diskussion gerückt. Der für die Qualitätskontrollen zuständige Medizinische Dienst der Krankenkassen gibt in seinem Bericht von 2004 Entwarnung. In 90 Prozent der Heime herrschen nach seinen Befunden zumindest befriedigende qualitative Bedingungen. Allerdings verzichtet der Dienst fast vollständig auf das wirksame und angemessene Instrument der unangemeldeten Qualitätskontrollen. Ähnlich verfährt auch meist die Heimaufsicht der Sozialämter vor Ort.

Umstritten ist, welche Qualitätsstandards gesetzt werden sollen: Satt, sauber und still oder mehr? Die Qualitätssicherung ist deshalb so schwierig, weil hier ökonomische und soziale Probleme gehäuft aufeinander treffen. Da ist einmal die Kostenkrankheit sozialer Dienste (vgl. genauer dazu Kapitel 14.2), die in der Tendenz dazu führt, dass Pflege immer teurer wird und/oder die professionellen Pfleger immer schlechter bezahlt werden. Dies führt zu einer Überlastung und *Burn-out-Syndromen* bei den Pflegerinnen und zu einer Abwanderung qualifizierter Kräfte. Auch aus Kostengründen werden immer mehr unqualifizierte angelernte Arbeitnehmer eingesetzt, um die Lücken notdürftig zu schließen. Um dies nicht ausufern zu lassen, müssen die Pflegedienste und Heime einen bestimmten Anteil an Fachpersonal garantieren. In den Familien werden inzwischen nach Schätzungen 60.000 bis 100.000 illegale Pflegekräfte vor allem aus Osteuropa zu geringen Löhnen beschäftigt. Ohne sie wäre die ambulante Versorgung – so meinen einige Experten – ernsthaft gefährdet. Eine Qualitätskontrolle kann hier natürlich nicht stattfinden.

Alles im allem ist die Transparenz für die Betroffenen und ihre Angehörigen, wie man gute von schlechter Pflege unterscheiden kann, noch viel zu gering. Ab 2008 sollen die Prüfberichte des Medizinischen Dienstes in verständlicher Sprache veröffentlicht werden, so dass sich die Bürger über die Qualität eines Pflegeheims auch aus dieser Quelle informieren können. Die Betroffenen selbst befinden sich oft in einer sozialen und psychischen Situation, die für eine kompetente Vertretung der eigenen Interessen und eine aktive Selbstbestimmung nicht förderlich ist. Ihre Interessen müssen daher oft von Personen ihres Vertrauens wahrgenommen werden. Dabei ergeben sich über die üblichen Abstimmungsprobleme zwischen Auftraggeber und professionellem Dienstleister (principal-agent-Beziehung) hinausgehende soziale Abhängigkeiten. Zur Wahrung der Interessen der Pflegebedürftigen sind deshalb eine öffentliche Kontrolle und die Stärkung des Einflusses von Vertrauensleuten der Betroffenen unverzichtbar. All dies existiert schon, ohne dass die Regelungen bisher voll befriedigen können.

Die Dinge werden noch dadurch kompliziert, dass die Entwicklung von Qualitätsstandards, Ausbildungsgängen, individuellen Pflegebedarfs-Messverfahren usw. im politischen Prozess seine Zeit braucht und immer wieder unter Kostengesichtspunkten zurückgestellt wird. Zudem verursachen Qualitätskontrollen erhebliche (Transaktions-)Kosten und die Dienste klagen laut über die steigenden Belastungen durch Dokumentationen, die von der eigentlichen Pflegezeit abgehen.

Selbst wenn man den Politikern und den anderen Verantwortlichen den guten Willen bescheinigen möchte, wäre ein schneller Fortschritt hier eine echte Überraschung. Immerhin hängt davon die Lebensqualität eines immer größer werdenden Teils der Bevölkerung ab. Hier haben wir wieder ein Beispiel für eine notwendige politische Regulierung des Wettbewerbs um soziale Grundrechte durchsetzen zu können.

Ein erheblicher Teil der Pflegebedürftigen in Deutschland muss durch einen sehr engen Pflegebegriff auf Hilfen verzichten. Vor allem die Bedürfnisse der steigenden Zahl der Demenzkranken wurden bisher zu wenig berücksichtigt. Ab 2008 soll der Geldbetrag zur Betreuung von *Menschen mit erheblich eingeschränkter Alltagskompetenz* von bisher mageren 460 Euro auf 2.400 Euro jährlich angehoben werden. Die Definition von Pflegebedürftigkeit konzentriert sich auf körperliche, somatische Behinderungen und berücksichtigt die Bedürfnisse verwirrter alter Menschen, die Hilfe bei der Kommunikation und eine intensive soziale und allgemeine Betreuung benötigen, zu wenig. In einem Modellvorhaben der Verbände der Pflegekassen wird aktuell (2007) ein neuer Pflegebegriff einschließlich eines Begutachtungsverfahrens entwickelt. Im Koalitionsvertrag von 2005 ist ausdrücklich eine Reform der Definition von Pflegebedürftigkeit vereinbart worden.

Kostenexpansion in Folge der demographischen Entwicklung

In der Aufbauphase von 1995 bis 1998 wurde ein Überschuss von knapp 5 Mrd. Euro angesammelt, der langsam abgebaut wird, da seit 1999 die Ausgaben die Einnahmen übersteigen (Ausnahme im Jahr 2006). Der für 2008 geplante Anstieg der Beitragssätze um 0,25 Prozentpunkte (vgl. Tabelle 8.17) soll bis 2015 die Ausgaben decken.

Viele Fachleute prognostizieren auf lange Sicht einen dynamischen Anstieg der Ausgaben in der Pflegeversicherung angesichts des demographischen Wandels. Die Rürup-Kommission (2003) erwartet einen Anstieg des Beitragssatzes bis 2030 auf fast 4 Prozent (Inflationsausgleich eingerechnet). Andere Studien, die steigende Häufigkeiten von Pflegefällen in den einzelnen Altersstufen erwarten, schätzen noch höhere Belastungen für die Beitragszahler.

Lassen sich durch Reformen diese Entwicklungen aufhalten oder entschärfen? Neoliberale Angebotsökonomen suggerieren das, wenn sie ihre üblichen Empfehlungen wie Privatisierung und Kapitaldeckung präsentieren. Die nüchterne Analyse führt zur Erkenntnis, dass hier erhebliche Belastungen auf die Gesellschaft zukommen und dass keine Reform der Welt diese Belastungen vermeiden kann, es sei denn, die Ursachen (zu geringe Geburtenrate und steigender Pflegebedarf einer älter werdenden Bevölkerung) würden beseitigt. Da beides kaum gelingen wird, muss jedes System mit den Folgen leben und es muss deutlich mehr Geld in die Sozialversicherung fließen, will man auch nur den Standard halten.

Auch eine Privatversicherung wird den Kostenanstieg nur über einen steigenden Beitragssatz auffangen können. Hier wird bei der Kalkulation des aktuellen Beitrags eine Kapitalrückstellung für die Zukunft erfolgen, so dass der Beitragssatz zunächst über einen längeren Zeitraum über dem eines reinen Umlagesystems angehoben wird. Dafür sollen in der Phase, wenn die demographische Last stark ansteigt, die Beiträge durch die Auflösung des Kapitalstocks niedriger sein. Ob ein Kapitalstock in dem Umfang, wie er aufgebaut werden müsste, um die Renten-, Pflege- und Krankenversicherung nachhaltig zu machen, wirklich gebildet werden kann und welche ökonomischen Probleme damit verbunden sind, ist schon im Kapitel 7.3.3 ausführlich behandelt worden. Zudem gilt auch hier wieder: Bei einer Privatversicherungslösung ist der erforderliche soziale Ausgleich über das Steuersystem immer ein heikles ungesichertes Versprechen im Namen aller zukünftigen Regierungen.

Einen Kompromiss zwischen reinem Umlageverfahren und vollständiger Kapitaldeckung bildet der Vorschlag, dass nur die Kinderlosen einen erhöhten Beitragssatz zahlen und dieser zum Aufbau eines (ergänzenden) Kapitalstocks verwendet wird, der später allen Pflegefällen zugute kommt. Im ökonomischen Jargon formuliert: Die Kindererziehenden bilden das notwendige Humankapital und die Kinderlosen leisten ihren Beitrag zur Nachhaltigkeit durch Geld- und Sachkapitalbildung (vgl. Schaper 1993).

Aus unserer Sicht geht kein Weg daran vorbei: Die wichtige Aufgabe der Altenbetreuung muss in einer solidarischen Form getragen werden, sonst wird es zu einem Mehrklassensystem der Versorgung und einer erheblichen Unterversorgung der ärmeren Bürger kommen.

Eckpunkte der aktuellen Reformdiskussion

Die SPD sieht in der Erweiterung der Sozialversicherung (insbesondere der GPV und GKV) zu einer umfassenden Bürgerversicherung einen Fortschritt in Richtung gesellschaftlicher Solidarität mit einer Garantie auf Dauerhaftigkeit. Damit sollen auch die erheblichen negativen Ausleseeffekte (adverse selection) durch die privaten Kranken- und Pflegeversicherungen, die überproportional gute Risiken auf sich vereinigen, verhindert werden. Da diese Reform in der großen Koalition nicht durchgesetzt werden kann, spricht sich die SPD dafür aus, die privilegierten privaten Pflegekassen zu einem Solidarbeitrag zu verpflichten.

Demgegenüber will die CDU/CSU an der Umsetzung der Vorschläge der Herzog-Kommission arbeiten und präferiert den Aufbau eines Kapitalstocks zur langfristigen Stabilisierung des Systems. Gedacht ist hier an eine zusätzliche Kopfprämie für alle Versicherten, die sukzessive steigen und zur Bildung einer Kapitalrücklage verwendet werden soll.

8.4 Die Gesetzliche Unfallversicherung

8.4.1 Aufgabenstellung, Organisation und Finanzierung

Der Gesundheitsschutz am Arbeitsplatz kann nicht den einzelnen Unternehmen überlassen werden. Der Anreiz, im Preiswettbewerb Kosten auch zu Lasten der Gesundheit ihrer Arbeitnehmer zu senken, ist zu hoch. Einige Unternehmer würden dem Anreiz erliegen und alle anderen unter Nachahmungsdruck setzen. Ein Blick in die ungeregelten Arbeitsbeziehungen vieler Länder der Dritten Welt und in die Geschichte unserer Sozialordnung bestätigt diese fatale Dynamik aufs Schlimmste.

Arbeitsschutz ist eine öffentliche Aufgabe für das Gemeinwohl. Er ist aus der Sicht der Ökonomen ein Kollektivgut. Er schützt die Arbeitnehmer und bewahrt den Arbeitgebern die Gesundheit und Leistungsfähigkeit ihrer Beschäftigten. Neben den Unfallrisiken in den Betrieben und auf dem Weg zur Arbeit gefährden Berufskrankheiten die Arbeitnehmer. Diese Unfall- und Krankheitszahlen zu senken und möglichst viele Risiken zu verringern, ist Aufgabe des Gesundheitsschutzes in der Arbeitswelt. Neben der Unfallverhütung und ersten Hilfe bei Unfällen werden medizinische und berufsfördernde Maßnahmen sowie Entschädigungszahlungen (Renten) für die von Unfall oder Berufskrankheit betroffenen Arbeitnehmer getragen. Auch bei einer individuellen Mitschuld an einem Unfall besteht Anspruch auf die Leistungen.

Prävention, Rehabilitation und Kompensation von Unfällen und Berufskrankheiten sind in dieser Rangfolge die drei zentralen Aufgabengebiete der Träger des Arbeitsschutzes.

Von großer Bedeutung ist die Ablösung der Unternehmerhaftung im System der Gesetzlichen Unfallversicherung (GUV). Die Pflichtmitgliedschaft aller Unternehmen in einer Berufsgenossenschaft der GUV schützt weitgehend vor weiteren Regressansprüchen von Arbeitnehmern, die einen Unfall erlitten haben. In anderen Ländern müssen die Unternehmen dieses Risiko zusätzlich mit oft hohen Prämien privat absichern. Bedeutsam ist auch der Ausschluss der Haftung unter den Arbeitnehmern desselben Betriebs durch die Sozialversicherung GUV, die sich am Schadensersatzprinzip orientiert. Diese Prinzipien sind schon in den Bismarckschen Reformen entwickelt worden und erfreuen sich weiterhin einer hohen Akzeptanz.

Der Arbeitsschutz ist in der Bundesrepublik zwei Institutionen anvertraut: Den staatlichen Gewerbeaufsichtsämtern und der Gesetzlichen Unfallversicherung, deren gesetzliche Grundlage das SGB Buch VII darstellt. Die GUV ist als Sozialversicherung in berufsgenossenschaftlicher Selbsthilfe konzipiert, während die Gewerbeaufsicht den Bundesländern obliegt. Neben 23 gewerblichen und 10 landwirtschaftlichen Berufsgenossenschaften gibt es verschiedene Unfallversicherungsträger der öffentlichen Hand (der Gemeinden, der Länder, des Bundes, der Bundesagentur für Arbeit und weitere). Alle Arbeitnehmer (außer den Beamten), Lehrlinge, Schüler, Studenten und weitere Personengruppen sind gegen die bereits genannten Risiken pflichtversichert, so dass über zwei Drittel der Gesamtbevölkerung von der GUV erfasst werden. 2005 wurde der Unfallschutz für ehrenamtlich Tätige erweitert und damit werden nach Schätzung der Bundesregierung weitere 2,5 Mio. ehrenamtlich engagierte Bürger erreicht.

Alle Unternehmen sind Zwangsmitglieder der Berufsgenossenschaft ihrer Branche, deren Gremien (Vertreterversammlung und Vorstand) paritätisch mit Arbeitgeber- und Arbeitnehmervertretern besetzt sind (Selbstverwaltung).

Die GUV wird über ein Umlageverfahren allein durch Beiträge der Unternehmen finanziert. Die Beitragshöhe richtet sich nach der Lohnsumme der Betriebe und ist nach Gefahrenklassen gestaffelt. Der durchschnittliche Beitragssatz betrug 2004 bei den gewerblichen Berufsgenossenschaften 1,33 Prozent (hohe Variation: 0,756 Prozent im Handel bis 7,5 Prozent im Bergbau). Unterschiedliche Beitragsausgleichsverfahren in den einzelnen Berufsgenossenschaften sollen als finanzieller Anreiz zum Ausbau des Unfallschutzes im Betrieb dienen. So wird Unternehmen, die geringere Unfallquoten und -kosten als vergleichbare Betriebe aufweisen, ein Beitragsnachlass gewährt oder es werden Prämien für den Ausbau der betrieblichen Sicherheit ausgeschüttet. Betriebe, die deutlich höhere Unfallquoten aufweisen als vergleichbare Unternehmen, müssen mit Zuschlägen rechnen. Der Lastenausgleich zwischen den Gewerbezweigen wurde reformiert, um die Auswirkungen des strukturellen Wandels von der Industrie- zur Dienstleistungswirtschaft auf die Zahlungsfähigkeit der Berufsgenossenschaften zu mildern. So war insbesondere die Bauwirtschaft von einem starken Rückgang der Unternehmen betroffen. Mit der für 2008 geplanten Reduktion der Zahl der gewerblichen Berufsgenossenschaften von 23 auf 9 soll der Lastenausgleich weiter verstärkt werden.

Zur Finanzierung der vielfältigen Aufgaben wurden 2005 ca. 14,4 Mrd. Euro aufgewendet (stat. TB 2007, Tabelle 8.10). Trotz der rückläufigen Zahl der Unfälle und Rentenempfänger stiegen die Leistungen und damit die Ausgaben kontinuierlich an. Sie lagen 1995 noch bei 12,1 Mrd. Euro.

8.4.2   Leistungen und eingesetzte Instrumente

Die *Prävention von Unfall- und Berufskrankheiten* stützt sich einerseits auf staatliche
Gesetze und Verordnungen (wie das Arbeitssicherheitsgesetz und die Arbeits-
stättenverordnung) und andererseits auf verbindliche Unfallverhütungsvor-
schriften der Berufsgenossenschaften für ihre Mitgliedsunternehmen. Nach §1
SGB VII sind neben Arbeitsunfällen und Berufskrankheiten auch arbeitsbedingte Gesundheitsgefahren »mit allen geeigneten Mitteln« zu verhüten.

Kontrollen erfolgen von verschiedenen Seiten, einmal durch die Gewerbeaufsicht und den TÜV und zum anderen durch die technische Aufsicht der
Berufsgenossenschaften. Die Aufsichtsstellen sind zur Zusammenarbeit verpflichtet. Ihre Instrumente sind Betriebsbegehungen und Sicherheitskontrollen,
Beratung der Betriebe und der Betriebsräte und die Unfallursachenforschung.

Abbildung 8.6: Ausgabenstruktur der gewerblichen Berufsgenossenschaften

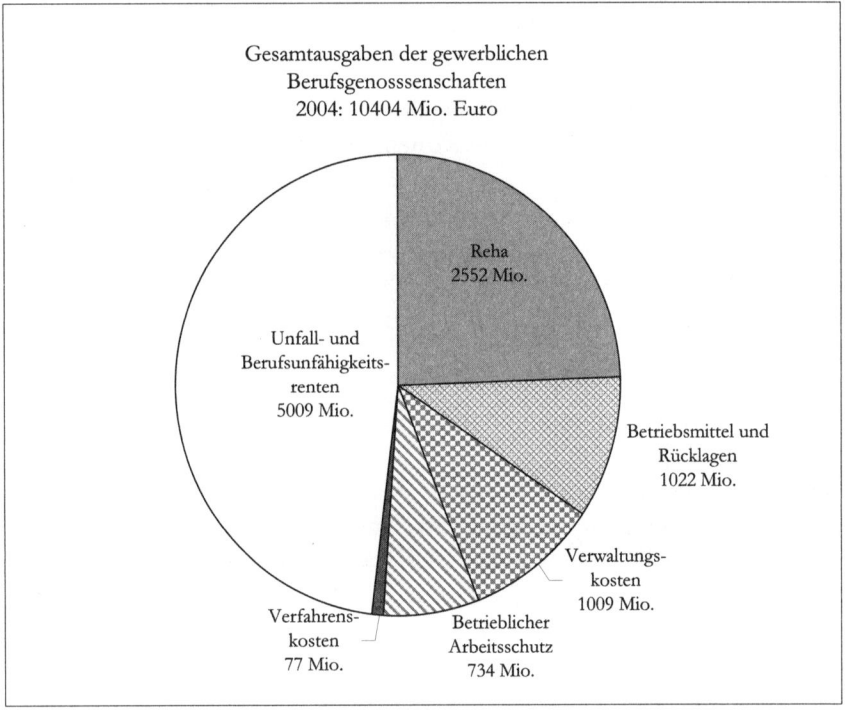

Eigene Graphik; Datengrundlage: Informationsdienst des Instituts der deutschen Wirtschaft (iwd), Nr. 50, 2005.

Der Löwenanteil der Ausgaben der GUV entfällt auf Kompensationszahlungen
in Form von Unfall- und Berufskrankheitsrenten (auch für Hinterbliebene). Die
Rentenberechnung ist recht kompliziert, richtet sich nach dem Grad der Minde-

rung der Erwerbsfähigkeit (Gliedertaxe) und der Höhe des Arbeitseinkommens des Verletzten. Die Rente ist dynamisiert und folgt der Entwicklung der Renten in der GRV. Sie beträgt bei gänzlicher Erwerbsunfähigkeit (Vollrente) zwei Drittel des letzten Jahresarbeitsverdienstes des Versicherten.

Trotz der Betonung der präventiven Verantwortung ist der Anteil dieser Leistungen mit ca. 7 Prozent nach wie vor gering. Mit der Einstellung der GUV in das Sozialgesetzbuch wurde den Trägern ein erweiterter Präventionsauftrag erteilt. Neben Unfällen und Berufskrankheiten sollen arbeitsbedingte Gesundheitsgefahren in enger Zusammenarbeit mit den Krankenkassen verhütet werden.

Ähnlich wie die Präventivmaßnahmen sind auch die Leistungen zur Rehabilitation in den letzten Jahren ausgeweitet und intensiviert worden. Man unterscheidet hier

– Leistungen zur Wiederherstellung der Erwerbsfähigkeit,
– Leistungen zur Heilbehandlung in Form von ärztlicher Behandlung, Kuren, Hilfsmitteln, Sprachtherapie, Krankengymnastik und Pflege und
– Leistungen zur Berufshilfe (Fortbildung, Umschulung, Arbeitserprobung).

Es findet eine starke Patientenführung durch Vertrauensärzte und eine im Vergleich zum GKV-System effiziente Kosten- und Qualitätskontrolle der medizinischen Leistungen durch den Kostenträger Berufsgenossenschaft statt. Da diese auch eigene Kliniken führen dürfen, ist hier ein *managed care*-Konzept, wie wir es im Kapitel 8.2 vorgestellt haben, schon verwirklicht.

Zusätzlich können ergänzende Leistungen wie Pflegegeld, Übergangsleistung oder die Erhöhung einer Teilrente wegen Arbeitslosigkeit gewährt werden.

8.4.3 Situationsanalyse und Problemansprache

Der Blick auf die Unfallstatistik zeigt einen kontinuierlichen und über die Jahre hinweg sehr deutlichen Rückgang der Unfallzahlen. Nachdem Anfang der 1990er Jahre durch den Einbezug der neuen Bundesländer eine Niveauverschiebung nach oben stattfand, zeigen die Zahlen seitdem bis 2006 eine Fortsetzung dieses rückläufigen Trends in Gesamtdeutschland. Ein Unfall wird dann angezeigt, wenn der Verletzte mehr als drei Tage teilweise arbeitsunfähig ist. Als aussagekräftiger Indikator gilt die Zahl der Arbeitsunfälle je 1.000 Vollarbeiter. Diese Zahl ist in den gewerblichen Berufsgenossenschaften von 109 im Jahre 1960 (Westdeutschland) auf 27,3 im Jahr 2006 in Gesamtdeutschland gesunken. Auch die Zahl tödlicher Unfälle sank laufend, ist aber mit 941 Todesfällen 2006 immer noch zu hoch. In den einzelnen Branchen ist die Lage sehr unterschiedlich. Spitzenreiter sind Bau und Fleischerei mit über 70 Unfällen pro

1.000 Vollarbeiter (2006). Aber auch hier sind erhebliche Fortschritte gemacht worden. Auch wenn die Unfälle auf dem Weg zur Arbeit seit Jahren zurückgehen, liegt hier weiterhin ein relativ großes Gefahrenpotential.

Bei den Berufskrankheiten ist die Zahl der Verdachtsanzeigen seit einigen Jahren deutlich rückläufig. Anerkennung findet immer nur ein Teil. Im Jahr 2006 summierten sich 53.955 Anzeigen auf Verdacht einer Berufskrankheit (nur gewerbliche Genossenschaften), anerkannt wurden von allen vorliegenden Fällen 14.692 (Unfallverhütungsbericht 2006). Davon erhalten jedoch nicht alle eine Rente, weil viele Krankheiten ausgeheilt werden können oder nicht zu einer Minderung der Erwerbsfähigkeit von mindestens 20 Prozent führen.

Aus der Sicht der Arbeitgeber und ihrer Verbände sollten einige Reformen im System erfolgen, um die Personalzusatzkosten weiter zu senken. Da das Risiko eines Wegeunfalls von den Unternehmen kaum zu beeinflussen ist, plädieren sie für eine Auslagerung dieses Risikos aus der GUV und für eine Privatversicherung durch die Arbeitnehmer. Weiterhin werden die erheblichen Kosten doppelter Kontrolle durch Gewerbeaufsicht und Berufsgenossenschaft beklagt und eine einzige Prüfinstanz gefordert.

Aus der Sicht der Arbeitnehmer und der Gewerkschaften wird das Anerkennungsverfahren von Berufskrankheiten kritisiert. Es sei für die Betroffenen schlecht überschau- und kontrollierbar, die Gutachten der medizinischen Experten seien manchmal widersprüchlich; auch sei die Auswahl der Gutachter zu stark durch die Verwaltung bestimmt. Die Folge von Intransparenz und Expertenstreit, insbesondere bei neuen Berufskrankheiten, sei eine eher restriktive Anerkennungs- und Entschädigungspraxis durch die Rentenausschüsse der GUV. Es zeige sich eine Dominanz von Geschäftsführung und Verwaltung über die eigentlichen paritätisch (also mit Vertretern der Arbeitnehmer) besetzten Entscheidungsgremien.

Tatsächlich sind wohl die faktischen Anforderungen, die an den Nachweis einer arbeitsbedingten Erkrankung gestellt werden, recht anspruchsvoll, obwohl die »wesentliche Teilverursachung durch arbeitsbedingte Faktoren bei hinreichender Wahrscheinlichkeit« nach Gesetzeslage zur Anerkennung ausreicht. Noch schwieriger erweist sich die Durchsetzung der Aufnahme neuer Krankheiten in das Register anerkannter Berufskrankheiten, wie das Beispiel der Asbestose eindringlich gezeigt hat.

In der einschlägigen Literatur wird auch auf folgende Probleme hingewiesen. Als verbesserungswürdig werden die materiellen Anreizsysteme zur Unfallverhütung wahrgenommen. Die weitgehende Ausgliederung der finanziellen Verantwortung für Arbeitsunfälle aus der Haftung des einzelnen Betriebes und der Verzicht, die Unfallentschädigung vom tatsächlichen Verschulden der Unternehmen abhängig zu machen, weisen neben den offensichtlichen Vorteilen für Betriebe und Arbeitnehmer auch einen bedeutsamen Nachteil auf. Neben den sozialen Kosten der Arbeitsunfälle tauchen auch die betriebswirtschaftlichen Kosten nur noch zum Teil (Ausfall der Arbeitnehmer) oder vermittelt (als Prämien zur Unfallversicherung) in den einzelwirtschaftlichen Kostenrechnungen auf.

Damit entfällt ein wesentlicher materieller Anreiz zur Unfallverhütung im Betrieb. Umso mehr bedarf es daher der Kontrolle von Seiten der Berufsgenossenschaft, der Gewerbeaufsicht, der Gewerkschaften und der Arbeitnehmer der Betriebe. Mit der geplanten »Gemeinsamen deutschen Arbeitsschutzstrategie« will die Bundesregierung die Anreize zur Prävention weiter verstärken.

Marktökonomen stoßen sich an der monopolartigen Stellung der Berufsgenossenschaften, die keinem Wettbewerb um Mitglieder untereinander, geschweige denn mit privaten Versicherungsunternehmen ausgesetzt sind. Fraglich ist, ob sich bei mehr Wettbewerb die erhofften Effizienzsteigerungen und eine Senkung der hohen Verwaltungskosten einstellen werden (zur Diskussion vgl. Romahn 2005, Römer 2004).

8.5 Die Arbeitslosenversicherung

8.5.1 Aufgabenstellung und Organisation

Neben den schon im Kapitel 6 behandelten Maßnahmen der aktiven und aktivierenden Arbeitsmarktpolitik zur Verhinderung von Arbeitslosigkeit und zur Bekämpfung von Langzeitarbeitslosigkeit werden auch die klassischen Aufgaben einer Arbeitslosenversicherung, nämlich die arbeitslos gewordenen Arbeitnehmer materiell zu unterstützen (passive Maßnahmen), von der Bundesagentur für Arbeit (BA) in Nürnberg wahrgenommen. Die gesetzliche Grundlage bildet auch hier das SGB Buch III: Arbeitsförderung. Durch die umfangreichen Arbeitsmarktreformen nach den Hartz-Gesetzen ist die bisherige Arbeitslosenhilfe im Jahre 2005 durch eine neue Grundsicherung für Arbeitsuchende (SGB Buch II) abgelöst worden. Auch in diesem System ist die Bundesagentur für Arbeit ein zentraler Träger (vgl. genauer dazu: Kapitel 9). Sie gliedert sich in die Hauptstelle, 11 Landes- und viele örtliche Arbeitsagenturen (job center), die eine bürgernahe Betreuung ermöglichen. Daneben existieren noch besondere Dienststellen wie eine zentrale Vermittlungsstelle für gehobene Berufe und ein Institut für Arbeitsmarkt- und Berufsforschung. Die Bundesanstalt ist eine Selbstverwaltungskörperschaft, deren Gremien auf den verschiedenen Ebenen (Verwaltungsausschüsse, Verwaltungsrat und Vorstand) drittelparitätisch von Gewerkschaftsvertretern, Arbeitgebervertretern und Vertretern der öffentlichen Hand gebildet werden. Alle Arbeitnehmer, mit Ausnahme der Beamten, sind pflichtversichert.

8.5.2 Leistungen der Arbeitslosenversicherung und ihre Finanzierung

Die Geldleistungen an Arbeitslose sind Arbeitslosengeld I, Arbeitslosengeld II und Konkursausfallgeld. Da das Arbeitslosengeld II keine Versicherungsleistung sondern eine Fürsorgeleistung darstellt, behandeln wir es systematisch im Kapitel 9 (Soziale Grundsicherung).

Weitere Lohnersatzleistungen werden als Unterhaltsleistungen an Arbeitnehmer gezahlt, die an Fortbildungs- und Umschulungsmaßnahmen teilnehmen. Das Kurzarbeitergeld hat entsprechend Lohnzusatzfunktion. Die Lohnersatzleistungen sind seit den frühen 1980er Jahren in Folge der anhaltenden Massenarbeitslosigkeit immer wieder vermindert worden und gleichzeitig wurden die Anspruchsvoraussetzungen zum Bezug der Leistungen heraufgesetzt (Adamy 1996).

Wichtigste Voraussetzungen für den Rechtsanspruch auf Arbeitslosengeld I ist der Tatbestand der Arbeitslosigkeit (frühzeitige Meldepflicht), eine bestimmte Mindestdauer der Beschäftigung, in der Beiträge in die Versicherung gezahlt und somit Anwartschaften aufgebaut wurden. Unverzichtbar ist natürlich die Bereitschaft, sich wieder in eine zumutbare Arbeit vermitteln zu lassen. Bestimmte Verhaltensweisen, wie freiwillige Kündigung, grundlose Verweigerung von Weiterbildungsmaßnahmen oder Ablehnung zumutbarer Arbeitsplatzangebote werden mit zeitweisem Entzug von Unterstützungsleistungen geahndet (Sperrfristen). Was dem Arbeitslosen zumutbar ist, ist im Laufe der Jahre erheblich ausgeweitet worden. Deutliche Lohnminderungen und lange Wegezeiten sind inzwischen selbstverständlich, so dass ein Berufsschutz zur Sicherung des Humankapitals gut ausgebildeter Arbeitnehmer kaum mehr angestrebt wird.

Das Arbeitslosengeld I beträgt 67 Prozent des vorherigen pauschalierten Nettoarbeitsentgelts (maximal 67 Prozent der Beitragsbemessungsgrenze in der Rentenversicherung GRV). Kinderlose Versicherte erhalten nur 60 Prozent. Das Arbeitslosengeld I wird nur für eine bestimmte Dauer je nach Länge der individuellen Anwartschaftszeit gezahlt. Ab 2008 beträgt die Bezugsdauer für unter 50 Jährige maximal 12 Monate, für 50 bis 54 Jährige 15, für 55 bis 57 Jährige 18 und über 58 Jährige 24 Monate. Danach übernimmt die Grundsicherung für Arbeitsuchende (Arbeitslosengeld II) die Lohnersatzfunktion (vgl. Kapitel 9).

Die Ausgaben der Bundesagentur für Arbeit stiegen von 44,6 Mrd. Euro in 1991 (das waren 2,9 Prozent des BIP) auf 87,7 Mrd. in 2005 (3,9 Prozent des BIP). Das ist zwar eine hohe Belastung, die andererseits aber nicht untragbar erscheint. Immerhin ist es bisher nicht zuletzt aufgrund dieser Anstrengung gelungen, den sozialen Frieden trotz der Massenarbeitslosigkeit zu sichern. Im Jahr 2006 bildeten sich aufgrund der Hartz-Reformen erhebliche Überschusse, die vor allem zur Senkung des Beitragssatzes ab 2007 verwendet wurden.

Die Einnahmen der Bundesagentur für Arbeit stammen zum größten Teil aus Beiträgen der pflichtversicherten Arbeitnehmer und ihrer Arbeitgeber. Der Beitragssatz, der seit 1993 bei 6,5 Prozent lag, wurde 2007 auf 4,2 und 2008 auf 3,3 Prozent des Bruttoeinkommens abgesenkt (vgl. Tabelle 7.4). Die Beitragsbemessungsgrenze, die sowohl Beiträge als auch spätere Leistungsansprüche begrenzt, beträgt im Jahr 2007 im Westen 5.250 Euro (Osten: 4.550 Euro). Das Arbeitslosengeld II ist als Fürsorgeleitung steuerfinanziert, während das Konkursausfallgeld über eine Unternehmensumlage jährlich von den Berufsgenossenschaften aufgebracht wird.

Im Falle von Liquiditätsschwierigkeiten des Bundesagentur für Arbeit ist der Bund zuschusspflichtig, sodass die Zahlungsfähigkeit auch in Zeiten steigender Ausgaben in Folge hoher Arbeitslosigkeit gesichert ist.

Die Letztverpflichtung des Bundes ist durchaus angemessen, da das Risiko Arbeitslosigkeit nicht privat versicherbar ist und die Konstruktion einer Arbeitslosenversicherung, die sich allein aus den Beiträgen der Arbeitnehmer finanziert, die gesamtgesellschaftliche Verantwortung für auftretende Arbeitslosigkeit und ihre Folgen nicht angemessen übernehmen würde. Gefordert wird oft ein Arbeitsmarktbeitrag derjenigen (Beamten, Selbständige), die nicht vom Risiko der Arbeitslosigkeit betroffen sind, aber zumindest indirekt von dieser Institution und ihrer sozialpolitischen Stabilisierungsfunktion profitieren. Fast einhellig wird inzwischen die gern gewählte Strategie kritisiert, den Bundeshaushalt zu entlasten und der Sozialversicherung und hier vor allem der BA öffentliche Auf- und Ausgaben, also versicherungsfremde Leistungen zuzuschanzen. Nicht nur beim Aufbau Ost sind die Arbeitnehmer über ihre Arbeitsmarktbeiträge als Lückenbüßer herangezogen worden. Wenn dann gleichzeitig über die Erhöhung der Lohnnebenkosten geklagt wird, verwundert das einigermaßen.

Die Arbeitslosenquote als Maßstab zur Messung der Arbeitslosigkeit berücksichtigt nicht die große Zahl der »stillen Reserve« oder »stillen Erwerbslosen«, die von Sachverständigen auf über eine Million geschätzt werden. Auch wenn diese Zahlenangaben umstritten sind, ist die Zahl der Arbeitsuchenden, die aus verschiedenen Gründen nicht beim Arbeitsamt registriert sind, sicher beträchtlich. Dem ist natürlich die Zahl der in der Schattenwirtschaft (Schwarzarbeit) Beschäftigten entgegenzustellen.

Auf der anderen Seite erhielt ein großer Teil der registrierten Arbeitslosen bei lang andauernder Arbeitslosigkeit von der BA keine Unterstützung mehr. Betroffen waren vor allem die ohnehin benachteiligten Gruppen der Jugendlichen, Frauen und Erwerbslosen ohne Berufsausbildung. Mit der Reform der Grundsicherung für Arbeitsuchende (Hartz IV) ist das Problem der Ausgrenzung in die Sozialhilfe erkannt und gelöst worden. Die Verantwortung der BA (und der Kommunen) für alle erwerbslosen arbeitsfähigen Bürger wird inzwischen eindringlich betont.

Tabelle 8.21: Langzeitarbeitslosigkeit in Europa 2001

Indikator	EU 15	B	DK	D	E	F	I	NL	A	FIN	S	UK
Langzeit-AL-Quote (1)	3,1	3,2	0,9	4,0	3,9	3,1	5,8	0,9	0,8	2,4	1,0	1,3
Extrem-Langzeit-AL-Quote (2)	2	2,2	0,3	2,6	2,3	1,7	4,3	?	0,4	1,3	?	0,7

(1) Gesamtzahl der Arbeitslosen (min. 12 Monate arbeitslos) in Prozent der Erwerbsbevölkerung (15–64 Jahre);
(2) Gesamtzahl der Arbeitslosen (min. 24 Monate arbeitslos) in Prozent der Erwerbsbevölkerung (15–64 Jahre).
Quelle: Eurostat (2003): Statistik kurz gefasst, Bevölkerung und soziale Bedingungen, Statistischer Anhang, S. 7.

Aus den Werten der Tabelle 8.21 ergibt sich ein trauriges Bild für Deutschland. Im europäischen Vergleich ist die Langzeitarbeitslosigkeit stark ausgeprägt. Gerade sie aber gilt es möglichst zu vermeiden, weil eine Reduktion so schwierig zu bewerkstelligen ist. Bei den Betroffenen schwinden Selbstvertrauen und Zuversicht und die potentiellen Arbeitgeber trauen selbst denjenigen mit einer guten Ausbildung nur noch wenig zu. Angesichts der Lage bedarf es daher einer großen Anstrengung der Arbeitsmarktpolitik.

9 Das System sozialer Grundsicherung nach dem Fürsorgeprinzip

9.1 Institutionen und Prinzipien sozialer Grundsicherung

Mit den Sozialreformen im letzten Jahrzehnt wurde in Deutschland ein völlig neues System sozialer Grundsicherung geschaffen.

- Die Grundsicherung für Arbeitsuchende: Arbeitslosengeld II für erwerbsfähige Bürger (Neuregelung ab 2005: SGB II) und ihre Angehörigen (Sozialgeld).
- Die Grundsicherung im Alter und bei Erwerbsminderung (SGB XII: Sozialhilfe, Kapitel 4).
- Die »neue« Hilfe zum Lebensunterhalt (HLU) (SGB XII: Sozialhilfe, Kapitel 3).
- Die Grundsicherung für Asylbewerber und Ausländer mit ungesichertem Aufenthaltsstatus (1993: Asylbewerberleistungsgesetz (abgesenktes Niveau und vorrangig Sach- statt Geldleistungen).
- Die Grundsicherung für Studenten und andere Auszubildende (Bafög: vgl. dazu Kapitel 13).

Die ersten drei Grundsicherungsformen sollen für die jeweils betroffenen Gruppen das kulturelle Existenzminimum garantieren. Das Niveau der Einkommensersatzleistungen ist hier etwa gleich. Es soll dem Empfänger der Hilfe die Führung eines Lebens ermöglichen, welches der Würde des Menschen entspricht (§ 1 SGB XII). Das Asylbewerberleistungsgesetz garantiert in den ersten drei Jahren nach Asylantrag nur ein geringeres Versorgungsniveau. Die Ausbildungsförderung (Bafög) ist speziell auf den Bedarf von Studenten und Schülern abgestimmt.

Abbildung 9.1: Die Systeme der Grundsicherung nach dem Fürsorgeprinzip in Deutschland

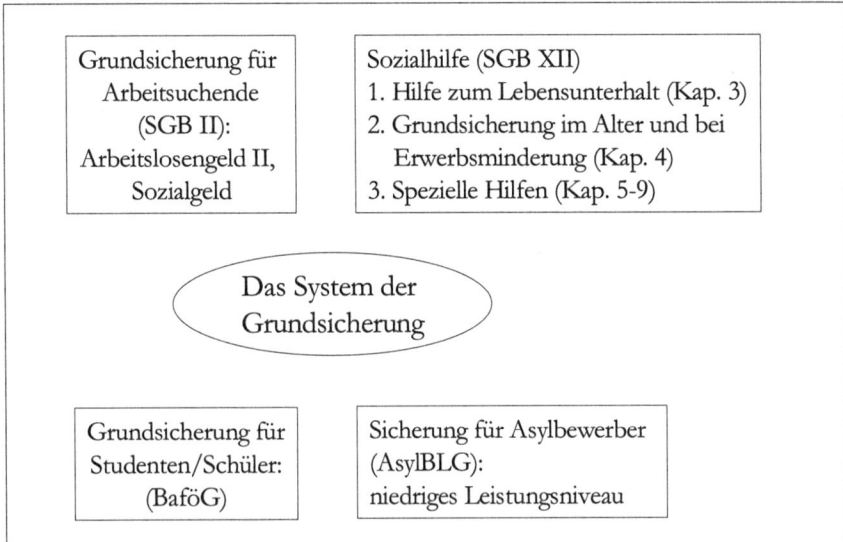

Prinzipien der sozialen Grundsicherung

Die Grundsicherung bildet die letzte Bastion zur Bekämpfung von Armut. Sie gründet sich auf eine Fülle von Sozialprinzipien. Im Mittelpunkt steht dabei das *Fürsorgeprinzip* der Finanzierung der Leistungen aus Steuern nach Maßgabe einer Bedürftigkeitsprüfung.

Die Grundsicherung fängt als soziales Auffangnetz diejenigen auf, die sich vorübergehend oder dauernd nicht mehr aus eigener Kraft selbst helfen können und bei denen die Familiensolidarität und Sozialversicherungsleistungen nicht ausreichen oder wegfallen (Subsidiaritätsprinzip: Nachrang). Sie zielt auf die Absicherung eines menschenwürdigen Lebens (Bedarfsdeckungsprinzip; kulturelles Existenzminimum) ohne nach den Ursachen der Notlage (Finalprinzip) zu fragen.

Wurde Armut früher oft auf persönliches Versagen zurückgeführt, ist in einer aufgeklärten Zeit die gesellschaftliche Mitverantwortung in vielen Fällen unabweisbar. So sind soziale Abstiegsprozesse heute oft durch unverschuldete Arbeitslosigkeit verursacht, die der schnelle strukturelle Wirtschaftswandel auslöst. Eine andere Ursache sehen viele Ökonomen im Versagen der Tarifpolitik. Zu hohe Mindestlöhne drücken viele Arbeitsfähige und -willige aus ihren Beschäftigungsverhältnissen. Mit den Hartz-Reformen der Arbeitsmarktpolitik (siehe Kapitel 6) versprechen sich die Verantwortlichen bessere Arbeitsanreize und Fördermaßnahmen zur Aufnahme einer Beschäftigung.

Aber auch persönliches Mitverschulden am Abstieg in die Armut darf keinen Grund darstellen, den Betroffenen jede Hilfe zu verweigern. Diesem ethischen Prinzip folgt die Sozialhilfe, wenn sie jedem Bedürftigen einen Rechtsanspruch auf Hilfe »dem Grunde nach« einräumt. Andererseits weden von einem erwerbsfähigen Menschen auch Aktivität und Arbeitsbereitschaft erwartet.

Art und Umfang der Hilfe stützen sich auf gesetzlich weitgehend normierte Regelleistungen (Gleichheitsprinzip). Besonders bei der Sozialhilfe (SGB XII) sollen jedoch immer auch die besonderen Umstände jeden einzelnen Falles geprüft werden (Individualprinzip) und die Hilfe darauf abgestimmt werden (u. a. durch Mehrbedarfszuschläge). Wenn immer möglich, soll die Hilfe die Fähigkeit zur Selbsthilfe stärken. In der Grundsicherung für Arbeitsuchende ist die Pflicht zur Eigenhilfe (Zumutbarkeit einer Erwerbsarbeit) noch deutlicher als früher herausgestellt worden.

9.2   Die Sozialhilfe

Die örtlichen Träger der Sozialhilfe sind die Städte und Landkreise mit ihren Sozialämtern. Die überörtlichen Träger in den Ländern, die übergreifende Aufgaben wie stationäre Betreuung und Eingliederung von Behinderten übernehmen, sind Behörden oder Landeswohlfahrtsverbände in Selbstverwaltung. Zu unterscheiden sind drei Leistungskomplexe:

– Die Hilfe zum Lebensunterhalt (HLU) (SGB XII, Kapitel 3),
– die Grundsicherung im Alter und bei dauerhafter Erwerbsminderung (SGB XII, Kapitel 4) und
– die sonstigen Hilfen (nach SGB XII, Kapitel 5−9), früher bekannt als Hilfen in besonderen Lebenslagen).

9.2.1   Die Grundsicherung – Hilfe zum Lebensunterhalt

Mit der Reform der Grundsicherung wurden alle erwerbsfähigen Sozialhilfeempfänger in das neue System der Grundsicherung für Arbeitsuchende (SGB II) integriert. Untersuchungen zeigen, dass in über 90 Prozent der bedürftigen Haushalte mindestens ein erwerbsfähiger Erwachsener lebt. Diese Haushalte wurden in das neue Grundsicherungssystem (ALG II) überführt. Damit reduzierte sich die Zahl der Haushalte, die in der Sozialhilfe verblieben sind, erheblich. Da der größte Teil der in der Sozialhilfe verbliebenen Bedürftigen zudem die Grundsicherung im Alter oder bei voller Erwerbsminderung erhält, bleibt nur eine verhältnismäßig kleine Gruppe von Menschen übrig, die in Zukunft Hilfe zum Lebensunterhalt beziehen werden (vgl. Tabelle 9.1).

Tabelle 9.1: Sozialhilfe in Deutschland (bis 1980: Westdeutschland)

	1980	1995	2000	2002	2005
Sozialhilfeleistungen in Mrd. Euro (netto)	6,67	21,8	20,8	21,9	17,7
Hilfe zum Lebensunterhalt (HLU) in Mrd. Euro	2,22	8,02	8,72	8,76	0,62
Grundsicherung im Alter und bei Erwerbsminderung	-	-	-	-	2,84
Sonstige Hilfen (Hilfe in besonderen. Lebenslagen (HbL)) in Mrd. Euro	4,56	13,77	12,14	13,15	14,2
darunter:					
Hilfen zur Gesundheit					1,10
Eingliederungshilfe für behinderte Menschen					10,11
Hilfe zur Pflege					2,64

Quelle: StatBA, www.destatis.de

Die Hilfe zum Lebensunterhalt (HLU) bildet die Grundsicherung (den Einkommensersatz) im System der Sozialhilfe. Die Höhe des Sozialtransfers ist abhängig vom Grad der Bedürftigkeit des Einzelnen oder einer Familie (Bedarfsgemeinschaft). Das vorhandene Einkommen und Vermögen wird angerechnet und durch die Hilfe zum Lebensunterhalt aufgestockt, um den anerkannten Bedarf zu decken.

– Der anerkannte Bedarf wird zum einen durch eine monatliche Pauschale bestimmt, die nach Zahl und Altersstruktur der Haushaltsmitglieder variiert. Diese sog. Regelsätze wurden 2005 deutlich erhöht und dienen seitdem nicht nur zur Deckung des täglichen Bedarfs (Ernährung, Kleidung, Körperpflege, Hausrat, persönliche Bedürfnisse einschließlich kultureller Teilhabe an der Gesellschaft) sondern sollen auch den Ersatzbedarf an Kleidung und Wohnungsausstattung abdecken.
– Zweitens übernimmt das Sozialamt Heiz- und Mietkosten in voller Höhe, wenn die Wohnung nach Größe und Ausstattung den Vorgaben des Wohngeldgesetzes entspricht.
– Drittens besteht ein Anspruch auf einmalige Leistungen für drei Bedarfsfelder: Erstausstattung der Wohnung, Erstausstattung mit Kleidung und Zuschuss zu Klassenfahrten.
– In besonderen Lebenslagen werden Mehrbedarfszuschläge gezahlt. So erhalten Alleinerziehende einen Zuschlag zum Regelsatz von 12 Prozent pro Kind.

– Nicht zuletzt besteht für die Betroffenen ein Anspruch auf Krankenhilfe (freie Arztwahl, Vergütung der Ärzte nach AOK-Tarif).

Der Eckregelsatz steigt im Jahr 2007 in Deutschland von 345 auf 347 Euro, wobei die Bundesländer abweichende Regelungen treffen können. Der Haushaltsvorstand hat Anspruch auf 100 Prozent, Kinder unter 14 Jahren auf 60 Prozent und alle übrigen Familienmitglieder haben einen Anspruch auf 80 Prozent des Eckregelsatzes. Bei Ehegatten (oder Lebenspartnern) wird jedem Partner jeweils 90 Prozent zuerkannt, um die leidige Frage nach dem Haushaltsvorstand zu klären.

Tabelle 9.2: Hilfen zum Lebensunterhalt (1) (5-köpfige Familie) im Jahr 2006 in Euro

Regelsatz Ehegatte (Faktor 0,9) (2)	311
Regelsatz Ehegattin (Faktor 0,9)	311
Regelsatz 1 Kind (18 Jahre: Faktor 0,8)	276
Regelsatz Kind (10 Jahre: Faktor 0,6)	207
Regelsatz Kind (3 Jahre: Faktor 0,6)	207
Gesamtsumme	1.312

(1) Die Berechnung von Arbeitslosengeld II und Sozialgeld in der Grundsicherung für Arbeitsuchende erfolgt entsprechend, (2) Eckregelsatz 345 Euro

Bei stationärer Unterbringung etwa in einem Pflegeheim gilt als notwendiger Lebensunterhalt:

– Der in der Einrichtung erbrachte Lebensunterhalt (Verpflegung usw.),
– ein Barbetrag (Taschengeld) von 26 Prozent des Eckregelsatzes (ca. 90 Euro) und
– Bekleidung und Unterkunft.

Zur Berechnung des Eckregelsatzes wurde früher die Warenkorbmethode verwendet, bei der Experten eine aus ihrer Sicht bedarfsdeckende Aufsummierung lebensnotwendiger Güter und Dienste vornahmen. Seit 1990 wird das sog. *Statistikmodell* als Methode zur Bedarfsermittlung verwendet. Maßgebend sind hier nach der Regelsatzverordnung von 2004 drei Kriterien zur Bemessung:

Der Eckregelsatz soll alle fünf Jahre anhand der tatsächlichen Verbrauchsausgaben unterer Einkommensgruppen neu berechnet werden (strukturelle Neubestimmung des Regelsatzes als Summe anteiliger Verbrauchsausgaben dieser Gruppe).

In der Zwischenzeit erfolgt eine Dynamisierung, also eine Fortschreibung um den gleichen Prozentsatz, um den der aktuelle Rentenwert in der Rentenversicherung (GRV) erhöht wird.

Der Lohnabstand zum durchschnittlichen Nettoarbeitsentgelt unterer Lohn- und Gehaltsgruppen muss bei jeder Anpassung der Regelsätze gewahrt bleiben. Eine Untersuchung von Hauser (1995) zeigte, dass die Entwicklung des Eckregelsatzes von 1963 bis 1993 auch ohne feste Regelbindung recht genau den Nettolöhnen folgte. Damit kann die verschiedentlich aufgestellte *Ausgrenzungsthese*, die Sozialhilfeempfänger würden von der wirtschaftlichen Entwicklung abgekoppelt, für diesen Zeitraum zurückgewiesen werden.

Allerdings war in den letzten Jahren eine verzögerte Anpassung der Regelsätze zu beobachten. Während der Nominalwert des Eckregelsatzes von 235 Euro (1991) auf 295 Euro (2004) stieg, erhöhte sich der Realwert durch die Inflation nur auf 238 Euro (2. Armuts- und Reichtumsbericht 2004, Anhangtabelle II.3).

Sparen bei den Ärmsten angesichts knapper Kassen statt erwünschter langfristiger Regelbindung der Regelsatzanpassung ist in ökonomisch schlechten Zeiten oft angesagt. Mit der Neuordnung von 2005 wurden die Regelsätze zwar deutlich erhöht, dafür jedoch die einmaligen Hilfen erheblich eingeschränkt. Umstritten ist unter Experten, ob hier nicht eine verdeckte Absenkung des Sozialhilfeniveaus erfolgte. Befürworter der Reform verweisen auf die höhere Autonomie der Betroffenen, die jetzt über die Verwendung des Geldes selbst bestimmen können. Kritiker warnen indes davor, dass die Gelder, die z.B. zum Ersatz eines Kühlschranks gespart werden müssten, zweckentfremdet in den laufenden Konsum fließen werden.

9.2.2 Sonstige Hilfen im System der Sozialhilfe

Mit den speziellen Hilfen in besonderen Lebenslagen (SGB XII, Kapitel 5 bis 9) werden präventive und problemorientierte Antworten auf bestimmte Lebensrisiken gesucht: Hilfe zur Gesundheit, Eingliederungshilfen für behinderte Menschen, Hilfe zur Pflege, Hilfe zur Überwindung besonderer sozialer Schwierigkeiten und Hilfe in anderen Lebenslagen.

Zur Anwendung gelangt eine große Palette von sozialen Dienst-, Sach- und Geldleistungen, die auf den Einzelfall abgestimmt werden. Insbesondere die Hilfe zur Überwindung besonderer sozialer Schwierigkeiten soll vorbeugend Armut verhindern und die Selbsthilfefähigkeit der gefährdeten Personen fördern. Die in der Vergangenheit über die Hälfte der Mittel absorbierende Hilfe zur Pflege wurde durch die Einführung der gesetzlichen Pflegeversicherung (GPV) seit 1995 erheblich entlastet, behält aber dennoch die Aufgabe der Bedarfssicherstellung in diesem Bereich (Funktion des letzten Garanten).

Die Ausgaben für die speziellen Hilfen waren schon immer deutlich höher als für die Hilfe zum Lebensunterhalt (vgl. Tabelle 9.1). Nach der Ausgliederung der erwerbsfähigen Hilfeempfänger verstärkt sich das Übergewicht noch einmal erheblich.

9.3   Grundsicherung im Alter und bei Erwerbsminderung

Um vor allem die Altersarmut zu bekämpfen, wurde im Jahr 2003 die Grundsicherung im Alter und bei dauerhafter und voller Erwerbsminderung eingeführt und 2005 als 4. Kapitel in dass SGB XII (Sozialhilfe) eingestellt. Trotz dieser Sonderstellung ist das Niveau der Leistungen nicht höher und es gelten die gleichen Regelsätze wie bei der Grundsicherung für Arbeitsuchende und in der Sozialhilfe (vgl. Tabelle 9.2). Allerdings gibt es eine Reihe von Mehrbedarfszuschlägen (z. B bei Gehbehinderung (Schwerbehinderten-Ausweis G) von 17 Prozent des Regelsatzes).

Das Besondere dieser Grundsicherung liegt vor allem darin, dass bei der Bedürftigkeitprüfung die Anwendung des Subsidiaritätsprinzips eingeschränkt worden ist. Viele alte Menschen schämten sich und sind früher nicht zum Sozialamt gegangen. Viele wollten auch nicht, dass Ihre Kinder zur Unterhaltspflicht herangezogen wurden. Mit der Reform von 2003 gilt diese Verpflichtung nur noch bei einem hohen Grundeinkommen von über 100.000 Euro, wobei das Sozialamt nicht generell verpflichtet ist, die Einkommen der Kinder zu prüfen. Die Finanzierung dieser Grundsicherung erfolgt aus Steuern und die Organisation und Durchführung liegt bei den örtlichen Sozialämtern.

9.4.   Grundsicherung für Arbeitsuchende (Arbeitslosengeld II für erwerbsfähige Bürger)

Mit der Reform von Arbeitslosenhilfe- und Sozialhilfe, die im Jahre 2005 vollzogen wurde, veränderte sich die Aufgabenstellung beider Institutionen. Das Ziel war die Trennung der Hilfeempfänger in *erwerbsfähige* und *nicht erwerbsfähige* Personen. Die Sozialhilfe soll sich auf die erwerbsunfähigen Bedürftigen konzentrieren, während die neue Grundsicherung für Arbeitsuchende (SGB II) die bisherige Arbeitslosenhilfe ablöst. Alle (mindestens drei Stunden pro Tag) erwerbsfähigen Langzeitarbeitslosen sollen von einer kompetenten Vermittlungsstelle (im Normalfall ist die Agentur für Arbeit zuständig; alternativ kommen auch kommunale Vermittlungsstellen in Frage) lokal betreut, in Arbeit vermittelt und mit Sozialtransfers versorgt werden.

Das Arbeitslosengeld (neue Sprachregelung: Arbeitslosengeld I nach SGB III) ist nach wie vor eine Versicherungsleistung. Durch Beitragszahlung in die Arbeitslosenversicherung (Pflichtversicherung mit dem Träger Bundesagentur für Arbeit) erwerben die Arbeitnehmer den Anspruch auf Arbeitslosengeld I bei kurzfristiger Arbeitslosigkeit.

Bei längerer Arbeitslosigkeit wird seit 2005 das Arbeitslosengeld II gezahlt. Hier handelt es sich um eine steuerfinanzierte Fürsorgeleistung mit Bedürftigkeitsprüfung. Die Höhe der Leistungen entspricht denen der Hilfe zum Lebensunterhalt in der Sozialhilfe. Damit entspricht auch hier das Leistungsniveau dem der anderen Grundsicherungssysteme (Eckregelsatz ab Juli 2007: 347 Euro; Tabelle 9.2). Allerdings wird in den ersten beiden Jahren des Bezugs für Langzeitarbeitslose, die vorher Arbeitslosengeld I bezogen haben, ein Zuschlag gezahlt, der abhängig ist von der Höhe der Differenz zum bisherigen Arbeitslosengeld I (maximal 160 Euro im ersten und 80 Euro im zweiten Jahr).

Familienmitglieder und andere Mitglieder der »Bedarfsgemeinschaft« die nicht erwerbsfähig sind, erhalten Sozialgeld (vgl. Tabelle 9.2). Zuschläge für einen Mehrbedarf bestimmter Gruppen (Schwangere, Alleinerziehende) kommen hinzu.

Neben den Geldleistungen sollen verstärkt soziale Dienste zur Eingliederung in die Arbeitswelt (Kinderbetreuung, Schuldner-, Sucht- und psychosoziale Beratung) finanziert werden. Maßnahmeträger sind hier die Kommunen, die auch die Kosten für Unterkunft und Heizung übernehmen, dafür allerdings einen Ausgleich vom Bund erhalten. Alle übrigen Leistungen werden von der Bundesagentur für Arbeit getragen.

Sozialethische Bewertung der Reform

Gegenüber der bis 2005 geltenden Arbeitslosenhilfe reduziert sich die Höhe für viele Langzeitarbeitslose deutlich. Es stellt sich hier die Frage nach der sozialen Gerechtigkeit einer Reform, die derartige Leistungsrückschnitte vornimmt. Früher erhielten Arbeitslose, die gut verdient hatten, bei längerfristiger Arbeitslosigkeit eine unbefristete Transferleistung deutlich über der Sozialhilfe, während Niedriglöhner oft so wenig Lohn bekamen, dass sie auf ergänzende Sozialhilfe angewiesen waren. Dieses Zweiklassensystem war sozialethisch sicher bedenklich, da diese unterschiedlichen Leistungshöhen nicht nach dem Äquivalenzprinzip begründet werden können. Insofern ist der Gleichheitsgrundsatz anzuwenden, auch wenn dadurch viele Familien durch längere Zeiten von Erwerbslosigkeit unverschuldet weitere Einkommenseinbußen hinnehmen müssen. Allerdings sollten ältere Arbeitnehmer, die über Jahrzehnte Beiträge in die Arbeitslosenversicherung eingezahlt haben, nach unserer Interpretation des Äquivalenzprinzips in der Sozialversicherung einen deutlich längeren Anspruch auf das Arbeitslosengeld I erhalten. Diesen Weg ist die Bundesregierung inzwischen gegangen und hat ab 2008 die Bezugsdauer für ältere Arbeitnehmer deutlich erhöht.

Da die Höhe der Sozialtransfers in beiden Systemen angeglichen wurde, entstehen durch die Überleitung in ALG II für die früheren Sozialhilfeempfänger keine finanziellen Nachteile. Im Gegenteil, die Bundesagentur für Arbeit zahlt nun für sie Beiträge in die Sozialversicherung, aus denen individuelle Ansprüche (z.B. auf Rentenzahlung) erwachsen. Da sie nun in den Kreis derjenigen einbezogen sind, die von den beruflichen und arbeitsmarktpolitischen Förderungsprogrammen der Bundesagentur für Arbeit profitieren können, scheinen sich ihre Chancen auf soziale Eingliederung verbessert zu haben. Allerdings bestätigen die bisherigen Erfahrungen dies nicht. Im Gegenteil sprechen Kritiker davon, dass sich in der Realität der Arbeitsvermittlung ein Zwei-Klassensystem zwischen den Empfängern von Arbeitlosengeld I und Arbeitslosengeld II entwickelt habe.

Sozialhilfefalle, Lohnabstandsgebot und Arbeitsanreize

In den Analysen vieler Ökonomen war die alte Sozial- und Arbeitslosenhilfe eine Art »Armuts- oder Sozialhilfefalle«, da ein Zuverdienst erst bei einer Vollerwerbstätigkeit interessant wurde. Der Zuverdienst wurde nach Abzug eines kleinen Freibetrags zu 100 Prozent von den Sozialtransfers abgezogen, so dass sich Minijobs und Teilzeitarbeit nicht, Schwarzarbeit dagegen sehr lohnten. Ein Hauptziel der Reform der Grundsicherung war ausdrücklich, diese Fehlanreize abzubauen. Um Arbeitsanreize für alle erwerbsfähigen Transferempfänger zu erhalten, soll das Arbeitslosengeld II wahrnehmbar unter den Löhnen unterer Gehaltsgruppen liegen. Allerdings wird auch beim Arbeitslosengeld II die Geldleistung an die Familien mit steigender Zahl der Kinder ansteigen müssen, sodass der Lohnabstand und die Arbeitsanreize für die Eltern sinken. Wie schon im Kapitel 6.3.4 dargelegt wurde, sind die Abzüge vom Arbeitslosengeld II bei Zuverdienst so gestaltet, dass ein Teil des Verdienstes erhalten bleibt und das Gesamteinkommen ansteigt (Kombilohnmodell).

Kinder als Armutsrisiko

Man kann Kinder nicht für die Arbeitsverweigerung ihrer Eltern mithaften lassen und ihre soziale Grundsicherung kürzen. Schon die Kürzung der Hilfe für einen Elternteil ist bedenklich, da darunter die Kinder mitleiden werden.

Hier zeigt sich ein kaum zu überwindender Zielkonflikt. Die familien- und bildungspolitische Zielsetzung, Kinder mit einem ausreichenden Einkommen zu versorgen, um ihre Entwicklung, Sozialisierung und spätere Produktivität zu fördern, kollidiert mit dem Ziel eines Arbeitsanreizsystems, wie es mit der Reform der Grundsicherung entwickelt wurde. Bedenkt man demgegenüber die Wirkung eines großzügigen Transfersystems für Kinder (etwa des Modells einer Kinderkasse nach dem Schreiber-Plan, vgl. Kapitel 10.1.6), dann verstärkt ein solches Modell die Anreize gerade in den unteren Schichten erheblich, über eine steigende Kinderzahl das Familieneinkommen zu erhöhen und schwächt gleichzeitig den Arbeitsanreiz, in einem Niedriglohnsektor tätig zu werden. Wie soll man dieses Dilemma lösen? Höherwertig ist wohl der Anspruch der Kinder an die Gesellschaft auf Unterstützung. Außerdem braucht Deutschland in Zukunft jedes Kind.

Besonders beunruhigend ist aus dieser Sicht die Lage Alleinerziehender und größerer Arbeiterfamilien, da hier die Kinder von Armut betroffen sind und soziale Ausgrenzung droht. Niedriges Lohneinkommen oder Arbeitslosengeld II in Verbindung mit eigenen Kindern sind die zentralen Verarmungsrisiken für Familien. Dies führt dazu, dass immer mehr Kinder und Jugendliche auf Fürsorgeleistungen angewiesen sind. Eine Untersuchung des Paritätischen Wohlfahrtsverbandes (Martens, 2005, S. 23) schätzt die Zahl der Kinder unter 15 Jahren, die von den neuen Grundsicherungssystemen leben müssen, auf ca. 1,6 bis 1,7 Mio. Das wären 13 bis 14 Prozent aller Kinder in Deutschland und ein deutlicher Anstieg gegenüber dem alten System. Auch wenn bisher der Kern harter längerfristiger Armut in Deutschland noch klein ist, müssen die Gefahren gesehen werden. Gelingt es nicht, die Arbeitslosigkeit deutlich zu reduzieren, wird die Abhängigkeit von der Grundsicherung erheblich zunehmen. Aber selbst wenn genügend Arbeitsplätze entstehen sollten, könnten es Billiglohnjobs sein und auch in Deutschland das amerikanische Phänomen der »working poor« entstehen. Die Lage der Kinder nachhaltig zu verbessern, auch wenn damit gewisse Arbeitsanreize verloren gehen, sollte eindeutige Priorität besitzen. Nur über bessere Betreuungsangebote ohne höhere Geldtranfers für Kinder wird man das Armutsproblem nicht lösen können.

9.5   Ist die Traglast der Grundsicherung zu hoch?

Die Zahl der Empfängerhaushalte der Sozialhilfe hat sich seit 1970 mehr als verdreifacht und die effektiven Gesamtkosten haben sich von 1980 bis 2004 fast vervierfacht. Der Anteil der Sozialhilfe am Sozialbudget ist allerdings nur von 3,1 Prozent 1980 auf 4,0 Prozent 2003 gestiegen und ihr Anteil am Bruttoinlandsprodukt von 1,0 Prozent auf 1,3 Prozent. Nimmt man die Leistungen der Arbeitslosenhilfe hinzu, so erhöht sich die Quote auf 1,8 Prozent (2003).

Dies ist nicht als Entwarnung zu verstehen, zeigt aber, dass die Grundsicherung für die wirklich Notleidenden die Leistungskraft unserer Volkswirtschaft wohl nicht überfordert.

Bekämpfte Armut und Dynamisierung der Leistungen

Von bekämpfter Armut zu sprechen, ist erst dann legitim, wenn die Sozialhilfe das soziokulturelle Existenzminimum abdeckt. Dies ist und wird immer umstritten bleiben, so lange es unterschiedliche sozialethische Positionen gibt. Hingewiesen werden kann immerhin auf

- das im internationalen Vergleich hohe Sozialhilfeniveau und
- auf die Tatsache, dass sich die HLU über die Jahrzehnte hinweg bis 1990 in etwa parallel zum Anstieg der Nettolöhne entwickelt hat.

Diese Entwicklung vollzog sich deutlich zyklisch. In schlechten Konjunkturphasen wurde die Sozialhilfe phasenweise eingefroren und in guten dann wieder aufgebessert. Die lang andauernde Wachstumsschwäche und die Lage der öffentlichen Haushalte haben im letzten Jahrzehnt dazu geführt, dass nur der Realwert gesichert wurde und sich so der Abstand zu den mittleren Einkommen vergrößerte.

Mit der Reform der Grundsicherung 2005 ist in Zukunft eine Anbindung der Regelsätze an die Lohnentwicklung (über den dynamisierten aktuellen Rentenwert) vorgesehen. Gleichzeitig bleibt das Abstandsgebot zu den unteren Lohneinkommen erhalten. Wenn sich durch die Hartz-Reformen und den Machtverlust der Gewerkschaften der Niedriglohnsektor ausweiten sollte, könnte das zu einem relativen Absinken des Lohnniveaus im unteren Marktsegment und in der Folge zu einer Abkoppelung dieses Segments und der sozialen Grundsicherung von der durchschnittlichen Lohnentwicklung führen.

Missbrauchsverdacht, Stigmatisierung und Arbeitspflicht

Viele Akteure in Wissenschaft, Politik und Medien stellten in der Vergangenheit die erwerbsfähigen Arbeitslosen- und Sozialhilfeempfänger unter Missbrauchsverdacht (vgl. etwa Deutsche Bundesbank 1996).

Bedenkt man, dass die eigentlichen Einkommensersatzleistungen (HLU) nur ca. 40 Prozent der Gesamtausgaben für Sozialhilfe ausmachten und ein großer Teil der Leistungsempfänger (Rentner, Alleinerziehende, Behinderte) gesellschaftlich anerkanntermaßen nicht auf den normalen Arbeitsmarkt verwiesen werden soll, schränkt sich der Umfang eines möglichen Missbrauchs doch erheblich ein. Nur arbeitsfähige Sozialhilfeempfänger können gemeint sein. Berücksichtigt man die Kontrollen der Sozialämter dann schätzte Hauser (1995) eine maximale Missbrauchsrate von 5 Prozent.

Mit der oben dargestellten Reform des Arbeitslosengeldes II für alle erwerbsfähigen Hilfsbedürftigen ergibt sich eine neue Situation. Der Missbrauchsverdacht gegen Sozialhilfeempfänger wird gegenstandslos, wenn wirklich alle Erwerbsfähigen in der neuen Institution zusammengefasst werden. Damit ist ein erfreulicher Effekt verbunden, denn der Stigmatisierung der Sozialhilfeempfänger wird der Nährboden entzogen.

Das gleiche gilt für die neue Gruppe der Empfänger von Arbeitslosengeld II, wenn die Arbeitsmarktpolitik glaubhaft machen kann, dass alle, die diese Leistung bekommen, unfreiwillig arbeitslos sind. Das setzt voraus, dass es gelingt, genügend neue Arbeitsplätze (auch sog. Ein-Euro-Jobs) zu schaffen und den Langzeitarbeitslosen anzubieten (vgl. Kapitel 6.5). Die Pflicht zur Aufnahme einer Erwerbsarbeit wird deutlicher betont. Zumutbar ist (fast) jede Arbeit (auch Minijobs) und bei Ablehnung erfolgt zunächst eine Kürzung des Arbeitslosengeldes II um 30 Prozent, Zuschläge entfallen und bei »wiederholter Pflichtverletzung« droht weiteres Ungemach.

Hunderttausende werden von der Absenkung der Arbeitslosenhilfe betroffen sein, es sei denn, die flankierenden Maßnahmen der neuen Strategie des »Förderns und Forderns« sind so erfolgreich bei der Bekämpfung der Arbeitslosigkeit, wie sie sich die Verfechter der Hartz-Reformen erhoffen.

10 Sozialstaatliche Verantwortung für besondere Lebenslagen

10.1 Die Förderung von Rehabilitation, Selbstbestimmung und Teilhabe behinderter Menschen

In Deutschland lebten im Jahr 2005 ca. 8,6 Mio. behinderte und rund 6,7 Mio. schwer behinderte Menschen (ca. 8 Prozent der Bevölkerung), davon etwa 2,2 Mio. im erwerbsfähigen Alter (Mikrozensus des StatBA 2005). Ihre Zahl wächst infolge des demographischen Alterungsprozesses, da mit steigendem Lebensalter die Behinderungen zunehmen. Personen, deren Grad der Behinderung mindestens 50 Prozent beträgt, gelten als schwerbehindert.

Im Jahr 2001 kam es zu einer grundlegenden Reform des Behindertenrechts. Die Bundesregierung selbst spricht von einem Paradigmenwechsel in der Behindertenpolitik.

»Behinderte Menschen verstehen sich nicht als bloße Objekte staatlicher Fürsorge, sondern als selbstbestimmt handelnde Menschen, die ihren Alltag aktiv gestalten und ein volles Recht auf umfassende gesellschaftliche Teilhabe beanspruchen. Dieser Paradigmenwechsel – weg von der allumfassenden Fürsorge, hin zur Verwirklichung der Teilhabe behinderter Menschen am Leben in unserer Gesellschaft – ist konstitutiver Bestandteil der Politik für Menschen mit Behinderungen« (Sozialbericht 2005, S. 95).

Nach Artikel 3 des Grundgesetzes darf niemand wegen seiner Behinderung benachteiligt werden. Im Sozialgesetzbuch SGB Buch IX wurden 2001 eine Vielzahl gesetzlicher Regelungen zusammengefasst und im §1 die Ziele klar formuliert. Angestrebt wird die Rehabilitation und die Förderung von Selbstbestimmung und der Teilhabe behinderter Menschen am gesellschaftlichen Leben. Besonderes Augenmerk soll auf die Bedürfnisse von behinderten und von Behinderung bedrohten Frauen und Kindern gerichtet werden. Insbesondere für Kinder wird damit der Grundsatz einer möglichst frühzeitigen Intervention gegen das Fortschreiten einer Behinderung betont.

Im Anschluss an Vorschläge der Weltgesundheitsorganisation (WHO) ist der Begriff der »Behinderung« neu definiert worden. Als behindert gelten Menschen, »deren körperliche Funktion, geistige Fähigkeit und seelische Gesundheit mit hoher Wahrscheinlichkeit länger als sechs Monate von dem für das Lebensalter typischen Zustand abweichen und daher ihre Teilhabe am Leben der Gesellschaft beeinträchtigt ist« (SGB IX §2).

Die Rehabilitation behinderter Menschen

Schon seit 1974 gilt das Finalprinzip bei der Rehabilitation (Reha) behinderter Menschen (Rehabilitationsangleichungsgesetz). Zwar werden die Maßnahmen nach wie vor von den verschiedenen Trägern (GRV, GUV, Arbeitslosenversicherung, Kriegsopferversorgung und GKV) durchgeführt und finanziert, aber die Sach- und Dienstleistungen zur Reha wurden vereinheitlicht. Man unterscheidet die *Rehabilitation im medizinischen, berufsfördernden und sozial-ergänzenden Bereich* (vgl. Tabelle 10.1). Die Ursache der Behinderung tritt als Anspruchsvoraussetzung zurück bei der Verfolgung des finalen Ziels einer möglichst umfassenden gesundheitlichen Wiederherstellung, beruflichen und sozialen Wiedereingliederung.

Tabelle 10.1: Sozialpolitik für behinderte Menschen

Medizinische Maßnahmen	Berufsfördernde Maßnahmen	Soziale Teilhabe
Früherkennung	Hilfen zur Erlangung eines Arbeitsplatzes	Hilfen im Vorschulalter
Ärztliche Behandlung	Berufsfindung und Arbeitserprobung	Schulische Bildung (Sonderschulen)
Bewegungs-, Sprach-Beschäftigungstherapie	Berufsvorbereitung	Beschäftigung in Werkstätten für Behinderte
Medizinische Hilfsmittel	Ausbildung, Umschulung und Fortbildung	Förderung von behindertengerechten Wohnungen
Arbeitstherapie	Arbeitstraining	

Die Förderung von Selbstbestimmung und Teilhabe

Mit der Weiterentwicklung des SGB IX und der Verabschiedung des Behindertengleichstellungsgesetz (BGG 2002) wurde ein Maßnahmenkatalog entwickelt, der die Autonomie behinderter Menschen stärken und ihre Teilhabe am sozialen Leben verbessern soll (Sozialbericht 2005, S. 96f.).

- Die Einrichtung gemeinsamer örtlicher Servicestellen der Reha-Träger soll einen bürgernahen Service garantieren.
- Eine verbesserte Kooperation der Träger und die Koordinierung ihrer Leistungen wird angestrebt.
- Die Wartezeiten auf Reha-Leistungen sollen deutlich verkürzt werden (§14 SGB).

– Mit der Einrichtung eines trägerübergreifenden »persönlichen Budgets« soll die Autonomie Behinderter in der Gestaltung ihres individuellen Reha-Programms gestärkt werden.

– Behinderte Frauen sollen durch ein »Selbstbewusstseinstraining« gestärkt werden, um gegen (sexuelle) Gewalt besser gewappnet zu sein.

– Mit dem BGG sollen noch vorhandene Barrieren zur Teilnahme am öffentlichen Leben und zur Nutzung der öffentlichen Verwaltung eingeebnet werden.

Gerade das »persönliche Budget« stärkt das Mitspracherecht der Betroffenen. Auf ihren Wunsch hin können die Reha-Leistungen statt als Sach- nunmehr auch als Geldleistung oder in Form von Gutscheinen erbracht werden. Damit können die behinderten Menschen ihre Rehabilitation selbst organisieren und überwinden den Status des passiven Empfängers. Ab 2008 wird aus dem Ermessensanspruch ein Rechtsanspruch auf die Einrichtung eines persönlichen Budgets.

Integration in den Arbeitsmarkt

Besondere Probleme macht seit je die Integration von Behinderten in die Arbeitswelt. Ungeachtet der Ursachen einer körperlichen, geistigen oder seelischen Behinderung mit einem nicht nur vorübergehenden Grad der Behinderung von wenigstens 50 Prozent (Definition von Schwerbehinderung in SGB IX §2) wird den Betroffenen ein besonderer Schutz bei der Suche nach einer Beschäftigung und zur Sicherung ihres Arbeitsplatzes zuteil. Jeder private und öffentliche Arbeitgeber mit mindestens 20 Arbeitsplätzen muss 5 Prozent dieser Stellen für die Gruppe der bei den Versorgungsämtern gemeldeten Schwerbehinderten zur Verfügung stellen. Ansonsten ist eine Ausgleichsabgabe fällig, die in einen Fond fließt und zur allgemeinen und beruflichen Rehabilitation Behinderter verwendet wird. Die Höhe der Abgabe ist von 105, über 180 bis 260 Euro gestaffelt nach der tatsächlich erreichten Beschäftigungsquote von Behinderten im jeweiligen Unternehmen. Außerdem sollen Firmen mit über 100 Beschäftigten mindestens 5 Prozent der Ausbildungsplätze mit behinderten jungen Menschen besetzen.

   Problematisch bleibt bei dieser Regelung, dass vor allem arbeitsintensive Betriebe in oft weniger gewinnträchtigen Branchen überproportional belastet werden. Es gibt zu viele Unternehmen, die ihre Auflage nicht erfüllen und nach ihrer Nutzen-Kosten-Rechnung es vorziehen, die Abgabe zu entrichten, die zudem noch steuerlich absetzbar ist. Trotz der Erhöhung der Ausgleichsabgabe und der Herabsetzung der Beschäftigungsquote um einen Prozentpunkt von 6 auf 5 Prozent (Überprüfung in 2007 geplant) erfüllten im Jahr 2002 nur 20,7 Prozent der pflichtigen Unternehmen die Quote, 41 Prozent nur teilweise und

38,3 Prozent überhaupt nicht (Übersicht über die Soziale Sicherung 2002, S. 469). Die Ist-Quote lag damit im Bundesdurchschnitt nur bei 3,8 Prozent. Das Mittelaufkommen, das 2003 rund 572 Mio. Euro betrug, fließt zum großen Teil in Maßnahmen zur Förderung von Einstellung und Beschäftigung schwer behinderter Bürger.

Weitere Schutzrechte erschweren die Kündigung Behinderter und erhöhen ihren Urlaubsanspruch. Die Betriebe werden verpflichtet, eine(n) betriebliche(n) Vertrauensfrau(mann) aus den Reihen der Schwerbehinderten zu unterstützen.

Die Entwicklung auf dem Arbeitsmarkt für Behinderte ist in den Zeiten hoher Arbeitslosigkeit keineswegs ermutigend verlaufen. Weder Lohnkostenzuschüsse noch Eingliederungshilfen zur Förderung von behindertengerechten Arbeitsplätzen haben eine gewisse Ausgrenzung verhindern können. Insgesamt fließen erhebliche Mittel in die Beschäftigungsförderung in Form von Einstellungszuschüssen an Arbeitgeber und der begleitenden Hilfe im Arbeitsleben. Dem Gesetzgeber ist sicher nicht abzusprechen, in den letzten Jahren weitere Anstrengungen unternommen zu haben (zuletzt 2004: Gesetz zur Förderung der Ausbildung und Beschäftigung schwer behinderter Menschen verbunden mit einer Initiative »Jobs ohne Barrieren«). Aber immer noch liegt die Arbeitslosenquote der Behinderten deutlich über dem Durchschnitt. Sie betrug im Jahr 2005 für die Gruppe der 25−44jährigen behinderten Menschen rund 15 Prozent bei einer Erwerbsquote von nur 70 Prozent. Mit der Arbeitsmarktreform Hartz IV befürchten Organisationen der Betroffenen einen weiteren Anstieg und sie verweisen auf Kürzungen der Mittel der Arbeitsagenturen für die Eingliederung benachteiligter Personen.

Während viele − oft mit besonderem Einsatz − ihre Behinderung kompensieren können, sind andere auf dem ersten Arbeitsmarkt kaum vermittelbar. Um so wichtiger ist für diese Menschen die Förderung von Behindertenwerkstätten (Dierks 1986). Seit dem Gesetz über die Sozialversicherung Behinderter (1975) sind die Behinderten, die in beschützenden Werkstätten und ähnlichen Einrichtungen beschäftigt sind, in der gesetzlichen Renten- und Krankenversicherung sozialversichert. Die Behinderten haben hier inzwischen einen arbeitnehmerähnlichen Status erhalten (Arbeitszeit, Urlaub). Die Finanzierung der Behindertenförderung erfolgt über die Ausgleichsabgabe der Betriebe, die den verantwortlichen Trägern, den Hauptfürsorgestellen 2003 die schon genannten 572 Mio. Euro einbrachte. 45 Prozent davon fließen einem Ausgleichsfond zu, der zum einen überregionale Projekte finanziert und zum anderen der Bundesagentur für Arbeit die zur besonderen Arbeitsförderung von Schwerbehinderten erforderlichen Mittel überweist.

Während die Rehabilitationsmaßnahmen auf hohem Niveau stehen, können die Lösungen zur beruflichen Integration nicht befriedigen. Der Kündigungsschutz schützt nur die schon Beschäftigten (insider) so lange es nicht gelingt, über die Ausgleichsabgabe auch den arbeitslosen Behinderten (outsider) Arbeitsplätze zu verschaffen. Der Druck auf die Quotenerfüllung muss entweder erhöht werden (deutlich höhere Abgabe) oder man folgt probeweise den Vorschlägen, auf verstärkte Anreize und Subventionen zu setzen (Knappe 1990) und gleichzeitig den besonderen Kündigungsschutz der insider, der nach Ansicht von Ökonomen auch als Einstellungsbarriere wirken kann, abzubauen.

10.2 Maßnahmen zur sozialen Entschädigung bestimmter Gruppen (insbesondere: Kriegsopferversorgung)

Das *Versorgungsprinzip* findet in der deutschen Sozialordnung nur wenig Anwendung. Die Ausnahmen beziehen sich – neben der Beamtenversorgung – auf besondere Schicksale. Wer Schäden an seiner Gesundheit durch eine Ursache erleidet, für deren Folgen sich die Gesellschaft in besonderer Weise verantwortlich sieht, hat Anspruch auf Versorgung nach den Vorschriften des Sozialen Entschädigungsrechts. Es handelt sich dabei vor allem um gesundheitliche Schädigungen von Kriegsopfern, bei Wehr- und Zivildienstleistenden, Opfern von Gewalttaten (z.B. Körperverletzung bei Raubüberfällen), Politischen Häftlingen aus der ehemaligen DDR und Impfgeschädigten sowie deren Hinterbliebene. Juristen sprechen in diesen Fällen vom *»Aufopferungsanspruch« der Betroffenen*. Auch die aus der gesundheitlichen Beeinträchtigung entstandenen wirtschaftlichen Schäden sollen ausgeglichen werden.

Grundlage sind verschiedene Versorgungsgesetze, wie das Opferentschädigungsgesetz von 1976, die sich in ihren Entschädigungsleistungen an der Kriegsopferversorgung (Bundesversorgungsgesetz 1950) orientieren. Die Versorgungsleistung orientiert sich dem Bedarfsprinzip entsprechend am Ausmaß und der Schwere der Schädigung. Neben Mehraufwandsentschädigungen und Sachleistungen für Heilbehandlung, Pflege und Kuren werden Entschädigungen in Form von Renten – auch an die hinterbliebenen Witwen, Waisen und Eltern – gewährt. Die Höhe der analog zur Gesetzlichen Rentenversicherung dynamisierten Renten richtet sich nach Umfang und Schwere der Schädigung. Diese Versorgungsleistung wird in besonders schweren Behinderungsfällen durch eine bedarfsorientierte Fürsorge ergänzt.

Auch heute noch dominieren bei den Entschädigungen die Kriegsopferversorgungsbezüge. Die Zahl der Versorgungsberechtigten ist aber von über 4 Mio. (1952) über 2 Mio. (1980) auf 0,575 Mio. im Jahr 2005 zurückgegangen, obwohl nach der Wiedervereinigung auch Bürger der neuen Bundesländer versorgt werden (2005 ca. 94.000; Sozialbericht 2005, S. 109). Die Ausgaben sanken in den letzten Jahren sehr deutlich von 10,2 Mrd. (1996) auf 3,2 Mrd. (2003) (Statistisches Taschenbuch 2005, Tabelle 8.15).

10.3 Lastenausgleich und Eingliederung

Lastenausgleich für Heimatvertriebene und Flüchtlinge

In der Nachkriegszeit wurden Millionen von Heimatvertriebenen und Flüchtlingen aufgenommen und solidarisch durch den Lastenausgleich unterstützt. Personen, die aufgrund von Kriegseinwirkung und Vertreibung Schäden an ihrem Vermögen oder ihrer Existenzgrundlage erleiden mussten, haben einen Anspruch auf Entschädigung. Zu den vielfältigen Leistungen zählen die Hauptentschädigung für Vermögensverluste, Aufbaudarlehen und Hausratsentschädigung. Das Gros der Mittel floss in die Unterhaltshilfe und Kriegsschadenrente, die dynamisiert sind und nur bei Bedürftigkeit gezahlt werden. Einzigartig ist die Finanzierungsweise. Die im Westen nach dem Krieg noch erhaltenen Vermögen wurden belastet und ein Ausgleichsfond errichtet. Insgesamt sollen damit Vermögen im Wert von über 70 Mrd. Euro neu verteilt werden. Über 60 Mrd. sind bisher schon umverteilt worden. Der Zustrom an Aussiedlern aus Osteuropa hat seit den späten 1980er Jahren zu neuen Ansprüchen an den Lastenausgleich geführt.

Auf steuerfinanzierte Versorgungsleistungen im Rahmen der Wiedergutmachung haben Menschen einen Anspruch, die Schäden durch nationalsozialistische Verfolgung erlitten haben. Auch hier überwiegen Rentenzahlungen.

Eingliederung von Spätaussiedlern

Mit der Öffnung der Grenzen in Osteuropa ist die Zahl der Spätaussiedler stark angestiegen. Von 1988 bis 2004 kamen rund 3 Mio. Menschen in die Bundesrepublik. Der Höhepunkt wurde 1995 mit knapp 218.000 erreicht; die Zahl der Anträge und realisierten Zuzüge sank danach Jahr für Jahr und betrug 2004 noch 59.093 (www.migration-info.de). Anspruch auf Eingliederung haben Menschen deutscher Volkszugehörigkeit in Osteuropa. Die Bundesrepublik steht hier in einer Pflicht, da diese Menschen während des von Deutschland ausgehenden zweiten Weltkriegs einen harten Leidensweg zurücklegen mussten (Umsiedlung und Diskriminierung).

Da die sozialen Leistungen einen Anreiz zur Zuwanderung darstellen und ein ungebremster Zuzug erhebliche politische und ökonomische Probleme verursacht, wurden sie in den letzten Jahren gekürzt. Es werden Starthilfen zur vorläufigen Unterbringung, zur beruflichen Eingliederung und zur sozialen

Betreuung gewährt. Aussiedler können sofort eine Arbeit aufnehmen. Sprach- und Ausbildungsdefizite und die angespannte Arbeitsmarktsituation verzögern dies oftmals. Sprachkurse und Kurse zur beruflichen Bildung werden öffentlich finanziert. Die Zuwanderer hatten in den letzten Jahren zunehmend mit Sprachproblemen zu kämpfen. Nach dem Zuwanderungsgesetz müssen seit 2005 auch Ehepartner und Angehörige über Grundkenntnisse der deutschen Sprache verfügen.

Für die Teilnehmer und alle arbeitslosen Aussiedler übernimmt die BA die Lebenshaltungskosten für 12 Monate in Form eines pauschalen Eingliederungsgeldes, dessen Höhe vom Familienstand abhängig ist. Nach 12 Monaten besteht Anspruch auf die Grundsicherung für Arbeitsuchende oder auf Sozialhilfe.

Für die Rentenansprüche gilt das sog. Eingliederungsprinzip für Aussiedler. Sie werden im Prinzip so gestellt, als ob sie ihr Versicherungsleben in der Bundesrepublik zurückgelegt hätten. Allerdings wurden hier Kürzungen vorgenommen (u.a. Minderung der nur glaubhaft gemachten Erwerbstätigkeitszeiten). Seit 1997 werden die Fremdrenten bei Neurentnern um 40 Prozent gekürzt – unabhängig vom Zeitpunkt des Zuzugs.

Eingliederung ausländischer Arbeitnehmer

Im Vergleich mit der Behandlung anderer Problemgruppen sind bei den ausländischen Arbeitnehmern erhebliche sozialpolitische Defizite zu verzeichnen. Der überschießende Arbeitskräftebedarf der deutschen Industrie wurde seit den 1960er Jahren über die Anwerbung und Beschäftigung ausländischer Arbeitnehmer gedeckt. Im Zeichen einer sich verschlechternden Beschäftigungslage kamen neben den bis dahin in der Öffentlichkeit weitgehend verdrängten sozialen Problemen dieser Gruppe noch die wirtschaftlichen (hohe Arbeitslosenrate unter den Gastarbeitern) hinzu. Wenn die deutschen Arbeitgeber zunächst »Arbeitskräfte riefen« und überrascht waren, dass »Menschen kamen«, so wurden doch daraus kaum Konsequenzen gezogen (Meier-Braun 1995). Vielmehr glaubten nicht wenige, nun umgekehrt das Problem der Arbeitslosigkeit durch ein Abschieben der Gastarbeiter beheben zu können. Schon 1973 sollte ein Anwerbestop einen weiteren legalen Zustrom verhindern. Tatsächlich ist inzwischen eine große Zahl ausländischer Arbeitnehmer mehr oder minder freiwillig in ihr Heimatland zurückgekehrt. Wenn dennoch die Anzahl der Ausländer in der Bundesrepublik weiter angestiegen ist, liegt das daran, dass viele der hier verbliebenen Gastarbeiter ihre Familien nachkommen ließen, die Geburtenrate noch relativ hoch ist und viele Flüchtlinge und Asylbewerber Aufenthalts- und Arbeitsberechtigungen erhielten.

Von 1985 bis 1995 führte eine starke (Netto-)Zuwanderung von 2,8 Mio. Menschen zu einem Anstieg der Zahl der in Deutschland registrierten Ausländer auf gut 7 Mio. Seitdem hat sich die Zuwanderung deutlich abgeschwächt. Am 31.12. 2004 wurde die Zahl auf knapp 7,3 Mio. geschätzt, das sind 8,9 Prozent der Gesamtbevölkerung (Berechnung nach der Methode der Bevölkerungsfortschreibung). Die auf der Basis des Ausländerzentralregisters ermittelte Zahl liegt mit gut 6,7 Mio. deutlich darunter. Aus sozialpolitischer Sicht sind folgende Probleme zu nennen.

- Die Erwerbstätigkeit der Ausländer ist langfristig gesunken; ihr Anteil an den sozialversicherungspflichtig Beschäftigten betrug 2004 nur 6,8 Prozent (Sozialbericht 2005, S. 150).
- Die Arbeitslosigkeit liegt bei dem zweifachen der deutschen Erwerbspersonen.
- Erschreckend hoch ist die Arbeitslosigkeit unqualifizierter Ausländer (Die Arbeitslosenquote betrug im Jahr 2003 rund 72 Prozent, bei den deutschen Arbeitnehmern mit Qualifikationsdefiziten lag die Zahl bei »nur« 28 Prozent).
- Die Beteiligung an der Ausbildung ist bei jugendlichen Ausländern niedrig und seit Jahren sinkend.

Ausländische Arbeitnehmer sind vielfach an Arbeitsplätzen tätig, die von Deutschen wegen geringer Bezahlung, einer hohen Arbeitsbelastung durch Lärm, Schmutz und körperliche Anstrengung und des geringen Sozialprestiges gemieden werden. Ein großer Teil ist schon lange im Land und hat Anspruch auf Einbürgerung. Ihre unterprivilegierte Stellung verfestigt sich. Auch die zweite und dritte Generation stößt auf soziale Barrieren, die eine Integration erschweren. Einige Sozialforscher sprechen schon von Diskriminierung (Nii Addy 1996). Nicht zu verkennen ist auch die wachsende Abschottung und ein Rückzug in die eigene traditionelle Lebenswelt. Parallelkulturen entstehen und verfestigen sich zusehends (Becker 1996).

Daraus erwachsen neue Anforderungen an die Sozialordnung. Es reicht nicht, darauf hinzuweisen, dass ausländische Arbeitnehmer in der Sozialversicherung pflichtversichert und so formal den einheimischen Arbeitnehmern gleichgestellt sind. Die sozialen Barrieren zeigen sich in Form hoher Arbeitslosigkeit, schlechter Wohnversorgung (Ausländerghettos) und wachsender Armut. So waren 2003 knapp 22 Prozent aller Empfänger von Sozialhilfe (HLU) Ausländer bei einem Anteil an der Gesamtbevölkerung von nur 8,9 Prozent. Dieses Problem gleicht einer Zeitbombe. Viele wissen darum, aber mangels überzeugender Lösungen und Instrumente wird es in der Wissenschaft und in der Politik immer noch vernachlässigt. Um die Lage sozial- und arbeitsmarktpolitisch zu entschärfen, muss die Diskussion um innovative Wege zur Integration der hier lebenden Ausländer deutlich belebt werden. Besondere Integrationsprogramme sind zwar mit hohen Kosten verbunden, die Folgekosten einer fehl gesteuerten Integration jedoch mag man sich gar nicht vorstellen.

Umstritten ist immer noch die Frage, ob die hier lebenden ausländischen Mitbürger assimiliert oder integriert werden sollen oder gar ein Nebeneinander der Kulturen bei gegenseitiger Anerkennung anzustreben ist. Das Integrationsmodell einer Gesellschaft mit einer gewissen Anerkennung der kulturellen Eigenarten erfordert Anpassungsleistungen auf beiden Seiten – auch bei der deutschen Bevölkerung, während die Assimilierung die vollständige einseitige Anpassung der Zuwanderer an die deutsche Kultur und Lebensweise verlangen würde. Das Assimilierungsmodell, das etwa Frankreich anstrebte, gilt weltweit in der Krise. Das Integrationsmodell verlangt von den Migranten zumindest die Anerkennung der Grundwerte der europäischen Gastgesellschaft. Der Weg des multikulturellen Nebeneinander, wie er in England oder den Niederlanden beschritten wurde, birgt, wie die Erfahrungen dort und in anderen Ländern zeigen, ein großes Gefahrenpotential, wenn es nicht gelingt, Gruppendiskriminierung und Ausgrenzung zu verhindern.

Die zweite zentrale Frage bezieht sich auf die richtige Einwanderungspolitik. Wie beschrieben, glauben einige Sozialpolitiker, über die Zuwanderung qualifizierter Menschen unter anderem das deutsche Rentenproblem lösen zu können. Die ausgearbeiteten Rentenszenarien sprechen klar dagegen. Auch die Diskussion um eine Einwanderungspolitik und vor allem über ihre mögliche Zielrichtung war lange Zeit einem kollektiven Verdrängungsprozess und vielen Missverständnissen unterworfen. Das liegt daran, dass dieses Thema sehr brisant ist und man sich leicht die Finger daran verbrennen kann. So wird die Ablehnung einer stärkeren Zuwanderung schnell als Deutschtümelei, nationalistischer Egoismus oder gar Ausländerfeindlichkeit diffamiert. Äußerst kontrovers sind die Antworten auf die Fragen nach der maximalen sozialverträglichen Zuwanderung. Einigkeit herrscht schon eher bei der These, dass damit keines der Probleme der Auswanderungsländer auch nur ansatzweise gelöst werden kann. Einwanderungspolitik ersetzt keine Entwicklungspolitik.

Mit dem Zuwanderungsgesetz, das 2005 in Kraft trat, hat der Gesetzgeber endlich versucht, die Basis für eine moderne Einwanderungs- und Integrationspolitik zu legen. Eine Teilnahmepflicht von Ausländern an Integrationskursen wurde geschaffen, neue Maßnahmen zur Integration in den Arbeitsmarkt entwickelt und die Zuwanderung auf den deutschen Arbeitsmarkt vom Bedarf der Wirtschaft und den Qualifikationen der Bewerber abhängig gemacht, wie es die klassischen Einwanderungsländer schon lange praktizieren.

Die Bestimmungen zum Familiennachzug wurden kaum geändert. Kinder dürfen bis zur Vollendung des 16. Lebensjahres nachziehen, wenn ausreichend Wohnraum nachgewiesen wird. In der Bundesrepublik geborene Ausländer der zweiten Generation haben einen Regelanspruch auf Einbürgerung.

Hilfen für Bürgerkriegsflüchtlinge

Deutschland hat im Lauf der Jahre im europäischen Vergleich sehr viele Flüchtlinge aufgenommen. Für die begrenzte Zeit ihres Aufenthalts erhalten sie eine Arbeitserlaubnis. Sie haben im Bedarfsfall Anspruch auf Leistungen nach dem Asylbewerberleistungsgesetz, auf Unterbringung, gesundheitliche Betreuung und Schulbildung für ihre Kinder. Zur Förderung der Rückkehr werden finanzielle Überbrückungshilfen zur Wiedereingliederung in die Heimatländer gewährt.

Hilfen für Asylbewerber

Nach dem Asylbewerberleistungsgesetz erhalten Asylbewerber im ersten Jahr ihres Aufenthalts vorrangig Sachleistungen und dazu ein Taschengeld. Diese Leistungen liegen unter den Sozialhilfeleistungen. Asylbewerber werden im Regelfall in zentralen Aufnahmeeinrichtungen versorgt. Durch die Rückführung in sichere Drittländer ist die Zahl der Bewerber deutlich gesunken (von 438.000 im Jahr 1992 auf knapp 36.000 in 2004). Auch die Beschleunigung der Verfahren trägt dazu bei, dass heute über den Asylantrag in den meisten Fällen schon im ersten Jahr entschieden wird. Die Anerkennungsquote liegt nur bei 1,6 Prozent der Fälle (2004). Abgelehnte Bewerber müssen zurückkehren oder werden abgeschoben. Auch sie können Überbrückungshilfen erhalten. Anerkannt politisch Verfolgte haben Anspruch auf die Grundsicherung wie die deutschen Staatsbürger und freien Zugang zum Arbeitsmarkt.

11 Familienpolitik und Jugendhilfe

11.1 Die Lage der Familie und Familienpolitik

11.1.1 Die Bedeutung der Familie heute und ihre sozialökonomische Lage

Die Alltagserfahrung und sozialwissenschaftliche Forschungen zeigen, dass die traditionelle bürgerliche Kleinfamilie, die sich bis in die 1970er Jahre hinein einer hohen Beliebtheit erfreute, in eine Krise geraten ist. Hohe Scheidungsraten, eine wachsende Zahl von Alleinlebenden (Singles) und alleinerziehenden Frauen und Männern sind äußere Anzeichen.

Eine radikale Erklärung, warum die Kleinfamilie in Zukunft immer mehr an den Rand gedrängt werden könnte, liefert aus soziologischer Sicht Hoffmann-Nowotny (1988). Viele der früheren gesellschaftlichen und ökonomischen Aufgaben (u.a. Altersvorsorge) der Mehrgenerationenfamilie würden heute von anderen Institutionen wahrgenommen. Dies hätte zum Teil zu einer qualitativen Verbesserung (Renten) geführt, zum Teil aber auch zu einer erheblichen Einbuße an Lebensqualität für die in öffentlichen und privaten Betreuungsinstitutionen überführten Kinder und Alten. Auf der anderen Seite steigen sowohl die Ansprüche auf emotionale Zuwendung in der Ehe als auch das Bedürfnis nach individueller Selbstbestimmung. Zudem verlangen die Unternehmen höchste Mobilität und die Konzentration auf den Beruf. Diesen Brückenschlag vermag das aus dieser Sicht einengende und auf Dauer psychisch aufreibende Ehemodell im Gegensatz zu anderen Beziehungsformen nicht mehr zu leisten.

Wenn man zusätzlich die These vertritt, dass die traditionelle Familie auf der Unterordnung und ökonomischen Abhängigkeit der Frauen basierte, ist die schlechte Prognose für diese Beziehungsform bald gestellt in einer Zeit, in der sich immer mehr Frauen aus diesen Zwängen emanzipieren (Gronemeyer 1990).

Ökonomische Studien auf der Grundlage der Theorien rationaler Wahl (*rational choice*) erklären die abnehmende Zahl der Kinder aus einer veränderten Nutzen-Kosten-Situation (Esser 1993, S. 308ff.). Konstatiert wird auch hier ein Nutzenverlust, da man heute eine Altersversorgung auch ohne eigene Kinder aufbauen kann. Aus ökonomischer Sicht sind Kinder dann kein Investitionsgut für die Eltern mehr.

Sozialwissenschaftler widersprechen der These eines Nutzen- oder Funktionsverlustes und beobachten einen Nutzenwandel der Kinder für ihre Eltern. Der abnehmende ökonomische Nutzen zur Alterssicherung werde durch eine psychosoziale, emotionale Nutzenmehrung – Kinder verleihen dem Leben der Eltern Sinn und Freude – ausgeglichen. Diese Präferenzen mögen für einen Teil der Menschen zutreffen, ein durchaus erheblicher Teil jedoch dürfte Kinder um ihrer selbst willen so hoch nicht schätzen und lieber darauf verzichten, wenn keine ökonomische Notwendigkeit besteht.

Unabhängig von diesen Überlegungen zum Nutzen von Kindern kann allein die Entwicklung auf der Kostenseite schon den Rückgang der Geburtenrate erklären. Neben den Unterhaltskosten sind die Betreuungs- und Ausbildungskosten durch verlängerte Bildungszeiten, vor allem aber die Alternativkosten (*opportunity cost*) für die heutige Frauengeneration erheblich gestiegen. Der Wunsch vieler Frauen, Familie und Erwerbstätigkeit möglichst harmonisch miteinander zu verbinden, lässt sich schon bei zwei Kindern nur schwer einlösen, vor allem wenn die Betreuungsangebote nicht finanzierbar sind. Wenn man sich für Kinder entscheidet, entstehen Alternativkosten in Form eines Nutzenentgangs, der dadurch entsteht, dass man auf die zweitbeste Alternative – hier Beruf und Karriere und damit verbunden auf ein höheres Einkommen – verzichten muss.

In der rationalen Wahl entscheiden sich vor allem die gut ausgebildeten Frauen eher für den Beruf. Die hohe Kinderlosigkeit unter Akademikerinnen (nach Schätzungen rund 40 Prozent) bestätigt diese These. Der steigende Bildungsstand vieler Frauen ist damit als eine Ursache des Geburtenrückgangs anzusehen.

Für andere Sozialwissenschaftler kommt der Abgesang auf die Familie und auf Kinder zu früh. Sie verweisen auf die Chance einer internen Wandlung von der patriarchalischen zur partnerschaftlichen Familie, in der die Autonomiebedürfnisse auch der Frauen eingelöst werden können. Zudem zeigen Befragungen, dass die Kleinfamilie für die überwiegende Mehrheit auch der jungen Menschen nach wie vor eine hohe Attraktivität besitzt. Ehe und Familie sind weiterhin die von vielen Jugendlichen angestrebten Beziehungsformen. Der starke Anstieg der Alleinlebenden ist zum einen auf die wachsende Zahl alter Menschen, deren Partner verstorben ist und zum anderen auf die Verlängerung der Orientierungsphase junger Menschen zurückzuführen. Burkart/Kohli (1989) sprechen gar vom Phänomen der »verhinderten Familien«, da sich aufgrund ungünstiger sozialer Umstände viele Männer und Frauen den Wunsch, eine eigene Familie zu gründen, nicht erfüllen können. Aus dieser Sicht gibt es also eine realistische Chance, über eine Verbesserung der materiellen und infrastrukturellen Voraussetzungen die Attraktivität der Kleinfamilie wieder zu erhöhen. Glaubt man zudem, dass andere Lebensgemeinschaften aufgrund mangelnder Kontinuität und Verlässlichkeit die wichtigen Aufgaben der Sozialisation, Betreuung und Erziehung der Kinder und der Pflege alter Menschen nicht so gut und verlässlich erfüllen können, dann heißt das sozialpolitische Ziel: Stärkung der Erneuerungskraft und Anpassungsfähigkeit der Familien. Dieses Konzept als konservativ abzutun, greift u. E. zu kurz. Dem Subsidiaritätsprinzip der Stärkung der kleinen sozialen Netze fühlen sich Sozialpolitiker quer durch die Parteien verpflichtet. Das konservative Leitbild der traditionellen Familie sollte dabei zunehmend von dem Leitbild der partnerschaftlichen Familie abgelöst werden, auch wenn sich dies im Ehealltag bisher noch nicht befriedigend niederschlägt.

Die wirtschaftliche Situation der Familien heute ist recht gut erforscht. Trotz der vielen und in der Summe auch beträchtlichen öffentlichen Mittel, die für Familien aufgebracht werden, ist die materielle Lage im Vergleich zu den Ledigen und den kinderlosen Ehepaaren bis in die Mittelschichten hinein kritisch.

Auch wenn die direkten Kosten für Kinderbetreuung noch am besten zu quantifizieren sind, gehen die Schätzungen auseinander. Die Zeitkosten einer immer intensiveren Kinderbetreuung in vielen Familien lassen sich nur schwer in Geldwerten messen. Eine enge Definition der Alternativ- oder Opportunitätskosten beschränkt sich auf die Messung des Einkommensausfalls durch Kindererziehung.

Eher vorsichtige Schätzungen kamen zum Ergebnis, dass Ende der 1990er Jahre der direkte Geldaufwand für ein Kind bis zu seinem 18. Lebensjahr annähernd 100.000 Euro betrug und die monetarisierten Gesamtaufwendungen bei 360.000 Euro lagen. Tatsächlich wird ein Teil der Aufwendungen für Kinder den Eltern durch öffentliche Zuwendungen (Kindergeld) und soziale Dienste (Kindergarten) abgenommen. Der Beirat im Familienministerium schätzte 2001 den öffentlichen Anteil bei einem Ehepaar mit 2 Kindern auf 41 Prozent der Gesamtaufwendungen und auf 33 Prozent des geldlichen Aufwands. Bei Alleinerziehenden werden im Durchschnitt 51 Prozent des Gesamt- und 70 Prozent des Geldaufwands öffentlich finanziert. Die zunehmenden Ausbildungszeiten belasten die Familien, da länger Unterstützung geleistet werden muss. Im Durchschnitt kostete ein Student ca. 190.000 Euro, wovon etwas mehr als die Hälfte privat, also zum großen Teil von den Eltern zu tragen war (Wissenschaftlicher Beirat für Familienfragen 2001, S. 155ff.).

Abbildung 11.1: Einkommensverlauf in Familien nach Zahl der Kinder

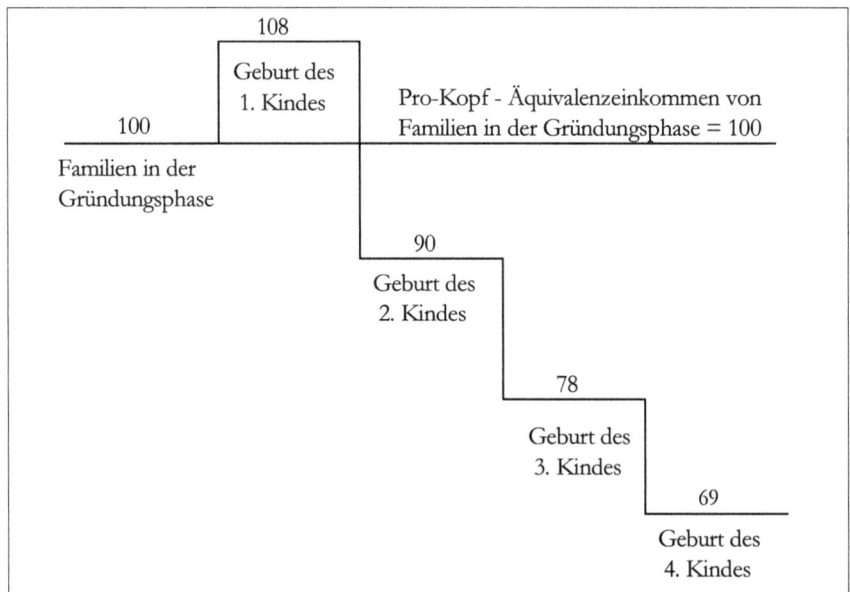

Strantz 2005, S.5 (S1); Datenquelle: Sozialökonomisches Panel (SOEP) 1984 bis 2003.

In der Abbildung 11.1 ist die durchschnittliche Einkommensentwicklung pro Kopf (Netto-Äquivalenzeinkommen; vgl. dazu Kapitel 4) dargestellt, die sich für Familien bei steigender Kinderzahl ergibt. Nach der Geburt des dritten Kindes reduziert sich das Pro-Kopf-Einkommen gegenüber der Ein-Kind-Familie um ca. 30 Prozent. Mit steigendem Alter der Kinder verringert sich der Einkommensnachteil von Familien (Strantz 2005, S.7).

Neben wirtschaftliche Belastungen treten soziale Benachteiligungen. Kaufmann (1988, S. 43) weist auf eine »von niemand beabsichtigte, jedoch in ihren Wirkungen offenkundige, familiale Rücksichtslosigkeit moderner Lebenszusammenhänge« hin. So fordert die Arbeitswelt weiterhin »ihren ganzen Mann«, aber auch – wenn nicht bewusst auf eine Karriere verzichtet wird – »die ganze Frau« und hohe Mobilität. Steigende Mieten vertreiben kinderreiche Familien aus ganzen Wohngebieten. Veränderungen in der Umwelt wie zunehmender Straßenverkehr und fehlende Spielgruppen von Kindern in der Nachbarschaft erhöhen den Betreuungsaufwand und dienen als Indizien für die »strukturelle Rücksichtslosigkeit« der Gesellschaft Familien gegenüber. Auch Kinderfeindlichkeit, zumindest jedoch Gleichgültigkeit gegenüber den lebenswichtigen Anliegen der Familien scheint sich auszubreiten.

Natürlich bedeutet eine materielle Wohlstandseinbuße nicht automatisch auch eine Wohlfahrts- oder Lebenslageeinbuße. Die Freude an den Kindern überwiegt die geschilderten Nachteile für viele Eltern, sonst wären die immer noch millionenfachen Entscheidungen für Kinder nicht zu verstehen (Huinink 1995).

11.1.2 Der Wunsch nach Kindern und die Geburtenrate

Die zunehmende Kinderlosigkeit der Gesellschaft ist in aller Munde. Die rohe Geburtenziffer »Lebendgeborene pro 1.000 Einwohner pro Jahr« misst die Periodenfertilität. Sie lag im Westen im Jahr 1965 bei 17,7 und sank dann sehr deutlich bis 1975 auf 9,7. Dieser Wert stabilisierte sich einigermaßen bis Ende der 1990er Jahre und sinkt seitdem wieder (2005: 8,3, vgl. Tabelle 11.1).

Tabelle 11.1: Die Entwicklung der Geburten in Deutschland

Jahr	1960	1965	1970	1975	1980	1985	1990	1995	2000	2005
RGZ(1)	17,4	17,7	13,4	9,7	10,1	9,6	11,4	9,4	9,3	8,3
ZGZ (2)										1,39
ZGZ (2) West-D	2,36	2,50	2,01	1,45	1,44	1,28	1,45	1,34	1,41	-
ZGZ (2) Ost-D	2,33	2,48	2,19	1,54	1,94	1,73	1,52	0,84	1,21	-

(1) Rohe Geburtenziffer: bis 1985 Westdeutschland, ab 1990 Deutschland; (2) Zusammengesetzte Geburtenziffer; Quelle: Statistisches Taschenbuch 2005, Tabelle 2.2; StatBA, Bevölkerungsstatistik Stand 11/2004, Institut der deutschen Wirtschaft: Deutschland in Zahlen 2006, Tabelle 12.1.

Schaut man auf den letztlich aussagekräftigeren Indikator »Zusammengesetzte Geburtenziffer (ZGZ) oder Total Fertility Rate«, der die durchschnittliche Zahl der Geburten je Frau im gebärfähigen Alter zwischen 15 und 45 mißt, dann zeigt sich ein ähnliches Bild. Die tatsächliche Entwicklung ist heute (2007) erst bis zu den Jahrgangskohorten 1960 nachvollziehbar (vgl. Tabelle 11.1). Für spätere Geburtskohorten sind ergänzende Schätzungen notwendig. Sehr speziell ist die Entwicklung in Ostdeutschland mit einem Anstieg der Geburtenrate in den 1980er Jahren aufgrund staatlicher Förderung und dem massiven Geburtenrückgang nach der Vereinigung. Inzwischen nähern sich die Werte wieder den westdeutschen an. Weitere interessante Befunde der Bevölkerungsstatistik sind die Verschiebung der Geburten in spätere Lebensphasen und das sinkende »Tempo«, d.h. die zeitliche Verlängerung der Zeit zwischen erster und zweiter Geburt usw. Das durchschnittliche Alter der Mütter bei der Geburt ihrer Kinder betrug 2003 bereits 29,9 Jahre.

Diese Entwicklung wird als eine Ursache dafür angegeben, warum viele Frauen ihre Kinderwünsche gar nicht oder nicht in vollem Umfang erfüllen können. Befragungen ergeben, dass im Durchschnitt von den jungen Frauen in Deutschland 1,8 Kinder gewünscht, aber nur 1,3 bis 1,4 Kinder tatsächlich »realisiert« also geboren werden. Eine Verschiebung der ersten Geburt immer weiter nach hinten führt dann oft dazu, dass die Zeit zu knapp wird und ungeplante Kinderlosigkeit die Folge ist. Ein weiterer Grund ist in vielen Fällen auch der fehlende Partner, mit dem die Frau die Familiengründung wagen möchte. Warum aber nutzen die Menschen die vorhandenen effektiven Verhütungsmittel (Antibabypille) in der beschriebenen Weise? Ein entscheidender Grund liegt in den Expansion der Bildungszeiten bei den Männern aber vor allem bei den Frauen, die heute schon die Mehrzahl der Abiturienten stellen. Das bedeutet eine geringe ökonomische Selbständigkeit auf längere Zeit und damit wird der Kinderwunsch aufgeschoben.

Auch hier lassen sich sozialökonomische Reformen planen, die es den Frauen und Männern ermöglichen, wieder früher an eine Familiengründung zu denken. Überlange Ausbildungszeiten, aber vor allem die zu starke und lange Abhängigkeit gerade von Studenten vom Elternhaus (»Hotel Mama«) bilden hier hohe Barrieren, die in anderen Ländern (Finnland, Frankreich) abgebaut wurden, um eine frühe Selbständigkeit zu erreichen (Bertram/Rösler/Ehlert, 2005, S.9f.).

Tabelle 11.2: Kinderhäufigkeit von Frauenjahrgängen in Prozent

Kinderzahl	*Westdeutschland*				*Ostdeutschland*			
	0	*1*	*2*	*3 und mehr*	*0*	*1*	*2*	*3 und mehr*
1950	14,9	27,2	39,5	18,5	8,0	29,3	49,6	13,1
1955	19,4	24,3	38,5	17,8	6,0	25,7	53,7	14,6
1960	23,3	21,6	37,4	17,8	10,6	20,7	54,0	14,8

Aus Politik und Zeitgeschichte, 23−24/2005, S. 23.

Betrachtet an die Verteilung der Kinderhäufigkeit im Zeitablauf (Tabelle 11.2), dann wächst die Quote der Frauen, die kinderlos bleiben, während die Quote der Frauen mit 2 Kindern deutlich den höchsten Wert hat und auch nur wenig abgenommen hat. Die 2-Kind Familie ist offensichtlich weiterhin attraktiv.

11.1.3 Die gesellschaftliche und ökonomische Leistung der Familien

Wenn man sich damit zufrieden gibt und die Kindererziehung als reine Privatsache auffaßt, schließt man die Augen vor der gewaltigen sozialen und ökonomischen Leistung der Familien für Wirtschaft und Gesellschaft. Diese besteht u. a. im − wie die Ökonomen es nennen − Aufbau des »menschlichen Kapitals«, des Humankapitals. Nur der geringere Teil davon wird öffentlich über staatliche

Dienste (Kindergarten, Schulen und Hochschulen u.a.m.) und Sozialtransfers wie Kindergeld getragen, der überwiegende Teil der Kosten bleibt bei den Eltern und die eigentliche Familienarbeit – den naturalen Betreuungsaufwand – leisten vorwiegend die Mütter. Parallel zu dem ökonomischen Funktionsverlust der Familie ist ein sozialer Funktionszuwachs festzustellen (These des Funktionswandels). Die Anforderungen an eine gelingende Erziehungsarbeit sind erheblich gestiegen. Andererseits bringen Kinder Sinn in manches Elternleben.

Wachsende Probleme ergeben sich durch den sozialen Wandel, der von Soziologen mit dem Begriff Individualisierung beschrieben wird (Beck-Gernsheim 1994). Die Entscheidung für Kinder wird immer stärker individuell in rationaler Wahlhandlung getroffen, gesellschaftliche Verhaltenserwartungen und Rollenzuweisungen für Frauen verlieren ihre prägende Kraft. Damit entscheiden sich immer mehr Paare angesichts der beschriebenen hohen Kosten für weniger Kinder oder verzichten ganz darauf. Vor allem ist diese Entwicklung in den mittleren und höheren Sozialschichten zu beobachten. Verheiratung, die Entscheidung für Kinder und das traditionelle Modell der familiären Arbeitsteilung ist inzwischen typisch in den unteren Schichten der Gesellschaft (Strohmeier 1993, S. 21). Strohmeier weist zudem eine Polarisierung der Lebensformen in einen Familiensektor und einen wachsenden kinderlosen Nicht-Familiensektor nach. Nur im letzteren finden wir die bunte Vielgestaltigkeit (Pluralisierung) moderner Lebensformen, während die Elternschaft offensichtlich strenge Anforderungen stellt und nach wie vor bestehende soziale Zwänge Wandlungsprozesse in der »Normalfamilie« behindern. So ist die Vereinbarkeit von Beruf und Familie nach der Geburt des zweiten Kindes angesichts fehlender Betreuungsmöglichkeiten für viele Frauen noch immer schwer realisierbar.

Sollten die Prognosen zutreffen, die eine weitere Abnahme des Anteils der Familien an der Gesamtheit der Lebensformen anzeigen, würde dies zu einer wachsenden Umverteilung der gesellschaftlichen Lasten der Gesellschaft zuungunsten der Familien und zugunsten der Alleinlebenden (Singles) und doppelverdienenden Paare ohne Kinder führen. Im Zusammenhang mit der Humankapitalbildung geht es dabei um die Lasten des Generationenvertrages in der Sozialversicherung (vgl. dazu genauer Kapitel 7.3.1). Die Erziehung der nachfolgenden Generation kann man als notwendigen Naturalbeitrag zur Stabilisierung des Rentensystems und weiterer Teile des Sozialen Sicherungssystems ansehen, der genauso unverzichtbar ist wie der Geldbeitrag aus den laufenden Einkommen der Erwerbstätigen. Die Erziehenden tragen diesen Naturalbeitrag ohne eine adäquate Gegenleistung. Im Gegenteil, Kindererziehung ist ein Verarmungsrisiko während der Aufziehphase und später mangels Beitragszahlung in die Rentenkasse auch im Alter (Echoeffekt).

Auch wenn die These der Transferausbeutung der Familien durch den Sozialstaat (Borchert 1993) für manche überspitzt erscheint und umgekehrt der

Vorwurf des Familienfundamentalismus (Ebert 1993) erhoben wird, lässt das Bundesverfassungsgericht keinen Zweifel daran aufkommen, dass für das Fortbestehen der sozialen Sicherung die naturale Leistung der Kindererziehung unverzichtbar ist. In einem dem Äquivalenzprinzip verpflichteten Sozialsystem ist daher eine Aufwertung der gesellschaftlichen Gegenleistung für die Vorleistungen der Familien einzufordern.

11.1.4 Leitbilder der Familienpolitik im Wandel

Angesichts des schnellen Wandels der Lebensformen und der Vielfalt der Lebensentwürfe kann es eigentlich nicht überraschen, dass konkurrierende Leitbilder Einfluss auf die politische Diskussion gewinnen. Bis in die 1970er Jahre dominierte das Leitbild des männlichen Familienernährers, das mit dem Leitbild des Normalarbeitsverhältnisses abgestimmt war (Hinrichs 1996, S. 102). Die Frau war für Haushalt und die Kinder zuständig, der Mann für das Erwerbseinkommen durch Vollzeitarbeit.

Vor allem die Emanzipation der Frau aus dieser sozialen Rollenverteilung und nicht die oft behauptete Erosion des Normalarbeitsverhältnisses stellte dieses Leitbild mehr und mehr in Frage. Das neue Leitbild der Gleichberechtigung der Frau in Beruf und Familie – die partnerschaftliche Familie – gewann schnell an Einfluss. In der Familienpolitik führt dies heute zu Konflikten. Auch wenn sich nur noch wenige für eine einseitige Ausrichtung der Familienpolitik am traditionellen Leitbild aussprechen, gibt es doch viele, die dafür plädieren, den Eltern und speziell den Müttern auch die Alternative eines mehrjährigen Ausstiegs aus der Erwerbsarbeit zu ermöglichen. Dagegen wollen andere das Leitbild der Emanzipation der Frau in Beruf und Familie und die Vereinbarkeit beider Felder sozialpolitisch offensiv unterstützen. So wurden z.B. die Einführung des Erziehungsgeldes und der Erziehungsurlaub 1986 sehr unterschiedlich bewertet. Befürworter einer offensiven Politik zur Erwerbsbeteiligung der Frauen sahen dieses Instrument der Familiensozialpolitik mit gemischten Gefühlen und plädierten für eine zeitliche Begrenzung auf höchstens ein Jahr. Demgegenüber sind Betreuungseinrichtungen für Kinder unter drei Jahren (Krippen) für Menschen, welche die Mutter in dieser Phase für eigentlich unersetzlich halten, letztlich kein Angebot, das man wahrnehmen möchte.

Da die konkurrierenden Leitbilder große Wählerpotentiale hinter sich haben, war und ist es nicht verwunderlich, wenn die praktizierte Familienpolitik nicht aus einem Guss, nach nur einem Leitbild hin entworfen wurde. In den letzten Jahren ist jedoch eine deutliche Verschiebung hin zu dem Paradigma festzustellen, die Berufstätigkeit von Müttern verstärkt zu fördern und die Phase der Nichterwerbstätigkeit auf wenige Monate zu begrenzen. Dies ist wohl vor allem darauf zurückzuführen, dass die bevölkerungspolitische Komponente der Familienpolitik immer mehr in den Mittelpunkt des Interesses rückt. Dabei geht es weniger um Fragen, ob eine Gesellschaft, der die Kinder ausgehen, soziale Kälte ausstrahlt, sondern um die Angst vor ökonomischen Verlusten. Erst Studien zu diesem Thema, wie die DIW-Expertise (Buslei u.a. 2004), die Wachstumsverluste prognostizieren und den volkswirtschaftlichen Wohlfahrtsgewinn von Kinderbetreuungseinrichtungen betonen, erreichen die Öffentlichkeit und die Politik und schärfen das Bewusstsein.

Mit dem modischen Begriff der nachhaltigen Familienpolitik soll das Thema offensiv besetzt werden. Die Bundesregierung schreibt in ihrem Sozialbericht 2005 auf S. 134:

»Eine nachhaltige Familienpolitik soll dafür sorgen, dass mehr Kinder geboren werden, Kinder und Jugendliche die bestmögliche Förderung und Bildung erfahren und eine höhere Frauenerwerbsbeteiligung ermöglicht wird.«

Um die Geburtenrate zu steigern und damit Wachstum »nachhaltig« zu sichern, will man von den erfolgreichen Ländern (Frankreich, Schweden) lernen. Hier wird ein erheblicher Teil der Fördermittel für die Familien in die Dienstleistungen zur Kinderbetreuung gesteckt, während in Deutschland die Geldtransfers deutlich überwiegen (vgl. Tabelle 11.7). In der Verbesserung der Bedingungen zur Vereinbarkeit von Familie und Beruf für Mütter und Väter wird der Königsweg gesehen, um zwei zentrale Ziele, eine steigende Geburtenrate und die Verbesserung der ökonomischen Lage der Familien zu erreichen.

In der politischen und wissenschaftlichen Diskussion spricht man viel davon, den Familien eine Wahl zu lassen und ihnen Optionen anbieten zu wollen. In Befragungen wünscht sich die Mehrzahl der Familien bessere Betreuungsangebote. Nach der Analyse von Bertram/Rösler/Ehlert (2005) ist die einzig richtige Strategie, die »Frauen zu fragen« und angesichts der unterschiedlichen Präferenzen ein »policy mix« zu entwickeln, das verschiedene Lebensentwürfe unterstützt. In empirischen Studien wurden nicht nur in Deutschland drei typische Lebensentwürfe (Präferenzmodelle) identifiziert.

Tabelle 11.3: Drei Modelle typischer Lebensentwürfe von Frauen

Präferenzmodell	berufsorientiert	adaptiv orientiert (Beruf und Familie)	familienorientiert
Anteil der Frauen	21 Prozent	65 Prozent	14 Prozent

Quelle: Bertram/Rösler/Ehlert 2005, S.10f.

Damit ist weder eine einseitige Ausrichtung der Familienpolitik auf Geldtransfers – wie bisher – noch auf Betreuungsdienste – die von berufsorientierten Wissenschaftler(innen) bevorzugt und gerne empfohlen werden – optimal.

11.1.5 Ziele und Instrumente der aktuellen Familienpolitik

Nach Art. 6 Abs. 1 Grundgesetz stehen Ehe und Familie unter besonderem staatlichen Schutz. Dieser allgemeine Grundsatz wird in Zeiten starken sozialen Wandels immer neu zu interpretieren und zu konkretisieren sein. Die praktische Familienpolitik verfolgte in der Vergangenheit vor allem drei zentrale Ziele:

– Die Förderung der Sozialisations- und Erziehungsaufgabe,
– die Verbesserung der Chancengleichheit der Kinder und
– die materielle Sicherung und Armutsvermeidung.

Mit der Diskussion um eine nachhaltige Familienpolitik sind weitere Ziele explizit hinzugetreten.

– Die Förderung der Geburtenrate und
– die Förderung der Vereinbarkeit von Beruf und Familie.

Weitere Ziele wie die Gleichstellung der Geschlechter oder die Korrektur der Transferausbeutung der Familien treten je nach weltanschaulicher Positionierung der Parteien und Verbände hinzu.

Familienpolitik ist notwendig als Querschnittsaufgabe zu konzipieren. Familienanliegen sind in der Steuer-, Wohnungs-, Bildungs-, Sozialversicherungspolitik und in vielen weiteren Politikbereichen mit zu berücksichtigen. Der Überblick in der Tabelle 11.4 ist keineswegs vollständig:

Tabelle 11.4: Überblick über die Familienpolitik als Querschnittsaufgabe

Gesetze	Geldtransfers	soziale Dienste	Sonstiges
Familienrecht, Scheidungsrecht, Unterhaltsrecht, Elternrecht, Kindschaftsrecht, Sorgerecht, (BGB)	Kindergeld und Kinderfreibetrag, Kindergeldzuschlag für arme Eltern	Kinderkrippen, Kindergärten, Kinderhorte, Tagesmütter	Elternzeit
Jugendschutz Jugendarbeitsschutz	Elterngeld (früher Erziehungsgeld)	Schule	Erziehungszeiten in der Rentenversicherung
Mutterschutz	Ausbildungsförderung	Familienpflegedienste (Sozialstationen)	Witwen(r)renten

Gesetze	Geldtransfers	soziale Dienste	Sonstiges
Mietrecht	Ehegattensplitting	Steuerliche Anrechnung von Kinderbetreuungskosten	Leistungen der Krankenversicherung
	Wohngeld	Hilfen für behinderte Kinder	Grundsicherung für arme Familien
		Familienberatung	sozialer Wohnungsbau
		Förderung beruflicher Aus- und Weiterbildung von Jugendlichen	

Die eingesetzten Instrumente sind gesetzliche Normen zum Schutz und zur Förderung der Familie, vielfältige Geldtransfers und soziale Dienste für Familien. Im Sozialbudget werden nur die familienpolitischen Leistungen im engeren Sinne zusammengefaßt. Von 1970 bis in die 1990er Jahre sank der Anteil für Familie und Jugend (auf 13 Prozent das Sozialbudgets im Jahr 1995), danach gelang der Politik die Wende unter dem Druck des Verfassungsgerichts und die Quote erhöhte sich deutlich (auf 14,7 Prozent im Jahr 2003; Sozialbericht 2005, S. 195, Tabelle 4). Tatsächlich liegt der Anteil der Leistungen mit familienpolitischer Relevanz deutlich darüber. Das Bundesfamilienministerium zählt in einem aktuellen Bericht (2007) 145 Leistungen auf und der Finanzminister bezifferte die Kosten mit rund 185 Mrd. für das Jahr 2006.

Man darf das tatsächliche Umverteilungsvolumen auch nicht überschätzen. Vieles stellt sich bei genauem Hinsehen als In-sich-Transfer der Familien untereinander dar. Im 5. Familienbericht wird von einer Selbstfinanzierungsquote von einem Drittel ausgegangen, während Borchert (1993, S. 175ff.) diese weit höher schätzt und von einer Transferausbeutung der Familien spricht.

Zur Gesamtsumme zählen auch die Leistungen, die an Eheleute gehen, unabhängig davon, ob Kinder erzogen werden oder wurden. So weist das Sozialbudget für 2003 die Leistung für Ehegatten mit 26,6 Mrd. Euro aus. Hinzu kommen die Witwenrenten und die Leistungen der Krankenversicherung an mitversicherte Ehegatten. Da die Mehrheit der Ehefrauen in der Vergangenheit Kinder erzogen hat, ist natürlich nur der kleinere Teil davon aus familienpolitischer Sicht als Fehlsubvention anzusehen. Dagegen ist eigentlich kaum zu bestreiten, dass das Kindergeld zum erheblichen Teil nicht als familienpolitische Leistung zu werten ist. In der sich verschärfenden Diskussion zwischen Familien und Kinderlosen spielt die Frage natürlich eine entscheidende Rolle, was man als Familientransfer im eigentlichen Sinne gelten lassen kann.

Kindergeld, Kinderfreibetrag und Kinderzuschlag

Die Veränderungen bei Kindergeld und Kinderfreibetrag in den letzten Jahrzehnten lassen sich an dieser Stelle nicht genau nachzeichnen. Anstoß für die gegenwärtige Regelung gaben Urteile (1990, 1998) des Bundesverfassungsgerichts, nach denen das Existenzminimum des Kindes in jedem Fall steuerlich freizustellen ist und hierzu neben dem Sachbedarf auch der Betreuungs- und Erziehungsbedarf gerechnet werden muss.

Um dies zu erreichen, wurden der Kinderfreibetrag und das Kindergeld vom ersten Kind an in zwei großen Schritte (1996 und 2002) erheblich erhöht. Dabei wurde 1996 das Optionsmodell eingeführt. Die Eltern können sich entweder für das Kindergeld oder den Kinderfreibetrag entscheiden.

Tabelle 11.5: Entwicklung von Kindergeld und Kinderfreibetrag (bis 1996 in DM, 2002 in Euro)

Jahr	Kindergeld	2. Kind	3. Kind	4. Kind (und weitere Kinder)	Kinderfreibetrag pro Jahr
1949	0	0	0	0	400
1955	0	0	25	25	600/600/840 (2)
1961	0	25	40	40	1.200/1.680/1.800 (2)
1975	50	70	120	120	0
1983 (1)	50	100	220	240	432
1996	200	200	350	350	6.264
2002	154	154	154	179	3.648 (3)

(1) Von 1983 bis 1996 wurde das Kindergeld für Besserverdienende reduziert und für Geringverdiener ein Zuschlag gezahlt. 2) 1. Kind/ 2. Kind/ 3. Kind usw. (3) Optionsmodell: Die Eltern können entweder das Kindergeld oder den Freibetrag beantragen.

Nur für sehr gut verdienende Eltern ist die mit dem Einkommen progressiv steigende Steuerersparnis durch den Kinderfreibetrag höher als das Kindergeld.

Kritiker dieses dualen Familienlastenausgleichs sehen hier eine Ungerechtigkeit, da Besserverdienende stärker entlastet werden und sprechen sich für eine reine Kindergeldlösung aus. Dem wird entgegengehalten, dass Kinder in höheren Einkommensschichten auch höhere Ansprüche auf eine schichtspezifisch angemessene Versorgung durch ihre Eltern geltend machen können. Kinderfreibeträge rechtfertigen sich aus dieser Sicht als Instrument, um die Steuerbelastung zwischen kinderlosen Ehepaaren und Familien gerecht zu verteilen. Man spricht hier auch von »horizontaler« Gerechtigkeit oder »horizontaler« Umverteilung.

Nach den Urteilen des Bundesverfassungsgerichts ist überhaupt zu prüfen, ob und in welchem Umfang diese Regelung als Familienlasten- oder auch Familienleistungsausgleich bezeichnet werden kann. Ein erheblicher Teil des Kindergeldes dient ja dazu, das Existenzminimum der Kinder von einer Besteuerung auszunehmen.

»Damit erhalten nur Familien, deren Steuerrückzahlung durch den Kinderfreibetrag geringer ist als das Kindergeld, einen echten Transfer. Dieser ist daher umso größer, je geringer der Steuersatz, d.h. je geringer das verfügbare Einkommen ist« (Ott 2002, S. 19).

Die durchschnittliche echte Förderung liegt nach Berechnungen der Deutschen Bundesbank (Monatsbericht 4/2002) bei etwa 45 bis 50 Euro pro Kind. Sie ist deutlich höher für Geringverdiener und sinkt bis auf Null für die Besserverdienenden. Seit 2005 verbessert ein *Kindergeldzuschlag* bis zu 140 Euro die Situation gering verdienender Eltern. Dies ist auf dem Hintergrund zu sehen, dass die Kinderarmut in Deutschland weiter angestiegen ist. Eltern, die ihren eigenen Lebensunterhalt gerade noch decken können, aber nicht den ihrer minderjährigen Kinder, können diesen Kinderzuschlag erhalten. So wird vermieden, dass diese Familien aufstockend Arbeitslosengeld II beantragen müssen.

Vom Erziehungsgeld zum Elterngeld

Schon seit 1878 bestehen gesetzliche Regelungen zum *Mutterschutz* in der Arbeitswelt. Nachtarbeitsverbot, Verbot belastender Tätigkeiten, Kündigungsschutz für werdende und stillende Mütter sowie das Mutterschaftsgeld (sechs Wochen vor bis acht Wochen nach der Geburt) sind die markanten Merkmale heute. 1986 wurden als wichtige sozialpolitische Innovationen *Erziehungsgeld, Erziehungsurlaub und Erziehungsjahre in der Gesetzlichen Rentenversicherung (Babyjahre)* eingeführt.

Ein Anspruch auf *Elternzeit* (vormals Erziehungsurlaub) besteht bis zur Vollendung des dritten Lebensjahres des Kindes, wobei sich die Ehepartner bis zu dreimal abwechseln können. Ihr Arbeitsplatz steht dabei unter Kündigungsschutz. Eine gleichzeitige Teilzeitbeschäftigung bis zu 30 Wochenstunden ist erlaubt. Drei Erziehungsjahre pro Kind werden dem kinderbetreuenden Partner heute in der GRV gutgeschrieben. Im Jahr 2006 betrug der monatliche Rentenwert dieser drei Jahre 78,39 Euro im Westen und 68,91 Euro im Osten. Für die Kinder, die vor 1992 geboren wurden, wird nur ein Erziehungsjahr angerechnet.

Das Erziehungsgeld war eine Geldleistung, die nach der Geburt an die Eltern gezahlt wurde und von relativ geringer Höhe (zuletzt 450 Euro pro Monat für ein Jahr oder 300 Euro für 2 Jahre) war. Außerdem entfiel es bei höherem Einkommen der Eltern. Die ganze Ausgestaltung entsprach also einer Fürsorge- oder Grundsicherungsleistung.

Mit dem neuen *Elterngeld* wird dagegen den jungen Eltern eine wirkliche Lohnersatzleistung vergleichbar mit der Höhe des Arbeitslosengeldes I angeboten. Vorbild für die intensiv geführte Diskussion um ein »Erziehungsgehalt oder Familiengeld« ist Schweden. Von der Regierungskoalition von CDU/CSU und SPD wurde 2007 ein Anreizmodell geschaffen, das für 14 Monate – also für die besonders kritische Säuglingsphase – auch besserverdienenden Paaren oder Alleinerziehenden die gewünschte Babypause erleichtert. Es werden zwei Drittel (67 Prozent) des Nettogehalts des betreuenden Elternteils ersetzt, wobei allerdings eine Obergrenze bei 1.800 Euro eingezogen ist. Für Eltern ohne oder mit geringem Einkommen wird ein Sockelbetrag von 300 Euro garantiert. Das gleiche gilt für die Hausfrauenfamilie, wenn ein Partner nicht erwerbstätig ist. Um auch die Männer stärker zur Mitarbeit in der Familie zu motivieren, soll das Elterngeld nur dann 14 Monate gezahlt werden, wenn jeder Partner für eine gewisse Zeit (mindestens 2 Monate) die Kinderbetreuung übernimmt. Mit dieser deutlichen Anreizverbesserung hofft man auf eine steigende Zahl der Geburten bei berufsorientierten, gut verdienenden Frauen.

Soziale Infrastruktur zur Vereinbarkeit von Familie und Beruf

Neben den Geldleistungen beeinflussen die öffentlichen Angebote an Kinderbetreuungseinrichtungen und sonstigen Diensten die Lebenslage der Familie. In einer großen finanziellen Kraftanstrengung wurden in den 1990er Jahren annähernd 600.000 Kindergartenplätze neu geschaffen. Grundlage bildete der gesetzlich verankerte Rechtsanspruch auf einen Kindergartenplatz für Kinder ab dem 3. Lebensjahr. Damit erreicht Deutschland heute eine Betreuungsdichte von 78 Prozent bei den drei- bis sechsjährigen Kindern und liegt nur knapp hinter Schweden, wo allerdings flächendeckend eine Ganztagsbetreuung angeboten wird, die in Deutschland nur in den neuen Bundesländern dominiert (vgl. Tabelle 11.6 und Veil 2003, S. 19.).

Tabelle 11.6: Nutzung von öffentlichen Kindereinrichtungen

Einrichtung	Westdeutschland		Ostdeutschland	
	von 100 Kindern besuchen	*davon Ganztagesplätze*	*von 100 Kindern besuchen*	*davon Ganztagesplätze*
Krippe	4	40 Prozent	12	64 Prozent
Kindergarten	77	17 Prozent	85	71 Prozent
Hort	3	5 Prozent	16	25 Prozent

Quelle: SOEP; DIW, Fundstelle: Aus Politik und Zeitgeschichte, B44/2003, S.22.

Besonders umstritten ist die Einrichtung von Krippen für die Kinder unter drei Jahren. Während die eine Gruppe (Konservative und ein Teil der Kinderärzte und Pädagogen) die Betreuung durch die Mutter in dieser Phase als unverzichtbar ansieht und sich für eine Verbesserung der Geldtransfers ausspricht, fordert die andere Gruppe (Sozialdemokraten, Feministinnen) die Krippe schon für Kinder unter einem Jahr als notwendige Unterstützung der durchgängigen Erwerbstätigkeit der Frauen. Das sehr geringe Angebot an Krippenplätzen in Westdeutschland ist ein Spiegel der bisherigen Kräfteverhältnisse (Versorgungsquote nur 3–13 Prozent je nach Bundesland). In den neuen Bundesländern ist das Krippensystem seit DDR-Zeiten gut ausgebaut (Versorgungquote: 30–50 Prozent je nach Bundesland).

Die politischen Kräfteverhältnisse verändern sich derzeit in starkem Maße. Große Teile der CDU/CSU schwenken auf den von der Familienministerin von der Leyen eingeschlagenen Kurs ein. Der Ausbau einer Ganztags-Infrastruktur zur öffentlichen Versorgung von Kindern nach dem Vorbild der skandinavischen Länder findet immer mehr Anhänger in Deutschland. Während dies in der Vergangenheit vor allem als emanzipatorische Frauenpolitik galt und kritisch beäugt wurde, ist die hohe Geburtenrate in Frankreich heute auch für Konservative ein verlockendes Ziel, sodass man bereit ist, Konzessionen zu machen und Kompromisse einzugehen. Außerdem zeigen Befragungen, dass immer mehr Mütter eine Erwerbstätigkeit anstreben (Spieß/Wrohlich 2005). Mit der Familienministerin von der Leyen ist für jeden erkennbar eine deutliche Wende in der konservativen Politik eingetreten. So wurde das ursprünglich von der SPD favorisierte Modell des Elterngeldes, als auch das Konzept der Ganztagesbetreuung nach dem ersten Lebensjahr zum Leitbild der neuen Regierung. Ein wenig überraschend kommt diese Wende in der Familienpolitik der christlichen Parteien schon und nicht alle Mitglieder und Wähler sind davon begeistert, wie die Reaktionen zeigen.

Mit dem Elterngeld wird eine unmittelbare Betreuung durch die Mutter (oder den Vater) während des ersten Lebensjahres sehr gefördert, während in der Folgezeit durch einen massiven Ausbau der öffentlichen Kinderbetreuung die bisherige Versorgungslücke geschlossen werden soll. Angestrebt wird auch in Westdeutschland eine Versorgung mit Krippenplätzen für mindestens 35 Prozent der Kinder im Alter bis zu drei Jahren.

Leider fehlen den Kommunen die Mittel und auch die angekündigten 3 Milliarden aus dem Bundeshaushalt reichen hier kaum aus, vor allem wenn die zurzeit noch hohe Selbstbeteiligung der Eltern an den Kosten deutlich gesenkt werden soll. Schon geht die Auseinandersetzung um die Finanzierung der Leistungen los. Vorschläge der SPD, die Mittel durch ein Einfrieren des Kindergeldes und eine Reduktion des Ehegattensplittings aufzubringen, sind schnell in die Kritik geraten. Die Bürger und Politiker, die sich für eine Betreuung der Kleinkinder durch die Mütter stark machen oder zumindest diese Wahlmöglichkeit auch unterstützen möchten, sehen in dieser Umschichtung der Mittel eine starke Behinderung dieser Option. Zum jetzigen Zeitpunkt sind Vermutungen über die wahrscheinliche Finanzierung dieses familienpolitischen Jahrhundertprojekts rein spekulativ.

Die Beteiligung der Eltern an den Kosten ist in den Ländern unterschiedlich gestaltet. Üblich ist eine stufenweise mit dem Einkommen steigende Selbstbeteiligung. Wie die Tabelle 11.6 zeigt, sind die Öffnungszeiten der Kindergärten und die Betreuung an den Schulen in den alten Bundesländern völlig unzureichend an die Bedürfnisse erwerbstätiger Frauen angepasst, während in den neuen Ländern die Tradition aus DDR-Zeiten noch nachwirkt.

Neben den Zuschüssen aus Bundesmitteln denkt die Bundesregierung über einen Rechtsanspruch auf Krippenplätze für Ein- bis Dreijährige nach, um so mehr Druck auf die Kommunen ausüben zu können. Dies steht im Einklang mit den Zielen des Europäischen Rates, der 2002 in Barcelona eine Versorgungsquote an Betreuungsplätzen von 33 Prozent für Kinder unter 3 Jahren forderte.

Ein anderer Weg wird mit der verstärkten steuerlichen Absetzbarkeit von Kinderbetreuungskosten ab 2006 geebnet. Ähnlich wie in Frankreich soll damit der private Arbeitsmarkt für Kinderbetreuung (Tagesmütter, private Kindergärten) angeregt werden.

11.1.6 Probleme und Reformvorschläge

Die Forderung der Familienverbände nach einem seinen Namen wirklich verdienenden Leistungsausgleich, der über den Lastenausgleich deutlich hinausgeht und der ein Äquivalent für die Vorleistungen der Familien für die Gesellschaft darstellt, wird vom Bundesverfassungsgericht schon lange nachhaltig unterstützt. In vielen Urteilen wird der Staat verpflichtet, die Benachteiligung von Familien gegenüber Kinderlosen endlich abzubauen. Umstritten ist dabei die Höhe der Entlastung. So fordert der Familienbund der Deutschen Katholiken eine Entlastung der Eltern von 50 Prozent (beim 1. Kind) bis 100 Prozent (ab dem 3. Kind). Vergleichbare Forderungen richten sich auf ein öffentlich finanziertes Erziehungseinkommen, das sich in der Höhe am Durchschnittseinkommen orientiert und mehrere Jahre gezahlt werden soll (Wingen 2000, Opielka 2002). Eine weitere Möglichkeit wäre der Übergang zu einem Familiensplitting im Einkommensteuerrecht wie in Frankreich. Dort wird z.B. bei einer Familie mit zwei Kindern das Einkommen durch drei (und nicht wie im Ehegattensplitting durch 2) geteilt. Der Steuervorteil steigt mit der Kinderzahl.

Wo könnten aber die Mittel für eine deutliche Familienentlastung herkommen? Ein Vorschlag zielt darauf ab, die ehebezogenen Transfers wie Ehegattensplitting, Witwenrente und Mitversicherung des Ehepartners in der GKV in familien- oder kindbezogene Transfers zu verwandeln. Tatsächlich wären hier erhebliche Mittel umzuverteilen.

Will man eine Verstärkung der vertikalen Umverteilung, kann man die Leistungen auf die Familien mit geringen und mittleren Einkommen konzentrieren. Alle Leistungen, die über die Freistellung des kindlichen Existenzminimums hinausgehen, könnten für die Besserverdienenden gekürzt werden. Mit dem Elterngeld geht die Regierung bewusst den anderen Weg und erhöht die Transfers für die mittleren und höheren Einkommen, wohl in der Hoffnung, damit für die ökonomischen Leistungsträger in der Gesellschaft wirksame Anreize für eine steigende Kinderzahl zu setzen. Dass gerade in den unteren Einkommensschichten deutlich mehr Kinder geboren werden, wird dann zum Problem, wenn hier die Betreuungsqualität zu wünschen übrig lässt. Das wird nicht gerne ausgesprochen, wohl aber gedacht. Um eine gelungene Sozialisation dieser Kinder zu unterstützen, ist der Ausbau der Kinderbetreuungseinrichtungen unverzichtbar. Auch wird man über eine Vorschulerziehung und -pädagogik wie in Frankreich nachdenken müssen. Mit einem aktuellen Vorstoß eröffnet die SPD die Diskussion, alle Geldtransfers für die Familien (auch das Kindergeld und die Babyjahre in der GRV) auf mögliche Einsparungen zu prüfen, um diese Mittel dann zur Finanzierung von Einrichtungen zu verwenden. Die Auseinandersetzung wird damit sicher an Schärfe gewinnen.

Andere Reformvorschläge wenden sich von der Familienförderung ab und plädieren für eine individuelle auf das Kind zentrierte Hilfe. Nach dem Plan von Wilfried Schreiber, den dieser schon 1964 entwickelte, soll ein bedarfsgerechtes auskömmliches Kindergeld als Darlehen jedem Kind zufließen. Die Gesellschaft tritt ihren jungen angehenden Bürgern gegenüber in Vorleistung und vergibt einen Kredit an jedes Kind, den die Eltern treuhänderisch verwenden. Nach der Ausbildung muss der jetzt beruflich aktive Bürger nicht nur die bisherigen Sozialversicherungsbeiträge entrichten, sondern soll auch Beiträge in die Kinderkasse zahlen. Damit wird das Kollektivgutproblem gelöst. Jeder Bürger muss seinen Kinderkassenkredit tilgen und ist damit an der Finanzierung der Kindererziehung beteiligt, auch wenn er selbst keine Kinder hat. Dieser Plan zielt auf eine Sozialisierung der Verantwortung für die Kindergeneration analog zum Rentensystem ab, so dass ein umfassender Drei-Generationenvertrag geschlossen wird. Zuletzt hat der Wissenschaftliche Beirat für Familienfragen (2001, S.237ff.) das Konzept aktualisiert.

Eine weitere Alternative wäre ein Mindesteinkommen für jeden Staatsbürger, so auch für jedes Kind, wobei eine Abstufung der Einkommenshöhe nach Lebensalter erfolgen könnte.

Verfolgt man die immer noch emotionsgeladene Diskussion um die richtige Familien-, Frauen-, und Männerpolitik gewinnt man manchmal den Eindruck, dass die Kindesbedürfnisse zu wenig Ernst genommen werden. Hier geht es um die Frage nach der Qualität der Versorgung und auch um die Frage, bis zu welchem Alter eine intensive Betreuung durch die Mutter oder eine andere verlässliche Bezugsperson notwendig ist. Kinderärzte warnen davor, die Bedeutung der persönlichen Bindung zu unterschätzen. Auf dem Kinderärzte-Kongress (München 2004) wurden Mindestanforderungen formuliert. So sollten maximal vier Kinder von einer festen Bezugsperson betreut werden. In der Praxis sieht es in vielen Krippen deutlich schlechter aus. Oft werden 10- 12 Kinder von einer Person mehr oder minder betreut. Damit wächst das Risiko einer Bindungslosigkeit, die im späteren Leben nicht zu korrigieren ist. Bei dem angestrebten Ausbau der Krippenplätze muss daher unbedingt Qualität vor Quantität gehen, auch wenn das die Kosten drastisch erhöht. Der Hinweis, dass auch in Familien Vernachlässigung vorkommt, kann kein Argument dagegen sein. In dem Tagesbetreuungs-Ausbaugesetz (TAG) von 2004 ist eine Qualitätskontrolle vorgesehen. Neue Studien von Neuropsychologen zeigen, dass die Entwicklung von Kleinkindern durch eine frühe qualitativ hochwertige Krippenbetreuung und die gegenseitige Anregung in einer Gruppe sogar gefördert wird.

Wenn man die Größenordnung betrachtet, in der Krippenplätze gefordert werden, zeigt sich ein immenses Kostenproblem. Die Bundesregierung will erreichen, dass ab 2013 etwa 35 Prozent der Kinder im zweiten und dritten Lebensjahr professionell betreut werden. Derzeit werden ca. 250.000 Kinder in diesem Alter in Krippen und von Tagesmüttern betreut. Das Ziel sind ca. 500.000 neu zu schaffende Plätze. Eine Untersuchung des DIW addiert alle Wünsche von Eltern nach einem Betreuungsplatz und kommt sogar auf einen Wert von 1,2 Mio. Bei dem notwendigen Personalschlüssel von 1 zu 4 bedeuten 500.000 Betreuungsplätze ungefähr 125.000 neue Arbeitsplätze und die entsprechenden Investitionskosten. Wenn man die Wachstumseffekte durch eine deutlich steigende Frauenerwerbsquote dagegen rechnet, bleibt dennoch ein deutlicher volkswirtschaftlicher Gewinn (höheres Einkommen, sinkende Arbeitslosigkeit) und ein Wohlfahrtsgewinn erhalten, so die These der Reformanhänger.

Die demographische Entwicklung macht den Sozialpolitikern, wie schon verschiedentlich angesprochen wurde, erhebliche Sorgen. Langfristige Vorausschätzungen zeigen eine kräftige Verschiebung in der Altersstruktur der Bevölkerung nicht nur in Deutschland. Kann die Familienpolitik die Bevölkerungsentwicklung beeinflussen? Nach lange vorherrschender Meinung unter den bevölkerungspolitischen Experten zeigen internationale Vergleiche, dass rein materielle Maßnahmen nur begrenzt wirksam sind (Höhn/Schubnell 1986). Die höchsten Geburtenraten in Europa weisen die skandinavischen Länder und Frankreich auf. Mit dem neuen Paradigma der nachhaltigen Familienpolitik will man offensichtlich von den erfolgreichen Nationen lernen (bench marking; Bertelsmann-Studie 2000).

Tabelle 11.7: Öffentliche Ausgaben für Familien im Ländervergleich (in Prozent des BIP 1998)

	Geldtransfers	Dienstleistungen	Gesamtausgaben
Schweden	1,63	1,68	3,31
Frankreich	1,46	1,23	2,69
Deutschland	1,93	0,8	2,73

Bertelsmann Studie 2000, Vereinbarkeit von Familie und Beruf; zitiert nach Veil 2003, S. 21, Abbildung 3.

Schweden betreibt ebenso wie Frankreich eine ausgewogene Politik von verbesserten geldlichen Transfers für die Familie und Maßnahmen zur besseren Vereinbarkeit von Beruf und Familie für die Frauen (Tabelle 11.7). Während Schweden einen erheblich größeren Teil des BIP dafür ausgibt, erreicht Frankreich mit dem gleichen niedrigen Anteil wie Deutschland sogar bessere Erfolge als Schweden, wobei wir hier unterstellen, dass die Politik der Vereinbarkeit von Familie und Beruf tatsächlich die Geburtenrate positiv beeinflusst. Dieser Weg muss also für die öffentlichen Haushalte nicht viel kostspieliger werden als bisher, wenn sich das französische Modell kopieren ließe.

Auf lange Sicht muss sich die Arbeitswelt deutlich stärker an den Bedürfnissen von Familien und Kindern ausrichten und nicht umgekehrt, wie die steigenden Mobilitätsanforderungen an vielen Arbeitsplätzen heute belegen. Daher hofft man auf die Einsicht der Unternehmen in Deutschland, dass die Ergebnisse einer Prognos-Studie (2003) in mittelständischen Unternehmen zutreffen, die zum Ergebnis kam, dass Investitionen in »Familienfreundlichkeit« sich deutlich lohnen. Ob dies in einer Zeit kurzfristigen Gewinndenkens wirklich flächendeckend geschehen kann, muss wohl eher bezweifelt werden.

Wenn man überhaupt noch etwas verändern will, muss man bald handeln. Wenn erst die Alterslast deutlicher gestiegen ist, wird der Kampf um die knappen Mittel zunehmen. Wer sich dann im Verteilungskampf der Alten gegen die jungen Familien durchsetzen wird, ist schwer vorauszusehen. Noch ist es Zeit, erhebliche familienpolitische Leistungen und strukturelle Reformen zur Vereinbarkeit von Beruf und Familie durchzusetzen.

11.2 Kinder- und Jugendhilfe

Ist eine angemessene Erziehung in der Familie gefährdet oder gar nicht möglich, tritt die Kinder- und Jugendhilfe in diese Lücke. Mit der Neuordnung dieses Bereichs (Sozialgesetzbuch, Bd. VIII) wurde 1991 die Vorsorge und Prävention verstärkt. Die Fähigkeit zur Selbsthilfe der Familien soll unterstützt und Heimerziehung möglichst vermieden werden. Die ambulanten Hilfen in Familien- und Erziehungskrisen wurden ausgebaut, Tagesbetreuungseinrichtungen geschaffen und insgesamt eine breite – den vielfältigen Problemlagen von Kindern und Jugendlichen heute entsprechende – Palette von Hilfsangeboten entwickelt.

Im Folgenden können nur einige der Instrumente und Maßnahmen der Jugendhilfe skizziert werden.

Erzieherische Hilfen reichen von der Erziehungs-, Jugend-, Familien- und Suchtberatung durch Beratungsdienste über Pflegefamilien oder Heimunterbringung bis zur Regelung von Adoptionen. Neue Einrichtungen wie Tagesgruppen zur Förderung des sozialen Lernens, soziale Gruppenarbeit und sozialpädagogische Einzelbetreuung zeigen ein hohes Maß an Anpassungsfähigkeit an neue Herausforderungen. Maßnahmen der Jugendarbeit umfassen u.a. Jugenderholung, Jugendbildung und Jugendsozialarbeit zur sozialen Integration benachteiligter junger Menschen.

Die Arbeit wird vor Ort von den kommunalen Jugendämtern in Verbindung mit Trägern der freien Wohlfahrt und den Jugendverbänden geleistet und im Jugendhilfeausschuss koordiniert. Die Finanzierung erfolgt zu zwei Dritteln aus kommunalen Mitteln, zu einem Drittel aus Ländermitteln.

Die Jugendhilfe steht vor wachsenden Problemen, deren Symptome steigende Verwahrlosung, Jugendkriminalität, Drogensucht und Gewalttätigkeit sind. Die Ursachen sind sicher vielfältig. Fundamental ist in jedem Fall die nachlassende Sozialisierungs- und Bindungskraft von Familien und sozialen Milieus in der anonymen Massengesellschaft (Herth 1993). Besondere Problemlagen (Sprache, Diskriminierungsprozesse) sind bei der Integration von Jugendlichen mit Migrationshintergrund zu bewältigen.

Dabei wird immer mehr Kompensationsarbeit von den Schulen verlangt. Auch die Jugendarbeit in Vereinen und Jugendgruppen wird immer wichtiger aber auch häufig überfordert. Neue Ideen und Konzepte wie die Förderung freier Initiativen und Selbsthilfegruppen, Streat-working und offene Treffs bilden durchaus gute Ansätze, um in der offenen Jugendarbeit auch die nicht in Vereinen organisierten Jugendlichen zu erreichen.

Mit Projektarbeit und Integrationskursen wird an der Eingliederung junger Zuwanderer gearbeitet. Ein brennendes Problem ist der geringe Bildungsstand aufgrund der hohen Schulabbrecherquoten in den Unterschichtmilieus. Damit wird der Zugang zum Arbeitsmarkt zu einem erheblichen Problem. Die Projekte und Maßnahmen zur Berufsvorbereitung sind vielgestaltig und dennoch oft nur ein Tropfen auf einem heißen Stein.

In vielen Fällen mißlingt die Prävention und die Nachsorge für die verpaßten Chancen in der Sozialisation in Familie und Schule überfordert die Institutionen der Jugendhilfe. Die Förderung von Chancen junger Menschen in sozialen Brennpunkten ist richtig, besser wäre eine Politik der Verhinderung von Ausgrenzung und des Entstehens solcher Brennpunkte. Die Ausbrüche von Gewalt in den Vororten der französischen Städte und der zunehmende Fundamentalismus sollte uns die Dringlichkeit einer Integration aller Bürger in die Erwerbsgesellschaft vor Augen führen.

12 Soziale Regulierung am Wohnungsmarkt

12.1 Die Wohnungspolitik im sozialen Wandlungsprozess

Menschenwürdiges Wohnen ist ein Grundbedürfnis. Nach vorherrschender Meinung ist es daher eine wichtige Aufgabe staatlicher Politik, die Marktergebnisse zu korrigieren, wenn die individuelle Vorsorge hier nicht ausreicht. Das war in der Nachkriegszeit der Fall, in der es galt, kurzfristig über Wohnraumverwaltung (Wohnungszwangswirtschaft bis 1963) und Mietpreisbindung den Mangel gerecht zu verteilen und jedem Menschen ein Dach über den Kopf zu verschaffen. Gleichzeitig wurde durch eine massive staatliche Wohnungsbauförderung (sozialer Wohnungsbau), die privates Kapital in die Wohnungswirtschaft lenkte, die riesige Angebotslücke langsam geschlossen.

Im Zuge der Entspannung des Wohnungsmarktes traten dann neue wohnungspolitische Ziele hinzu. Es waren einmal qualitative Ziele, wie die Sanierung von Gebieten mit überalterter Bausubstanz (Städtebauförderungsgesetz, Qualitätsstandards für Neubauten und Modernisierung) und zum anderen soziale Ziele, wie die Stärkung der Wohnkaufkraft einkommensschwacher Haushalte durch Wohngeld und die Liberalisierung des Mietrechts bei Wahrung der Sozialbindung des Wohneigentums (Soziales Mietrecht). Familien- und gesellschaftspolitische Ziele, wie die verstärkte Förderung von Wohneigentum (Bausparförderung, Baukindergeld, Eigenheimzulage) wurden zeitweise in den Vordergrund gestellt. Andere Ziele, wie die Vermeidung der Obdachlosigkeit von Problemgruppen (Einkommensschwache, Asylbewerber, Spätaussiedler) blieben trotz der allgemeinen Wohlstandsmehrung immer aktuell. Im Ganzen läßt sich ein positives Fazit über die bisherige Entwicklung ziehen. Eine weitaus überwiegende Mehrheit der Menschen in Deutschland lebt heute in einer Wohnung, die von der Größe, Ausstattung und Qualität ihren Ansprüchen genügt. Während sich in den 1990er Jahren aufgrund einer großen Zuwanderung, steigender Raumansprüche und des qualitativ unzureichenden Angebots in den neuen Bundesländern in vielen Regionen wieder Verknappungstendenzen zeigten und die Mietpreise stark anstiegen, hat sich seit einigen Jahren die Situation wieder beruhigt. In den meisten Regionen bildet sich aktuell (2007) ein Käufermarkt heraus, der die Mietentwicklung deutlich hemmt. Anders sieht die Situation in den Ballungszentren aus und auch die Wohnsituation einkommensschwacher Haushalte bleibt eine heikle Frage.

Tabelle 12.1: Ziele, Instrumente und Nebenwirkungen der Wohnungspolitik

Ziele	Instrumente	Hinweise auf Effizienz, Nebenwirkungen und Zielkonflikte
Schaffung von Wohnraum	Sozialer Wohnungsbau: Objektförderung von Mietwohnungen	Kostentreibend durch Kostenmietenprinzip, Fehlbelegerproblem
Eigentumsförderung	1) Sozialer Wohnungsbau (Eigentumsförderung) 2) Bausparförderung	Umverteilung im Mittelstand, Sickereffekte für untere Schichten umstritten
Verbilligung von Wohnraum für ärmere Schichten	1) Wohngeld (Subjektförderung) 2) Systeme der Grundsicherung 3) Mietpreisregulierung (u.a. Vergleichsmiete, Begrenzung der Steigerungsrate der Wohnungsmieten)	Mietpreistreibend bei knappem Wohnungsangebot; bei Höchstmieten: Rentabilität für private Anbieter in Gefahr: Rückgang im Mietwohnungsbau
Qualitätssicherung	Bauvorschriften Baustandards	Höhere Baustandards führen zu höheren Kosten und Mieten
Familienförderung	1) Baukindergeld 2) Sozialer Wohnungsbau und Wohngeld: Berücksichtigung der Familiengröße bei der Subvention	
Mieterschutz	soziales Mietrecht (u.a. Kündigungsschutz)	Vermieter mit zu geringen Eigentumsrechten investieren nicht im Wohnungsbau
Beistand gegen und bei Obdachlosigkeit	Wohngeld, Grundsicherung (Sozialhilfe), Notunterkünfte	hohe Zielverfehlung: Obdachlose erhalten zu geringe Leistungen im Vergleich zum Mittelstand
Verhinderung von Segregation und Ghettobildung	Sozialer Wohnungsbau: Mischbelegung, Kauf von Belegungsrechten für Problemgruppen	Wichtige Integrationsaufgabe für die Zukunft

Im Wohnraumförderungsgesetz (WoFG), das 2001 das Wohnungsbaugesetz ablöste, wurden die Ziele der Wohnungspolitik neu bestimmt und der aktuellen Situation auf dem Wohnungsmarkt angepaßt. Dabei erfolgt eine Konzentration auf die sozialpolitische Komponente, wenn in § 1 als zentrales Ziel genannt wird, Haushalte zu fördern, die sich am Markt nicht angemessen mit Wohnraum versorgen können und auf Unterstützung angewiesen sind. Mit der Änderung des Baugesetzbuches von 2004 wird der Stadtumbau mit dem Ziel der

Revitalisierung und Stabilisierung gefährdeter Stadtteile und Wohnquartiere – Stichwort »Soziale Stadt« – ins Visier genommen.

12.2 Ziele und Instrumente der sozialen Regulierung am Wohnungsmarkt

Die Tabelle 12.1 gibt einen Überblick über das komplexe Ziel- und Instrumentenbündel einer modernen Wohnungs- und Städtebaupolitik. Dabei verschieben sich mit den neuen Herausforderungen die jeweiligen Schwerpunkte. In der letzten Spalte der Tabelle wird auf mögliche Nebenwirkungen, wie Mitnahmeeffekte hingewiesen.

Vom sozialen Wohnungsbau zur sozialen Wohnraumförderung

Der Soziale Wohnungsbau dient – wie die Übersicht verdeutlicht – mehreren Zielen. Das Grundmodell der Förderung sieht wie folgt aus. Staatliche Wohnungsbauförderungsanstalten gewähren Bauherren zinsgünstige öffentliche Darlehen im Tausch gegen eine Mietpreisbindung (Kostenmiete) für einen längeren Zeitraum (Bindungsfrist). Während dieser Bindung muss der Bauherr Mieter annehmen, die über eine Wohnberechtigung verfügen. Ihr Familieneinkommen darf festgelegte Einkommensgrenzen nicht überschreiten. In seiner klassischen Variante, dem sog. *ersten Förderweg* wurden vor allem von großen gemeinnützigen Wohnungsunternehmen bis in die 1970er Jahre hinein eine große Zahl von Mietwohnungen geschaffen. Die Bindungsfristen liegen zwischen 25 und 50 Jahren. Insgesamt ist diesem Modell ein großer Erfolg bei der Behebung des Wohnungsmangels in der Nachkriegszeit zu bescheinigen. Erkauft wurde dies mit einem sehr hohen Subventionsaufwand pro Wohnung. Das Prinzip der Orientierung der Miete an den Kosten (abzüglich der Subvention) gab zu wenig Anreiz für die Bauherren, Kosten sparend zu bauen. Bei dynamisch steigenden Baukosten über die Jahrzehnte hinweg verteuerte sich der erste Förderungsweg zunehmend. Außerdem gab und gibt es unerwünschte Verteilungswirkungen durch die *Fehlbelegung* vieler Sozialwohnungen. Viele Mieter erzielen mit der Zeit ein höheres Einkommen und wachsen damit aus der Gruppe der Begünstigten hinaus. Zur Korrektur dieser Fehlsubventionierung können die Gemeinden diese Mieter zu einem nach Einkommenshöhe und Größe der Wohnung gestaffelten *Wohnungsmarktbeitrag* über die eigentliche Sozialmiete hinaus heranziehen.

Mit dem neuen Konzept der sozialen Wohnraumförderung wird umgesteuert. Der Neubau wird reduziert und durch Modernisierung bestehenden Wohnraums zur Versorgung der in § 1 genannten Zielgruppen ersetzt. Die Haushalte, die aus eigener Kraft keinen angemessen Wohnraum finden können, sollen durch den öffentlichen Erwerb von Belegungsrechten und durch die Subvention der Bildung von Wohneigentum zur Selbstnutzung unterstützt werden.

Die Förderung von Wohneigentum zur Selbstnutzung

In der zweiten Phase der Geschichte des sozialen Wohnungsbaus wurde der *zweite Förderweg* entwickelt: die *Eigentumsförderung* in Form von Eigenheimen und Eigentumswohnungen. Die Einkommensgrenzen, bis zu denen gefördert wurde, lagen bis zu 60 Prozent höher als beim ersten Weg, so dass der Charakter einer Mittelstandsförderung sehr deutlich hervortrat. Weitere Instrumente zur Förderung des Wohneigentums wie die Bausparförderung und die Eigenheimzulage traten hinzu und verstärkten die Verteilungswirkung zugunsten einer Schicht der Bevölkerung, die auch ohne Förderung Wohneigentum bilden konnte. Erst in jüngster Zeit hat die Politik hier einiges korrigiert. So wurde die Eigenheimzulage zum 1.1. 2006 abgeschafft und die Eigentumsförderung nach dem Wohnraumförderungsgesetz auf untere Einkommensgruppen konzentriert.

Das Wohngeld als Subjektförderung

Die Bedeutung des Wohngeldes hat in den letzten Jahrzehnten ständig zugenommen. Es wird Mietern als Mietzuschuß und Eigentümern als Ausgleich für die Belastungen durch Hypotheken und die Bewirtschaftung eines selbstgenutzten Wohneigentums gezahlt. Es gelten Fürsorge- und Bedarfsprinzip. Anspruch auf Wohngeld setzt Bedürftigkeit voraus. Ziel ist die Deckung eines angemessenen Wohnbedarfs. Bei der Bedürftigkeitsprüfung werden die Zahl der zum Haushalt zählenden Familienmitglieder (Raumbedarf), die Höhe der zu berücksichtigenden Miete (bzw. Belastung) und das Familieneinkommen berücksichtigt. Wohngeld wird nicht für unangemessen hohe Wohnkosten gewährt, allerdings soll durchaus der Zugang zu Wohnungen auf einem durchschnittlichen Kosten- und Qualitätsniveau ermöglicht werden. Die Höchstbeträge, mit denen Mieten bezuschusst werden, hängen von dem durchschnittlichen regionalen Mietenniveau ab und sind in Ballungsgebieten entsprechend höher. Seit 2005 sind Grundsicherungsempfänger (Arbeitslosengeld II, Sozialhilfe und Grundsicherung im Alter und bei Erwerbsminderung) vom Wohngeldbezug ausgeschlossen, da ihre Unterkunftskosten schon in ihrer Grundsicherung berücksichtigt werden.

Die Finanzierung des Wohngeldes erfolgt aus Steuermitteln des Bundes und der Länder. Nach vorherrschender Meinung der Ökonomen ist dieses Instrument das bei weitem treffsicherste und effizienteste. Die wirklich bedürftigen einkommensschwache Haushalte werden gezielt gestützt. Fehlsubventionen, wie sie bei der Objektförderung fast unvermeidlich sind, werden vermieden (Eekhoff 1993). So fordern denn liberale Ökonomen seit langem die Abschaffung der Objektförderung und die Verwendung eines Teils der eingesparten Gelder für eine verbesserte Wohngeldregelung. Dem wird entgegengehalten, dass in Zeiten hoher Wohnungsknappheit Wohngelderhöhungen rein inflationär wirken, also mit erheblichen Mietpreissteigerungen zu rechnen ist. Die Vermieter kalkulieren die Wohngeldtransfers in ihre Mieten mit ein. Ob der Marktmechanismus steigender Mieten dann mittelfristig zu Angebotssteigerungen führt, ist bei den besonderen Rentabilitätsbedingungen des Wohnungsbaus immerhin fraglich. Ein weiteres Gegenargument verweist auf die Zunahme von Segregation und Ghettobildung in unseren Städten. Neben Wohngeld müssen hier weitere Instrumente zur Integration genutzt werden.

Tabelle 12.2: Entwicklungen auf dem Wohnungsmarkt

Indikatoren zur Wohnungsversorgung	*1980*	*1995*	*2000*	*2003*
Fertiggestellte Wohnungen (in 1.000)	363	602,8	423	278
Wohnungen pro 1.000 Einwohner (West)	412	430	456	464
Wohnungen pro 1.000 Einwohner (Ost)	-	456	506	521
Wohngeldempfänger in 1.000	1.490	2.547	2.839	3.524 (2004)
Wohngeld Ausgaben in Mrd. Euro	1,0	3,2	4,3	5,2 (2004)

Quelle: Institut der deutschen Wirtschaft, Zahlen zur wirtschaftlichen Entwicklung der Bundesrepublik Deutschland (neu: Deutschland in Zahlen), verschiedene Jahrgänge, Arbeitstabelle des Statistischen Bundesamtes Wiesbaden 2003: Empfängerinnen von Wohngeld 1991–2001.

Die hohen Steigerungsraten sowohl bei der Zahl der Wohngeldbezieher als auch bei der ausgezahlten Summe pro Jahr (immerhin fast 9 Prozent pro Jahr im letzten Jahrzehnt; vgl. Tabelle 12.2) spiegelt die negative Entwicklung auf dem Arbeitsmarkt – die hohe Arbeitslosigkeit und die zum Teil sinkenden Reallöhne bei den Geringverdienern – wider.

Die Bedeutung des sozialen Mietrechts

Die Wohnung ist die Stätte des Privaten, der Ort, wo die Familien und andere Lebensgemeinschaften sich treffen und kommunizieren. Diese Lebenswelten als Basis des gesellschaftlichen Zusammenlebens bedürfen eines besonderen Schutzes. Dazu gehört auch der Mieterschutz in Form von mieterfreundlichen Kündigungsregeln (Wohnungskündigungsschutz-Gesetz 1971; seit 1974 Teil des BGB). So ist eine Kündigung nur bei erheblicher Vertragsverletzung durch den Mieter oder bei nachgewiesenem Eigenbedarf des Vermieters möglich.

Die staatlichen Eingriffe in den freien Mietpreisbildungsprozess sind zunehmend reduziert worden. Die Liberalisierung des Mietrechts sollte den freien Wohnungsbau über eine steigende Rendite ankurbeln. Mit Staffelmieten (vereinbarte Mieterhöhungen in regelmäßigen Abständen), Mietzeitverträgen und Mietspiegeln zur aktuellen Fortschreibung der örtlichen Vergleichsmieten sollte eine bessere Verzinsung des in den Mietwohnungsbau fließenden Kapitals erreicht werden, ohne die soziale Komponente zu vernachlässigen.

Im Mittelpunkt der staatlichen Mietregulierung steht das Vergleichsmietenkonzept. Mit der Aufstellung kommunaler Mietspiegel soll die Mieterhöhung im Bestand, d.h. bei laufenden Mietverträgen einerseits erleichtert und andererseits durch die Bindung an die durchschnittliche Mietentwicklung der letzten Jahre im Anstieg begrenzt werden. So zielt auch die Festlegung einer maximalen prozentualen Mieterhöhung (Kappungsgrenze von 20 Prozent) innerhalb eines Dreijahreszeitraums auf eine gewisse Dämpfung und Verstetigung der Mietpreisentwicklung.

Das Ergebnis war nicht immer den Erwartungen entsprechend. Da trotz der höheren Mieteinnahmen die Ankurbelung des freien Wohnungsbaus nicht gelang, kam es in den 1990er Jahren bei gleichzeitiger Nachfrageerhöhung zu einer über die allgemeine Inflationsrate deutlich hinausgehenden Mietpreisinflation. Dies traf vor allem große Familien und andere Problemgruppen des Wohnungsmarktes. Inzwischen hat sich der Mietpreisanstieg – außer in einigen Ballungsgebieten – deutlich beruhigt und der Mietpreisindex zeigt seit Jahren einen geringeren Anstieg als der Verbraucherpreisindex.

Situation und Probleme auf dem Wohnungsmarkt

Die Lage auf dem Wohnungsmarkt war schon immer unübersichtlich. Starke Schwankungen der Nachfrage führten zu politisch mitverursachten zyklischen Angebotsanpassungen (Eichener/Heinze 1994). Schon Ende der 1960er Jahre glaubte man den Nachholbedarf gedeckt zu haben. Dann wurde plötzlich wieder ein ungedeckter Bedarf sichtbar. Zum ersten Mal tauchte der Begriff einer neuen Wohnungsnot auf. Die Politik reagierte und erhebliche Mittel wurden in den sozialen Wohnungsbau investiert. Dann wurden zu Beginn der 1980er Jahre Leerstände und Wohnungshalden gesichtet. Dies führte zu dem Befund, dass eine gewisse Sättigung erreicht sei und der soziale Wohnungsbau wurde von 1980 bis 1987 um mehr als die Hälfte zurückgefahren. 1986 stellte der Bund die Förderung ein. Die Länderprogramme liefen zumeist weiter. Auch im europäischen Vergleich verwies der Versorgungs-Indikator mit 430 Wohnungen pro 1.000 Einwohner auf ein gutes Versorgungsniveau.

Die Volkszählung von 1987 brachte die Erkenntnis, dass der tatsächliche Wohnungsbestand Mitte der 1980er Jahre um ca. eine Million unterhalb der

geschätzten Werte lag. Die Situation veränderte sich rasch. Mit dem Aufschwung Ende der 1980er Jahre stiegen die Einkommen und die Wohnrauman-
sprüche. Steigende Scheidungsraten, verlängertes Lebensalter und der soziale
Trend zur Individualisierung erhöhten die Nachfrage genauso wie die starke
Zuwanderung von außen durch Spätaussiedler, die Familienzusammenführung
bei den ausländischen Arbeitnehmern und steigende Zahlen von Asylbewer-
bern.

Aber erst mit dem Zustrom von Aussiedlern Ende der 1980er Jahre und der
deutschen Vereinigung werden die Weichen in Richtung einer wieder stärkeren
Objektförderung gestellt (Aussiedlerwohnungsprogramm 1989, Sozialwohnungs-
programm 1990). Nachdem die Zahl der fertiggestellten Wohnungen bis 1987
auf 196.000 gefallen war, brauchte es eine längere Anlaufphase, um die Zahl der
Neubauten trotz massiver Förderung deutlich zu erhöhen. Der Schwellenwert
an Neubauten, der erreicht werden muss, um die Versorgungslage auch nur
konstant zu halten, wird mit ca. 450.000 für das vereinigte Deutschland geschätzt. Diese Zahl wurde erst 1994 erreicht und 1995 mit 602.800 (vgl. Tabelle
12.2) und in den nächsten 4 Jahren überschritten. Seitdem sank die Zahl der neu
gebauten Wohnungen wieder deutlich und erreichte 2004 mit 278.000 einen
Tiefststand seit der Vereinigung. Vor allem der Mietwohnungsbau ist wieder
eingebrochen. 71,5 Prozent der 2004 erstellten Wohnungen befinden sich in
Ein- und Zweifamilienhäusern. Wenn dennoch gegenwärtig eher von Leerstän-
den die Rede ist, kann das angesichts der hohen Schwankungen in der Nachfrage in der Vergangenheit nicht beruhigen. Offensichtlich ist eine stetige Entwicklung, die auch für die Bauwirtschaft und die Arbeitsplätze dort wichtig
wäre, nicht zu erreichen und das Stop-and Go im Wohnungsbau setzt sich fort.

Ökonomen stehen solchen Bedarfsschätzungen skeptisch gegenüber, da die
Nachfrage natürlich wie bei jedem Gut erheblich steigt, wenn nur den Preis
genügend sinkt. Auf lange Sicht hängen die Knappheitsverhältnisse auf dem
Wohnungsmarkt entscheidend von der Bevölkerungsentwicklung (Zuwande-
rung), der Kaufkraftentwicklung und der Stärke des sozialen Wandels (Zahl der
Haushalte, Alleinlebende) ab.

Der Frage, ob eine staatliche Objekt- oder Subjektförderung des Wohnens
vorzuziehen ist, ist nicht leicht zu entscheiden. Kritiker weisen auf die erheblichen Fehlsubventionen im sozialen Wohnungsbau hin, der als Mittelstandsförderung konzipiert ist und in einer Zeit zunehmender Knappheit öffentlicher
Mittel die eigentlichen Problemgruppen aus den Augen verliert. Verteilungspolitisch ist Mittelstandsförderung weitgehend ein In-Sich Transfer innerhalb dieser Gruppe. Die Wohngeldtransfers dagegen sind verteilungs- und sozialpolitisch
zielführender (Ulbrich 1992). Die Befürworter des sozialen Wohnungsbaus weisen auf den starken Rückgang im Neubau hin und argumentieren, nur die Objektförderung könne auf lange Sicht den Marktausgleich bewirken. Das Ver-

trauen in die Mengenanpassung über den Preismechanismus – wie man es auf normalen Märkten gewohnt ist – wird von ihnen nicht geteilt.

Die staatliche Wohnungspolitik geht aktuell davon aus, dass ein befriedigender Bestand an preiswerten Wohnungen erreicht ist und setzt daher nun vorrangig auf das Instrument der Subjektförderung durch das Wohngeld. Aus sozialpolitischer Sicht ist zu fragen, ob mit der reinen Wohngeldlösung die Problemgruppen wie Obdachlose und davon Bedrohte, Ausländer und allein erziehende Grundsicherungsempfänger ausreichend mit Wohnraum versorgt, ihre Diskriminierung überwunden und eine Integration in eine normale Wohngegend erreicht werden kann. Hier ist Skepsis angebracht. Daher ist es erfreulich, dass die staatliche Regulierungspolitik auf dem Wohnungsmarkt sich genau auf diese Gruppen konzentrieren will.

Zur Verhinderung weiterer Ghettobildung und Obdachlosigkeit könnte der Kauf von Belegungsrechten durch die Kommunen im Wohnungsaltbestand und die Vergabe dieser Wohnungen an die Problemgruppen eine Lösung sein (Eichener/Heinze 1994, 298f.). Weitere Innovationen erscheinen dringend geboten. Angesichts der immens gestiegenen Kosten wird der öffentliche Wohnungsbau allein nicht in der Lage sein, die Defizite zu beseitigen. Die private Kapitalanlage im Wohnungsbau bleibt unverzichtbar und erfordert, dass die Erwartung an eine Mindestrendite eingelöst wird.

Es fragt sich allerdings, ob nicht bei der Zielvielfalt der Wohnungspolitik das sozial dringlichste Anliegen – die Beseitigung der Obdachlosigkeit, Auflösung von Notunterkünften und die Reintegration der in den Elendsquartieren unserer Städte Abgeladenen – an die letzte Stelle gerät. Manche sprechen vom dritten Wohnungsmarkt (Jetter 1995, S.19). Armut und Lebenslageschwäche werden gerade durch die Ghettosituation fortgepflanzt. Es fehlen überzeugende Konzepte zur Reintegration der Betroffenen. Diese verfügen über keine Lobby. Ihre Lebenslageschwäche ist mehrdimensional (keine Ausbildung, keine Arbeit, kein Einkommen, schlechte Wohnung, geringe Motivation und Selbstachtung), so dass die Hilfe zur Selbsthilfe oft bei Null anfangen muss. Hinzu tritt das Problem der Abschottung der Menschen mit Migrationshintergrund. Mit neuen innovativen Projekten, Initiativen und dem Aufbau sozialer Netzwerke in den Problemvierteln werden im Rahmen des 1999 aufgestellten Bund-Länder-Programms »Soziale Stadt« Antworten darauf gesucht, wie künftig Städte und Stadtteile funktionieren, d.h. die Wohnbedürfnisse der Bürger erfüllen und Integration und sozialen Frieden garantieren können.

12.3 Wohnen in den neuen Bundesländern

Der Blick auf die Wohnraumversorgung in den neuen Bundesländern bietet ein differenziertes Bild. Die Zahl der Wohnungen pro 1.000 Einwohner war 2003 – nicht zuletzt wegen der Westwanderung – um gut 12 Prozent höher als in den alten Ländern (vgl. Tabelle 12.2) und die besonderen Probleme einer Wohnungsnot in Ballungsgebieten treten dort kaum auf. Im Durchschnitt sind die Wohnungen mit 72,1 Quadratmetern zwar kleiner als im Westen mit 88,6 Quadratmetern, sie sind aber im europäischen Vergleich durchaus geräumig. Inzwischen erreichen viele Wohnungen auch den mittleren qualitativen Standard des Westens. Der Bauboom seit der Vereinigung, der seit 2000 deutlich abgeebbt ist, hat auch zur Modernisierung beigetragen. Die Mieten stiegen in den 1990er Jahren unter staatlichen Vorgaben deutlich an. War der Mietpreis in der DDR ein eher symbolischer Preis und mit 0,35 bis 1,25 Mark pro Quadratmeter hoch subventioniert, so war das Bestreben der Politik nach der Vereinigung, den Wohnungsmarkt recht bald in das westdeutsche Vergleichsmietensystem zu überführen. Dieses Projekt wurde über mehrere Zwischenschritte inzwischen erreicht. Schon Ende 1990 wurden die Mieten im Neubau freigegeben, während die Bestandsmieten in mehreren Stufen nach gesetzlich vorgegebenen Steigerungsraten erheblich angehoben wurden. Sozial abgefedert wurden diese in der Bevölkerung unpopulären Maßnahmen durch hohe Wohngeldzahlungen.

Mit dem Wohngeldüberleitungsgesetz (1996) wurde der besondere Wohngeldanspruch reduziert und 1998 das Vergleichsmietensystem (Mietspiegel) eingeführt. Seit 2004 gilt in ganz Deutschland ein einheitliches Mietrecht. Die Mietpreise haben sich inzwischen deutlich dem Westniveau angenähert. Der Leerstand wurde im Mikrozensus 2002 auf 1,1 Mio. Wohnungen beziffert, das sind über 14 Prozent des Bestandes. Den daraus erwachsenden Problemen des Zerfalls und der Erosion von Stadtteilen will die Bundesregierung mit einer konzertierten Aktion »Stadtumbau Ost« begegnen, in dem der notwendige Rückbau des Überhangs mit der Verbesserung des noch erhaltenswerten Bestandes verbunden werden soll (vgl. www.bmvbv.de/Staedtebau-und-Wohnungswesen).

13 Sozialpolitische Aspekte des Bildungssystems

13.1 Lebenslage und Bildung

Die Verteilung von gesellschaftlichen und beruflichen Positionen und die soziale Durchlässigkeit der Gesellschaft werden in entscheidender Weise durch das Bildungssystem bestimmt. Chancengleichheit – eines der Hauptziele der Sozialordnung – setzt ein offenes Bildungswesen voraus, in dem die Menschen aus allen Schichten der Gesellschaft ihren Fähigkeiten gemäß eine Ausbildung erhalten. Die öffentliche Förderung von Aus- und Fortbildung ist nicht nur verteilungspolitisch begründbar. Viele sehen in der Erhöhung und Ausbreitung des Bildungsniveaus ein eigenständiges gesellschaftspolitisches Ziel. Andere verweisen auf die *positiven externen Effekte* einer gut ausgebildeten Bevölkerung für Wachstum, Wohlstand und sozialen Frieden unseres Landes. Die hohe Produktivität hierzulande beruht zuallererst auf dem guten Ausbildungs- und Wissensstand und der Motivation seiner arbeitenden Bevölkerung.

In den 1960er Jahren wurden von Sozialforschern Tendenzen zur Verfestigung der Grenzen zwischen den gesellschaftlichen Klassen und Schichten in der Bundesrepublik und eine weitgehende Undurchlässigkeit des Bildungssystems für Arbeiterkinder und andere sozial schwächere Gruppen nachgewiesen. Um Chancengleichheit im Bildungs- und Ausbildungswesen zu realisieren und damit die Verteilung gesellschaftlicher und beruflicher Positionen leistungsgerechter zu gestalten, wurde damals eine erfolgreiche Bildungsoffensive gestartet. So fand eine eindrucksvolle Expansion und Umgestaltung des Bildungssystems in allen Bereichen von der kompensatorischen Vorschulerziehung über Schule und Hochschule, berufliche Bildung bis hin zu den Weiterbildungseinrichtungen statt. Dadurch kam man den wichtigsten bildungspolitischen Zielen – allgemeine Erhöhung des Qualifikationsniveaus und Öffnung des Bildungssystems für bisher benachteiligte Schichten – ein bedeutendes Stück näher. Schon Ende der 1970er Jahre erreichten doppelt so viele Jugendliche wie 1965 einen mittleren Schulabschluss, fast viermal so viele eine Fachhochschul- oder Hochschulreife. Die Anzahl der Studienanfänger hatte sich verdoppelt. Es kam zu einem beträchtlichen Anstieg von Studierenden aus Arbeiterfamilien. Vor allem jedoch stieg das Qualifikations- und Ausbildungsniveau der Mädchen deutlich an und der Rückstand zu den Jungen verringerte sich deutlich. Die seinerzeit befürchtete Bildungskatastrophe wurde damals erfolgreich abgewendet.

Leider ruhte man sich auf diesen Anfangserfolgen aus und verlor dadurch wiederum den Anschluß an die Entwicklung in anderen Ländern.

13.2 Soziale Probleme im Ausbildungssystem

Soziale Selektion im Schulsystem

Trotz Schulpflicht und gebührenfreien Schulbesuchs auch bei den weiterführenden Schulen verlassen jährlich viel zu viele Schüler ihre Schule ohne Abschluss. Im Jahre 2004 waren es mehr als 80.000 (jeder zwölfte Schüler). Nach der ersten PISA-Studie wiesen mehr als 20 Prozent der 15-jährigen mangelhafte Leistungen in Lesen und Rechnen auf. Von den Migrantenkindern beenden mehr als 20 Prozent die Schule ohne Erfolg. Weitere Klagen beziehen sich auf die zu späte Einschulung, die hohe Zahl der Sitzenbleiber und das viel zu hohe Alter der Schüler am Ende der Pflichtschulzeit.

Chancen auf einen guten Beruf, hohes Einkommen und Prestige haben die Jugendlichen, die eine gute Ausbildung erfahren. Um die Chancengleichheit in einer Gesellschaft zu erhöhen, bedarf es an erster Stelle eines leistungsfähigen Aus- und Fortbildungssystems, das allen Schichten und ihren Begabungen offen steht. Davon ist Deutschland, wie zuletzt die beiden PISA-Studien der OECD (2000 und 2003) der Bildungspolitik ins Stammbuch schrieben, noch viel zu weit entfernt. So ist

- in keinem anderen untersuchten Land die Lesekompetenz so stark an die soziale Herkunft gekoppelt wie in Deutschland,
- die Chance, ein Gymnasium zu besuchen, auch bei gleicher Begabung für ein Facharbeiterkind dreimal geringer als für ein Kind aus einem Elternhaus mit einem hohen sozialen Status.

Diese Benachteiligungen pflanzen sich fort, so dass der Zugang zu höheren Schul-, Bildungs- und Berufsabschlüssen, zum Studium und zu Berufen mit höherer Qualifikation nach wie vor entscheidend durch die soziale Herkunft bestimmt wird.

Der PISA-Schock hat zu einer kaum überschaubaren Zahl von Reformvorschlägen geführt. Viele Kritiker des deutschen Schulsystems fühlen sich in ihren Urteilen bestätigt und präsentieren ihre alten Vorschläge. Von der Lösung dieses Problems hängt immerhin das zukünftige Einkommen vieler Bürger, die Einkommensverteilung und nicht zuletzt der soziale Frieden ab.

Die Bundesregierung hat mit einem Investitionsprogramm »Zukunft Bildung und Betreuung« reagiert (Sozialbericht 2005, S. 32). Im Mittelpunkt steht der Ausbau der Ganztagsschulen wie sie in den Ländern mit guten PISA-Rangplätzen dominieren. Weitere Programme beziehen sich auf die Verbesserung der Unterrichtsmethoden und die besondere Förderung von Kindern und Jugendlichen mit Migrationshintergrund. Da Bildungspolitik vor allem eine Aufgabe der Bundesländer ist, ergibt sich hier eine Konkurrenzsituation im Föderalismus. Die PISA-Studien ermöglichten auch einen Ländervergleich, der ebenfalls die Gemüter erhitzte. Einige Bundesländer haben hier schon reagiert und die dort regierenden Parteien ihre Erkenntnisse umgesetzt. Ob man mit Zentralabitur, regelmäßigen zentralen Leistungskontrollen und klaren Zielvorgaben besser fährt als mit größerer Autonomie der Schulen bleibt umstritten.

Das deutsche Vorzeigesystem der »Beruflichen Bildung« mit Schattenseiten

Das duale berufliche Ausbildungssystem Deutschlands wird vielfach gelobt. Die Verbindung zwischen praktischer betrieblicher Ausbildung und theoretisch ausgelegter Berufsschulbildung – *das duale System* – gilt auch heute noch als vorbildlich und der deutsche Facharbeiter ist ein Begriff. Das Hauptproblem ist schon seit einiger Zeit der Mangel an Ausbildungsplätzen. So erreichte 2003 das Angebot nur, um 98,2 Prozent (West) und 91,2 Prozent (Ost) der Nachfrage zu decken. Nur noch 24 Prozent der Betriebe im Westen beteiligten sich an der Ausbildung (1980: 35 Prozent) (Armuts- und Reichtumsbericht 2005, S. 105). Viele Jugendliche verweilen in staatlich finanzierten Qualifizierungsmaßnahmen, die von Experten oft als reine Warteschleifen eingeschätzt werden. Ein erheblicher Teil der jungen Menschen – hier vor allem wieder Jugendliche aus unteren sozialen Schichten und ausländischer Herkunft – schafft keinen Abschluss und ist damit nur schwer in den Arbeitsmarkt zu integrieren, der immer weniger unqualifizierte Arbeitnehmer nachfragt. Auch hier zeigt sich wieder das zentrale Problem der sozialen Ausgrenzung und die bisher noch unzureichenden Bemühungen der Sozial- und Bildungspolitik, wirksame Gegenmittel zu finden.

Das sich schon seit Jahren immer wieder neu stellende Problem ist das unzureichende Ausbildungsplatzangebot durch die Wirtschaft. Das Problem wurde verschleppt, weil es nicht gelang, allen Ausbildungsuchenden einen adäquaten, ihren Neigungen entsprechenden Platz anzubieten. Viele mussten sich umorientieren und eine wachsende Zahl wird auf »Warteschleifen« geschickt und damit immer später oder gar nicht beruflich qualifiziert. So gab es im Jahre 2004 ca. 128.600 Teilnehmer in der Berufsvorbereitung- und Berufsgrundbildung, die von den beruflichen Schulen angeboten werden. Schätzungen gehen davon aus, dass inzwischen über eine halbe Million Jugendliche hier und in verschiedenen Sonderprogrammen, die von der Bundesagentur für Arbeit und auch aus EU-Mitteln finanziert werden, versorgt werden. 1,36 Mio. (14,9 Prozent) junge Menschen in der Altersgruppe 20−29 waren 2003 ohne abgeschlossene Berufsausbildung, bei den Migranten war mehr als ein Drittel betroffen (Sozialbericht 2005, S. 35).

Tabelle 13.1: Indikatoren des Bildungssystems (Zahlen in 1.000)

Jahr	Schulabsolventen	Angebotene Ausbildungsplätze	Nachgefragte Ausbildungsplätze	Studierendeinsgesamt-	Anteil der Studentinnen in Prozent
1995	862	617	597	1.858	41,7
2000	938	647	645	1.799	46,1
2002	935	590	595	1.939	47,4
2006	986 (2005)	591	625	1.975	47,8

Quelle: Statistisches Taschenbuch 2007, Tabelle 2.9; Institut der deutschen Wirtschaft, Deutschland in Zahlen 2007, Tabelle 9.12.

Das Angebot an Lehrstellen sank in den letzten Jahren deutlich, während die Zahl der nachfragenden Schulabsolventen stark stieg. Der im Jahr 2004 von der Bundesregierung und der Wirtschaft abgeschlossene erste Ausbildungspakt konnte eine weitere Reduktion der Ausbildungsplätze in 2005 nicht verhindern. Zwar kamen die von den Arbeitgebern zugesagten neuen Ausbildungsplätze und Einstiegsqualifikationen (eine Art Praktikum für schwer vermittelbare Jugendliche) zustande, jedoch wurden an anderen Stellen Plätze abgebaut. Erst mit dem Aufschwung in 2006 stieg die Zahl wieder an. Im Jahr 2007 wurde trotz vielfacher Kritik ein zweiter Ausbildungspakt geschlossen, da Bundesregierung und Wirtschaft den ersten durchaus als Erfolg ansahen. Bis 2010 will die Wirtschaft in jedem Jahr 60.000 zusätzliche Lehrstellen anbieten und jährlich sollen 30.000 neue Betriebe hinzukommen, die ausbilden.

Die Gewerkschaften fordern seit langem eine Sanktionierung der nicht ausbildenden Unternehmen durch eine *Ausbildungsabgabe*. Sie wurde 2003 von der damaligen Bundesregierung geplant, dann allerdings durch den Ausbildungspakt ersetzt. Eine solche Abgabe könnte mehr Betriebe zur Ausbildung veranlassen und die Mittel könnten zweckgebunden zur Finanzierung außerbetrieblicher Ausbildung eingesetzt werden. Die Arbeitgeber dagegen warnen davor, dass sich noch mehr Betriebe von der Ausbildung verabschieden könnten.

Tatsächlich haben Industrie und Handel von 1995 bis 2005 die Zahl der Ausbildungsverträge um 20,1 Prozent reduziert, während Handwerk und Freie Berufe hier zulegten. Der Hinweis auf den bald zu erwartenden Facharbeitermangel fruchtet hier offensichtlich wenig. Die Unternehmen klagen über die schlechte Wirtschaftslage, die hohen Kosten der Azubis und ihre oft mangelhafte Vorbildung und Motivation. Hier zeigt sich, dass die Ausbildung für die Unternehmen ein Kollektivgut darstellt. Wenn andere Betriebe ausbilden, spart die Konkurrenz Kosten und kann später die Facharbeiter abwerben. Nur wenn sehr betriebsspezifische Kenntnisse vermittelt werden müssen oder ein Handwerksbetrieb schon während der Lehrzeit von der Wertschöpfung des Azubis profitieren kann, ändert sich das Kalkül. Damit ist eine staatliche Regulation in diesem so existentiell wichtigen Bereich unvermeidlich. Nur über die richtigen Instrumente wird heftig gestritten.

Hochschulbildung in sozialer Schieflage

Die Zahl der Studierenden in Deutschland lag 2003 bei 2 Mio. Der Zugang zum Studium ist weiterhin sehr ungleich verteilt. So erreichen nur 11 von 100 Kindern aus der »unteren« sozialen Schicht, aber 81 Prozent aus der oberen die Hochschulzulassung.

Tabelle 13.2: Entwicklung der Akademikerquote (1) von 1991 bis 2003 im internationalen Vergleich

Land	CDN	FIN	S	N	USA	F	DK	UK	CH	NL	D	A	I
1991	35	35	27	27	30	20	19	19	21	22	20	8	7
2003	53	40	40	40	39	37	35	33	29	28	22	15	12

(1) Anteil der Bürger mit einem Hochschulabschluss im Alter von 25 bis 34 Jahren an der Gesamtzahl der Bürger dieser Altersklasse; Quelle: OECD, Iwd Nr. 50 (2005).

Von 1991 bis 2003 stieg die Akademikerquote nur noch von 20 auf 22 Prozent, während sie z.B. in Großbritannien von 19 auf 33 Prozent zulegte (vgl. Tabelle 13.2). Das liegt auch daran, dass Deutschland mit 5,3 Prozent (2002) der Bildungsausgaben am BIP hinter dem Durchschnitt der OECD-Länder mit 5,7 Prozent liegt. Um diesen Wert zu erreichen, hätte Deutschland immerhin 8,6 Mrd. Euro mehr für Bildung ausgeben müssen!

Die Teilhabechancen von Mädchen haben sich deutlich verbessert. So haben junge Frauen die Männer bei den Bildungsabschlüssen (Abiturquote, Erstsemesterquote) sogar überholt. Der Anteil an der Gesamtzahl der Studierenden stieg seit 1995 um fast 6 Prozentpunkte (Tabelle 13.1). Allerdings entschließen sich immer noch die meisten für berufliche Ausbildungsgänge, die in eher schlecht bezahlten »Frauenjobs« münden. Auch an den Hochschulen werden vor allem geisteswissenschaftliche Fächer studiert. Das trägt mit dazu bei, dass die Aufstiegserfolge von Frauen im Beschäftigungssystem noch lange nicht befriedigen können.

Mit der (Wieder-) Einführung von Studiengebühren für ein Hochschulstudium gehen die Bundesländer ein großes Risiko ein. Um mehr Geld ins System zu bringen und die Qualität zu erhöhen, sehen viele angesichts der angespannten Haushaltslage keine anderen Möglichkeiten. Die große Gefahr besteht, dass noch weniger Begabte aus der Arbeiterschicht den Weg ins Studium wagen werden. Mit einem verbesserten Grundsicherungssystem (BAFÖG) und einem Programm staatlich subventionierter günstiger Studienkredite will man dieser Gefahr vorbeugen

Insgesamt sieht sich eine Bildungspolitik, die sich dem Ziel der Verbesserung der Teilhabechancen vor allem der nachwachsenden Generation verpflichtet fühlt, trotz einiger Erfolge vor großen Herausforderungen. Vor allem wird die Integration der Migrantenkinder in das Bildungs- und Beschäftigungssystem noch erhebliche Anstrengungen verlangen.

Weiterbildung und Förderung des lebenslangen Lernens

Wenn eine qualifizierte Ausbildung auch kein Garant für eine Dauerbeschäftigung ist, so wird sie doch immer stärker zu einer unverzichtbaren Bedingung für den Erhalt eines gut bezahlen Arbeitsplatzes. Die Erwerbschancen eines qualifiziert Ausgebildeten sind weiterhin deutlich höher. Vor allem erscheint es notwendig, dass sich der Einzelne die Fähigkeit des Lernens und der flexiblen Anpassungsfähigkeit möglichst lange erhält. Der rasche technologische Wandel führt immer wieder dazu, dass einmal erworbene berufliche Qualifikationen am Arbeitsmarkt nicht mehr gefragt sind. Ein anderer Arbeitsplatz kann dann nur gewonnen werden, wenn andere oder zusätzliche Qualifikationen erworben werden. Den Arbeitnehmern wird also in Zukunft immer wieder zugemutet werden müssen, sich beruflich fortzubilden oder beruflich umschulen zu lassen.

Auch bei der Fortbildung kann man einen allgemeinbildenden und einen berufsbildenden Zweig unterscheiden. Bei der Allgemeinbildung interessieren vor allem die Angebote der zweiten Bildungswege, die es jenen Menschen ermöglichen, sich Kenntnisse, Bildung und Qualifikationen anzueignen, die sie im normalen Schulsystem, aus welchen Gründen auch immer, nicht erworben haben. Meist sind es bereits Berufstätige, denen zum beruflichen Aufstieg Schulabschlüsse fehlen (Hauptschulabschluss, mittlere Reife, Fachhochschulreife, Abitur), die dann während der Berufstätigkeit oder während einer zeitweiligen Unterbrechung der Berufstätigkeit nachgeholt werden.

Die Experten sind sich einig. Von den Erwerbstätigen wird in Zukunft die Bereitschaft für ein lebenslanges Lernen verlangt, soll die ökonomische und soziale Entwicklung weiter vorangehen und will der Einzelne Arbeitsplatz und Einkommen sichern. Neben dem Ausbau der betrieblichen Weiterbildung sind auch staatliche Anstrengungen notwendig, wie die Expertenkommission »Finanzierung Lebenslangen Lernens« in ihrem Schlussbericht 2004 feststellt. Mit verschiedenen von Bund und Ländern geförderten Aktionsprogrammen und

Modellversuchen sollen Erfahrungen gesammelt und in der Zukunft effiziente Weiterbildungsinstitutionen aufgebaut werden.

13.3 Die Ausbildungsförderung als sozialer Ausgleich im Bildungssystem

Nach dem Ausbildungsförderungsgesetz aus dem Jahre 1971 erhalten bedürftige Schüler und Studenten unter Anrechnung des Einkommens unterhaltsverpflichteter Eltern oder Ehegatten materielle Hilfen zum Lebensunterhalt und zur Deckung der Ausbildungskosten. Mit der letzten Bafög-Reform von 2001 ist die Zahl der Geförderten bis 2004 im Vergleich zu 1998 um 56 Prozent auf ca. 530.000 (Jahresdurchschnitt) gestiegen und die Zahl der Schüler und Studenten, die eine volle Förderung erfahren, hat sich verdoppelt (Sozialbericht 2005, S. 37). Jeder vierte Student erhält während seiner Regelstudienzeit Bafög, der durchschnittliche Förderbetrag lag 2005 bei 375 Euro, etwa 38 Prozent der Studenten erhielten den Höchstbetrag (vgl. Tabelle 13.3). 2008 werden die Bedarfssätze um 10 und die Freibeträge um 8 Prozent angehoben.

Tabelle 13.3: Bafög-Höchstbeträge nach Ausbildungsart (in Euro)

Ausbildungsstätte	Bafög-Höchstbetrag bei den Eltern wohnend	Bafög- Höchstbetrag nicht bei den Eltern wohnend
weiterführende allgemeinbildende Schule, Berufsfachschulen, Fach- und Fachoberschulen	keine Förderung	348
min. zweijährige Berufsfachschul- und Fachschulklassen	192	348
Abendhaupt- und Abendrealschulen, Berufsaufbauschulen, Fachoberschulen	348	417
Fachschulen (mit abgeschlossener Berufsausbildung), Abendgymnasium, Kollegs	354	443
Höhere Fachschulen, Akademien, Hochschulen	377	466

(1) Die in der Tabelle aufgelisteten Bedarfssätze sind die Höchstsätze und enthalten den maximalen Mietzuschuß. Sie werden je nach individueller Lebenslage um Zuschüsse etwa zur Krankenversicherung und für Fahrtkosten erweitert. Daraus folgt für 2005 ein Maximalbetrag von 585 Euro; Quelle: Bundesministerium für Bildung und Forschung 2005, S. 12.

Es gilt das Subsidiaritätsprinzip und das Fürsorgeprinzip nicht jedoch das Bedarfsprinzip, da von den Eltern oder den Studierenden selbst ein eigener Beitrag auch bei Höchstförderung erwartet wird. Schüler(innen) erhalten die Leistungen als Zuschuss, der nicht zurückgezahlt werden muss, während Studierende die Förderung zur Hälfte als unverzinsliches Darlehen des Staates und die andere Hälfte als Zuschuß bekommen. Der Bedarfssatz von 466 Euro für auswärts wohnende Studenten deckt den Grund- (333 Euro) und den Wohnbedarf (133 Euro). Weitere Zuschläge (u.a. Krankenversicherungsbeitrag) kommen im Einzelfall hinzu, die sich auf einen maximalen Förderungsbetrag von 585 Euro summieren können (Bundesministerium für Bildung und Forschung 2005, S. 10ff.).

Die individuelle Höhe der Förderung errechnet sich aufgrund einer Bedürftigkeitsprüfung, bei der das eigene Einkommen und Vermögen, dasjenige des Ehepartners und der Eltern offengelegt werden muss. Die Höchstdauer der Förderung ist abhängig von der Art der Ausbildung (vgl. Tabelle 13.3). Bei Studenten spielt hier die Regelstudienzeit des Fachs die entscheidende Rolle. Leistungskontrollen prüfen laufend den Studienerfolg. Bafög wird aus Steuermitteln von Bund (65 Prozent) und Ländern finanziert.

Nach Abschluss der Ausbildung ist das staatliche Darlehen zurückzuzahlen. Hier gelten besondere Bedingungen, die es jedem ermöglichen sollen, die Last zu tragen, sodass keiner davor zurückschrecken muss, sein Studium über Bafög zu finanzieren:

– Zinslosigkeit während der gesamten Ausbildungzeit bis zum Ende der Tilgung,
– Rückzahlung erst nach fünf Jahren nach Ende der Förderungshöchstdauer,
– geringe Tilgungsraten,
– Begrenzung der maximalen Rückzahlungssumme,
– soziale Rückzahlungsregelungen.

So werden bei vorzeitiger Rückzahlung Darlehensabschläge gewährt. Den Leistungsbesten eines Examensjahrgangs wird ein Teil ihrer Schuld erlassen und ein vorzeitiger Abschluss des Studiums wird belohnt. Von besonderer Bedeutung ist die Regelung, dass bei geringem späterem Erwerbseinkommen oder anderen Belastungen die Rückzahlung ausgesetzt und auch erlassen werden kann.

Die studentische Kritik am Bafög richtet sich auch nach der Reform von 2001 gegen die zu niedrigen Bedarfssätze, die immer noch nicht dynamisiert den steigenden Studien- und Lebenshaltungskosten folgen. So reicht die für 2008 beschlossene Erhöhung um 10 Prozent gerade aus, den Realwertverlust die durch Inflation seit 2001 auszugleichen. Außerdem wird auf die relativ hohe Verschuldung durch die erzwungene Darlehensaufnahme, die sozial Schwächere vom Studium abschrecken könnte, hingewiesen. Die Höchstdauer der Förderung sei knapp bemessen und die regelmäßigen Leistungskontrollen würden die Bafög-Empfänger unter besonderem Leistungsdruck setzen. Das letztere ist politisch so gewollt, setzt allerdings vom Ballast befreite Studiengänge an den Hochschulen voraus, was trotz der grundlegenden europaweiten Reform zur Einführung von Bachelor- und Master-Studiengängen bisher kaum gelungen ist. Das trägt neben dem verspäteten Abitur mit durchschnittlich 20 Jahren dazu bei, dass die Studierenden in Deutschland die Hochschule im Durchschnitt erst im stolzen Alter von 28 Jahren verlassen.

14 Kommunale Sozialpolitik, Wohlfahrtsverbände, Selbsthilfe und soziale Dienste

14.1 Die Krise der »sozialen Stadt« – Herausforderungen an eine neue kommunale Sozialpolitik

Die »soziale Stadt« ist in der Krise (Häußermann 2000). Ihre Integrationskraft lässt nach, es haben sich Stadtteile entwickelt, in denen viele Bewohner leben, die arm sind oder arbeitslos und die soziale Grundsicherung erhalten. Die besser Situierten ziehen in andere Viertel. Soziologen sprechen hier von sozialer Segregation, gar von Dualisierung. Inzwischen wird auch die Segregation der Migranten zu einem immer größer werdenden Problem. Der Schutzraum wird zum Ghetto, wenn nur wenigen die Integration in die deutsche Gesellschaft gelingt. Die Folgen sind zunehmende Abgrenzung, die Besinnung auf die eigene Kultur, die Ausbreitung fundamentalistischer Ideen und eine steigende Konfliktbereitschaft der jugendlichen Migranten, wie die Unruhen in den französischen Vororten deutlich machen. So weit ist es in Deutschland noch nicht. Wenn das verhindert werden soll, steht auch die kommunale Sozialpolitik vor neuen Herausforderungen (Heitmeyer 1998).

Die Städte und Gemeinden sind die Orte, an denen viele Ämter ansässig sind, die für den Bürger den Zugang zum Sozialstaat bilden. Vor Ort müssen auch die vielfältigen sozialen Dienstleistungen angeboten und verrichtet werden und in den Gemeinden werden die Lücken des Sozialen Netzes sichtbar und auffällig. Die Expansion der Sozialversicherung entlastete nicht nur die Familien, sondern auch die Kommunen zunehmend von den Grundrisiken ihrer Bürger. Das wurde 1994 noch einmal sehr deutlich bei der Einrichtung der Pflegeversicherung, die nicht zuletzt auf politischen Druck der Städte und Gemeinden zustande kam. Sie brauchten dringend diese Entlastung. Insgesamt brachte sie nur eine kurze Atempause, denn die vielfältigen Probleme vor Ort drohen die finanzielle Handlungsfähigkeit der Kommunen zu gefährden. Trotz der Entlastung von den Grundrisiken sind die Belastungen der Kommunen mit sozialen Aufgaben eher größer geworden. Das soziale Netz lässt zu viele Problemfälle durchrutschen.

Wachsende Arbeitslosigkeit führte zu erheblich steigenden Sozialhilfeausgaben. Mit der neuen Grundsicherung für Arbeitsuchende sollen die Gemeinden entlastet und die frei werdenden Mittel in den Ausbau der Ganztagsbetreuung für Kinder gesteckt werden.

Die Sozialisationsdefizite in vielen Familien ziehen hohe Ansprüche an die Jugendhilfe nach sich. Dies sind Pflichtaufgaben, die Priorität beanspruchen. Vielfältige soziale Aufgaben kommen hinzu und sind in vielen Großstädten kaum noch zu bewältigen: Altenhilfe, Integration der Migranten, Asyl-, Flüchtlings- und Spätaussiedlerbetreuung, Suchthilfe, Kriminalitätsprävention, Verhinderung einer Slum- und Ghettobildung und von Obdachlosigkeit. Viele dieser Probleme sind in einem zirkulären Prozess miteinander verbunden. Gelänge es, die Arbeitslosigkeit nachhaltig zu bekämpfen, wäre viel gewonnen.

Den Kommunen werden vom Bund immer neue Aufgaben aufgebürdet, ohne dass immer auch die Finanzierung vom Bund gewährleistet wird. Dies wird möglich aufgrund eines Finanzverfassungsrechts (Wieland 1996), das den Kommunen nur Finanzierungsansprüche gegenüber den Ländern nicht aber dem Bund gegenüber einräumt. Hier besteht dringender Reformbedarf. Die drängenden Probleme wie Arbeitslosigkeit, Zuwanderung, Aus- und Abgrenzung sozialer Gruppen (Segregation und Gentrification) in gehobene Wohnviertel und Stadtteile, wo sich die sozialen Probleme häufen, können nicht allein vor Ort gelöst werden. Ein Hauptproblem vieler Städte ist die verschärfte soziale Abgrenzung, die Entstehung von Stadtquartieren, in denen die von Arbeitslosigkeit, Armut und Diskriminierung betroffenen Menschen leben, in denen Milieus entstehen, welche die Benachteiligung in einer Art Teufelskreis noch verstärken und vor allem auch die Chancen von Kindern mindern, diesem Umfeld zu entkommen, so dass sich die Hoffnungslosigkeit vererbt. Trotz des sozialen Wohnungsbaus und der Belegungsrechte der Gemeinden konnte die soziale Entmischung oft nicht verhindert werden.

Welche Strategien entwickeln die Kommunen angesichts dieser Situation? Der allgemeine defensive Trend geht in Richtung Kostenentlastung durch Privatisierung und Effizienzsteigerungen in der Verwaltung. Unter den Begriffen »Kommune als Dienstleistungsunternehmen« oder »Kontraktmanagement« werden neue Steuerungsmodelle gemeindlicher Verwaltung entwickelt. Die offensive Perspektive sieht die Kommune in einer Rolle als Moderator, der helfen soll, selbsttragende Strukturen gesellschaftlicher Solidarität zu entwickeln (Blanke 1994). In Zusammenarbeit mit den freien Trägern der Wohlfahrt, zu gründenden lokalen Initiativen und zur Mitarbeit motivierten Bürgern soll die lokale Sozial- und Arbeitsmarktpolitik koordiniert, Selbsthilfe initiiert und gemeinsame Projekte und eine soziale Infrastruktur in benachteiligten Stadtteilen geschaffen werden.

Ohne Zweifel sind auch Anregungen aus der kommunitaristischen Bewegung aus den USA hier eingeflossen (Bellah u.a. 1987). Offensichtlich machen sich immer mehr Sozialpolitiker Gedanken darüber, ob man mit den klassischen

Methoden des Sozialstaats allein der kommunalen sozialen Probleme Herr werden kann. Geldtransfers und öffentlich finanzierte Dienste sind die klassischen Mittel. Sie sind unverzichtbar, aber teuer und verfehlen oft das Ziel der Hilfe zur Selbsthilfe. Ob es wirklich gelingen wird, in einer Zeit, in der viele eher an Selbstverwirklichung denken, die notwendige massenhafte Bereitschaft zu wecken, bei den Problemen am eigenen Wohnort mit Hand anzulegen, ist zweifelhaft. Es ist dennoch den Versuch wert. Weitere Ideen und Initiativen richten sich auf das ungenutzte Potential der noch leistungsfähigen Senioren (Leih-Oma-Vermittlung, Senioren helfen in den Vereinen und Jugendtreffs), Kooperationsringe und Tauschbörsen und einen sozialen Pflichtdienst für Jedermann (vgl. dazu auch Kapitel 16.2.2).

Ein weiteres Problem wird sich in Zukunft für die kommunale Sozialpolitik zuspitzen. Die Alterung der Gesellschaft trifft auch die Kommunen, die schon jetzt in ihren Planungen die notwendige Pflege-Infrastruktur zur Bedarfsdeckung vorausschätzen müssen.

14.2 Soziale Dienste unter Kostendruck

Nach dem Sozialgesetzbuch haben die Kommunen einen *Sicherstellungs- und Koordinierungsauftrag* für die sozialen Dienste, die den Bürgern aufgrund sozialgesetzlicher Regelungen anzubieten sind: Kinder- Jugend und Familienhilfe, Gesundheitshilfe (Gesundheitsamt), Altenhilfe und Pflegehilfe. Dazu kommen freiwillige Angebote wie die Betreuung von Drogenabhängigen und Aids-Erkrankten oder von Flüchtlingen und Arbeitslosen. Diese werden zum Teil über die Agenturen für Arbeit finanziert und ihre Weiterführung hängt oft am dünnen Faden, wenn sich die Prioritäten der Arbeitsmarktpolitik mal wieder ändern.

Ihrem Sicherstellungsauftrag kommen die Kommunen dadurch nach, dass sie diese Dienste teils in eigener Regie (Allgemeiner sozialer Dienst) verrichten, größtenteils aber an die großen Wohlfahrtsverbände delegieren, die ihren Vorrang aus dem Subsidiaritätsprinzip ableiten. Für die meisten sozialen Dienste ist nach wie vor die öffentliche oder freigemeinnützige Trägerschaft typisch. Die Dinge sind allerdings in Fluss gekommen. Durch die Pflegeversicherung ist das private soziale Dienstleistungsangebot salonfähig geworden. Kritiker dieser Entwicklung sind weiterhin für ein flächendeckendes Angebot von Sozialstationen im bewährten Zusammenspiel von Wohlfahrtsverbänden und Kommunen, da nur so ein gleicher Zugang für alle und eine hohe Qualität der Versorgung zu garantieren sei. Die Marktfähigkeit sozialer Dienste wird bestritten, da den Betroffenen vielfach der Marktüberblick und die kritische Distanz fehle und sie so leicht von Profitinteressen ausgebeutet würden. Dem wird aus verschiedenen Richtungen deutlich widersprochen. Die Menschen, die auf soziale Dienste angewiesen sind, seien im Durchschnitt genauso mündige Bürger wie die anderen. Damit seien viele dieser Dienste marktfähig. Bei der Pflegeversicherung wurde dem Rechnung getragen und den Betroffenen sowohl die Wahl zwischen Geld oder Sachleistung als auch zwischen privaten oder wohlfahrtsverbandlichen Angeboten gelassen. Eine intensive öffentliche Qualitätskontrolle und Höchstpreisverordnungen sollen Übervorteilungen aufgrund mangelnder Transparenz für den Nutzer verhindern.

Unserer Vorausschau nach ist damit der Damm gebrochen. Auch bei anderen sozialen Diensten werden die Kommunen in Zukunft auf private Anbieter zurückgreifen, wie jetzt schon bei der Müllabfuhr oder beim Reinigungsdienst.

Das Baumol–Theorem der Kostenkrankheit sozialer Dienste

Die sozialen Dienste wurden in der Vergangenheit immer teurer und belasten die Sozialetats immer stärker. Dies liegt zu einem erheblichen Teil an dem berüchtigten *Kostenkrankheitsproblem* personalintensiver Dienste (*cost disease*), das zuerst von William Baumol beschrieben wurde (1972). Für soziale Dienste gilt das *uno-actu-Prinzip*. Der Pfleger, Arzt oder Gesprächstherapeut ist auf die Anwesenheit und die Mitwirkung des Klienten angewiesen. Damit sind diese Dienste nicht lagerfähig und die Produktivität – gemessen als Zahl der behandelten Fälle pro Tag – kann nicht in dem Maße gesteigert werden, wie bei der industriellen Produktion (hier gemessen an der Arbeitsstundenproduktivität, der Produktionsleistung pro Arbeitsstunde), wo der Technische Fortschritt Jahr für Jahr für neue Produktivitätsrekorde sorgt. Folgen nun die Löhne und Gehälter des Pflegepersonals, der Ärzte, Therapeuten und Sozialarbeiter auch nur in etwa den üblicherweise produktivitätsorientierten Entgelten der Arbeitnehmer in der Industrie, führt das zu der von Baumol beschriebenen sich von Lohnrunde zu Lohnrunde verschärfenden Kostenklemme für die Anbieter sozialer oder anderer personaler Dienste.

Dieses Phänomen ist auch empirisch nachweisbar. Selbst wenn es den Gewerkschaften, welche die Dienstleistenden vertreten (u.a. Ver.di), nicht immer gelungen ist, die Lohnerhöhungen, die z.B. die IG Metall als Lohnführer ausgehandelt hat, ebenfalls voll durchzusetzen, so reichten die Lohnzuwächse allemal, um die durchschnittlichen Lohnkosten (Lohnstückkosten) z.B. im Krankenhaus sukzessive steigen zu lassen. Eine Reaktion auf dieses Problem war in der Vergangenheit die Verschlechterung der Pflegequalität. Wenn weniger Schwestern pro Betten eingesetzt werden, dann erhöht sich scheinbar die Arbeitsproduktivität, während in Wirklichkeit die Patientenversorgung qualitativ schlechter wird.

Damit stoßen wir auf ein ernstes Dilemma, dessen Lösung große Probleme macht. Einerseits wird der Bedarf an sozialen, d.h. pflegerischen, betreuenden, beratenden und behandelnden Diensten schon allein wegen der demographischen Entwicklung immer größer, zum anderen steigen die Durchschnittskosten stark an (Baumol-Theorem), so dass die in der Versorgung mit Waren immer reicher werdende Gesellschaft paradoxerweise in eine Finanzierungskrise bei den sozialen Diensten gerät.

Auf der Suche nach den Auswegen wird man zunächst über Möglichkeiten der Effizienzsteigerung z.b. durch Privatisierung nachdenken. Damit geraten die Wohlfahrtsverbände in die Kritik.

14.3 Die Rolle der Wohlfahrtsverbände im Sozialstaat

Die Wohlfahrtsverbände (Caritas, Diakonisches Werk, Arbeiterwohlfahrt, Deutsches Rotes Kreuz und der Paritätische Wohlfahrtsverband) zählen nach einer Expansion ohnegleichen heute zu den größten Arbeitgebern in der Bundesrepublik. Die Zahl der dort und damit als soziale Dienstleister Beschäftigten stieg von 382.000 in 1970, über eine Million nach der Wiedervereinigung (1994) auf rund 1,2 Mio. im Jahr 2004. Die Verbände, vor allem Caritas und Diakonie zählen damit zu den Großkonzernen, den größten Arbeitgebern in Deutschland.

Diese Dominanz der Wohlfahrtsverbände als Anbieter sozialer Dienste wird mit dem Subsidiaritätsprinzip gerechtfertigt, wonach die freien Träger den Menschen und ihren Bedürfnissen näher stehen als öffentliche Träger. Das soziale Engagement der religiös oder humanitär geprägten Verbände ist heute unentbehrlich. Ohne das Ehrenamt und die Laienhilfe vieler Helfer in den Wohlfahrtseinrichtungen wären Versorgungslücken im Sozialstaat wohl kaum vermeidbar. Ihre besondere Daseinsberechtigung leiten diese Verbände aus dem ehrenamtlichen Engagement ihrer freiwilligen Helfer ab, das aus christlichen und anderen Quellen sozialer Verantwortung gespeist wird. Damit kann der Pflegesuchende den Pflegedienst bei den Gruppen und Verbänden finden, die ihm weltanschaulich nahe stehen.

Dieses Ideal ist allerdings so kaum mehr zu finden. Das ehrenamtliche Engagement, das sich vor allem auf Frauen in den mittleren Jahren stützt, geht mit der steigenden Erwerbsquote dieser Gruppe zurück. Es war schon immer stark auf die verbandliche Arbeit (u.a. Spendensammlung) bezogen und wurde im Zuge der Professionalisierung der Dienste immer stärker von der eigentlichen Dienstleistung ausgegrenzt. Die Verbände sind in der Sozialarbeit weitgehend von der öffentlichen Finanzierung abhängig. So stammen etwa 83 Prozent der

Einnahmen der Caritas aus öffentlichen Sozialmitteln, 3 Prozent aus Spenden und Mitgliedsbeiträgen und der Rest von immerhin 14 Prozent aus dem Kirchenetat, der damit auch zunehmend unter Druck gerät (Enste 2004).

Ihre Reputation hat durch diese enge auch personale Verknüpfung mit der Politik, vor allem aber durch die in den Medien verschiedentlich aufgedeckten Ineffizienzen gelitten. Mit der Verknappung öffentlicher Mittel steigt der Druck auf eine verbesserte öffentliche Kostenkontrolle. Als Mittel der Wahl gilt hier den Ökonomen ein privates erwerbswirtschaftliches Angebot, das mit den schon vorhandenen öffentlichen und wohlfahrtsverbandlichen Einrichtungen und freigemeinnützigen Initiativen in Wettbewerb tritt. Eine Intensivierung des Wettbewerbs führe dazu, dass Produktivitätsreserven erschlossen werden und die Effizienz steige, so dass die Durchschnittskosten und die Preise tendenziell sinken würden.

Die Auswirkung auf die Qualität der Dienste ist ambivalent. Zum einen müssen private Dienste die »Kunden« zufrieden stellen und zum andern führt der Preisdruck dazu, die Zahl der Fachkräfte zu reduzieren und billige angelernte Kräfte zu beschäftigen. Dies führt zwar zu Kostensenkungen aber auch zu Qualitätseinbußen für den Verbraucher, wenn nicht intensive staatliche Qualitätsstandards durch Kontrollen und harte Sanktionen gesichert werden. Diesem Druck, der bisher noch auf den Pflegemarkt beschränkt ist, können sich die Wohlfahrtsverbände nicht mehr entziehen, wie die Zahl ihrer GmbH-Ausgründungen zur Erhöhung der betriebswirtschaftlichen Effizienz zeigt. In der Zukunft wird mit einem scharfen Verdrängungswettbewerb auf dem Markt für Krankenhaus- und Pflegeleistungen zu rechnen sein. Die Privilegien der Wohlfahrtsverbände gelten im europäischen Kontext als Wettbewerbsverzerrungen und der grenzüberschreitende Wettbewerb auch bei Dienstleistungen wird von der EU gefördert.

14.4 Bürgerschaftliches Engagement, Selbsthilfe-Bewegung und Sozialdienstpflicht

Angesichts der teuren professionellen sozialen Dienste und der nachlassenden Selbsthilfefähigkeit der Familien sind immense Anstrengungen notwendig, um mehr Laienhilfe in den Nachbarschaften zu motivieren. In den klassischen Wohlfahrtsverbänden engagieren sich nur 1,8 Prozent der Bürger (Enste 2004). Im 2. Freiwilligensurvey von 2004, einer repräsentativen Umfrage zum freiwilligen Ehrenamt, gaben 36 Prozent der Befragten an, sich ehrenamtlich zu engagieren und weitere 32 Prozent, sich engagieren zu wollen (Sozialbericht 2005, S. 121f.).

Ende der 1970er Jahre entstand die sog. Selbsthilfebewegung als Teil der alternativen Bewegung in Deutschland. Neben Umweltgruppen (als Vorläufer der Grünen) bildeten sich vor allem Selbsthilfegruppen in gesundheitlichen und sozialen Fragen. Die Hoffnungen, die sich an das Projekt »solidarische Selbsthilfebewegung« richteten, waren groß, konnten aber nicht eingelöst werden.

Auch im liberalen Lager wurde die Kritik an einem entmündigenden Sozialstaat mit einem Appell an die individuelle Selbsthilfefähigkeit der Bürger verbunden. Vor allem verspricht man sich eine deutliche Kostensenkung. Selbsthilfe und organisierte Laienhilfe gelten dann als förderungswürdig, wenn damit Personal- und Sachkosten an anderer Stelle eingespart werden können.

Vergleicht man die Möglichkeiten der inzwischen zahlreichen Selbsthilfegruppen mit den unverzichtbaren Anforderungen an ein soziales Versorgungsnetz, dann wird deutlich, dass die kleinen sozialen Netze niemals eine Alternative zum Sozialstaat darstellen werden. Sie können die notwendige Qualität nicht garantieren. Hinter der Verlässlichkeit und Dauerhaftigkeit der Hilfen steht immer ein gewisses Fragezeichen, auch wenn Staat und Kommunen hier Unterstützung anbieten. Freiwilliges bürgerschaftliches Engagement kann allerdings – und das ist nicht gering zu schätzen – zu einer wichtigen Ergänzung der sozialen Dienste werden, indem es neue Ressourcen bereitstellt und die Betroffenen zur Mitarbeit aktiviert.

Der Staat hat in den letzten Jahren die Unterstützung ausgebaut: von der steuerlichen Entlastung gemeinnütziger Vereine und Organisationen, über den Ausbau des Freiwilligen Sozialen Jahrs bis hin zu einem Modellprogramm zur Erprobung generationsübergreifender Freiwilligendienste (2005) für alle Altersgruppen. Anwerbungen zur Mitarbeit in Stadtteilinitiativen, zur Nachbarschaftsbetreuung und anderen sozialen Diensten sind in den letzten Jahren erfolgt, ohne dass sich bisher eine so große Resonanz wie zum Beispiel in den Niederlanden gezeigt hat. Dort war die Erkenntnis leitend, das die Menschen – wenn sie denn überhaupt zum Ehrenamt bereit sind – oft nur wenige Stunden Zeit aufbringen möchten und einen gewissen Spielraum in der Verpflichtung wünschen. Ein Sozialdienst, der beispielsweise die Urlaubs- und Freizeitdisposition zu sehr einschränkt, stößt auf wenig Gegenliebe. Eine gesellschaftliche Anerkennung ehrenamtlicher Leistungen wäre – so zeigt das Beispiel der Niederlande – ebenfalls förderlich.

Auch bei optimistischer Einschätzung der weiteren Entwicklung von Selbsthilfe und Ehrenamt, können die Versorgungsdefizite bei den sozialen, gesundheitlichen und psychosozialen Diensten dadurch nur gemildert, aber nicht behoben werden. Soziologische Untersuchungen zeigen zudem, dass die Bürgergesellschaft und das daraus entstehende Selbsthilfepotential klassen- bzw. schichtspezifische Defizite aufweist. Menschen aus den unteren bildungsfernen Schichten wirken in diesen Initiativen kaum mit (Brömme/Strasser 2001). Erlinghagen (2001) befürchtet zu Recht, dass eine stärker geförderte ehrenamtliche Arbeit die soziale Polarisierung beschleunigen könnte, wenn gleichzeitig staatliche Dienstleistungen zurückgeführt werden.

Um Versorgungsdefizite zu schließen, wird seit langem schon zur Dienstverpflichtung in Form des sozialen Ersatzdienstes junger Männer gegriffen. Die Reduzierung der Dienstzeit führte zu erheblichen Problemen bei der Bereitstellung sozialer Dienste durch die Wohlfahrtsverbände. Wenn man der Überzeugung ist, dass die Anwerbungskampagnen zu ehrenamtlichen sozialen Engagement wenig erfolgreich sein werden, die professionelle Versorgung allein auf Dauer zu teuer kommt und die Bedürfnisse nach Nähe und Zuwendung nicht befriedigt werden, bleibt eigentlich nur die Einführung des Solidarprinzips als Pflichtprinzip auch bei den sozialen Diensten.

Neben den bekannten Modellen eines sozialen Pflichtjahres für junge Menschen (Fink 1990) werden interessante Alternativen vorgestellt, wie die Verpflichtung von leistungsfähigen Senioren oder der Vorschlag einer langjährigen Verpflichtung zur sozialen Nachbarschaftshilfe für wenige Stunden pro Woche (Lagergren 1984). Dies passt sicher nicht zum aktuellen Lebensgefühl der Menschen in unserer freien Gesellschaft. Man glaubt, mit Geld alles kaufen zu können und sich seiner sozialen Verpflichtungen durch Beitragszahlung in die Sozialversicherung entledigen zu können. Vielleicht würde ein sozialer Dienst für alle hier ein Umdenken bewirken und die Menschen erkennen lassen, dass die direkte gegenseitige Hilfe auch für die Hilfeleistenden einen Gewinn darstellen kann.

15 Sozialpolitik in der Europäischen Union

15.1 Nationale Sozialordnungen und das Subsidiaritätsprinzip

Angesichts der Vielgestaltigkeit der Sozialordnungen in den Mitgliedsstaaten der Europäischen Union (EU) müssen wir auf einen Vergleich verzichten. Die Sozialordnungen haben alle ihre eigene Tradition und sind in spezifischen sozialen, kulturellen und politischen Umwelten entwickelt worden. Dennoch geht das Europäische Parlament mit einem gewissen Recht von einem *»weltweit einzigartigen europäischen Sozialmodell«* aus. Gemeint ist, dass trotz der vielfältigen Unterschiede im Einzelnen prinzipiell ähnliche soziale Leitbilder in Europa eine gemeinsame sozialphilosophische Grundlage bilden. Ähnlich wie Deutschland ist ganz Europa durch die christlichen Soziallehren, die Tradition des freiheitlichen Sozialismus, eines aufgeklärten Konservatismus und sozialen Liberalismus beeinflusst worden, wobei allerdings die jeweiligen Einflüsse unterschiedlich stark waren.

Diese grundsätzliche Verpflichtung an das Sozialstaatsprinzip im Sinne einer »sozialen Marktwirtschaft« ist auch ein Grundprinzip der Europäischen Verträge (EG-Vertrag: letzte Neufassung im Vertrag von Nizza, der am 1.1. 2003 in Kraft trat). Im Verfassungsentwurf des Europäischen Konvents, der aufgrund zweier ablehnender Volksentscheide derzeit auf Eis liegt, bekennt sich die EU gemäß der Tradition ihrer Verträge zur sozialen Marktwirtschaft, zu Vollbeschäftigung und sozialem Fortschritt (Art. I–3). Im Teil II wird die 1989 entwickelte Gemeinschaftscharta der sozialen Grundrechte übernommen.

Dennoch wird der EU oft vorgeworfen, ökonomischen Fragen (Wirtschaftsunion und Währungsunion) erste Priorität einzuräumen. Das ist sicher richtig, die damit verbundene Kritik überschätzt aber die Möglichkeiten eines sozialen Europas. Zum einen schien es von vornherein unmöglich, die so unterschiedlichen historisch gewachsenen Sozialordnungen der Mitgliedsstaaten angleichen zu wollen. Mit der wachsenden Zahl der Mitglieder (bald sind es 27) über die Jahrzehnte hinweg verschärfte sich dieses Problem.

Entscheidend ist jedoch die gemeinsame prinzipielle Überzeugung der europäischen Länder, dass die sozialstaatliche Ausgestaltung weiterhin zum überwiegenden Teil eine nationale Aufgabe bleiben sollte. Damit gilt hier der Vorrang des Subsidiaritätsprinzips in der europäischen Sozialpolitik. Eine europäische sozialpolitische »Einmischung« ist nur insoweit erwünscht, als damit zum einen die ökonomische und politische Integration gefördert und ein »dysfunktionaler Systemwettbewerb«, ein »race to the bottom«, also eine Konkurrenz der Sozialordnungen verhindert wird, der durch Standortverlagerungen der Unternehmen allein zu Lasten der Arbeitnehmer geht.

Mit der Entscheidung zur Anwendung des Subsidiaritätsprinzips ist allerdings ein institutioneller Wettbewerb um die »bessere« Sozialordnung bewusst zugelassen worden. Darüber hinaus soll dieser Wettbewerb inzwischen mit dem Instrument der »Offenen Methode der Koordinierung« genutzt werden, um von den erfolgreichen Ländern zu lernen, deren Institutionen zu prüfen und im eigenen Land als Reformvorbild zu nutzen. Damit stoßen wir auf einen Zielkonflikt. Zum einen will man den institutionellen Wettbewerb fördern, um zu ökonomisch effizienteren Institutionen zu kommen, zum anderen soll ein »race to the bottom« niedrigster Sozialleistungen und Schutzrechte verhindert werden. Für die extremen Positionen aus neoliberalem Lager und aus dem Lager der Protektionisten ist die Lösung einfach. Man akzeptiert nur eines der Ziele. Für die breite politische Mitte von Sozialliberalen über die Konservativen, Grünen bis zu den freiheitlichen Sozialisten dagegen geht es immer wieder neu um die Suche nach einem akzeptablen Kompromiss zwischen den berechtigten Schutzbedürfnissen der Arbeitnehmer und dem Erhalt wettbewerblicher Strukturen. Mit der Osterweiterung verschärft sich der Konflikt erneut. Nur mit geringeren Löhnen, Steuern, Sozialabgaben und Schutzrechten sind diese Länder konkurrenzfähig. Im Folgenden ist darzustellen, in welchem Umfang hier Schutzmaßnahmen ergriffen wurden.

15.2 Die historische Entwicklung von der EWG bis zur EU

Zwar thematisierte schon die Präambel der Römischen Verträge (EWG-Vertrag von 1957) die sozialpolitische Zielvorgabe einer stetigen Verbesserung der Lebens- und Arbeitsbedingungen, aber der Vertrag gab nur wenige konkrete sozialpolitisch bedeutsame Gemeinschaftsregeln zwingend vor. Dabei ging es zunächst um die sozialpolitische Begleitung des Binnenmarktes.

Als Voraussetzung für die Freizügigkeit der Arbeitnehmer wurden Maßnahmen getroffen, um die soziale Sicherheit der Wanderarbeitnehmer zu gewährleisten. Dies wurde mittels der EG-Verordnung 1612 aus dem Jahre 1968 weitestgehend verwirklicht. Arbeitnehmer und deren Familien, die innerhalb der EU ihren Arbeitsplatz wechseln, behalten die ursprünglich in den anderen EU-Staaten erworbenen Leistungsansprüche auf soziale Sicherung bei Krankheit,

Invalidität, Alter, Unfall, Arbeitslosigkeit und Familienhilfe. Mit der Schaffung des Europäischen Binnenmarktes 1993 wurde die gegenseitige Anerkennung von Bildungsabschlüssen und Berufsqualifikationen garantiert, um die Mobilität qualifizierter Arbeitnehmer zu fördern.

Mit der Errichtung des *Europäischen Sozialfonds* wurde schon 1960 eine Institution geschaffen, die arbeitsmarkt- und beschäftigungspolitische Maßnahmen der Länder vor allem in Problemregionen unterstützt. Mit dem *Europäischen Regionalfonds* werden seit 1975 außerdem strukturschwache Regionen durch Anpassungshilfen unterstützt.

Die weitere Entwicklung war bis in die 1980er Jahre vor allem von guten Absichtserklärungen und wenigen substantiellen Veränderungen geprägt. So wurde im Rahmen des 1974 vom Rat der EG beschlossenen sozialpolitischen Aktionsprogramms das Ziel der sozialpolitischen Harmonisierung dahingehend präzisiert, die Sozialleistungen im fortschrittlichen Sinne anpassen zu wollen, ohne die bestehenden unterschiedlichen Sozialordnungen zu vereinheitlichen.

Die Grundlage für eine neue Initiative Ende der 1980er Jahre bildeten das Weißbuch der EG-Kommission (1985) und die Einheitliche Europäische Akte von 1987, mit der die EG-Verträge substantiell verändert wurden und der offene Binnenmarkt bis 1992 vollendet wurde. Die Europäische Kommission bekam die Aufgabe zugewiesen, eine enge Zusammenarbeit zwischen den Mitgliedsstaaten in sozialen Fragen zu fördern. Da eine Angleichung der nationalen Sozialen Sicherungssysteme auf dem hohen Niveau der ökonomisch fortgeschrittenen Länder für den ärmeren Teil der Gemeinschaft zu teuer käme bzw. zu Wettbewerbsnachteilen der ärmeren Länder und Regionen führen würde, setzte sich die Idee durch, noch stärker auf *sozialpolitische Mindeststandards* zu setzen. Das Vetorecht jedes einzelnen Staates (Einstimmigkeitsregel) sollte aufgegeben und Abstimmungen mit einer qualifizierten Mehrheit die Regel werden. Allerdings ist das bis heute die Ausnahme geblieben und nur einige Bereiche wurden dem Mehrheitsprinzip geöffnet. Mit einer Förderung des »sozialen Dialogs« der Sozialpartner wurde das Prinzip der korporatistischen Steuerung (Einbindung der Verbände) in den Maßnahmenkatalog aufgenommen.

Die sozialpolitischen Ziele der Gemeinschaft wurden in der »Gemeinschaftscharta der sozialen Grundrechte der Arbeitnehmer« (nicht zu verwechseln mit der seit 1965 bestehenden Europäischen Sozialcharta des Europarates, vgl. Kapitel 3.1, auf die sich allerdings der Art. 136 des EG-Vertrages genauso beruft wie auf die Gemeinschaftscharta) neu definiert und präzisiert. Ursprünglich sollte die Charta 1989 feierlich verabschiedet werden. Der Widerstand Großbritanniens verhinderte dies, so dass nur über einen Umweg eines »Abkommens für Sozialpolitik« außerhalb des EG-Vertrages die übrigen 11 Länder die Charta retten konnten. Seit Amsterdam 1997 ist die Charta in den EG-Vertrag eingestellt und ziert auch – wie schon betont – den Entwurf zu einer europäischen Verfassung. Danach sind nun in eng begrenzten Feldern (u.a. zur Verbesserung des Arbeits- und Gesundheitsschutzes und zur Gleichberechtigung der Frau) arbeitsrechtliche Mindeststandards mit qualifizierter Mehrheit durchsetzbar. In den anderen Feldern der Sozialpolitik ist allerdings auch heute noch die Einstimmigkeit erforderlich.

Gleichzeitig mit Vollendung des Binnenmarktes wurde mit dem Vertrag von Maastricht 1992 die Integration in Richtung einer Währungsunion mit der gemeinsamen Währung, dem Euro, vorangetrieben. Dieses Projekt wurde dann 1999 mit dem Beitritt von 11 Ländern zur Wirtschafts- und Währungsunion, der Errichtung des Systems der Europäischen Zentralbank (EZB) und der gemeinsamen Währung 2002 erfolgreich abgeschlossen.

Auf dem EU-Gipfel von Lissabon fand eine Neubewertung der Sozialpolitik statt. Ihr wurde die gleiche Bedeutung wie der Wirtschafts- und Währungspolitik und der Beschäftigungspolitik zuerkannt. Das hatte nicht nur deklamatorische Bedeutung, sondern führte auch zu einer neuartigen Politik der Einflussnahme auf die nationalen Arbeitsmarkt- und Sozialpolitiken. Mit dem Vertrag von Nizza wird zwar das Subsidiaritätsprinzip für diesen Bereich bekräftigt, nach § 137 EG-Vertrag unterstützt die Gemeinschaft die einzelstaatlichen Reformbemühungen mit der »Offenen Methode der Koordinierung«.

15.3 Instrumente der europäischen Sozialpolitik

Europäische soziale Mindeststandards (Richtlinien)

Richtlinien zu sozialen Mindeststandards sind das klassische Instrument der Europäischen Sozialpolitik. Inzwischen wird in einigen Bereichen mit qualifizierter Mehrheit entschieden. Dies war bei der Richtlinie über Europäische Betriebsräte der Fall. In den Kernbereichen sozialer Sicherung, der Mitbestimmung und der Tarifpolitik gilt weiterhin die Einstimmigkeitsregel.

Trotz dieser Erschwernis sind auch in diesen Bereichen eine Reihe von Richtlinien erlassen worden, so etwa zum Schutz bei Massenentlassungen (1975) oder die für den deutschen Bauarbeitsmarkt so wichtige Entsenderichtlinie (1996) (vgl. Kapitel 5.3.3). Die Richtlinien lassen einen Spielraum nach oben für die jeweilige nationale Sozialpolitik.

Die europäischen Strukturfonds

Von erheblicher sozialpolitischer Bedeutung sind die vier europäischen Strukturfonds, die wichtigsten sind *Agrar-, Regional- und Sozialfonds*. Den Löwenanteil an EU-Mitteln verschlingt der Agrarfonds, in dem für die strukturelle Anpassung der Landwirtschaft und für sozialpolitische Aufgaben wie der Alterssicherung der Landwirte nur ein bescheidener Anteil reserviert ist. Der Regionalfonds ist für die Förderung der wirtschaftlich schwächeren Regionen, die Umstellung der notleidenden Industriegebiete, die Bekämpfung von Langzeitarbeitslosigkeit und für die berufliche Eingliederung von Jugendlichen verantwortlich. Ziel ist es, die Wettbewerbsnachteile schwächerer Regionen tendenziell auszugleichen. Hauptaufgabe des Sozialfonds ist die Bekämpfung der Arbeitslosigkeit in der EU. Die Fondsmittel werden auf Antrag an öffentliche Körperschaften, aber auch an private Unternehmen gezahlt und dienen vor allem der Bekämpfung der Jugend- und Frauenarbeitslosigkeit und der Verbesserung der Arbeitsmarktstrukturen unterentwickelter Gebiete innerhalb der EU. Eingebettet ist diese Förderung in mittel- bis langfristig angelegten Programmen in den Regionen. Der Planungszeitraum des Fonds beträgt 7 Jahre. Im Zeitraum 2000−2006 wurden imerhin Mittel im Umfang von ca. 70 Mrd. Euro zur Bekämpfung der Arbeitslosigkeit eingesetzt.

Die Offene Methode der Koordinierung (OMK) und die Lissabon-Strategie

Die OMK wurde 2000 in Lissabon eingeführt und sie ist seit 2003 im Art. 137 EG-Vertrag rechtlich verankert. Sie soll den nach dem Subsidiaritätsprinzip in nationalstaatlicher Verantwortung gestalteten Sozialschutz auf »weiche« eher informelle Weise koordinieren.

Auf freiwilliger Basis sollen die Mitgliedsstaaten gemeinsame soziale Sicherungsziele definieren und Leitlinien zur Zielerreichung formulieren. Die Aufgabenerfüllung bleibt in nationalstaatlicher Verantwortung. Die Mitgliedsstaaten legen regelmäßig Rechenschaft über das Erreichte ab. Damit sollen Lernprozesse in der EU initiiert und »erfolgreiche Modelle« erkannt und verbreitet werden (Bench-marking-Prozess). Eine Sanktionierung im strengen Sinne erfolgt nicht, aber die Öffentlichkeit wird über die Ergebnisse der regelmäßigen Kontrollen und Evaluierungen informiert. Erste positive Erfahrungen mit dieser Methode sind aus der Sicht der Bundesregierung in den Zielbereichen »Soziale Eingliederung (seit 2000) und Alterssicherung (seit 2001) gemacht worden (Sozialbericht 2005, S. 174).

Mit den »Lissabonner Beschlüssen« der europäischen Regierungschefs wurde im Jahr 2000 ein Paket für eine nachhaltige Reform der Arbeitsmärkte und der Sozialsysteme auf den Weg gebracht. Das ehrgeizige Ziel besteht darin, die EU bis 2010 zum »wettbewerbsfähigsten und dynamischsten wissensbasierten Wirtschaftsraum der Welt« zu entwickeln. Dazu soll die Flexibilität der Arbeitsmärkte deutlich erhöht und die Soziale Sicherung effizienter auf die ordnungspolitischen Imperative marktwirtschaftlicher Systeme abgestimmt werden. Abgerundet wird dieses Programm durch den gemeinsamen Beschluss, die staatlichen Forschungsetats deutlich zu erhöhen und den Wissenstransfer von den Forschungseinrichtungen zur Wirtschaft zu verbessern.

Als Vorbild gelten inzwischen nach Äußerungen der Kommission Dänemark und Schweden, wo unter dem Schlagwort des »Flexicurity-Modells« erfolgreich versucht wurde, eine größere Flexibilität auf dem Arbeitsmarkt mit einem hohen Leistungsniveau der Sozialen Sicherung zu verbinden. Nach der Hälfte der Zeit sind nach einem Zwischenbericht viele EU-Länder bei den Reformen im Rückstand oder diese bringen bisher nicht – wie die Hartz-Reformen in Deutschland – die erhoffte Wirkung. Die Wachstumslücke zu den USA und asiatischen Ländern ist größer geworden. Mit einer Neuausrichtung auf Wachstum und Beschäftigung sollen im neuen Leitlinienpaket von 2005–2008 die Makro- Mikro- und Beschäftigungspolitik ins Zentrum der Strategie gerückt werden. Nach diesen Erfahrungen bleibt abzuwarten, ob die OKM, die weiche Art der Koordinierung, auch in so zentralen Feldern erfolgreich sein kann oder wegen der mangelnden Verbindlichkeit nur in marginalen Bereichen des Sozialschutzes zu einer Konvergenz führen wird.

Sozialer Dialog und Wirtschafts- und Sozialausschuss

Der im EG-Vertrag (Art. 139) institutionalisierte Dialog der Sozialpartner soll zu einer stärkeren Verankerung und Zustimmung der betroffenen Gruppen führen, wenn diese schon bei der Planung sozialer Mindeststandards miteinbezogen werden. Darüber hinaus kann und soll der Dialog zu Vereinbarungen zwischen Arbeitgeberverbänden und Gewerkschaften führen, die also in Eigenverantwortung ihre Angelegenheiten klären sollen. Die Umsetzung solcher Abkommen wird auf Vorschlag der Kommission vom Europäischen Rat abgesegnet.

Auf europäischer Ebene ist außerdem eine Institution zur Mitwirkung wichtiger europäischer Interessengruppen eingerichtet worden. Im *Wirtschafts- und Sozialausschuss (WSA),* der allerdings nur beratende Aufgaben hat und über Anhörungsrechte verfügt, haben die Gewerkschaften, die Arbeitgeber und sonstige Interessengruppen – darunter u.a. die Verbraucherverbände – je ein Drittel der Sitze inne. Von sozialpolitischer Relevanz ist ferner der Ständige Ausschuss für Beschäftigungsfragen, da er der einzige Ausschuss darstellt, in dem die Arbeitgeber, Gewerkschaften und die Kommission konzertiert zusammenarbeiten.

Tabelle 15.1: Sozialquoten in der Europäischen Union (Sozialschutzausgaben
in Prozent des Bruttoinlandsprodukts)

	1970	1980	1990	1995	2000	2002
Belgien	18,5	28,0	27,0	28,1	26,9	27,8
Dänemark	19,6	28,7	29,8	31,4	29,2	30,0
Deutschland (1)	21,5	28,8	26,9	28,9	29,6	30,5
Griechenland	-	9,7	16,1	22,9	26,3	26,6
Spanien	-	18,2	20,6	22,1	20,2	20,2
Frankreich	19,2	25,4	27,7	30,7	29,8	30,6
Irland	13,2	20,6	19,5	18,9	14,3	16,0
Italien	17,4	19,4	24,1	24,8	25,2	26,1
Luxemburg	16,4	26,5	22,1	23,7	20,3	22,7
Niederlande	20,8	30,1	32,2	30,9	27,4	28,8
Österreich			27,0	28,9	28,4	29,1
Portugal	-	12,9	17,0	22,1	23,0	25,4
Finnland			29,8	31,7	25,5	26,4
Schweden			34,3	34,6	30,8	32,5
Großbritannien	15,9	21,5	25,7	28,2	27,1	27,6
Europa EU 15		-	(26,4)	28,2	27,3	28,0

*(1) Bis 1990: Westdeutschland; Quellen: EUROSTAT: Social Protection, Statistical Bulletin 1985,
EUROSTAT: Ausgaben und Einnahmen des Sozialschutzes 1980–1993, Luxemburg 1995; Eurostat-
Jahrbuch 2005, Europa in Zahlen (ESSOSS).*

15.4 Soziale Indikatoren zur sozialökonomischen Entwicklung der Europäischen Union

Die Entwicklung der Sozialquoten der EU-Länder

Eurostat, das Statistische Amt der EU, hat ein Europäisches System der integrierten Sozialschutzstatistik (ESSOSS) entwickelt, um das Niveau der nationalen Sozialpolitiken vergleichbar zu machen. Zum Vergleich der Niveauunterschiede und ihrer Entwicklung bietet sich wieder der Indikator *Sozialquote* an (vgl. Kapitel 7.4).

Die Experten streiten, ob man von einer »Konvergenz« der Sozialquoten sprechen kann. So liegt die Sozialquote Spaniens trotz guter Wachstumsraten des BIP im Jahre 2002 unter der des Jahres 1990 und über 12 Prozentpunkte unter der von Schweden. Das zeigt, dass trotz gewisser Angleichungstendenzen das Niveau des Sozialschutzes durchaus merklich durch die nationale Politik bestimmt werden kann. Andererseits scheinen gleiche funktionale Erfordernisse auch zu Lösungen zu führen, die einen deutlichen Niveauanstieg im Zuge der nachholenden Entwicklung bewirken (Tabelle 15.1).

Tabelle 15.2: Sozialquoten der neuen EU-Mitgliedsländer im Jahr 2000

Land	Estl	Lettl.	Lit	Malta	Pol	Slowe	Slowa	Tsche	Ung	Zyp
Sozialquote	15,1	15,3	16,2	16,6	20,7	19,5	25,5	19,3	19,8	-

Quelle: Eurostat Jahrbuch 2005, Europa in Zahlen, 135.

Eine ähnliche Entwicklung ist bei den neuen EU-Mitgliedsländern zu erwarten, die außer im Fall der Slowakei niedrige Sozialquoten aufweisen (Tabelle 15.2).

Trotz der Belastung der Sozialversicherungen durch die deutsche Einheit und der hohen Arbeitslosigkeit hält sich der Anstieg auf 30,5 Prozent (2002) für Gesamtdeutschland im Rahmen, während die Sozialquote in Westdeutschland seit 1993 sogar unter dem EU-Durchschnitt liegt.

Allerdings zeigt eine neue OECD-Studie (2006) das vieles davon abhängt, wie die Sozialquote berechnet wird. Mit dem Konzept einer *Nettosozialleistungsquote* soll berücksichtigt werden, dass der Staat möglicherweise einen Teil der Sozialtransfers sich »heimlich« über Steuern und Sozialabgaben wieder zurückholt. Berücksichtigt und zu den Sozialausgaben hinzugezählt wird die steuerliche Förderung freiwilliger privater Vorsorgeausgaben für Gesundheit, Alter, Pflege usw.

Die neuen Länder-Rankings in der Tabelle 15.3 enthalten einige Überraschungen. Deutschland rückt an die zweite Stelle (was keine Bewertung bedeuten soll), Großbritannien an die vierte und selbst die USA platzieren sich deutlich weiter oben. Dies erklärt sich vor allem dadurch, dass die USA private Vorsorge stark fördern. Überraschend tief ist Finnland im Netto-Ranking angesiedelt.

Tabelle 15.3: Brutto- und Nettosozialquoten im Vergleich
(bezogen auf das BIP, Bezugsjahr 2001)

Land	Brutto-Sozialquote	Netto-Sozialquote (1)
Frankreich	33,0	31,2
Deutschland	30,6	30,8
Schweden	35,1	30,6
Großbritannien	25,4	27,1
Dänemark	34,2	26,4
Belgien	28,0	26,3
Italien	28,3	25,3
Niederlande	24,3	25,0
Österreich	29,6	24,8
USA	15,7	24,5
Kanada	20,4	23,3
Finnland	28,0	22,6
Japan	18,5	22,1
Spanien	21,7	18,9

Netto-Sozialleistungen = Brutto-Sozialleistungen minus darauf erhobene direkte oder indirekte Abgaben plus steuerliche Förderung freiwilliger privater Vorsorgeausgabe.
Quelle: OECD-Studie 2005, iwd-Nr.38 (2006).

Beschäftigung und Arbeitslosigkeit in Europa

Ein wichtigstes Ziel der EU besteht darin, Wachstum und Beschäftigung in den Mitgliedsländern zu fördern. Vermeidung von Arbeitslosigkeit, eine steigende Erwerbsquote und die stärkere und gleichberechtigte Beteiligung der Frauen am Erwerbsleben sind explizit genannte Ziele. Die folgende Situationsanalyse soll zeigen, wie es um die Erreichung der Ziele bestellt ist.

Von der Mitte der 1970er Jahre bis in die erste Hälfte der 1990er stieg die Arbeitslosigkeit in den europäischen Ländern steil an (Tabelle 15.4). Sie erreichte in den 15 EU-Ländern 1994 mit fast 18,5 Mio. einen Rekordstand. Danach zeigte sich eine zweigleisige Entwicklung. Während die meisten Länder eine deutliche Besserung erfuhren, blieben andere auf dem hohen Niveau oder verbesserten ihre Lage nur leicht. Vor allem in den beiden großen Kernländern Frankreich und Deutschland blieb die Lage auf dem Arbeitsmarkt weiterhin sehr angespannt. Westdeutschland belegte 1990 mit 4,8 Prozent Arbeitslosigkeit noch einen Spitzenplatz. Seit 2002 liegt die Arbeitslosenquote in Deutschland über dem Durchschnitt der EU-Länder. Auf die Ursachen und die unterschiedlichen Erklärungsansätze sind wir im Kapitel 6 schon näher eingegangen. In jedem Fall ist festzustellen, dass nach dem zögerlichen Aufschwung Ost nunmehr auch der Westen seit Jahren an einer Binnenmarktschwäche leidet. Welche Rolle die Einführung des Euro und die berüchtigte Globalisierung dabei spielt, soll im nächsten Kapitel 16 behandelt werden.

Tabelle 15.4: Entwicklung der Arbeitslosigkeit in der EU
(Arbeitslosenquoten in Prozent)

	1970	1980	1990	1995	2000	2005
Belgien	1,9	8,8	7,2	9,7	6,9	8,6
Dänemark	0,7	6,5	8,1	6,7	4,3	4,9
Deutschland (1)	0,6	2,9	4,8	8,0	7,2	9,5
Griechenland	4,2	2,8	7,1	9,2	11,3	10,0
Spanien	2,5	11,1	15,9	18,8	11,4	9,2
Frankreich	2,5	6,2	8,9	11,1	9,1	9,5
Irland	5,8	7,3	13,4	12,3	4,3	4,3
Italien	5,3	7,5	10,3	11,2	10,1	7,6
Luxemburg	-	0,6	1,7	2,9	2,3	5,3
Niederlande	1,0	6,0	7,5	6,6	2,8	4,8
Österreich	1,5	1,9	5,4	3,9	3,6	5,2
Portugal	2,5	7,7	4,6	7,3	4,0	7,5
Finnland	1,9	4,0	3,4	15,4	10,2	8,4
Schweden	1,5	2,0	1,5	8,8	5,6	6,3
Großbritannien	2,2	6,4	6,8	8,5	5,4	4,6
Europa EU 15	-	-	-	10,1	8,1	8,6
USA	4,8	7,0	5,4	5,6	4,0	5,1
Japan	1,1	2,0	2,1	3,2	4,7	4,4

(1) Bis 1990 alte Bundesländer; Quellen: EUROSTAT; Institut der deutschen Wirtschaft (IW), Zahlen zur wirtschaftlichen Entwicklung der Bundesrepublik Deutschland 1996, Tabelle 143; IdW, Deutschland in Zahlen 2006, Tabelle 12.3; OECD Labour Force Statistics.

Besondere Sorge macht die hohe Jugendarbeitslosigkeit in Europa (vgl. Tabelle 15.5). In Deutschland ist sie in den letzten Jahren in einem erschreckend hohen Ausmaß gestiegen, auch wenn die Arbeitslosenquote 2005 noch knapp unter dem Durchschnitt in der Eurozone lag. Schon »traditionell« am höchsten ist hierzulande die Langzeit-Arbeitslosigkeit, die mit arbeitsmarktpolitischen Mitteln nur schwer zu bekämpfen ist. Bei den *Erwerbsquoten* ist in Europa eine Annäherung in kleinen Schritten zu erkennen. Einige Länder wie Irland und die Niederlande haben seit 1990 sogar deutlich zugelegt, während in anderen (Schweden, Finnland) die Erwerbsquote deutlich sank. Explizites Ziel der EU ist eine deutliche Erhöhung der Erwerbsquote in Richtung der Werte in den skandinavischen Ländern.

Tabelle 15.5: Struktur der Arbeitslosigkeit in der EU (Quoten in Prozent)

	Erwerbsquote (1) 1990	Erwerbsquote (1) 2004	ALQ-Frauen 2005	ALQ-Jugend (U25) 12/2005	Langzeit-Arbeitslose 2004 (2)
Belgien	54,4	60,3	9,6	21,8	4,1
Dänemark	75,4	75,7	5,5	8,2	1,2
Deutschland (1)	64,1	65,0	10,3	15,5	5,4
Griechenland	54,8	59,4	15,5	-	5,6
Spanien	51,1	61,1	12,2	18,9	3,5
Frankreich	59,9	63,1	10,5	21,7	3,9
Irland	52,1	66,3	3,9	8,5	1,6
Italien	52,6	57,6	9,8	ca. 24,0	4,0
Luxemburg	59,2	61,6	7,5	20,5	1,1
Niederlande	61,1	73,1	5,1	8,1	1,6
Österreich	-	67,8	5,6	10,3	1,3
Portugal	67,5	67,8	8,5	16,1	3,0
Finnland	74,1	67,6	8,6	20,0	2,1
Schweden	83,1	72,1	6,3	-	1,2
Großbritannien	72,5	71,6	4,2	ca. 13,5	1,0
Europa EU 15		64,7	8,9	17,6 (Eurozone)	3,4

1) Erwerbstätige zwischen 15–64 Jahre dividiert durch die Gesamtbevölkerung dieser Altersklasse, 2) Mindestens 12 Monate arbeitslos; in Prozent der Erwerbsbevölkerung; Quellen: Eurostat Jahrbuch 2005, Europa in Zahlen und Eurostat: epp.eurostat.cec.int/.

16 Der Globalisierungsdruck auf die Sozialordnung

16.1 Der Druck des Euro

Nach dem Vertrag von Maastricht wurde 1999 die Währungsunion errichtet und 12 der EU-Länder haben heute eine gemeinsame Währung und eine gemeinsame zentrale Notenbank, die Europäische Zentralbank, die für die Geldpolitik in der Eurozone verantwortlich ist.

Über die Fragen, welche Auswirkungen für den Arbeitsmarkt, die Einkommensverteilung und die Sozialordnung zu erwarten sind, gab es heftige Auseinandersetzungen (Berthold 1993, Lampert 1991). Da der Beitritt an die Erfüllung von Stabilitätskriterien geknüpft war, sahen einige Kritiker den Weg dorthin als Durststrecke für das wirtschaftliche Wachstum in Europa. Um die Verschuldung der öffentlichen Haushalte herunterzuschrauben, mussten einige Mitgliedstaaten eine strikte Sparpolitik verfolgen. Im Nachhinein lässt sich feststellen, dass die befürchtete europäische Rezession ausblieb, wohl auch, weil sich die Weltkonjunktur in der zweiten Hälfte der 1990er Jahre hinter der Lokomotive eines Jahrhundertbooms in den USA sehr gut entwickelte.

Die zweite Sorge allerdings ist weiterhin ernst zu nehmen. Die Länder in der Eurozone weisen unterschiedliche Entwicklungsniveaus, Produktivitäten und Einkommen pro Kopf auf. Damit gehen auch unterschiedliche Inflationsraten einher. Die Europäische Zentralbank (EZB) orientiert sich am europäischen Durchschnitt und verfolgt ein ehrgeiziges Inflationsziel. Ihre Zielinflationsrate (Harmonisierter Verbraucherpreisindex) liegt knapp unter 2 Prozent. Seit Einführung der Währungsunion hat Deutschland die niedrigste Inflationsrate und gleichzeitig hohe Arbeitslosenzahlen. Keynesianer würden daher eine Leitzinssenkung befürworten, um die deutsche Konjunktur anzukurbeln. Da andere Länder (Italien, Spanien) eine deutlich höhere Inflation aufwiesen, konnte und wollte die EZB diesen Wünschen nicht nachkommen. Da im Euroraum einheitliche Nominalzinsen für Kredite zu zahlen sind, sind die Länder mit geringem Preisanstieg besonders belastet. Die Realzinsen als Differenz von Nominalzinsen und Inflationsrate sind dort deutlich höher. Bei einem Nominalzins von 4–5 Prozent hatte Spanien 2003 bei einer Inflationsrate von 3,1 Prozent einen Realzins von ca. 1–2 Prozent während die Investoren in Deutschland mit einem Realzins von 3–4 Prozent (Inflationsrate 1 Prozent) rechnen mussten. Aus Sicht der Keynesianer erklärt sich damit ein Teil der schlechten Wirtschaftsentwicklung in Deutschland nach der Währungsunion.

Mit der einheitlichen Währung ist ein weiteres ernstes Problem verbunden: die Abschaffung des Scharniers der Wechselkurse, welche die Funktion eines die unterschiedlichen nationalen Entwicklungen bei den Löhnen, Preisen und Arbeitsproduktivitäten gewissermaßen sozial ausgleichenden Instruments ausüben können. Machen wir uns das an einem Beispiel klar. Deutschland weise einen größeren Produktivitätsfortschritt und/oder größere Lohnkostenstabilität auf als Italien. Auch die höheren Inflationsraten in Italien können Wettbewerbsvorteile deutscher Exporteure begründen, die nun mehr Güter in Italien verkaufen können, während die italienischen Unternehmen Umsatzeinbußen erfahren. Es kommt zu einem Exportüberschuss zugunsten Deutschlands und damit werden in Deutschland Arbeitsplätze auf Kosten italienischer gesichert. Bei zwei getrennten Währungen besteht nun die Chance, das auszugleichen, indem bei freien Wechselkursen über das steigende Angebot von Lire (dies kommt daher, weil die deutschen Exporteure ihre in Italien reichlich verdienten Lire auf dem Devisenmarkt anbieten und gegen DM tauschen wollen) der Preis der Lire in DM, also der Lire-Kurs zurückgeht. Die deutsche Währung wird damit aufgewertet und die italienische abgewertet, wodurch die ursprünglichen deutschen Wettbewerbsvorteile vernichtet oder erheblich verringert werden. Denn nunmehr müssen die deutschen Exporteure ihren Warenpreis in Lire erhöhen, um auf ihre heimischen Kosten zu kommen. Auch in einem System fester Wechselkurse (ein Beispiel war das Europäische Währungssystem EWS vor Einführung des Euro) bleibt die Möglichkeit der politischen Abwertung einer Währung als letzter Ausweg bestehen, wenn die Kostenvorteile des Handelspartners zunehmen und der Abwertungsdruck auf den Devisenmärkten zu groß wird.

Genau dies ist aber bei einer gemeinsamen Währung in Deutschland und Italien nicht mehr möglich. Kommt es nach Einführung des Euro zu Kostenvorteilen für Deutschland, müssen die Italiener entweder den Gürtel enger schnallen, d.h. über Lohnsenkungen den Vorteil ausgleichen, oder selbst produktiver werden. Dabei müssen sie die Deutschen nicht kurzfristig einholen, der Produktivitätsrückstand muss jedoch immer über entsprechend geringere Löhne ausgeglichen werden. Für viele Ökonomen war dies das Damoklesschwert über der Währungsunion.

Inzwischen liegen die ersten Erfahrungen vor und die Befürchtungen scheinen sich zu bestätigen. Aufgrund der Erosion des Flächentarifvertrags (vgl. Kapitel 5.3.2) ist das Lohnwachstum in Deutschland im letzten Jahrzehnt deutlich hinter der Entwicklung in den meisten anderen europäischen Ländern zurückgeblieben. Zu den schon vorhandenen Wettbewerbsvorteilen Deutschlands

einer hohen Qualität und innovativen Produkttechnik sind nun auch Kostenvorteile hinzugetreten. Das ist die zentrale Ursache für den immer größer werdenden Außenbeitrag (Export- minus Importerlöse) und die Begründung des
Spitzenplatzes als »Exportweltmeister«. Nicht nur im Handel mit den Ländern
der Eurozone, sondern selbst im Vergleich zur übrigen Welt konnte Deutschland trotz einer massiven Aufwertung des Euro gegenüber dem Dollar die Position halten und ausbauen.

Damit aber baut sich ein zunehmender Druck auf die anderen Länder der
Eurozone auf, der in einem Lohnsenkungswettlauf enden könnte, bei dem auf
lange Sicht keiner gewinnen kann. Erfolgreich kann das Projekt »Euro« nur
dann werden, wenn sich daraus ein hoher und stetiger Wachstumsimpuls für
ganz Europa entwickelt. Das ist bisher nicht im erwarteten Umfang eingetreten.
Während einige Länder eine relativ gute Wachstumsperformance zeigen, sind
die großen Länder Deutschland, Italien und Frankreich die Nachzügler. Großbritannien fuhr ohne den Euro sogar am besten! Woran liegt das? Auch hier
finden wir wieder zwei Antworten (vgl. dazu genauer Kapitel 6.2). Die neoliberale Position sieht die deutsche Binnenmarktschwäche in immer noch zu hohen
Löhnen, zu stark regulierten Märkten und einem unproduktiven Wohlfahrtsstaat begründet. Die Keynesianer weisen auf die jahrelangen Verfehlungen in
der Makropolitik hin, die restriktive Geldpolitik, die mit hohen Realzinsen die
Investitionen belastet, die hinter der Produktivität zurückbleibenden Löhne, die
zu einer Konsumschwäche führen und die durch den Europäischen Stabilitätspakt gebundene Fiskalpolitik.

Das Credo der neoklassischen Angebotstheorie dominiert die Szene. Der
harte Kern neoliberaler Ökonomen und ihrer Anhänger in den Unternehmen,
Verbänden und Parteien vertrauen auf den steigenden ökonomischen Druck
hoher Massenarbeitslosigkeit und der Drohung mit weiteren Standortverlagerungen. Man hofft, kurz vor dem Durchbruch zu stehen, um ein Aushebeln des
kontinentaleuropäischen Modells des Wohlfahrtsstaates zu bewirken. Dieser
wird als Haupthindernis auf dem Wege zu einer idealen Marktökonomie gesehen. Gerade im Sozialabbau und in der Reduzierung auf einen sozialen Minimalstaat bestehe die große Erneuerungs- und Wachstumschance der an Sklerose
leidenden europäischen Länder.

Selbstverständlich wird auch der aktuelle Aufschwung in Deutschland
2006/2007 von beiden ökonomischen Schulen sehr unterschiedlich erklärt und
der Betrachter kann sich wahrscheinlich des Eindrucks nicht erwehren, als
wenn beide Gruppen doch ziemlich überrascht wurden!

16.2 Globalisierung und die internationale Konkurrenz der Sozialordnungen

16.2.1 Freihandel und Globalisierung bringen mehr Gewinner als Verlierer hervor

Ob Liberale oder Keynesianer, die Zunft der Ökonomen ist sich wenigstens in dieser Frage weitgehend einig: Der freie Welthandel ist kein Nullsummenspiel, sondern für alle beteiligten Länder ein Positivsummenspiel. Eine theoretische Begründung lieferte schon der klassische Ökonom David Ricardo zu Anfang des 19. Jahrhunderts mit seinem *Theorem der komparativen Kosten,* weitere folgten in der Entwicklung zur modernen Außenhandelstheorie. Das Theorem der komparativen Kosten besagt, das Freihandel selbst dann für ein Land Einkommensvorteile bringt, wenn es im Vergleich mit einem anderen Land bei der Produktion aller Güter absolute Kostennachteile hat. Auch die empirischen Befunde sind aus der Sicht der Ökonomen eindeutig positiv. Zeiten, in denen Zölle und Handelshemmnisse abgebaut wurden, belebten die Wirtschaft der beteiligten Länder und führten zu Wachstum und Wohlstand.

Dennoch ist die Angst vor der Globalisierung in der Bevölkerung sehr verbreitet. Sicher trägt dazu bei, dass in zahlreichen sozialwissenschaftlichen Analysen die These einer Erosion nationaler Wirtschafts- und Sozialpolitik durch Globalisierungsprozesse ausgebreitet wird.

Nun sind die Ängste vor der ausländischen Konkurrenz so alt wie diese selbst. In den 1960er Jahren hatten die Franzosen große Angst vor einem Ausverkauf ihrer nationalen Industrie durch die USA, später übernahm Deutschland die Rolle des Schreckgespenstes und wurde in dieser Funktion in den 1980er Jahren von Japan abgelöst. In den 1990er Jahren wuchs die Angst vor den Tigerstaaten aus Asien und auch vor den Transnationalen Unternehmen. Dann schloss sich der Kreis und die »new economy« gab Anlass zu der Sorge, die USA würden nun davonziehen. Momentan herrschen ein China-Hype und das dazu gehörende Angstsyndrom.

Die aktuelle Furcht in Deutschland richtet sich auf das Problem der Standortverlagerung in die Billiglohnländer im neuen Osten der EU und nach Fernost. Wir müssen an dieser Stelle auf die Darstellung der theoretischen Zusammenhänge verzichten (vgl. dazu Schaper 2001, 259ff.), allein der Blick auf die bisherigen Erfahrungen sollte ein wenig beruhigen. Natürlich kam es immer wieder zu Arbeitsplatzverlusten in den entwickelten Ländern, wenn neu aufstrebende Schwellenländer ihre Lohnkostenvorteile nutzten und über eine exportorientierte Entwicklungsstrategie bei den Gütern geringeren und später mittleren technischen Niveaus Weltmarktanteile eroberten. Diesen Verlusten standen jedoch immer erhebliche Vorteile gegenüber. Die nun importierten Güter waren billiger und erhöhten damit das Realeinkommen der Bürger und vor allem stieg der Export von Gütern höherer technischer Intelligenz. Damit konnte der Verlust an unterproduktiven Arbeitsplätzen durch einen Zuwachs an hochproduktiven ersetzt werden und das allgemeine Lohnniveau stieg. Die Schwellenländer profitierten ihrerseits durch einen entsprechenden Einkommensanstieg in den exportorientierten Branchen, deren Wachstum auch die anderen Wirtschaftszweige beflügelte.

Nun werden aus Schwellenländern im Zuge der nachholenden Entwicklung manchmal sehr schnell »neu industrialisierte« hochproduktive Ökonomien (Beispiele: Japan, Südkorea). Wird nun die Lohn- und Produktivitätskonkurrenz Deutschland mit seinen hohen Lohn- und sozialstaatlich bedingten Lohnnebenkosten überrollen? Auch hier kann man aufgrund der historischen Erfahrungen Entwarnung geben. Hohe Produktivitätssteigerungen führten bisher in allen Ländern auch zu entsprechenden Lohn- und Einkommenssteigerungen für die Masse der Erwerbstätigen. Das liegt vor allem daran, dass Menschen gemäß ihrer Leistung entlohnt werden wollen. Selbst Diktaturen wie China werden dies nur um den Preis einer versteckten Leistungsverweigerung ihrer Arbeitnehmer verhindern können. Das aber führt zu erheblichen Produktivitätsrückschritten. Auch stärkt eine positive ökonomische Entwicklung das politische Bewusstsein der Arbeitnehmer, so dass sich auf die Dauer Gewerkschaften bilden können und das politische System demokratische und sozialstaatliche Angebote machen muss.

Gehen wir nun davon aus, ein Land (Japan) holt die anderen nicht nur ein, sondern überholt sie bei der Entwicklung innovativer Produkte und setzt sich an die Spitze des Fortschritts. Es wird Exporterfolge erzielen und seinen Wohlstand mehren. Auch das gab es in der Entwicklung zum weltweiten Kapitalismus des öfteren und die Spitzenposition hat im letzten Jahrhundert mehrfach gewechselt, ohne dass die neuen Spitzenreiter den anderen Nationen »das Wasser abgruben«. Auch Deutschland zählt seit langem zu dieser Spitzengruppe. Letztlich hat das immer wieder einen neuen Ansporn für alle gegeben, so dass das Feld der entwickelten Nationen in der Produktivitätsentwicklung meist eng zusammenblieb. Die Spitzenwerte der Produktivitätssteigerung aus der nachholenden Entwicklung sind nicht aufrechtzuerhalten, wenn das Land zu den anderen aufgeschlossen hat, weil es dann selbst die teuren Spitzeninnovationen erfinden und entwickeln muss.

Aber selbst in dem Fall, dass eine Nation aufgrund eigener Versäumnisse und Fehler z.B. in der Bildungs- oder Steuerpolitik deutlich geringere Produktivitätsraten realisiert, belastet die internationale Konkurrenz die Einkommensentwicklung in diesem Land nicht oder nur wenig zusätzlich. Krugman (1999) nennt deshalb die Aufregung um die »Wettbewerbsfähigkeit von Volkswirtschaften« eine Analogie ohne Sinn und Verstand. Letztlich entscheidet die binnenwirtschaftliche Produktivität über den Lebensstandard der Bevölkerung eines Landes. Die Interdependenzen sind trotz der Globalisierung viel geringer als oft vermutet. So erreichen in der EU, USA und Japan die Importe nur ca. 10–12 Prozent der Wertschöpfung dieser großen Wirtschaftsräume.

»Außerdem unterscheidet sich die Wettbewerbssituation zwischen Ländern grundsätzlich von der Konkurrenz zwischen Unternehmen. Coca-Cola und Pepsi sind wechselseitig mehr oder weniger Konkurrenten – nur ein minimaler Prozentsatz des Coca-Cola-Absatzes wird von Pepsi-Beschäftigten konsumiert und umgekehrt gilt das Gleiche. Der Erfolg des einen Konkurrenten geht also tendenziell zu Lasten des anderen. Die Großen Industrienationen verkaufen zwar auch Produkte, die miteinander konkurrieren. Gleichzeitig aber fungieren sie auch als Hauptexportmärkte der jeweils anderen Länder…Wenn es der europäischen Wirtschaft gut geht, muss dies der amerikanischen Wirtschaft keineswegs zum Nachteil gereichen. Im Gegenteil!« (Krugman 1999a, S. 27f.)

Es kommt also nicht auf die Höhe der Importe an, sondern – wenn überhaupt – spielen die Export- oder Importüberschüsse eine Rolle. Das macht aber nur einen geringen Teil des BIP bei großen Volkswirtschaften aus. In den USA, dem Land mit dem höchsten negativen Außenbeitrag, betrug diese Quote im Jahr 2004 minus 5,5 Prozent und in Deutschland mit dem höchsten positiven Wert plus 5,1 Prozent. Das bedeutet, dass selbst in den USA mit einem Defizit von 651 Mrd. Dollar (2004) die Effekte aus dem Ausland auf die heimische Wirtschaft nicht überschätzt werden dürfen. Das zeigt schon die Tatsache, dass die USA in dieser Zeit hohe Produktivitätsraten, starkes Wachstum und relativ geringe Arbeitslosigkeit aufwiesen, während der Exportweltmeister Deutschland aufgrund einer schwachen Inlandsnachfrage erheblich schwächelte. Auf lange Sicht wird man sich ohnehin nicht allein auf den Export verlassen können. Momentan ist er jedoch eine gute Stütze und auch das zeigt, das die Globalisierung den Menschen in Deutschland eher nutzt als schadet.

So bildet der Wechselkursmechanismus einen Schutzwall. Sollte ein Land oder eine Gruppe von Ländern zunächst Wettbewerbsvorteile im Handel mit dem Nachzügler erzielen, kommt es zu Importüberschüssen, die den Wechselkurs der Währung des unterproduktiven Landes senkt. Diese Abwertung vernichtet dann tendenziell die Wettbewerbsvorteile der produktiveren Ökonomien.

Vor diesem Problem stehen auch alle Unternehmen, die ihren Standort wegen der Lohnkosten, zu hoher Steuern oder zu anspruchsvoller Umweltauflagen verlassen wollen. Wenn wir uns vor Augen führen, dass eine zweimalige Kursänderung zwischen Euro und Dollar im Zeitraum von nur 5 Jahren in der Höhe von jeweils 30 bis 40 Prozent erfolgte, dann zeigt sich hier ein erhebliches Risiko. Deshalb werden große Unternehmen an allen wichtigen Standorten auch mit ihren Produktionsstätten präsent sein. Der größte Teil der Direktinvestitionen von deutschen Unternehmen in anderen Ländern dient der Produktion für diese Märkte und nicht vorrangig dem Ziel, von dort Deutschland zu beliefern.

Verfolgt man allerdings dieses Ziel, dann wird man sich nach Standorten umsehen müssen, die keinem oder nur einem geringen Wechselkursrisiko ausgesetzt sind. Das sind die Länder der Eurozone und die neuen EU-Länder im Osten, deren Währungen an den Euro fest gekoppelt sind. Auch wenn die Medien ein anderes Bild vermitteln und laufend über Abwanderung und Abwanderungsdrohungen berichtet wird, ist die Realität eine andere. Viele Auslagerungen in den Osten (neudeutsch: offshoring) nutzen diesen als verlängerte Werkbank«, auf der lohnintensive Vorprodukte hergestellt (neudeutsch: outsourcing) und nach Deutschland importiert werden, um als Vorleistung in das Endprodukt einzugehen. Die deutschen Produkte werden damit im In- und Ausland billiger, der Export und der Wohlstand steigen. Die Verluste entstehen wieder bei denen, die ihre Arbeitsplätze verlieren. Diese Arbeitsplätze stellen den Gewinn für die aufstrebenden Volkswirtschaften Osteuropas dar. Die verblüffende These von Hans W. Sinn (2005), dass Deutschland – obwohl scheinbar Exportweltmeister – damit zunehmend als Basarökonomie nur noch Etikettenschwindel betreibt und Güter, die zum großen Teil im Ausland hergestellt werden, unter dem Gütesiegel »Made in Germany« vertreibt, ist als eindeutig widerlegt anzusehen (Behnke/Horn 2004).

Wir kommen damit wieder zum gleichen Schluss. Der internationale Handel wie auch die internationale Mobilität des Produktivkapitals (Direktinvestitionen) ist für die beteiligten Länder vorteilhaft. *Gewinner* sind die Verbraucher und die höher produktiven Arbeitnehmer, von den Unternehmen ganz zu schweigen. Es gibt jedoch auch eine Menge *Verlierer* dieses Prozesses, die eigentlich erwarten können und darauf vertrauen, dass die Gewinner sie aus einem Teil ihres Gewinns entschädigen. Diese Umverteilung ist aber ein Kollektivgut und wird von vielen Gewinnern nicht freiwillig geleistet. Es ist deshalb eine bedeutende Aufgabe des Sozialstaats, diese Kompensation vorzunehmen. Dies gelingt nicht ohne erhebliche Sozialtransfers – wie die Erfahrung zeigt. Der bessere Weg einer aktiven Bildungs- und Beschäftigungsoffensive für die Verlierer ist ebenfalls teuer, da ein erheblicher Teil der Arbeitslosen schon älter ist und einen geringen Bildungsgrad aufweist. Eine bessere Chance besteht darin, die jungen Menschen, die nach den Ergebnissen der PISA-Studie wenig gelernt haben und damit zu den künftigen Verlierern am Arbeitsmarkt zählen, nicht fallen zu lassen, sondern alle Anstrengungen zu unternehmen, damit diese und die folgenden Jahrgänge junger Menschen nicht zu einer verlorenen Generation werden. Das alles wird viel kosten und dem Staat fehlen zunehmend die Mittel, die erforderliche Kompensation und Bildungsinvestitionen zu finanzieren. Woran liegt das und ist dieses Dilemma unvermeidlich?

16.2.2 Der institutionelle Wettbewerb, Sozialdumping und der Sozialstaat

Deutschland und anderen europäischen Ländern wird von den Neoliberalen die ansteckende Krankheit der »Eurosklerose« attestiert. Symptome sind geringes Wachstum und hohe Arbeitslosigkeit. Im »global village« steigt die Transparenz und im Vergleich mit den Erfolgreichen wird den Nachzüglern immer deutlicher ihr Versagen vor Augen geführt.

Verbunden mit der Angst weiterer Standortverlagerungen entsteht hier ein wachsender politischer Druck, die Wettbewerbsfähigkeit der deutschen Volkswirtschaft zu steigern. Dieser Druck wird von den neoliberalen Meinungsführern aufgenommen und verstärkt. Obwohl sie eigentlich nicht an eine Bedrohung durch die Globalisierung glauben, schüren Sie doch die Ängste.

Dazu greift man auf einfache neoklassische Modelle zurück, wie sie ursprünglich von MacDougall (1960) und Kemp (1964) entwickelt wurden. Unterschieden werden mobile (Kapital) und immobile (Arbeit) Produktionsfaktoren. Die Staaten konkurrieren um die Ansiedlung der mobilen Faktoren, um Wachstum und Wohlstand zu mehren. Dabei gibt es natürlich eine Fülle von institutionellen Faktoren, die bei der Standortwahl durch die Kapitalbesitzer berücksichtigt werden, u.a. die Lohnhöhe, die Steuern und Soziallasten und die Belastungen durch den Umweltschutz. Globalisierung führt nun zu einer Intensivierung des institutionellen Wettbewerbs. Der Endzustand dieses Wettbewerbs wird von Optimisten und Pessimisten unterschiedlich eingeschätzt (Eickhof, 2003, 370). Die einen erwarten oder hoffen, dass der Wettbewerb die effizienten Institutionen herausfiltert, die Wachstum und Wohlstand begünstigen (Berthold 1997, S. 33f.). Die Staaten werden also marktwirtschaftlichen Regulationen deutlich mehr Raum geben (müssen), die Steuern senken und den überbordenden Wohlfahrtsstaat auf einen Kern reduzieren.

»Ein von Globalisierungsgegnern oft behaupteter »race to the bottom« infolge des gestiegenen Wettbewerbs mit Ländern, die niedrigere Standards aufweisen, lässt sich nicht beobachten.....Der Staat ist demnach nicht per se geschwächt. Vielmehr verändert Globalisierung die Rahmenbedingungen für wirtschaftspolitische Optionen, indem sie über den stärkeren Wettbewerb um mobile Ressourcen die Anreize für marktliberale Reformen und die Kosten für interventionistische Politik erhöht (Schirm 2003, S.10f.).

Die Pessimisten vertreten dagegen die nahe liegende »race to the bottom«- oder Sozialdumping-These. Der institutionelle Wettbewerb wird erst bei niedrigsten Unternehmenssteuern und weitgehendem Abbau von Sozial- und Umweltstandards zu Ende sein. Die verheerenden Folgen für die sozial Schwächeren kann sich jeder ausmalen. Anzumerken ist, dass ordoliberale Ökonomen unter den Pessimisten insbesondere den befürchteten Abbau staatlicher Wettbewerbsregulierung beklagen.

Was sagen die empirischen Befunde? Im Rückblick auf Jahrzehnte, in denen die Globalisierung immer weiter voranschritt, zeigt sich, dass eher die dritte Alternative, die These der traditionellen Außenhandelstheorie, bestätigt wird. Die Länder, die den Weg der nachholenden Entwicklung erfolgreich zurückgelegt haben, haben das nicht über eine bewusste strategische Senkung ihrer Sozial- und Umweltstandards geschafft. Im Gegenteil, mit fortschreitender Entwicklung und steigender Produktivität wurden auch die Löhne und die Sozial- und Umweltstandards erhöht. Damit fand in der Vergangenheit statt des befürchteten »race to the bottom« tatsächlich eher ein »race to the top« statt.

Auch wenn wir inzwischen in der EU die Erfahrung gemacht haben, dass einige Länder wie Irland mit einer Politik niedriger Unternehmenssteuern den Weg des verschärften institutionellen Wettbewerbs gehen und auch zu erkennen ist, dass im Rahmen der Osterweiterung weitere Länder ihnen folgen, denken wir, dass das damit eröffnete »Rennen« um noch niedrigere Unternehmenssteuern in den europäischen Kernländern nicht bis zur Erschöpfung gelaufen wird. Zu viel steht auf dem Spiel. Wenn es zu viele Verlierer geben sollte und den Staaten die Einnahmen wegbrechen, um Kompensation zu leisten, dann wird in einer Demokratie die Mehrheit die Notbremse des »Protektionismus« ziehen. Damit wäre auch die EU gefährdet, es sei denn, sie einigt sich auf Mindeststandards bei den Steuern und auf anderen Politikfeldern. Ein positives Signal war die Entscheidung zur Entschärfung der Dienstleistungsrichtlinie (2006), die zu mehr Wettbewerb auf diesem Feld führen soll, aber nicht zu Sozialdumping genutzt werden darf.

Die Strategie der Neoliberalen, die Globalisierung als Drohkulisse zu nutzen, um »effiziente Institutionen« in Europa durchzusetzen, die Marktmacht von Gewerkschaften zu brechen und den Sozialstaat zurückzustutzen, kann auch nach hinten losgehen und die Position der Freihandels- und Globalisierungsgegner politisch stärken.

Denn auch im optimistischen Szenario sinken die Steuern und Abgaben für die Unternehmen und auf das mobile Kapital. Daraus ergeben sich zwei Alternativen. Sinkende Staatseinnahmen führen dazu, die notwendigen Bildungsausgaben und Sozialtransfers zu reduzieren oder der Staat belastet verstärkt die Arbeitnehmer mit Abgaben, um die Aufgaben zu erfüllen. Dieses Konzept des »Sozialismus in einer Klasse« läßt den eigentlichen Gewinner der Globalisierung ihre – wie sie meinen – wohlverdienten Einkommen. Aber wird das so funktionieren? Die Antwort ist klar. Das funktioniert nur dann, wenn das neoliberale Konzept funktioniert, wenn durch Steuersenkung, Flexibilisierung und den Verzicht auf Umverteilung die Volkswirtschaft tatsächlich auf hohes Wachstum getrimmt wird, von dem auch die Arbeitnehmer deutlich profitieren.

16.2.3 Politische Ökonomie des Sozialstaats: Sozialpolitik statt Protektionismus

Die Kritik an der »sozialen Marktwirtschaft« durch die »neue soziale Marktwirtschaft« neoliberaler Provenienz unterschätzt nicht nur die produktive Leistung des Sozialstaats, sondern verkennt im erstaunlichen Maße die wahren politischen Kräfteverhältnisse, die eher den Freihandel bedrohen werden, als sich in das Schicksal der Verlierer eines Sozialabbaus zu fügen.

»Auseinandersetzungen um die Wirtschafts- und Sozialpolitik sind keine akademischen Veranstaltungen über richtige und falsche Weichenstellungen, sondern politisch zu entscheidende Verteilungskämpfe« (Rieger 2002, S. 9).

In einer Demokratie entscheidet letztlich die Mehrheit des Volkes. Ob diese den neoliberalen Heilsversprechungen, der Markt werde es besser richten, folgen wird, hängt davon ab, ob erste Reformschritte in diese Richtung auch einen schnellen Erfolg bringen. Nachdem die großen Parteien und die Regierungskoalitionen lange gezögert haben, überhaupt deutliche Schritte zu wagen, in der berechtigten Angst, vom Wähler abgestraft zu werden, hat sich die Regierung von Kanzler Gerhard Schröder mit der Agenda 2010 aus der Deckung gewagt. Warum der schnelle Erfolg ausblieb, sei dahingestellt. Letztlich wird die Einrede der Neoliberalen ihnen wenig nützen, das Programm sei immer noch zu halbherzig und die Löhne nach zehn Jahren Lohnzurückhaltung immer noch zu hoch. Das Programm trifft in der Bevölkerung auf erhebliche Vorbehalte, viele fürchten sich vor dem sozialen Abstieg, da sie nicht mehr oder in deutlich geringerem Maße von Sozialstaat aufgefangen werden und die Förderprogramme des aktivierenden Sozialstaats bisher wenig in Erscheinung traten. Die SPD ist bei derWahl 2005 abgestraft worden. Sie ist noch relativ glimpflich davon gekommen, weil Kanzlerin Angela Merkel im Wahlkampf den Fehler gemacht hat, neoliberale »soziale Kälte« zu verbreiten. Alle Parteien in der großen Koalition müssen befürchten, bei einer Fortsetzung dieses Kurses vom Wähler abgestraft zu werden. Insbesondere die SPD wird darunter leiden, nun links überholt zu werden mit der Propagierung traditioneller sozialdemokratischer Ziele.

Rieger und Leibfried (2000 und 2001) haben die Wechselwirkung von Sozialstaat und Freihandel auf einen etwas ungewöhnlichen Begriff gebracht (vgl. dazu auch Cameron 1984). Unter Wohlfahrtsmerkantilismus verstehen Sie ein System, das die Ängste der Bevölkerung vor weltweiten Freihandel, Kapitalverkehr und Migration ernst nimmt, weil die politische Klasse in einer Demokratie solche Ängste ernst nehmen muss. Nur durch eine sozialstaatliche Absicherung ist der Bevölkerung die Globalisierung zuzumuten. Ein Abbau des Sozialstaats würde protektionistischen Strömungen aus der Anti-Globalisierungsbewegung, die ohnehin in der Bevölkerung auf Zustimmung stoßen, zu politischem Einfluss verhelfen. Aus der Sicht von Rieger/Leibfried (2000) ist die vorherrschende Ideologie der politischen Eliten ohnehin nicht streng freihändlerisch.

Vielmehr seien Vorstellungen eines neuen Merkantilismus vorherrschend, der davon ausgeht, dass der internationale Handel eher ein Nullsummenspiel ist. Will man nicht z.B. im Handel mit China auf der Verliererseite stehen, muss man über ein strategisches Drohpotential verfügen. Angesichts der opportunistischen Haltung vieler Länder, die Vorteile des freien Handels als Exporteure zu nutzen, sich aber selbst über möglichst unsichtbare Handelshemmnisse und Währungsmanipulationen vor Importen zu schützen, erscheint diese skeptische Einschätzung durchaus nicht abwegig. Die Globalisierung ist ein Kollektivgut, das zum Schwarzfahren einlädt. Die Welthandelsorganisation (WTO) soll genau das verhindern. Aber allein darauf kann und wird man sich nicht verlassen.

Von einem starken Europa erhoffen sich manche Neo-Merkantilisten die Chance, wirtschaftspolitische Handlungskompetenz zurückzugewinnen. Der europäische Markt ist weltweit einer der größten. Sieht man die Zukunft eher als einen Wettkampf der Systeme in der Triade USA (Amerika) – Japan/China(Ostasien) – Europa denn als sich selbst regulierenden Weltmarkt, dann ist es entscheidend, über genügend Drohpotential zu verfügen, um einen fairen internationalen Handel durchzusetzen.

In dieser Philosophie strategischer Spiele werden Länder wie China oder Indien über soziale und ökologische Dumpingstrategien mit allen verfügbaren staatlichen Hilfen versuchen, die europäischen und Weltmärkte zu erobern, ohne sich selbst nachhaltig zu öffnen. Die EU zeichnete in ihrem Weißbuch von 1993 ein ähnliches Szenario. Danach befindet sich Europa in einem zunehmenden internationalen Wettkampf um die Weltmärkte.

Will man hier etwa auf dem Forum der WTO für fairen Handel werben und entsprechende Vereinbarungen treffen, dann kann das nur gelingen, wenn man nicht nur bluffen kann. Europa muss aus dieser Sicht die Fähigkeit gewinnen, sich strategisch als »Wagenburg« gegen unfaire Handelspraktiken aber auch gegen ungebremste Migration zu wehren. Dazu ist eine gemeinsame Zoll-, Wechselkurs- und Zuwanderungspolitik notwendig. Wenn Europa dieses strategische Ziel erreicht, lassen sich auch die Fragen der Beschäftigung und einer europäischen Sozialunion mittelfristig lösen. Dies bedeutet auch keine Absage an einen innovativen Wettbewerb in Europa oder die Aufgabe der Marktwirtschaft, sondern ist aus der Sicht der Anhänger dieses Szenarios die notwendige ordnungspolitische Rahmensetzung, um den Wettbewerb im 21. Jahrhundert umwelt- und sozialverträglich zu gestalten.

17 Perspektiven der Sozialordnung –
Umbau des Sozialstaates

17.1 Der Sozialstaat im Spannungsfeld
der politischen Positionen

17.1.1 Finanzkrise des Wohlfahrtsstaates – die neoliberale Systemkritik

In einem Zitat von Herbert Giersch (1986) wird die neoliberale Sozialstaatskritik auf den Punkt gebracht:

»Der Sozialstaat mag ein positiver Produktionsfaktor sein, aber er hat einen hohen Preis. Als Umverteilungsstaat beeinträchtigt er das Niveau der natürlichen Motivationen in der Bevölkerung, als Versorgungsstaat das Streben nach eigenständiger Sicherheit durch Vermögen und damit die Kapitalbildung, als Bürokratiestaat belastet er die Effizienz der Gesellschaft allgemein«.

In dieser wohlfahrtsstaatlichen Überbeanspruchung der Wirtschaft wird die eigentliche Ursache für die Krise des Wohlfahrtsstaates gesehen. Der Ausbau zu einem umfassenden Versorgungssystem, in dem Jedermann mit allen Risiken erfasst wird, führe unausweichlich in einen Teufelskreis von steigenden Ansprüchen und steigenden Beiträgen. Um eine weitere Expansion des sozialen Sicherungssystems zu verhindern, bedürfe es daher einer Reform, die Märkte und Marktelemente zur Entfaltung bringt; also

- tragbare Risiken der Eigenvorsorge der Bürger (Private Versicherungen, Kapitalbildung) überlässt,
- eine merkliche Selbstbeteiligung der Sozialversicherten an den Kosten der eigenen Inanspruchnahme von Leistungen einführt und ausbaut und
- wohlfahrtsstaatliche Auswüchse dort beschneidet, wo Leistungsanreize bei den Empfängern aber auch bei denjenigen, die über hohe Beiträge und Steuern diese Mittel aufzubringen haben, verloren gehen.

Entschieden zurückgewiesen wird die Kritik, die dem krisenanfälligen marktwirtschaftlichen System die Verursachung hoher Arbeitslosigkeit zuweist und darin die Finanzkrise des Sozialstaates verursacht sieht. Der Ursache-Wirkungs-Zusammenhang wird genau umgekehrt diagnostiziert. Höchste Lohnnebenkosten im internationalen Vergleich, expansiv gestiegene Sozialabgaben in Verbindung mit einer überzogenen gewerkschaftlichen Mindestlohnpolitik zwingen die unter globalem Wettbewerbsdruck stehenden Arbeitgeber zur Entlassung derjenigen, bei denen die Bruttolohnzuwächse einschließlich der Lohnnebenkosten die Produktivitätssteigerung überschreiten. Die Sozialpolitik muss die Leistungen deutlich zurückfahren, um die Lohnnebenkosten zu reduzieren und so den Standort Deutschland im internationalen Wettbewerb zu sichern.

Die maßvolle Position der Ordoliberalen in der Aufbauphase der Bundesrepublik wird zunehmend durch die harte Gangart des angelsächsischen Liberalismus bedrängt. Hier gelten die Maximen der Kapitaleigner, wie die wiederbelebte Kampfparole vom »shareholder value« der notwendigen Unterordnung aller Interessen unter denen des Kapitals stolz verkündet. Nach dem Niedergang des Sozialismus wird ungeniert auch der Abbau des Sozialstaats als die »weiche Form des Sozialismus« betrieben. So weit geht der Mainstream des deutschen Liberalismus nicht. Die Tradition des deutschen Liberalismus der ersten Stunde (Eucken, Röpcke, Rüstow, Müller-Armack) wirkt hier positiv nach. Die FDP als die liberale Partei in Deutschland vertritt zwar in ihrer Programmatik marktradikale Positionen, da die sozialliberale Fraktion stark an Einfluss verloren hat, als kleinere Partei in den Regierungskoalitionen mit der CDU/CSU bewies sie jedoch die notwendige politische Flexibilität und Kompromissbereitschaft und stützte die traditionelle Sozialpolitik in der Ära der Kohl-Regierung. In der inzwischen langen Zeit als Opposition wurden die neoliberalen marktwirtschaftlichen Leitlinien der Politik wieder geschärft und deutlicher akzentuiert. Es gelang damit, die eigene Stammwählerschaft im bürgerlichen Lager wieder stärker zu mobilisieren.

17.1.2 Der Sozialstaat in neokonservativer Perspektive

Die wirtschaftspolitischen Grundvorstellungen des Neokonservatismus in Deutschland haben sich in einigen Feldern der Wirtschaftspolitik an die des Wirtschaftsliberalismus angeglichen. Dennoch kann man nicht von einem gemeinsamen Grundkonzept sprechen. Deutliche Unterschiede sind gerade in der Einstellung zum Sozialstaat erkennbar. Auch heute noch ist der Einfluss der katholischen Soziallehre und der katholischen Arbeiterbewegung auf die Leitvorstellungen in CDU/CSU spürbar. Ein Beispiel für eine gewisse Abnahme dieses Einflusses ist der unverkennbare Paradigmenwechsel in der Familien- und Frauenpolitik (vgl. Kapitel 11.1.4) der mit dem Namen Ursula von der Leyen verbunden ist. Auch wenn Teile der CDU/CSU sich mit den Neoliberalen einig sind in der Beurteilung, dass die Grenzen eines leistungsförderlichen oder zumindest neutralen Sozialstaates schon lange überschritten wurden, sieht die Mehrheit der Konservativen in Deutschland den Sozialstaat weiterhin als einen wichtigen Garanten zur Stabilisierung des Systems. In der langen Regierungszeit von Helmut Kohl und seines Sozial- und Arbeitsministers Norbert Blüm ist der Sozialstaat nur wenig umgebaut und sogar um Institutionen wie die soziale Pflegeversicherung ausgebaut worden.

Die Aussöhnung der Arbeitnehmer mit der kapitalistischen Wettbewerbsordnung gilt wie bei Bismarck nach wie vor als eine der Hauptaufgaben des Sozialstaats. Heute erkennt der Konservatismus in Deutschland auch die Bedeutung der Sozialpolitik für den breiten Mittelstand der Gesellschaft. Auch in diesen (Wähler-)Kreisen ist die Soziale Sicherung eine Errungenschaft, die den Menschen in Zeiten allgemeiner Verunsicherung die Ängste nehmen und damit dem Land den sozialen Frieden bewahren kann. Eine solche Institution setzt man nicht leichtfertig aufs Spiel.

Mit Besorgnis sehen Konservative denn auch die (Rück-)Entwicklung zu einer neuen Zweiklassengesellschaft in den USA, wo der ideologisch ganz anders gepolte Neokonservatismus für die Reichen, für »big business« und gegen »big government« eintritt und wo der »welfare state«, wie er von Roosevelt im New Deal in den 1930er Jahren entwickelt wurde, als Quelle allen Übels gilt.

In die Bundestagswahl von 2005 ist die CDU/CSU mit politischen Aussagen gegangen, die für viele Stammwähler soziale Kälte ausstrahlten, sodass der vorher so sicher geglaubte Sieg stark gefährdet war. Ähnlich wie in der anderen großen Volkspartei bleibt die Verunsicherung greifbar. Die Offensive der Neoliberalen in Medien und ökonomischer Politikberatung zeigt Wirkung. Wenn der Sachverständigenrat und andere Spitzengremien der Politikberatung fast unisono die Politik des Abbaus des Sozialstaats als unabweisbar und jede abweichende Meinung als unverantwortlich und realitätsfern attackieren, dann verstummen die Anhänger von Norbert Blüm und Heiner Geissler langsam. Das muss aber keineswegs bedeuten, dass die Verteidiger des Sozialstaats im konservativen Lager nicht auf eine weitere Gelegenheit warten, wie sie die Wahlergebnisse von 2005 darstellten, um die positiven Funktionen sozialstaatlicher Regulierung wieder stärker zu betonen.

Faktisch wird eine große Volkspartei mit der langen und großen Tradition sozialstaatlicher Politik nicht auf Dauer den neoliberalen Einflüsterungen folgen können. Der soziale Frieden steht auf dem Spiel, wenn weitere Lohn- und Sozialkürzungen die Bevölkerung verunsichern und eine Spaltung der Gesellschaft droht. Im Entwurf eines neuen Grundsatzprogramms (2007) wird das Leitbild einer Chancengesellschaft entworfen, in der Freiheit, Solidarität und Gerechtigkeit gelebt werden.

17.1.3 Der Wandlungsprozess der Grünen auf ihren Weg durch die Institutionen

Die Suche nach einem dritten Weg zwischen Markt- und Staatsversagen zur Überwindung der Sozialstaatskrise beflügelte die Phantasie vieler Alternativer und ihnen nahe stehender Wissenschaftler in den frühen 1980er Jahren. Man sah diesen Weg in der Rückbesinnung auf die heute vielfach verschüttete Fähigkeit der Menschen zur direkten gegenseitigen Hilfe. Auch der Wohlfahrtsstaat war aus radikal-alternativer Sicht von einer lebensweltlichen praktizierten Selbsthilfe in überschaubaren Gruppen zu einem Teil des unpersönlichen »Industriesystems« mutiert.

»Es tendiert in ähnlicher Weise zu unproduktivem und kontraproduktivem Wachstum wie die industrialistische Ökonomie. Wie dies anhand der großtechnologischen Strukturen bereits gezeigt wurde, tendiert auch das wohlfahrtsstaatliche Leistungssystem dazu, die Menschen passiver und in immer größerem Umfang von Fremdleistungen abhängig zu machen und somit ihre Fähigkeit zu selbstorganisierter Problemlösung zurückzudrängen. Indem es das Problem alter Menschen in unserer Gesellschaft auf ein Einkommensproblem reduziert, indem es kranke Menschen mit chemischen Präparaten und technischer Maschinerie behandelt, als habe man es mit naturwissenschaftlichen Gegenständen zu tun, indem es die bürokratische Verfügung über Sozialfälle an die Stelle der mitmenschlichen Sorge setzt, erweist sich das herkömmliche Konzept wohlfahrtsstaatlicher Daseinsvorsorge als Sozialindustrialismus« (Strasser/Traube 1981, S. 215).

Der Ausbruch aus diesen verkrusteten Strukturen wurde in der Selbsthilfebewegung geprobt, die als Vorbote einer neuen gesellschaftlichen Solidarität betrachtet wurde. Inzwischen ist die alternative Bewegung in ihrem erfolgreichen Weg durch die Institutionen weitgehend zur Ruhe gekommen. Die Position zum Sozialstaat hat sich deutlich verändert. Heute übt die große Mehrheit im politisch formierten Lager der Grünen nicht mehr diese Pauschalkritik am Sozialstaat. Auch wenn sich ihr Engagement weiterhin auf eine Erschließung der Selbsthilfefähigkeit der Gesellschaft richtet, werden die Grundsicherungsfunktionen staatlicher Sozialpolitik anerkannt. Als Ergänzung soll die Entwicklung einer Bürgergesellschaft gefördert werden, die kleine soziale Netze entfaltet und so einen Beitrag zur Lösung der Probleme leistet, die durch die nachlassende Fähigkeit der Familien zur Selbsthilfe entstehen.

Durch die parteipolitische Organisation und parlamentarische Beteiligung der Grünen hat sich eine Klärung ihrer sozialpolitischen Orientierung und Programmatik ergeben. Die sog. Realpolitiker haben sich gegenüber fundamentalistischen Gruppen durchgesetzt.

Dabei bleibt die Einstellung zum bestehenden Sozialstaat ambivalent. Zwar wird die marktradikale Position nur von einer Minderheit vertreten, das gilt aber auch für überzeugte Verteidiger des bestehenden Systems. Die Klientel der

Grünen ist im bürgerlichen Lager verankert, in dem die Einschätzungen differieren, welche Art von Sozialreformen notwendig sind. Ein Teil strebt eine Verbesserung der Grundsicherung (Grundrente, Mindesteinkommen) an und will eine darüber hinaus gehende Risikoabsicherung ähnlich wie die Liberalen stärker der privaten Initiative überlassen. Auf dem Parteitag 2007 in Nürnberg wurde dem Projekt des sog. bedingungslosen Grundeinkommens (das es so nicht geben kann, vgl. unsere Kritik im Gliederungspunkt 7.2) eine Absage erteilt und »nur« eine deutliche Erhöhung der Regelsätze in den Grundsicherungssystemen gefordert.

Eine starke andere Gruppierung spricht sich für das Projekt einer Bürgerversicherung aus, um die Probleme der Arbeitnehmer-Sozialversicherung solidarisch zu lösen. Die Grünen haben als kleinerer Partner in der Koalition mit der SPD aktiv den Umbau in Richtung eines aktivierenden Sozialstaats (Hartz-Reformen) mit vorangetrieben. Sie haben sich mit den Hartz-Reformen und den Rentenreformen bewusst vom Ziel der Lebensstandardsicherung durch Sozialtransfers verabschiedet, ein Ziel, das sie schon lange für unbezahlbar hielten.

Da die bildungsbürgerliche Wählerschaft der Partei weniger von den Härten dieser Reform getroffen wurde, sind die Grünen bei der Bundestagswahl 2005 nicht abgestraft worden, wie es der SPD durch einen Teil ihrer Stammwähler geschah.

Mit dem Konzept eines zweistufigen Mindestlohns wollen die Grünen den Arbeitsmarkt wieder stabilisieren und das gegenwärtige Machtgefälle zu ungunsten der Gewerkschaften in einigen Branchen ausgleichen. Damit und mit der Senkung der Sozialversicherungsabgaben für untere Lohngruppen will man auch dem Problem des »working poor«, der wachsenden Verarmung trotz Arbeit begegnen. In einem neuen Wirtschaftsprogramms (2007) soll die marktwirtschaftliche Ordnung stärker gewürdigt und die Bedeutung ordnungspolitischer Regulierung betont werden.

17.1.4 Die Perspektive der Sozialdemokratie: Der aktivierende Sozialstaat

Nachdem die Sozialdemokratie sich in der langen Zeit als Opposition als unnachgiebiger Verteidiger des Sozialstaats verstanden hatte und die Wahl von 1998 auch wegen der kritischen Haltung zu den Sozialreformen der Kohl-Regierung gewinnen konnte, veränderten die sog. Modernisierer um Kanzler Gerhard Schröder zunehmend das sozialpolitische Konzept der SPD. Das ging nicht ohne Rückschläge, wie die innerparteiliche Reaktion auf das Schröder-Blair-Papier zeigte, aber in der zweiten Legislaturperiode nach 2002 setzte sich die neue Linie durch, wobei die Grünen als Koalitionspartner die Entscheidungen weitgehend ohne innerparteiliche Widerstände mittragen konnten.

Was waren die Gründe für den Richtungswechsel in der Sozialpolitik, den wir im Kapitel 6.2.3 genauer beschrieben haben? Offensichtlich setzte sich auch in der SPD die Überzeugung durch, dass zumindest ein Teil der von den neoliberalen Ökonomen geforderten Reformen unvermeidbar sei, um wenigstens den Kernbestand des Sozialstaats aus der großen Krise zu retten. Sicher spielte hier auch der Abgang von Oscar Lafontaine eine Rolle, mit dem die Bewahrer des Sozialstaats in der SPD ihren Vordenker verloren.

Das neue Politikkonzept sollte mit Begriffen wie »Fördern und Fordern« und Aktivierende Sozialpolitik« positiv besetzt und die »neue Mitte« der höher produktiven und besser verdienenden Arbeitnehmer sollte angesprochen werde. Diese Schicht trägt nach dem Solidarprinzip die größeren Lasten im Sozialstaat und sollte mit der angestrebten Sozialreform entlastet werden.

Inzwischen weiß die SPD, dass die Befürchtungen, die man von Anfang an hatte, eingetreten sind. Ein Teil der traditionellen Wählerschaft der SPD hat sich enttäuscht in den Landtagswahlen und der Bundestagswahl 2005 enthalten oder ist zur Linkspartei gewechselt. Die harten Einschnitte in das soziale Netz vor allem mit Hartz IV haben viele Wähler den Sozialdemokraten nicht verziehen. Auch zu den Gewerkschaften ist eine deutliche Distanz entstanden. Der Beifall aus dem Unternehmerlager, in den Medien und von neoliberalen Ökonomen hat dies alles nicht ausgleichen können, hat im Gegenteil wohl viele Stammwähler geärgert. Die immer wieder vorgebrachten Argumente, man habe die absolute Notwendigkeit dieser Reformen nur nicht richtig vermitteln können, wirkt etwas naiv. Natürlich wissen die Bürger relativ genau, wie sich die Reformen auf ihre Situation auswirken und die traditionellen Wähler der SPD erkannten bald, dass auch sie zu den potentiellen Verlierern des Rückbaus des Sozialstaats gehören können.

Der Glaube an die Dringlichkeit dieser Reformen war die notwendige Voraussetzung, sie anzugehen. Erstaunlich war aber der Mut, sie auch durchzusetzen. Wird die SPD den langen Atem haben, um auf diesen Erfolg zu warten und sogar Reformen nachzulegen, um das Projekt »aktivierender Sozialstaat« abzurunden? Die Verunsicherung in der SPD ist zu spüren. Mit der Beteiligung an der Großen Koalition sind Risiken verbunden, wenn weitere Einschnitte in den Sozialstaat erfolgen sollen. Mit der Verschiebung der Altersgrenze auf 67 ist man tatsächlich noch einen Schritt weitergegangen. Inzwischen aber positioniert sich vor allem der neue Parteivorsitzende Kurt Beck neu und setzt wieder stärker auf Maßnahmen des sozialen Ausgleichs (Verlängerung der Bezugsdauer von ALG I und einen staatlichen Mindestlohn zunächst in tariflichen Problembranchen), um bei den traditionellen SPD-Wählern zu punkten.

Da auch die CDU/CSU nicht im Alleingang neoliberale Reformen in Reinkultur durchsetzen kann und es offensichtlich auch nicht mehr will, sind von der großen Koalition in der zweiten Hälfte der Legislaturperiode nur kleine Reformschritte im sozial- und arbeitsmarktpolitischen Bereich zu erwarten. Man wird sich wohl einvernehmlich darauf konzentrieren, die Instrumente der Arbeitsmarktreformen zu evaluieren und hier die offensichtlichen Fehler zu korrigieren.

Wie die langfristige Orientierung der Sozialdemokraten aussehen wird, kann nur die Zukunft zeigen. Die Verunsicherung durch die Globalisierung ist groß. Man sieht den Prozess als starke Bedrohung und fürchtet, dass die nationalen Instrumente und Möglichkeiten nicht mehr ausreichen, um das Normalarbeitsverhältnis und damit das System sozialer Sicherung zu stabilisieren. Natürlich kann keine Partei auf die Dauer eine Politik betreiben, die ihre Stammwähler nicht akzeptieren. Es mehren sich auch in der CSU die Stimmen, die sich gegen weitere Lohnkürzungen verwahren und die Bedeutung einer Produktivitätsorientierten Lohnpolitik für die Entwicklung der Kaufkraft betonen. Mit dem (noch bescheidenen) Beschäftigungsprogramm der großen Koalition ist 2006 ein neuer Akzent gesetzt worden. Dies könnte der Anfang einer Rückbesinnung und Neuausrichtung auf eine stärker keynesianisch orientierte Makropolitik (Geld- Fiskal- und Lohnpolitik) sein, um den Konjunkturmotor anzukurbeln. Ein solcher Einsatz keynesianischer Steuerungsinstrumente ist in den USA und Großbritannien selbstverständlich. Dort dominieren die Neu-Keynesianer und nicht die reinen Neoklassiker die Politikberatung. Die aktuelle Meinungsbildung in der SPD spricht eher gegen eine Rückkehr zu einer ausreichend dimensionierten Konjunkturpolitik, befürchtet man doch damit neue Haushaltslöcher aufzureißen und den Europäischen Stabilitätspakt dauerhaft zu schädigen.

Auf dem Feld der sozialen Sicherung hat die SPD Abschied genommen vom Prinzip der Lebensstandardsicherung durch Sozialtransfers, wie vor allem die Rentenreformen beweisen. Andererseits fordert man mit dem Konzept der Bürgerversicherung eine höhere Solidarität aller Bürger ein und will damit auch die Zwei-Klassen-Versorgung im Gesundheitswesen beenden. In der Familien- und Frauenpolitik hoffen die Sozialdemokraten, dass der Paradigmenwechsel bei der CDU/CSU von Dauer ist, so dass die Weichen in Richtung einer stärkeren Erwerbsförderung der Frauen und einer nachhaltigen Familienpolitik gestellt werden können. Im Entwurf zu einem neuen Grundsatzprogramm wird ein vorsorgender Sozialstaat konzipiert, der den Schwerpunkt auf Bildung in allen Lebenslagen setzt.

17.1.5 Die neue Linke: Von antikapitalistischen Sozialstaatskritikern zu den Verteidigern des deutschen Sozialstaats

In der Sprache marxistischer Systemkritik ist die existierende politische und wirtschaftliche Ordnung Ausdruck der »kapitalistischen Herrschaftsverhältnisse«. Sozialpolitik wird als der Versuch gewertet, die herrschende politische und wirtschaftliche Ordnung zu stabilisieren. Das Befriedungs- und Integrationsziel von Sozialpolitik, die Arbeitnehmerschaft (ohne die grundsätzliche Aufhebung der Klassengegensätze und der Ausbeutungsverhältnisse) dem System anzupassen, wird an drei Funktionen festgemacht (Starnberger Studie 1976).

Zum einen wird der Sozialpolitik, im Besonderen dem System der Sozialen Sicherung, eine *Kompensationsfunktion* beigemessen. Die Risiken im Produktions- und Reproduktionsprozess – Unfall, Krankheit, Berufsunfähigkeit – werden in kollektiven Versicherungssystemen aufgefangen und kompensiert. Die primäre, ungleiche Einkommensverteilung über den Markt wird durch sekundäre Umverteilungssysteme korrigiert. Damit würden weitgehende Eingriffe in den Produktionsprozess zur vorbeugenden Vermeidung von Risiken überflüssig und die individuelle Produzentenhaftung verringert. Zugleich versuche man, die prinzipiell nicht vermeidbaren Probleme des Arbeitsmarktes (Arbeitslosigkeit) für die unmittelbar Betroffenen jedenfalls so weit zu entschärfen, dass das politische System als Ganzes nicht gefährdet würde.

Zum anderen würden die notwendigen sozialen Sicherungssysteme gleichzeitig als Instrumente der sozialen Kontrolle (*Kontrollfunktion*) genutzt. Besonders ausgeprägt bei der Grundsicherung würden Sanktionen verhängt, um eine Ausnutzung des Sozialleistungssystems zu verhindern, vor allem aber – so lautet die These – um die generell geforderte Leistungsorientierung und motivationale Anpassung an die Zwänge der kapitalistischen Industrie- und Arbeitswelt zu erreichen.

Als dritte Funktion von Sozialpolitik im Kapitalismus wird die Vorleistungs- oder *Konstitutionsfunktion* hervorgehoben. Der an den Interessen der einzelnen miteinander in Konkurrenz stehenden Unternehmen orientierte Produktionsprozess bedarf zur Aufrechterhaltung zunehmend gesellschaftlicher Institutionen (»Agenturen«). Diese müssen die Aufgaben übernehmen, die keine Gewinne versprechen oder gar die Kosten erhöhen und so von den einzelnen Betrieben tunlichst vernachlässigt werden. Es handelt sich dabei um die infrastrukturellen (Vor-)Leistungen der Sozialpolitik wie Berufsbildung, Umschulung und Fortbildungsmaßnahmen, die für die notwendige Qualifizierung der Arbeitnehmerschaft bei fortschreitender Technisierung und Automatisierung zu sorgen haben.

Dass letztlich die Integration der Arbeiter in das marktwirtschaftlich-kapitalistische System misslingen muss, wenn die große Krise naht und die Sozialstaatsillusion als Gaukelei eines vorübergehend prosperierenden Kapitalismus entlarvt wird, versteht sich bei Sozialstaatstheorien auf marxistischer Grundlage von selbst.

Einige kurze Anmerkungen müssen hier als Kritik genügen. Zum einen erscheint die Arbeitnehmerschaft weitgehend als passive Gruppe, an der »herrschaftliche Sozialpolitik« von oben mehr oder minder vollzogen wird. Dass die positive Veränderung der Sozialordnung auch und vor allem den Aktivitäten der organisierten Arbeitnehmerschaft zu verdanken ist, wird auch von marxistischen Theoretikern nicht grundsätzlich bestritten, wenn auch oft das herrschaftliche Moment von Sozialpolitik in ihrer Argumentation überwiegt. Geleugnet oder in seiner Bedeutung verkannt wird in jedem Fall die wichtige Erfahrung der letzten hundert Jahre, dass eine sich entwickelnde Sozialpolitik entscheidende Anstöße zu Veränderungen in Gesellschaft und Politik geben kann, die wiederum die Sozialpolitik ihrerseits vorantreiben. Eduard Heimann (1980) charakterisierte dies überaus treffend als *revolutionär-konservative Doppelpoligkeit* der Sozialpolitik.

Die Sozialstruktur hat sich in diesem Zeitraum verändert. Soziologen (von Ferber 1967) sprechen von einer sozialen Entdifferenzierung. Es existieren weiterhin soziale Klassen und Schichten; diese sind jedoch differenzierter nach Stellung im Arbeitsleben, nach Einkommen und anderen Statusmerkmalen. Nur noch Teile der Arbeiterschaft sind unmittelbar von Not und sozialer Schwäche bedroht. Dafür dehnt sich aber das typische Arbeitnehmerrisiko, der Verlust der wichtigsten Erwerbsquelle, auf weite Bevölkerungskreise aus, im Besonderen auch auf den Mittelstand. Das soziale Sicherungssystem wird folgerichtig zur Gesellschaftspolitik, die sich – wie gezeigt wurde – an den Risiken und Problemen breiter Bevölkerungsschichten und nicht allein der Arbeiter ausrichtet. Wenn sich dennoch weitere Problemgruppen, von Armut und Lebenslageschwäche bedrohte Existenzen herausbilden, ist zu fragen, ob dies primär an dem Wirtschaftssystem liegt. Claus Offe (1969) hat in der Anwendung der Kollektivguttheorie zur Gruppenbildung von Mancur Olson jr. (1968) die *These von der horizontalen Disparität* entwickelt. Horizontale Disparitäten entstehen durch die Art und Weise, wie sich in unserer Gesellschaft soziale Bedürfnisse durchzusetzen vermögen. Gruppeninteressen werden demzufolge im politischen Raum nur dann ernst genommen und unter Umständen Schritte zu ihrer Befriedigung getan, wenn sie erstens organisiert auftreten und wenn sie zweitens konfliktfähig sind, d.h. beispielsweise durch Streik oder Leistungsverweigerung wichtige Funktionen und Schaltstellen der Wirtschaftsgesellschaft lahm legen können.

Gruppen, bei denen das nicht oder kaum der Fall ist, wie Arbeitslose, Obdachlose, Sozialhilfeempfänger und Migranten werden dagegen tendenziell vernachlässigt. Macht man die Probe aufs Exempel, zeigt es sich, dass auch das interessante und zum Teil erklärungskräftige Disparitätentheorem ergänzender Überlegungen bedarf, da nach unserer Beurteilung durchaus auch Interessen gleichsam advokatorisch von den politisch Verantwortlichen berücksichtigt werden. Vor allem handelt es sich dabei wohl um Interessen, die von einem breiten Wählerpotential (z.B. der Rentner) getragen werden. Dass auch die nichtorganisierten sozialen Randgruppen in zum Teil erheblichem Ausmaß sozialpolitische Hilfestellung durch öffentliche und freie Träger erfahren, muss ebenfalls gewürdigt werden.

Mit dem Niedergang des »real existierenden Sozialismus« ist auch die linke Kapitalismuskritik in die Krise geraten. Man soll sich allerdings nicht täuschen. Die sozialen Probleme verschärfen sich wieder und die Neubesinnung auf die kritischen Analysen sozialistischer und marxistischer Theoretiker wird nicht lange auf sich warten lassen.

Die Entwicklung der Linkspartei als Verbindung von PDS und der WASG, die eine linke sozialdemokratische Alternative zur SPD begründen soll, ist trotz des Wahlerfolgs 2005 noch ungewiss. Ob die von der Politik der SPD Enttäuschten hier eine neue Heimat finden werden und die potentiellen Wähler im Westen über die kommunistische Vergangenheit der PDS in Zukunft hinwegsehen werden, bleibt noch abzuwarten, obwohl der Einzug der Partei »Die Linke« in die Landesparlamente von Hessen und Niedersachsen hier ein erstes Ausrufungszeichen setzt.

Aufpassen muss die 2007 neu gegründete Partei, dass sie nicht mit unglaubwürdigen Maximalforderungen in der Sozial- und Arbeitsmarktpolitik ihre Glaubwürdigkeit aufs Spiel setzt. Andererseits ist das natürlich genau das Feld, das politisch bestellt werden muss, um die von den großen Parteien enttäuschten Wähler an sich zu binden. Die Konturen der sozialstaatlichen Konzeption der Partei »Die Linke« sind scharf gezeichnet. Man will die Besserverdienenden und die mobilen Faktoren (Geld- und Produktivkapital) deutlich höher belasten, um die Mittel für eine verbesserte Grundsicherung und arbeitsmarktpolitische Maßnahmen zu beschaffen. Das soll über einen höheren Spitzensteuersatz bei der Einkommensteuer, mit Hilfe einer Tobin-Steuer zur Belastung des kurzfristigen Ex- und Imports von Geldkapital, einer Börsenumsatzsteuer, höheren Unternehmenssteuern und einer Vermögenssteuer geschehen. Die Reform der Arbeitnehmer-Sozialversicherung zu einer Bürgerversicherung soll die Solidarität stärken und alle Einkommensarten zur Finanzierung heranziehen.

Mit einem verstärkten Einsatz der Makropolitik (Geld- und Fiskalpolitik) zur Stabilisierung im Sinne von Keynes und mit Mindestlöhnen gegen Lohndumping und zur Absicherung gewerkschaftlicher Tarifpolitik wird ein Gesamtkonzept vorgelegt, dass eine wirkliche Politikalternative darstellt. Eine Durchsetzung dieser Vorstellungen ist kaum wahrscheinlich, da es dazu Mehrheiten bedarf. Auch wenn in Zukunft Koalitionen mit der SPD und den Grünen nicht ausgeschlossen werden können, wird »Die Linke« diese nur bei erheblicher Kompromissbereitschaft bilden können.

17.2 Szenarien zur Zukunft des Sozialstaats

17.2.1 Bürgerversicherung, Solidarität in einer Klasse oder Minimal-Sozialstaat?

Wenn wir an die Aufbruchstimmung der frühen 1970er Jahre denken, als spektakuläre Ideen zum Ausbau des Sozialstaats Konjunktur hatten, könnten wir ein wenig wehmütig werden. So forderten Wissenschaftler, die Sozialpolitik aus der Unterordnung unter die Sachzwänge der Wirtschaftspolitik zu befreien und ihr first-line-functions, also Leit- und Führungsaufgaben bei der zukünftigen sozialökonomischen Entwicklung zu übertragen (Engelhardt 1980). Neben dieser Forderung nach einer *autonomen Sozialpolitik* wurden Konzepte der Umorientierung von einer *konsumtiven* zu einer *investiven* oder – ein weiteres beliebtes Gegensatzpaar in der früheren Diskussion – von der *reaktiven* und *kompensatorischen* zu einer *aktiven* und *präventiven* Sozialpolitik entwickelt. Etwas später machte der Begriff von der »ökosozialen Marktwirtschaft« seine Runde (Opielka 1985). Von diesen Konzepten ist heute wenig zu hören. Diese Höhenflüge sind unsanft von der Realität auf dem Arbeitsmarkt zur harten Landung gebracht worden. Einzig die Forderung nach einer stärker investiven Sozialpolitik wird immer wieder laut. So richtig und wichtig der Hinweis auf die investive Bedeutung wichtiger Teile der Sozialpolitik ist, so problematisch ist die Forderung, die Prioritäten ganz zu verlagern. Bei einem Blick auf die Zusammensetzung des Sozialbudgets und realistischer Einschätzung wird der konsumtive Anteil der Sozialleistungen (u.a. der Renten) immer erheblich größer sein müssen als der investive.

Im Jahr 2007 stellt sich die Situation ganz anders als 1970 dar. Die Massenarbeitslosigkeit, jahrelange geringe Wachstumsraten des BIP und noch geringere Lohnsteigerungen brachten die Sozialversicherungsbeiträge und die staatliche Belastung durch die Grundsicherung in immer neue Rekordhöhen. Die demographische Entwicklung zeigt erste Auswirkungen und wird in Zukunft die Probleme verschärfen. Welche Reformen können den Sozialstaat angesichts dieser Bedrohung stabilisieren. Wir haben die verschiedenen Antworten in den Reformkonzepten zu den einzelnen Gebieten der Sozialordnung schon ausführlich vorgestellt und wollen hier eine knappe Zusammenfassung und Einschätzung vornehmen.

Sieht man den Sozialstaat heutiger Prägung nicht als Lösung sondern als Teil des Problems an, bietet sich nur eine Perspektive. Die Sozialtransfers müssen auf das Existenzminimum reduziert werden, um die Arbeitsanreize zu stärken.

Nur die Erwerbsunfähigen haben Anspruch auf ein soziales oder kulturelles Minimum, die Arbeitsfähigen müssen mit harten Sanktionen zur Arbeit motiviert werden. Dazu gehört eine Reduktion der Leistungen auf das physische Existenzminimum im Falle der Arbeitslosigkeit und die Belohnung der Arbeitsaufnahme auch bei geringsten Löhnen durch staatliche Transfers (Kombilohn). Die erheblichen Einsparungen sollen einerseits zur Konsolidierung des Staatshaushalts und zu deutlichen Steuersenkungen genutzt werden und zum Teil investiv in Bildung, Kinderbetreuung und Förderung der Erwerbstätigkeit von Frauen und Problemgruppen verwendet werden. Alles was über diese Grundsicherung hinausgeht, ist der privaten Vorsorge zu überlassen.

Will man das Solidarprinzip stärker bewahren, sieht aber angesichts der Globalisierung die Gefahr der Abwanderung des mobilen Faktors Kapital, wenn dieser zu stark belastet wird, dann bleibt nur die Option, die Arbeitnehmer (evtl. einschließlich der Beamten und einiger Selbständiger) weiterhin zur Solidarität untereinander zu verpflichten. Das wäre praktisch eine Fortsetzung des jetzigen Systems. Wenn man allerdings auch die Abwanderung gut verdienender aber im jetzigen System hoch belasteter Arbeitnehmer oder ihre Leistungsverweigerung befürchtet, ist das Ausmaß der Umverteilung eher zu reduzieren und die Beitragsbemessungsgrenzen können allenfalls moderat erhöht werden. Damit ergeben sich auch in diesem Szenario große Lücken zwischen dem Niveau der Sozialtransfers und dem Lebensstandard bei Erwerbsarbeit, die nur durch Eigenvorsorge geschlossen werden können. Dies verlangt für die weniger gut verdienenden Arbeitnehmer allerdings einen merklichen Konsumverzicht und dürfte viele überfordern. In welchem Umfang diese Eigenvorsorge der Ärmeren steuerlich unterstützt werden kann, ist wieder davon abhängig, was den besserverdienenden Arbeitnehmern zugemutet werden kann. Politisch wandelt man hier auf schmalem Grad, da man die Bürger von der Notwendigkeit des Sozialabbaus überzeugen muss.

Die Option einer umfassenden Integration (Bürgersozialversicherung oder ein weitgehend steuerfinanziertes System auf hohem Leistungsniveau und ausgeprägter Umverteilung wie in Dänemark) ist nur für diejenigen realistisch, die eine Abwanderung von Unternehmen, Kapital und hochqualifizierten Arbeitnehmern nur als weitgehend leere Drohung ansehen. Als Vorbild dienen hier die nordeuropäischen Länder und die Schweiz, die trotz hoher Belastung der besserverdienenden Bürger mit Sozialabgaben und Steuern einen deutlich höheren Beschäftigungsstand aufweisen. Die Reform in Richtung einer Bürgerversicherung taucht in den Programmen der Grünen, der SPD und der Linkspartei auf. In den Programmen der SPD und der Grünen soll das einhergehen mit einer deutlichen Absenkung des Leistungsniveaus, wie es in den Hartz-Reformen und den Rentenreformgesetzen schon geschehen ist. Damit klaffen auch in diesem Szenario trotz einer geplanten Erweiterung der Bemessungsbasis der

Sozialversicherung Lücken zur Lebensstandardsicherung. Mit dem Konzept der Riesterrente will man allerdings die private Vorsorge erheblich steuerlich unterstützen.

17.2.2 Sind die zentralen Probleme des Sozialstaats zu lösen?

Im Folgenden werden wir noch einmal die wichtigsten Thesen zur Zukunftsfähigkeit des Sozialstaats, die in den einzelnen Kapiteln abgehandelt wurden, zusammenfassen und ein Fazit ziehen.

These 1:
Die Massenarbeitslosigkeit ist kein Schicksal, sondern mit den richtigen Instrumenten erfolgreich zu bekämpfen

In einem sind sich die Ökonomen einig. Der Arbeitsgesellschaft geht die Erwerbsarbeit noch lange nicht aus, wie manche Soziologen behaupten. Allerdings streiten zwei Paradigmen miteinander, welches die richtige Politik ist (vgl. die Kapitel 5 und 6). Das neoklassische oder neoliberale Paradigma ist am Zuge und fordert, über Lohnsenkung und Flexibilisierung der Märkte die Verkrustungen aufzubrechen. Aus Sicht der Keynesianer muss das scheitern und es wird viel Zeit vergeudet. Aus Sicht der Autoren wäre ein Kompromiss im Sinne des Neu-Keynesianismus vielleicht hilfreich, Angebots- und Nachfrageseite gleichermaßen zu beachten, um die Wirtschaft wieder in Schwung zu bringen.

These 2:
Ohne einen aktivierenden aber auch umverteilenden Sozialstaat wird die soziale und politische Inklusion aller Gruppen der Bevölkerung nicht gelingen

In der viel beachteten Studie der Friedrich-Ebert-Stiftung »Gesellschaft im Reformprozess« (Müller-Hilmer 2006) kommt ein erschreckendes Maß an erfahrener Ausgrenzung in der neuen Unterschicht (»abgehängtes Prekariat«) und eine große Verunsicherung vieler Bürger bis in die Mitte der Gesellschaft zum Ausdruck, selbst von Arbeitslosigkeit bedroht zu sein und dann bald auf Sozialhilfeniveau abzusinken. Alles in allem zeige sich das Bild einer Drei-Drittel-Gesellschaft, so die Verfasser. Diese zu integrieren, sei ohne die Rückbesinnung und Neuinterpretation des Grundwerts »soziale Gerechtigkeit« nicht denkbar. Die Herausforderung wird darin gesehen, die solidarischen Gruppen in allen drei Teilen der Gesellschaft politisch zu integrieren. Gelingt dies nicht, wäre eine politische Radikalisierung und zunehmende Ausländerfeindlichkeit nicht auszuschließen.

These 3:

Der Sozialstaat ist unverzichtbar, um den Bedarf der Bürger nach sozialen Diensten sozial verträglich zu decken.

Jean Fourastie, der bekannte Theoretiker der postindustriellen Gesellschaft sprach vom »Hunger der Bürger nach Dienstleistungen«. Tatsächlich ist heute und für die Zukunft ein erheblich steigender Bedarf an sozialen Diensten erkennbar:

- Die demographische Entwicklung wird den Bedarf an Gesundheits- und Pflegedienstleistungen erheblich steigern.
- Die Wissensgesellschaft der Zukunft verlangt immer mehr Wissensvermittler wie Lehrer, Ausbilder und Professoren. Um die Qualität zu steigern, sind kleinere Lerngruppen notwendig.
- Die berufliche Eingliederung vieler Frauen, die Beruf und Familie miteinander verbinden wollen, erfordert einen umfangreichen Ausbau der Kinderbetreuungsdienste auf Ganztagesbasis bei hoher Qualität.

Überlässt man die Bedarfsdeckung der privaten Vorsorge, muss mit erheblichen Ungleichheiten gerechnet werden. Eine Zwei-Klassengesellschaft in der Deckung dieser Bedarfe wird sowieso nur schwer zu verhindern sein, weil man die reichen Bürger nicht daran hindern kann, sich privat Dienste erster Qualität zu leisten. Der Sozialstaat kann aber dafür sorgen, dass jedermann seinen Bedarf z.B. an Pflege in der von der Gesellschaft für menschenwürdig erachteten Qualität erhalten kann. Er kann außerdem dafür sorgen, dass sich möglichst alle Bürger gemäß ihrer Leistungsfähigkeit an der Sicherstellung dieser Aufgaben beteiligen.

Mit diesem bewussten Eingriff in die Allokation der Güter und Dienste sichert der Sozialstaat zudem viele Arbeitsplätze in den Sektoren, die wirklich wichtige Bedarfe decken. Die tatsächliche soziale Wertschöpfung liegt hier viel höher als eine reine Marktbewertung über den Preis es anzeigen kann. Diese Arbeitsplätze stehen auch nicht, wenn man die Zuwanderung am eigenen Bedarf orientiert, in einem internationalen Verdrängungswettbewerb, dem ansonsten viele der weniger produktiven Arbeitsplätze in der Industrie zum Opfer fallen. Gerade bei den Dienstleistungen, die vor Ort erbracht werden müssen, gibt es auch Arbeitsinhalte, die kein Studium voraussetzen und damit auch den weniger intellektuell Begabten die Chance auf einen Arbeitsplatz mit existenzsicherndem Einkommen geben.

These 4:

Der Kostenanstieg im Sozialstaat wird durch die Steigerung der Produktivität und ein entsprechendes Wirtschaftswachstum erträglich!

Ist das alles noch zu bezahlen? Wird der Sozialstaat der gestellten Aufgabe gerecht, werden die Ausgaben überproportional zum BIP-Wachstum pro Kopf steigen. Da die bisherigen Einschnitte in die Sozialtransfers schon zu einer deutlichen Reduktion in Richtung einer »gehobenen« Grundsicherung geführt haben (Hartz IV) oder führen werden (Rentenversicherung), sind hier kaum noch Einsparmöglichkeiten vorhanden.

Der Sozialstaat und mit ihr die demokratische Gesellschaft sind zum ökonomischen Erfolg verurteilt. Wenn es gelingt und von der Möglichkeit sind alle Ökonomen fest überzeugt, die Wirtschaft wieder in Schwung zu bringen, dann werden auch mit dem Abbau der Arbeitslosigkeit die Lohneinkommen mit der Produktivität steigen. Welche Auswirkungen wird das auf die Belastung der Einkommen mit Sozialabgaben haben? Dieser Frage sind wir schon im Kapitel 8.1.8 nachgegangen und haben dort die Schätzungen der Rürup-Kommission referiert. Kurz zusammengefasst lautete das Fazit, dass ein lineares reales Wachstum von nur 1,5 bis 2 Prozent pro Jahr auch eine steigende Quote an Abgaben und/oder Steuern erträglich macht. Die Nettorealeinkommen können trotz steigender Abgabenquote noch deutlich zulegen und auch die Transferempfänger könnten mit steigenden Realtransfers rechnen. Für die Gruppe der Rentner ist allerdings nach der Rentenreform in Zukunft keine Sicherung des Lebensstandards mehr vorgesehen. Bei guter ökonomischer Entwicklung könnte – je nach politischen Kräfteverhältnissen – ein Teil der Kürzungen der Sozialrente zurückgenommen werden. Dies wäre für die Arbeitnehmer am unteren Ende der Lohnskala ein großer Gewinn, weil sie nicht in der Lage sind, mit eigener Vorsorge die Lücke zu schließen.

Mit dem Abbau der Arbeitslosigkeit können außerdem die Beiträge zur Arbeitslosenversicherung deutlich gesenkt werden. Weitere Stellschrauben im System (Beispiel: Altersgrenze) können bei Bedarf die Belastung noch weiter reduzieren. Alles in allem schwenkt man mit dieser Strategie, den Bedarf an sozialen und gesundheitlichen Diensten durch den Sozialstaat zu finanzieren, auf den skandinavischen Weg ein und der muss mit eindeutig höheren Abgabenquoten bezahlt werden.

Wie man es auch dreht und wendet, diese Bedarfe sind eigentlich unabweisbar. Will man sie nicht öffentlich finanzieren, dann werden wir eine Mehr-Klassenversorgung in Kauf nehmen müssen und viele Bürger werden sich nur wenig leisten können. Dann verlangt unsere Verfassung, dass der Sozialstaat hier wenigstens die notwendigen Hilfen gibt.

These 5:

Der Generationenvertrag leidet unter der Kinderlosigkeit, ist aber durchaus zu retten.

Die Kosten für die Erziehung der Kinder lasten noch zu einem erheblichen Teil auf den Eltern (vgl. Kapitel 11.1.1), während die Alterslast sozialisiert wurde. Damit braucht der Bundesbürger keine eigenen Kinder, um im Alter abgesichert zu sein (vgl. Kapitel 7.3.1). Das Verfassungsgericht hat hier eine größere Verantwortung auch der Kinderlosen eingefordert. Zusammen mit der Garantie der erworbenen Rentenansprüche sind damit entscheidende Barrieren errichtet worden, die verhindern sollen, dass über politische Mehrheiten der Generationenvertrag durch die hoch belastete erwerbstätige Generation der Jahre 2020 bis 2040 gekündigt wird. Ob die individuelle Verweigerungsstrategie durch Flucht in die Schattenwirtschaft oder Auswanderung eine realistische Alternative ist, kann ebenfalls bezweifelt werden.

In seinem leicht zynischen Menetekel entwirft Gronemeyer (1990) eine Zukunft, in der die Probleme zum Teil technisch, zum Teil über Rationierung und zum Teil über einen Pflichtdienst für Senioren gelöst werden. Die Familie stirbt aus. Die Geburtenzahl wird über genetisch kontrollierte Retortenbabys dem politisch und ökonomisch definierten Bedarf angepasst. Die Aufzucht findet in öffentlichen Erziehungsanstalten statt. Die noch leistungsfähigen Senioren müssen sich nach entsprechender Pflichtausbildung um die pflegebedürftigen Alten kümmern. Die gesundheitlichen Dienstleistungen sind rationiert. Sterbehilfe ist selbstverständlich. Die alte Generation ist in Quasi-Ghettos entsorgt (zum Teil in preiswerten Heimen der Dritten Welt, in der damit Arbeitsplätze geschaffen werden) und stört die Hochleistungsgesellschaft der sich selbst verwirklichenden Aktiven so wenig wie möglich. Dieses Szenario ist keine Utopie. Ansätze zu dieser Entwicklung sind erkennbar. Umso wichtiger ist es, Gegenentwürfe einer humanen Sozialordnung zu entwerfen und politisch umzusetzen. Das vorhandene sozialstaatliche Fundament bietet dafür immer noch eine gute Chance, man muss sie nur nutzen.

17.2.3 Nachhaltige Sozialpolitik durch Kinder oder Kapitaldeckung?

Der aus der Umweltpolitik entlehnte Begriff der »Nachhaltigkeit« hat viele Facetten. Borchert (1993) spricht von »Innenweltzerstörung« durch die Ausbeutung der Familien durch den Sozialstaat und fordert eine viel deutlichere Anerkennung der Vorleistungen der Familien für die Gesellschaft. Nachhaltig ist demnach nur eine Gesellschaftspolitik, die es zu Wege bringt, dass Kinder wieder zum wichtigsten Gut in einer Gesellschaft werden und alle Bürger dafür Verantwortung tragen müssen (vgl. Kapitel 11).

Für Sozialwissenschaftler geht es darum, eine möglichst gleiche Belastung der Generationen sicherzustellen, zumindest aber eine deutliche Überforderung einer Generation zu vermeiden. Mit der steigenden Kinderlosigkeit ist der Generationenvertrag schon aus dem Gleichgewicht geraten. Für neoklassische Ökonomen kann nur ein kapitalgedecktes Finanzierungssystem in der Renten-, Kranken- und Pflegeversicherung die Dinge wieder ins Lot bringen. Auf die Diskussion um Vor- und Nachteile einer Umstellung der umlagefinanzierten Systeme sind wir im Kapitel 7.3.2 schon näher eingegangen.

Hier soll ein weiteres Problem angesprochen werden (vgl. genauer dazu Neumann 2006, S. 29–43). Selbst wenn es entgegen unseren Erwartungen gelingen sollte, die makroökonomischen Hindernisse einer deutlich höheren volkswirtschaftlichen Kapitalbildung zu überwinden, tritt bei den kapitalbildenden Systemen, die keine kollektiven, sondern wie gefordert individuelle private Eigentumsrechte an dem gebildeten Kapital garantieren, das Problem sehr unterschiedlicher Rentenhöhen trotz gleicher Einzahlung auf.

Für kapitalgedeckte Alterssicherungen muss man nach Produkten Ausschau halten, die mit lebenslangen Auszahlungen von Leibrenten verbunden sind. Dabei steht in der Regel der Gesichtspunkt der Begrenzung des Anlagerisikos im Vordergrund, etwa staatliche Vorgaben zur Mindestverzinsung. Bei der Riesterrente ist eine Mindestverzinsung von Null vorgeschrieben, also nur das eingezahlte Kapital soll nominal garantiert sein. Der Realwert kann auch bei niedriger jährlicher Inflationsrate auf die lange Sicht von 40 Jahren gesehen extrem fallen. Die Erfahrung zeigt, dass Garantieprodukte kaum über die Rendite langfristiger Staatsanleihen hinausreichen können. Die lebenslangen Auszahlungen fallen dann so klein aus, dass das Ziel einer angemessenen Altersvorsorge nicht erreicht wird (Neumann 2006, S. 42). Aber auch in diesem Fall streuen die späteren Altersrenten noch so erheblich, dass diejenigen, die ihr Kapital einem schlecht gemanagten Fond anvertrauen, kaum das »Zubrot« erhalten, von dem Bismarck bei der Einführung der sozialen Rente vor 120 Jahren sprach. Mit der Riesterrente wird praktisch ein Teil (4 Prozentpunkte) der (künftigen) Beiträge dem bisherigen Umlageverfahren entzogen (um den Beitragssatz in Zukunft auf 22 Prozent zu stabilisieren) und einem diversifizierten Kapitalanlageinvestment (Portfolioinvestment) übertragen. Faktisch steigt der Beitragssatz damit auf 26 Prozent. Damit wird ein Teil der Risiken zwischen den Generationen individualisiert. Das mag noch angehen, so lange der Anteil der Einzahlung in diese »Säule« der Alterssicherung bei nur ca. 15 Prozent (4/26) liegt und außerdem mit hohen staatlichen Transfers unterstützt wird.

Der soziale Ausgleich setzt also in der Kapitalbildungsphase an. In der späteren Auszahlungsphase wird für einen Teil der Rentner wohl die Enttäuschung groß sein, wenn man erkennen muss, dass der Sozialausgleich zusammen mit der Eigenvorsorge zu einem erheblichen Teil in den Sand gesetzt wurde. Das

Risiko potenziert sich, wenn wirklich risikoreiche Anlagen (hoher Aktienanteil) zugelassen würden, um die dann erwarteten höheren Renditen zu erreichen. Es potenziert sich weiter, wenn ein in Zukunft größerer Anteil des Gesamtbeitrags zur Rente in die kapitalgedeckten Systeme fließen soll, wie die neoliberalen Kapitalmarktoptimisten fordern.

Die große Rentenreform von George W. Bush zielte in diese Richtung. Trotz der Einbrüche im letzen Aktiencrash auch bei den Pensionsfonds sollte das Umlagefinanzierte Rentensystem in den USA umgestellt und ein Teil der Beiträge auf Einzelkonten der Versicherten übertragen werden. Das von den Neokonservativen in den USA und den Neoliberalen in Deutschland als Jahrhundertreform bejubelte Projekt sollte das nach Bismarckschen Strukturelementen gestaltete im New Deal von den Demokraten unter Roosevelt eingeführte Rentensystem letztlich ablösen. Der Spielraum für sozialpolitisch begründete Umverteilungen sollte ganz aufgehoben werden. Inzwischen ist hier Ernüchterung eingekehrt und zu hoffen ist, dass dies auch in der deutschen Diskussion wahrgenommen wird und die Polemik gegen das herrschende Umlagesystem in den Medien, die von interessierter Seite geschürt wurde, aufhört. Da inzwischen die Weltbank, die lange dazu aufforderte, weltweit zu kapitalgedeckten Systemen überzugehen, inzwischen wieder den »diskreten Charme« umlagefinanzierter Systeme erkennt, sich gegen eine radikale Umstellung ausspricht und nur noch eine Ergänzung durch eine zweite Säule bevorzugt, scheint sich der Zeitgeist wieder langsam zu drehen.

Das umlagefinanzierte System ist eine gute Basis für eine nachhaltige Sozialpolitik. Es hat genügend Stellschrauben, um die demographische Entwicklung zu verarbeiten und es garantiert die Teilhabeäquivalenz (alle müssen die steigenden Lasten tragen, aber keiner, der ein Arbeitsleben lang eingezahlt hat, muss um seine Existenz im Alter fürchten) und es kann in Form einer Bürgerversicherung in politisch gewünschter Weise mit Umverteilungselementen gemäß dem Solidarprinzip ausgestattet werden.

Die viel beschworene Krise des deutschen Sozialstaats ist zu einem erheblichen Teil – hier schließen wir uns dem Urteil eines erfahrenen Wissenschaftlers der deutschen Sozialpolitikforschung Heinz Lampert (2005) an – auf Politikversagen zurückzuführen. Die Finanzierung der Sozialleistungen für die Menschen im Osten aus den Beiträgen westdeutscher Arbeitnehmer, die Absage an eine Makro-Beschäftigungspolitik, der nicht verhinderte Steuersenkungswettlauf in Europa und die kaum kontrolliere Steuerflucht der Reichen sind herausragende Beispiele. Die verheerenden Lohndumping-Folgen des ursprünglichen Entwurfs der geplanten Dienstleistungsrichtlinie in der EU konnten gerade noch verhindert werden. Das gibt Hoffnung, dass aus den Fehlern gelernt und der Sozialstaat in ruhiges Fahrwasser gelangt, ohne dass aus dem Umbau ein Abbau wird.

Abkürzungsverzeichnis

ADAV	Allgemeiner Deutscher Arbeiterverein
AFG	Arbeitsförderungsgesetz
AG	Aktengesellschaft
ALG	Arbeitslosengeld
Arge	Arbeitsgemeinschaft zur Grundsicherung für Arbeitsuchende
BA	Bundesagentur für Arbeit
BAFÖG	Berufsausbildungsförderungsgesetz
BAG	Bundesarbeitsgericht
BGB	Bürgerliches Gesetzbuch
BIP.	Bruttoinlandsprodukt
BSG	Bundessozialgericht
BSP	Bruttosozialprodukt
BR	Betriebsrat
CDU	Christlich Demokratische Union
CSU	Christlich Soziale Union
DDR	Deutsche Demokratische Republik
DGB	Deutscher Gewerkschaftsbund
DIW	Deutsches Institut für Wirtschaftsforschung (Berlin)
DJI	Deutsches Jugend Institut
DM	Deutsche Mark
EG	Europäische Gemeinschaft(en)
EWG	Europäische Wirtschaftsgemeinschaft
EU	Europäische Union
EZB	Europäische Zentralbank
FDGB	Freier Deutscher Gewerkschaftsbund
FDP	Freie Demokratische Partei
GATT	General Agreement on Tariffs and Trade
GG	Grundgesetz der Bundesrepublik Deutschland
GARV	Gesetzliche Arbeitslosenversicherung
GKV	Gesetzliche Krankenversicherung
GPV	Gesetzliche Pflegeversicherung
GUV	Gesetzliche Unfallversicherung
GWB	Gesetz gegen Wettbewerbsbeschränkungen
HdWW	Handwörterbuch der Wirtschaftswissenschaft
Hg.	Herausgeber
IdW	Institut der deutschen Wirtschaft (Köln)
IG	Industriegewerkschaft

ILO	International Labour Organisation
Jg.	Jahrgang
Mio.	Million(en)
Mrd.	Milliarde(n)
NF	Neue Folge
OECD	Organisation of Economic und Cultural Development
OMK	Offene Methode der Koordinierung
PKV	Private Krankenversicherung
RVO	Reichsversicherungsordnung
SGB	Sozialgesetzbuch
SPD	Sozialdemokratische Partei Deutschlands
StatBA	Statistisches Bundesamt
SVR	Sachverständigenrat
SVSP	Schriften des Vereins für Socialpolitik
UNO	United Nations Organisation
v.H.	von Hundert
WSA	Wirtschafts- und Sozialausschuss (EU)
WSI	Wirtschafts- und Sozialwissenschaftliches Institut der Gewerkschaften
WTO	World Trade Organisation

Literaturverzeichnis

Abendroth, W. (1977), *Sozialgeschichte der europäischen Arbeiterbewegung*, 11. Aufl., Frankfurt a. M.

Achinger, H. (1958), Sozialpolitik als Gesellschaftspolitik, Reinbek.

/Höffner, J./Muthesius, H.,/Neundörfer, L. (1955), Neuordnung der sozialen Leistungen. Denkschrift auf Anregung des Herrn Bundeskanzlers erstattet, Köln.

Alber, H. (1989), *Der Sozialstaat in der Bundesrepublik 1950–1983*, Frankfurt/New York.

Alber, J. (1979), »Die Entwicklung sozialer Sicherungssysteme im Licht empirischer Analysen«, in: Zacher, H. (Hg.), *Bedingungen für die Entstehung und Entwicklung von Sozialversicherung*, Berlin 1979, S. 123 ff.

(1982), *Vom Armenhaus zum Wohlfahrtsstaat: Analysen zur Entwicklung der Sozialversicherung in Westeuropa*, Frankfurt/M./New York.

(1989), »Die Steuerung des Gesundheitswesens in vergleichender Perspektive«, in: *Journal für Sozialforschung*, 29. Jg., S. 259ff.

(1995), »Soziale Dienstleistungen, die vernachlässigte Dimension vergleichender Wohlfahrtsstaat-Forschung«, in: Bentele, K./Reissert, B./Schettkat, R. (Hg.), *Die Reformfähigkeit von Industriegesellschaften*, Fritz W. Scharpf Festschrift, Frankfurt/New York, S.277–292.

Albert, H. (1975), *Traktat über kritische Vernunft*, 3. Aufl., Tübingen.

Anderson, U. (1976), *Einführung in die Vermögenspolitik*, München.

Afheldt, H. (1995), »Ausstieg aus dem Sozialstaat? Gefährdungen der Gesellschaft durch weltweite Umbrüche«, in: *Aus Politik und Zeitgeschichte*, B 25–26, S.3ff.

Althammer, J. (2002), »Erwerbsarbeit in der Krise, Zur Entwicklung und Struktur der Beschäftigung im Kontext von Arbeitsmarkt, gesellschaftlicher Partizipation und technischem Fortschritt«, *Soziale Orientierung*, Bd. 13, Berlin.

(2005), »Hat der Sozialstaat im globalen Wettbewerb noch eine Chance?«, in: Neumann, L.F./Romahn, H. (Hg.), *Wirtschaftspolitik in offenen Demokratien*, Festschrift für Uwe Jens, Marburg, S. 339–353.

/Klammer, U. (Hg.) (2006), *Ehe und Familie in der Steuerrechts- und Sozialordnung*, Tübingen.

Andretta, G. (1991), »Zur konzeptionellen Standortbestimmung von Sozialpolitik als Lebenslagenpolitik«, *Kölner Schriften zur Sozial- und Wirtschaftspolitik*, Bd. 18, Regensburg.

Auerbach, W. (1958), *Sozialplan für Deutschland*, 3. Aufl., Berlin.

(1971), *Beiträge zur Sozialpolitik*, Bonn – Bad Godesberg.

Axelrod, R. (1988), *Die Evolution der Kooperation*, München.

Badura, B./Groß, P. (1976), *Sozialpolitische Perspektiven. Eine Einführung in Grundlagen und Probleme sozialer Dienste*, München.

Bäcker, G. (1986), »Sozialpolitik durch soziale Dienstleistungen – Zukunftsperspektive des Sozialstaats«, in: *WSI-Mitteilungen*, 39, S. 201 ff.

(1995), »Der Sozialstaat – ein Auslaufmodell«? in: *WSI-Mitteilungen*, 48, S. 345ff.

(2005), »Umfinanzierung der Sozialversicherung: Lösung der Beschäftigungs- und Finanzierungskrise?«, in: *WSI Mitteilungen*, 58, S. 355–361.

/Bispink, R./Hofeman, K./Naegele, G. (2000), *Sozialpolitik und soziale Lage in der Bundesrepublik Deutschland*, 2 Bände, 3. Aufl., Wiesbaden.

/Koch, A.(2004), »Absicherung bei Langzeitarbeitslosigkeit: Unterschiede zwischen zukünftigem Arbeitslosengeld II und bisheriger Arbeitslosen- und Sozialhilfe«, in: *Soziale Sicherheit*, 3/2004, S. 88–94.

Bartholomäi, R. u.a. (Hg.), (1977), *Sozialpolitik nach 1945. Geschichte und Analysen*, Bonn-Bad Godesberg.

Baumol, W.J. (1972), »The Cost Disease in Personal Services«, in: *Skandinaviska Enskilde Banken Quarterly Review*, Nr. 2.

Beck, U. (1986), *Risikogesellschaft, Auf dem Weg in eine andere Moderne*, Frankfurt a. M.

(Hg.) (1998), *Die Politik der Globalisierung*, Frankfurt a.M.

(2000), *Die Zukunft von Arbeit und Demokratie*, Frankfurt a.M.

Beck-Gernsheim, E. (1994), »Auf dem Weg in die postfamiliale Familie – Von der Notgemeinschaft zur Wahlverwandtschaft«, in: Beck, U. /dieselbe (Hg.), *Riskante Freiheiten*, Frankfurt a. M., S. 115ff.

Becker, G. (1960), »An Economic Analysis of Fertility«, in: *National Bureau of Economic Research* (Hg.), *Demographic and Economic Change in Developed Countries*, Princeton.

Becker, I./Ott, N./Rolf, G. (Hg.) (2001), *Soziale Sicherung in einer dynamischen Gesellschaft*, Festschrift für Richard Hauser, Frankfurt/New York.

Becker, J. (1996), »Zwischen Integration und Dissoziation: Türkische Medienkultur in Deutschland«, in: *Aus Politik und Zeitgeschichte*, B 44–45, S. 39ff.

Becker-Neetz, G. (1995), »Der Weltbankbericht über die Krise der Alterssicherungssysteme«, in: *Deutsche Rentenversicherung*,50. Jg., S. 201ff.

Behnke, St./Horn, G. (2004), »Deutschland ist keine Basarökonomie«, in: *Wochenbericht des DIW* 40/04, Berlin.

Bentele, K. /Reissert, B./Schettkat, R. (Hg.) (1995), *Die Reformfähigkeit von Industriegesellschaften*, Fritz W. Scharpf Festschrift zu seinem 60. Geburtstag, Frankfurt/New York.

Bellah, R. N./Madsen, R./Sullivan, W. M./Swidler, A./Tipton, S. M. (1987), *Gewohnheiten des Herzens. Individualismus und Gemeinsinn in der amerikanischen Gesellschaft*, Köln.

Bericht der Bundesregierung (2005), *Lebenslage in Deutschland, 2. Armuts- und Reichtumsbericht der Bundesregierung*, Berlin.

Berie, H./Fink, U. (2003), *Grundlohnentwicklung und Ausgaben der GKV*, WISO-Institut: Gutachten im Auftrag des AOK-Bundesverbandes, Berlin.

Berthold, N. (1988), »Marktversagen, staatliche Intervention und Organisationsformen sozialer Sicherung«, in: G. Rolf/ P.B. Spahn/G. Wagner (Hg.), *Sozialvertrag und Sicherung. Zur ökonomischen Theorie staatlicher Versicherungs- und Umverteilungssysteme*, Frankfurt/New York, S. 339 ff.

(1997), »Der Sozialstaat im Zeitalter der Globalisierung«, *Walter Eucken Institut, Beiträge zur Ordnungstheorie und Ordnungspolitik*, Tübingen.

(2005), »Arbeitsmarktpolitik in Deutschland«, in: *Aus Politik und Zeitgeschichte*, 43, S. 26–33.

/Külp, B. (1987), *Rückwirkungen ausgewählter Systeme der sozialen Sicherung auf die Funktionsfähigkeit der Marktwirtschaft*, Berlin.

/v. Berchem, S. (2003), Hoher Wohlstand und viel soziale Sicherheit für wenig Arbeit? in: Wirtschaftsdienst, 82, S. 308–317.

/v. Berchem, S. (2005), *Arbeitsmarktpolitik in Deutschland – seit Jahrzehnten in der Sackgasse*, Berlin.

Bertram, H./Rösler, W./Ehlert, N. (2005), »Zeit, Infrastruktur und Geld: Famlienpolitik als Zukunftspolitik«, in: *Aus Politik und Zeitgeschichte*, 23–24, S. 6–15.

Beske, F./Drabinski, T. (2005), »Finanzierungsdefizite in der Gesetzlichen Krankenversicherung – Prognose 2005 –2050«, *Schriftenreihe des Fritz Beske Instituts für Gesundheits-System-Forschung Kiel*, Bd. 105, Kiel.

Bethusy-Huc, V. v. (1987), *Familienpolitik. Aktuelle Bestandsaufnahme der familienpolitischen Leistungen und Reformvorschläge*, Tübingen.

Bialas, R. (2005), »Zur Neuorganisation der gesetzlichen Unfallversicherung«, in: *Soziale Sicherheit*, 54. Jg., S. 55 – 57.

Birg, H. (2003), »Dynamik der demographischen Bevölkerungsschrumpfung und Zuwanderung in Deutschland«, in: *Aus Politik und Zeitgeschichte* B 20, S. 6–16.

Bispink, R. (Hg.) (1995), *Tarifpolitik der Zukunft. Was wird aus dem Flächentarifvertrag?*, Hamburg.

/Schulten, Th. (1998), »Globalisierung und das deutsche Kollektivvertragssystem«, in: *WSI Mitteilungen*, 51. Jg., S. 241–248.

(2003), »Das deutsche Tarifsystem in Zeiten der Krise: Streit um Flächentarif, Differenzierung und Mindeststandards«, in: *WSI Mitteilungen*, 56, S. 395–404.

/Schulten, Th. (2005), »Deutschland vor dem tarifpolitischen Systemwechsel«, in: *WSI-Mitteilungen*, 58, S. 466–472.

/Schäfer, C. (2005), »Niedriglöhne? Mindestlöhne?, Verbreitung von Niedriglöhnen und Möglichkeiten ihrer Bekämpfung«, in: *Sozialer Fortschritt*, 54. Jg., S. 20–31.

Blanke, B. (1994), »Perspektiven der Kommunalen Sozialpolitik, Allgemeine Ergebnisse und Fokus der Expertise »Verfall der Stadtgesellschaft?«« in: MAGS-NRW (Hg.), *Zukunft des Sozialstaats*, Düsseldorf, S. 283ff.

Bobke-von Camen, M. (1989), »Arbeitskampfrecht und Tarifpraxis der Gewerkschaften«, in: *WSI-Mitteilungen*, 42, S. 266– 272.

Boeckh, J./Huster, E.-U./Benz, B. (2005), *Sozialpolitik in Deutschland*, Wiesbaden.

Bofinger, P. (2004), *Grundzüge der Volkswirtschaftslehre*, München.

Bönisch, L./Arnd, H./Schroer, W. (Hg.) (1999), *Sozialpolitik – eine sozialwissenschaftliche Einführung*, Weinheim.

Borchert, J. (1993), *Renten vor dem Absturz, Ist der Sozialstaat am Ende?* Frankfurt a. M.

(1995), *Die konservative Transformation des Wohlfahrtsstaates, Großbritannien, Kanada, die USA und Deutschland im Vergleich*, München.

Bork, Ch./Gasche, M. (2004), »Ökonomische Wirkungen einer Finanzierungsreform im Gesundheitswesen«, in: *Wirtschaftsdienst*, 83, S. 768–776.

Borsdorf, U. (Hg.) (1987), *Geschichte der deutschen Gewerkschaften von den Anfängen bis 1945*, Köln.

Bosch, G./Knuth, M. (2003), »Das deutsche Beschäftigungssystem im 13. Jahr nach der Vereinigung«, in: *WSI Mitteilungen*, 56, S. 275–283.

Bothfeld, S./Gronbach, S./Seibel, K. (2004), »Eigenverantwortung in der Arbeitsmarktpolitik: Zwischen Handlungsautonomie und Zwangsmaßnahmen«, in: *WSI Mitteilungen*, 57, S. 507–513.

/Ullmann, K. (2004), »Kündigungsschutz in der betrieblichen Praxis: Nicht Schreckgespenst sondern Sündenbock«, in: *WSI Mitteilungen*, 57, S. 262–270.

(2005), *Vom Erziehungsurlaub zur Elternzeit*, Frankfurt/New York.

Braun, H. /Johne, G. (Hg.) (1993), *Die Rolle sozialer Dienste in der Sozialpolitik*, Frankfurt/New York.

Braun, Th. (2003), »Ein neues Modell für Flexicurity – der dänische Arbeitsmarkt«, in: *WSI Mitteilungen*, 56, S. 92–99.

Breyer, F. (1990), *Ökonomische Theorie der Alterssicherung*, München.

(2000), »Kapitaldeckungs- versus Umlageverfahren«, in: *Perspektiven der Wirtschaftspolitik*, Heft 4, S. 383–405.

/Zweifel, P./Kifmann, M. (2005), *Gesundheitsökonomie*, 5. Aufl., Berlin.

Brinkmann-Herz D. (1975), *Die Unternehmensmitbestimmung in der BRD, Der lange Weg einer Reformidee*, Köln.

Brömme, N./Strasser, H. (2001), »Gespaltene Bürgergesellschaft?«, in: *Aus Politik und Zeitgeschichte*, B 25–26, S. 6–14.

Bronin, H./Kempe, W./Schneide, H. (2003), »Kombilohn oder Workfare? Zur Wirksamkeit zweier arbeitsmarktpolitischer Strategien«, in: *Vierteljahreshefte zur Wirtschaftsforschung*, 74, S. 51–67.

Bundesministerium für Bildung und Forschung (Hg.) (2005), *Ausbildungsförderung – Bafög, Bildungskredit und Stipendien*, Berlin.

Bundesministerium für Familie und Senioren (Hg.) (1994), *5. Familienbericht*, Bonn.

Bundesministerium für Gesundheit und Soziale Sicherung (2005), *Sozialbericht 2005*, Berlin.

Burghardt, H./Enggruber, R. (Hg.) (2005), *Soziale Dienstleistungen am Arbeitsmarkt*, Weinheim/München.

Burkhart, G./Kohli, M. (1989), »Ehe und Elternschaft im Individualisierungsprozeß? Bedeutungswandel und Milieudifferenzierung«, in: *Zeitschrift für Bevölkerungswissenschaft*, S. 405ff.

Buslei; H./Steiner, V./Schulz, E. (2004), *Demografische Entwicklung und Wirtschaftswachstum im internationalen Vergleich: Gutachten im Auftrag des Bundesministeriums für Wirtschaft und Arbeit*, DIW Berlin.

Butterwege, Ch. (1999), *Wohlfahrtsstaat im Wandel*, Opladen.

Chopra, I./Scheller, G. (1992), »»Die neue Unbeständigkeit«, Ehe und Familie in der spätmodernen Gesellschaft«, in: *Soziale Welt*, 43.Jg., S. 49ff.

Contzen, H. (1877), *Geschichte der socialen Frage von den ältesten Zeiten bis zur Gegenwart*, Berlin.

Conze, W./Lepsius, R.M. (Hg.) (1983), *Sozialgeschichte der Bundesrepublik Deutschland*, Stuttgart.

Dathe, D. (Hg.) (1995), *Wege aus der Krise der Arbeitsgesellschaft*, Berlin.

Dettling, W. (2001), *Die Stadt und ihre Bürger – Neue Wege in der kommunalen Sozialpolitik*, Gütersloh.

Dietz, B./Eissel,D./Naumann, D. (Hg.) (1999), *Handbuch der kommunalen Sozialpolitik*, Opladen.

Döring, D. (Hg.) (1999a), *Sozialstaat in der Globalisierung*, Frankfurt a.m.

(1999b), »Sozialstaat im unübersichtlichen Gelände«, in: derselbe (Hg.), *Sozialstaat in der Globalisierung*, Frankfurt a.M., S. 11–39.

(2004), *Sozialstaat*, Frankfurt a. M.

/Hanesch, W./Huster, E.-U. (Hg.) (1990), *Armut im Wohlstand*, Frankfurt a. M.

/Hauser, R. (1995), *Soziale Sicherheit in Gefahr. Zur Zukunft der Sozialpolitik*, Frankfurt a. M.

Dünn, S./Fasshauer, St. (2003), »Die Reform der gesetzlichen Rentenversicherung – Aktuelle Optionen«, in: *Deutsche Rentenversicherung*, 58. Jg., S.444–464.

Ebert, Th. (1995), »Familienfundamentalismus und Alterssicherung«, in: *WSI-Mitteilungen*, 48, S. 365ff.

Eekhoff, J. (2002), *Wohnungspolitik*, Tübingen.

Eichhorst, W. u.a. (2004), *Benchmarking Deutschland 2004, Arbeitsmarkt und Beschäftigung*, Berlin.

Eicker-Wolf, K. u.a. (Hg.) (1998), *Die arbeitslose Gesellschaft und ihr Sozialstaat*, Marburg.

Eickhoff, N. (2003), »Globalisierung, institutioneller Wettbewerb und nationale Wirtschaftspolitik«, in: *Wirtschaftsdienst*, 82, S. 369–376.

Eggers, P. (1969), *Gesellschaftspolitische Konzeptionen der Gegenwart, Sozialdemokratie, Marxismus, Katholische Soziallehre, Neoliberalismus*, Stuttgart.

Eichener, V./Heinze, R. G. (1994), »Grenzen der sozialen Wohnungspolitik«, in: Riedmüller, B./ Olk, Th. (Hg.), *Grenzen des Sozialversicherungsstaates*, Leviathan Sonderheft 14, Opladen, S.277ff.

Engelhardt, W. W. (1980), »Art.: Gewerkschaft und Art.: Sozialpolitik, Theorie der«, in: *Handwörterbuch der Volkswirtschaft*, 2. Aufl., Wiesbaden.

Enquete-Kommission (2002), *Bericht der Enquete-Kommission »Demographischer Wandel – Herausforderungen unserer älter werdenden Gesellschaft an den Einzelnen und die Politik*, Bundestagsdrucksache 14/8800.

Enste, D. H. (2004), *Die Wohlfahrtsverbände in Deutschland – Eine ordnungspolitische Analyse und Reformagenda*, IW-Analysen Nr. 9, Köln.

Erler, G. (1985), *Frauenzimmer, Für eine Politik der Unterschieds*, Berlin.

Erlinghagen, M. (2001), »Die sozialen Risiken »Neuer Ehrenamtlichkeit««, in: *Aus Politik und Zeitgeschichte*, B 25–26, S. 33–38.

(2004), *Die Restrukturierung des Arbeitsmarktes*, Wiesbaden

(2005), *Wie lange dauert es, bis Beschäftigte ihren Betrieb verlassen?* IAT-Report 09/2005.

Esping-Andersen, G. (1990), *The Three Worlds of Welfare Capitalism*, Cambridge.

(1998), »Die drei Welten des Wohlfahrtskapitalismus, Zur Politischen Ökonomie des Wohlfahrtsstaates«, in: Lessenich, St./Ostner, I. (Hg.); *Welten des Wohlfahrtskapitalismus, Der Sozialstaat in vergleichender Perspektive*, Frankfurt/New York, S. 19–56.

(2002), »Towards the Good Society, Once Again?« in: derselbe u.a. (Hg.), *Why We Need an New Welfare State*, Oxford, S. 1–25.

Esser, H. (1999), *Soziologie, Allgemeine Grundlagen*, 3. Aufl., Frankfurt/New York.

Eucken, W. (1990), *Grundsätze der Wirtschaftspolitik*, 6. Aufl., Tübingen.

Europäische Kommission (2007a), *Gemeinsamer Bericht über Sozialschutz und soziale Eingliederung*, Brüssel.

Europäische Kommission (2007b), *European Social Reality*, Report, Brüssel.

Fachinger, U./Rothgang, H./Viebrock, H. (Hg.) (2002), *Die Konzeption sozialer Sicherung*, Festschrift für Winfried Schmähl zum 60. Geburtstag, Baden-Baden.

Felderer, B. (1987), *Kapitaldeckungsverfahren versus Umlageverfahren*, SVSP, Bd. 163 NF, Berlin.

Fink, U. (1990), *Die neue Kultur des Helfens. Nicht Abbau, sondern Umbau des Sozialstaates*, München/Zürich.

Flassbeck, H. (2006), *50 einfache Dinge, die Sie über unsere Wirtschaft wissen sollten*, Framkfurt a.M.

/Maier-Rigaud, R. (2003), »Auf der schiefen Bahn – Die deutsche Lohnpolitik verschärft die Krise«, in: *Wirtschaftsdienst*, 82, S. 170–177.

Flora, P./Noll, H. H. (1999), *Sozialberichterstattung und Sozialstaatsbeobachtung*, Frankfurt/New York.

Flora, P./Glatzer, W./Habich, R. (2002), *Sozialstruktur und Sozialberichterstattung*, Opladen.

Franz, W. (2003), *Arbeitsmarktökonomik*, 5. Aufl., Berlin.

Frerich, J. (1990), *Sozialpolitik, Das Sozialleistungssystem der Bundesrepublik Deutschland. Darstellung, Probleme und Perspektiven der Sozialen Sicherung*, 2. Aufl., München/Wien.

/Frey, M. (1993), *Handbuch der Geschichte der Sozialpolitik in Deutschland*, 3 Bde., München/Wien.

Gaugler, E. (1980), »Mitbestimmung im Betrieb«, in: *HdWW*, Bd. 5, S. 251 ff.

Geißler, H. (1976), *Die neue soziale Frage, Analysen und Dokumente*, Freiburg.

Gerhard, U. (2003), »Frauen im Wohlfahrtsstaat«, in: Lessenich, St. (Hg.), *Wohlfahrtsstaatliche Grundbegriffe, Historische und aktuelle Diskurse*, Frankfurt/New York, S. 267–285.

Gernert, W. (Hg.) (2001), *Handwörterbuch für Jugendhilfe und Sozialarbeit*, Stuttgart.

Giersch, H. (1986), *Gegen Europessimismus*, Stuttgart.

Gitter, W./Oberender, P. (1987), *Möglichkeiten und Grenzen des Wettbewerbs in der gesetzlichen Krankenversicherung*, Baden-Baden.

Gladen, A. (1974), *Geschichte der Sozialpolitik in Deutschland*, Wiesbaden.

Gorz, A. (1983), *Wege ins Paradies*, Berlin.

Grebing, H. (1979), *Geschichte der deutschen Arbeiterbewegung*, 9. Aufl., München.

Gronemeyer, R. (1990), *Die Entfernung vom Wolfsrudel*, 3. Aufl., Düsseldorf.

Grunert, G. (2004), »Der Flächentarifvertrag in der Kritik«, in: *WSI Mitteilungen*, 57, S. 596–601.

Hackenberg, H. (2004), »Eingetretene Pfade der Arbeitsmarktpolitik verlassen – gemeinsam in neuen Strukturen Innovationen wagen«, in: *Gesundheits- und Sozialpolitik*, 58. Jg., S. 39–44.

Häußermann, H. (2000), »Die Krise der »sozialen Stadt««, in: *Aus Politik und Zeitgeschichte*, B 10–11, S. 13–21.

Hajen, L./Paetow, H./Schumacher, H. (2004), *Gesundheitsökonomie, Strukturen-Methoden-Praxisbeispiele*, 2. Aufl., Stuttgart.

Hanesch, W. (Hg.) (1995), *Sozialpolitische Strategien gegen Armut,* Opladen.

Hardach, Gerd (1998), »Der Generationenvertrag in der Arbeitsmarktkrise«, in: Eicker-Wolf, K. u.a. (Hg.), *Die arbeitslose Gesellschaft und ihr Sozialstaat,* Marburg, S. 201–234.

Hauser, R./Berntsen R. (1992), »Einkommensarmut – Determinanten von Aufstiegen und Abstiegen«, in: Hujer, R. u.a. (Hg.), *Herausforderungen an den Wohlfahrtsstaat im strukturellen Wandel,* Frankfurt/New York, S. 73ff.

/Hübinger, W. (1993), *Arme unter uns. Teil I: Ergebnisse und Konsequenzen der Caritasuntersuchung,* Freiburg.

(Hg.) (2000), *Die Zukunft des Sozialstaats, Schriften des Vereins für Socialpolitik,* NF Bd. 271, Berlin.

/Becker, I. (2005), *Reporting on Income Redistribution and Poverty,* Berlin.

Hayek, F. A. v. (1971), *Die Verfassung der Freiheit,* Tübingen.

Heike, A. (1994), *Problemgeschichte der Gesundheitsökonomik in der Bundesrepublik Deutschland,* Volkswirtschaftliche Schriften Bd. 15, Köln.

Heimann, E. (1980), *Soziale Theorie des Kapitalismus, Theorie der Sozialpolitik,* Neuauflage, Frankfurt a. M.

Heinze, R. G./Hombach, B./ Scherf, H. (Hg.) (1987), *Sozialstaat 2000, Auf dem Weg zu neuen Grundlagen der sozialen Sicherung,* Bonn.

/Naegele, G. (1995), »Die sozialen Dienste vor neuen Herausforderungen«, in: *WSI-Mitteilungen,* 48, S. 404ff.

/Schmid, J./Strünck, Ch. (1999), *Vom Wohlfahrtsstaat zum Wettbewerbsstaat, Arbeitsmarkt- und Sozialpolitik in den 90er Jahren,* Wiesbaden.

(2000), »Risse im Fundament – Der deutsche Wohlfahrtsstaat im Wandel«, in: Jens, U./Romahn, H. (Hg.), *Sozialpolitik und Sozialökonomik, Soziale Ökonomie im Zeichen der Globalisierung,* Festschrift für Lothar F. Neumann, Marburg, S. 161–176.

Heitmeyer, W. (1998), »Versagt die »Integrationsmaschine Stadt«? Zum Problem der ethnisch-kulturellen Segregation und ihre Konfliktfolgen«, in: ders./Dollase, R./Backes O. (Hg.), *Die Krise der Städte,* Frankfurt a. M.

Herzog Kommission 2003, *Bericht der Kommission »Soziale Sicherheit« – zur Reform der sozialen Sicherungssysteme,* Berlin.

Heise, A./Küchle, H. (1996), »Globalisierung, Sozialkonkurrenz und Europäische Integration, Standortsicherung durch Sozialabbau?«, in: *WSI-Mitteilungen,* 49, S. 237ff.

Hemmer, H./Schmitz, K. (Hg.) (1990), *Geschichte der Gewerkschaften in der Bundesrepublik,* Köln.

Hengsbach, F. (2005), »Die Arbeitsmärkte – Stellgröße für mehr Beschäftigung?«, in: *Aus Politik und Zeitgeschichte,* 43, S. 18–25.

Henkel, H. A./Romahn, H. (Hg.) (1996), *Euro und Beschäftigung, Politik oder ökonomisches Gesetz,* Kölner Schriften zur Sozial- und Wirtschaftspolitik, Bd. 29, Regensburg.

Henning, H. (1976), »Sozialpolitik III: Geschichte«, in: *HdWW,* Bd. 7, S. 85 ff.

Hentschel, V. (1983), *Geschichte der deutschen Sozialpolitik, 1880–1980. Soziale Sicherung und kollektives Arbeitsrecht,* Frankfurt a. M.

Herder-Dorneich, Ph. (1983), *Überwindung der Sozialstaatskrise, Ordnungspolitische Ansätze,* Baden-Baden.

u.a. (Hg.) (1992), *Sozialpolitiklehre als Prozeß,* Baden-Baden.

Heyde, L. (1966), *Abriß der Sozialpolitik,* 12. Aufl., Heidelberg.

Hickel, R. (2006), *Kassensturz, Sieben Gründe für eine andere Wirtschaftspolitik*, Reinbek.

Hildebrandt, H./Domdey, A./Fuchs, G. (1995), »Health Maintainance Organisations in den USA: Eine Einführung«, in: *Die Betriebskrankenkasse*, Heft 12, 722ff.

Hilzenbacher, M. (1985), »Die Richtigstellung des Drei-Generationenvertrages in der gesetzlichen Rentenversicherung durch eine Beitragsstaffelung nach der Kinderzahl«, in: *Sozialer Fortschritt*, 34, S. 281 ff.

v. Hippel, E. (*1979), Grundfragen der sozialen Sicherheit, Tübingen.*

(1982), *Der Schutz des Schwächeren*, Tübingen.

Hirschman, A. O. (1994), »Wieviel Gemeinsinn braucht die liberale Gesellschaft?«, in: *Leviathan*, 22., S. 293ff.

Hockerts, H. G. (1986), »Integration der Gesellschaft: Gründungskrise und Sozialpolitik in der frühen Bundesrepublik«, in: *Zeitschrift für Sozialreform*, 32, S. 25 ff.

Hoffmann, J. (1988), »Gewerkschaften in der Bundesrepublik, Zersetzungsprodukt oder strukturierender Faktor gesellschaftlicher Veränderungen?«, in: Müller-Jentsch, W. (Hg.), *Zukunft der Gewerkschaften, Ein internationaler Vergleich*, Frankfurt/New York, S. 18 ff.

Hoffmann-Nowotny, H.-J. (1988), »Ehe und Familie in der modernen Gesellschaft«, in: *Aus Politik und Zeitgeschichte*, B 13, S. 3 ff.

Hradil, St. (1999), *Soziale Ungleichheit in Deutschland*, Opladen.

Hüther, M. (1990), *Integrierte Steuer-Transfer-Systeme für die Bundesrepublik Deutschland, Normative Konzepte und empirische Analyse*, Berlin.

Huinink, J. (1995), *Warum noch Familie? Zur Attraktivität von Partnerschaft und Elternschaft in unserer Gesellschaft*, Frankfurt/New York.

/Konietzka, D. (2007), *Familiensoziologie, Eine Einführung*, Frankfurt/New York.

Hullen, G. (2003), »Tempo und Quantum der Reproduktion«, in: Bien, W./Marbach, J. (Hg.), *Partnerschaft und Familiengründung, Ergebnisse der dritten Welle des Familien-Survey*, DJI-Familien-Survey Bd. 11, Wiesbaden.

Iben, G. (1995), »Sozialethik, Marktwirtschaft und Gemeinsinn«, in: *Aus Politik und Zeitgeschichte*, B 51, S. 23ff.

Igl, G. (1996), »Kommunale Sozialpolitik und Grundrisiken der Gesellschaft«, in: *Aus Politik und Zeitgeschichte*, B 50, S. 14ff.

Jakobs, K. (2003), »Weiterentwicklung der gesetzlichen Krankenversicherung zu einer Bürgerversicherung«, in: Friedrich Ebert Stiftung (Hg.): *Bürgerversicherung versus Kopfpauschale. Alternative Finanzierungsgrundlagen für die Gesetzliche Krankenversicherung*, Bonn, S. 7–21.

Jenkis, H. W. (1991), *Kompendium der Wohnungswirtschaft*, München.

Jens, U./Romahn, H. (2000) (Hg.), *Sozialpolitik und Sozialökonomik*, Marburg.

Jetter, F. (1995), »Wohnungsnot als Schlüsselproblem der Sicherung des sozialen Friedens«, in: *WSI-Mitteilungen*, 48, S. 12ff.

Jordan, E./Sengling, D. (1992), *Jugendhilfe. Einführung in Geschichte und Handlungsfelder. Organisationsformen und gesellschaftliche Problemlagen*, Weinheim und München.

Katsch, Th./Vilmar, F. (Hg.) (1983), *Arbeitszeitverkürzung, Ein Weg zur Vollbeschäftigung*, Opladen.

Kaufmann, F. X. (Hg.) (1977), »Soziologie und Sozialpolitik«, in: *Kölner Zeitschrift für Soziologie und Sozialpsychologie*, Sonderheft 19, Opladen.

(1979), *Bürgernahe Sozialpolitik, Planung, Organisation und Vermittlung sozialer Leistungen auf lokaler Ebene*, Frankfurt/New York.

(Hg.) (1982), *Staatliche Sozialpolitik und Familie*, München/Wien.

(1997), *Herausforderungen des Sozialstaats*, Frankfurt a.M.

(2003a), »Sicherheit: das Leitbild beherrschbarer Komplexität«, in: Lessenich, St. (Hg.) *Wohlfahrtsstaatliche Grundbegriffe, Historische und aktuelle Diskurse*, Frankfurt/New York, S. 73–104.

(2003b), *Sozialpolitisches Denken*, Frankfurt a.M.

(2003c), *Varianten des Wohlfahrtsstaats, Der deutsche Sozialstaat im internationalen Vergleich*, Frankfurt a.M.

(2005a), *Schrumpfende Gesellschaft, Vom Bevölkerungsrückgang und seinen Folgen*, Frankfurt a.M.

(2005b), *Sozialpolitik und Sozialstaat, Soziologische Analysen*, 2. Aufl., Opladen.

Keller, B. (1996), *Einführung in die Arbeitspolitik. Arbeitsbeziehungen und Arbeitsmarkt in sozialwissenschaftlicher Perspektive*, 6. Aufl., München/Wien.

Kempen, O. E. (Hg.) (1976), *Sozialstaatsprinzip und Wirtschaftsordnung*, Frankfurt.

Keynes, J. M. (1936), *General Theory of Employment, Interest and Money*, London.

Kiefer, G./Ruiss, D. (2004), »Gesetzliche Krankenversicherung als Bürgerversicherung – solidarisch, praktisch, realistisch?«, in: *Sozialer Fortschritt*, 53, S. 152–159.

Kittner, M. (2004), *Arbeits- und Sozialordnung, Ausgewählte und eingeleitete Gesetzestexte*, 31. Aufl., Köln.

Klages, H. (1984), *Wertorientierungen im Wandel, Rückblick, Gegenwartsanalyse, Prognosen*, Frankfurt a. M.

Klammer, U. (1998), »Reformbedarf und Reformoptionen der sozialen Sicherung vor dem Hintergrund der »Erosion des Normalarbeitsverhältnisses««, in: Eicker-Wolf, K. u.a. (Hg.), *Die arbeitslose Gesellschaft und ihr Sozialstaat*, Marburg, S. 249–287.

Klanberg, F./Prinz, A. (1986), »Anreizkompatibilität von Transfers im Bereich der sozialen Mindestsicherung, Eine ökonomische Analyse der Grundeinkommensvorschläge«, in: *Sozialer Fortschritt*, 35, S. 229ff.

Klauder, W. (1993), »Zu den demographischen und ökonomischen Auswirkungen der Zuwanderung in die Bundesrepublik in der Vergangenheit und Zukunft«, in: *Mitteilungen aus der Arbeitsmarkt und Berufsforschung*, S. 477ff.

Kleinfeld, R. (1996), *Kommunalpolitik, Eine problemorientierte Einführung*, Opladen.

Kleinhenz, G. (1992), »Die Zukunft des Sozialstaats, Spielraum für sozialen Fortschritt unter veränderten Rahmenbedingungen«, in: *Hamburger Jahrbuch für Wirtschafts- und Gesellschaftspolitik*, S. 43 ff.

(Hg.) (1993), *Soziale Integration in Europa I*, SVSP, Bd. 222/I NF., Berlin.

(Hg.) (1995), *Soziale Ausgestaltung der Marktwirtschaft, Die Vervollkommnung einer »sozialen Marktwirtschaft« als Daueraufgabe der Ordnungs- und Sozialpolitik*, Festschrift zum 65. Geburtstag für Heinz Lampert, Berlin.

(2005), »Marktwirtschaft und Sozialstaat: Zukunftsmodell Deutschland«, in: *Aus Politik und Zeitgeschichte*, B. 43, S. 33–40.

/Lampert, H. (1971), »Zwei Jahrzehnte Sozialpolitik in der BRD, Eine kritische Analyse«, in: *Ordo*, 22, S. 103 ff.

Klös, H. P./Schäfer (2003), »Fehlanreize durch soziale Sicherung?«, in: *WSI Mitteilungen*, 56, S. 306–312.

Knappe, E. (1990), »Herausforderungen für die Sozialpolitik bis zum Jahr 2000«, in: Braun, H./Niehaus, M. (Hg.), *Sozialstaat Bundesrepublik auf dem Weg nach Europa*, Frankfurt/New York, S. 89ff.

(1995), *Umbau des Sozialstaats*, Trier.

Köbele, B./Schütt, B. (Hg.) (1992), *Erfolgsbeteiligung – ein neuer Weg zur Vermögensbildung in Arbeitnehmerhand*, Köln.

Koch, K. (2003), »Der Preis des Alters«, in: *Süddeutsche Zeitung* v. 21.1.2003.

Kohl, J. (2001), »Die deutsche Rentenreform im europäischen Kontext«, in: Olk, Th./ Evers, A./Heinze, R. (Hg.), *Baustelle Sozialstaat, Umbauten und veränderte Grundri*sse, Wiesbaden, S. 51–75.

Kolbe, W. (2002), *Elternschaft im Wohlfahrtsstaat*, Frankfurt/New York.

Kollmeier, Y. (2001), *Soziale Mindeststandards in der Europäischen Union, Im Spannungsfeld von Ökonomie und Politik*, Stuttgart.

Kopetsch, Th. (2001a), »Gesundheitswesen am Scheideweg«, in: *Wirtschaftsdienst*, 80, S. 589–594.

Kopetsch, Th. (2001b), »Zur Rationierung medizinischer Leistungen: Ein Modell für die Gesetzliche Krankenversicherung«, in: *Sozialer Fortschritt*, 50, S. 20–29.

Kraus, K./Geisen, Th. (Hg.) (2001), *Sozialstaat in Europa*, Wiesbaden.

Kromphardt, J. (1980), *Konzeptionen und Analysen des Kapitalismus*, Göttingen.

(1987), *Arbeitslosigkeit und Inflation*, Göttingen.

(1986), »Die Zukunft der Globalsteuerung – theoretische Perspektiven«, in: Körner, H./Uhlig, Chr. (Hg.), *Die Zukunft der Globalsteuerung*, Karl Schiller zum 75. Geburtstag gewidmet, Bern.

(1992), »Plädoyer gegen die Reduzierung von Beschäftigungspolitik auf Arbeitsmarktpolitik«, in: *Mitteilungen aus der Arbeitsmarkt- und Berufsforschung*, 25, S. 221ff.

Krüger, J./Pankoke, E. (Hg.) (1995), *Kommunale Sozialpolitik*, München/Wien.

Krugman, P. (1999), *Der Mythos vom globalen Wirtschaftskrieg, Eine Abrechnung mit den Pop-Ökonomen*, Frankfurt/New York.

Krupp, H. J. (1982), »Das Modell der voll eigenständigen Sicherung der Frau – Probleme und Ergebnisse«, in: Helberger, Ch./Rolf, G. (Hg.), *Die Gleichstellung von Mann und Frau in der Alterssicherung*, Frankfurt a. M., S. 173ff.

/Zapf, W. (1987), »Art.: Indikatoren II: soziale«, in: *Handwörterbuch der Wirtschaftswissenschaften (HdWW)*, Bd. 4, S. 119 ff.

u.a. (Hg.) (1987), *Wege zur Vollbeschäftigung*, 2. Aufl., Freiburg.

/Weeber, J. (2001), »Umlage- und Kapitaldeckungsverfahren im Vergleich«, in: Mager, H.-Ch. u.a. (Hg.), *Private Versicherung und soziale Sicherung*, Marburg, S. 185–202.

Külp, B. (1971), »Verteilungspolitik«, in: Werner, J./Külp, B., *Wachstumspolitik, Verteilungspolitik*, Stuttgart.

/Schreiber, W. (Hg.) (1971), *Soziale Sicherheit*, Köln/Berlin.

Kuhn, K. (1996), »Neue Produktionskonzepte, Gruppenarbeit und Arbeitsschutz«, in: *WSI-Mitteilungen*, 43, S. 105ff.

Lafontaine, O. (1987), *Die Gesellschaft der Zukunft*, Hamburg.

Lagergren, M. u.a. (1984), *Time to Care. A Report Prepared for the Swedish Secretariat for Future Studies*, Oxford u.a.

(1986), »Selbsthilfegruppen: Retter des Wohlfahrtsstaates? Bericht über eine Forschungsarbeit zur Zukunft pflegebezogener Dienstleistungen in Schweden«, in: Blanke, B. u.a. (Hg.), *Die zweite Stadt, Neue Formen lokaler Arbeits- und Sozialpolitik*, Leviathan Sonderheft 7, S. 390 ff.

Lahusen, Ch./Stark, C. (2003), »Integration. Vom fördernden zum fordernden Wohlfahrtsstaat«, in: Lessenich, St. (Hg.), *Wohlfahrtsstaatliche Grundbegriffe, Historische und aktuelle Diskurse*, Frankfurt/New York, S. 353–371.

Lampert, H. (1980), »Staatliche Sozialpolitik im Dritten Reich«, in: *Hamburger Jahrbuch für Wirtschafts- und Gesellschaftspolitik*, 25, S. 144 ff.

(1985), »Die Wirtschafts- und Sozialpolitik im Dritten Reich«, in: *Jahrbücher für Nationalökonomie und Statistik*, S. 101 ff.

(1995), »Voraussetzungen einer Sozialstaatsreform – Kritische Anmerkungen zur aktuellen Diskussion über den Umbau des Sozialstaates«, in: *Jahrbücher für Nationalökonomie und Statistik*, S. 513ff.

/Althammer, J. (2004), *Lehrbuch der Sozialpolitik*, 7. Aufl., Berlin.

/Bossert, A. (2004), *Die Wirtschafts- und Sozialordnung der Bundesrepublik Deutschland, im Rahmen der europäischen Union*, 15. Aufl., München.

(2005), »Politikversagen als Ursache der deutschen Sozialstaatskrise«, in: *Jahrbücher für Nationalökonomie und Statistik*, Bd. 225/1, S. 44–59.

Landes, D. S. (1973), *Der entfesselte Prometheus, Technologischer Wandel und industrielle Entwicklung in Westeuropa von 1750 bis zur Gegenwart*, Köln.

Langer, B./Pfaff, A. B./Pfaff, M. (2003), »Kopfprämien zur Finanzierung der GKV? Eine gesundheitspolitische Bewertung«, in: Friedrich Ebert Stiftung (Hg.): *Bürgerversicherung versus Kopfpauschale. Alternative Finanzierungsgrundlagen für die Gesetzliche Krankenversicherung*, Bonn, S. 23–33.

Laslett, P. (1971), *The World We Have Lost*, Cambridge.

Lauterbach, K. (2004), »Warum nur eine Bürgerversicherung die Probleme in unserem Gesundheitssystem lösen kann«, in: *Soziale Sicherheit*, 53. Jg., S. 420–425.

Leiber, S. (2005), *Europäische Sozialpolitik und nationale Sozialpartnerschaft*, Frankfurt/New York.

Leiber, S./Zwiener, R. (2005), »Reformperspektiven für die Finanzierung der sozialen Sicherung«, in: *WSI Mitteilungen*, 58, S. 446–453.

Leibfried, St. (1994), »Grenzen deutscher Sozialstaatlichkeit, Vom gemeinsamen Arbeitsmarkt zu erzwungener europäischer Sozialreform«, in: *Riedmüller/Olk* (Hg.), S. 321ff.

/Tennstedt, F. (Hg.) (1985), *Politik der Armut und die Spaltung des Sozialstaats*, Frankfurt.

/Voges W. (Hg.) (1992), *Armut im Wohlfahrtsstaat*, Sonderheft 32 der Kölner Zeitschrift für Soziologie und Sozialpsychologie, Opladen.

Leibfried, St./Wagschal, U. (Hg.) (2000), *Der deutsche Sozialstaat: Bilanzen, Reformen, Perspektiven*, Frankfurt/New York.

Leisering, L. (1993), »Armut hat viele Gesichter, Vom Nutzen dynamischer Armutsforschung«, in: *Nachrichtendienst des deutschen Vereins für öffentliche und private Fürsorge*, Heft 8, S. 297ff.

Lessenich, St. (1998), »Die Strategie der Schnecke: Soziale Sicherung nach der Vollbeschäftigung«, in: Eicker-Wolf, K. u.a. (Hg.), *Die arbeitslose Gesellschaft und ihr Sozialstaat*, Marburg, S. 235–247.

/Ostner, I. (1998), *Welten des Wohlfahrtskapitalismus, Der Sozialstaat in vergleichender Perspektive*, Frankfurt/New York.

(Hg.) (2003), *Wohlfahrtsstaatliche Grundbegriffe, Historische und aktuelle Diskurse*, Frankfurt/New York.

(2003), *Dynamischer Immobilismus. Kontinuität und Wandel im deutschen Sozialmodell*, Frankfurt/New York.

/Nullmeier, F. (Hg.) (2006), *Deutschland – eine gespaltene Gesellschaft*, Frankfurt/New York.

Lohse, T. (2004), »Die aktuellen Reformen der Sozialleistungen«, in: *Wirtschaftsdienst*, 83, S. 576–581.

Loose, B. (2002), »Neuordnung der Arbeitslosenhilfe zwischen Exklusion und Inklusion«, in: *Sozialer Fortschritt*, 51, S. 164–171.

Luhmann, N. (1981), *Politische Theorie im Wohlfahrtsstaat*, München.

Lütz, S./Czada, R. (Hg.) (2004), *Wohlfahrtstaat –Transformation und Perspektiven*, Wiesbaden.

Mackenroth, G. (1952), »Die Reform der Sozialpolitik durch einen deutschen Sozialplan«, in: *Schriften des Vereins für Sozialpolitik*, NF. Bd. 4, Berlin.

Mares, I. (2004), *Warum die Wirtschaft den Sozialstaat braucht, Ein historischer Ländervergleich*, Frankfurt/New York.

Mayer, K. U. (Hg.) (2001), *Die beste aller Welten? Marktliberalismus versus Wohlfahrtsstaat, Eine Kontroverse*, Frankfurt/New York.

Meier-Braun, K.-H. (1995), »40 Jahre »Gastarbeiter« und Ausländerpolitik in Deutschland«, in: *Aus Politik und Zeitgeschichte*, B 35, S.14ff.

Mertens, D./Kühl, J. (1982), »Art. Arbeitsmarkt I, Arbeitsmarktpolitik«, in: *Handwörterbuch der Wirtschaftswissenschaften (HdWW)*, Bd. 1, S. 279 ff.

Miegel, M./Wahl, St. (1985), *Gesetzliche Grundsicherung, Private Vorsorge – Der Weg aus der Rentenkrise*, Stuttgart.

Mitterauer, M./Siedler, R. (Hg.) (1980), *Vom Patriarchat zur Partnerschaft, Zum Strukturwandel der Familie*, München.

Mitschke, J. (1985), *Steuer- und Transferordnung aus einem Guß, Entwurf einer Neugestaltung der direkten Steuern und Sozialtransfers in der Bundesrepublik Deutschland*, Baden-Baden.

Mückenberger, U. (1990), »Normalarbeitsverhältnis: Lohnarbeit als normativer Horizont sozialer Sicherheit«, in: Sachße, Ch./Engelhardt, H. T. (Hg.), *Sicherheit und Freiheit*, Frankfurt a.M., S. 158–178.

Müller, G./Seifert, H. (1991), »Deregulierung aus Prinzip, Eine Diskussion der Vorschläge der Deregulierungskommission zum Arbeitsmarkt«, in: *WSI- Mitteilungen*, 44, S. 489ff.

Müller-Hilmer, R. (2006), *Gesellschaft im Reformprozess, Umfrage der Friedrich-Ebert-Stiftung,* www.fes.de/aktuell/documents/061017_Gesundheit_im_Reformprozess_komplett. pdf.

Müller-Jentsch, W. (Hg.) (1988), *Zukunft der Gewerkschaften, Ein internationaler Vergleich,* Frankfurt/New York.

(1997), *Soziologie der industriellen Beziehungen, Eine Einführung,* 2. Aufl., Frankfurt/New York.

Murswieck, A. (Hg.) (1976), *Staatliche Politik im Sozialsektor,* München.

Nagel, B. (1980), *Unternehmensmitbestimmung,* Köln.

Nahnsen, I. (1975), »Bemerkungen zum Begriff und zur Geschichte des Arbeitsschutzes«, in: M. Osterland (Hg.), *Arbeitssituation, Lebenslage und Konfliktpotential,* Festschrift für M. E. Graf zu Soms-Rödelheim, Köln/Frankfurt a. M., S. 148ff.

Nave-Herz, R./ Markefka, M. (Hg.) (1989), *Handbuch der Familien- und Jugendforschung,* Bd. 1: Familienforschung, Neuwied.

Nell-Breuning, O. v. (1979), *Soziale Sicherheit? Zu Grundfragen der Sozialordnung aus christlicher Verantwortung,* Freiburg.

(1980), »Soziale Rentenversicherung aus familien- und bevölkerungspolitischer Sicht«, in: W. Schmähl/K. Schenke (Hg.), *Alterssicherung als Aufgabe für Wissenschaft und Politik,* Stuttgart u.a., S. 369 ff.

(1985), *Gerechtigkeit und Freiheit. Grundzüge katholischer Soziallehre,* 2. Aufl., München.

Neubäumer, R. (Hg.) (1993), *Arbeitsmarktpolitik kontrovers, Analysen und Konzepte für Ostdeutschland,* Darmstadt.

Neumann, L. F. (1983), *Rechtssicherheit, Soziale Sicherheit, Ökonomische Sicherheit: Sozialökonomische Lösungsversuche des Problems nicht beabsichtigter Folgen menschlichen Handelns,* Hannover.

(Hg.) (1992), *Arbeits- und Gesundheitsschutz aktuell,* Köln.

(Hg.) (1994), *Wohnungsmarkt in der Krise,* Köln.

(2005), *Kosmopoliten im Global Village, Shareholder, Stakeholder, Index-Tracker, Bondholder,* Frankfurt a.M.

/Schaper, K. (1995), »The Social Security System«, in: Konrad Adenauer Stiftung (Hg.), *Social Security in Social Market Economy, Conceptual Foundations and Procedural Principles,* Bonn, S. 158ff.

Niess, F. (1979), *Geschichte der Arbeitslosigkeit,* Köln.

Nullmeier, F. (2000), *Politische Theorie des Sozialstaats,* Frankfurt/New York.

Offe, C. (1969), »Politische Herrschaft und Klassenstrukturen, Zur Analyse spätkapitalistischer Gesellschaftssysteme«, in: Kress, G./Senghaas, D. (Hg.), *Politikwissenschaft, Eine Einführung in ihre Probleme,* Frankfurt a. M., S. 155 ff.

(1995), *Vollbeschäftigung, Zur Kritik einer falsch gestellten Frage,* in: Bentle/Reissert/ Schettkat (Hg.), S. 240ff.

Olk, Th./Evers, A./Heinze, R. G. (Hg.) (2001), *Baustelle Sozialstaat, Umbauten und veränderte Grundrisse,* Wiesbaden.

Olson, M. (1968), *Die Logik kollektiven Handelns,* Tübingen.

(1985), *Aufstieg und Niedergang von Nationen, Ökonomisches Wachstum, Stagflation und soziale Starrheit,* Tübingen.

Opielka, M. u.a. (Hg.) (1984), *Die Zukunft des Sozialstaats,* Stuttgart.

(2000), »Das Konzept »Erziehungsgehalt 2000«, in: *Aus Politik und Zeitgeschichte*, B 3–4, S. 13–20.

(2004), »Grundeinkommensversicherung: Schweizer Erfahrungen, deutsche Perspektiven?« in: *Sozialer Fortschritt*, 53.Jg., S. 114–126.

Orlowski, U. (1996), »Erprobung von »Managed-Care« in Deutschland«, in: *Die Betriebskrankenkasse*, Heft 6, S. 280ff.

Ott, N. (2002), »Luxusgut Kind zwischen Privatinteresse und gesellschaftlicher Verpflichtung – zu den Kontroversen in der familienpolitischen Debatte«, in: *Vierteljahreshefte zur Wirtschaftsforschung*, 71, S. 11–25.

(2003), »Art.: Sozialpolitik«, in: *Vahlens Kompendium der Wirtschaftstheorie und Wirtschaftspolitik*, Bd. 2, München, S. 487ff.

Ottnad, A. (2004), »Pflegeversicherung – Last Exit«, in: *Wirtschaftsdienst*, 83. Jg., S. 777–785.

Pfaff, M. (1995), »Funktionsfähiger Wettbewerb innerhalb und zwischen den gesetzlichen und privaten Krankenkassen, Einige Anmerkungen zur laufenden Diskussion«, in: *Arbeit und Sozialpolitik*, 49. Jg., S.12ff.

/Stapf-Fine, H. (2004), »Umsetzung der Bürgerversicherung: Ergebnisse von drei Anhörungen«, in: *Soziale Sicherheit*, 53.Jg., S. 279–288.

Pfaff, A./ Pfaff, M./Langer, B./ Freud, F. (2005), »Auswirkungen des Kopfprämienmodells der Unionsparteien auf die Finanzierung der gesetzlichen Krankenversicherung«, in: *Gesundheits- und Sozialpolitik*, 59. Jg., S. 39– 49.

Pihl, Ch./Erlinghagen, M./Ott, N. (2005), »Effizienz und Qualität in der ambulanten Gesundheitsversorgung, Möglichkeiten und Grenzen eines Hausarztsystems«, in: Neumann, L. F./Romahn, H. (Hg.), *Wirtschaftspolitik in offenen Demokratien*, Festschrift für Uwe Jens, Marburg, S. 265–278.

Pfahler, Th. (1995), »Dauer der Arbeitslosigkeit und Arbeitsmarktpolitik«, in: *Ordo*, 46, S. 287ff.

Preller, L. (1970), *Praxis und Probleme der Sozialpolitik*, 2. Halbbände, Tübingen/Zürich.

Prinz, A. (2004), »Reform der Arbeitsmarktpolitik, Alter Wein in neuen Schläuchen?«, in: *Perspektiven der Wirtschaftspolitik*, 5, S. 313–332.

Prisching, M. (2003), »Solidarität: Der vielschichtige Kitt gesellschaftlichen Zusammenlebens«, in: Lessenich, St. (Hg.), *Wohlfahrtsstaatliche Grundbegriffe, Historische und aktuelle Diskurse*, Frankfurt/New York, S. 157–190.

Rath, Th. (1996), »Krankenhausreform, Chronik einer Reise ins Ungewisse«, in: Arnold, M./Paffrath, D. (Hg.), *Krankenhausreport 96 – Schwerpunkt: Managed Care*, Ulm.

Rauschenbach, Thomas (1994), »Inszenierte Solidarität: Soziale Arbeit in der Risikogesellschaft«, in: Beck, U./Beck-Gernsheim, E. (Hg.), *Riskante Freiheiten*, Frankfurt, S. 89–111.

Rawls, J. (1975), *Eine Theorie der Gerechtigkeit*, Frankfurt a. M.

Reder, B. (2003), *Betriebliche Bündnisse für Arbeit in Deutschland*, Frankfurt/New York.

Reinhard, H. J. (Hg.) (2001), *Demographischer Wandel und Alterssicherung – Rentenpolitik in neun europäischen Ländern und den USA im Vergleich*, Baden-Baden.

Rendenbach, I. (1990), *Ökonomie der Schwerbehindertenbeschäftigung: Eine marktorientierte Perspektive*, Frankfurt/New York.

Rie, M. A. (1990), »Ökonomische Grenzen der Lebensrettung? Zur Mikroallokation in der Gesundheitspolitik«, in: Sachße, Ch./Engelhardt, H. T. (Hg.), *Sicherheit und Freiheit*, Frankfurt a.M., S. 272–288.

Riedmüller, B./Olk, Th. (Hg.) (1994), *Grenzen des Sozialversicherungsstaates*, Leviathan Sonderheft 14, Opladen.

Rieger, E. /Leibfried, St. (2000), »Wohlfahrtsmerkantilismus, Wechselwirkung zwischen demokratischer Sozialpolitik und Welthandelsordnung«, in: *Aus Politik und Zeitgeschichte*, B 48, S. 12–22.

dieselben (2001), *Grenzen der Globalisierung. Perspektiven des Wohlfahrtsstaates*, Frankfurt a.M.

(2002), »Die sozialpolitische Gegenreformation, Eine kritische Analyse der Wirtschafts- und Sozialpolitik seit 1998«, in: *Aus Politik und Zeitgeschichte*, B 46–47, S. 3ff.

Rifkin, J. (1996), *Das Ende der Arbeit und ihre Zukunft*, 4. Aufl., Frankfurt./New York.

Ristau, M. (2005), »Der ökonomische Charme der Familie«, in: *Aus Politik und Zeitgeschichte*, 23–24, S. 16–22.

Ritter, G. A. (1991), *Der Sozialstaat. Entstehung und Entwicklung im internationalen Vergleich*, 2. Aufl., München.

Römer, M. (2004), *Reform der Gesetzlichen Unfallversicherung*, Karl-Bräuer-Institut des Bundes der Steuerzahler e.V., Berlin.

Röpke, W. (1979), *Civitas Humana*, 4. Aufl., Bern/Stuttgart.

Rolf, G./ Spahn, P. B./ Wagner, G. (Hg.) (1988), *Sozialvertrag und Sicherung. Zur ökonomischen Theorie staatlicher Versicherungs- und Umverteilungssysteme*, Frankfurt/New York.

Romahn, H. (2005), »Institutionen im internationalen Wettbewerb: Die gesetzliche Unfallversicherung«, in: Neumann, L. F./Romahn, H. (Hg.), *Wirtschaftspolitik in offenen Demokratien*, Festschrift für Uwe Jens, Marburg, S. 233–254.

Rothschild, K. W. (1994), *Theorien der Arbeitslosigkeit*, 2. Aufl., München/Wien.

Rürup Kommission (2003), *Bericht der Kommission für die Nachhaltigkeit in der Finanzierung der sozialen Sicherungssysteme*, Bundesministerium für Gesundheit und Soziale Sicherung (Hg.), Berlin.

Rürup Kommission (2003b) (Kommission für die Nachhaltigkeit in der Finanzierung der sozialen Sicherungssysteme), *Modifikation der Rentenanpassungsformel zur Begrenzung des Beitragssatzanstiegs*, Berlin, 23. 4. 2003.

Rürup, B. (2004), »Gesundheitspolitik: Befunde und Perspektiven«, in: *Sozialer Fortschritt*, 54, S. 159–163.

Sachße, Ch. (2003), »Subsidiarität: Leitmaxime deutscher Wohlfahrtsstaatlichkeit«, in: Lessenich, St. (Hg.) *Wohlfahrtsstaatliche Grundbegriffe, Historische und aktuelle Diskurse*, Frankfurt/New York, S. 191–214.

Schaper, K. (1993), »Sicherung im Pflegefall und Generationenvertrag«, in: *Zeitschrift für Sozialreform*, 39, S. 87ff.

(2001), *Makroökonomie, Ein Lehrbuch für Sozialwissenschaftler*, Frankfurt/New York.

(2005), »Flächentarif oder Haustarif – welches System generiert die »richtigen Löhne«?« in: Neumann, L. F./Romahn, H. (Hg.), *Wirtschaftspolitik in offenen Demokratien*, Festschrift für Uwe Jens, Marburg, S. 355–370.

Scharpf, F. W. u.a. (Hg.) (1982), *Aktive Arbeitsmarktpolitik, Erfahrungen und neue Wege*, Frankfurt a. M.

(1987), *Sozialdemokratische Krisenpolitik in Europa*, Frankfurt/New York.

(1994), »Für eine Subventionierung niedriger Erwerbseinkommen«, in: *Wirtschaftsdienst*, 56, S. 111ff.

Schellhaaß, H.-M./Schulz, E. (1987), *Soziale Sicherung des Wohnens: Strategien für die Zukunft*, Berlin.

Schettkat, R. (2003), »Reformen in Deutschland: zu wenig, zu spät?«, in: *WSI Mitteilungen*, 56, S. 267–274.

Schimani, P. (2005), *Die Alterung der Gesellschaft, Ursachen und Folgen des demographischen Umbruchs*, Frankfurt/New York.

Schirm, St. A. (2003), »Politische Optionen für die Nutzung von Globalisierung«, in: *Aus Politik und Zeitgeschichte*, B 5, S. 7–16.

Schmähl, W. (1981), »Soziale Sicherung im Alter«, in: *HdWW*, Bd. 6, S. 645 ff.

(1992), *Zum Vergleich von Umlageverfahren und kapitalfundierten Verfahren zur Finanzierung einer Pflegeversicherung in der Bundesrepublik Deutschland*, Studie im Auftrag des Bundesministeriums für Familie und Senioren, Schriftenreihe Bd. 10, Stuttgart/Berlin/Köln.

(1999), »Die Solidarität zwischen den Generationen in einer alternden Bevölkerung: Alterssicherung, Bildungsinvestitionen und Familienpolitik«, in: *WSI Mitteilungen 52*, S. 2–8.

(Hg.) (2000), *Soziale Sicherung zwischen Markt und Staat*, SVSP, Bd. 275 NF, Berlin.

(Hg.) (2001), *Wechselwirkungen zwischen Arbeitsmarkt und sozialer Sicherung*, Berlin.

/Ulrich, V. (Hg.) (2001), *Soziale Sicherungssysteme und demographische Herausforderungen*, Tübingen.

Schmid, G. (2003), »Wege zu einer effizienten Arbeitsvermittlung«, in: *WSI Mitteilungen*, 56, S. 291–299.

Schmid, T. (Hg.) (1984), *Befreiung von falscher Arbeit, Thesen zum garantierten Mindesteinkommen*, Berlin.

Schmidt, M. G. (1998), *Sozialpolitik in Deutschland, Historische Entwicklung und internationaler Vergleich*, 2. Aufl., Opladen.

Schmitt, Ch./Winkelmann, U. (2005), *Wer bleibt kinderlos? Sozialstrukturelle Daten zur Kinderlosigkeit von Frauen und Männern*, DIW-discussion papers 473, Berlin.

Schöb, R./Weimann, J. (2006), *Arbeit ist machbar – Die Magdeburger Alternative: Eine sanfte Therapie für Deutschland*, 5. Aufl., Dößel.

Schönig, W./L´Hoest, R. (Hg.) (1996), *Sozialstaat wohin?* Darmstadt.

(2005), »Gibt es in Deutschland absolute Armut?« in: Neumann, L. F./Romahn, H. (Hg.), *Wirtschaftspolitik in offenen Demokratien*, Festschrift für Uwe Jens, Marburg, S. 217–232.

Schreiber, W. (1964), *Kindergeld im sozioökonomischen Prozeß*, Köln.

(1968), *Soziale Ordnungspolitik heute und morgen*, Stuttgart.

Schroeder, W./Weinert, R. (2003), »Zwischen Verbetrieblichung und Europäisierung. Oder »Can the German Model survive«?« in: *Industrielle Beziehungen*, 4, S. 97–117.

Schulz-Nieswandt, F. (1990), *Stationäre Altenpflege und »Pflegenotstand« in der Bundesrepublik Deutschland*, Frankfurt a.M.

/Schewe, G. (Hg.) (2000), *Sozialpolitische Trends in Deutschland in den letzten drei Dekaden*, Eve-Elisabeth Schewe zum 70. Geburtstag, Berlin.

Schumpeter, J. A. (1950), *Kapitalismus, Sozialismus und Demokratie*, 2. Aufl., Bern.

Seeleib-Kaiser, K. (2001), *Globalisierung und Sozialpolitik*, Frankfurt/New York.

Seifert, H. (1984), *Öffentliche Arbeitsmarktpolitik in der Bundesrepublik Deutschland*, WSI-Studie 54, Köln.

(Hg.) (1993), *Jenseits der Normalarbeitszeit. Perspektiven für eine bedürfnisgerechte Arbeitszeitgestaltung*, Köln.

(Hg.) (1995), *Reform der Arbeitsmarktpolitik. Herausforderung für Politik und Wirtschaft*, Köln.

(2003), »Präventive Arbeitsmarktpolitik und betriebliche Anpassungsflexibilität – Neue Impulse durch die Hartz-Kommission«, in: *WSI Mitteilungen*, 56, S. 284–290.

Sendler, J. (2004), »Zukunftsanforderungen an eine wirksame Absicherung bei Pflegebedürftigkeit«, in: *Soziale Sicherheit*, 53. Jg., S. 263ff.

Sesselmeier, W./Blauermel, G. (1997), *Arbeitsmarkttheorien, Ein Überblick*, Heidelberg.

Siegel, N. (2002), *Baustelle Sozialpolitik, Konsolidierung und Rückbau im internationalen Vergleich*, Frankfurt/New York.

Sinn, H.-W. (2005), »Basar-Ökonomie Deutschland, Exportweltmeister oder Schlusslicht?« in: *ifo-Schnelldienst*, Sonderausgabe 6/2005.

Smith, A. (1874), *Der Wohlstand der Nationen, Eine Untersuchung seiner Natur und seiner Ursachen*, München (Original: 1. Aufl. 1776).

Sommer, B. (1994), »Entwicklung der Bevölkerung bis 2040 – Ergebnis der achten koordinierten Bevölkerungsvorausberechnung«, in: *Wirtschaft und Statistik*, Heft 7, S. 497ff.

Spieß, C. K./Wrohlich, K. (2005), »Kindertageseinrichtungen: Bedarf und nachhaltige Finanierung«, in: *Aus Politik und Zeitgeschichte*, 23–24, S. 30–37.

Standfest, E. (1979), *Sozialpolitik als Reformpolitik. Aspekte der sozialpolitischen Entwicklung in der Bundesrepublik Deutschland*, WSI-Studie 39, Köln.

Starnberger Studien 2, (1978), *Sozialpolitik als soziale Kontrolle*, Frankfurt a. M.

Strasser, J./Traube, K. (1981), *Die Zukunft des Fortschritts, Der Sozialismus und die Krise des Industrialismus*, Bonn.

Statistisches Bundesamt (2003a), *Bevölkerung Deutschlands bis 2050 – 10. koordinierte Bevölkerungsvorausberechnung*, Bonn.

Statistisches Bundesamt (2003b), *Bericht: Pflegestatistik 2001*, Pflege im Rahmen der Pflegeversicherung, Bonn.

Statistisches Bundesamt (2005), *Bericht: Pflegestatistik 2003*, Pflege im Rahmen der Pflegeversicherung, Bonn.

Statistisches Bundesamt (2006), *Bericht: Bevölkerung Deutschlands bis 2050 – 11. koordinierte Bevölkerungsvorausberechnung – Annahmen und Ergebnisse*, Bonn.

Statistisches Taschenbuch 2005, *Arbeits- und Sozialstatistik*, Bundesministerium für Gesundheit und Soziale Sicherung, Bonn.

Stiglitz, J. E. (2002), *Globalization and its Discontents*, New York/London.

Strantz, C. (2005), »Familien, Kinder und das liebe Geld«, in: *Statistisches Monatsheft Baden-Württemberg*, 10, S. 3–7.

Strauss-Fehlberg, G. (1978), *Die Forderung nach Humanisierung der Arbeitswelt. Eine Analyse aus der Sicht der Tarifvertragsparteien*, Köln.

Strohmeier, K.-P. (1993), »Pluralisierung und Polarisierung der Lebensformen in Deutschland«, in: *Aus Politik und Zeitgeschichte*, B 17, 11ff.

van Suntum, U. (1989), »Arbeitsmarktpolitik als Instrument der Beschäftigungspolitik«, in: *Aus Politik und Zeitgeschichte*, B 29, S. 13 ff.

SVR-Gesundheit, Gutachten 2005: Sachverständigenrat zur Begutachtung der Entwicklung im Gesundheitswesen, Gutachten 2005, Koordination und Qualität im Gesundheitswesen.

SVR-Wirtschaft, Jg. 2004/2205: Sachverständigenrat zur Begutachtung der gesamtwirtschaftlichen Entwicklung, Jahresgutachten 2004/2005, Erfolge im Ausland – Herausforderungen im Inland.

Tennstedt, F. (1981), *Sozialgeschichte der Sozialpolitik in Deutschland vom 18. Jahrhundert bis zum Ersten Weltkrieg*, Göttingen.

Teuteberg, H.-J. (1961), *Die Geschichte der industriellen Mitbestimmung in Deutschland*, Tübingen.

Thieme, F. (2008): Alter(n) in der alternden Gesellschaft, Eine soziologische Einführung in die Wissenschaft vom Alter(n), Wiesbaden.

Thiemeyer, Th. (1975a), »Kapitalakkumulation und Vermögensbildung«, in: *Beiträge zu Wirtschaftspolitik und Wirtschaftswissenschaften VI*, Schriftenreihe der Wiener Kammer für Arbeiter und Angestellte, Wien.

(1975b), »Krankenhausfinanzierung«, in: Lampert, H. (Hg.), *Aktuelle Probleme der Gesundheitspolitik*, SVSP, Bd. 82 NF, Berlin, S. 82ff.

(1984), »Selbstverwaltung im Gesundheitsbereich«, in: Winterstein, H. (Hg.), *Selbstverwaltung als ordnungspolitisches Problem des Sozialstaats II*, SVSP, Bd. 133/II NF, Berlin.

(Hg.) (1988), *Regulierung und Deregulierung im Bereich der Sozialpolitik*, SVSP, Bd. 177 NF, Berlin.

(Hg.) (1990), *Theoretische Grundlagen der Sozialpolitik*, SVSP, Bd. 193 NF, Berlin.

Thränhardt, D. u.a. (Hg.) (1986), *Wohlfahrtsverbände zwischen Selbsthilfe und Sozialstaat*, Freiburg.

Toft, Ch. (2003), »Einführung: Die internationale Debatte um den Umbau und die Reform des Wohlfahrtsstaates«, in: *Zeitschrift für Sozialreform*, 49. Jg, S. 1–25.

Trabold, H. (2000), »Zum Verhältnis von Globalisierung und Sozialstaat«, in: *Aus Politik und Zeitgeschichte*, B 48, S. 23–30.

Trube, A./Wohlfahrt, N. (2001), »»Der aktivierende Sozialstaat« – eine Sozialpolitik zwischen Individualisierung und einer neuen politischen Ökonomie der inneren Sicherheit«, in: *WSI Mitteilungen*, 54, S. 27–35.

Tullock, G. (1993), *Rent Seeking*, Cambridge.

Ude, Ch. (Hg.) (1990), *Wege aus der Wohnungsnot*, München/Zürich.

Ulbrich, R. (1992), *Verteilungswirkung wohnungspolitischer Instrumente*, Darmstadt.

Ullrich, C. G. (2005), *Soziologie des Wohlfahrtsstaates, Eine Einführung*, Frankfurt/New York.

Unfallverhütungsbericht der Bundesregierung 2006, Bundestags-Drucksache 16/7704.

Vilmar, F. (1971), *Mitbestimmung am Arbeitsplatz*, Neuwied.

Vobruba, G. (Hg.) (1989), *Der wirtschaftliche Wert der Sozialpolitik*, Berlin.

(1990), *Strukturwandel der Sozialpolitik, Lohnarbeitszentrierte Sozialpolitik und soziale Grundsicherung*, Frankfurt a. M.

(1998), »Ende der Vollbeschäftigung«, in: Eicker-Wolf, K. u.a. (Hg.), *Die arbeitslose Gesellschaft und ihr Sozialstaat*, Marburg, S. 21–51.

Vortmann, H. (1988), »Soziale Sicherung in der DDR«, in: *Aus Politik und Zeitgeschichte*, B 32, S. 29 ff.

Wächter, H. (1982), *Mitbestimmung*, München.

Weber, A./Leienbach, V./Dohle, A. (1991), *Soziale Sicherung in Europa, Die Sozialversicherung in den Mitgliedsstaaten der Europäischen Gemeinschaft*, 2. Aufl., Baden-Baden.

Weber, M. (2001), »Wettbewerb im Gesundheitswesen – oder: Warum können und dürfen Einkaufsmodelle der Kassen nicht Realität werden?«, in: *Sozialer Fortschritt*, 50, S. 254–260.

Weizsäcker v., E. U./Lovins, A. B./ Lovins, L. H. (1995), *Faktor Vier, Doppelter Wohlstand – halbierter Naturverbrauch*, Der neue Bericht an den Club of Rome, München.

Weisser, G. (1971), »Grundsätze der Verteilungspolitik«, in: Külp, B./Schreiber, W. (Hg.), *Soziale Sicherheit*, Köln/Berlin (Erstveröffentlichung: Berlin 1954).

(1978), *Beiträge zur Gesellschaftspolitik*, Göttingen.

Weitzman, M. L. (1987), *Das Beteiligungsmodell (The Share Economy), Vollbeschäftigung durch flexible Löhne*, Frankfurt/New York.

Wellner, W./Schmich, G. (1988), *Europa auf dem Wege zur Sozialunion*, Bonn.

Weltbank (1994), *Averting the Old Age Crisis, Policies to Protect the Old and Promote Growth*, Washington.

Wiemeyer, J. (1995), »Christliche Sozialethik und Wirtschaftsethik«, in. *Aus Politik und Zeitgeschichte*, B 51, S. 23ff.

Willke, G. (2003), *Neoliberalismus*, Frankfurt/New York.

Winckler, G. (1988), »Sozialpolitik in der DDR«, in: *Aus Politik und Zeitgeschichte*, B 32, S. 21 ff.

Wingen, M. (Hg.) (1989), *Familie im Wandel – Situation, Bewertung, Schlußfolgerungen*, Bad Honnef.

(1997), *Familienpolitik*, Stuttgart.

(2000), »Aufwertung der elterlichen Erziehungsarbeit in der Einkommensverteilung«, in: *Aus Politik und Zeitgeschichte*, B 3–4, S. 3–12.

Winterstein, H. (Hg.) (1984), *Selbstverwaltung als ordnungspolitisches Problem des Sozialstaats II*, SVSP, Bd. 133 NF, Berlin.

Wissenschaftlicher Beirat für Familienfragen (2001), *Gerechtigkeit für Familien, Zur Begründung und Weiterentwicklung des Familienlasten- und Familienleistungsausgleichs*, Schriftenreihe Bd. 202, Bundesministerium für Familie, Senioren, Frauen und Jugend, Berlin.

Zerche, J./Gründger, F. (1996), *Sozialpolitik. Eine Einführung in die ökonomische Theorie der Sozialpolitik*, 2. Aufl., Düsseldorf.

Zohlnhöfer, W. (1992), »Von der Sozialen Marktwirtschaft zum Minimalstaat? Zur politischen Ökonomie des Wohlfahrtsstaates«, in: *Ordo*, 43. Bd., S. 269ff.

Personenregister

Sachregister